생동하는 탐라국 역사

■ 저자소개

김창현金昌賢
역사학자.
제주에서 나고 자람.
고려대학교 사학과에서 학사와 석사와 박사 학위를 받음.
성균관대학교와 성신여자대학교와 고려대학교 연구교수를 역임.
대표적 저서로『고려 개경의 구조와 그 이념』,『고려 개경의 편제와 궁궐』,『고려의
불교와 상도 개경』,『고려의 남경, 한양』,『고려의 여성과 문화』,『광종의 제국』,『천
추태후, 역사 그대로』,『윤관과 묘청, 천하를 꿈꾸다』,『고려후기 정치사』,『고려후
기 정방 연구』,『신돈과 그의 시대』,『고려 도읍과 동아시아 도읍의 비교연구』,『한
국 중세의 사상과 문화』,『주제로 본 탐라국사』,『고려시대 관동 유람과 문화』등이
있음.

생동하는 탐라국 역사

초판 인쇄 2025년 07월 21일
초판 발행 2025년 07월 31일

집필자 김창현
발행인 김일환
발행처 제주대학교 탐라문화연구원(원장 김치완)
        등록 1984년 7월 9일 제주시 제9호
        63243 제주특별자치도 제주시 제주대학로 102(아라일동 제주대학교)
        전화 064)754-2310   홈페이지 www.tamla.jejunu.ac.kr

펴낸이 신학태
펴낸곳 도서출판 온샘
등 록 제2018-000042호
주 소 서울시 용산구 한강대로62다길 30, 트라이곤 204호
전 화 (02) 6338-1608   팩스 (02) 6455-1601
이메일 book1608@naver.com

ISBN 979-11-991489-2-5   93910
* 값 45,000원

탐라문화학술총서 36은 제주대학교 국립대학 육성사업단의 지원을 받아 수행되었음.

탐라문화학술총서 36

생동하는 탐라국 역사

김 창 현

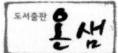

　제주의 원래 이름은 섬나라를 의미하는 '탐라' 내지 '탐모라'였다. 탐라
는 독자적인 해양 문명을 형성해 육지의 여러 국가인 삼한과 나란히 국가
를 세워 삼한, 중국, 일본과 교류하며 발전해 나갔다. 탐라는 육지에서 삼
한·가야·삼국이 이어지자 그들과 교류하며 고대국가로 성장해 나갔으며
삼국이 정립하자 백제와 외교해 조공-책봉 관계를 맺었다. 조공-책봉은 고
중세 동아시아의 보편적인 외교 방식이었지 탐라국이 백제국의 속국이 된
것은 아니었다. 탐라국은 백제가 당·신라 연합군에 의해 멸망하자 신라 문
무왕에게 일단 항복했지만 일본과 동맹해 백제부흥전쟁에 참전했고 이 전
쟁이 실패하자 일본과 활발하게 외교하고 교역했다.

　탐라국은 여러 부족의 권력투쟁을 거쳐 9세기 무렵에 성주星主·왕자王子
의 양립체제를 형성했는데 이 무렵에 육지에서는 신라가 농민봉기로 혼란
에 빠지고 후삼국이 도래하고 있었다. 바야흐로 한국역사가 후삼국과 탐라
국에 의해 중세시대로 접어들려 하고 있었다. 탐라국은 후삼국과 교류하다
가, 후삼국을 통일한 고려에게 태자를 파견해 조공-책봉 관계를 맺었는데
그렇다고 고려의 속국이 된 것은 아니었다. 탐라국은 12C 중반에 고려에
의해 멸망당해 탐라현으로 되고 제주濟州로 개칭되지만 탐라인이 독립항쟁
을 벌이더니 1273년에 몽고군이 탐라로 진입하면서 탐라국을 회복했다.
이후 탐라는 몽고 원을 설득한 고려에 의해 제주목으로 전환되었다가 탐라
국과 제주목을 반복했다. 최영 고려군의 탐라 침략과 차현유의 탐라독립항
쟁 실패 등으로 인해 제주목으로 굳어져 가며 조선초 성주星主·왕자王子 칭
호의 삭제, 제주 행정구역 개편으로 탐라는 실재實在의 무대에서 사라지고
옛 칭호로만 남게 된다.

조선시대 기록은 고려후기 기록을 계승해 더욱 확대해 오랑캐 탐라가 육지 국가 중에서 신라에 가장 먼저 조공했고 그 후 백제와 신라에 조공하더니 고려를 거쳐 조선의 한 지방으로 편제되어 교화되어 갔고, 탐라耽羅와 성주星主·왕자王子·도상(도내) 명칭이 신라에 조공하면서 생겨났다고 왜곡해 강조했다. 탐라를 지배하려 한 고려·조선이 삼국 중 신라가 가장 먼저 건국된 것으로 설정한 『삼국사기』에 기반해 탐라가 신라에 처음으로 조근朝覲했고 그 후 쭉 육지(한반도) 국가에 충성해 왔으니 계속 그렇게 하면서 교화되어야 한다고 강조하며 세뇌한 것이었다. 탐라 역사를 올바로 이해하기 위해서는 삼국사기 맹신주의, 한반도중심 사관, 신라중심 사관, 화이華夷 사관에서 탈피해야 한다. 고려·조선 등 동국이 문명이고 탐라가 오랑캐라면 중국은 문명(중화)이고 동국은 오랑캐임을 자인한 것이나 다름없다.

탐라에 대한 연구 경향 중에는 문제를 지닌 것들이 있다. 탐라는 삼한·가야 등과 나란히 발전해 온 왕국이었는데 '고대국가' 단계에 이르지 못했다는 견해가 강하지만 다양한 형태의 고대국가들이 존재했기에 타당하지 않다고 생각한다. 한국 역사에서 고구려·백제·신라만이 고대국가에 도달했다는 시각으로 인해 만주의 부여, 남쪽의 가야, 해양 국가 탐라 등이 소외되어 왔다. 여기에는 적자생존과 문명우열을 강조하는 사회진화론이 스며들어 있을 수 있다. 고구려·백제·신라 삼국 중심의 역사인식은 이제 지양되어야 한다. 다행히 요즘 가야는 재평가되고 있는 분위기인데 가야는 6세기에 멸망한 반면 탐라국은 건재해 삼국·통일신라·고려와 더불어 고중세 역사의 무대를 누볐다. 탐라는 해양을 넘나드는 상업·무역이 활발해서, 선박 제조와 운항 기술이 발달했고 장거리 선박 운행에는 지배와 복종의 권력관계가 작용했으니 충분히 고대국가와 중세국가로 성장할 수 있었다고 생각한다.

탐라 시대구분론으로 9세기 무렵까지만 탐라로 잡고 그 안에서 전기와 후기로 나누는 방식이 한동안 대세였는데 10세기 이후의 탐라를 무시한 듯하다. 탐라가 고려를 사대事大하면서 해상활동이 위축되어 국제적 교역을 통한 문물 교류가 거의 이루어지지 못했다는 시각, 고내식 토기가 10세기 무렵 이후 이어지지 못해 자체생산 토기가 거의 소멸되어 고려의 기와·도기·청자 등이 유통되었다는 시각 등이 영향을 미쳤으리라 여겨지는데, 사회진화론이 역시 스며들어 있을 수 있다. 그런데 탐라국은 고려와 왕성하게 외교와 무역을 했으니 해상활동과 국제적인 문물 교류를 활발하게 한 것이었고, 고려를 사대했기에 당연히 고려와 외교·무역을 한 것이었다. 고려와 조선도 중국 혹은 북방강국을 사대해 조공해 책봉받고 외교·무역을 했다. 탐라는 한반도국가와 교역하는 것이 항해상 위험부담이 적었기에 백제와 교역했던 것이고, 백제 멸망 후에는 그동안 배신을 일삼아 온 신라를 믿지 못해 어쩔 수 없이 난파의 위험을 무릅쓰고 멀리 일본과 교역한 것이었다. 탐라국이 고려국과 국제적인 외교·무역을 한 것은 지극히 합리적인 선택이었던 것이다.

고내식토기가 10세기 이후 중단되어 탐라에서 경질토기硬質土器 내지 도기陶器가 자체 생산되지 않았다고 한들 무슨 문제인가. '곽지' 새김 기와, '고내' 새김 기와가 말해주듯이 중세 탐라는 기와를 자체 생산할 수 있었으니 도기도 충분히 제작할 수 있었다. 도기를 정말로 자체 생산하지 않았다면 못 만든 것이 아니라 안 만든 것이었다. 질 좋은 도기를 만들려면 인력은 물론 가마와 많은 땔감이 필요해 비용이 많이 들어 가격이 높아지니 차라리 수입해서 쓰는 편이 나을 수 있었다. 그러니 탐라에서 주로 고려 도기를 수입해서 사용했다고 해서 후진적이라 단정하면 곤란하다. 탐라가 시기에 따라 통일신라 도기, 고려 도기를 수입해 사용한 것은 철광석이 산출되지 않아 덩이쇠를 수입해 가공하거나 철제 완제품을 수입해 해결한 사례와 더불어 오히려 국제적인 무역이 왕성했음을 뒷받침한다. 탐라는 상업·무역국가였으니 부족한 물건이 있거나 더 효율적인 물건이 있으면 특산물을 주고 교역해 들여와 사용하면 되었다. 청자와 같은 자기류는 필수품도 아니고 일본도 임진왜란 이후에, 서양은 18세기에 가서야 생산할 수 있었지만 그렇다고 일본과 서양이 후진국은 아니었다. 탐라를 농업 국가의 시각으로 재단해서는 안 되며 해양 국가, 상업·무역 국가의 시각으로 보아야 한다.

고려가 후삼국을 통일하자 탐라가 고려의 한 지방행정단위인 '도島'로 편제되고 이 '도島'는 일반 군현과 다른 특수행정구역인 향·소·부곡과 유사한 위상을 지녔다는 견해가 제기되기도 했지만 설득력이 없다. 크기가 큰 섬인 거제도, 진도, 남해도, 강화도가 고려시대에 서세현, 진도현, 남해현, 강화현이었지 '도島'라는 행정구역으로 편제된 적이 없었다. 제주도(제주섬)는 이 섬들보다 몇 배 더 큰데 고려의 한 지방인 탐라현·제주 시절에도 '도島'라는 행정구역으로 편제된 적이 없었다. 이러한데 탐라가 국가인 시절에 고려의 '도島'라는 지방행정단위로 편제될 리가 없었다. 다양한 기록에서 '도島'는 대개 자연환경으로서의 섬을 의미한다. 고중세 탐라 관련 기록에서 '도島'가 발견되면 달려들어 '국國'을 부정하는 경향이 있는데 합리적이지 않다. 왜倭 내지 일본이 종종 도島라 지칭되어 왔지만 국가가 아니었는가? 제주는 조선시대에 주州이자 목牧이었는데 수많은 기록에 '도島'로 나타나지만 이 '도島'는 섬을 의미했지 지방행정단위는 아니었다. 섬은 국가일지라도 얼마든지 섬으로 불릴 수 있으며, 국가이든 아니든 섬이라 불림은 지극히 자연스러운 현상이다. 제주는 해방 후 도道인 '제주도濟州道'를 거쳐 근래 제주특별자치도로 정해져 있는데 '제주도濟州島(제주섬)' 즉 'Jeju Island'라 불려도 전혀 이상하지 않은 것이다.

고려 왕건은 발해가 망하자 그 유민을 대거 받아들이고 신라와 후백제를 병합해 후삼국을 통일했지만 바다 건너 탐라국이 여전히 계속 존재했으니 한국 역사는 바야흐로 고려국과 탐라국의 양국兩國 시대가 전개되었다고 보아야 한다. 탐라국이 고려에 조공하고 책봉을 받았으니 탐라국은 고려의 일부라고 주장한다면, 고구려가 중국에 조공해 책봉을 받았으니 고구려가 중국의 일부라고 주장하는 중국의 동북공정과 같은 논리이다. 전근대 동아시아에서 조공-책봉은 강대국과 중견국과 약소국이 공존하며 중층적으로 외교 관계를 맺고 물품을 무역하고 문화를 교류하는 기본적 방식이었지 실질적인 주종 관계는 아니었다. 오늘날도 약소국은 사실상 강대국을 사대해 조공을 바치고 있지 않은가.

탐라가 중세에도 고대처럼 대외적으로 '국國'으로 불린 사실은 대단히 중요한 의미를 지닌다. 이는 가끔 특정 지방을 시적詩的인 묘사에서 '국國'이라 표현한 것과는 전혀 다른 차원이다. 탐라국이 대외적으로 '국國'으로 불린 사실은 외교적으로 독립 국가로 인정받은 것을 의미했다. 고려 숙종이 말년에 일방적으로 탐라국을 '탐라군耽羅郡'이라 선언했다. 이는 고려가 탐라를 '국(나라)'으로 인정하지 않겠다는 선포였는데 탐라는 이를 받아들이려 하지 않았다. 당은 발해국이 건국되자 인정하지 않고 일방적으로 '발해군渤海郡'이라 선포했는데 발해국은 당과의 전쟁을 거친 끝에 당으로부터 '발해국'을 인정받았다. 탐라는 원간섭기에 탐라국을 회복하자 '국(나라)'을 지키기 위해 분투했다. 고려는 원간섭기에 원이 고려국을 없애고 중국의 사례처럼 하나의 성省으로 만들려 하자 반대운동을 전개해 '국(나라)'을 지켰다. 조선국이 일본에게 멸망당하자 조선인은 '국'을 회복하려고, 나아가 민국民國을 세우려고 독립항쟁을 전개했다. 탐라가 한국사에서, 나아가 세계사에서 대단히 오랫동안 '국國'과 정체성을 유지하며 나름대로 문명을 발전시켜 독자성을 지키고 다양성을 만들어낸 사실은 제대로 평가받아야 한다.

저자인 나는, 삼국사기 맹신과 신라중심 사관과 한반도중심 사관과 화이 사관과 사회진화론 등에 의해 왜곡되고 저평가되고 무시되어 어설프게 박제된 탐라국의 역사를 제대로 복원해 현재에 불러내어 생동하도록 하려고 본 저서 『생동하는 탐라국 역사』를 준비했다. 탐라국 역사에서 고대와 중세의 분기점으로 성주星主와 왕자王子의 양립 체제가 형성되고 불교사원이 본격적으로 등장하는 9~10세기를 설정할 수 있다고 생각한다. 먼저 고대 탐라국의 형성과 도전에 대해 다루려 한다. 그 다음에는 중세로 설정해

중세 탐라국의 도약과 변천, 고려의 탐라 강점과 탐라의 독립항쟁, 몽고의 탐라 진출과 탐라국의 독립과 양상, 원간섭중후기 탐라국과 제주목 반복, 원명교체기 국제정세와 탐라의 대응, 탐라의 황혼과 상실을 고찰하려 한다. 마지막으로 중세 탐라제주의 문화를 가장 잘 보여주는 불교와 사원을 조명하려 한다. 탐라국 역사가 생생하게 복원되어 제대로 평가받기를 기대한다.

한국에서 인문학은 소외된 분야이고 탐라제주학은 서변이 넓지 않아 본 저서를 펴내기가 어려운데, 기꺼이 발간을 지원해준 제주대학교 탐라문화연구원과 출판을 진행해준 도서출판 온샘에 진심으로 감사드린다.

2025년 봄철을 보내며
저자 김창현 씀

들어가며

제1장 고대 탐라국의 형성과 도전 ································13
  1. 탐라의 건국과 삼신인三神人 신화 ···························16
  2. 탐라 광양당과 도성과 고대국가 정립 ····················27
  3. 탐라와 탐모라와 탁라 명칭의 유래 ·······················39
  4. 고대 탐라국의 교류와 위상과 생활 ·······················55
  5. 백제 부흥전쟁과 탐라 참전과 태산 제사 ···············64
  6. 탐라국과 일본국의 교류 ····································93
  7. 고대 탐라국의 대전환 ·······································114

제2장 중세 탐라국의 도약과 변천 ·······················127
  1. 탐라국의 후삼국·고려와의 교류와 정치체제 ···········130
  2. 고려와 활발히 교류하다 ····································137
  3. 탐라의 사찰 건립과 고려 불교와의 교류 ···············144
  4. 고려에 각종 축하사절을 파견하다 ·······················155
  5. 탐라국과 고려국의 무역과 물품 ··························159
  6. 탐라표류인의 송에서 삼씨 전파와 황제생일 참석 ·····163
  7. 고유의 고려 진출과 탐라인의 중국식 성씨 수용 ·······172
  8. 고려의 간섭 점증과 탐라의 내외 갈등 ··················182
  9. 12세기초 고려 격변과 1105년 탐라군 문제 ···········192
  10. 광양당과 호종단 설화의 비밀 ····························206

제3장 고려의 탐라 강점과 탐라의 독립항쟁 ···········223
  1. 탐라국이 멸망하다 ··225
  2. 탐라 독립항쟁의 서막: 량수의 거병 ····················237
  3. 탐라의 연이은 항쟁과 고려의 대응 ·····················242
  4. 고려가 탐라신을 지배하려 하다 ·························252
  5. 제주 부사 최자의 감귤과 판관 김구의 돌담 ···········255

6. 제주 공물의 폐단과 지방관의 탐학 ……………………………… 263
7. 성주 양호가 강도와 대도를 방문하다 ………………………… 267
8. 몽고의 동정東征 계획과 요충 탐라 …………………………… 272
9. 동경행성의 고려 진출과 탐라에의 영향 …………………… 275

제4장 몽고의 탐라 진출과 탐라국의 독립과 양상 ……………………289
1. 개경정부 군대와 이문경 삼별초의 탐라 침략 ……………… 291
2. 진도 삼별초의 몰락과 탐라 침략 ……………………………… 302
3. 몽고·고려군의 탐라 침략 ………………………………………… 318
4. 탐라국의 독립과 초토사·총관부·안무사 ………………… 345
5. 몽고연합군의 일본정벌과 탐라의 동향 …………………… 363

제5장 원간섭중후기 탐라국과 제주목 반복 ………………………………391
1. 탐라국이 제주목으로 되다 ……………………………………… 393
2. 탐라국 총관부의 부활과 만호부의 설치 ………………… 404
3. 탐라국과 제주목의 갈림길 ……………………………………… 418
4. 탐라'초적' 사용·금성의 거병과 탐라인 천명의 시위 … 428
5. 혜종(순제)과 기황후와 탐라 ………………………………… 443

제6장 원명교체기 국제정세와 탐라의 대응 ………………………………455
1. 공민왕 즉위무렵 정세와 탐라의 동향 …………………… 457
2. 공민왕의 반원개혁과 탐라에 대한 압박 ………………… 467
3. 고려 윤시우·김유의 탐라침략과 탐라의 항쟁 ………… 474
4. 탐라를 둘러싼 명 주원장과 고려 공민왕의 야합 …… 493
5. 최영 고려군이 탐라를 침략하다 …………………………… 513
6. 탐라국 최후의 독립항쟁: 차현유의 거병 ………………… 530
7. 명 주원장이 탐라마를 공물로 갈취하다 ………………… 539
8. 한라산 존자암 중창과 탐라의 고려 귀순 ……………… 544
9. 명의 말 무역과 몽고왕족 유배와 탐라 …………………… 551

차 례

제7장 탐라의 황혼과 상실 ·· 565

  1. 이씨조선과 권근의 응제시와 탐라 ···························· 567
  2. 성주·왕자의 소멸과 제주의 행정개편 ······················ 573
  3. 제주목 관아의 개축: 고득종 홍화각기의 비밀 ··········· 583

제8장 중세 탐라제주의 불교와 사원 ······························ 605

  1. 중세 탐라 불교의 여명: 원당사와 수정사 ················· 607
  2. 승려 혜일의 활동과 탐라제주 불교의 중흥 ·············· 609
  3. 탐라제주 불교와 사원의 양상 ······························· 623
  4. 탐라제주의 물과 관음신앙 ·································· 639
  5. 탐라제주 무속과 불교의 상호작용 ························· 647
  6. 조선의 제주불교 탄압과 말살 ······························ 657

참고문헌 ··· 667
찾아보기 ··· 675

제1장

고대
탐라국의
형성과 도전

탐라는 구석기 시대와 신석기 시대를 거쳤다. 고산리 유적은 구석기와 신석기가 교차적으로 존재했음을 말해준다. 특히 이 유적은 신석기시대 식물성 섬유질이 함유된 토기가 발견되어 '고산리식 토기'라 명명되고 대략 1만년 전으로 편년된다고 한다. 고산리 유적은 탐라문명의 기원이자 한국 문명의 기원이다. 탐라 신석기 문명은 고산리 일대를 뿌리로 하여 탐라의 곳곳으로 뻗어 나갔는데 예례동 유적, 종달리 유석 등이 대표적이다.

탐라에 청동기-철기 문명이 한반도보다 늦었지만 전개되어 곳곳에 마을이 형성되었는데, 종달리, 삼양동, 외도동, 곽지리, 화순리, 예래동, 용담동 유적 등이 그 지표이다. 권력집단의 힘을 상징한 고인돌(지석묘)이 탐라 곳곳에 세워졌는데 특히 용담동, 외도동, 광령리 일대에 많이 분포한다. 청동검이 삼양동 유적과 종달리에서 발견되었다. 용담동 석곽(돌덧널) 무덤에서 장검과 단검을 포함한 다수의 철제무기가 출토되었는데 탐라(고대탐라) 초기에 해당한다고 한다.[1] 물건을 저장하는 토기도 경질토기로 발전했는데, 대개 삼양동식 토기 → 외도동식 토기 → 곽지리식 토기로 전개되었다고 한다.[2] 탐라에서 농경도 삼양동 유적이 시사하듯이 대개 청동기시대에 시작되고 철기시대를 거치면서 발전했다. 탐라에 이러한 청동기-철기 문명을 바탕으로 기원 전후에 국가가 탄생해 고대국가로 성장해 간 것으로 보인다.

---

1 한편, 용담동 제사유적에서 제례용 도기, 금동 허리띠장식, 유리 구슬, 철제 화살촉 등이 발굴되었는데 탐라(고대탐라) 후기에 해당한다고 한다.
2 탐라(고대탐라) 후기부터 고내리식 토기가 유행한다고 한다. 고고학계를 중심으로 탐라를 9세기 무렵까지로 한정해 전기와 후기로 시대구분해 온 경향이 강하다. 탐라의 역사는 9세기에 끝난 것이 아니므로 그러한 시대구분은 혼란만 초래해 타당하지 않다고 생각한다. 탐라 전기 혹은 후기라 언급된 글을 만나면 고대 탐라를 의미하는가 고민해야 한다.

고대국가는 다양한 유형을 지녔기에 농업 중심으로 정의해서는 곤란하다. 탐라는 해양 문명을 바탕으로 한 상업·무역 중심의 유형이었으니 모자라는 것은 무역을 통해 보충하면 되었다. 탐라인이 선박을 제작해 원양으로 항해해 삼한·가야·삼국, 중국, 일본 등과 교역했고 이는 뛰어난 기술과 강력한 위계질서·지도력이 발휘되었기에 가능했으니, 탐라가 고대국가로 충분히 성장할 수 있었다고 생각한다.

1. 탐라의 건국과 삼신인三神人 신화

탐라의 출현과 건국은 삼신인三神人 신화에 은유적으로 묘사되어 있다. 이 신화에는 삼신인의 모흥혈 용출과 활약, 성주星主·왕자王子·도상(도내)의 출현 등이 담겨 있다. 탐라건국 신화를 소개하면 아래와 같다.

A-1. 탐라의 지경에 처음에 사람이 있은 적이 없었다. 그 산은 기이하고 수려해 '한라漢拏'라 칭하여 완연히 운해雲海가 아득한 위에 있는데 신령한 화기和氣를 내려 산(한라)의 북쪽 모흥혈毛興穴에 신인神人을 화생化生해 셋이 동시에 용출湧出해 고을나高乙那·량을나良乙那·부을나夫乙那라 했다. 고을나는 곧 고씨高氏 비조鼻祖이다. 셋은 함께 어렵漁獵해 먹으며 살았다. 보譜에 이르기를, 일본국주日本國主가 딸 7인을 낳아 4녀를 이른바 적적赤狄의 종종種인 단적국丹狄國에 보냈고, 3녀에게 명령하기를 "서남해西南海에 빼어난 산이 있어 신인神人 삼곤계三昆季를 낳아 그들이 장차 건국建國하려는데 배필이 없으니 너희들이 가서 그들을 섬기면 후세에 자손이 반드시 많이 번성하리라" 했다. 3녀를 목선木船에 태우되 오곡五穀·우마牛馬의 종종種을 겸비해 신인神人으로 하여금 호위해 보냈다. 탐라 동해의 빈濱에 이르니 신자神子 삼인이 나가서 사냥하다가 그것을 만났는데, 홍정紅靗·자삼紫衫을 착용한 그 호위 신인神人은 공중에

떠올라 떠나갔다. 삼자三子가 그녀들과 나누어 혼인하고 모흥굴毛興窟 근처를 점쳐 거처했다. 수년數年 사이에 산업産業이 모두 함께 이루어지고 그 후에 점차 커져 갔다. 고을나高乙那 십오세손十五世孫 고후高厚와 그 아우 고청高淸에 이르러 장차 신라에 조견朝見(조현)하려는데 객성客星이 먼저 출현함이 있어 관대觀臺가 보고하기를 "이방異邦 신인神人이 내조來朝할 징조입니다" 라고 했다. 이윽고 고후高厚 형제가 바다를 건너 처음으로 탐진耽津에 정박해 신라에 이르니 신라왕이 기뻐해 대우하여, 객성客星이 먼저 출현한 때문에 고후高厚 에게 작위 '성주星主'를 하사하고, 고청高淸으로 하여금 왕의 사타구니 아래로 나가도록 하여 자기 자子처럼 사랑해 '왕자王子'라 하고, 읍호邑號를 하사해 '탐라耽羅'라 했는데 대개 탐진耽津으로부터 신라에 이르렀기 때문이었다. 나사羅史(신라사)에 매우 자세하게 실려 있다. 전조前朝(고려) 태조의 통삼統三(후삼국통일) 초기에 성주星主 고자견高自堅, 왕자王子 양차미梁且美가 세世에 한 번 조견朝見(조현)했다. 양차미梁且美는 곧 량을나良乙那의 후예로 양梁으로 고친 것인데 소리가 서로 가깝기 때문이었다. (『동문선』 권101, 「성주고씨가전」)

A-2. 제주 고기古記에 이르기를, 태조太初에 인물人物이 없었는데 삼신인三神人이 땅으로부터 용출湧出(솟出)해[주산主山 북록北麓에 혈穴이 있어 '모흥毛興'이라 하는데 바로 그곳임], 장長을 량을나良乙那, 차次를 고을나高乙那, 삼三을 부을나夫乙那라 했다. 삼인三人이 황벽荒僻에서 유렵遊獵해 피의皮衣를 입고 육식肉食했다. 하루는 자니紫泥로 봉장封藏한 목함木函이 떠서 동해빈東海濱에 이르는 것을 보고 나아가 여니 목함 안에 또 석함石函이 있었다. 한 홍대紅帶 자의紫衣를 착용한 사자使者가 석함을 열어 청의靑衣 처녀 셋 및 여러 구독駒犢·오곡五穀 종종種을 출현 시키며 말하기를, "나는 일본국사日本國使인데, 나의 왕이 이 삼녀를 낳아 말하기를, '서해西海 중악中嶽이 신자神子 삼인三人을 강강降하여 그들이 장차 개국開國하고자 하는데 배필이 없도다' 하고, 이에 신臣에게 명령해 삼녀三女를 모시고 가도록 했으니 그대들은 마땅히 짝을 맺어 대업大業을 이루시오" 하고는 홀연히 구름을 타고 떠나갔다. 삼인三人이 세차歲次(연차年

次로 나누어 그녀들과 혼인하고서 샘이 달고 흙이 비옥한 곳에 나아가 화살을 쏘아 땅을 복卜하여 량을나良乙那가 거처하는 곳을 제일도第一都, 고을나高乙那가 거처하는 곳을 제이도第二都, 부을나夫乙那가 거처하는 곳을 제삼도第三都라 하고, 비로소 오곡五穀을 뿌리고 또한 구독駒犢를 목牧하여 나날이 나아가 부서富庶했다. 십오대손十五代孫 고후高厚·고청高淸 곤제昆弟 삼인三人이 배(舟)를 만들어 바다를 건너 탐진耽津에 이르렀는데 대개 신라 성시盛時였다. 그 때에 객성客星이 남방南方에 출현하니 태사太史(음양천문관)가 아뢰기를, 이국인異國人 내조來朝의 상象이라고 했다. 그들이 신라에 조朝하니 신라왕이 가상히 여겨 장자長子를 칭하기를 '성주星主'라 했는데 성상星象을 움직였기 때문이고, 이자二子를 칭하기를 '왕자王子'라 했는데 왕이 고청으로 하여금 사타구니 아래로 나가도록 하여 자기 자子처럼 사랑했기 때문에 그렇게 이름한 것이었고, 계자季子를 칭하기를 '도내都內'라 했고, 읍호邑號를 칭하기를 탐라耽羅라 했는데 대개 신라에 왔을 때 처음으로 탐진耽津에 정박했기 때문이었다. 각각에게 보개寶蓋·의대衣帶를 하사해 돌려보냈다. 이로부터 자손이 번성蕃盛하고 국가國家를 경사敬事했다. 고쳐 고高로 성주星主를, 량良으로 왕자王子를, 부夫로 도상都上(徒上)을 삼았다. 후에 또 량良을 고쳐 양梁(량)이라 했다. (『세종실록』 권151, 지리지 제주목 및 『고려사』 지리지2, 탐라현)

탐라건국 신화는 조선건국 초에 편찬된 『고려사』 지리지 탐라현 편과 『세종실록』 지리지 제주목 편에 탐라 제주의 '고기古記'를 인용해 실려 있으니 조선 이전의 오래전부터 내려온 것이었다. 이 '고기'에 태초太初에 인물人物이 없다가 삼신인三神人이 땅으로부터 용출湧出했다고 되어 있다며 주산主山(한라산) 북록北麓에 있는 '모흥혈毛興穴'이 그 곳이라고 했다. 무술년(1418: 조선태종 18년)에 정이오가 고득종의 부탁으로 찬술한 『성주고씨가전』에는 탐라 지경에 초初에 사람이 있은 적이 없었는데 기이하고 수려한 한라산漢拏山이 완연히 운해雲海 아득한 위에 있어 그 신령神靈 화기和氣를 하강해 신인神人을 한라산의 북쪽 모흥혈毛興穴에 화생化生해 셋이 동시에 용출했다고 되어 있다. 삼인이 한라산의 신령한 화기和氣를 받아 '모흥혈'에서 태어났다는 것이고 그래서 신인神人 내지 신자神子로 불리게 되었다는 것이다.

고려말 공민왕 때 제주에 파견된 안무사 임박林樸이 성주星主와 왕자王子에게 "그대들은 신인神人의 후예"라고 했으니,[3] 탐라건국신화는 고려말기에 이미 유포되어 있었다. 고려태조 21년(938) 12월에 탐라국태자耽羅國太子 말로末老가 고려에 와서 조朝하니 태조(왕건)가 성주星主·왕자王子 작위를 하사했다고 하는데,[4] 이는 그러한 칭호를 추인했다는 의미로, 탐라 최고통치자가 신인神人의 후예라는 인식을 지녀 그러한 칭호를 사용했고 고려 태조가 그러한 칭호를 인정했다는 것이다. 탐라가 신라에 조회한 이래 고高가 성주, 량良이 왕자王子, 부夫가 도상이 되었다는 기록[5]도 중국식 성씨 고·량·부와 신라에 처음 조회했다는 부분은 신빙할 수 없지만 삼신인 설화가 고대 이래 전해져 내려온 것임을 시사한다.

탐라건국 신화에 따르면, 신인神人 내지 신자神子 3인이 땅에서 용출 혹은 한라산에 강림해 사냥하며 생활하다가 해외 국왕이 보낸 딸 셋과 혼인해 그녀들이 가져온 망아지·송아지를 기르고 오곡 종자를 파종해 나날이 발전해 부유해져 건국했다고 한다. 이 삼신인에 대해 『고려사』 지리지와 『세종실록』 지리지는 '고기古記'를 인용해, 『동국여지승람』 제주목 편은 『고려사』 지리지를 인용해 첫째를 량을나良乙那, 둘째를 고을나高乙那, 셋째를 부을나夫乙那라 했고, 일본국왕의 딸과 혼인해 화살을 쏘아 땅을 점쳐 각자의 '도都'에 자리했는데, 량을나 거주지를 제일도第一都, 고을나 거주지를 제이도第二都, 부을나 거주지를 제삼도第三都라 했다고 했다.

반면 정이오가 고득종의 부탁으로 지은 「성주고씨가전」에는 동시에 용

3 『고려사』 권111, 林樸傳
4 『고려사』 권2 및 『고려사절요』 권1, 태조 21년 12월
5 『고려사』 지리지 탐라현 및 『세종실록』 지리지 제주목

출해 고을나, 랑을나, 부을나라 했다고 했고, 고득종 찬술로 되어 있는 「서세문序世文」과 제주고씨족보의 서문인 『영주지』는 첫째를 고을나, 둘째를 량을나, 셋째를 부을나라 하고, 벽계국왕의 딸(서세문) 혹은 벽랑국왕의 딸(영주지)과 혼인해 화살을 쏘아 땅을 점쳐 고을나 거주지를 '제일도', 랑을나 거주지를 '제이도', 부을나 거주지를 '제삼도'라 했다고 했으며, 조선중후기 기록에도 대개 고을나, 량을나, 부을나 순으로 기재된 경우가 많다. 이는 탐라 고씨가 고유高維 이래 고려와 조선에서 두각을 나타낸 반면 탐라 양씨(량씨)는 한반도 국가 관직에의 진출이 매우 늦었기 때문에 생겨난 현상이 아닐까 한다. 현존 「서세문」은 고득종 사후에 편집된 것이어서 작자가 고득종인지 원형이 그대로 보존된 것인지 의문이 가니 비판적으로 이용되어야 한다. 해외에서 온 왕녀 셋에 대해 「서세문」과 『영주지』는 『고려사』 지리지와 『세종실록』 지리지와 『동국여지승람』에 실린 일본국왕의 딸과 달리 벽계국왕의 딸과 벽랑국왕의 딸로 되어 있는데, 이는 임진왜란 후의 반일 분위기가 반영되었기 때문일 것이다.

탐라신화는 대개 탐라와 성주 등 명칭의 유래에 대해, 고후高厚·고청高淸 삼형제가 처음으로 탐진에 배를 대서 신라에 조회해 신라왕으로부터 관작으로 고후는 성주星主를, 고청은 왕자王子를, 막내는 도내都內(徒內)를 하사받고 국호로 '탐라'를 하사받았기 때문이라 했다. '성주'라 칭한 이유는 객성客星이 남방에 나타나니 천문관이 타국사람 내조來朝의 징조라 아뢰었듯이 성상星象을 움직였기 때문이고, '왕자王子'라 칭한 이유는 왕이 고청으로 하여금 사타구니 아래로 나오도록 하여 자기 자식처럼 사랑했기 때문에 그렇게 이름한 것이라 했다. 신라에 조회했다는 시기에 대해 구체적으로 밝히지 않고 대개 신라 전성기라고 애매하게 넘어갔다.[6] 『고려사』 지리지, 『세

---

6 '王子' 칭호의 유래와 관련해 신라왕의 사타구니를 끌어들인 부분은 失笑가 나올 뿐이다. 조선시대 三姓 사당에는 고후와 고청과 막내아우가 고씨 실존인물로 간

종실록』 지리지, 『동국여지승람』에는 신라에 조회한 이래 자손이 번성하고 국가(신라)를 공경히 모시고 고高로 성주星主를, 량良으로 왕자王子를, 부夫로 '도상徒上(都上)'을 삼았다고 했는데, 이 부분이 고씨 입장이 투영된 「성주고씨가전」과 「서세문」에는 없다. 고후 삼형제가 고씨로 성주·왕자·도내를 받았다면 그 후에 고가 성주, 량이 왕자, 부가 도상이 되었다는 기술과 잘 연결되지 않는다. 고대 탐라에는 중국식 성씨가 사용되지 않았으므로 이른바 고후·고청 형제가 고씨인지 증명하기 어렵다. 고후·고청 관련 기사는 탐라가 삼한·가야·삼국과의 교류에서 파생된 설화이거나 고려말~조선초에 고씨 측이 제기한 이야기가 아닐까 한다.[7] 고려 공민왕 때 제주선무사 임박은 성주星主와 왕자王子가 신인神人의 후예로 성주는 신라로부터, 왕자는 고려로부터 받았다고 이해했다.[8] 하지만 성주, 왕자, 도내(도상)는 외국으로부터 받은 것이 아니라 탐라 고유의 군주 칭호였다.[9]

주되어 제사지내진다.

7 『序世文』은 신라 烈宗(무열왕 태종) 朝에 耽羅星主 高聃이 廣巡使 良宕·按撫使 夫繼良을 파견해 入朝하자 신라가 爵祿을 重賞하고 衣冠을 하사하고 良을 고쳐 梁으로, 夫를 고쳐 浮로 삼으니 대개 梁·夫의 姓이 이로부터 시작되었고 신라를 累歲 服事해 藩臣이 되었다고 했다. 高聃이 卒한 후에 繼來者가 曠世 朝하지 않으니 東城王이 21년에 탐라가 朝貢을 받들지 않음으로 인해 분노해 군사를 일으켜 驃騎를 거느려 南塞를 親征해 武珍州(지금 光州牧)에 이르자 高聃의 17世孫 탐라 南化王 昭가 이를 듣고 使를 파견해 죄를 비니 중지했고, 그 후에 또 백제 文周王을 事하니 星主를 고쳐 恩率[二品官]로 삼고 國號를 耽牟羅라 했고, 文武王 때에 이르러 다시 佐平[一品官]을 책봉했다고 했다. 이러한 서술은 신라와 백제의 연혁이 뒤죽박죽이고 내용도 수긍하기 어려운 부분이 많아 급제한 수재 고득종의 찬술인지 의문이다.

8 『고려사』 권111, 林樸傳

9 군주 칭호는 중국에서 유래한 帝王만이 아니라 다양했다. 흉노는 '선우'라 했고, 몽고초원과 만주와 한반도 일대에서는 '칸', '간', '가', '한'이라 했다. 신라에서는 '간', '마립간'이라 했다. 지증마립간이 '王'을 칭했지만 이것이 절대 지표는 아니

고려후기~조선시대 서적은 탐라가 가장 먼저 신라를 사대하다가 백제를 사대했고 백제가 멸망하자 또 신라를 사대하게 되었다고 했는데 그 순서에 문제가 많다. 삼국의 건국순서를 신라, 고구려, 백제 순서로 배열한 『삼국사기』(김부식 편찬)를 참고하다 보니 탐라의 이른바 고후 삼형제가 삼국 중의 신라에 처음으로 조회한 것으로 만들어졌다고 여겨진다. 신라에 조회하러 올 때 탐진에 배를 댔기 때문에 신라가 국호 탐라를 하사하면서 탐라명칭이 비롯되었다는 기술도 신빙하기 어렵다. 왜냐하면 『삼국사기』 지리지에 의하면, 백제 동음현이 신라 경덕왕 때 탐진으로 개명되고 고려 때도 이어받았기 때문이다. 탐라는 경덕왕 훨씬 이전의 문무왕 2년에 신라에 조회했으니 탐라의 명칭이 탐진에서 유래했다는 것은 성립이 안된다. 오히려 탐진이 탐라와 교역한 통로여서 그 명칭이 유래했을 가능성이 크다.

조선후기 실학자 한치윤의 『해동역사』에서 탐라耽羅에 대해 한진서(한치윤의 조카)가 세주를 달기를, 고기古記에 칭한 바, 처음에 탐진耽津에 정박하여 신라에 조朝했기 때문에 '탐라耽羅'라 했다는 것은 부회附會의 설이니, 백제 문주왕 때로부터 백제를 사대했고, 백제 멸망 후에 신라를 다시 사대했고, 고려 숙종 십년에 이르러 강등해 군郡으로 삼았다고 했다. 『동국여지승람』에서 강진현의 구십포九十浦에 대해, 강진현 남쪽 6리里에 있고 근원이 월출산月出山에서 나와 남류南流해 강진현 서쪽의 수水와 합하여 구십포九十浦가 되는데, 탐라성자耽羅星子가 신라에 조朝했을 때 여기에 정박했기 때문에 이름하기를 '탐진耽津'이라 했다고 했다.[10] 탐진이 탐라와 교역한 통로여서 그 명칭이 유래했던 것이다.

_____

다. 몽고 테무진과 자손은 칸으로서 세계를 정복했고, 쿠빌라이는 칸으로서 大元을 개창했다.

10 『신증동국여지승람』 권37, 강진현 산천. 오창명은 『동국여지승람』 강진현 편의 이 기록을 들어 탐라 명칭이 탐진으로 인해 생겨난 것이 아니라고 했다. 「'제주'의 옛 이름 재해석」 『탐라사의 재해석』(제주발전연구원, 2013).

탐라는 여러 부족의 연맹체에서 고을나高乙那, 량을나良乙那, 부을나夫乙那 세 부족의 연맹체로 발전했다. 을나乙那 혹은 나那는 고구려의 나那처럼[11] 독자적 영역을 지닌 부족집단이었을 것이다. 삼을나 세 부족의 통치자는 성주星主, 왕자王子, 도상徒上(都上)을 칭했으니 성주, 왕자, 도상은 각각 자신의 구역을 지배한 군주(왕)였고 이들이 연맹왕국을 구성했다고 볼 수 있다.

고을나高乙那에서 '고을' 혹은 '고' 혹은 '골'은 읍邑(고을)을 의미했던 것 같다.[12] 량을나良乙那에서 량을良乙 혹은 량良은 곧 '라을(락을)' 혹은 '라(락)'으로[13] 가라·가락·사라·신라·奈良(나라) 등의 사례처럼 읍邑 내지 나라를 의미했던 것 같다. 부을나夫乙那에서 부을夫乙 혹은 부夫는 '불'·'벌'을 한자로 표기한 것으로 벌판을 의미했던 듯하다.[14] 삼을나는 각각 독자적인 통치 영역

---

11 고구려의 '나'에 대해서는 임기환, 「나부 체제의 성립과 변천」『고구려 정치사 연구』, 한나래, 2004 참조.

12 우리말에서 '고을'은 邑을 의미하고, '골'은 고을(邑) 혹은 洞 혹은 골짜기(谷)를 의미한다. 남광우 편, 『교학 고어사전』, 교학사, 1997

13 가야는 가라·가락으로도 불렸고, 진흥왕 15년 7월에 백제왕 明禮(성왕)이 '加良'과 함께 管山城을 공격한 기사(『삼국사기』권4, 신라본기, 진흥왕), 强首 자신이 본래 任那加良 사람이라는 언급(『삼국사기』권46, 열전, 강수)에 보이듯이 '加良'이라고도 불렸는데, 이 '加良'은 '가라' 내지 '가락'으로 발음되었을 것이다. 일본 고대문화의 중심지 '奈良'도 '나라'로 발음된다. 제주 嘉樂川이 조선후기 지도에 加良川으로 표기되기도 했다. '良'의 고대 발음은 '라' 내지 '락'이었고, 羅처럼 읍락 내지 나라의 의미를 지녔다고 볼 수 있다.

14 신라 첨해왕 때 沙伐國로 취하여 沙伐州로 삼고 법흥왕 11년에 上州로 삼고 경덕왕 16년에 尙州라 개명하고 고려 때에도 이 명칭을 이어받았으며, 大丘縣은 본래 達句火縣인데 경덕왕이 대구현이라 개명하고 고려 때에도 이 명칭을 이어받았다(『삼국사기』권34, 雜志, 지리1). 신라 신문왕 7년 3월에 一善州를 혁파해 다시 沙伐州를 설치했고, 9년 윤9월에 왕이 達句伐로 천도하려다가 이루지 못했고, 11년 3월에 沙火州가 白雀을 바쳤다(『삼국사기』권8, 신라본기, 신문왕). 상주는 沙伐州(沙火州) 즉 사벌주(사불주)로 불렸고, 대구는 達句伐(達句火) 즉 달구벌(달구불)로 표기되었던 것인데, '伐'은 음독, '火'는 훈독이라 할 수 있다. 『동국여지승람』제

인 읍락 내지 나라를 지배한 부족으로 해석되는 것이다. 한편 부을나夫乙那는 부을夫乙 혹은 부夫가 불(火)을 의미해 불(火)을 다룬 기술 부족집단이었을 가능성도 있다. 중세 항파두리 출토 기와에 고내 도상徒上 오뭇(도래 오씨)가 새겨져 있고, 고려 우왕 때 중창한 한라산 존자암의 기와에 감조천호監造千戶 부승석夫承碩이 새겨져 있으니,[15] 이는 도상徒上 혹은 부씨족이 불을 다루는 수공업장에서 토기·도기는 물론 생활용구와 무기류 생산을 관장했음을 시사한다.

성주星主는 뭇 별들의 주인(군주), 왕자王子는 천왕天王의 자식, 도상徒上(都上)은 도徒(都)의 우두머리(통치자)를 의미하지 않았나 싶다. 뭇 별들의 주인은 곧 북극성이니 성주星主는 곧 북극성을 의미한다. 이는 성주가 하늘의 제왕帝王인 북극성이 강림해 땅의 제왕이 된 존재가 자신이라고 천명한 것이며, 성주의 왕궁은 자미성紫微城(자미궁紫微宮) 내지 자금성紫禁城이라 불렸을 것이다. 제주목관아 일대가 성주의 왕궁으로 추정되는데 그렇다면 이곳이 북극성이 강림한 성주의 자미성(자미궁)에 해당한다. 왕자王子는 자신이 하늘 제왕帝王의 자식 혹은 하늘 제왕이 강림한 산신(한라산신)의 자식임을 주장해 그렇게 칭호를 정했다고 추정되는데,[16] 천자天子라고 하지 않고 왕자王子라고 한 것은 중국의 천자를 의식했기 때문이라 여겨진다. 탐라는 대외교섭을 많이 해야 했기에 중국의 심기를 건드리는 일을 회피했을 것이기 때문이다. 탐라는 소규모의 섬나라여서 외부와의 외교와 교역을 중시했는데,

---

주 산천에 따르면 '藪'는 제주어로 '花'라 했다. 제주에서 藪(늪 지닌 숲)는 '花'로 표기하고 읽기는 꽃(곳)이라 읽었던 것이다. 근래는 곳과 자왈(돌 덤불)을 합해 '곳자왈'로 불리고 있다.

15 도상은 부씨족이 차지하다가 渡來 오씨족이 획득하기도 하고 부씨족이 회복하기도 한 듯하다.

16 『삼국유사』에 따르면 환웅이 하늘에서 태백산으로 내려와 天王이라 불렸고, 『제왕운기』에 따르면 지리산 산신이 天王이라 불렸다.

칭호에 엿보이듯이 성주星州는 별자리 관측을 수반하는 항해를 통한 대외교섭을 중시해 개방성이 강했고, 왕자王子는 한라산으로 수렴되는 토착성이 강하지 않았을까 싶다. 도상徒上(都上)의 의미는 아직 명확하지 않으니 앞으로 천착해야 할 과제이다. 삼을나의 활약과 그 후예의 건국이 담긴 모흥혈 신화는 여러 부족이 세 부족으로 수렴되고 성주·왕자·도상이 통치자로 등장하는 점으로 보아 고대탐라국 초기보다는 탐라가 고대국가로 정립하는 고대탐라국 후기 7~8세기 무렵에 완성되었을 개연성이 크다고 생각한다.

삼신인이 땅에서 용출했다고 하는 곳은 '모흥혈'이라 불렸는데, 대개 '모흥혈毛興穴'로, 이형상의 탐라순력도에는 '모흥혈牟興穴'로 표기되었다. 탐라 화산활동이 고려초까지 이어졌으므로 탐라인들은 화산과 마그마의 용출을 목격하거나 전해들었고 용천수가 생활에 지대한 영향을 미쳤기에 모흥혈 설화가 탄생했을 수 있다. 모毛는 사람·동물의 털이나 풀(草)·싹·오곡을, 모牟는 소 울음소리 혹은 보리를 의미한다. 토모土毛는 땅에서 생산되는 물건(특히 식물)을 의미했다.[17] 「서세문」에서 삼신인의 국호 유래에 대해 모곡牟穀(보리)이 무성했기 때문이라고 했으니 모흥혈을 보리와 연관지은 듯하다. 모흥혈은 삼신인이 태어나 목축 혹은 농경을 일으킨 중심이라는 상징을 지닌 곳으로 볼 수도 있는 것이다. 단, 모흥毛興(牟興)에 한자 뜻을 부여하려는 것은 나중의 일이고, 원래는 세 부족이 모여 연맹국 '탐모라耽毛羅(耽牟羅)' 즉 탐라를 일으킨 것을 상징하는 공간이었지 않나 싶다.[18]

---

17 고구려 사신 芮悉弗이 북위 世宗에게 고려(고구려)가 북위에게 土毛를 바쳐왔다고 했고 북위 세종이 芮悉弗에게 土毛를 잘 바치라고 했다(『魏書』 권100, 열전, 고구려 ; 『삼국사기』 권19, 고구려본기, 문자왕 13년).
18 현용준은 삼성신화에 대해 『고려사』 계통과 『영주지』 계통으로 분류하고 양 계통을 절충한 것도 있다고 했다(『삼성신화연구』『탐라문화』 2, 1983). 허남춘은 한라산이 탄생처로서의 위치라면, 모흥혈은 降神의 의례를 거행하던 제의장소였을 것이라 했다(「삼성신화의 신화학적 고찰」『탐라문화』 14, 1994).

탐라 건국에 대해 건입동 칠머리당 굿에 영평팔년 을축년 삼월 열사흘 날 자시에 고의왕(고을왕), 축시에 양의왕(양을왕), 인시에 부의왕(부을왕), 고량부 삼성이 모은골로 솟아나 도읍한 국(나라)이라 했다. 『탐라빈흥록』(국립제주박물관 소장)에 실려 있기를, 정조18년(1794) 제주도에서 시행한 문무 시재試才 시험 중의 책策에서 정의현 유학 부종인夫宗仁이 수석을 차지했는데, 그 답안에는 정조가 삼성혈의 자취가 전하는 이유를 묻자 부종인이 답하기를 삼신인이 모흥혈에서 용출한 때는 한 명제 영평팔년永平八年의 일이라 했다.[19] 탐라가 영평팔년永平八年에 건국되었다는 설이 정조18년(1794) 이전부터 전승되어 와 조선국가 시험답안에 인용되었던 것이다. 탐라는 그 역사가 삼한과 나란히 전개되었으므로 영평팔년(기원후 65년)에 국가가 건립되어 있었을 가능성이 크지만 '영평팔년'이라 특정한 것은 불교의 영향 때문이라 여겨진다. 한(후한) 명제 영평팔년 을축년은 불교가 중국(낙양)에 처음 전래된 때로 널리 인식되어 왔기 때문이다.

중국에 불교가 전래된 바로 그 해에 탐라에 삼신인의 탄생 내지 건국이 이루어졌다는 것인데 그 배경을 살펴보자. 원간섭기 민지 글과 최해 글에 따르면 한漢 평제平帝 원시元始4년 갑자년 즉 신라 남해왕(남해차차웅) 원년에 천축 혹은 서역 53불상이 금강산으로 옮겨져 유점사가 창건되었다고 하는데[20] 그 해는 AD 4년에 해당한다. 이는 불교전래에 있어서 우리나라가 중국보다 빠름을 내세우기 위해 신라에서 처음으로 즉위년 칭원을 했다는 남해차차웅 원년을 끌어들여 설정했다고 볼 수 있다. 일본승려 숭산거중嵩山居中은 1323년에 배를 타서 원에서 일본으로 향하면서 시를 지어 "탐몰라

---

19 제주도 민속자연사박물관 2023년 특별전 '섬나라 탐라, 잃어버린 천년을 깨우다' 전시회

20 閔漬, 「金剛山楡岾寺事蹟記」(李能和, 『조선불교통사』 上編) ; 崔瀣, 「送僧禪智遊金剛山序」(『拙藁千百』 권1). 최해의 글에 불교가 명제 永平八年에 중국에 전래되었음이 언급되어 있다.

주탐몰라주耽沒羅州에서 응진應眞(나한)을 만나네"라 했고, 원元의 승려 청졸淸拙이 태정泰定 병인년(1326)에 탐라 바다를 통과해 일본으로 향했는데 「탐라존자를 망례望札하며」라는 시를 지어 "탐라 고古 응진應眞에게 계수稽首하는데 … 십팔존十八尊 중의 제육신第六身이네" 라 했다.[21] 원과 일본 승려가 배를 타서 탐라 인근을 지나며 탐라 존자(나한: 응진)에게 예를 표했고, 탐몰라주를 탐라로, 탐라 존자를 18존자 중의 제6 존자로 간주했다는 것이다. 탐라에 거주한다는 제6 존자는 발타라跋陀羅로, 현장 번역『법주기法住記』에 제육존자第六尊者가 탐몰라주耽沒羅洲에 거주한다는 내용에서 유래했다. 영평팔년 탐라 건국설은 이러한 분위기 하에서 생겨난 것으로 보이는데 그러한 분위기가 고조되는 원간섭기 무렵에 등장했을 가능성이 있다.

2. 탐라 광양당과 도성과 고대국가 정립

모흥혈은 광양廣壤 땅에 자리했고 광양당廣壤堂도 그러했는데 서로 밀접한 관계가 있었다. 광양왕과 광양당은『세종실록』지리지와『동국여지승람』제주목편에 「언전諺傳」이라며 실린 호종단 설화에 보이며, 호종단은 고려중기 예종~인종대 무렵에 활약한 인물이다.[22] 광양당은 고려중기에도 존속한 것인데 고대 탐라 시절에 생겨났으리라 추정된다.

모흥혈(삼성혈), 광양당, 사직은 조선시대 기록에 따르면 제주 남쪽 3리 혹은 5리에 위치했는데,[23] 3리는 제주성 남문 기준이고, 5리는 치소 목관아

21 에노모토 와타루(榎本 涉), 「宋日·元日 間 海上航路와 高麗 島嶼地域」, 『해양문화재』 9, 2016.
22 『고려사』 권97, 劉載傳 附 胡宗旦
23 『신증동국여지승람』 제주목 古跡에는 毛興穴이 州 남쪽 '二里'에 위치한다고 되어 있는데, 이 '二里'는 三里의 오류이거나 里 기준의 차이로 인한 것으로 여겨진다.

기준이었다. 조선 임제의 16세기 후반『남명소승』에, 제주는 두루 모두 자 갈이어서 한 조각 기름진 땅이 없지만 '광양廣壤의 야野(들판) 삼성三姓의 혈 穴은 그 토양이 붉어 육지와 다름없기 때문에 사장射場(활쏘기 광장)을 설치 해 무예를 시험한다고 했다. 17세기 중반 이원진은『탐라지』에서 연무정演 武亭에 대해, 이 도島(제주)는 모두 돌무더기와 악석惡石의 구릉이지만 오직 광양廣壤은 돌이 하나도 없어 손바닥처럼 평평해 여기에 시열試閱(시험과 사 열) 및 습조習操(습진習陣과 조련操鍊)하는 시설을 만들고 이 정후를 건립한 것이 라고 했다. 그러하니 조선 관원은 광양 삼성혈三姓穴(모흥혈)의 영역을 침식 해 군사훈련을 위한 시설과 연무정을 만든 것이었다. 이원진『탐라지』에 연무정, 사직단, 풍운뇌우단, 광양당, 삼성혈(모흥혈)이 주州(제주) 남쪽 3리에 있다고 했다. 17c초 김상헌은『남사록』에 의거하면 주성州城 동남東南 오리 五里에 소재한 광양廣壤에 나가 무사武士 기사騎射를 시험한 후에 모흥혈毛興 穴을 방문했는데, 사직·여단厲壇이 모흥혈 남에, 광양신사가 모흥혈 동東에, 사라봉이 모흥혈 북에, 금강사 옛터가 모흥혈 서에 위치한다고 서술했다. 하지만 사직은 모흥혈 남쪽이 아니라 서쪽에, 금강사 옛터는 모흥혈 서쪽 이 아니라 북쪽에 위치했으니, 광양신사가 모흥혈 동쪽에 위치한다는 내용 도 과연 그러했는지 의문이어서 비판적으로 따져보아야 한다.[24]

　　17세기 후반 정의현감 김성구金聲久가 업무차 제주에 머물면서 제주판 관 및 대정쉬大靜倅(대정현감)와 함께 연무정演武亭 시소試所에 갔는데 이 정후 은 제주 남성南城 밖 오리五里에 위치하고 목사 신경호申景琥가 지은 것이었 다. 귀로歸路에 있는 모흥혈에 대해, 지지地誌를 보면 모흥혈이 성남城南 오 리五里에 위치하고 사직·여단厲壇이 모흥혈 남쪽에, 광양신사廣壤神祠가 모흥 혈 동쪽에, 사라봉이 모흥혈 북쪽에, 금강사 옛터가 모흥혈 서쪽에 위치한

---

24 김상헌의『남사록』에는 제주시설 방향이 잘못 서술된 경우가 많다. 한편 을유년 (세조11)에 김종직은 「탁라가」에서 "歲時父老猶追遠 簫鼓爭陳廣壤堂"이라 했다.

다고 『남사록』과 동일한 내용을 인용하면서도, 그 다음에 자신의 견해로 광양당廣壤堂은 제주 오리五里에 소재한 한라호국신사漢挐護國神祠로 연무정演武亭의 동남東南에 위치한다고 했다.[25] 광양당이 모흥혈의 동쪽이 아니라 연무정의 동남 즉 모흥혈의 서쪽에 위치한다고 본 것이니, 이에 따르면 광양당은 모흥혈(삼성혈)과 연무정 사이에 자리했다.[26] 연무정을 포함한 군사훈련장은 북-남으로 길게 조성되었으므로 광양당은 연무정 군사훈련장의 동남 혹은 동東에 자리했다고 볼 수 있다.

그런데 18세기초 제주목사 이형상은 『남환박물』에서, 삼성혈三姓穴에 대해 제주 남쪽 삼리三里에 있어 곧 고古 모흥혈毛興穴이라면서 『고려사』에 실린 삼을나 신화를 실었다. 그리고 언급하기를, 가정嘉靖 연간에 목사 이수동李壽童이 석장石墻 둘레 280척尺 남짓을 축조하고 홍문紅門을 혈穴 북쪽에 세우고, 삼성三姓 자손이 봄과 가을에 제사했는데, 지금은 삼혈三穴이 모두 막히고 가시덤불이 무성해 가려지고 다만 정립鼎立한 삼석三石만 보인다고 했다. 광양신사廣壤神祠는 그(삼성혈) 동쪽에 있는데 한갓 무격巫覡 무리가 소고籬鼓하는(퉁소를 불고 북을 치는) 장소가 되었다고 했다.[27] 광양신사를 삼성혈(모흥혈)의 동쪽에 위치한 것으로 서술한 것인데 김상헌의 서술을 그대로 인용했을 수 있다. 이형상이 『남환박물』에서 그의 제주목사 재임시 향교 위치에 대해 "향교가 예전에 가락천嘉樂川 서안西岸 상上(관덕정 동쪽에 해당)에 위치했다가 만력 임오년에 동남성東南城 내內로 이건移建했다"[28]라고 서술했기

---

25 『八吾軒先生文集』 권5, 南遷錄上
26 조선시대 서적에 대개 모흥혈(삼성혈), 광양당, 연무정, 사직은 제주 남쪽 3리 혹은 5리에 있다고 되어 있는데, 3리의 경우는 읍성남문을, 5리의 경우는 목관아를 기준으로 설정한 것이라 볼 수 있다. 한편 연무정은 나중에 읍성 東門 밖으로 옮겨진다.
27 『남환박물』 「誌古」. "三姓穴[在州南三里 卽古毛興穴 … 廣壤神祠在其東 徒爲巫覡輩籬鼓之場]"
28 『남환박물』 「誌文」. "鄕校 舊在嘉樂川西岸上, 萬曆壬午 移建于東南城內". 嘉樂川

때문이다. 그가 제주목에 근무할 때 향교와 문묘가 이미 원래 자리(관덕정 동쪽)로 환원되어 있던 상태였는데,[29] 그는 향교와 문묘를 방문했음에도 불구하고 이원진 『탐라지』 등을 그대로 인용해 오류를 범했다. 반면 이형상이 순력한 내용을 화공 김남길이 그린 탐라순력도에는 향교와 문묘가 관덕정 동쪽에 그려져 있으니 화공 김남길의 그림이 사실대로 묘사한 것이었다.[30] 그러하니 이형상의 제주 시설에 대한 서술은 비판적으로 이용되어야 한다.

광양당의 위치와 관련해 이형상 순력·김남길 그림 『탐라순력도』(국립제주박물관 소장)의 「제주조점濟州操點」과 「건포배은巾浦拜恩」 그림이 주목된다. 북쪽이 아래에, 남쪽이 위에 배치된 구도이며 제주목성 일대는 크게, 그 주변으로 갈수록 작게 그렸다.[31] 「제주조점」 그림을 보면, 제주도성濟州都城(제주목성 아칭)의 남문 밖에 모흥혈, 연무정, 사직이 동서東西로 나란히 그려져 있다. 연무정의 위쪽(남쪽)에 삼의양악에 가깝도록 화살 표적지標的紙가 그려져 있는데, 삼의양악이 제주대학교 뒤(남) 세미양오름에 해당하니 탐라순력도에

(현재 산지천)과 嘉樂泉(가락샘: 가락큿물)은 혼동하기 쉬워 유의해야 한다.

29 제주 향교와 문묘는 嘉樂川(현재 산지천에 해당) 서안西岸 上 즉 관덕정의 동쪽에 위치했다가, 임오년(선조 15: 1582)에 목사 김태정에 의해 가락샘 인근(김정 유배지와 이웃)으로 옮겨졌다가, 무신년(1668: 현종 9)에 목사 이인에 의해 관덕정 동쪽에 환원되어 중건되었다. 이형상이 체임되어 나간 후인 경종 4년(1724)에 목사 신유익에 의해 嘉樂川의 동쪽 고령전에 移建되었다가 을해년(1755: 영조 31년)에 목사 홍태두에 의해 남성 밖 5리로 옮겨졌지만 정해년(1827: 순조27)에 목사 심영석에 의해 서문 밖 2리(용담동)에 옮겨졌는데 이것이 현존한다.

30 탐라순력도는 상단에 제목이, 중단에 그림이, 하단에 설명이 자리한 구조인데, 상단 제목과 하단 설명은 오노인이 글씨를 쓴 것으로 여겨지고, 중단 그림은 화공 김남길이 그렸을 뿐만 아니라 그림 안의 지명과 유적명칭과 시설명칭 등도 김남길이 쓴 것으로 판단된다. 濟州殿最와 濟州射會가 상단 제목·하단 설명과 중단 그림 내용이 서로 뒤바뀐 것은 이러한 이유로 말미암은 것이었다.

31 「제주조점」 그림은 특히 제주목성 서문 밖 병문천과 대천(한천) 사이를 매우 과장해 그렸는데, 행렬을 웅장하고 자세하게 보이기 위해서였다.

서 주변부로 갈수록 작게 그린 결과이지만 연무정과 '사장射場'(활쏘기 광장)이 북남으로 길고 넓게 차지했음을 시사한다. 「건포배은」은 임오년(1702: 숙종 28) 12월에 향품鄕品 문무 삼백인 남짓이 신당神堂 129곳을 불태우고 사찰 5곳을 파훼破毁한 것을 제주목 위주로 묘사한 그림인데, 목사 이형상의 사주에 의해 탐라 정신이 불타는 생생한 현장을 담고 있다. 제주성 남문 밖 연무정(옆으로 길다란 건물)의 동쪽에 붙다시피 한 신당神堂이 불타고 있는데 바로 광양당으로, 대천(한천)의 용연 서쪽 언덕에 신당이 불타고 있는데 천외사川外祠(천외당)로 판단된다.

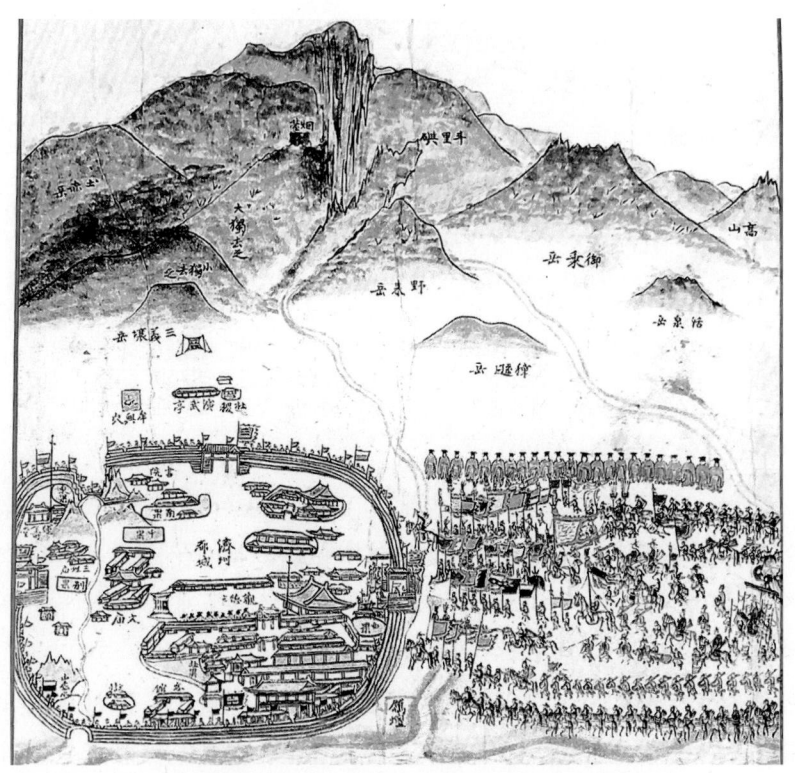

그림 3. 『탐라순력도』(국립제주박물관 소장) 중 「제주조점」:
제주도성(제주목성) 남문 밖에 모흥혈, 연무정, 사직이 보임

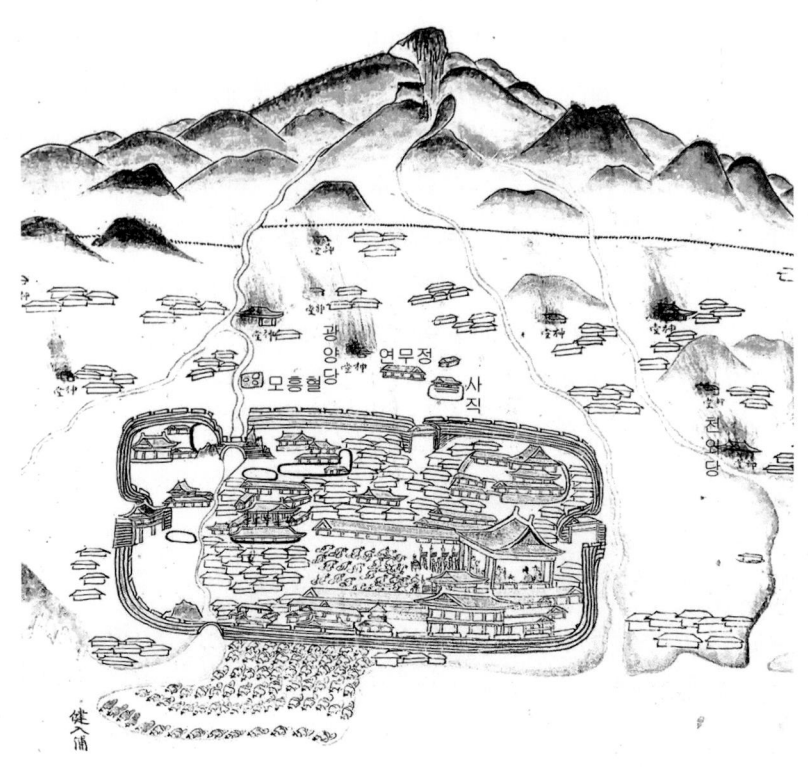

그림 4. 『탐라순력도』 중 「건포배은」 그림에 필자가 표시한 시설(모흥혈, 광양당,
연무정, 사직, 천외당): 불타는 신당에서 제주성 남문외 긴 건물(연무정) 동쪽에 인접한
것은 광양당으로, 대천(한천)의 용연 서쪽 언덕의 것은 천외당으로 보임

그러니까 광양당은 모흥혈에 속해 그 영역 안의 서쪽에 위치했고, 조선
이 모흥혈의 영역을 침식해 광양당의 서쪽에 연무정과 군사훈련 시설을 설
치한 것이었다. 규장각 소장 해동지도 중의 제주삼현도에 광양사廣壤祠(광양
당)와 연무정演武亭이 남쪽으로 치우치게 그려져 있지만 삼성단三姓壇의 서쪽
에 동서로 나란히 그려져 있는 것도 광양당이 모흥혈과 연무정 사이에, 모
흥혈의 서쪽에 위치했음을 뒷받침한다. 오늘날 삼성혈 영역은 조선 이래
침식되어 쪼그라든 것이고, 원래 모흥혈 영역은 동쪽으로 산지천(가락천嘉樂

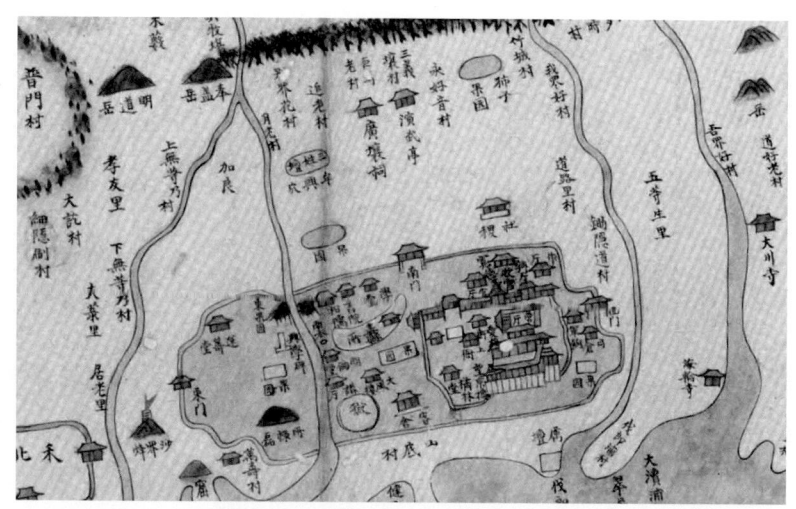

그림 5. 제주삼현도(규장각 해동지도):
廣壤祠(광양사)와 演武亭(연무정)이 모흥혈 三姓壇(삼성단)의 서쪽에 그려져 있음

川), 서쪽으로 중앙로 일대에 이르는 대규모였을 것이며, 보성시장과 광양
초등학교 일대도 포함되었을 것이다.

광양당과 광양신은 탐라제주 무속 신당의 제왕帝王이었다. 조선숙종 38
년((1712)에 남구명이 제주판관으로 부임하자 제주인들이 도島(제주) 풍속은
삼성三姓 이래 오로지 귀신鬼神을 숭상해, 성남 광양당廣壤堂이 조종朝宗을 받
고(조종祖宗이 되고) 삼읍三邑 대소촌大小村에 각기 신사가 있는데 광양당은 이
형상 목사가 불태운 이래 복구되지 못하고 있다며 광양신廣壤神이 들렸다는
대흘리大屹里 여무女巫를 앞세워 광양당 복구를 요청했다. 하지만 남구명은
이 여무女巫를 모질게 고문하고는 광양당 복구를 요청하는 사람은 목을 베
겠다며 거부했다.[32] 이형상이 체임되자 제주 신당은 대개 복구되지만 조선

---

32 南九明 『寓庵先生文集』 권4, 「人妖」. "城南廣壤堂爲朝宗 三邑大小村各有祠"에서
'城南廣壤堂爲朝宗'은 '城南廣壤堂爲所朝宗' 혹은 '城南廣壤堂爲祖宗'의 오류일 수
있다. 문맥으로 보면 광양당과 그 신이 제주 모든 신사의 주인이고 모든 신을 거

은 탐라 정신의 구심점인 광양당만큼은 복구를 금지했던 것이다.

광양은 말 그대로 넓은 들판이며 중산간 지대에 해당해 생활과 농사짓기에 적당한 곳이었고, 그 북쪽 바닷가 지대는 교역로 한반도 방면으로 열린 형국이어서 세력집단의 각축장이 되었을 것이다. 산저(산지) 포구를 지니며 조천포와 애월포를 끼고 광양 들판을 지닌 지역에 세력집단이 모여들어 세 부족 연맹체가 형성되어 산간과 해변이 만나는 지점에 동맹을 상징하는 모흥혈과 광양신당을 조성해 갈등을 조정했으리라 짐작된다. 그리고 모흥혈 북쪽의 해변 지대에 치소 내지 도성을 건설했는데 이른바 '칠성도七星圖'를 조성해 북두칠성을 형상화한 것이 아닐까 한다.

조선시대 제주목의 사직社稷이 모흥혈과 함께 읍성 남문 밖에 나란히 소재했음이 주목된다. 왕조시대에 일반적으로 『주례』 고공기에 따라 통치영역에서 종묘는 동쪽에, 사직은 서쪽에 위치했고, 사직은 군현 단위에까지 설치되었는데 대개 서쪽에 위치했다. 그런데 조선 제주목의 사직은 서쪽이 아니라 남쪽에 위치했고,[33] 고려시대 제주목의 사직도 그러했을 것이며 나아가 고중세 탐라국의 사직도 그러했을 것인데, 고중세 탐라국 도성의 사직에서 유래했기 때문이라 여겨진다.

탐라국 시절의 사직은 『주례』 고공기를 그대로 따르지 않고 탐라 고유의 정체성과 실재성에 의거해 자리했다고 볼 수 있다. 탐라국은 자신이 숭상하는 한라산이 뻗어내려 해변과 만나는 광양들판에 모흥혈과 광양당과 사직을 건립한 것으로 여겨지며, 모흥혈과 광양당은 신궁神宮 내지 종묘에

느리는 帝王이라는 의미이다. 한편 대한제국 광무연간에 金允植이 제주에 유배되어 「濟州雜詠」을 지었는데(『雲養集』 권5, 瀛島稿), "歌舞해 神情을 기쁘게 하여 廣壤堂에 풍년을 기원하네(歌舞神情悅 祈年廣壤堂"라고 했다. 이로 보아 광양당은 대한제국 광무연간에 기능하고 있었으니 개화기에 부활하지 않았나 싶다.

33 대정현과 정의현의 사직은 일반적인 원칙에 따라 서쪽에 위치했는데, 탐라국 시절의 사직과 직접적으로 연결되지 않았기 때문일 것이다.

해당한다고 할 수 있다. 모흥혈과 광양당이 동쪽에, 사직이 서쪽에 자리한 것 자체는 『주례』 고공기를 수용한 것으로 볼 수도 있다. 광양들판은 농사에 적합한 곳이었으므로 방향을 초월해 토지신과 농사신인 사직을 제사하기에 적합한 공간이었다.

초창기 탐라국 도성이 어디에 건설되었는지는 논란이 있다. 제주도 여러 지역에 대한 발굴조사에서 화순, 종달리, 삼양, 건입동 산지항 등의 유적에서 토기와 청동기·철기 활용이 확인되었고, 그러한 문화를 바탕으로 만들어진 용담동 고분에서 3세기 무렵에 권력 집단이 형성되었음이 드러났다. 이에 의거해 이 때 용담동 일대에 정치중심지가 있다가 나중에 훗날 목관아 일대로 이동했으리라는 견해[34]가 있다. 목관아가 위치한 삼도이동은 용담동과 동서로 붙어 있으므로 하나의 권역으로 볼 수도 있다. 목관아 일대에서 고대 탐라기의 유적이 일부 확인되었다고 하니, 하층까지 본격적으로 깊숙이 파내려간다면 더 많이 확인되리라 여겨진다.

『동국여지승람』은 제주목의 고적 조항에, '고성古城'이라는 제목을 달고 주성州城 서북에 고성古城 유지遺址가 있다고 기재했고, '달로화적부達魯花赤府·군민안무사부軍民安撫使府'라는 제목을 달고 '금今' 주성州城 북쪽 해안에 고古 관부官府 유지遺址가 있는데 원이 설치한 달로화적총관부達魯花赤摠官府, 군민안무사부軍民安撫使府가 이곳에 있지 않았을까 여겨지지만 고찰할 수 없다고 기재했다. 조선후기 지도를 보면 제주목성 밖 북서쪽 일대에 '진성陳城' 즉 고성古城이 있었고 이것이 무근성(묵은성)으로 전해져 왔다.

그러하니 탐라 제주의 치소를 둘러싼 성곽이 조선 제주목성 이전부터 존재해 왔던 것이다.[35] 원래 탐라국 도성은 조선 제주목성보다 북쪽 바다

---

34 고재원, 「발굴 유적·유물로 본 탐라」 『새롭게 쓴 탐라사』, 2024
35 김일우, 「조선시대 이전 탐라국 중심 마을의 형성과 변천」 『한국사진지리학회지』 21-3, 2011 ; 변성훈, 「제주읍성의 변천에 대한 역사고고학적 연구」, 제주대학교 석사학위논문, 2015가 참고된다.

방면으로, 서쪽 대천(한천) 방면으로 더 나아가도록 건설되어 있었을 것이다. 즉 북쪽으로 바다에 연沿하여 바다를 자연 해자로 삼고, 동쪽으로 산지천을 밖으로 두어 자연 해자로 삼고, 서쪽으로 대천(한천)을 밖으로 두어 자연 해자로 삼고, 병문천을 안으로 두어 자연 해자로 삼았으리라 추정된다. 식수는 천川으로는 가락천, 산저천(산지천), 대천(한천), 병문천 등에서, 샘(泉)으로는 가락샘, 산지샘, 두천斗泉[36] 등에서 해결했을 터인데 가락샘은 도성 안에 두었을 것이다. 조선 제주목성은 기본적으로 도성이 아니라 읍성이었으니 기존 탐라도성보다 축소해 건설되었다고 판단되는데, 제주목성의 북벽은 남쪽으로, 서벽은 동쪽으로 이동 내지 축소되고, 동벽과 남벽은 거의 그대로 이용되었다고 여겨지며, 동벽은 조선중기에 산지천 너머로 확장된다. 북벽이 남쪽으로 후퇴한 것은 기존의 성벽이 너무 바다에 가까워 침식과 범람의 위험이 커서 그러한 위험을 피하기 위한 요인도 작용했을 것이다. 주요 항구로, 건입포 산지항이 고대탐라 시절에는 이곳 출토 유물의 국제적인 특징[37]이 시사하듯이 활발하게 이용되었지만 중세탐라 시절에는 쇠락해 조천포와 별도포(화북포) 등으로 대체되었는데, 산지항이 조수와 홍수에 취약하고 그 개방이 도성 방어를 약화했기 때문일 것이다.

---

36 斗泉은 屛門川 서쪽 50步에 위치했는데 그 형상이 斗와 같았기 때문에 이름한 것이며, 世傳에 이 샘물을 마시면 능히 百步를 解飛할 수 있는데 胡宗朝(胡宗旦)가 와서 그 氣를 壓하니 亡했다고 한다. 旱하면 淸하고, 장차 비가 내리려 하면 金氣가 水面에 뜬다고 한다. 『신증동국여지승람』 제주목 산천

37 산지항 항만공사 과정에서, 漢式 계통 유물인 화폐(五銖錢, 貨泉, 大泉五十), 貨布, 청동거울, 칼 꾸미개 등이 발굴되었다(고재원, 「발굴 유적·유물로 본 탐라」). 한편, 조선 성종 때 찬술 『동국여지승람』에 高齡田이 제주 동쪽 1리里(제주성 동벽 退築 이전 東門 기준)에 있어, 諺傳에 唐船(중국선박)이 와서 敗한(난파한) 곳이라 하는데, 지금도 治田者가 혹 땅을 파다가 碼瑙 등 보물을 획득하면 唐人이 남긴 것이라 여긴다고 했다(『신증동국여지승람』 제주목 고적). 이는 현재 동문시장 일대까지 배가 들어와 교역했음을 시사한다.

탐라에서 청동기-철기시대에 농경과 목축이 본격적으로 전개되고 권력집단이 형성되었다. 탐라건국신화에서 태초太初에 인물人物이 없다가 삼신인三神人이 용출해 사냥해 가죽옷 입고 육식肉食을 하다가 망아지·송아지와 오곡종자를 가지고 온 일본국왕 딸과 혼인하면서 비로소 오곡을 파종하고 망아지·송아지를 길렀다고 되어 있지만 신화적인 과장이고 상징적 표현이었다. 탐라에는 구석기와 그 이전부터 사람이 살아 왔으니 삼신인 용출은 권력집단의 발생을 은유한 것이었다. 오곡 경작과 소·말 사육도 일본과의 교류 여부와 상관없이 청동기~철기 시대에 행해지고 있었다. 일본국왕 딸과 관련된 부분은 해당 산업을 시작한 것이 아니라 촉진시켰다는 정도로 받아들여진다.[38] 신화에서 모흥혈 용출은 세 부족의 권력집단이 형성되었음을 상징한 것으로 여겨지고, 농경과 목축이 일본국왕의 딸과 혼인하면서 시작된 것처럼 묘사되었지만 그것이 외부와의 교류로 한층 발달한 것으로 이해해야 하리라 본다.

진晉의 진수가 3세기에 편찬한 『삼국지』 동이전 한韓 편에서 마한 부분의 끝에 '주호州胡'를 소개했다. 남조 송 범엽이 5세기 초반에 편찬한 『후한서』 동이열전 한韓 편에도 삼한에 대해 서술하고 난 끝부분에 '주호국州胡國'을 소개하는데 『삼국지』의 해당 부분을 축약하면서도 '주호'를 '주호국'이라고 국격을 부여했다.

B-1. 또한 '주호州胡'가 마한馬韓의 서해西海 중 대도大島 위에 있는데, 그 사람은 조금 단소短小하고 언어가 한韓과 같지 않고 모두 선비鮮卑처럼 머리를 깎고

---

38 고구려 건국신화에서 주몽이 부여를 탈출해 남하하려 하자 모친 유화가 오곡종자를 싸서 보내려 했다고 하는데(『동국이상국전집』 권3, 동명왕편), 주몽이 남하해 자리잡는 곳에는 이미 졸본부여라는 왕국이 있어(『삼국사기』 백제본기, 시조 온조왕) 발달한 사회였으니, 오곡종자는 대개 농경의 시작이 아니라 농경권력의 상징이었다.

단지 가죽옷을 입고 소 및 돼지를 잘 기르고 그 옷은 위는 있고 아래는 없어 벌거벗은 듯하고 배를 타서 왕래하며 한중韓中과 시매市買한다. (『삼국지』 위서30, 동이전 한韓)

B-2. 마한馬韓의 서해西海 도嶋 위에 주호국州胡國이 있는데, 그 사람이 단소短小하고 머리를 깎고 가죽옷을 입되 위가 있고 아래가 없고 소·돼지를 잘 기르고 배를 타서 왕래하며 한중韓中과 화시貨市한다. (『후한서』 동이열전 한韓)

주호州胡 내지 주호국州胡國이 마한 '서해'의 큰 섬에 있다고 했다. 이는 대개 탐라에 해당한다고 간주되어 왔는데,[39] 마한 '서남해'의 큰 섬에 있다고 해야 정확하다. 이 곳 사람들은 체격이 조금 단소短小하고 언어가 한韓과 같지 않고 선비족처럼 머리를 깎고 단지 가죽옷을 입되 상의는 있고 하의는 없어 나체처럼 보인다고 했고, 소와 돼지를 잘 기른다고 했다. 또한 배를 타서 왕래하며 한중韓中(삼한·중국)과 매매한다고 했다. 언어가 한韓과 같지 않고 의복은 가죽옷을 상의로 걸친다고 했으니 오늘날 제주도에 해당하리라 여겨진다. 기원후 3세기 이전에 오늘날 제주도에 국가가 존재하며 삼한, 중국 등과 교역했던 것이다.

'주호州胡'는 곧 '주호洲胡'로 섬 오랑캐라는 뜻을 지녔는데 중화주의 시각에서 나온 것이니 객관적인 표현은 아니며 '탐모라' 혹은 '탐라'에 해당하리라 본다. '주호州胡' 내지 '주호국州胡國'은 대개 탐라 내지 탐라국으로 판단되어 왔으므로 탐라는 중국에게 야만적으로 보였을지라도 중국의 삼국시대 무렵에는 이미 국가로 성장해 있었다고 볼 수 있다.[40]

---

39 일찍이 청나라 학자 丁謙은 『삼국지』에 대한 세주에서 州胡가 지금의 濟州임이 틀림없다고 했다.

40 김경주는 탐라가 3세기경 거점취락인 읍락이 형성되고 수장층이 등장하면서 대외교류가 활발하게 이루어지고, 탐라정치체제가 형성된 이후 3~5세기까지는 영산강 유역의 마한세력과 활발하게 교류하며, '탐라시대 전기'에는 마한과의 지속적인

탐라는 당~송 때 찬술된『당회요』탐라국 편에 오부락五部落으로 이루어 졌다고 했으니 다섯 부족으로 이루어진 적도 있었다. 여러 부족의 '을나乙 那' 혹은 '나那'로 이루어진 연맹을 이루다가 다섯 부족 연맹으로 변화하더 니 세 부족 연맹으로 굳어지면서 모흥혈 신화가 만들어졌다고 볼 수 있다.

탐라는 삼한, 가야, 백제, 신라, 왜(일본), 중국 등과 교류하며 문명을 발 전시켜 나갔다. 탐라는 백제와 외교하던 무렵까지는 5부족 연맹왕국이었 다가, 백제멸망 무렵 이후에는 3부족 연맹왕국으로 변화한 것으로 추정되 며, 5부족 연맹에서 내전을 거쳐 3부족 연맹으로 전환하면서 모흥혈 신화 가 만들어진 것이 아닐까 한다. 모흥혈 신인神人 용출과 건국 신화, 신궁으 로서의 광양당 건립, '칠성도'로 상징된 탐라 도성 건립 등은 탐라가 고대 국가로 성장해 가고 정립한 것을 배경으로 생겨났다고 여겨진다.

3. 탐라와 탐모라와 탁라 명칭의 유래

탐라는 탐모라, 탁라 등 다양한 이칭으로도 불렸다. 탐라와 다양한 별칭 은 어떻게 유래했는지 살펴보기로 하자. '탐라耽羅'는 한자 뜻을 살리면 '즐 거운 나라'인데 기원을 따져볼 필요가 있다.『동국여지승람』제주 편에는 제주의 여러 명칭으로 탐라耽羅, 탁라乇羅, 탐모라耽毛羅, 동영주東瀛洲를 소개 하고 있는데, '동영주' 내지 '영주瀛洲'는 고유 명칭이 아니라 중국의 동쪽 에 삼신산三神山이 있다는 설화에서 유래한 아칭雅稱으로 꼭 제주에만 해당 하는 것은 아니었다.

교섭관계를 유지하면서 남부가야와 철을 매개로 한 교역이 유지된다고 보았다.「탐 라시대 전기의 취락구조와 대외교류」『고대 동아시아사와 탐라』(제주대학교 탐라 문화연구원, 2019). 여기서 '탐라시대 전기'는 고대탐라 전기에 해당한다.

탐라 내지 탐모라(담모라)가 처음으로 기록에 등장하는 것은 5세기 백제와 6세기 수나라 때였다. 『삼국사기』에, 백제 문주왕 2년(476) 4월에 탐라국躭羅國이 방물方物을 바쳤다고 했고, 동성왕 20년(498) 8월에 왕이 탐라가 공부貢賦를 닦지 않으니 친정親征해 무진주에 이르자 탐라가 듣고 사신을 파견해 죄를 비니 중지했다고 하고 세주에 '탐라躭羅는 곧 탐모라躭牟羅'라고 했다. 중국 서적에는 『북사北史』 열전과 『수서隋書』 열전에 수나라가 진陳을 평정한 해(589년)에 전함이 표류해 해동 탐모라국(耽牟羅國: 북사/담모라국舯牟羅國: 수서)에 이르렀다고 하고, 『구당서』 유인궤전에 탐라국耽羅國, 『신당서』 유인궤전에 담라국儋羅國, 『신당서』 동이전에 '담라儋羅', 『당회요』 '탐라국耽羅國' 편에 '탐라耽羅', 『책부원귀』 외신부外臣部 편에 당에 조공사신을 파견한 '탐라국왕耽羅國王' 유리도라儒李都羅가 등장한다. 한유韓愈가 당 장경長慶3년(823) 4월에 영남절도부嶺南節度府로 부임하는 정상서鄭尙書를 전송하는 글에서, 당 영남절도부 입장에서 해외잡국海外雜國으로 탐부라耽浮羅·유구流求·모인毛人·이단夷亶의 주州, 임읍林邑·부남扶南·진랍眞臘·우타리于陀利의 속屬은 동남으로 천지天地 가장자리에 만수萬數 거리에 위치해 때로 풍조風潮를 관찰해 조공朝貢하고 만호蠻胡 고인賈人(상인)이 해중海中에서 박교舶交(선박 교역)한다고 했는데,[41] 이 탐부라는 곧 탐라로 판단되어 왔다.[42] 『삼국사기』에 문무왕 2년(662) 2월에 '탐라국주躭羅國主' 도동음률徒冬音律이 신라에 항복했다고 했다. 『일본서기』에는 '탐라耽羅'가 일본과 자주 교류한 사실이 실려 있다. 그러하니 탐라가 삼국, 중국, 일본과 교류할 때 국명은 탐라, 담라, 탐모라, 담모라, 탐부라 등이었다.

『고려사』에는 탐라의 이칭으로 '탁라乇羅'가 자주 등장하고, 조선 서적

41 『昌黎先生集』 권21, 「送鄭尙書序」

42 沃溝郡大夫人高氏(金須 妻 高氏) 묘지명에서, 庚午亂(1270년 삼별초 난)에 府君(金須)이 靈光郡守로 병력을 거느려 '耽浮羅'를 지켰다고 했는데 이 '탐부라'는 곧 탐라이다.

에는 '탐라' 이전의 국호로 '탁라'를 드는 경향이 있다. 「서세문」과 김상헌 『남사록』에서, 영주瀛洲 제주는 본래 구한九韓의 하나로 혹 탁라乇羅라 했는데 구한 때 호칭(창호創號: 서세문)이고, 혹 탐라라 칭했는데 신라 때 책봉한 것이고, 혹 탐모라耽毛羅(耽牟羅)라 칭했는데 백제 때 책봉한 것이라고 했다. 하지만 탐라와 탐모라는 『삼국사기』와 중국 서적에 드러나듯이 외부로부터 받은 것이 아니라 그 자신의 독자적 고유 칭호였다.

탁라는 탐라 이전의 국호였을까? 『고려사』 지리지와 『세종실록』 지리지에는 『삼국유사』 게재 「해동안홍기海東安弘記」에 구한九韓을 열거한 중에 탁라乇羅가 네 번째에 위치한다고 했다. 『삼국유사』 탑상 황룡사구층탑 조항에, 안홍安弘이 찬술한 「동도성립기東都成立記」에 이르기를, 신라 선덕여왕 때 구한九韓에게 침략을 당했거늘, 황룡사에 구층탑을 건립하면 이웃 국가의 재앙을 진압할 수 있는데, 제1층 일본日本, 제2층 중화中華, 제3층 오월吳越, 제4층 탁라托羅, 제5층 응유鷹遊, 제6층 말갈靺鞨, 제7층 단국丹國, 제8층 여은女狄, 제9층 예맥獩貊이라 했다.[43] 『삼국유사』 기이 마한에, 「해동안홍기海東安弘記」에 이르기를, 구한九韓은 제1 일본, 제2 중화, 제3 오월, 제4 탁라乇羅, 제5 응유, 제6 말갈, 제7 단국丹國, 제8 여진女眞, 제9 예맥이라 했다고 했다.[44] 조선 서적에서 탁라 명칭을 들 때 진평왕~선덕왕 무렵에 활약한 신라고승 안홍의 기록에 의거한다.

안홍 글에서 '구한'은 선덕여왕 무렵의 신라를 둘러싼 이웃 나라들을 의미하니 여기에 포함된 탁라는 이 무렵의 명칭으로 탐라의 이칭이라 볼 수있다. 그런데 『삼국유사에 인용된 동도성립기의 구한九韓에 대한 기록은 후대의 시대상황과 관련된 것으로 보는 견해도 다수 있다. 전간공작前間恭作은 구한의 이름은 당말부터 오대에 걸쳐 사용된 것이므로 동도성립기는 고

---

43 『삼국유사』 권3, 塔像4, 皇龍寺九層塔
44 『삼국유사』 권1, 紀異1, 馬韓

려 초기의 위작을 안홍에게 가탁한 것으로 보았고, 말송보화末松保和는 동도성립기의 동도東都는 개경·서경과 대비된 표현으로 저자 안홍을 고려초의 인물로 보았다.[45] 신종원은 구한이 막연히 이웃 나라들을 지칭한 것으로 후대의 가필로 이해했고, 신동하는 「황룡사구층목탑찰주본기」에 구한이라는 표현이 보이지 않으므로 9층과 구한을 연결시키는 것은 후대의 부회라고 했다.[46] 허인욱은 동도성립기의 9한은 고려 초의 인식, 구체적으로는 오월이 존재했던 908~978년의 인식에 해당한다고 했다.[47] 반면 조법종은 후대의 표현이 존재하지만 명칭상의 변화일 뿐이지 그 내용과 실체는 유지되었다고 보았으며, 예맥은 고구려에 선주족先住族이면서 부용附庸된 존재로 고구려를 대신하는 호칭으로 사용되었고, 응유鷹遊는 『제왕운기』에 기재된 백제의 별칭인 '응준鷹隼'과 동일하게 백제의 별칭이라고 주장했는데,[48] 설

---

45 前間恭作, 「新羅王の世次と其の名について」『東洋學報』15-2, 1925 ; 末松保和, 「三國遺事の經籍關係記事」『靑丘史草』2, 1966

46 신종원, 「安弘과 新羅佛國土說」『신라초기불교사연구』, 민족사, 1992 ; 신동하, 「신라 불국토사상과 황룡사」『황룡사의 종합적 고찰』(신라문화제학술발표회 논문집 22), 2001

47 허인욱, 「『동도성립기』의 구한과 고려 초 대외 인식」, 『전북사학』68, 2023

48 조법종, 「백제 별칭 鷹隼考」『한국사연구』66, 1989. 『제왕운기』 응준 관련부분을 소개하면 "次有尸羅與高禮, 南北沃沮穢貊膺. 此諸君長問誰後, 世系亦自檀君承 … 百濟始祖名溫祚 … 後王或號南扶餘, 或稱鷹準與羅鬪, 持盈日久 及義慈 色醉聲酣 失王度, 唐高顯慶五庚申 羅王申奏邀天討, 命蘇定方下熊貔 水陸矢石紛如雨 擒義慈還京"이다(『제왕운기』 하권, 동국군왕개국연대). 조법종은 尸羅는 신라로, 高禮는 고려(고구려)로, 膺·鷹準·羅鬪를 백제의 별칭으로 보았는데, 羅鬪의 경우 매를 가리키는 몽고어 nancin(나친羅親)과 관련된 것으로 이해한 것이었다. 하지만 "後王或號南扶餘 或稱鷹準與羅鬪"라는 구절은 "後王이 국호를 혹은 '남부여'라 칭했고, 혹은 '鷹準'이라 칭하여 신라와 전투했다"라고 해석해야 하리라 본다. 백제군이 신라군에게 대패해 성왕이 전사한 후 백제는 지속적으로 맹렬하게 신라와 전쟁을 벌였으니, 그러한 백제가 사나운 매(응준)처럼 보여 백제가 '鷹' 혹은 '鷹隼'으로 불리게 된 것으로 여겨지는데 신라 측에서 그렇게 불렀을 가능성이 크다. 안홍 기

득력이 있다. 이강래는 안홍의 활동시에 국명으로서 일본이 출현했다는 증거는 없으나 7세기초에 이미 '일본적'의식과 표현이 있었고 탁라 또한 당시에 무시할 수 없는 존재이므로 선덕왕대의 관심사가 모두 망라된 것으로 이해할 수 있다고 했다.[49]

『삼국유사』 안홍 글은 신빙할만한 부분이 많은 자료로 여겨진다. '구한' 관련 내용은 공식적인 글이 아니라 국가방위를 사상종교적으로 담은 은밀한 글로 여겨진다. 예맥은 고구려를, 응유는 백제를 의미한 것으로 보이는데 혹시 유출되더라도 고구려와 백제를 덜 자극하려는 은유적 표현으로 보인다. 응유鷹遊는 신라 진흥왕의 한강유역 탈취와 백제 성왕의 전사 이래 원수 사이가 된 백제가 신라를 치열하게 공격한 것을 사나운 매로 비유한 것으로 보인다. 신라는 황룡사에 구층탑을 짓기 위해 백제 장인 아비지를 초빙했기 때문에 탑의 순조로운 건립을 위해 이른바 '구한'의 하나에 백제를 직접 지칭하지 않고 '응유'로 은유했을 것이다. '구한'에는 선덕여왕 이전에 신라를 괴롭힌 나라도 포함되었으며, 이웃 국가는 누구든지 신라에 잠재적인 위협이 될 수 있다고 여겨 모두 망라되었다. 단국丹國은 계단契丹 즉 거란으로 여겨지는데[50] 신라와 국경을 접하지는 않았지만 고구려와 갈등 혹은 교류했기에 잠재적 위험으로 간주되었을 것이다.

안홍이 신라 왕경을 '동도東都'라 표현한 것은 중국의 전통적인 양도兩都인 장안 서도(서경)와 낙양 동도(동경)를 염두에 두어 신라 국원소경(중원경: 충주)을 서도로, 왕경을 동도로 간주해서였을 수 있다. 충주는 경주에서 북서쪽에 위치하지만 양도(양경) 구도에서 서쪽으로 관념될 수 있었던 것이다.[51]

록에 등장하는 '鷹遊'는 '鷹' 혹은 '鷹隼'의 은유적 표현이었을 것이다.

49 이강래, 『삼국사기 전거론』, 민족사, 1996, 199쪽

50 거란족이 부족상태였다고 하더라도 위협적인 정치체라면 국가로 인식될 수도 있었다.

51 신라가 고구려 國原城(훗날 충주)을 평정해 진흥왕이 小京을 설치하고 경덕왕 때

이는 고려초 개경과 서경(평양)의 양경兩京 체제에서 평양이 개경의 북서쪽에 위치했음에도 굳이 '서경西京'이라 칭한 이유가 중국의 서경과 동경의 양경제를 모델로 했기 때문인 점이 뒷받침한다. 고려 성종대에 안동도독부(경주)가 동경으로 승격되면서 개경, 서경, 동경의 삼경三京 체제로 되는데 경주는 지리상 개경의 남동쪽에 위치하지만 남쪽에 치우쳐 남경이라 해야 적절함에도 '동경東京'이라 했는데, 이는 서경 평양과의 호응을 고려했기 때문이기도 했고 신라 왕경이 신라시대부터 '동경' 내지 '동도'로도 불려졌기 때문이기도 했으리라 여겨진다.

안홍 글에서 '왜倭'가 아니라'일본'으로 되어 있어 논란이 되기도 하지만, 수양제 대업大業3년(607)에 그 왕(왜왕) 다리사비고多利思比孤가 사신을 수에 파견해 조공朝貢했는데, 그 사신이 가져온 국서國書에 써 있기를 "일출처 日出處 천자天子가 일몰처日沒處 천자에게 서신을 보내나니, 무양無恙한지요"라고 되어 있으니[52] 왜는 607년 이전에 이미 해뜨는 곳을 의미하는 '일본日本'이라 했다고 여겨진다.[53] 안홍 글에서 중국을 '중화'와 '오월'로 구분해 표현한 것은 남송에 의해 강남이 본격적으로 개발되기 전에 중원지역을 중화로, 강남지역을 다른 세계로 인식한 점이 작용했을 것이다. '오월'이라는 국가는 당 멸망 이후의 오대십국 시대에 등장하지만 장강 이남의 강남지역은 춘추시대 이래 '오'와 '월'의 땅으로 인식되었기 때문에 '오월'이라는 국가가 탄생하기 이전에도 강남지역을 오월의 땅으로 표현할 수 있었다.

中原京이라 개칭했다. 문무왕 20년에 金官小京을 설치했다가 경덕왕 때 金海京으로 개칭했고, 문무왕 때 北原小京(훗날 원주)을 설치했고, 신문왕 5년에 西原小京(훗날 청주)을 설치했다가 경덕왕 때 西原京으로 개칭했고, 신문왕 5년에 古龍小京(南原小京)을 설치했다. 『삼국사기』 권34·35·36, 雜志, 지리

52 『隋書』 권81, 列傳, 東夷, 倭國

53 안홍 글에서 倭가 아니라 日本이라 한 것은 왜(일본)가 백제와의 동맹을 강화할까 염려해 순화된 표현을 사용한 것이 아닌가 한다.

『삼국유사』 안홍 글은 탑상편과 기이편에 실렸는데, 탑상편에 실린 것이 원형으로, 기이편에 실린 것은 해석이 가해진 변형으로 보인다. 탁라의 한자가 탑상편에는 '托羅'이지만 기이편에는 '乇羅'로 표기되었는데, 『삼국유사』가 편찬된 고려시대에 일반적으로 쓰인 한자를 채택한 것이라 할 수 있다. 탑상편에 '여은女狁'이 기이편에는 '여진女眞'으로 되어 있는데 고려시대에 아마 『삼국유사』 편찬 때에 해석이 가해진 것으로 추정된다. '여진'이 신라 때 사용된 용어가 아니므로 안홍 글을 신빙하기 어렵다는 견해가 있는데 이는 기이편의 '여진'이라는 표현에서 기인한다. '구한'의 하나로 들어간 말갈은 훗날의 여진인데 중복해서 또 '여진'이 들어갔으니 매끄럽지 못하다. 그러하니 탑상편의 '여은女狁'이 원형으로 정확한 것이라 판단되고 여성 오랑캐라는 의미를 지녀 여진족에 해당하지 않고 한반도(신라 포함)의 바다 건너에 있었다는 녀국女國(여인국)에 배정되어야 할 것이다.

중국 『삼국지』에, 동옥저 기로耆老가 말하기를, 어떤 일국一國이 해중海中에 위치하는데 순전히 여성만 있고 남성이 없다고 한다고 했다.[54] 『후한서』에, 동옥저 기로耆老가 말하기를, 해중海中에 녀국女國이 있어 남인男人이 없으며, 혹 전하기를 그 나라에 신정神井이 있어 그것을 엿보면 문득 자식을 낳는다고 한다고 했다.[55] 김부식 『삼국사기』에, 탈해脫解 니사금尼師今은 본래 왜국倭國 동북 일천리一千里의 다파나국多婆那國 소생인데, 그 국왕이 녀국왕女國王의 딸과 혼인해 대란大卵을 낳으니 독櫝(함: 궤) 안에 넣어 바다에 띄워 보내자 금관국金官國 해변을 거쳐 진한辰韓 아진포구阿珍浦口에 이르러 독櫝에서 나온 소아小兒가 곧 탈해라고 했다.[56] 한반도의 동해 중에 녀국女國 즉 여인국이 존재한다고 동옥저, 서라벌국(사로국→ 신라) 사람들에게 알려졌기에 선덕여왕 때 황룡사 구층탑 구도에 '여은女狁'으로 반영되었던 것이다.

---

54 『三國志』 「魏書」 권30, 東夷傳, 東沃沮
55 『後漢書』 東夷列傳, 東沃沮
56 『삼국사기』 권1, 신라본기, 脫解尼師今

안홍 「동도성립기」에 묘사된 선덕왕(여왕) 때 황룡사구층탑의 건립 배경은 문무왕 때 당 군대의 침략을 물리치기 위해 낭산 선덕왕릉 남쪽에 사천왕사를 건립하는 배경과 종교적으로 외적을 물리치기 위한 사업이라는 점에서 서로 통하는 면이 있다. 구한이 중국에 해당하는 중화와 오월을 포함한 개념인지 아닌지 애매하기는 하지만 중국 한이 조선(고조선)을 침략해 멸망시키니 그 유민이 남하해 서라벌국(사로국) 건국의 한 성분이 되었으니[57] 신라의 입장에서 중국은 언제든지 위협이 될 수 있는 존재였다. 탁라 즉 탐라는 신라의 숙적 백제와 동맹관계였으니 신라에게 위험 국가였다. 그러하니 '구한'의 하나로 거론된 '탁라'는 '탐라' 이전의 명칭이 아니라 '탐라'의 이칭異稱이었던 것이다.

중국에 탁라와 관련된 기록이 있었다. 조선시대 제주 안무어사 김상헌이 『남사록』에서 필담筆談(중국 필담)을 인용하기를, "송宋 가우嘉祐 중에 선박 하나가 표류해 곤산현崑山縣에 이르렀는데, 선중船中 사람의 의관衣冠이 당인唐人처럼 홍정紅鞓·각대角帶와 검정 포삼布衫을 착용했지만 언어는 알아들을 수 없고 서자書字도 읽을 수 없거늘, 문서 하나를 꺼냈는데 당조唐朝가 '탁라도乇羅島'에 고칙告勑한 것이었고, 또 '상고려표上高麗表(고려에 올리는 표문)'가 있으니, 대개 동이東夷 중에 고려에 신속臣屬한 자였다" 라고 했다. 중국 측의 기록은 다음과 같다. "가우嘉祐(송인종 연호: 1056~1063) 중에 소주蘇州 곤산현崑山縣 해상에 선박 하나가 돛대가 부러져 해안에 이르렀다. 선중船中에 30인 남짓이 있어 의관衣冠이 당인唐人처럼 홍정紅鞓·각대角帶와 짧은 검정 포삼布衫을 착용한 상태였다. 사람을 보자 모두 통곡했는데 언어를 알아들을 수 없고 시험삼아 글자를 쓰도록 했지만 글자 역시 읽을 수 없었고, 이

---

57 신라 시조는 姓이 朴氏이고 諱(이름)가 赫居世로, 前漢 孝宣帝 五鳳元年 갑자년에 나이 13세로 즉위해 칭호를 居西干, 국호를 徐那伐이라 했는데, 이에 앞서 朝鮮 遺民이 山谷 사이에 나누어 거주해 六村을 이루어 辰韓 六部가 되더니 혁거세를 옹립한 것이라고 한다. 『삼국사기』 권1, 신라본기, 혁거세거서간

동함에 줄지어 기러기 행렬 같았다. 한참 만에 그들이 문서 하나를 꺼내 보였는데 당唐 천수天授(무주武周 무측천 연호: 690~692) 중에 둔라도屯羅島 수령首領 배융부위陪戎副尉에게 고칙告敕하는 제制였고, 또 문서 하나가 있어 '고려高麗에게 올리는 표表'로 역시 둔라도屯羅島라 칭해져 있고 모두 한자를 사용했는데, 대개 동이東夷로 고려에 신속臣屬한 자였다."[58]

송인종 가우嘉祐(1056~1063: 고려 문종 10년~17년에 해당) 시절에 어떤 선박이 소주 곤산현 해변에 표착했는데, 당의 황후였다가 황제에 올라 주周를 건국한 무측천의 천수天授(690~692) 시절에 황제 무측천이 둔라도屯羅島 수령首領 배융부위陪戎副尉에게 고칙告敕하는 제制(황명)를 지니고 있었다. 김상헌은 이러한 필담을 요약해 소개한 것인데 둔라도屯羅島가 아니라 탁라도乇羅島라 표기하고 곧 제주濟州라 파악했다. '둔屯'자와 '탁乇'자는 생김새가 비슷해서 필사하거나 새기는 과정에서 자칫 혼동할 수가 있으니, 둔라도屯羅島는 탁라도乇羅島의 오기 내지 흘림체로 판단된다. 한반도가 통일신라 시절이지만 탁라 즉 탐라는 일본과 통교하면서 한편으로는 당 내지 무주武周와 통교해 그 수령首領(족장 급)이 당·주周 무산관武散官의 하나인 배융부위陪戎副尉(종9품)를 제수받았던 것이다.

제주의 고대 이래 명칭은 대개 탐라耽羅(乇羅) 내지 탐모라乇牟羅였고, 때로 담모라躭牟羅, 탐부라耽浮羅, 담라儋羅, 탁라乇羅(托羅) 등이었다. 조선후기 실학자 한치윤의 『해동역사』에서 탐라耽羅에 대해 한진서(한치윤의 조카)가 세주를 달기를, 탐라는 해도국海島國으로, 후위서後魏書에서 '섭라涉羅'라 칭했고, 수서隋書에서 담모라躭牟羅라 칭했고, 당서唐書에서 담라儋羅라 칭했고, 또한 탐부라耽浮羅·탐라耽羅라 칭했건만 모두 하나이며, 동국 방언에 '도島'를 '섬剡(섬)'이라 하고, 국國을 '라라羅羅(나라)'라 하거늘 '탐耽'·'섭涉'·'담儋' 세 음音이 모두 '섬剡(섬)'과 서로 유사한데 대개 도국島國(섬나라)을 이른 것이

---

58 『古今合璧事類備要』 前集8, 風飄海船

라 했다. 남풍현과 오창명은 '탐모라'가 원형이고 나중에 '탐라'로 변해 표기되었다고 보았다.[59] '섭라涉羅'가 탐라의 이칭이었는가는 후술한다.

백제 무녕왕의 이름 '사마斯麻'가 『삼국사기』 백제본기 무녕왕편에 보이고 무녕왕릉 묘지석에서 확인되고 『일본서기』에 그 유래가 상세히 언급된 것이 주목된다. 『일본서기』에 따르면, 웅략천황雄略天皇 5년(461) 4월에 백제 가수리군加須利君[개로왕蓋鹵王]이 그 아우 군군軍君[곤지昆支]에게 말하기를, "네가 일본에 가서 천황天皇을 섬겨야 한다"라고 하니, 군군軍君이 대답하기를, "상군上君(개로왕)의 명령을 어길 수 없지만 원컨대 군부君婦(개로왕의 아내)를 저에게 하사한 후에 떠나도록 해 주십시오"라고 했다. 가수리군(개로왕)이 잉부孕婦(개로왕의 임신상태 아내)를 군군軍君에게 가여嫁與하며 말하기를, "나의 잉부孕婦는 이미 산월産月에 해당하니 만약 도중에 출산하면 어느 곳에 이르든 선박 한 척에 태워서 속히 국가로 보내라"했다. 마침내 군군(곤지)이 작별하고 조朝(일본)에 파견되었다. 6월 병술일 초하루에 잉부孕婦가 과연 가수리군(개로왕) 말처럼 축자筑紫(큐슈 북부) 각라도各羅嶋에서 아기를 낳으니 이로 인해 이 아기를 '도군嶋君'이라 했다. 이에 군군軍君(곤지)이 곧 선박 한 척으로 도군嶋君을 국가로 보냈는데 이가 무녕왕武寧王이고, 백제인이 이 도嶋를 호칭하기를 '주도主嶋'라고 한다고 했다.[60]

또한 『일본서기』에 따르면, 무열천황武烈天皇 4년(502)에 백제 말다왕末多王(동성왕)이 무도無道해 백성을 포학暴虐하니 국인國人이 제거해 도왕嶋王을 세웠는데 이가 무녕왕武寧王이라 했다. 백제신찬百濟新撰에 이르기를, 말다왕末多王이 무도無道해 백성을 포학暴虐하니 국인國人이 함께 제거해 무녕왕武寧王이 즉위해 명호가 '사마왕斯麻王'으로 곤지왕자琨支王子의 아들인 즉 말다

---

59 남풍현, 「지명과 지명 연구-거벌모라와 탐모라」『탐라문화』23, 2003 ; 오창명, 「'제주'의 옛 이름 재해석」『탐라사의 재해석』(제주발전연구원, 2013). 牟羅는 대개 城에 준하는 말이거나 방위를 위한 요새 따위를 뜻하는 말이라고 보았다.

60 『日本書紀』 권14, 大泊瀨幼武天皇 雄略天皇 5년

왕末多王의 이모형異母兄(이복형異腹兄)인데, 곤지琨支가 왜倭로 향해 축자筑紫 도嶋에 이르렀을 때 사마왕斯麻王을 낳으니 (사마왕이) 도嶋로부터 돌려보내져 경京에 이르지 않았는데 도嶋에서 태어났기 때문에 그렇게 이름했다고 했다. 지금 각라各羅 해중海中에 주도主嶋가 있는데 왕王이 태어난 도嶋이기 때문에 백제인이 호칭하기를 '주도主嶋'라고 한 것이며, 살펴보건대 도왕嶋王은 개로왕의 아들이고, 말다왕은 곤지왕琨支王의 아들이니 여기(백제신찬)에서 '이모형異母兄'이라 한 것은 미상未詳이라 했다.[61]

무녕왕은 어머니가 일본으로 가다가 도島(嶋) 즉 섬에서 그를 낳았기 때문에 '사마'라고 이름한 것이었다. '사마斯麻'는 일본 발음은 '시마'이고 일본에서 후쿠시마(福島)처럼 도島를 '시마'라고 발음한다. '사마' 내지 '시마'가 '섬'으로 변화한 것처럼 '탐모' 내지 '담모'가 '탐' 내지 '담'으로 변화했다고 볼 수 있다. 탐라, 탁라, 담라, 탐모라, 담모라에서 '탐', '탁', '담', '탐모', '담모'는 섬을 의미하는 고대 탐라어로, '라'는 사라(사로), 가라(가야) 등처럼 나라를 의미하는 것으로 여겨진다. 요컨대, 탐라, 탁라, 담라, 탐모라, 담모라는 곧 섬나라라는 의미를 담고 있고 이곳 사람들이 주체적으로 정한 독자적 칭호라고 볼 수 있다.

섭라涉羅를 탐라의 별칭으로 간주하는 경향이 있다. 북위 역사를 기재한 『위서魏書』의 고구려전에, 태화太和15년(491)에 련璉(고구려 장수왕)이 나이 백여세百餘歲로 사망하자 북위 고조高祖가 동교에서 애도했다. … 또한 대홍려大鴻臚를 파견해 련璉 손자 운운雲(문자왕)을 제배해 사지절使持節·도독요해제군사都督遼海諸軍事·정동장군征東將軍·영호동이중랑장領護東夷中郞將·요동군개국공遼東郡開國公·고구려왕高句麗王으로 삼고 의관복물衣冠服物·거기車旗의 장식을 하사하고, 또한 운운雲(문자왕)에게 조詔하여 세자世子를 파견해 입조入朝하여 교구郊丘의 예禮에 미치도록 했지만 운운이 상서上書해 세자 질병을 핑계

61 『日本書紀』 권16, 小泊瀨稚鷦鷯天皇 武烈天皇 4년

로 그 종숙從叔 승우升于를 파견해 사신을 따라 예궐詣闕하게 하니 엄히 질책했으며, 이로부터 해마다 상공常貢을 바쳤다고 했다. 정시正始(504~507) 중에 북위 세종世宗이 동당東堂에서 그 사使(고구려 사신) 예실불芮悉弗을 인견引見했는데, 실불悉弗이 나아가 말하기를, "고려高麗(고구려)는 진정 천극天極(북위)에 매어 누엽累葉 동안 순성純誠으로 지산토모地産土毛(토산물)를 어김 없이 왕공王貢했는데, 다만 황금黃金은 부여夫餘로부터 나고, 가珂는 섭라涉羅에서 생산되는 것이라, 지금 부여夫餘는 물길勿吉에게 축출당하고 섭라涉羅는 백제百濟에게 병幷(병합)한 바 되어, 국왕 신운臣雲(문자왕)이 오직 계절繼絶(끊어진 것을 잇도록 함)의 의義로써 (부여와 섭라를) 모두 다 경내境內로 옮겼으니, 이품二品(황금과 가珂)을 왕부王府(북위)에 올리지 못한 까닭은 실로 양적兩賊(물길과 백제) 때문입니다" 라고 했다. 세종이 말하기를 " … 접때 방공方貢의 과오는 책임이 연솔連率에게 있으니, 경卿(예실불)은 마땅히 짐지朕旨를 경주卿主(문자왕)에게 전하여 위회威懷의 략략略(방략)에 힘써 해로운 무리를 제거해 동예東裔를 편안하게 하여 이읍二邑(부여와 섭라)으로 하여금 구허舊墟를 회복하게 하여 토모土毛를 상공常貢함을 잃지 않도록 하오" 라고 했다.[62] 예실불芮悉弗과 북위 세종의 만남 기사는 『삼국사기』 고구려본기 문자왕 13년 4월조에도 거의 동일한 내용이 실려 있는데[63] 문자왕 13년(504) 4월에 일어난 일이었다.

한치윤의 『해동역사』에서 탐라耽羅에 대해 한진서(한치윤의 조카)가 세주를 달기를, 탐라는 해도국海島國으로 후위서後魏書에서 '섭라涉羅'라 칭했다고 하여 일찍이 섭라涉羅를 탐라로 비정했고, 이병도 이래 다수 학자들이 이를 수용했다. 반면 노태돈이 이 섭라를 신라에 비정했듯이[64] 신라로 보는 견해

---

62 『魏書』 권100, 列傳, 高句麗
63 『삼국사기』 권19, 고구려본기 문자왕 13년
64 노태돈, 『고구려사 연구』, 사계절, 1999, 336~337쪽. 종래 고구려에 예속되어 있던 신라가 백제와의 연합을 강화하며 고구려의 예속으로부터 이탈한 것을 고구려의 입장에서 북위에게 설명한 것이라는 시각이다.

도 다수 있다. '가珂'가 무엇을 의미했는지에 대해서도 의견이 분분하다. 신라의 이칭인 '薛羅'에 대해, 조선후기 『이재유고頤齋遺藁』 「화음방언자의해華音方言字義解」에서 『진서晉書』 부견전苻堅傳에 신라新羅를 '설라薛羅(섭라)'라고 했는데, 대개 신라가 처음에 '서벌라徐伐羅'라 칭해 서벌徐伐 둘을 합해서 소리내면 '薛(섭)'음성과 서로 가깝고, 또한 지금 경인京人이 내관內官으로 어선御膳을 관장하는 자를 부르기를 '薛里(섭리)'라고 한다며, '薛'음성은 '섭'으로 '涉'음성과 같으니, (涉은) 역시 서徐 및 벌伐의 초성初聲 둘을 합한 것으로 '薛(섭)'과 같은 유어遺語일 따름이라 했다. 신라의 이칭인 '설라薛羅'가 섭라涉羅와 음이 같으니 섭라涉羅는 탐라가 아니라 신라를 지칭한 것으로 볼 수 있다고 했는데,[65] 설득력이 있다고 생각한다. 신라는 광개토대왕의 남진 이래 고구려의 속국이었는데 장수왕의 남진 이래 신라가 백제와 동맹해 고구려로부터 이탈하는 경향을 보인 결과 문자왕 치세에 고구려가 신라의 특산물인 가珂를 북위에 선물하지 못했다고 볼 수 있다.[66] 그러하니 섭라涉羅는 탐라의 이칭이 아니라 하겠다.

탐라는 『삼국사기』와 중국의 여러 서적에 따르면 백제와 사대외교를 맺었고 중국 수나라에 알려져 있었고 백제멸망 후에는 당, 일본, 신라와 외교를 맺었다. 그런데 조선시대에 서술된 탐라건국 신화에는 앞에서 언급했듯이 국호와 성주星主 등 명칭 유래와 관련 지으며 탐라가 육지국가 중 신라에 처음으로 외교 관계를 맺은 것으로 묘사되어 있어 문제이고, 또한 고려

---

65 장창은, 「사서에 남겨진 고대 신라국 운위 실체의 재검토」 『고대 동아시아와 탐라』, 제주대학교 탐라문화연구원, 2019

66 문자왕이 즉위해 북위에 해마다 상공常貢을 바쳤는데 여기에 부여의 황금과 섭라의 가珂가 포함되어 있었다. 그런데 어느 시점에서 그 황금과 가珂를 북위에 바치지 못해 문자왕 13년(504) 4월에 그와 관련된 대화가 오간 것이었다. 고구려가 북위에 바쳐오던 부여의 황금과 섭라의 가珂를 바치지 못하기 시작한 시점은 문자왕 즉위년~13년 4월 사이였다고 볼 수 있다.

후기~조선시대 서적에도 대개 그렇게 서술되어 있어 문제이다.

고인탄高仁坦(고인단高仁旦)이 지원至元29년(1292: 충렬왕 18년)에 정동행중서성征東行中書省 차부箚付로써 탐라耽羅 지휘사指揮使에 충임되었다. 이에 부사副使(지휘부사) 문창우文昌祐·동지同知(동지지휘) 김선金瑄과 더불어 의논을 정하여 원조元朝에 주달奏達해 탐라를 본국本國(고려)에 환속還屬하도록 하니, 충렬왕이 그 충성을 가상히 여겨 특별히 역어낭장譯語郎將 정공鄭恭·임양필任良弼로 하여금 선지宣旨를 내려 불러서 고인탄(고인단)으로 성주星主 운휘상장군雲麾上將軍을 삼고 홍정紅鞓·자의紫衣·보개寶蓋를 하사하고 적지 않은 재물을 주었는데, 홍정紅鞓·보개寶蓋의 하사는 신라新羅 때부터 권여權輿한(비롯한) 것이었다고 했다. 충렬왕이 말하기를, "나대羅代(신라시대)부터 줄곧 지금까지 순국적성徇國赤誠을 보여 아낄만하니, 성주星主의 직職을 영세永世토록 떨어뜨리지 말지어다" 라고 했다고 했다.[67] 충렬왕이 고인탄(고인단)을 성주星主로 삼았으니, 문창우를 왕자王子로 삼았을 것이다. 충렬왕이 성주 고인탄에게 탐라가 신라시대부터 줄곧 지금까지 순국적성徇國赤誠(국가를 위해 생명까지 바치는 참된 마음)을 보였다고 말했는데 왕자 문창우에게도 같은 말을 했을 것이다.

임박林樸이 공민왕 16년에 제주선무사濟州宣撫使가 되어 제주에 이르러 만호萬戶에게 말하기를, "달달목자達達牧子가 반측反側을 좋아하니 그대는 마땅히 마음을 다해 편안히 어루만져 생사生事하지 못하도록 하오" 라 했다. 또한 성주星主·왕자王子에게 말하기를, "'군배君輩(성주·왕자)'는 신인神人의 후예인데, 신라에 입入하여 성주星主가 되고, 본조本朝(고려)에 입入하여 왕자王子가 되어, 역대歷代를 복사服事하고 역대歷代가 '군배君輩(성주·왕자)'를 대우함이 역시 심히 후厚했으니, '군배君輩(성주·왕자)'는 마땅히 각기 일심一心으로

---

67 『동문선』 권101, 星主高氏家傳[鄭以吾]. 「성주고씨가전」은 조선 무술년(1418: 태종 18년)에 정이오가 고득종의 부탁을 받고 찬술한 성주고씨 家傳이었기에 성주고씨족의 입장에서 서술되었다.

복사服事해, 목자牧子와 더불어 변란을 부채질하지 말도록 하오" 라고 했다. 이에 성주星主·왕자王子 및 군민軍民이 모두 엎드려 말하기를 "감히 유명唯命하지(명령에 따르지) 않으리오" 라고 했다.[68] 공민왕 때 임박은, 성주와 왕자가 신인神人의 후예로, 성주는 신라 때 이래 신라와 고려를 대대로 섬겨 오고 왕자는 고려 때부터 고려를 대대로 섬겨 왔다고 본 것이었다.

권근權近이 홍무29년(1396)에 명황제 주원장의 요구에 응해 지은 시 10수首 중의 「탐라耽羅」 시에서, "푸르고 푸른 일점一點 한라산漢羅山이 멀리 큰 파도 호묘浩渺 사이에 있네, 인사(탐라인)이 성망星芒(별빛)과 연동해 해국海國(탐라국)에서 왔고(人動星芒來海國) 마馬는 용종龍種에서 생겨 천한天閑(천자 마구간)에 들어갔네, 땅은 편벽하지만 민民은 생업生業을 이루고 바람이 편하면 상범商帆이 조금 가고 돌아오네, 성대聖代(명나라) 직방職方이 판적版籍을 닦을 때 차방此邦(탐라)이 비록 누루陋하지만 삭제하지 마소서" 라고 읊었다. '인동성망래해국人動星芒來海國'에 대한 세주에서, 옛적에 탐라인耽羅人이 신라에 내조來朝했을 때 객성客星의 응應이 있으니 나주羅主(신라왕)가 기뻐해 칭호 '성자星子'를 하사했는데 그 자손이 지금까지 전칭傳稱한다고 했다.[69] 탐라국 사람이 신라에 와서 조회하자 신라왕이 '성자星子'를 하사했고 그 이래 조선초까지도 '성자星子'를 칭했다는 것인데 이 '성자星子'는 '성주星主'를 격하한 표현으로 여겨진다.

권근이 조선 태종 때 제주목사로 부임하는 이원항李元恒을 전송하는 서序에서, "탐라耽羅는 해중海中에 있어, 신라 때로부터 해마다 직공職貢을 닦아 아我 부용附庸이 되어, 고려가 제주목濟州牧을 설치하고 국가(조선)가 인因하여 반드시 정신廷臣 중에 문무 재략材略을 지니고 위엄·은혜가 드러나는 자를 택하여 목牧하게 하였는데, 범풍飄風해 아득히 끝없이 항해함으로 인해

---

68 『고려사』 권111, 林樸傳
69 『陽村先生文集』 권1, 아들 權蹈 編, 應製詩 朝鮮國陪臣權近 製進

수백리數百里 놀란 파도와 불측不測 험난을 건너야 하고 도착하면 풍속이 특별히 다르고 군졸은 사납고 민民은 어리석고 기뻐하면 사람이고 분노하면 짐승이라서 공어控御(지배)하기 어렵다고 했다.[70] 권근은 탐라가 신라 때부터 직공職貢을 닦아 '아我' 부용附庸이 되었다고 했으니, 탐라가 신라 때부터 조공을 바쳐 그 이래 육지(한반도) 국가의 부용附庸이 되었다고 본 것이었다.

정통2년 정사년(1437: 조선세종 19)에 고득종이 찬술한 「홍화각기」에는 제주가 옛적에 혹 '동영주東瀛洲' 혹 '탁라乇羅' 혹 '탐라'耽羅'를 칭하여 대代를 따라 개칭되어 사책史策에 실려 있어 볼 수 있는데, 그 초初에 사람이 없어 신자神子 삼인三人이 땅에서부터 용출湧出하고 신라 때에 이르러 비로소 스스로 귀부歸附해 해마다 직공職貢을 닦아 지금까지 천백년千百年을 드리우고, 아본조我本朝(조선)에 이르러 더욱 성주聖主 문명文明의 교화와 회유懷柔의 덕德을 입어 풍속이 변화하고 민民이 편안히 토착한지 오래 되었다고 했다.

고려후기~조선시대 서적은 탐라가 가장 먼저 신라를 사대하다가 백제를 사대했고 백제가 멸망하자 또 신라를 사대하게 되었다고 했는데 그 순서에 문제가 많은 것이다. 삼국의 건국순서를 신라, 고구려, 백제 순서로 배열한 『삼국사기』를 참고하다 보니 탐라가 삼국 중의 신라에 처음으로 조회한 것으로 만들어졌다고 여겨진다.

탐라와 성주 등 명칭의 유래에 대한 고려후기~조선시대의 그러한 기록은 탐라가 고려 의종대에 탐라현으로 편입되고 나서 탐라현, 제주, 탐라국의 변동이 이어지면서 고려와 조선이 탐라의 고려, 조선에의 복종을 강조하다가, 또한 탐라 지배가문(육지 진출 포함) 일부가 자신의 입지를 위해 한반도 국가에 대한 충성을 강조하다가 생겨난 현상이라고 하겠다.

---

70 『양촌집』 권20, 送濟州牧使李君[元恒]詩序 ; 『신증동국여지승람』 권38, 제주목, 풍속. 권근의 탐라에 대한 편견이 엿보인다. 탐라제주인이 기뻐하면 사람이고 분노하면 짐승이라서 控御하기 어렵다고 했는데, 비하가 담겨 있으면서 탐라제주인이 용맹했음을 알려준다.

4. 고대 탐라국의 교류와 위상과 생활

탐라는 삼한·가야, 중국, 일본과 교역하며 성장해 나갔다. 중국『삼국지』(사마司馬 진晉의 진수陳壽 찬술)에 '주호州胡'가, 『후한서』(남조 송의 범엽范曄 찬술)에 '주호국州胡國'이 한韓 편에 등장하는데 한중韓中과 무역한다고 했다. 마한 서해(서남해가 정확)의 큰 섬에 위치한 이 주호 내지 주호국은 곧 탐라국으로 판단되어 왔는데 한중韓中 즉 삼한 및 중국과 무역했던 것이다. 중국에 '주호국(섬 오랑캐 국가)'이라는 비칭卑稱으로 알려졌지만 이 때 이미 '탐모라국' 내지 '탐라국'으로 존재해 오고 있었을 것이다.

고대 탐라국은 육지(한반도)에서 삼한·가야와 삼국 교체기가 도래하자 누구와 외교를 할 것인지 선택해야 했다. 백제 개로왕이 치세 21년 9월에 고구려의 침략으로 한성이 함락당하면서 사망하자 문주왕이 즉위해 겨울10월에 웅진熊津으로 도읍을 옮겼다.[71] 문주왕 2년(476) 3월에 백제가 송宋(중국 남조)에 조공하러 사신을 파견했지만 고구려가 길을 막았기 때문에 도달하지 못하고 돌아왔고, 여름4월에 탐라국耽羅國이 백제에 방물方物을 바치니 왕이 기뻐해 사자使者를 제배해 은솔恩率로 삼았다.[72] 탐라국이 백제와 외교 관계를 맺은 것인데, 기록상으로 탐라국이 한반도 국가와 관계를 맺은 가장 이른 기사이다.

탐라국이 백제에 파견한 사자가 문주왕 2년(476) 4월에 수도 웅진에 도

---

71 『삼국사기』 권25, 백제본기, 개로왕 ; 『삼국사기』 권26, 백제본기, 문주왕. 백제 개로왕 재위21년 가을9월에 고구려왕 巨璉(장수왕)이 병력 3만을 거느리고 백제를 침략해 王都 漢城을 포위하자, 개로왕이 城을 자신이 지키고 文周로 하여금 신라에 구원을 요청하도록 하니 문주가 병력 一萬을 얻어 돌아왔는데, 고구려군은 비록 물러갔지만 城은 파괴되고 개로왕은 사망했다.

72 『삼국사기』 권26, 백제본기, 문주왕. 한편 백제 官에 16品이 있었는데 佐平 5인은 1品, 達率 30인은 2品, 恩率은 3品, 德率은 4品, 扞率은 5品, 奈率은 6品, 將德은 7品이었다(『삼국사기』 권40, 雜志, 職官 下).

착해 방물을 바치니 백제가 그 사자에게 백제 관작인 은솔恩率(3품)을 수여했다는 것인데, 이는 탐라가 적어도 이 이전에, 나아가 한성백제 시대에 국가로 성장해 있었음을 말해준다. 백제 문주왕은 고구려 장수왕 군사에 의해 개로왕이 전사하고 한성이 함락당하자 웅진(공주)으로 천도한 위기 상황이었기에 탐라국의 사자 파견과 조공 헌상은 문주왕과 백제를 기쁘게 하기에 충분했다. 탐라국은 백제가 마한을 대체하려 하자 일단 백제에 조공을 바쳐 우호를 타진했던 것이다. 탐라의 이 방물 헌상을 확대해석해 탐라가 백제에 예속되었다고 간주해서는 곤란하다. 왜냐하면 탐라의 그러한 행위는 삼국과 남북국(통일신라와 발해)과 고려와 조선이 중국 혹은 유목강국에 조공을 바치고 관작을 받은 것, 즉 외교적 문화적인 사대事大 조공관계와 다르지 않기 때문이다. 탐라국은 성장해 나가기 위해서는 사대를 하더라도 가장 인접한 문화선진국인 백제국과 교류할 필요가 있었던 것이다.

백제 동성왕 20년(498) 8월에 왕이 탐라耽羅가 공부貢賦를 닦지 않는다며 친정親征해 무진주武珍州에 이르자 탐라가 이를 듣고 사使를 파견해 죄를 비니 중지했다고 한다.[73] 이를 보면 탐라국은 백제 문주왕에게 조공을 바쳐 사대事大의 예를 취하였지만 백제에게 얽매이지 않았음을 시사하며, 신라국, 왜국, 중국과도 통교했을 수 있다. 백제 동성왕이 이에 불만을 품어 친정親征을 내세워 무진주(광주·나주 일대)까지 내려왔지만 웅진수도 시기는 국내혼란과 대외전쟁으로 백제가 탐라국을 공격할 여유가 없었으니 탐라에 대해 위협을 과시하는 행위에 지나지 않았다. 탐라국의 입장에서도 백제국을 굳이 자극할 필요가 없어서 백제에 사신을 파견해 용서를 구하는 행위를 함으로써 일단락되었다. 백제 동성왕의 '친정'에 탐라국이 곧바로 반응한 것처럼 된 것은 그 중간과정과 시간흐름이 생략되어서일 것이며, 탐라

---

73 『삼국사기』 권26, 百濟本紀, 동성왕. 무진주는 光州는 물론이고 무안, 나주, 목포, 해남, 강진 등을 포함하는 지역이었다.

인이 백제와의 교류와 무역을 위해 포구를 낀 나주, 탐진 일대에 체류하고 있어서 백제 정보가 빠르게 탐라에 전달될 수 있었기 때문일 것이다. 탐라국은 문주왕 2년(476) 3월에 백제에 방물을 바쳤지만 이후 조공을 잘 바치지 않다가 동성왕 20년(498) 8월에 백제로부터 군사위협을 당하고 나서 본격적으로 백제에 조공을 바쳤다고 여겨진다. 『일본서기』에는 계체천황 2년(508) 12월에 남해南海 중의 탐라인耽羅人이 백제국과 초통初通했다고 되어 있는데,[74] 착오로 여겨진다.

해동명현海東名賢 안홍安弘 찬술의 「동도성립기東都成立記」에 따르면, 신라 제27대 여왕(선덕)이 주主(국주)가 되었는데 비록 도道가 있지만 위엄이 없어 구한九韓이 침략하자, 만약 용궁龍宮 남쪽 황룡사皇龍寺에 구층탑九層塔을 건립하면 인국隣國의 재앙을 진압할 수 있다고 하니, 건립하기를 제1층 일본, 제2층 중화, 제3층 오월吳越, 제4층 탁라托羅, 제5층 응유鷹遊, 제6층 말갈靺鞨, 제7층 단국丹國, 제8층 여은女狄, 제9층 예맥獩貊으로 했다.[75] 그러하니 신라 선덕여왕 때 탁라 즉 탐라는 신라에 위협이 될 만한 이웃 나라로 인식되었다.

탐라국은 중국에는 초기에 탐모라국(담모라국)으로 알려졌다. 북조와 수隋의 역사가 담긴 『북사北史』의 백제전과 수隋의 역사가 담긴 『수서隋書』의 백제전에는, 수隋가 진陳을 평정하는 해(개황9년: 589)에 전선戰船 1척이 표류해 해동 탐모라국躭牟羅國(담모라국躭牟羅國)에 이르러 돌아올 수 있어 백제를 경유하자 백제 여창餘昌(위덕왕)이 심히 후하게 자송資送하고 사신을 파견해 수나라의 진陳 평정을 축하하니 문제(고조)가 선善하게 여겼다고 했다. 그리고 백제 남쪽에 바다로 3개월 가면 탐모라국(담모라국)이 있는데 땅에 장록麞鹿(노루·사슴)이 많고 백제에 부용附庸되어 있다고 했다.[76] 수 문제의 병력이 개

---

74 『日本書紀』 권17, 男大迹天皇 繼體天皇
75 『삼국유사』 권3 塔像4, 皇龍寺九層塔
76 『北史』 권94, 列傳, 百濟. 탐모라국(담모라국)이 남북 천여리이고 동서 수백리라고

황9년(589)에 남조의 진陳을 공략할 때 그 군함 하나가 표류해 탐모라국(담모라국)에 이르러 도움을 받고 무사히 백제를 경유해 돌아갔던 것이다.

중국에서 탐모라국(담모라국) 즉 탐라국을 백제의 '부용附庸'이라 하여 종속국으로 간주한 것인데, 탐라국에 백제 군대가 진주한 적도 없었고 백제 관부가 설치된 적도 없었기에 억측의 측면이 있었다고 생각한다. 신라가 초기에 왜에 시달려 광개토왕에게 구원을 요청해 고구려군대가 신라 왕경 일대에까지 진출했으니 당시 신라야말로 고구려의 부용국이었다. 탐라를 백제의 부용국으로 본다면, 병자호란 때 조선 인조가 삼전도에서 청 태종에게 항복하고 세자와 조선인이 대거 끌려간 조선이 더 부용국이 아니었을까? 장기간 치열한 대몽항쟁 끝에 몽골에 항복해 온갖 내정간섭을 받은 고려국이 더 부용국이 아니었을까? 탐라국이 약소국이라고 해서 국가로서의 위상을 깎아내려서는 곤란하다. 탐라국은 백제국을 사대해 조공을 바쳤지만 엄연한 독립국이었다.[77] 탐라국이 백제를 외교적으로 사대하면서 다른 나라와 공식적 외교관계를 맺기 어려웠을지라도 독립국이라는 사실이 부정되는 것은 아니다. 고려가 거란에게 침략을 당하고 나서 거란을 사대하면서 송과의 외교관계를 끊어야 했고, 조선이 명을 사대했기 때문에 후금(청)과의 외교관계를 거절했지만, 고려와 조선이 엄연히 독립국이었음을 상기할 필요가 있다.

중국과 왜의 사절은 왕래하는 도중에 탐라 바다를 지났다. 수양제가 대

했는데 남북과 동서가 뒤바뀐 것이었다. 탐라국이 589년에 중국문헌상 처음으로 중국과 직접 접촉한 것으로 나타나는데, 실제로는 이전에도 중국과 종종 접촉하며 교류했을 것이다.

77 김경주는 앞의 2019 글에서 탐라가 6세기 중반경 백제에 신속되면서 외교권이 위임된 반자치적인 國體제를 유지하였지만 대외교섭의 창구는 백제를 통해 일원화되었다고 보았지만 지나친 주장이라 생각된다. 6세기 탐라국에, 일본이 조선(대한제국)에 설치해 외교권을 행사한 통감부와 유사한 백제 관부가 설치되지는 않았기 때문이다.

업4년(608)에 왜국倭國에 사신으로 파견한 문림랑文林郎 배청裴淸이 백제를
건너 죽도竹島에 이르고는 남쪽으로 담라국䨲羅國을 조망하고 도사마국都斯
麻國(쓰시마)을 경유하는데 멀리 대해大海 중에 있고 또 동쪽으로 일지국一支國
(일기도壹岐島)에 이르고 또 죽사국竹斯國(축자국筑紫國)에 이르고 또 동쪽으로 진
왕국秦王國에 이르고 또 십여국十餘國을 경유해 해안에 도달했다. 왜왕倭王이
파견한 소덕小德 아배대阿輩臺와 수백인이 의장儀仗을 갖추고 고각鼓角을 연
주하며 와서 맞이했는데, 죽사국竹斯國부터 동쪽은 모두 왜倭에 부용附庸한
다고 했다.[78] 수나라 사신이 왜로 가면서 백제 남쪽 바다를 항해해 남쪽으
로 담라국 즉 탐라국을 조망하면서 나아가 도사마국都斯麻國(쓰시마: 대마도)과
일지국一支國(일기도壹岐島: 이키시마)을 경유해 죽사국竹斯國(축자국筑紫國: 후쿠오카
일대)에 이르고 더 나아가 왜 수도로 향했던 것이다.

탐라에 대한 기록은 중국 당 시대를 거치면서 꽤 늘어나며 독립 항목으
로 다뤄지는 경향을 보이는데 백제 멸망·부흥운동과도 일정한 관련이 있
었다. 『책부원귀』(북송 왕흠약 찬술) 조공 편에는, 당고종 용삭원년龍朔元年(661)
8월에 다멸국왕多蔑國王 마어실리摩如失利, 다복국왕多福國王 난수강의설難修强
宜說, 탐라국왕䄺羅國王 유리도라儒李都羅 등이 아울러 사使를 파견해 와서 조
朝하고 각기 방물方物을 공공貢했는데, 이 삼국은 모두 임읍林邑 남변南邊의 바
다 소국小國이라고 했다.[79] 『신당서』 동이전은 고려(고구려), 백제, 신라, 일
본, 유귀流鬼, 담라䄺羅, 달말루達末婁, 달구達姤로 구성되었다. 담라䄺羅 부분
에, 용삭초龍朔初에 '담라䄺羅'가 있어 그 왕王 유리도라儒李都羅가 사使를 파
견해 당에 입조入朝했는데, 그 국國이 신라 무주武州 남쪽 도상島上에 위치하
며, 초初에 백제에 부附하고, 인덕麟德 중에 추장酋長이 당에 내조來朝해 황제
(고종)를 따라 태산太山에 이르고, 후에 신라에 부附했다고 했다.[80] 당~송 때

---

78 『隋書』 권81, 列傳, 東夷, 倭國
79 『册府元龜』 권970, 外臣部 15, 朝貢
80 『新唐書』 권220, 列傳145, 東夷, 高麗·百濟·新羅·日本·流鬼·䄺羅·達末婁·達姤

찬술된 『당회요』에는 권95에 고창高昌, 고구려, 백제, 신라가 실려 있고, 권 100에는 슬닉국瑟匿國, 파사국波斯國, 천축국天竺國, 대식국大食國, 하이국蝦夷國, 일본국, 사자국師子國, 다멸국多蔑國, 다복국多福國, 탐라국耽羅國 등이 실려 있다. 이 탐라국耽羅國 편에, 탐라는 신라 무주武州 해상의 산도山島 위에 위치하고, 그 왕王은 성姓이 유리儒李이고 명名이 도라都羅이고, 성황城隍이 없고 나누어 오부락五部落을 이루고, 항상 백제에 역속役屬하고, 용삭원년龍朔元年(661) 8월에 조공사朝貢使가 당에 이르렀다고 되어 있다.[81]

탐라국왕 유리도라儒李都羅가 백제의 멸망(660년) 직후인 용삭원년(661)에 고종 치세의 당에 사신을 파견해 조공을 바친 것이었고, 백강구 전투에서 당군이 백제부흥군을 격파함으로써 백제부흥운동을 도운 왜·탐라의 추장이 인덕2년에 당 태산제사에 참석했다. 『당회요』는 탐라국을 독립국가로 편성해 서술하면서도 항상 백제에 역속役屬하다가 용삭원년龍朔元年(661) 8월에 조공사朝貢使가 당에 이르렀다고 했다. 『신당서』도 담라국(탐라국)을 독립국가로 편성하면서도 처음에 백제에 부附하고, 용삭초龍朔初에 그 왕 유리도라儒李都羅가 사使를 파견해 당에 입조入朝하고, 인덕麟德 중에 추장酋長이 당에 내조來朝해 황제(고종)를 따라 태산太山에 이르렀다고 했고, 후에 신라에 부附했다고 했다. 이러한 기록은 탐라국이 백제에 조공하다가 백제가 멸망하자 당에 조공했다는 의미로 받아들이면 된다.

탐라는 사대 외교의 대상이던 백제가 660년에 당·신라 연합군에 의해 멸망하자 위기를 느꼈을 것이다. 『삼국사기』에 따르면 신라 문무왕 2년 (662) 2월에 탐라국주耽羅國主 좌평佐平 '도동음률徒冬音律'[일작一作 '도동음진徒冬音津']이 와서 항복했는데, 탐라耽羅는 무덕武德 이래 백제에 신속臣屬했기 때문에 좌평佐平(1품)으로 관호官號를 삼았고 이에 이르러 (신라에) 항복해 속국屬國이 된 것이라고 했다.[82] 무덕武德 이래 백제에 신속臣屬했다고 되어 있는

---

81 『唐會要』 권100, 耽羅

데, 그렇다면 무덕武德은 당고조 연호(618~627)였으므로 이때부터 탐라국이 백제에 신속臣屬했다는 것이 되니 백제 문주왕과 동성왕 때 탐라국이 백제에 조공했다는 것과 차이가 난다. '무덕武德' 이래 이래 백제에 신속臣屬했다고 하는 이 '무덕武德'은 중국남조 제齊 명제明帝의 연호 '건무建武'(494~498)의 착오인 듯하다. 건무5년(498)이 백제 동성왕 20년에 해당한다. 『삼국사기』는 백제 동성왕 20년(498) 8월에 왕이 탐라耽羅가 공부貢賦를 닦지 않음으로 인해 친정親征해 무진주武珍州(광주·나주 일대)에 이르자, 탐라가 이를 듣고 사使를 파견해 죄를 비니 중지했다고 했으니, 『삼국사기』는 이 해인 건무5년(498) 이래 본격적으로 탐라국이 백제에 신속臣屬했다고 본 듯하다.[83]

탐라국은 무덕(건무의 착오로 보임) 이래 백제에 신속臣屬해 좌평으로 관호를 삼다가 신라 문무왕 2년(662) 2월에 탐라국주耽羅國主 좌평佐平 '도동음률徒冬音律'[도동음진徒冬音津]이 와서 항복해 신라의 속국이 되었다는 것이다. 탐라가 이 항복으로 인해 신라의 속국이 되었다고 하지만, 사대해 왔던 백제가 망하자 새로운 강국인 신라에 일단 사대한 것으로 보아야 한다. 오히려 탐라국은 백제부흥운동에 참여했고, 통일신라와는 관계가 소원한 반면 일본과 활발하게 외교한다.

탐라의 백제 부흥운동 관련은 당장唐將 유인궤의 활동과 관련이 깊었다. 『구당서』 유인궤전에 따르면, 당 손인사孫仁師·유인원劉仁願과 신라왕 김법민 등이 육군을 거느려 나아가고, 유인궤劉仁軌·부여융扶餘隆 등이 수군과 양선糧船을 이끌어 웅진강熊津江으로부터 백강白江으로 가서 육군과 회합해 함께 주류성周留城으로 향했으며, 유인궤가 백강白江의 구口에서 왜병倭兵과 조우해 네 번 전투해 승리해 그 배 400척을 불태우자 적중賊衆이 크게 무너

---

82 『삼국사기』 권6, 신라본기 제6, 문무왕
83 제 建武 연호는 5년 4월에 永泰로 바꾸어 동성왕 20년 8월이면 이미 영태 연호가 시작되어 문제일 수 있지만, 중국 연호의 개칭은 다른 나라에 늦게 알려져 기존 연호가 그대로 기록된 경우가 종종 발견된다.

져 여풍餘豊이 도망하니 위왕자僞王子 부여扶餘 충승忠勝·충지忠志 등이 사녀士女 및 왜중倭衆과 탐라국사耽羅國使를 거느리고 일시에 모두 항복했다. 인덕麟德2년(665)에 태산泰山에 봉封 제사하는데, 유인궤가 '신라 및 백제·탐라耽羅·왜倭' 사국四國 추장酋長을 거느리고 태산 회합에 나아오니 고종이 심히 기뻐했다.[84] 탐라국이 백제부흥운동에 참전했다가 그 사신使臣이 항복했고 그 추장이 신라·백제·왜 추장과 함께 당의 태산 제사에 참석했던 것이다.

탐라는 여러 부족 연맹에서 5부족 연맹을 거쳐 3부족 연맹의 왕국으로 변화했다. 3부족 연맹 왕국에서 성주星主·왕자王子·도상이 각각 자신의 부족을 이끌었으니, 성주·왕자·도상은 각각 자신의 구역을 지배한 군주였다고 볼 수 있다. 성주는 별의 주인(북극성), 왕자는 천왕天王의 자식, 도상徒上(都上)은 도徒(都)의 우두머리(통치자)를 의미하지 않았나 싶다. 대개 성주족은 훗날의 고씨, 왕자족은 량씨(양씨), 도상족은 부씨에 해당하는데 바뀌는 경우도 더러 있었다. 탐라국에는 '국왕' 유리도라, '국주' 도동음률에 보이듯이 국왕이 존재해 군림하며 5부족 연맹 혹은 3부족 연맹을 통솔했는데, 성주·왕자·도상 중에서 유력자가 차지했을 것이다. 연맹 초기에는 왕자족이 가장 큰 세력을 지녔던 것으로 보이지만 백제 멸망 후 무렵에는 성주가 연맹의 맹주로서 탐라국왕에 자리하지 않았나 싶다. 성주족이 탐라 북쪽 일대를 장악해 대외 교류에서 우위를 점한 것이 영향을 미쳤을 수 있다.

탐라국(탐모라국)은 백제가 세력을 남쪽 방면으로 뻗치자 5세기 이래 백제와 교류하며 조공 책봉의 사대외교 관계를 맺었다. 탐라국이 중국 서적에는 대개 백제에 부용附庸, 부附, 역속役屬하다가 백제가 멸망하자 용삭원년(661) 8월에 당에 조공하다가 신라(통일신라)에 부附했다고 했고, 『삼국사기』 신라본기에는 무덕 이래 백제에 신속臣屬하다가 문무왕 2년(662) 2월에 신라에 항복해 속국이 되었다고 했다. 그렇다고 탐라국을 백제의 부용국·속

---

84 『舊唐書』 권84, 列傳34, 劉仁軌

국, 통일신라의 속국으로 규정한다면 지나친 비약이니 당시 탐라국은 엄연히 독립국이었다. 탐라국이 백제와 신라로부터 내정간섭을 받지 않았기에, 백제 부흥운동을 지원했고 통일신라보다 일본과 훨씬 친밀한 외교관계를 맺었기에 더욱 그러하다.

신라는 왜의 침략을 자주 받고 고구려와 왜에 인질을 보낸 적이 있다. 당 고종은 백제를 멸망시킨 후인 용삭龍朔3년(663) 4월에 계림대도독부雞林大都督府를 신라국에 설치해 김법민金法敏(문무왕)으로 그 도독을 삼았다.[85] 조선은 청태종 군대의 침략을 받고 국왕 인조가 남한산성에서 항복해 세자와 왕자를 인질로 내주었다. 반면 탐라국은 백제, 신라 등 외국의 침략을 받은 적도 없고 그 나라에 인질을 보낸 적도 없음을 상기해야 한다. 고중세 동아시아 외교는 조공과 책봉의 사대관계로 이루어지며 책봉받으면 신속臣屬으로 표현되지만 그것이 곧 속국이 됨을 의미하지는 않음에 유의해야 한다. 삼국과 통일신라와 고려와 조선이 중국 혹은 강대국을 사대해 책봉을 받았다고 해서 속국이라 하지는 않는다.

탐라국은 독립국으로서 백제를 사대해 그 국왕이 좌평(1품)을 책봉받으며 일본과 함께 백제와 동맹을 맺었던 것으로 보인다. 당·신라 연합군에 의해 백제가 멸망하자 당에 사신을 파견해 우호를 타진하고 신라 문무왕에게 항복했지만 위기 모면책이어서 백제 부흥운동을 동맹으로서 지원했다.

고대 탐라의 생활 모습을 보면, 여러 기록이 보여주듯이 해외무역 활동을 활발히 했다. 그 외의 생활양상을 알려주는 문헌자료는 빈약하다. 『삼국지』와 『후한서』 동이전에 '주호국'에서 소와 돼지를 잘 기르고 가죽옷을 입는다고 했다. 『북사』와 『수서』에 탐모라국(담모라국)에 노루와 사슴이 많다고 했는데, 노루와 사슴은 탐라인에게 식용과 가공품으로 활용되었으니 자연이 준 선물이었다. 『신당서』 동이전에는 담라국儋羅國은 풍속이 박루朴

---

85 『資治通鑑』 권201, 唐紀17, 高宗天皇

陋하고 대시大豕(큰 돼지) 피皮(가죽)를 입고, 여름에 혁옥革屋(초옥草屋의 오류)에 거처하고 겨울에 굴실窟室에 거처하고, 땅에서 오곡五穀이 생산되고, 밭가는 데에 소(牛)를 사용할 줄 알지 못하여 철치鐵齒(쇠스랑)로써 흙(땅)을 일구고 고른다고 했다.[86] 『당회요』 탐라국𣏾羅國 편에는 탐라의 옥우屋宇는 원장圓牆을 만들어 초草로 개개蓋하고(덮고), 호구戶口는 팔천八千이 있고, 궁弓(활)·도기刀(칼)·순순楯(방패)·삭稍(창)이 있고, 문기文記가 없고, 오직 귀신鬼神을 섬긴다고 했다.

고대 탐라는 호구가 팔천인데, 인구를 의미했을 수도 있지만, 호戶로 본다면 전성기 인구는 대략 3~4만 명 정도로 추정할 수도 있다. 사람들은 초가집에 살고 가죽옷을 입고 소와 돼지를 잘 기르고 철치(쇠스랑)로 밭을 일구고 오곡을 재배하고 노루와 사슴을 사냥했다. 무기로 활, 칼, 창, 방패 등을 사용했고, 신앙으로 귀신을 숭배하는 무속이 유행했다. 후술하듯이 일본에 전복과 말린 고기를 수출했으니 수산업과 가공업도 발달했다.

5. 백제 부흥전쟁과 탐라 참전과 태산 제사

1) 백제 부흥전쟁과 탐라국의 참전

백제가 660년에 당·신라 연합군에 의해 멸망하자 탐라국은 자구책을 모색한다. 백제멸망 직후인 제명천황齊明天皇 7년(661) 5월에 탐라가 왕자王子 아파기阿波伎 등을 일본에 파견했다. 당고종 용삭원년(661) 8월에 탐라국왕 유리도라儒李都羅가 사신을 파견해 당에 조공했다. 문무왕 2년(662) 2월에 탐라국주𣏾羅國主 좌평佐平 도동음률徒冬音律이 신라에 가서 항복했는데 신라의 위협에서 벗어나고자 하는 기만책이었다. 백제 부흥운동이 일어나자 일

---

86 '革屋'에 대해 고창석은 『탐라국사료집』(신아문화사, 1995) 244쪽에서 草屋이 옳다고 보았다.

본과 탐라가 백제 구원에 나섰다. 유인궤의 당군이 백강白江 입구 전투에서 왜병을 격파하니, 위왕자僞王子 부여충승扶餘忠勝 등이 사녀士女 및 왜倭 무리와 탐라국사耽羅國使를 거느리고 항복했다. 인덕2년(665)에 유인궤의 인도에 따라 신라 및 백제·탐라耽羅(耽羅: 담라儋羅)·왜 4국 추장(사신)이 태산 봉封 제사에 나아갔고, 고구려 태자도 이 제사에 참여했다. 신라 문무왕은 19년(679) 2월에 사신을 보내 탐라국耽羅國을 략略(둘러보게) 했는데, 탐라가 일본에 기울자 영향력을 과시하려한 조처로 보인다.

그러면 백제의 멸망과 부흥전쟁, 그리고 일본·탐라의 백제부흥전쟁 관여를 살펴보기로 하자.

660년(무열왕 7: 의자왕 20) 늦봄~여름에 당고종의 명령을 받아 대총관 소정방蘇定方과 부총관 김인문金仁問(무열왕의 아들)이 백제를 정벌하러 당군 수륙 13만을 거느리고 내주萊州(산동반도 소재)를 출발해 덕물도德物島(덕적도)를 거쳐 백제로 향했다. 신라 무열왕은 태자(법민: 문무왕)과 대장군 김유신에게 5만 병력을 거느려 백제로 나아가게 했다.[87] 백제 의자왕은 방어책략을 마련하기 어려워 유배 중인 좌평 흥수興首에게 물으니 흥수가 말하기를 백강白江[혹은 기벌포伎伐浦]·탄현炭峴[혹은 침현沉峴]은 요충지이니 당군을 백강으로 들어오지 못하도록 하고, 신라군을 탄현을 지나지 못하도록 해야 한다고 했다. 하지만 대신大臣들은 말하기를, 당군을 백강으로 들어오도록 하면 연류沿流해 방주方舟(배를 나란히 함)하지 못하고, 신라군을 탄현을 오르도록 하면 오솔길을 경유해 말(馬)을 나란히 하지 못한다며 이 때에 공격하면 쉽게 승리할 수 있다고 하니 의자왕이 그렇게 여겼다.[88] 당군은 백강으로

---

87 『삼국사기』 권5, 신라본기, 太宗 武烈王 7년 ; 『삼국사기』 권28, 백제본기, 義慈王 20년 ; 『구당서』 本紀4, 高宗上, 顯慶5년

88 『삼국사기』 권28, 백제본기, 義慈王. 흥수의 방어책략은 이전에 좌평 성충이 "만약 異國 군사가 침략해 오면 육로는 沈峴을 지나지 못하게 하고, 수군은 伎伐浦의 岸으로 들어오지 못하게 해야 한다"고 상서한 내용과 동일한 것이었다.

진입하고 신라군은 탄현을 넘었다.

가을7월 9일에 김유신의 5만 신라군이 황산 벌판에서 계백의 5천 백제군을 격파했다. 이날에 소정방이 김인문 등과 함께 기벌포伎伐浦에 이르러 백제군과 조우해 역격逆擊해 대패大敗 시켰다.[89] 이 기벌포 전투에 대해, 『삼국사기』는 백제가 합병合兵해 웅진구熊津口(금강 하구)를 방어해 빈강瀕江해 둔병屯兵하니, 소정방이 좌애左涯로 나가 산에 올라 진陣을 쳐서 전투하자 아군我軍(백제군)이 대패하고, 왕사王師(당군)의 선박이 조潮를 타서 꼬리를 물고 북을 치며 나아가고, 소정방이 보기步騎를 거느려 곧바로 백제 도성으로 달려갔다고 했다.[90] 『구당서』는 소정방이 웅진강구熊津江口(금강 하구)에 이르러 적적賊(백제군)이 강에 의거해 둔병屯兵하고 있으니 소정방이 동안東岸에 올라 산을 타서 진陣을 쳐서 대전大戰하고 선박이 돛을 날리며 바다를 덮어 서로 이어 이르러 백제군을 격파했고, 당 선박이 조潮를 만나 올라가 꼬리를 이어 강으로 들어가고 소정방이 안상岸上에 진陣을 쳐서, 수륙水陸으로 일제히 나아가 곧바로 백제 도성으로 달려갔다고 했다.[91] 당군은 금강 하구인 기벌포(백강)로 들어와 수군은 선박에 타서 수로로, 총사령관 소정방 자신은 보기步騎를 거느려 좌애左涯(동애東涯) 내지 동안東岸[92]에 올라 당 수군을 보호하며 육로로 백제 도성으로 나아갔던 것이다.

소정방 당군과 김유신 신라군이 7월 12일에 회합해 백제 사비도성을 포위해 공격하니 7월 13일에 의자왕이 웅진성으로 도주하자 사비도성이 함락당했다. 소정방 당군이 웅진성을 포위하자 7월 18일에 의자왕이 웅진성

---

89 『삼국사기』 권5, 신라본기, 太宗 武烈王 7년 7월
90 『삼국사기』 권28, 백제본기, 義慈王 20년. 이 '熊津口'는 금강하구를 지칭하는 듯하다. '定方出左涯'에서 '左涯'는 『삼국사기』의 기록이므로 백제도성 기준으로 보면 '東涯'에 해당한다.
91 『舊唐書』 권83, 列傳33, 蘇定方
92 이 左涯 내지 東岸은 현재 군산시 오성산으로 추정된다.

에서 나와 항복했고, 8월 2일에 소정방과 무열왕이 승리축하 연회를 개최했고, 8월 경진일에 소정방이 백제 땅에 5도독부를 설치했다.[93] 백제가 당·신라 연합군에 의해 음력 7월 18일에 멸망당한 것이었다. 『이길련박덕서伊吉連博德書』에 이르기를, 경신년(660) 9월 12일에 당이 객客(일본사신)을 놓아주어 본국(일본)으로 돌아가게 하니 19일에 서경西京(장안)으로부터 출발했다고 한다.[94] 당은 백제를 공격하려는 계획을 일본 사신이 알아채서 백제와 일본에 알려줄까 보아 일본 사신을 억류하다가 백제를 멸망시킨 후에야 돌려보냈던 것이다.

백제가 의자왕이 항복하면서 망했지만 백제인들은 백제국 부흥전쟁을 맹렬히 전개했다. 흑치상지가 임존성에 근거해, 백제 무왕의 종자從子 복신福信이 승려 도침道琛과 함께 주류성周留城에 근거해, 왕실의 여자진餘自進이 구마노리성久麻怒利城에 근거해 맹위를 떨쳤다.[95] 660년(무열왕 7년) 9월 3일에, 당 낭장郎將 유인원劉仁願이 병력 일만인一萬人으로 사비성泗沘城에 머물며 진수鎭守하고, 신라왕자 인태仁泰(무열왕의 아들)가 병력 칠천七千으로 도왔다. 소정방이 백제왕(의자왕) 및 왕족·신료 93인·백성百姓 일만이천一萬二千을 데리고 사비泗沘로부터 배를 타서 당으로 돌아갔다.[96]

---

93 『舊唐書』 권83, 列傳33, 蘇定方 ; 『삼국사기』 권28, 백제본기, 義慈王 20년 ; 『삼국사기』 권5, 신라본기, 太宗 武烈王 7년 7월·8월 ; 『구당서』 권4, 본기, 高宗上, 현경5년 8월 ; 『삼국사기』 권7, 신라본기, 문무왕 11년 7월조 「大王報書云」
94 『日本書紀』 권26, 天豐財重日足姬天皇 齊明天皇 6년(660) 7월조
95 『삼국사기』 권5, 신라본기, 太宗 武烈王 7년 8월 ; 『舊唐書』 권109, 列傳59, 黑齒常之 ; 『삼국사기』 권28, 백제본기 의자왕편 말미 ; 『日本書紀』 권26, 天豐財重日足姬天皇 齊明天皇 6년 9월
96 『삼국사기』 권5, 신라본기5, 太宗 武烈王 7년 9월. 소정방은 義慈 및 隆·泰 등을 東都(낙양)에 바쳤다고 하고(『舊唐書』 권83, 列傳33, 蘇定方), 소정방이 백제왕 부여의자扶餘義慈·태자 융隆 등 58인 포로를 則天門(낙양궁성 정문)에 바치니 고종 황제가 그들을 질책하고 용서했다고 한다(『구당서』 본기 高宗上, 현경5년 11월).

660년(천지천황 6년) 10월에 백제좌평 귀실복신鬼室福信이 좌평 귀지貴智 등을 일본에 보내와 군사를 파견해 구원해 주기를 요청하고 일본에 머물고 있는 백제왕자 여풍장餘豐璋(부여풍扶餘豐)을 맞이해 국주國主로 삼으려 한다고 했다. 이에 '천황'이 장군에게 명령해 신라를 공격하게 하고, 왕자 풍장豐璋과 그 숙부 충승忠勝 등을 보내도록 했다.[97]

660년(제명천황 6년) 12월 경인일(24일)에 '천황天皇'이 난파궁難波宮(나니와궁: 오사카 소재)에 행차했는데, '천황'이 바야흐로 복신福信 요청의 뜻을 따라 축자筑紫(큐슈 북서부)에 행차하여 장차 구군救軍(구원군)을 파견하려 생각해 먼저 난파궁에 행차하여 여러 군기軍器를 준비한 것이었다. 이해에 백제를 위해 장차 신라를 정벌하고자 준하국駿河國에 명령해 선박을 제작하도록 했다.[98] 왜국 여왕이 백제부흥군을 돕기 위해 군사 파견에 나선 것이었다. 661년(제명천황 7년) 정월 임인일(6일)에 어선御船이 서정西征해 비로소 해로海路에 나아가, 갑진일(8일)에 어선御船이 대백해大伯海에 이르고, 경술일(14일)에 이예伊豫 숙전진진熟田津 석탕행궁石湯行宮에 정박했다.[99]

661년(무열왕 8년) 2월에 백제잔적百濟殘賊이 사비성泗沘城을 공격하니, 무열왕의 명령에 따라 이찬伊湌 품일品日 등의 군대가 구원에 나섰지만 3월에 도중에 두량윤성豆良尹城[두량이성豆良伊城] 전투에서 패배했다.[100] 현경顯慶6년(661)에 이르러 복신福信 무리가 점차 많아져 강동江東의 땅을 침취侵取하자 웅진熊津 당군 일천一千이 공격했다가 격파당해 한 사람도 돌아오지 못했다. 웅진 당군의 요청에 따라 신라군이 출동해 주류성周留城을 포위했지만 반격을 받아 패배해 퇴각하니 남방제성南方諸城이 복신福信에게 속했다.

---

97 『日本書紀』 권26, 天豐財重日足姬天皇 齊明天皇 6년 10월. 한편 『일본서기』 白雉
    원년(650: 의자왕 10) 2월 갑신조에는 "百濟君 豐璋, 그 아우 塞城·忠勝"이라 했다.
98 『日本書紀』 권26, 天豐財重日足姬天皇 齊明天皇 6년 12월
99 『日本書紀』 권26, 天豐財重日足姬天皇 齊明天皇 7년 春正月
100 『삼국사기』 권5, 신라본기, 太宗 武烈王 8년 2월 및 3월

복신이 승리를 타서 다시 부성府城(웅진)을 포위하니 웅진도熊津道가 단절되었다.[101]

661년(제명천황 7년) 3월 경신일(25일)에 어선御船이 나대진娜大津(하카다항博多港)에 이르러 '천황'이 반뢰행궁磐瀨行宮에 거처하고 이곳(나대진娜大津)을 개명해 '장진長津'이라 했다.[102] 왜국 여왕이 나대진娜大津 즉 후쿠오카 박다항博多港(하카다항)에 도착해 행궁에 머물며 백제부흥 원군 파견을 지휘하게 된 것이었다. 용삭원년(661) 3월에 유인궤劉仁軌가 군사를 통어해 전투를 벌이며 나아가자 복신福信 등이 웅진강구熊津江口에 양책兩柵을 세워 항거하니, 유인궤가 신라군과 합하여 공격하자, 아군我軍(복신부흥군)이 퇴주退走해 책柵으로 들어갔지만 전사자가 만여萬餘 명이었다. 복신福信 등이 이에 도성都城 포위를 풀고 임존성任存城에 퇴보退保했고, 신라인은 군량 소진으로 인해 돌아갔다.[103] 유인궤가 증원군을 이끌고 당에서 출발해 웅진강구熊津江口(금강입구)로 진입하며 복신 군대와 전투해 물리쳐 임지에 부임한 것이었다.

제명천황齊明天皇 7년(661년) 5월 계묘일(9일)에 '천황'이 조창귤광정궁朝倉橘廣庭宮에 천거遷居했다. 5월 정사일(23일)에 탐라耽羅가 비로소 왕자王子 아파기阿波伎 등을 파견해 '공헌貢獻'했다고 한다. 그 세주에 달기를, 『이길련박득서伊吉連博得書』에 이르기를, 신유년(661) 정월 25일에 환還하여 월주越州에 이르고 4월 1일에 월주越州로부터 노정에 올라 동귀東歸해 7일에 행行하여 정안산檉岸山에 이르고 8일 계명鷄鳴의 때에 서남풍西南風을 따라 대해大海에 선박을 띄웠는데 해중海中에서 길을 헤매어 표탕漂蕩하며 고생하다가 구일팔야九日八夜에 겨우 탐라耽羅의 도嶋에 이르니 불러 위로하고 도인嶋人 왕자王子 아파기阿波伎 등 9인이 객선客船에 함께 타서 '제조帝朝'(일본)에 헌獻하기를 생각해 5월 23일에 조창朝倉의 조朝에 봉진奉進했는데, 탐라耽羅 입조入朝

---

101 『삼국사기』 권7, 신라본기, 문무왕 11년 7월조.
102 『日本書紀』 권26, 天豐財重日足姬天皇 齊明天皇 7년 3월
103 『삼국사기』 권28, 백제본기, 의자왕편 말미

그림 6. 후쿠오카 하카다만(필자 촬영): 탐라 사절의 기항지

가 이때에 시작되었다고 했다.[104]

백제부흥운동이 진행되고 있고 일본 조정이 구원군을 파견하기 위해 축자築紫로 이동해 있는 와중에 탐라 사절단이 일본으로 항해해 일본 국왕이 머물고 있는 조창朝倉의 조朝에 간 것이었다. 조창朝倉은 다자이후(대재부大宰府) 권역에 자리했다.

탐라 왕자 아파기 등이 나대진娜大津(장진長津) 즉 후쿠오카 하카다항에 이르고 조창朝倉 조정에 나아간 것인데, 조창궁朝倉宮(조창귤광정궁朝倉橘広庭宮)의 왜국 여왕(제명천황) 혹은 왕태자를 알현했을 것이다. 탐라 사절이 왜국 견당遣唐 선박에 타서 왜국으로 간 것은 국제적 이유가 있었다. 백제를 사대해 오던 탐라국은 의자왕 백제가 나당에 의해 멸망하자 어떠한 외교노선을 걸을 지 고심하고 있었을 터인데, 마침 왜국 선박이 표류해 오자 왕자가 타

104 『日本書紀』 권26, 天豊財重日足姫天皇 齊明天皇 7년 5월. 朝倉은 福岡県 朝倉市에 소재하는데 다자이후(大宰府) 권역이었다.

서 왜국으로 가게 된 것이었다. 이는 탐라국이 친백제, 친왜 외교를 해 오다가 백제가 망하자 친왜 외교에 본격적으로 나서고 백제부흥운동을 돕게 됨을 의미했다.

661년(무열왕 8년) 6월에 왕(무열)이 훙薨함에 시호를 '무열武烈'이라 하고 영경사永敬寺 북쪽에 장사하고 묘호를 '태종太宗'이라 올렸다.[105] 당군을 끌어들여 백제를 멸망시킨 김춘추가 사망한 것이었다.

661년(제명천황 7년) 7월 정사일(24일)에 '천황(제명천황)'이 조창궁朝倉宮에서 '붕崩'하니 '황태자'가 소복素服해 칭제稱制했다고 한다.[106] 이달(7월)에 소장군蘇將軍(소정방)이 돌궐왕자突厥王子 계필가력契苾加力 등과 함께 수륙으로 고려(고구려) 성성城 아래에 이르렀고, '황태자'(천지천황)가 장진궁長津宮에 옮겨 거처해 점차 수표水表의 군정軍政을 듣고 처리했다고 한다.[107] 왜국에서 여왕이 사망하자 왕태자(천지천황)가 장진(하카다) 궁에서 파병을 지휘한 것이었다. 8월 갑자일 초하루에 '황태자(천지천황)'가 '천황상天皇喪'을 옮겨 돌아와 반뢰궁磐瀬宮(하카다 소재)에 이르렀다.[108]

661년(천지천황 즉위년) 8월에 일본이 전장군前將軍 대화하大花下 아담비라부련阿曇比邏夫連·소화하小花下 하변백지신河邊百枝臣 등을 파견하고, 후장군後將軍 대화하大花下 아배인전비라부신阿倍引田比邏夫臣·대산상大山上 물부련웅物部連熊·대산상大山上 수군대석守君大石 등을 파견하여 백제를 구원하게 하고 병장兵仗·오곡五穀을 보냈다[혹본或本에는 별도로 태산하大山下 협정빈랑狹井檳榔·소산하小山下 진조전래진秦造田來津으로 하여금 백제를 수호守護하게 했

---

105 『삼국사기』 권5, 신라본기, 太宗 武烈王 8년 6월
106 『日本書紀』 권26, 天豊財重日足姬天皇 齊明天皇 7년 ; 『日本書紀』 권27, 天命開別天皇 天智天皇 즉위년
107 『日本書紀』 권27, 天命開別天皇 天智天皇 즉위년(제명천황 7년). 契苾加力은 『구당서』와 『삼국사기』에는 契苾何力으로 나온다. 長津宮은 후쿠오카 하카다의 궁이다.
108 『日本書紀』 권26, 天豊財重日足姬天皇 齊明天皇 7년

다고 함].[109] 661년 9월에 '황태자'(천지천황)가 장진궁長津宮에 나아가 직관織
冠을 백제왕자百濟王子 풍장豊璋(부여풍)에게 주고 다신장부多臣蔣敷의 매妹로
처妻를 삼도록 하고는, 대산하大山下 협정련빈랑狹井連檳榔·소산하小山下 진조
전래진秦造田來津을 파견해 군軍 오천五千 남짓을 거느려 본향本鄕(백제)에 위
송衛送하게 했다. 풍장豊璋이 국國(백제)으로 들어가자 복신福信이 맞이해 머
리를 조아리고 국조정國朝政을 받들어 모두 다 맡겼다.[110] 그런데 복신福信이
도침道琛을 살해해 그 무리까지 병합했고, 풍豊(부여풍扶餘豊)은 복신을 통제
할 수 없어 단지 제사를 주관할 뿐이었다고 한다.[111]

661년 겨울10월 기사일(7일)에 '천황'(제명천황) 상喪이 하카다 반뢰궁에서
돌아가려 바다에 나아가니 '황태자(천지천황)'가 한 곳에 배를 정박해 '천황'
을 애모했고, 을유일(23일)에 '천황상'이 돌아와 난파難波(나니와: 오사카)에 정
박했다.[112] 11월 무술일(7일)에 '천황' 상喪을 비조飛鳥 천원川原에 빈殯했다.[113]
왜국여왕(제명천황)이 축자筑紫(큐슈 북서부 일대)의 조창궁에 머물며 파병 준비
를 지휘하다가 사망하자 그 시신이 수도 아스카로 옮겨진 것이었다. 여왕
치세에서 실질적으로 권력을 행사해 오던 왕태자(천지천황)가 왕위에 올라
파병에 박차를 가하게 된다.

662년(천지천황 원년) 1월 정사일(27일)에 일본이 백제좌평 귀실복신鬼室福信

---

109 『日本書紀』 권27, 天命開別天皇 天智天皇, 齊明天皇 7년(천지천황 즉위년) 8월
110 『日本書紀』 권27, 天命開別天皇 天智天皇, 齊明天皇 7년(661: 천지천황 즉위년)
　　9월
111 『삼국사기』 권28, 백제본기, 의자왕편 말미 ; 『舊唐書』 권199, 列傳149, 東夷百
　　濟傳, 龍朔원년(661)
112 『日本書紀』 권26, 天豊財重日足姬天皇 齊明天皇 7년
113 『日本書紀』 권26, 天豊財重日足姬天皇 齊明天皇 7년(천지천황 즉위년) 11월. 한
　　편 이해(661년)에 또한 일본이 高麗軍將(고구려군장) 등을 구원하기 위해 백제
　　加巴利濱에 정박해 불을 피웠다고 한다. 『日本書紀』 권27, 天命開別天皇 天智天
　　皇, 제명천황 7년(천지천황 즉위년)

그림 7. 경주 월성 발굴현장(필자 촬영): '탐라국주'가 이곳에서 문무왕을 만났을 것임

에게 화살 십만척十萬隻, 사絲 오백근五百斤, 면綿 일천근一千斤, 포布 일천단一千端, 위韋(가죽) 일천장一千張, 도종稻種 삼천곡三千斛을 하사했다.[114] 3월 계사일(4일)에 일본이 백제왕(부여풍)에게 포布 삼백단三百端을 하사했다.[115] 일본이 백제부흥군에게 다량의 무기와 물품과 곡식을 후원한 것이었다.

그런데 662년(문무왕 2년) 2월에 탐라국주耽羅國主 좌평佐平 도동음률徒冬音律[혹은 도동음진徒冬音津]이 신라에 와서 항복했는데, 탐라耽羅가 무덕武德 이래 백제에 신속臣屬해 좌평으로 관호官號를 삼아 오다가, 이에 이르러 항복해 속국屬國이 되었다고 했다.[116] 탐라국주(탐라국왕) 도동음률이 몸소 신라에 가서 항복했다는 것인데, 신라 왕경(경주)의 궁궐에 들어갔을 터이며 그 궁궐은 월성(반월성, 신월성)이었으리라 판단된다.[117] 그런데 이후 탐라의 반신라

---

114 『日本書紀』 권27, 天命開別天皇 天智天皇 元年 春正月
115 『日本書紀』 권27, 天命開別天皇 天智天皇 원년 3월
116 『삼국사기』 권6, 신라본기, 文武王 2년 2월

적인 행보로 보아 신라국이 탐라국을 속국 혹은 군현으로 만들려는 태도를 보이자 탐라국이 반발해 백제부흥전쟁을 더욱 후원하게 되고 일본과의 외교에 더욱 박차를 가하게 되었다고 여겨진다.

일본은 천지천황 원년(662) 5월에 대장군 대금중大錦中 아담비라부련阿曇比邏夫連 등에게 선사船師(수군) 170척을 거느리게 하여 백제국 풍장豐璋 등에게 보냈는데, 명령하기를 풍장豐璋 등으로 그 위位를 계승하도록 하고 또한 금책金策을 복신福信에게 주고 작록爵祿을 포상해 하사하니, 때에 풍장豐璋 등과 복신福信이 머리를 조아려 명령을 받고 무리가 눈물을 흘렸다고 한다.[118] 일본이 백제부흥전쟁을 돕기 위해 170척의 수군을 추가로 파병했다고 볼 수 있다. 아담비라부련阿曇比邏夫連은 661년(천지천황 즉위년) 8월에 백제를 구원하러 파견된 적이 있었는데 다시 출정하게 된 것이었다.

용삭2년(662) 7월에 유인원·유인궤 등이 복신福信 여중餘衆을 웅진의 동쪽에서 크게 격파하고, 지라성支羅城 및 윤성尹城, 대산大山·사정沙井 등 책柵을 함락해 심히 많이 살획殺獲하고 병력을 나누어 진수鎭守하니, 복신福信 등은 진현성眞峴城이 강江에 임하고 높고 험준해 요충에 해당한다고 여겨 병력을 더하여 지켰다. 유인궤가 신라군을 독려해 진현성에 들어가 800인을 베어죽이니 마침내 신라 군량도가 통했다. 유인원이 당 황제에게 아뢰어 병력 증강을 요청하니, 고종이 용삭2년(662) 7월에 우위위장군右威衛將軍 손인사孫仁師를 웅진도행군총관熊津道行軍總管으로 삼아 백제를 정벌하게 했다.[119] 문무왕 2년(662) 8월에 백제잔적百濟殘賊이 내사지성內斯只城에 둔취屯聚하니 문무왕이 흠순欽純 등 19장군을 파견해 토파討破했다.[120]

---

117 임해전을 지닌 月池宮(東宮 月池)은 아직 건설되기 전이었다.

118 『日本書紀』 권27, 天命開別天皇 天智天皇 元年 5월. 풍장 등은 661년(제명천황 7년) 9월에 이미 백제에 도착했다.

119 『삼국사기』 권28, 백제본기, 의자왕편 말미 ;『新唐書』 권3, 本紀3, 高宗, 龍朔 2년 7월 ;『삼국사기』 신라본기 문무왕 3년(663년) 5월조 소급기록

662년(천지천황 원년) 12월 초하루에, 백제왕 풍장豊璋과 그 신하 좌평 복신福信 등이 협정련狹井連·박시전래진朴市田來津과 함께 의논하기를, "이 '주유州柔(주류성)'는 전묘田畝와 멀리 떨어져 있고 토지가 척박해 농상農桑의 땅이 아니라 적을 막아 전투하는 장소여서 이곳에 오래 거처하면 민民이 기근飢饉하리니, 지금 피성避城에 옮기는 것이 좋소. 피성避城은 서북으로 고련단경古連旦涇의 수水로써 띠처럼 두르고 동남으로 심니거언深泥巨堰의 방防에 근거해 주전周田으로 두르고 내린 비가 도랑을 터서 흐르니, 화실華實(꽃·열매)의 모毛는 곧 삼한三韓의 상유上腴이고 의식衣食의 원源은 곧 이의二儀(양의兩儀: 음양)의 오구隩區라, 비록 지대가 낮다고 하지만 어찌 피성으로 옮기지 않으리오"라고 했다. 이에 박시전래진朴市田來津이 홀로 간언하기를, "피성避城과 적敵 소재所在 사이는 일야一夜에 갈 수 있어 심히 서로 가까워, 만약 불우不虞가 있으면 후회막급이라 … 지금 적敵이 망령되이 오지 않는 까닭은 주유州柔가 산험山險에 설치되어 모두 다 방어가 되고 산이 준고峻高하고 계谿(골짜기)가 좁아 지키기 쉽고 적이 공격하기 어렵기 때문이오"라고 했다. 하지만 간언은 수용되지 않아 피성避城에 도읍했다. 이해에 일본이 백제를 구원하기 위해 병갑兵甲을 수선하고 선박을 갖추고 군량을 쌓았다.[121] 663년(천지천황 2년) 2월에 신라인이 백제 남반南畔 4주州를 불태우고 아울러 안덕安德 등 요지要地를 취하니, 이에 피성避城이 적적과의 거리가 가까워 형세상 거처할 수 없어 풍장과 복신이 주유州柔(주류성)에 환거還居했다.[122]

663년(천지천황 2년) 3월에 일본이 전장군前將軍 상모야군치자上毛野君稚子·간인련대개間人連大蓋, 중장군中將軍 거세신전신역어巨勢神前臣譯語·삼륜군근마려三輪君根麻呂, 후장군後將軍 아배인전신비라부阿倍引田臣比邏夫·대택신겸병大宅臣鎌柄을 파견해 이만칠천인二萬七千人을 거느려 신라를 공격하게 했다.[123] 부

---

120 『삼국사기』 신라본기, 문무왕 2년 8월
121 『日本書紀』 권27, 天命開別天皇 天智天皇 원년 12월 및 말미
122 『日本書紀』 권27, 天命開別天皇 天智天皇 2년 2월

흥백제를 구원하는 이 일본군 2만7천은 '전前'장군, '중中'장군, '후後'장군이 거느렸으니 전군前軍, 중군中軍, 후군後軍의 삼군三軍으로 구성되어 있었다.

당 황제 고종이 유인원의 병력증강 요청에 따라 명령해 치淄·청靑·래萊·해海의 병력 칠천인七千人을 동원하고 좌위위장군左威衛將軍 손인사孫仁師를 파견해 군사를 통솔해 바다를 건너 유인원의 군사에 더하게 했다.[124] 『삼국사기』 신라본기에 따르면, 문무왕 3년(663년) 5월 무렵에 유인궤의 병력증강 요청에 따라 황제에 의해 파견된 우위위장군右威衛將軍 손인사孫仁師가 '병兵 사십만四十萬'을 거느려 덕물도德物島에 이르고 웅진부성熊津府城에 나아갔다고 했는데,[125] '병兵 사십만四十萬'은 과장 혹은 오류로 보인다.

663년(천지천황 2년) 6월에 전장군前將軍 상모야군치자上毛野君稚子 등이 신라 사비기노강沙鼻岐奴江(사비·기노강 혹은 사비기·노강) 이성二城을 취했다. 백제 왕 풍장豊璋이 복신福信의 모반심謀反心 지님을 싫어해 손바닥을 뚫어 결박하도록 했는데, 스스로 결정하기 어려워 여러 신하들에게 묻기를, 복신의 죄가 이미 이와 같으니 참斬해야 하는가 아닌가 했다. 이에 달솔達率 덕집득德執得이 말하기를, 이 악역인惡逆人은 놓아주어서는 안된다고 했다. 왕(부여풍장)이 건아健兒로 하여금 복신의 목을 베게 하여 머리를 젓갈 담갔다.[126] 복신福信이 권력을 오로지하여 부여풍扶餘豊과 점점 서로 시기猜忌했는데, 복신이 질병을 칭탁해 굴실窟室에 와臥하고는 풍豊의 문질問疾을 기다려 잡아 죽이고자 했지만, 풍豊이 이를 알아채고 친신親信을 거느려 복신을 습격해 죽였고, 사使를 고구려·왜국에 파견해 군사원조를 요청해 당병唐兵을 막으

---

123 『日本書紀』 권27, 天命開別天皇 天智天皇 2년 3월. 한편 5월에 犬上君이 말을 달려 고려(고구려)에 兵事를 告하고 돌아와 石城에서 糾解(부여풍)를 만나보았는데 糾解가 福信의 죄를 말했다고 한다.

124 『삼국사기』 권28, 백제본기, 의자왕편 말미

125 『삼국사기』 신라본기, 문무왕 3년 5월조.

126 『日本書紀』 권27, 天命開別天皇 天智天皇 2년 6월

려 했다고 한다.[127]

이처럼 부흥백제의 왕 부여풍이 복신(귀실복신)을 죽여 부흥군의 내분이 벌어진 직후 백강전투(백촌강전투)가 벌어지는데 그 과정을 소개하면 아래와 같다.

C-1. 부여풍이 복신福信을 죽이고 고구려·왜국에 사使를 파견해 군사원조를 요청해 당병唐兵을 막으려 했는데, 손인사孫仁師가 중로中路에서 요격해 깨뜨리고는 유인원의 군사와 서로 합하니 사기士氣가 크게 떨쳤다.(『삼국사기』 백제본기).[128]

C-2. 용삭3년(663)에 백제제성百濟諸城이 흥복興復하기를 몰래 도모해, 그 거수渠帥가 두율성豆率城(두릉윤성)에 근거해 왜倭에 군사원조를 요청해 원조援助로 삼으니, 대왕(문무왕)이 유신庾信·인문仁問·천존天存·죽지竹旨 등 장군을 친히 거느리고 7월 17일에 정토征討에 나서, 웅진주熊津州에 이르러 머물며 진수鎭守 유인원劉仁願과 합병合兵했다. 8월 13일에 두율성豆率城(두릉윤성)에 이르자 백제인이 왜인倭人과 함께 출진出陣하니, 아군我軍(신라군)이 힘껏 전투해 대패大敗시키자 백제가 왜인과 함께 모두 항복했다 … 병력을 나누어 여러 성城을 공격해 항복시켰다. (『삼국사기』 김유신전)[129]

C-3. 천지천황 2년(663) 8월 갑오일(13일)에 신라가 백제왕이 자기의 양장良將을 베었다고 들었기에 곧바로 국國(백제국)으로 들어가 먼저 주유州柔(주류성)를 취하기를 도모하자, 백제(부여풍장)가 적賊(신라)의 계책을 알아 제장諸將에게 일

---

127 『삼국사기』 권28, 백제본기, 의자왕편 말미
128 『삼국사기』 권28, 백제본기, 의자왕편 말미. 한편, 『資治通鑑』 권201, 唐紀17, 高宗 편에는 유인원·유인궤가 眞峴城을 이기니 孫仁師에게 황명을 내려 병력을 거느려 바다를 항해해 돕게 했고, 백제왕 豊이 남쪽에서 왜인을 끌고 와 唐兵을 막으니, 손인사가 유인원·유인궤와 合兵해 세력을 크게 떨쳤다고 했다.
129 대왕(문무왕)이 두율성에서 항복한 왜인을 풀어주었다고 한다.

러 말하기를, "지금 듣건대 대일본국大日本國의 구장救將(구원장수) 려원군신廬原君臣이 건아健兒 만여萬餘를 거느리고 바다를 넘어 이르렀다고 하니, 원컨대 여러 장군들은 응당히 미리 도모하오, 나 자신은 백촌白村에 가서 기다려 (일본 구원군을) 맞이해 대접하고자 하오" 라고 했다.[130]

C-4. 당 제장諸將(손인사 등)이 공격 방향을 의논했는데, 혹자가 말하기를, "가림성加林城은 수륙水陸의 요충이니 먼저 공격해야 하오"라고 했고, 유인궤가 말하기를, "병법은 실實을 피하고 허虛를 공격하는 것이라, 가림加林은 험고嶮固해 공격하면 군사를 손상하고 지키면 많은 날을 허송하리니, 주류성周留城은 백제 소혈巢穴로 무리가 모인 곳이라 만약 이곳을 이기면 제성諸城이 스스로 무너지리라" 했다. 이에 손인사·유인원 및 신라왕 김법민(문무왕)이 육군을 거느려 나아가고, 유인궤劉仁軌 및 별수別帥 두상杜爽·부여융扶餘隆이 수군 및 군량선을 거느려 웅진강熊津江으로부터 백강白江에 가서 육군과 회합해 함께 주류성周留城으로 달려갔다.(『삼국사기』 백제본기)[131]

C-5. 천지천황 2년(663) 8월 무술일(17일)에 적장賊將이 주유州柔(주류)에 이르러 그 왕성王城을 둘러싸고, 대당군장大唐軍將이 전선戰船 일백칠십一百七十 척을 거느리고 백촌강白村江에 진열했다. 8월 무신일(27일)에 일본 선사船師(수군) 초지자初至者가 대당大唐 선사船師(수군)와 교전했는데 일본이 불리해 물러나니 대당大唐이 진열을 견고하게 하여 지켰다. 8월 기유일(28일)에 일본제장日本諸將과 백제왕(부여풍)이 기상氣象을 관찰하지 않고 서로 말하기를, "우리들이 앞다투어 진격하면 저쪽(당군)이 응당 스스로 물러가리라" 하고는 다시 일본 난오亂伍의 중군中軍을 거느리고 나아가 대당大唐 견진堅陣의 군을 공격하자 대당大唐이 곧 좌우로부터 선박을 둘러싸 전투하니 잠깐 사이에 관군(일본군)이 패배해 익사한 자가 많고 노축艣軸(배 앞과 뒤)을 선회할 수 없고, 박시전래진朴市

---

130 『日本書紀』 권27, 天命開別天皇 天智天皇 2년 8월
131 『삼국사기』『권28, 백제본기, 의자왕편. 이에 대해서『구당서』백제전과 유인궤 전이 참조된다.

田來津이 하늘을 우러러 맹서하고 이빨을 갈아 성내며 수십인數十人을 죽이고 는 전사했다. 이 때에 백제왕 풍장豊璋(부여풍)이 수인數人과 함께 배를 타서 고려(고구려)로 달아났다.(『일본서기』 천지천황 2년 8월)[132]

C-6. 문무왕 3년(663년)에 왕(문무왕)이 김유신 등 이십팔[혹은 삼십三十] 장군을 거 느리고 그(웅진부성의 당군)와 함께 두릉윤성豆陵尹城[두량윤성豆良尹城]·주류성周留 城 등 제성諸城을 합공合攻해 모두 함락하니, 부여풍扶餘豊이 탈출해 달아나고, 왕자王子 충승忠勝·충지忠志 등이 그 무리를 거느리고 항복했는데, 오직 지수 신遲受信이 임존성任存城에 근거해 함락되지 않았다. (『삼국사기』 신라본기)[133]

C-7. 유인궤 및 별수別帥 두상杜爽·부여융扶餘隆이 거느린 수군이 웅진강熊津江으 로부터 백강白江으로 가서 육군과 회합해 함께 주류성周留城으로 가다가 왜인 倭人을 백강구白江口에서 만나 사전四戰해 모두 이기고 그 선박 사백四百 척을 불태우니 연염煙炎이 하늘을 불사르고 바닷물이 붉어지니 왕 부여풍扶餘豊이 탈출해 도주해 소재所在를 알지 못하는데, 혹 이르기를 고구려로 달아났다고 하며, 그(부여풍)의 보검을 획득했고, 왕자王子 부여扶餘 충승忠勝·충지忠志 등이 그 무리와 왜인倭人을 거느리고 아울러 항복했는데, 오직 지수신遲受信이 임 존성任存城에 근거해 함락되지 않았다. 흑치상지黑齒常之와 별부장別部將 사타 상여沙吒相如가 험준한 곳에 의거해 복신福信에 호응해 오다가 이에 이르러 항복했다.(『삼국사기』 백제본기)[134]

C-8. 유인궤 및 별수別帥 두상杜爽·부여융扶餘隆이 거느린 수군이 웅진강熊津江으 로부터 백강白江으로 가서 육군과 회합해 함께 주류성周留城으로 달려가다가, 유인궤가 백강白江의 구口에서 부여풍扶餘豊의 무리와 조우해 사전四戰해 모두 이기고 그 선박 사백四百 척을 불태우니 적중賊 무리가 크게 무너지고, 부여

---

132 『日本書紀』 권27, 天命開別天皇 天智天皇 2년 8월
133 『삼국사기』 신라본기, 문무왕 3년 5월조. 문무왕 3년 11월까지의 사건이 기재되 어 있다.
134 『삼국사기』 백제본기 의자왕편 말미

풍이 탈출해 도주하고, '위왕자僞王子' 부여扶餘 충승忠勝·충지忠志 등이 사녀士女 및 왜중倭衆을 거느려 아울러 항복하고, 백제 제성諸城이 모두 다시 귀순했다.(『구당서』 백제전)[135]

C-9. 유인궤 및 별솔別率 두상杜爽·부여융扶餘隆이 거느린 수군이 웅진강熊津江으로부터 백강白江에 가서 육군과 회합해 함께 주류성周留城으로 달려가다가, 유인궤가 백강白江의 구口에서 왜병倭兵과 조우해 사전四戰해 승리하여 그 선박 사백四百 척을 불태우니 연염煙焰이 하늘에 넘치고 바닷물이 모두 붉어지니 적중賊衆이 크게 무너져, 여풍餘豐이 탈출해 도주하니 그 보검을 획득하고, '위왕자僞王子' 부여扶餘 충승忠勝·충지忠志 등이 사녀士女 및 왜중倭衆과 탐라국사耽羅國使를 거느리고 일시에 아울러 항복하고, 백제 제성諸城이 모두 다시 귀순했는데, 적수賊帥 지수신遲受信이 임존성任存城에 근거해 항복하지 않았다. 백제수령百濟首領 사타상여沙吒相如·흑치상지黑齒常之가 각기 험준한 곳에 의거해 복신福信에게 호응해 오다가 이에 이르러 그 무리를 거느리고 항복했다."(『구당서』 유인궤전)[136]

C-10. 천지천황 2년(663) 9월 정사일(7일)에 백제 주유성州柔城(주류성)이 비로소 당唐에 항복했는데, 이때에 국인國人(백제인)이 서로 일러 말하기를, "주유州柔가 항복하니 일을 어찌할 수 없나니, '백제百濟'의 명칭이 금일에 끊어져, 구묘丘墓의 장소에 어찌 다시 갈 수 있으리오, 다만 호례성弖禮城에 갈 수 있다"고 했다. 때마침 일본군장日本軍將 등이 서로 사기事機에 필요한 것을 모의해 본래 침복기성枕服岐城에 있는 처자妻子 등으로 하여금 국國(백제)을 떠나는 마음을 알도록 했다.(『일본서기』 권27, 천지천황)[137]

C-11. 용삭3년(663: 문무왕3)에 총관惣管 손인사孫仁師가 병력을 이끌고 와서 부성

---

135 『구당서』 권199上, 백제전
136 『구당서』 유인궤전. 麟德2년에 泰山에 封 제사하는데, 유인궤가 '신라 및 백제·耽羅·倭 四國 酋長을 거느리고 태산 회합에 나아오니 고종이 심히 기뻐한다.
137 『日本書紀』 권27, 天命開別天皇 天智天皇 2년 9월

府城(웅진부성)을 구원하고, 신라 병마兵馬가 역시 출동해 함께 정벌에 나서, 행진하여 주류성周留城 아래에 이르렀는데, 이 때에 왜국倭國 선병舩兵(수군)이 백제를 도우러 와서 왜선倭舩 천소千艘(일천 척)가 백사白沙에 머물고 백제 정기精騎가 안상岸上에서 그 선박(왜선)을 지키고 있으니, 신라 효기驍騎(날랜 기병)가 한漢(당唐) 선봉이 되어 먼저 안진岸陣을 격파하자 주류周留가 담력을 상실해 마침내 곧 항복했다. (『삼국사기』 신라본기, 문무왕 11년 7월조, 문무왕이 설인귀에게 답하는 글)[138]

C-12. 용삭3년(663) 9월 무오일(8일)에 손인사孫仁師가 백제와 백강白江에서 전투해 패배시켰다.(『신당서』 고종본기)[139]

C-13. 용삭3년(663) 9월 무오일(8일)에 웅진도행군총관熊津道行軍總管 우위위장군右威衛將軍 손인사孫仁師 등이 백제여중百濟餘衆 및 왜병倭兵을 백강白江에서 격파하고 그 주류성周留城을 함락했다. (『자치통감』)[140]

C-14. 천지천황 2년(663) 9월 신유일(11일)에, (백제유민과 일본군이) 모호牟弖에서 길을 떠나, 계해일(13일)에 호례弖禮에 이르고, 9월 갑술일(24일)에 일본 선사船師(수군) 및 좌평 여자신餘自信, 달솔達率 목소귀자木素貴子·곡나진수谷那晉首·억례복류憶禮福留가 국민國民(백제국민) 등을 아울러 호례성弖禮城에 이르렀으며, 다음날에 선박을 출발해 비로소 일본으로 향했다.(『일본서기』 권27, 천지천황)[141]

663년에 부흥백제의 왕 부여풍이 부흥군의 핵심인 복신을 죽여 내분이 깊어지자 당군과 신라군은 대대적인 공세에 나섰고, 일본은 대규모 구원군을 추가로 파견했다. 당군은 웅진부성(공주)을 근거로 하여 손인사孫仁師·유인원劉仁願·유인궤劉仁軌·부여융扶餘隆 등이 지휘하고 있었고, 신라군은 문무

138 『삼국사기』 권7, 신라본기, 文武王 11년 7월조, 문무왕이 설인귀에게 답하는 글
139 『新唐書』 권3, 本紀3, 高宗, 용삭3년 9월
140 『資治通鑑』 권201, 唐紀17, 高宗
141 『日本書紀』 권27, 天命開別天皇 天智天皇 2년 9월

왕이 친히 지휘하고 있었다. 손인사·유인원과 문무왕은 육군을 이끌고, 유인궤·부여융은 수군을 이끌고 웅진강으로부터 백강으로 나아갔다. 웅진강은 웅진(공주)으로부터 서해에 이르는 금강을 지칭했고, 백강은 웅진강에서도 서해와 근접한 부분을 지칭했다. 당·신라의 이 육군과 수군은 백강에서 만나 주류성으로 향했는데 때마침 일본군이 백촌강(백강)으로 다가가고 있었다. 당·신라 육군은 주류성을 포위하고 유인궤의 당 수군은 백촌강(백강)을 지켰는데 663년 8월 무술일(17일)이었다. 8월 무신일(27일)에 일본 수군의 선봉대가 당 수군과 백강구白江口(금강이 서해와 만나는 부분)에서 교전했다가 패배해 물러났다. 8월 기유일(28일)에 일본제장日本諸將과 백제왕 풍장(부여풍)이 관군(일본군과 백제군)을 거느리고 백강구白江口에서 당 수군과 전투했지만 크게 패배해 익사자가 많았고 백제왕 풍장(부여풍)은 배를 타서 고려(고구려)로 달아났고, 해안 언덕에서 왜국 함대를 보호하던 백제군이 신라 기병에 의해 무너지니 주류성이 낙담했다. 이 백강구白江口 전투에서 유인궤의 당 수군은 왜병과 4번 싸워 모두 승리해 왜선 400척을 불태우니 연기와 화염이 하늘까지 불사르고 바닷물이 붉어졌다고 한다.

백제왕 부여풍은 일본군을 영접하기 위해 군사 일부분을 거느리고 주류성에서 나와 백강구에 가서 일본함대에 올랐기 때문에 백강구 전투에 참여했다가 패배해 달아난 것이었다. 주류성(주유성)은 부흥백제 왕이 없는 상태에서 당·신라 군의 집중 공격을 받는 상황이 되자 결국 9월 정사일(7일)에 항복하니 백제 부흥운동이 거의 종말에 다다르게 되었다.『신당서』고종본기에는 9월 무오일(8일)에 손인사孫仁師가 백제와 백강白江에서 전투해 패배시켰다고 되어 있는데,『자치통감』에 언급되었듯이 백강전투는 물론 주류성전투까지 포함한 것이며, 주류성이 백강 가에 위치했음을 시사한다. 주류성이 함락되는 전투는 음력 9월 7일을 넘겨 8일까지 진행되었던 것으로 보인다.

훗날 문무왕이 설인귀에게 답하는 글에는 당군과 신라군이 함께 정벌에 나서 주류성 아래에 이르렀고, 이 때에 왜국 수군이 백제를 도우러 와서 '왜선 천소千艘'(일천 척)가 백사白沙에 머물고 백제 정기精騎가 안상岸上에서 그 선박을 지키고 있었다고 했다. 그러하니 '왜선 천소千艘' 즉 왜선 일천 척 중에서 400척이 당 수군에 의해 불탔다고 볼 수 있다.[142] 금강 하구는 하얀 모래가 많이 퇴적되어 '백사白沙' 내지 '백촌白村'으로, 그 부분의 강은 백강 내지 백촌강으로, 특히 바다와 접하는 부분은 백강구白江口로 불리게 되었던 것으로 보인다. 문무왕의 위 글은 주류성이 백사白沙 즉 백강 가에 위치했음을 시사한다. 당 수군 170척이 왜국 수군 1000척과 전투해 400척을 파괴한 것이었는데, 전술과 선박의 우월 때문에 승리했으리라 여겨진다.

주류성의 위치에 대해, 충청남도 서천군 한산, 전라북도 변산반도 위금 산성 등의 견해가 있지만, 전라북도 군산시 오성산성이 가장 적합한 듯하다. 오성산 산성은 공략하기 어려운 곳이면서 금강 하구를 내려다보는 요충지에 위치한다. 이전에 소정방이 기벌포로 들어와 좌애左涯 내지 동안東岸에 올랐던 곳이 곧 이곳으로 여겨진다.

왜병이 크게 무너지고 백제왕 부여풍이 도망하니 '위왕자僞王子' 부여扶餘 충승忠勝·충지忠志 등이 사녀士女 및 왜중倭衆과 탐라국사耽羅國使를 거느리고 일시에 모두 항복했는데,[143] 이들은 주류성에 있다가 항복한 것으로 판단되며 그날은 음력 9월 7일 내지 9월 8일이었을 것이다. '왜중倭衆'은 원군으로 파견된 일본군이었을 것이고, 탐라국耽羅國의 사使는 추장酋長으로도

---

142 『자치통감』唐紀 고종 편에도 당 수군이 白江口 전투에서 왜선 400척을 불태운 것으로 나온다.

143 『자치통감』권201, 唐紀17, 고종 편에는 백제왕 豊이 탈출해 고려(고구려)로 달아나고, '王子' 忠勝·忠志 등이 무리를 거느리고 항복하니 백제가 모두 다 평정되었는데, 오직 別帥 遲受信이 任存城에 근거하여 항복하지 않았고, 흑치상지가 任存山에 근거해 200여성을 취하여 당군에 저항하고 別部將 沙吒相如와 함께 각기 험준에 의거해 福信에 호응해 오다가 백제(부흥백제)가 패배하자 모두 그 무리를 거느리고 항복했다고 한다.

나타나는데 백제부흥을 지원하는 탐라국의 군졸을 이끌고 부흥백제에 와 있었으리라 추정된다.

9월 7~8일에 백제 주유성(주류성)이 항복하자 백제인과 왜인이 탈출을 도모했다. 9월 11일에, 모호牟르에서 길을 떠나 13일에 호례성弖禮城에 이르 렀고, 9월 24일에 일본수군 및 좌평 여자신餘自信, 달솔達率 목소귀자木素貴子·곡나진수谷那晉首·억례복류憶禮福留가 백제국민 등을 아울러 호례성弖禮城 에 이르렀다. 그리고 9월 25일에 선박에 타서 출발해 비로소 일본으로 향 할 수 있었다.

일본은 백제유민을 포섭하는 정책을 실행한다. 664년(천지천황 3년) 3월에 는 백제왕 선광왕善光王 등으로 난파難波(나니와 오사카)에 거주하도록 했다.[144] 665년(천지천황 4년) 2월에 백제국 관위계급官位階級을 감교勘校하고, 좌평 복신福信(귀실복신)의 공로로 인해 귀실집사鬼室集斯에게 소금하小錦下를 제수하 고[그 본위本位는 달솔達率이었음], 다시 백제백성 남녀 400인 남짓으로 근 강국近江國 신전군神前郡에 거주하게 했고, 3월에 신전군神前郡 백제인에게 전田을 지급했다.[145] 중대형中大兄 왕(천지천황)은 당과 신라의 침공을 우려해 치세 6년(667) 3월에 수도를 아스카에서 근강대진近江大津으로 옮긴다.[146]

당·신라 군은 항복을 거부하는 임존성 공략에 나섰지만 번번이 실패한 다. 유인궤가 손인사의 반대를 설득해 흑치상지黑齒常之·사타상여沙吒相如에 게 개장鎧仗(무기)과 식량을 지급하자 이 둘이 마침내 임존성을 취하니 지수 신遲受信이 고려(고구려)로 달아남에 백제 여당餘黨(여신餘燼)이 모두 평정되었 다. 손인사孫仁師가 유인원劉仁願과 함께 군사를 거두어 돌아가고 황명에 따 라 유인궤는 머물며 유인원을 대신해 병력을 통솔해 진수鎭守했다.[147] 임존

---

144 『日本書紀』 권27, 天命開別天皇 天智天皇 3년 3월
145 『日本書紀』 권27, 天命開別天皇 天智天皇 4년 2월·3월
146 近江大津은 현재 滋賀県 大津市에 해당하는데 나라의 북쪽, 琵琶湖의 남쪽, 교토 의 동쪽에 위치한다.

성은 문무왕 3년(663) 연말~4년(664) 연초에 함락당한 것으로 보인다. 백제
부흥전쟁이 실패로 끝나면서 탐라국은 또 다시 선택의 기로에 서게 된다.

2) 탐라국 사자가 태산제사에 참석하다

당은 백제부흥운동이 막을 내려가자 해동을 장악하기 위해 신라와 백제
의 화해를 추진한다. 당의 종용에 따라 문무왕 4년(664) 2월에 각간角干 김
인문金仁問·이찬伊飡 천존天存과 당칙사唐勅使 유인원劉仁願·백제百濟 부여융夫
餘隆이 웅진에서 동맹同盟했다.[148] 664년(천지천황 3년) 5월 갑자일(17일)에 백제
진장百濟鎭將 유인원劉仁願이 조산대부朝散大夫 곽무종郭務悰 등을 일본에 파견
해 표함表函과 헌물獻物을 진進했다고 하니,[149] 당은 일본과의 관계개선에도
나서고 있었다. 인덕원년麟德元年(664) 겨울10월 경진일에 웅진도독熊津都督
유인궤劉仁軌가 폐하(당고종)가 고려(고구려)를 진멸殄滅하고자 한다면 백제토
지를 포기해서는 안된다는 등의 내용을 담을 표문을 올리자 고종이 이를
깊이 받아들이고, 또한 우위위장군右威衛將軍 유인원劉仁願을 다시 파견해 병
력을 통솔해 바다를 건너가 구舊 진병鎭兵과 교대하게 하고, 부여융扶餘隆에
게 그대로 웅진도독熊津都督(웅진도위熊津都尉)을 띠면서 신라와 화친하고 백제
의 남은 무리를 불러모으게 했다.[150]

---

147 『삼국사기』 김유신전 ; 『삼국사기』 신라본기, 문무왕 3년 5월조 및 11년 7월조 ;
　　『삼국사기』 백제본기 의자왕편 말미 ; 『구당서』 유인궤전 ; 『구당서』 백제전 ; 『資
　　治通鑑』 권201, 唐紀17, 高宗
148 『삼국사기』 권6, 신라본기 문무왕 4년 정월 및 2월 ; 『삼국사기』 권7, 신라본기,
　　文武王 11년 7월조. 한편 문무왕은 4년 정월에 敎를 내려 婦人 역시 中朝(중국)
　　衣裳을 입도록 했다.
149 『日本書紀』 권27, 天命開別天皇 天智天皇 3년 5월
150 『구당서』 권84, 유인궤전 ; 『삼국사기』 백제본기 의자왕편 말미 ; 『구당서』 백제
　　전 ; 『資治通鑑』 권201, 唐紀17, 고종 麟德元年 冬10월. 고종은 유인궤에게 돌아

당고종은 부여융과 문무왕에게 또 다시 동맹의식을 행하기를 종용한다. 인덕麟德2년(665) 7月에 상上(고종)이 웅진도위熊津都尉 부여융扶餘隆과 신라왕 법민法敏(문무왕)에게 명령해 구원舊怨을 풀어버리라 했다.[151] 『삼국사기』에 따르면 문무왕 5년 가을8월에 왕(문무왕)과 칙사勅使 유인원劉仁願, 웅진도독熊津都督 부여융扶餘隆이 웅진 별리산就利山에서 동맹 의식을 거행하고 유인궤에 의해 찬술된 동맹문을 읽었다. 곧 유인궤가 아我(신라) 사자使者 및 백제·탐라耽羅·왜인倭人 사국四國 사使를 거느리고 '바다에 떠서 서쪽으로 돌아가 태산泰山에 회사會祠했다'(태산에 회사會祠하러 바다에 떠서 서쪽으로 돌아갔다).[152] 제2차 웅진 동맹이 문무왕 5년(665: 당고종 인덕2년) 8월에 거행되고 나서 유인궤가 탐라국 사자使者를 신라·백제·왜국 사자와 함께 당으로 데려간 것이었다.

탐라 사자가 당에 끌려간 상황에 대해 좀더 살펴보자. 『구당서』·『신당서』 유인궤전에는 유인궤가 바다에 떠서 서쪽으로 돌아와, 인덕麟德2년(665)에 태산泰山 봉사奉祀를 위해 신라 및 백제·탐라耽羅(담라儋羅)·왜倭 사국四國 추장酋長을 거느려 부회赴會하니 당고종이 심히 기뻐해 유인궤를 발탁하여 대사헌大司憲으로 삼았고,[153] 『신당서』 본기에 따르면, 고종 인덕2년(665) 10월 임술일(24일)에 대방주자사帶方州刺史 유인궤로 대사헌大司憲 겸지정사兼知政事를 삼았다.[154] 『자치통감』에 따르면 인덕麟德2년(665) 8월 임자일(13일)에 웅진성熊津城에서 동맹同盟하고, 유인궤劉仁軌가 신라·백제·탐라耽羅·왜국倭國 사자使者를 데리고 바다에 떠서 서쪽으로 돌아와(耽羅國은 한편으로 '담라儋羅'라

오도록 명령했지만 유인궤는 표문을 올려 해동을 留鎭하기를 요청해 허락받았다.
151 『資治通鑑』 권201, 唐紀17, 고종
152 『삼국사기』 신라본기 문무왕 5년 8월 ; 『삼국사기』 권28, 백제본기, 의자왕편 말미. 웅진 동맹은 당이 백제지역을 지배하면서 고구려와 신라에 영향력을 행사하려 했던 것인데 고구려를 멸망시킨다면 신라와의 전쟁은 필연적이었다.
153 『구당서』 권84, 열전34, 劉仁軌 ; 『신당서』 권108, 열전33, 劉仁軌. 『구당서』에는 '耽羅'로, 『신당서』에는 '儋羅'로 되어 있다.
154 『新唐書』 권3, 本紀3, 高宗, 인덕2년

하고 신라 무주武州 남쪽 도도島 위에 위치하는데 초初에 백제에 부부附附하고 후에 신라에 부부附함
태산泰山에 회사會祠했고, 고려(고구려) 역시 태자太子 복남福男을 파견해 와 시
사侍祠했다고 한다.[155] 유인궤는 탐라 등 4국國의 추장을 데리고 동도 낙양
에 나아가고 이어서 고종을 따라 태산에 가서 봉선封禪 의식에 참석한 것으
로 보인다.

탐라 사신(추장)은 백제부흥전쟁을 돕다가 663년 9월 7~8일에 주류성이
당·신라 군에게 함락당하자 항복해 억류당해 백제 지역(아마 웅진)에 머물렀
다. 그러다가 2년 정도가 흐른 665년 8월 무렵에 유인궤에 의해 당으로 끌
려가 낙양에 갔다가 태산 봉선封禪 의식에 참석하게 되는 것이었다.

그러면 탐라 사자(추장)가 참석하게 된 당 고종의 태산 봉선封禪 의식을
좀더 자세히 살펴보기로 하자. 당 고종은 인덕원년麟德元年(664) 7월 정미일
에 조칙을 내려 삼년三年(인덕3년) 정월에 태산泰山에 제사하겠노라 천명했
다.[156] 이후의 과정을 소개하면 아래와 같다.

D-1. 인덕麟德2년(665) 춘정월 임오일(2월 임오일?)에 고종이 동도東都(낙양)로 행차
했고, 정유일에 합벽궁合璧宮에 행차했고, 무자일에 옹주雍州·낙주洛州 및 제
사諸司 죄수를 심사해 석방했고, 갑자일에 태산으로의 순행 계획으로 인해
정선停選했다. 3월 신미일에 동도東都 건립 건원전乾元殿이 완공되었다. 겨울
10월 무오일(20일)에 황후(무측천)가 (고종에게) 봉선封禪하기를 요청하고 사례태
상백司禮太常伯(예부상서) 유상도劉祥道가 (고종에게) 상소해 봉선封禪하기를 요청했
고, 계해일(25일)에 고려왕高麗王(고구려왕) 고장高藏이 보낸 그 자子 복남福男이
내조來朝했고, 정묘일(29일)에 장차 태산에 봉封하러 동도東都로부터 출발했
다.(『구당서』 고종본기)[157]

---

155 『資治通鑑』 권201, 唐紀17, 고종. 고려(고구려) 왕자가 내조한 때는 10월 계해일
(25일)이었다.
156 『新唐書』 권3, 本紀3, 高宗

D-2. 당 고종이 인덕麟德2년(665) 2월 임오일에 경사京師(장안)를 출발하고 정유일에 합벽궁合璧宮(낙양 서쪽 근교 소재)에 이르고 윤3월 임신일 초하루에 동도東都(낙양)에 이르렀다. 7월에 웅진도위熊津都尉 부여융扶餘隆과 신라왕 법민法敏(문무왕)에게 명령해 구원舊怨을 풀어버리라 하니, 8월 임자일(13일)에 (부여융과 김법민이) 웅진성熊津城에서 동맹同盟하고, 유인궤劉仁軌가 신라·백제·탐라耽羅·왜국倭國 사자使者를 데리고 바다를 떠서 서쪽으로 돌아와 태산泰山에 회사會祠하고(태산에 회사會祠하러 바다에 떠서 서쪽으로 돌아오고), 고려(고구려) 역시 태자太子 복남福男을 보내와 시사侍祠했다(시사侍祠하게 했다). 겨울10월 계축일(15일)에 황후(무측천)가 표칭表稱해, 봉선封禪 구의舊儀는 황지기皇地祇에게 제제祭祭하며 태후太后를 소배昭配하는 것인데 공경公卿으로 하여금 행사行事하게 하니 예禮에 미안未安이 있다며, 당일에 자신이 내외명부內外命婦를 거느리고 전헌奠獻하기를 요청하자, 황제가 조칙을 내려 사수社首(사수산社首山)에 선선禪할 때 황후(무측천)로 아헌亞獻을, 월국태비越國太妃 연씨燕氏로 종헌終獻을 삼도록 했다. 10월 병인일(28일)에 상上(고종)이 동도東都를 출발하는데, 어가御駕를 수종하는 문무의장文武儀仗이 수백리數百里 끊어지지 않고 열영列營 치막置幕이 원야原野에 두루 걸치고, 동쪽으로 고려(고구려)로부터 서쪽으로 파사波斯·오장烏長(烏萇) 제국諸國에 이르기까지 조회자朝會者가 각기 그 속屬을 거느리고 호종扈從해, 궁려穹廬·취막毳幕 우牛·양羊·타駝(낙타)·마馬가 도로를 메웠다. (『자치통감』 고종본기)[158]

D-3. 인덕麟德2년(665) 10월 정묘일에 황제(고종)가 동도東都를 출발해 동악東嶽(태산)으로 나아가는데, 어가를 수종하는 문무·병사兵士 및 의장儀仗 법물法物이 서로 수백리數百里 이어지고 열영列營 치막置幕이 교원郊原에 두루 걸치고, 돌궐突厥·우전于闐·파사波斯·천축국天竺國·계빈罽賓·오장烏萇·곤륜昆侖(崑崙)·왜국倭國 및 신라·백제·고려(고구려) 등 제번諸蕃 추장酋長이 각기 그 속屬을 거느려

---

157 『구당서』 권4, 본기4, 高宗上, 麟德二年. 한편 『新唐書』 권3, 本紀3, 高宗에는 "(인덕)二年二月壬午 如東都"라 되어 있다.

158 『資治通鑑』 권201, 唐紀17, 高宗天皇大聖大弘孝皇帝, 麟德二年

호종扈從하고, 궁려穹廬 전장氈帳 및 우牛·양羊·타駝·마馬가 도로를 메웠다. 논의하는 자가 여기기를, 고래古來로 제왕帝王 봉선封禪이 이처럼 성대한 적이 없었다고 했다.(『책부원귀』 봉선封禪)[159]

D-4. 고종이 (인덕2년) 10월 정묘일에 동도東都를 출발해, 11월 병자일에 원무原武에 잠시 머물러 소뢰少牢로써 한장漢將 기신紀信 무덤에 제사해 표기대장군驃騎大將軍을 추증했다. 12월 병오일(9)에 제주齊州 대청大廳에 나아가고, 을묘일(18일)에 유사有司에게 명령해 태산泰山에 제사하게 하고, 병진일(19일)에 영암돈靈巖頓을 떠났다. 인덕麟德3년 춘정월 무진일 초하루에 거가車駕가 태산돈泰山頓에 이르러, 이날에 호천상제昊天上帝를 '봉사단封祀壇'에서 친사親祀하되 고조·태종으로 배향配饗했다. 기사일(2일)에 황제(고종)가 산(태산)에 올라 봉선封禪의 례禮를 행했다. 경오일(3일)에 사수社首에서 선禪하여 황지기皇地祇에게 제祭하되 태목태황태후太穆太皇太后·문덕황태후文德皇太后로 배향配饗하고 황후(무측천)가 아헌亞獻하고 월국태비越國太妃 연씨燕氏가 종헌終獻했다. 신미일(4일)에 '강선단降禪壇'에 어御했다. 임신일(5일)에 '조근단朝覲壇'에 나아가 조하朝賀를 받고 인덕삼년麟德三年을 고쳐 건봉원년乾封元年이라 했다. 병술일(19일)에 태산으로부터 출발했다. 신묘일(24일)에 곡부曲阜에 행차해 공자에 사祠하여 태사太師를 추증하고, 2월 기미일(22일)에 박주亳州에 가서 노자老子에 사祠하여 태상현원황제太上玄元皇帝를 추호追號하고, 4월 갑진일(8일)에 박주亳州로부터 이르렀다(동도 낙양 일대를 거쳐 경사京師 장안으로 돌아왔다). (『구당서』 고종본기)[160]

D-5. 당 고종이 10월 병인일에 동도東都를 출발하고 11월에 복양濮陽을 경유해 12월 병오일(9)에 제주齊州에 이르러 10일 동안 머물고 병진일(19)에 영암돈靈巖頓을 출발해 태산泰山 하下에 이르고, 유사有司가 산(태산) 남쪽에 원단圓壇을, 산(태산) 위에 등봉단登封壇을, 사수산社首山 위에 강선방단降禪方壇을 만들었다.

---

159 『冊府元龜』 권36, 帝王部36, 封禪2. 한편 『唐會要』 권7, 封禪도 『책부원귀』의 이 내용을 그대로 인용해 실었다.
160 『구당서』 권4, 본기4, 高宗上, 麟德二年 ; 『구당서』 권5, 本紀5, 高宗下, 乾封元年

고종이 건봉원년乾封元年(인덕삼년麟德三年) 춘정월 무진일 초하루에 호천상제昊天上帝를 태산泰山 남쪽에서 사祀했고, 기사일(2일)에 태산에 올라 옥첩玉牒을 봉封하여 상제上帝 책책冊을 옥궤玉匱에 간직하고 배제配帝 책책冊을 금궤金匱에 간직하되 모두 금승金繩(황금 줄)으로 묶고 금니金泥로 봉封하고 옥새玉璽로 도장 찍고 석石 '석감石感'에 보관했다. 정월 경오일(3일)에 사수社首(사수산社首山: 태산 기슭에 위치)에서 강선降禪해 황지기皇地祇에 제제祭祭하는데, 상上(고종)이 초헌初獻하고 나서 집사자執事者가 모두 빨리 내려가고 환자宦者가 집유執帷한데 황후(무측천)가 단壇에 올라 아헌亞獻하되 등가登歌는 모두 궁인宮人을 사용했다. 정월 임신일(5일)에 고종이 조근단朝覲壇에 나아가 조하朝賀를 받고 천하에 사면하고 개원改元했다. 정월 병술일(19일)에 고종이 태산을 출발해 신묘일(24일)에 곡부曲阜에 이르러 공자에게 태사太師를 추증해 소뢰少牢로써 치제致祭했다. (2월) 계미일(기미일의 오류: 22일)에 박주亳州에 이르러 노군묘老君廟를 알현해 존호尊號를 올려 '태상현원황제太上玄元皇帝'라 하고, (3월) 정축일(10일)에 동도東都(낙양)에 이르러 6일 동안 머물고, 갑신일(17일)에 합벽궁合璧宮(낙양 서쪽 근교 소재)에 행차했고, 여름4월 갑진일(8일)에 경사京師(장안)에 이르러 태묘太廟를 알현했다. (『자치통감』 고종본기)[161]

인덕麟德2년(665) 8월 임자일(13일)에 부여융과 김법민이 웅진熊津에서 동맹同盟했고 이 직후 유인궤가 신라·백제·왜·탐라 사국四國 사使를 데리고 태산 봉선封禪 참여를 위해 당으로 돌아갔다. 10월 계축일(15일)에 황후(무측천)가 봉선封禪 의례 때 선禪 제사에 참여하기를 요청했고, 무오일(20일)에 황후가 봉선封禪 거행을 요청했고, 임술일(24일)에 유인궤가 대사헌에 임명되었고, 계해일(25일)에 고려(고구려) 왕자가 내조했다. 그리고 이달 병인일(28일) 혹은 다음날 정묘일(29일)에 고종이 태산을 향해 동도(낙양)를 출발했다.

---

161 『資治通鑑』 권201, 唐紀17, 高宗

그림 2-8. 낙양 무측천 명당과 필자:
탐라 사신은 낙양궁 건원전(명당의 전신) 행사에 참석했을 것임

그러하니 유인궤와 그가 대동한 신라·백제·왜·탐라 사국四國 사使는 665년 9월 무렵에는 동도 낙양(뤄양)에 들어갔고, 신라·백제·왜·탐라 사국四國 사使와 고구려 왕자 등이 다른 나라 사절들과 함께 10월 28일 혹은 29일에 고종황제를 수행해 동도 낙양을 출발해 태산으로 향했던 것이다. 신라·백제·왜·탐라 사국四國 사使와 고구려 왕자 등 여러 나라 사절은 동도 낙양에 머물고 있을 때 동도 궁성宮城인 자미성紫微城(자미궁紫微宮)[162]의 정전인 건원전乾元殿(무측천 명당明堂의 전신) 의례 혹은 자미궁의 정남문正南門인 측천문則天門(응천문應天門) 의례에 참석했을 것이다.

당 고종이 10월에 동도 낙양을 출발해 11월에 복양濮陽을 경유해 12월 병오일(9일)에 제주齊州에 이르러 10일 동안 머물고 병진일(19일)에 영암돈靈巖頓을 출발해 태산泰山 아래에 이르고, 건봉원년(인덕삼년) 춘정월 무진일 초

---

162 낙양 宮城인 紫微宮(紫微城)은 천체의 북극성과 북두칠성을 형상화했다고 하니
    자미궁의 중심은 곧 북극성에 해당했다.

하루에 호천상제昊天上帝를 태산 남쪽에서 사祀했고, 기사일(2일)에 태산에 올라 옥첩玉牒을 봉봉封하여 상제上帝 책책冊을 옥궤玉匱에, 배제配帝 책책冊을 금궤金匱에 간직해 '석감石感'에 보관했고, 경오일(3일)에 사수社首(사수산社首山: 태산 기슭에 위치)에서 강선降禪해 황지기皇地祇에 제제祭하는데, 상上(고종)이 초헌初獻하고 황후(무측천)가 아헌亞獻하고, 임신일(5일)에 고종이 조근단朝覲壇에 나아가 조하朝賀를 받고 천하에 사면하고 개원改元했다. 이러한 과정에, 여성이 주도한 사수산 강선제降禪祭를 제외하고, 탐라 사절도 여러 나라 사절과 함께 수행해 배석했을 것이다.

이후 탐라국 사절이 당에 억류되었는지, 고국 탐라로 돌아왔는지 명확하지 않다. 당 고종이 정월 병술일(19일)에 태산泰山을 출발해 신묘일(24일)에 곡부曲阜에 이르러 공자에게 태사太師를 추증해 소뢰少牢로써 치제致祭하고, 2월 기미일(22일)에 박주亳州에 이르러 노군묘老君廟를 알현해 존호尊號를 올려 '태상현원황제太上玄元皇帝'라 하고, 3월 정축일(10일)에 동도東都(낙양)에 이르러 6일 동안 머물고, 갑신일(17일)에 합벽궁合璧宮(낙양 서쪽 근교 소재)에 행차했고, 여름4월 갑진일(8일)에 경사京師(장안)에 이르러 태묘太廟를 알현했다. 탐라국 사절은 이러한 고종의 행렬을 수행해 당의 수도인 경사(장안)까지 갔을 수도 있다. 그렇다면 탐라국 사절은 당시 장안 정궁으로 사용된 대명궁大明宮(봉래궁蓬萊宮)에 불려갔을 수 있다. 신라국·백제국·탐라국·왜국 사자使者(추장酋長)와 고구려 태자 등이 당의 태산 봉선에 참여한 것이니, 당시 탐라국은 신라, 백제(부여융 관할), 왜, 고구려 등과 함께 독립국으로 인식되었던 것이다.

백제 멸망 이후 탐라의 움직임을 정리하면, 660년에 백제가 멸망하자 661년(제명천황 7년) 5월 정사일(23일)에 탐라耽羅가 왕자王子 아파기阿波伎 등을 일본에 파견했고, 탐라국왕 유리도라儒李都羅가 661년(당고종 용삭원년) 8월에 당에 사신을 파견해 조공했다. 662년(문무왕 2년) 2월에 탐라국주耽羅國主 좌평佐平 도동음률徒冬音律[혹은 도동음진徒冬音津]이 신라에 와서 항복했다. 탐라국 사신(추장)이 백제부흥전쟁을 돕다가 663년 9월 7일 내지 8일에 주류성이 당·신라 군에게 함락당하자 항복했다. 제2차 웅진 동맹이 665년(문무왕 5: 당 고종 인덕2) 8월에 행해진 직후 탐라국 사신(추정)이 당에 끌려가 이해 연말과 다음해 연초에 행해진 태산 봉선의식 관련 행사에 참석했다.

신라 문무왕은 19년 2월에 사使를 보내 탐라국躭羅國을 략略하게 했다.[163] 신라 사신이 군대를 대동하지 않은 채 탐라국을 '략略'했다는 것이므로 군 사적인 공략은 아니었으니 이 '략略'은 '순시하다(둘러보다)'의 의미로 사용된 것으로 보아야 한다.[164] 그러하니 문무왕이 파견한 이 신라 사신은 단지 탐 라국을 둘러본(순시한) 것으로, 탐라가 일본에 기울자 신라가 탐라의 사정을 염탐하는 한편 신라의 영향력을 과시하려한 조처로 보인다.[165] 탐라국은 통 일신라의 간섭을 뿌리치고 여전히 독립국의 위상을 유지하며 일본과 활발 하게 외교하며 실리를 추구한다.

6. 탐라국과 일본국의 교류

1) 일본서기가 탐라국역사를 살리다

백제가 의자왕 때 멸망하자 탐라국은 일본, 당, 신라와 실리적으로 외교 하며 생존 전략을 모색한다. 특히 일본과 활발히 외교하며 교류하는데『일

---

163 『삼국사기』권7, 신라본기7, 문무왕 19년 2월. "二月 發使 略躭羅國". 이 略은 외 교적인 것이지, 군사적인 經略은 아니었다.

164 略은 다양한 의미로 사용되는데, "公將如棠觀魚者, 臧僖伯諫曰 …, 公曰 '吾將略 地焉', 遂往 陳魚而觀之, 僖伯稱疾不從"이라는 기사(『左傳』魯 隱公 5년)의 사례 처럼 '둘러보다', '순시하다'라는 의미로도 사용되었다.

165 탐라국은 일본과 외교를 활발하게 추진했다. 반면 통일신라와는 외교적으로 소원하 게 지냈는데 사적인 무역은 꽤 행해졌을 것이다. 그러다가 애장왕 2년(801) 10월에 야 躭羅國이 신라에 使를 파견해 朝貢한다(『삼국사기』권10, 신라본기, 애장왕).

본서기』에 꽤 자세하게 실려 있다. 『일본서기』에 따르면, 661년(제명천황 7년) 5월 정사일(23일)에 탐라耽羅가 비로소 왕자王子 아파기阿波伎 등을 일본에 파견해 '공헌貢獻'했다. 이길련박득伊吉連博得 서書에 이르기를, 신유년(661) 정월 25일에 환還하여 월주越州에 이르고 4월 1일에 월주상로越州上路를 따라 동귀東歸해 7일에 정안산檉岸山에 이르고 8일 닭 우는 새벽에 서남풍에 순응해 대해大海에 선박을 띄웠지만 해중海中에서 항로를 헤매어 표탕漂蕩해 고생하다가 구일팔야九日八夜(여덟 밤, 아홉 낮)에 겨우 탐라耽羅 섬에 이르니 곧 초위招慰하고 도인嶋人 왕자王子 아파기阿波伎 등 9인이 객선客船에 함께 타서 '제조帝朝'(일본)에 헌상하고자 하니 5월 23일에 조창朝倉의 조朝에 나아갔는데, 탐라耽羅 입조入朝가 이 때에 시작되었다고 한다.[166]

탐라국은 친백제, 친왜 외교를 해 오다가 의자왕 백제가 나당에 의해 멸망하자 어떠한 외교노선을 걸을 지 고심하고 있었는데, 마침 왜국 견당遣唐 선박이 표류해 오자 탐라왕자가 거기에 타서 왜국으로 가게 된 것이었다. 탐라 왕자 아파기 등이 나대진娜大津(장진長津) 즉 하카다항에 이르고 조창朝倉 조정에 나아간 것인데 조창궁朝倉宮(조창궁광정궁朝倉橘広庭宮)의 왜국 여왕(제명천황) 혹은 왕태자를 만났을 것이다.[167] 이로써 탐라국은 친왜 외교에 본격적으로 나서고 백제부흥전쟁을 돕게 되었다.

663년 8월에 일본 수군이 백강구 전투에서 대패하고 9월에 주류성이 함락되면서 탐라국 사자使者(추장)은 왜 무리와 함께 항복했고, 일본군 패잔병은 일본으로 탈출했다. 백제부흥운동이 실패로 끝나자 일본은 당과 신라의 침략을 걱정해 대비에 나섰고 탐라국은 신의를 저버려 온 신라를 믿지못해 일본과 동맹관계를 계속 유지한다.

664년(천지천황 3년) 12월에 축자筑紫에 대제大堤(큰 제방)를 축조해 물을 담

---

166 『日本書紀』 권26, 天豐財重日足姫天皇 齊明天皇 7년 여름5월. 탐라 入朝가 이때에 시작되었다고 하지만 탐라와 왜의 교류는 이 이전부터 행해져 왔을 것이다.
167 朝倉의 소재는 福岡県 朝倉市에 소재하는데 다자이후(大宰府) 권역이었다

아 이름하기를 '수성水城'이라 했는데,[168] 이것은 후쿠오카 하카다항 방면에서 진입하는 당·신라 군을 가정해 대재부 앞에 쌓은 제방 성城과 해자였다. 665년(천지천황 4년) 8월에 달솔達率 답본춘초答㶱春初를 파견해 장문국長門國에 성城을 쌓고, 달솔達率 억례복류憶禮福留·달솔達率 사비복부四比福夫를 축자국筑紫國에 보내 대야성大野城 및 연성椽城을 쌓았고, 탐라耽羅가 사使를 보내와 조朝했다고 한다.[169] 일본이 당과 신라의 침공을 우려해 해협 요충지인 장문국長門國에 성을 쌓고, 대재부大宰府(태재부)를 방어하기 위해 축자국筑紫國에 대야성大野城과 연성椽城을 쌓았는데[170] 귀화 백제인들을 활용했던 것이다. 이 시기에 탐라 외교사절이 일본으로 온 것인데 하카다항으로 들어왔을 것이며, 축자築紫의 대재부를 방문했다면 수성과 대야성을 조망했을 것이며, 오사카항으로 진입해 수도 아스카를 방문했을 수도 있다.

그림 9. 태재부(다자이후) 유적-필자 촬영: 일본 고중세 외교담당 관부의 장소

---

168 『日本書紀』 권27, 天命開別天皇 天智天皇 3년 12월
169 『日本書紀』 권27, 天命開別天皇 天智天皇 4년 8월
170 長門國은 시모노세키 해협에 위치했다. 大野城은 大宰府를 보호하는 산성이었다. 椽城은 福岡縣 筑紫野市와 佐賀縣 三養基郡에 걸쳐 있는 基山의 基肆城으로 비정되고 있다.

666년(천지천황 5년) 1월 무인일(11일)에 고려(고구려)가 전부前部 능루能婁 등을 파견해 조調를 진상했고, 이날에 탐라耽羅가 왕자王子 고여姑如 등을 파견해 '공헌貢獻'했다고 한다.[171] 탐라왕자 고여가 외교사절단을 이끌고 일본을 방문한 것인데, 하카다항으로 진입했을 터이지만 대재부까지 갔는지, 오사카항까지 간 것인지, 수도 아스카까지 갔는지 확실하지 않다.

667년(천지천황 6년) 7월 기사일(11일)에 탐라耽羅가 좌평佐平 연마椽磨 등을 일본에 파견해 공헌貢獻하니, 일본이 윤11월 정유일(11일)에 금금錦 14필匹·힐힐繪 19필·비비緋 24필·감포紺布 24단端·도염포桃染布 58단端·부부斧 26·삼삼釤 64·도자刀子 62매枚를 연마椽磨 등에게 하사했다고 한다.[172] 탐라 좌평 연마椽磨 등이 외교 물품을 일본에 전달했고 그 대가로 비단인 금금錦·힐힐繪·비비緋, 염색직물인 감포紺布·도염포桃染布, 금속기인 부부斧(도끼)·삼삼釤(큰 낫)·도자刀子(칼)를 받은 것인데, 무기로 사용할 수 있는 제품이 많은 것이 눈에 띈다. 이 때 탐라사절이 오사카항으로 진입해 일본 수도로 갔다면 그 수도는 아스카에서 옮긴 수도인 근강대진近江大津이었을 것이다.

668년(천지천황 7년) 겨울10월에 대당大唐 대장군 영공英公(영국공英國公 이적李勣)이 고려를 타멸打滅했으니,[173] 고려 즉 고구려가 멸망한 것이었다. 669년(천지천황 8년) 3월 기축일(11일)에 탐라耽羅가 왕자王子 구마기久麻伎 등을 일본에 파견해 '공헌貢獻'하니, 3월 병신일(18일)에 탐라왕耽羅王에게 오곡종五穀種을 하사했고, 이날에 왕자王子 구마기久麻伎 등이 임무를 마치고 귀국했다

---

171 『日本書紀』 권27, 天命開別天皇 天智天皇 5년 春正月
172 『日本書紀』 권27, 天命開別天皇 天智天皇 6년 가을7월 및 윤11월
173 『日本書紀』 권27, 天命開別天皇 天智天皇 7년 겨울10월.『삼국사기』권22, 고구려본기에 따르면 보장왕 27년 가을9월에 이적이 평양성을 함락하고 10월에 개선했다. 한편 671년(천지천황 10년) 1월 정미일(9일)에 高麗(안승 보덕국)가 上部大相 可婁 등을 (일본에) 파견해 進調했다고 한다(『日本書紀』 권27, 天命開別天皇 天智天皇 10년 春正月).

고 한다.[174] 탐라 왕자 구마기가 사절로 일본에 가서 외교 물품을 주니 일본이 답례로 탐라왕에게 오곡 종자를 준 것인데 당시 탐라왕은 탐라국에 있었다. 물론 당시 탐라국에는 오곡을 재배하고 있었을 터이지만 좀 더 나은 종자가 필요해서 받았을 것이다. 왕자 구마기 등이 일본의 어디까지 갔는지 확실하지 않은데, 당시 수도까지 갔다면 나라 북쪽의 근강경近江京을 방문했을 것이다.

대해인大海人 왕자(천무천황)가 672년 임신壬申의 난에서 조가를 패배시키고 궁실宮室을 비조飛鳥(아스카) 강본궁岡本宮의 남쪽에 조영해 그 해 겨울에 이곳으로 옮겨 거처해 즉위했는데 이것이 곧 비조飛鳥 정어원궁淨御原宮이었다.[175] 수도와 궁궐을 근강近江 대진궁大津宮에서 나라(奈良) 남쪽의 아스카 정어원궁淨御原宮으로 옮긴 것이었다. 탐라 사절이 673년(천무천황 2년) 윤6월에 일본에 갔다가 8월에 축자筑紫에서 돌아오는데 일본 정국이 급변한 사정이 깔려 있었으니 『일본서기』의 내용을 소개하면 아래와 같다.

(천무천황 2년) 윤6월 임진일(8일)에 탐라耽羅가 왕자王子 구마예久麻藝·도라都羅·우마宇麻 등을 일본에 파견해 조공朝貢했다. (윤6월) 기해일(15일)에 신라가 한아찬韓阿湌 김승원金承元·아찬阿湌 김지산金祇山·대사大舍 상설霜雪 등을 일본에 파견해 등극騰極을 축하하고 아울러 일길찬一吉湌 살유薩儒·한나말韓奈末 김지산金池山 등을 파견해 선황상先皇喪을 조무弔하고[혹은 조사弔使], 그 송사送使 귀간보貴干寶·진모眞毛가 김승원·살유薩儒를 축자筑紫에서 전송했다. (윤6월) 무신일(24일)에 귀간보貴干寶 등을 축자筑紫에서 대접하고 녹祿을 각각 차등 있게 하사해 곧 축자筑紫로부터 국國(신라)으로 돌아가도록 했다. (8월) 계묘일(20일)에 고려(안승 보덕국)가 상부上部 위두대형位頭大兄 감자邯子(한자)·전부前部 대형大兄 석간碩干 등을 일본에 파견해

---

174 『日本書紀』 권27, 天命開別天皇 天智天皇 8년 3월
175 『日本書紀』 권29, 天淳中原瀛眞人天皇 天武天皇 즉위원년(672)

조공朝貢하는데, 신라가 한나말韓奈末 김이익金利益을 파견해 고려(보덕국) 사인使人을 축자筑紫에 전송했다. (8월) 무신일(25일)에 하등극사賀騰極使 김승원金承元 등 중객中客 이상 27인을 경경京에 부르고, 인인因하여 대재大宰에게 명령하여 탐라사인耽羅使人에게 조詔하기를, "천황天皇이 천하를 신평新平해 비로소 즉위해 이로 말미암아 오직 하사賀使(하등극사賀騰極使)를 제외하고는 부르지 않았으니 그대들이 친히 보는 바이고 또한 때가 한랭하고 파도가 험해 오래 머무르면 도리어 그대들의 근심이 되기 때문에 빨리 돌아감이 마땅하도다"라고 하며, '재국왕在國王(탐라국에 있는 왕) 및 사자使者 구마예久麻藝 등에게 비로소 작위爵位를 하사해 [그 작爵이라는 것은 대을상大乙上으로 다시 금수錦繡로 윤식潤飾했는데 그 국國(탐라국)의 좌평위佐平位에 해당함] 축자筑紫로부터 돌아가도록 했다. 9월 경진일(28일)에 김승원金承元 등을 난파難波(나니와)에서 대접하며 여러 종류의 음악을 연주하고 물건을 차등 있게 하사했다. 겨울11월 임자일 초하루에 김승원이 마치고 돌아갔다. (11월) 임신일(21일)에 고려高麗(보덕국) 감자邯子·신라 살유薩儒 등을 축자대군筑紫大郡에서 대접하고 녹록祿을 각각에게 차등 있게 하사했다.[176]

왕자王子 구마예久麻藝·도라都羅·우마宇麻 등이 이끄는 탐라 사절단이 일본으로 항해해 673년(천무천황 2년) 윤6월에 일본해 도착했다. 아마 축자築紫의 하카다항에 도착했을 것이다. 그런데 일본은 중대형中大兄 왕(천지천황)이 사망해 그 아들 대우大友 왕(홍문천황弘文天皇)이 즉위했지만 숙부 대해인大海人 왕자(천무천황)가 672년 임신壬申의 난에서 승리해 673년 2월에 즉위해 어수선한 상태였다. 윤6월 기해일(15일)에 신라가 한아찬韓阿飡 김승원金承元·아찬阿飡 김지산金祗山·대사大舍 상설霜雪 등을 파견해 대해인大海人의 즉위를 축하하고 아울러 일길찬一吉飡 살유薩儒·한나말韓奈末 김지산金池山 등을 파견해 선왕先王 상흥喪을 조문했는데, 그들을 축자築紫까지 전송한 송사送使 귀간

---

176 『日本書紀』 권29, 天淳中原瀛眞人天皇 天武天皇 2년

보귀干寶·진모眞毛는 무신일(24일)에 축자筑紫에서 신라국으로 돌아갔다. 대해인大海人 왕은 오로지 자신의 즉위를 축하하는 '하등극사賀騰極使'만을 수도로 들어오도록 하는 조치를 취하고 있었다. 8월 무신일(25일)에 신라 사절단의 김승원 등 중객中客 이상 27인은 '하등극사'여서 축자築紫에서 경京(아스카飛鳥)으로 부름을 받은 반면 탐라사인耽羅使人은 '하등극사'가 아니어서 경京(아스카)으로 부름받지 못하고 일본 왕의 명령을 받은 대재大宰(대재부大宰府)에 의해 축자築紫에서 귀국해야 했다.[177] 탐라는 일본의 정변과 내해인人海人의 즉위를 알지 못하고 일반적인 사절을 파견했기 때문에 축자築紫에서 돌아왔던 것이다. 이 때 일본이 재국왕在國王(탐라국에 있는 왕) 및 사자使者 구마예久麻藝 등에게 비로소 작위爵位를 하사하고 축자築紫에서 돌려보냈다. '그 작爵이라는 것은 대을상大乙上으로 다시 금수錦繡로 윤식潤飾했는데 그 국國의 좌평위佐平位에 해당한다'라고 했는데, 후대에 세주 형식으로 추가한 것으로 보이며 그 내용도 정확하지 않은 듯하다. '대을상'이 좌평에 해당한다는 부연 자체가 모순되는 설명이다.

대을상大乙上이 탐라국의 좌평佐平 지위에 해당한다고 했지만 대을상大乙上은 일본 관작에서 하급이어서 백제 16관등 중의 제1등급 관작에서 유래한 좌평[178]과 어울리지 않으며, '다시 금수錦繡로 윤식潤飾한다'라는 표현이 대을상大乙上 관위와 어울리지 않으니 이 '대을상'은 오류로 보아야 한다. 대을상은 대화大化5년(649)에 시행된 관위冠位 19개 등급에서 15위에, 664년(천지천황 3년)에 정한 관위冠位 26개 등급에서 19번째 등급에 불과하다. 관위 19개 등급에서 26개 등급으로의 변천을 보면, 제1 대직大織과 제2 소직小織

---

177 8월 계묘일(20일)에 高麗(안승 보덕국)가 上部 位頭大兄 邯子·前部 大兄 碩干 등을 파견해 일본에 '朝貢'했다고 했는데 이 부흥고려 사절단이 '賀騰極使'였는지는 확실하지 않다.
178 佐平은 백제에서 국왕을 제외하면 가장 높은 관등·관직이었으며, 백제부흥 운동의 최고지휘자 福信(鬼室福信)도 좌평을 띠었다.

은 그대로이고, 제3 대수大繡는 제3 대봉大縫으로, 제4 소수小繡는 제4 소봉小縫으로 바뀌고, 제5 대자大紫와 제6 소자小紫는 그대로이고, 제7 대화상大花上과 제8 대화하大花下는 제7 대금상大錦上과 제8 대금중大錦中과 제9 대금하大錦下로 바뀌고, 제9 소화상小花上과 제10 소화하小花下는 제10 소금상小錦上과 제11 소금중小錦中과 제12 소금하小錦下로 바뀐다. 금수錦繡 윤식潤飾은 관위 19개 등급에서 고위급인 제3 대수大繡 및 제4 소수小繡와 어울리고, 관위 26개 등급에서 고위급인 제7 대금상大錦上, 제8 대금중大錦中, 제9 대금하大錦下, 제10 소금상小錦上, 제11 소금중小錦中, 제12 소금하小錦下와 어울리니, 제3 대수大繡~제4 소수小繡, 제7 대금상大錦上 중의 하나가 탐라 국왕과 왕자王子에게 주어진 것으로 판단된다. 일본이 멸망 백제의 잔존 고위층에게 제수한 관위가 참고된다. 665년(천지천황 4년) 2월에 일본이 백제국 관위계급官位階級을 감교勘校하고 좌평佐平 복신福信(귀실복신鬼室福信)의 공로로 인하여 달솔達率 귀실집사鬼室集斯에게 소금하小錦下를 제수했다.[179] 671년(천지천황 10년) 1월에 일본이 대금하大錦下를 좌평 여자신餘自信·사택소명沙宅紹明에게, 소금하小錦下를 귀실집사鬼室集斯에게, 대산하大山下를 달솔達率 곡나진수谷那晉首·목소귀자木素貴子·억례복류憶禮福留·답본춘초答㶱春初·귀실집신鬼室集信 등에게, 소산상小山上을 달솔達率 덕정상德頂上·길대상吉大尙·허솔모許率母·각복모角福牟에게, 소산하小山下를 나머지 달솔達率 등 50인 남짓에게 제수했다.[180] 백제 16관등 중에서 좌평이 제1등급, 달솔이 제2등급인데, 좌평이 일본관위의 제9 대금하大錦下를, 달솔이 일본관위의 제15 대산하大山下와 제16 소산상小山上과 제18 소산하小山下를 받은 것이었는데, 물론 백제 멸망 후에 그 관등과 인물들의 지위가 하락한 사정이 고려되어야 하며, 백제 멸망 전에는 당연히 좌평이 일본관위의 최고위급에 해당되어야 한다. 그러하니 일본

---

179 『日本書紀』 권27, 天命開別天皇 天智天皇 4년 2월
180 『日本書紀』 권27, 天命開別天皇 天智天皇 10년 1월. 백제왕족 餘自信은 곧 餘自進으로 백제부흥운동 주도자의 한 사람이었다.

이 탐라 국왕과 왕자에게 주었다는 '대을상大乙上'은 오류로 판단된다.

『일본서기』에 따르면, 675년(천무천황 4년) 8월 임신일 초하루에 탐라조사耽羅調使 왕자王子 구마기久麻伎가 축자筑紫에 정박했고, 9월 무진일(27일)에 탐라왕耽羅王 고여姑如가 난파難波에 도착했으며, 676년(천무천황 5년) 2월 계사일(24일)에 탐라객耽羅客에게 선船 1척을 하사했고, 7월 갑술일(8일)에 탐라객이 귀국歸國했다고 한다.[181] 이를 그대로 받아들이면 666년(천지천황 5년) 정월에 탐라 왕자王子로서 일본에 왔었던 고여姑如가 이번에 남라 왕으로시 일본에 온 것이 되고 이를 정치적으로 해석하는 연구경향이 있는데, 당시 탐라 왕이 몸소 일본에 와야만 했을 특별한 이유가 발견되지 않으며, 만약 탐라왕이 왔다면 『일본서기』에 좀 더 부연 설명했어야 타당하다. 그러하니 '탐라왕耽羅王 고여姑如'는 '탐라왕자耽羅王子 고여' 혹은 '탐라왕자 구마기'의 오류로 판단된다. 이는 675년 8월 1일에 탐라 왕자 구마기久麻伎가 축자筑紫에 정박했고, 9월 27일에 '탐라왕耽羅王 고여姑如'가 난파難波에 도착했다는 것을 음미하면 알 수 있다. 탐라왕자 구마기가 8월 1일에 축지築紫의 하카다항에 이르러 정박했는데, '탐라왕 고여'가 두 달도 흐르기 전인 9월 27일에 외교 관문인 축자築紫를 거치지도 않은 채 난파難波(나니와: 오사카항)에 도착했다는 것은 합리적이지 않다. 축자築紫에 정박한 탐라왕자 구마기 사절단과 난파難波에 도착한 '탐라왕 고여' 사절단은 하나의 사절단인 것이다. 그러하니 탐라왕자 구마기는 8월 1일에 축자築紫의 하카다항에 이르러 절차를 거치고 나서 9월 27일에 난파難波(오사카항)에 도착한 것이었다. '탐라왕 고여'가 '탐라왕자 고여'라면 탐라왕자 구마기와 고여가 축자築紫를 거쳐 난파難波에 도착한 것이 된다. 이 탐라국 사절단은 676년(천무천황 5년) 2월

---

181 『日本書紀』 권29, 天淳中原瀛眞人天皇 天武天皇 4년 및 5년. "(4년) 八月壬申朔
耽羅調使王子久麻伎泊筑紫 / (9월)戊辰 耽羅王姑如到難波 / (5년) 二月 庚午朔
癸巳 耽羅客賜船一艘 / (7월) 甲戌 耽羅客歸國"

계사일(24일)에 선박 1척을 받고 7월 갑술일(8일)에야 귀국했으니 거의 1년 동안 장기간에 걸쳐 일본에 머문 것이었다. 그 이유는 알려진 바가 없는데, 교역과 날씨 때문이었을 수도 있고 이 사절단의 선박이 파손되었기 때문이었을 수도 있으며,[182] 다른 나라의 사절단도 일본에 장기간 머문 경우가 종종 발견되기에[183] 특별히 이상한 일은 아니었다.

그림 10. 오사카 나니와궁 유적(필자 촬영):
탐라 사절이 이 일대에 머물렀음

---

182 탐라국 사절단이 일본으로부터 선박 1척을 선물로 받은 것은 이 사절단의 선박이 파손되었기 때문이었을 수 있다.

183 예를 들면, 676년(天武天皇 5년) 11월 정묘일(3일)에 신라가 沙湌 金清平을 보내 請政하고 아울러 汲湌 金好儒·第監 大舍 金欽吉 등을 보내 進調해 이들이 筑紫에 이르렀고, 677년 3월 신사일(19일)에 新羅使人 清平 및 以下客 13인을 京에 불렀고, 8월 정사일(27일)에 金清平이 歸國하는데 漂着 朴刺破 등을 付하여 本土로 돌아가게 했다(『日本書紀』 권29, 天渟中原瀛眞人天皇 天武天皇 5년·6년). 신라사신 김청평은 676년 11월 3일에 일본 筑紫에 이르렀지만 677년 3월 19일에야 京으로 부름을 받았고 8월 27일에야 귀국했던 것이다.

677년(천무천황 6년) 8월 무오일(28일)에 탐라耽羅가 왕자王子 도라都羅를 파견해 '조공朝貢'하고, 678년 1월 기묘일(22일)에 탐라인耽羅人이 경京으로 향했다고 한다.[184] 679년(천무천황 8년) 9월 경자일(23일)에 '견고려사인遣高麗使人'과 '견탐라사인遣耽羅使人' 등이 일본으로 돌아와 함께 조정朝庭에 배拜했다.[185] 684년(천무천황 13년) 10월 신사일(3일)에 일본이 현견양련수강縣犬養連手繦을 대사大使로, 천원련가니川原連加尼를 소사小使로 삼아 탐라耽羅에 파견했고, 685년(천무천황 14년) 8월 계사일(20일)에 '견탐라사인遣耽羅使人' 등이 일본에 돌아왔다.[186] 688년(지통천황持統天皇 2년) 8월 신해일(25일)에 탐라왕耽羅王이 좌평佐平 가라加羅를 일본에 보내와 방물方物을 바치니, 일본이 9월 무인일(23일)에 탐라 좌평 가라加羅 등을 축자관筑紫館에서 향饗하고(대접하고) 물건을 각각 차등 있게 하사했다고 한다.[187] 693년(지통천황 7년) 11월 임진일(7일)에 일본이 탐라耽羅 왕자王子·좌평佐平 등에게 각각 차등 있게 하사했다.[188]

탐라가 일본에 파견한 사절단의 우두머리는 '왕자王子'가 대부분이었다. 이 '왕자'가 탐라국왕의 아들을 지칭한 것인지, 탐라 통치자 성주·왕자王子·도상 중의 그것을 지칭한 것인지 확실하지는 않다. 673년에 탐라 사절단이 왕자王子 구마예久麻藝·도라都羅·우마宇麻 등으로 이루어진 사례처럼 탐라가 여러 명의 '왕자王子'를 동시에 파견하기도 했으니 이 '왕자王子'는 탐라왕의 아들이었고, 성주星主와 쌍벽을 이룬 통치자로서의'왕자王子'는 아니었다고 여겨진다.[189] 고여姑如는 천지천황 5년(666) 정월에 일본에 간 때에는

---

184 『日本書紀』 권29, 天渟中原瀛眞人天皇 天武天皇 6년 및 7년
185 『日本書紀』 권29, 天渟中原瀛眞人天皇 天武天皇 8년 9월
186 『日本書紀』 권29, 天渟中原瀛眞人天皇 天武天皇 13년 및 14년
187 『日本書紀』 권30, 高天原廣野姬天皇 持統天皇 2년 8월 및 9월
188 『日本書紀』 권30, 高天原廣野姬天皇 持統天皇 7년 11월. 지통천황 7년(693) 11월 기사가 『일본서기』에서 탐라의 對일본 사신 파견이 마지막으로 확인되는 기사이다.
189 성주·왕자王子·도상이 탐라 군주로서 부상하는 시기가 8세기 무렵이었을 수 있다.

탐라 왕자王子로, 천무천황 4년(675) 9월에 일본에 간 때에는 탐라왕耽羅王으로 나타나 문제였다. 그가 왕자王子였다가 왕으로 즉위했을 가능성과 『일본서기』에서 '왕자王子'를 '왕王'으로 잘못 기재했을 가능성이 있는데 후자가 타당한 것으로 판단되었다. 탐라국왕은 일본에 사신을 파견하곤 했는데 천무천황 4년에 몸소 일본에 갈 이유가 잘 찾아지지 않기에 더욱 그러하다.

탐라는 활발하게 일본에 사절단을 파견했고 일본은 탐라에 대사大使와 소사小使가 이끄는 '견탐라사遣耽羅使'를 파견했다. 탐라와 일본의 이처럼 활발한 교류 기사는 그 시기가 신라 문무왕대와 통일신라에 해당해 탐라국주가 문무왕 2년(662)에 신라에 항복해 신라의 속국이 되었다는 『삼국사기』기사를 비판적으로 바라볼 필요성을 제기한다. 탐라국은 독립국으로서 통일신라 및 일본 등과 다면적 실리적 외교통상 관계를 맺었다고 평가해야 하리라 본다. 676년(천무천황 5년) 11월 정해일(23일)에 고려(안승 보덕국)가 대사大使인 후부주부後部主簿 아우阿于, 부사副使인 전부대형前部大兄 덕부德富를 파견해 조공朝貢하고, 이로 인해 신라가 대나말大奈末 김양원金楊原을 파견해 고려高麗 사인使人을 축자筑紫에 전송했다고 한다.[190] 고려 즉 안승 보덕국이 자치국 내지 준독립국으로서 일본에 사신을 보냈고, 신라가 그들을 축자筑紫까지 호송한 것인데 보덕국이 신라의 속국이었기 때문이다. 그런데 탐라국 사절단이 일본에 가는 때에 신라가 호송한 적이 없으니, 이는 탐라국이 신라의 속국이 아니었음을 반증한다.

12세기에 고려 김부식 등에 의해서 찬술된 『삼국사기』를 따르면 탐라국은 문무왕 2년(662) 이래 신라의 속국이었다. 그런데 8세기에 일본에 의해 찬술된 『일본서기』에 의하면 탐라국은 7세기 무렵에 일본과 빈번하고 활발하게 외교하고 교역한 독립국이었다. 『일본서기』가 탐라국 역사를 살린 것이었다. 『일본서기』의 탐라관련 기록이 없었다면 고대탐라 역사를 복

---

190 『日本書紀』 권29, 天渟中原瀛眞人天皇 天武天皇 5년 11월

원하기 어려운데, 그러한 기록이 남아 있으니 얼마나 다행스러운 일인가. 탐라관련 기록이 일본의 어느 곳에 더 남아 있을 수 있으니 적극적으로 찾아보아야 한다.

『일본서기』에는 제명천황 7년(661) 5월에 탐라가 왕자王子 아파기阿波伎 등을 일본에 파견한 이래 일본에 자주 사신을 파견해 '조공'했다고 기록되어 있는데 '조공'은 일본중심 시각의 표현이었을 수 있다. 탐라왕은 일본에 주로 왕자王子를, 때로 좌평을 파견했고, 일본은 탐라에 대사大使와 소사小使가 이끄는 '견탐라사인遣耽羅使人'을 파견했다. 탐라국은 대개 통일신라를 멀리하고 주로 일본과 외교했다. 그러다가 『삼국사기』에 따르면 탐라국耽羅國이 신라 애장왕 2년(801) 10월에 사使를 신라에 파견해 조공朝貢했다고 한다.[191] 탐라국이 저물어가는 통일신라에 사절을 파견해 조공했던 것인데 실리외교 차원으로 이해된다. 탐라국은 통일신라와 공식적인 외교관계를 별로 맺지 않았지만, 탐라인과 신라인의 사무역 혹은 밀무역은 활발히 이루어졌을 것이다. 물론 어느 시기를 막론하고 탐라인과 일본인의 사무역 혹은 밀무역도 활발했을 것이다.

탐라국은 백제멸망 후에도 여전히 독립국의 위상을 유지하며 실리적인 다면외교를 펼친다. 탐라국은 백제 부흥전쟁에 참전했고 그 전쟁이 실패하자 탐라국 사신이 왜倭 무리와 함께 당군에 항복해, 인덕2년(665) 8월에 신라·백제·왜국 사신과 함께 당 태산에 제사했다. 탐라국은 통일신라와는 소원하게 지낸 반면 일본과 활발하게 외교했다. 당 군대를 끌어들여 백제를 멸망시킨 신라를 믿지 못하고 일본과 동맹을 맺어 신라를 견제하려 했다고 볼 수 있다. 이것은 탐라국 생존에 있어서 아주 탁월하고 현명한 선택이었으니, 고구려 유민이 세운 보덕국이 신라에 의해 끝내 멸망당한 반면 탐라국은 신라 멸망 후에도 오랫동안 살아남은 사실이 증명한다.

---

191 『三國史記』 권10, 신라본기, 애장왕 2년 10월

탐라국은 백제멸망 후 일본에 보낸 사신에 좌평이 나오는 것으로 보아 국왕 밑에 좌평을 우두머리로 하는 관직제도를 운영한 것으로 보이는데 백제 관직·관등 제도를 수용한 것이었다. 나아가 후술하듯이 고려 태조에게 태자를 파견하는 것으로 보아 왕의 후계자 명칭을 태자라 했고, 일본의 이른바 '천황' 체제를 참작해 천자국(황제국) 체제를 운영했을 수도 있다.

2) 탐라 방포方脯와 전복−대일 외교와 무역의 증거

일본 주방국周防國 천평天平10년 정세장正稅帳은 사생史生 대초위大初位 상上 진련국마려秦連國麻呂가 작성한 것인데 탐라와 관련된 사항이 실려 있다. 이 정세장은 우선 천평天平10년(738)의 지출을 12월까지 월별로 기재하면서 10월 20일 조항에 경京으로 향하는 탐라도인眈羅嶋人과 그들을 인솔하는 부령사部領使(장문국長門國 관원)에 대한 음식 공급을 기재했고,[192] 다음에 이 연도의 지출로 월별로 나누어 특정하기 어려운 것들을 기재했는데 그 중에 부령사部領使 대재부소판사大宰府少判事 '금부련정마려錦部連定麻呂'가 천평10년 4월 19일에 보낸 첩牒에 의거해 지출한 목록 중에 탐라 방포方脯가 언급되어 있다.[193]

---

192 "(10월)卄日 向京[眈羅嶋人卄一人 四日食稻卅三束六把·酒六斗七升二合·塩一升六合八勺] 部領使[長門國豊浦郡 擬大領正八位下 額田部直廣麻呂 將從一人 合二人 往來八日 食稻五束六把·酒八升·塩三合二勺]". 周防國은 長門國의 동부에 위치했다. 현재 야마구치현에서 長門國은 서부지역에, 周防國은 동부지역에 해당한다.

193 "朝集雜掌貳人[起十一月一日 迄十二月卅日, 起正月一日 迄二月十六日, 合一百四箇日] 單貳伯捌人 食稻陸拾貳束肆把[人別日三把], 新任史生 正八位下 赤染麻呂[起九月二日 迄十二月卅日, 合一百十七箇日] 食稻玖拾參束陸把[日別八把], 造蘸肆升[小] 納壺肆口[並小] 乳牛陸頭[取乳卄日] 飼稻肆拾捌束[牛別日四把], 交易 御履料牛皮貳領 價稻壹伯柒拾束[一領九十束, 一領八十束], 交易 鹿皮壹拾伍張 價稻陸拾壹束[五張別五束, 七張別四束, 二張別三束, 一張二束], 眈羅方脯肆具 價稻陸

성무천황聖武天皇 천평天平10년(738) 10월 20일에 경경京으로 향하는 탐라도인耽羅嶋人과 그들을 인솔하는 일본 부령사部領使에게 경유지인 주방국周防國이 식량을 제공했는데, 탐라도인耽羅嶋人 21인은 4일 동안에 도도稻 33속束 6파把, 주酒(술) 6두斗 7승升 2합合(홉), 염염塩(소금) 1승升 6합合(홉) 8작勺을 먹었다.[194] 탐라 사람들을 인솔하는 임무를 띤 부령사部領使는 장문국長門國의 관원이 담당했는데, 장문국이 일본 내해로 향하는 길목인 혈문穴門 즉 관문關門(시모노세키) 해협을 남쪽으로 끼고 있는 위치에 자리잡고 있기에 내재부의 명령에 따라 그러한 임무를 수행했을 것이다.

또한 주방국은 부령사部領使 대재부소판사大宰府少判事 '금부련정마려錦部連定麻呂'가 지난 천평10년 4월 19일에 보낸 첩牒에 의거해 공급했는데, 조집잡장朝集雜掌 일행에게 식량으로 도도稻 62속束 4파把를 제공했고, 신임新任 사생史生 적염마려赤染麻呂에게 식량으로 도도稻 93속束 6파把, 조소造蘇(造蘇: 치즈와 유사) 4승升, 납호納壺 4구口, 유우乳牛(젖소) 6두頭(취유取乳 20일)와 그것들을 사육하는 도도稻 48속束을 제공했다. 또한 그 4월 19일 첩에 의거해, 교역交易 어리료御履料 우피牛皮 2령領(가격은 도도稻 170속束에 해당. 1령 90속束과 1령 80속), 교역交易 록피鹿皮 15장張(가격은 도도稻 61속束에 해당[195]), 탐라방포耽羅方脯 4구具(가격은 도도稻 60속束에 해당. 1구具 당 15속束), 시체市替 전마傳馬 11필(가격: 도도稻 2750속束)값을 지출했고, 향경向京 방인防人에게 도도稻와 염염塩을 공급했다.

탐라 방포方脯는 탐라가 일본에 방물方物로 바친 포포脯(말린 식품)를 의미했

拾束[具別十五束], 市替傳馬壹拾壹匹[並上] 價稻貳仟柒伯伍拾束[馬別 二百五十束], 向京防人參般供給 穎稻壹仟捌伯陸拾柒束 塩肆斗[人別日二勺] 直稻陸束陸把[以一束充六升], 右 依部領使大宰府少判事從七位下'錦部連定麻呂'去天平十年四月十九日牒 供給如件"

194 部領使인 長門國豊浦郡 擬大領正八位下 '領田部直廣麻呂'와 將從一人, 도합 2인은 왕래 8일 동안에 稻 5束 6把, 酒 8升, 塩 3合 2勺을 먹었다.

195 價稻 61束: 5張은 각각 5束(5x5=25), 7張은 각각 4束(7x4=28), 2張은 각각 3束(2x3=6), 1張은 2束

는데 당시 일본의 시각에서 기록된 표현이기도 했다. 탐라방포는 '교역'이라 달지 않고 기재되었는데 '방물方物'과 그에 대한 답례품은 외교 차원의 것이라 일반적인 교역과는 구별되기 때문이었을 것이다. 대재부(태재부) 관원이 천평10년 4월 19일에 주방국에 문서를 보내 탐라방포 등에 대한 대가를 지불해 주기를 요청했으니 탐라 사절이 이해 4월 19일 이전에 큐슈 대재부를 경유했음을, 아마 이해 봄철 무렵에 큐슈 하카다항에 도달했음을 시사한다. 또한 탐라가 일본 시각의 '방물'을 제공하면 일본이 그에 합당한 대가(답례품)를 지불했음을 알려준다.

대재부가 탐라 사절단을 응대해 절차를 진행하면서 탐라방포 4구具를 받았고 이 사절단을 경京으로 보내면서 경유지인 주방국에 문서를 보내 그 대가(답례품)를 지불해 주기를 요청하니, 주방국은 탐라도 사람들 즉 탐라 사절단이 그 지경에 이르자 그 요청에 따라 탐라방포에 대한 대가를 지불했고 또한 그들에게 그곳 체류 동안의 식량을 제공했던 것이다. 대재부는 일본 조정을 대리해 제일차적인 외교를 수행한 창구 역할을 했으므로 '방물'을 받아 사용할 수 있었고 각종 비용을 일본의 지방정부에 요구할 수 있었다. 탐라 사절단은 주방국을 경유해 경京으로 향했으니, 경京에 도착해 일본 시각의 '방물'을 제공하고 답례품을 받았을 것이다. 당시 일본의 경京은 평성경平城京(헤이죠쿄: 나라일대 소재)이었으므로 이 탐라 사절단은 평성경으로 들어갔으리라 여겨진다.

그런데 천평10년 탐라관련 기사를 신라사신과 연결하는 견해가 있다. 『속일본기』에 따르면, 천평天平10년 정월에 대재부大宰府가 아뢰기를, 신라사新羅使 급찬級湌 김상순金想純 등 147인이 내조來朝했다고 했고, 일본조정이 6월 신유일에 대재大宰(대재부)에 사使를 파견해 신라사新羅使에게 연회를 하사하고 김상순金想純 등을 곧 방환放還하도록 했다.[196] 이 기사에 주목해 이 신라

---

196 『續日本紀』 권13, 天璽國押開豊櫻彦天皇 聖武天皇, 천평 10년. 국사편찬위원회

그림 11. 일본 평성경 궁전 유적(필자 촬영): 탐라 사절이 이곳에 들렀을 것임

사신단은 평성경平城京에 들어가지 못하고 대재부에 머물다가 6월 24일 방환되었지만 체류하는 동안 교역을 진행했을 터인데, 천평10년 주방국정세장周防國正稅帳에 보이는 탐라방포는 일본이 이 신라 사신단과 교역한 물품일 가능성이 크고, 이 정세장에 기재된 교역 어리료우피御履料牛皮와 교역록피鹿皮도 김상순 일행이 탐라방포와 함께 교역한 물품으로 탐라의 산물일 가능성이 크고, 탐라도인 21은 김상순 사신단의 일원일 가능성이 크다는 견해가 있는 것이다.[197] 신라 사신단은 돌아갔지만 탐라도인 21명은 10월 21일까지도 남아 식료를 제공받았으며 유우乳牛의 사육이나 신발 등 가죽 제품, 탐라방포 등의 제작 기술과 관련해 향경向京이 허용되었으리라 추정된다는 견해도 있다.[198]

역주에는, 大宰府에서 잔치를 베풀고 곧바로 돌려보낸 것은 그 前年에 일본의 遣新羅使가 常禮를 잃고 사신간 뜻을 신라에서 받아들이지 않았다고 보고했던 것과 관련이 있는 듯하다고 했다.

[197] 박남수, 「탐라국의 동아시아 교섭과 신라」『탐라문화』 58, 2018 및 『고대 동아시아와 탐라』, 제주대학교 탐라문화연구원, 2019

하지만 탐라도인을 신라 사신단과 관련시키는 이러한 견해들은 근거가 없는 지나친 비약이니 탐라도인과 신라사신단의 연결 고리는 전혀 발견되지 않는다. 12세기에 부족한 자료로 편협하게 편찬된 『삼국사기』에 문무왕 때 탐라가 신라의 속국이 되었다는 기사에 집착한 편견이라 여겨진다. 탐라도인들이 신라 사신단의 일원으로 들어왔다가 신라 사신단을 배제한 채 수도로 향했다면 일본 측에서 그러한 사항을 기록했을 것이다. 소가죽과 사슴가죽이 나는 곳은 세계적으로 많으니 탐라 특산물 중에 그것이 있다고 해서 교역 어리료우피御履料牛皮와 교역 록피鹿皮가 탐라산이라는 논리는 성립되지 않는다. 더구나 당시 일본은 내외적으로 천황-번국蕃國 체제를 운영하고 있었으므로 '교역'은 외국과의 그것은 물론 국내 번국과의 그것도 포함될 수 있었다. 그 소·사슴 가죽이 탐라산일 수도 있지만 그렇다고 해서 신라 사절단과 관련되었다는 근거는 없다. 유우乳牛의 사육 때문에 탐라도인을 일본 수도로 가게 했으리라는 추정은 전혀 가능성이 없으니, 주방국정세장에 기재된 유우乳牛는 교역과 상관이 없고 신임新任 사생史生(서기: 아마 대재부 소속)에게 식량용 유제품을 공급하기 위한 용도였기 때문이다. 반도·신라 중심 사관에서 탈피해야 한다.

천평10년 주방국정세장에 '탐라도乇羅嶋' 사람이라 되어 있다고 해서 당시 탐라가 독립국이 아니었다고 하면 곤란하다. 이는 탐라가 자연환경상 섬이었기 때문에 나온 표현으로 보아야 한다.[199] 중국이나 한국에서 옛적에

198 이승호, 「5~8세기 耽羅國의 대외교류와 진상·조공 품목」『동국사학』 70, 2021
199 森公章은 「耽羅方脯考-8世紀 日本と耽羅の通交-」『續日本記研究』 239, 1985
　　에서, 耽羅島人에 대한 領客使가 파견되지 않았고, 당시 탐라와 일본의 공식적
　　통교가 단절되어 있었기에 이 탐라도인은 외교사절이 아니라 표류민일 가능성이
　　크다고 보았고, 탐라방포는 鹿·牛·猪 등으로 만든 乾肉으로 추정했다. 진영일은
　　「고대탐라의 교역과 「國」形成考」『제주도사연구』 3, 1994에서, 이들 탐라도인
　　이 주방국에서 식료를 제공받고 일본 조정에 의해 平城京까지 불러들여지고 탐
　　라방포를 배에 싣고 다녔기에 일본 정부와 평소 무역거래를 하던 민간 상인이었

일본국을 '도왜島倭'라 종종 칭했다고 해서 왜 혹은 일본의 국가로서의 위상이 부정되지는 않는 것과 같다. 천평10년에 탐라 사람들이 대재부의 응대를 받고 그들의 선물이 방물方物로 인식되고 그들이 일본의 수도로 향했다는 사실이 당시 탐라가 일본의 시각에서 조공국으로 간주되었을 지라도 독립된 국가로 인정받았음을 뒷받침한다. 당시 일본은 통일신라와 발해조차도 조공국으로 간주했음을 상기해야 한다. 일본이 항해해 온 탐라 사람들로부터 탐라의 방포方脯 즉 특산물인 말린(건조한) 식품을 구매했던 깃인데, 탐라국이 8세기 천평 연간에 일본과 외교 및 무역을 했음을 알려준다.

천평12년(740) 11월 무자일에 대장군 동인東人 등이 말하기를, 금월今月 1일에 비전국肥前國 송포군松浦郡에서 광사廣嗣·강수綱手(광사의 아우)를 베어죽였고, 관성菅成 이하 종인從人 이상 및 승僧 2인은 구금하여 대재부大宰府에 두었는데 그 이름을 나열하면 별도와 같고, 또한 금월今月 3일에 군조해견양오백의軍曹海犬養五百依를 파견해 역인逆人 광사廣嗣의 종삼전형인從三田兄人 등 20인 남짓을 맞이하도록 했다고 했다. 신申하여 이르기를, 광사廣嗣(등원광사藤原廣嗣)의 선박이 지가도知駕嶋로부터 출발하여 동풍東風을 얻어 4일을 가니 도嶋가 보이자 선상인船上人이 말하기를, '탐라도耽羅嶋'라고 했고, 때에 동풍東風이 아직 불었지만 선박이 해중海中에 머물러 나아가려 하지 않아 일일일야一日一夜 표탕漂蕩했는데 서풍西風이 갑자기 불어 선박을 돌리니, 이에 광사廣嗣가 몸소 역령驛鈴 1구口를 받들어 말하기를, "나는 대충신大忠臣인데 신령神靈이 나를 버리는가, 신력神力에 의지해 풍파風波가 잠시 고요하기를 빕니다" 하고 그 령鈴을 바다에 던졌지만 오히려 풍파가 더욱 심해 등보지가도等保知駕嶋·색도도色都嶋에 이르렀다고 했다.[200] 이 기사에서 '탐라국'이 아니라 '탐라도'라 되어 있다고 해서 당시 탐라가 신라의 한 영역으

___

고, 탐라방포는 方이 국가를 뜻하니 탐라국이 일본 조정에 貢上한 말린 고기인데 延喜式에 나오는 耽羅鰒을 의미해 탐라산 말린 전복살이라 보았다.

200 『續日本紀』 권13, 天璽國押開豊櫻彦天皇 聖武天皇, 천평12년

로 간주되어서 그랬다는 견해[201]가 있지만 타당하지 않다. 배를 타서 항해하다가 섬이 보이면 섬이라 부르는 것은 자연스러운 일이니 뱃사람들이 저것이 '탐라도'라고 언급한 것은 탐라의 위상이 아니라 자연환경과 관련한 표현인 것이다.

탐라의 특산물과 관련해 일본에서 귀중한 음식으로 대접받은 탐라복耽羅鰒이 주목된다. 일본 천평天平17년(745) 작성된 목간이 나라奈良 평성궁平城宮(헤이죠궁) 유적에서 출토되었는데, 이 목간에는 천평天平17년에 지마국志摩國(미에현에 해당)이 탐라복耽羅鰒 6근斤을 (일본천황에게) 진상하였다고 적혀 있다.[202] 고대 일본의 법령집 『연희식延喜式』의 주계主計에는 풍후국豊後國의 조調(진상)에 탐라복耽羅鰒 18근斤이, 비후국肥後國의 조調에 탐라복耽羅鰒 39근이 포함되어 있다.[203] 일본 큐슈의 정권인 풍후국과 비후국이 탐라복耽羅鰒을 구입하여 '천황' 조정에 진상한 것이었다. 탐라의 해산물인 전복이 고대 시절에 이미 유명한 특산물로 알려져 일본과의 외교와 무역에 특별히 이용되었던 것이다.

한편, 고대 일본의 잡악雜樂 중에 '도라악度羅樂'이 탐라 음악인지 논란이다. 성무천황聖武天皇 천평天平3년(731) 7월 을해일(29일)에 아악료雅樂寮 잡악생雜樂生 인원을 정했는데, 대당악大唐樂 39인, 백제악百濟樂 26인, 고려악高麗樂 8인, 신라악新羅樂 4인, 도라악度羅樂 62인, 제현무諸縣舞 8인, 축자무筑紫舞 20인이고, 대당악생大唐樂生은 하夏(중화中華)·번蕃을 따지지 않고 교습敎習을 감당할만한 자를 취하고, 백제·고려(고구려)·신라 등 악생樂生은 모두 해당 번蕃에서 배우기를 감당할만한 자를 취하고, 단 도라악度羅樂과 제현諸縣·축

---

201 이승호, 앞의 2021 글
202 원문사진은 제주민속자연사박물관 특별전 『섬나라 탐라』(2023) 도록과 동국대학교 문화학술원 「동유라시아 물품 문명 문화사」 칼럼 참조.
203 원문은 앞의 『섬나라 탐라』 도록 참조. 森公章은 앞 논문에서, 耽羅鰒의 명칭이 산지가 아니라 단순히 鰒의 종류를 나타낸 것이라 보았지만 설득력이 부족하다.

자筑紫 무생舞生은 모두 악호樂戶에서 취한다고 했다.[204]

　'度羅樂'은 '도라'악으로 또는 '탁라'악으로 발음되므로 탁라악 즉 탐라악으로 파악된다는 견해가 있다.[205] 아악료雅樂寮 잡악생雜樂生의 인원수를 보면 다소 순으로 도라악度羅樂 62인 〉 대당악大唐樂 39인 〉 백제악百濟樂 26인 〉 축자무筑紫舞 20인 〉 고려악高麗樂 8인/제현무諸縣舞 8인 〉 신라악新羅樂 4인이니 도라악생度羅樂生이 단연 가장 많다. 도라度羅, 당唐, 백제 음악이 일본 음악에 많은 영향을 미쳤고, 신라 음악의 영향력은 이에 비해 약했다고 할 수 있다. 도라악이 탁라악으로 탐라악이라면 탐라의 영토와 인구를 고려하면 다른 나라에 비해 인원수가 너무 많다.

　백제·고려·신라 등 악생樂生은 모두 해당 번蕃(일본 기준)에서 배우기를 감당할만한 자를 취하는 반면, 도라악생度羅樂生은 제현諸縣·축자筑紫 무생舞生과 더불어 악호樂戶에서 취한다고 해 기준이 다르다. 신라는 당시 존재하고 있었으니 신라로부터 충당하면 되었고, 백제와 고려(고구려)는 멸망당한지 그리 오래지 않아 일본에 거처하고 있는 유민으로부터 충당하면 되었다. 도라악度羅樂이 탐라악이라면 당시 존재하고 있던 탐라국으로부터 악생을 충원하면 되었지만, 도라악생度羅樂生는 일본 지방의 무생舞生과 더불어 일본의 악호樂戶에서 충원했으니 이 '도라'는 탁라 내지 탐라로 보기 어렵다.

　이 '도라'는 멸망한지 너무 오래 되어 그 유민에서조차 충원하기 어려워서, 전해지는 그 음악을 일본 악호樂戶에서 선발된 학생에게 교습시킨 것이라 여겨진다. 도라악度羅樂은 일본음악에 지대한 영향을 미쳤는데 곧 가라악加羅樂 즉 가야음악으로 추정되며, 도라度羅는 곧 도라渡羅로, 도라악度羅樂은 물 건너 온 가라(가야) 음악이라는 의미를 지니고 있지 않나 싶다.[206]

---

204 『續日本紀』 권11, 天璽國押開豊櫻彦天皇 聖武天皇 天平3년 7월. 筑紫舞生이 諸縣舞生보다 훨씬 많은 것은 筑紫의 大宰府가 외교를 담당해 의례용 樂舞 인원이 많이 필요했기 때문일 것이다.
205 현행복, 『樂악觀관深심』, 민속원, 2003

683년(천무천황 12년) 1월 병오일(18일)에 소간전무小墾田儛 및 고려(고구려)·백제·신라 삼국 악樂을 정중庭中에서 연주한 적이 있었다.[207] 이 때 고려(고구려)·백제·신라 삼국의 음악이 연주된 반면 탐라국의 음악은 연주되지 않았으니, 일본 조정에서 탐라국의 음악은 중시되지 않았다고 여겨지며, 이 또한 도라악度羅樂이 탐라악과 관련되었을 가능성을 약화시킨다.

7. 고대 탐라국의 대전환

탐라국은 7세기에 일본과 활발히 교류한 반면 8세기에는 천평 연간에 일본과 교류한 적이 있지만 대개 공식적인 외교가 기록상 잘 확인되지 않는다. 탐라가 신라의 부용국 내지 속국이어서 그랬다는 견해[208]가 있지만 『삼국사기』 문무왕대 기사에 의거한 편견이라 여겨지며 근본적인 원인은

---

206 '度'는 종종 '渡'와 통용된다. 隋의 대업8년 고구려침략에서, 『북사』 백제전에 '六軍度遼', 『수서』 백제전에 '六軍渡遼'라 되어 있는 사례가 대표적이다.

207 『日本書紀』 권29, 天渟中原瀛眞人天皇 天武天皇 12년 정월

208 박남수는 앞의 논문에서, 탐라가 693년 11월에 일본에 사신을 파견한 것을 끝으로 일본에의 사신 파견이 보이지 않는 것은 신라에 대한 부용을 받아들였기 때문이고 애장왕 2년 신라에 대한 조공 기사가 나타난 것은 이러한 배경 때문이라 보았다. 그런데 문무왕 이후 애장왕 2년(801)에야 탐라의 신라에의 조공 기사가 나타나는 것은 오히려 탐라국이 신라국의 속국이 아니었음을 반증하는 것이다. 김경주는 「문헌과 고고자료로 본 탐라의 대외교류」(『호남고고학보』 58, 2018)에서 8세기 중반 이후 제주도에서 통일신라 양식의 토기 출토량이 급증하는 점 등으로 보아 8세기에 접어들면서 탐라에 대한 신라의 지배력이 점차 강화되어 갔다고 보았지만, 탐라와 신라의 무역이 활발한 현상으로 이해해야 할 것이다. 정식 외교가 중단되었다고 하더라도 고려의 對宋 외교가 중단되었던 시기에도 對宋 무역이 왕성했던 것처럼 무역(특히 사무역)이 활발히 전개될 수 있었음을 고려해야 한다.

탐라국 내부에서 찾아야 하리라 본다.

일본 광인천황光仁天皇 보귀寶龜 9년(778) 11월 임자일에 견당遣唐 제사선第四船이 살마국薩摩國 증도군甑嶋郡에 와서 정박했는데, 그 판관判官 해상진인 삼수海上眞人三狩 등이 탐라도耽羅嶋에 표착漂着했다가 도인嶋人에 의해 략류略留 당하고 단지 녹사錄事 한국련원韓國連源 등이 몰래 도모해 닻줄을 풀고 탈출해 유중遺衆 40인 남짓을 거느리고 귀환한 것이었다.[209] 탐라인이 표류해온 일본 견당선遣唐船을 노략해 억류했던 것인데 탐라 조성의 권력이 정상적으로 작동했다면 벌어지기 어려운 사건이었다.

광인천황 보귀10년(779) 5월 정사일에 당사唐使를 조당朝堂에서 연회했는데, 중납언中納言 종삼위從三位 물부조신택사物部朝臣宅嗣가 칙령을 선포하기를, "당조唐朝 천자天子 및 공경公卿, 국내백성國內百姓은 평안平安한지요, 또한 해로海路가 난험難險해 일이一二 사인使人이 혹 해중海中에 표몰漂没하고 혹 탐라耽羅에게 노략질당했으니, 짐朕이 이를 듣고 마음에 슬프고, 또한 객客 등이 내조來朝하는 도차道次에 국재國宰가 법法대로 응대했는지요" 라고 했다.[210] 일본행 당사唐使 선박의 일부가 탐라에게 노략질 당했던 것인데, 역시 탐라 조정의 권력이 살아 있었다면 발생하기 어려운 사건이었다.

778년에 일본이 당에 파견한 선박과 779년에 당이 일본에 파견한 선박이 각각 탐라인에 의해 노략질당하는 사건이 발생했다. 만약 탐라국의 통제력이 살아 있었다면 일어나기 어려웠다. 이 사건은 당시 탐라국 국왕과 조정의 통제력이 상실된 상태였음을, 탐라국에 정치적 격변이 진행되고 있어 정국이 혼란스러운 상황이었음을 시사한다. 만약 탐라가 신라의 속국이었다면 신라와 친선관계를 유지하고 있던 일본·당 선박을 약탈하지 못했을 것이니 이 사건은 탐라국이 신라를 포함한 누구의 속국이 아니었음을

---

209 『속일본기』 권35 天宗高紹天皇 光仁天皇, 寶龜9년
210 『속일본기』 권35 天宗高紹天皇 光仁天皇, 보귀10년

말해준다.

　위 두 사건은 8세기 무렵에 탐라국에 권력투쟁으로 인한 내전이 발생해 대전환이 벌어졌음을 시사한다. 탐라왕국은 5부족 연맹으로 이루어졌었는데 8세기 무렵에 내전으로 인해 3부족 연맹으로 전환되고 그 결과 삼을나가 모흥혈(삼성혈)에서 용출해 건국한다는 신화가 만들어진 것으로 여겨진다. 고씨의 입장이 반영된 「성주고씨가전」은 삼신인이 동시에 용출해 고을나·량을나·부을나라고 했다고 한 반면 『세종실록』 지리지와 『고려사』 지리지는 삼신인이 용출해 장長을 량을나, 그 다음은 고을나, 그 다음은 부을나라고 했다고 했다. 이는 5부족 연맹체 시기와 3부족 연맹체 초기에는 량을나가 주도적인 위상을 지니면서 이 족속에서 국왕을 배출했을 가능성이 높음을 시사한다.

　그런데 탐라국 내의 권력투쟁은 8~9세기 무렵에 계속 진행되어 고을나족이 승리를 거두어 국왕을 배출하게 되었고, 9세기 무렵이면 부을나가 영역 통치자에서 밀려나 그 결과 고을나와 량을나 양대 세력이 탐라국을 양분해 2부족 연맹체로 이루어지게 된 것으로 보인다. 2부족 연맹체에서 고을나와 량을나는 각각 군주의 위상을 지녔고, 연맹의 맹주인 국왕은 고을나가 차지해 세습했을 것이다.

　8~9세기 무렵에 고을나 족은 국왕을 차지해 세습해 왕권을 강화하는 정책을 시행했으리라 여겨진다. 도성과 왕궁을 건설했는데, 도성은 산지천과 대천(한천) 사이에, 왕궁은 훗날의 제주목관아에 해당하는 자리에 위치했을 것이다. 고을나족 통치자는 자신의 권력을 강화하고 신성화하기 위해 자신이 '성주星主'임을 천명했는데, 국왕을 차지하기 이전부터였을 수도 있고 이후부터였을 수도 있고 국왕을 차지하는 동시였을 수도 있다. '성주星主'는 곧 모든 별의 주인이니 하늘의 제왕인 북극성을 상징하는 표현이었고, 북극성이 탐라가 중시한 선박항해에서 길잡이였기에 '성주'는 더욱 탐라 군주와 어울리는 칭호였다. 동북아시아에서 제왕帝王과 그 궁궐은 종종

'북신北辰'(북극성)과 자금성紫禁城·자미궁紫微宮(북극성의 처소)으로 표현되었으니, '성주星主'의 왕궁은 곧 자금성紫禁城 내지 자미궁紫微宮이었다.[211]

북극성은 모든 별을 거느리는 존재로, 특히 사람의 생활과 밀접한 태양, 달, 북두칠성을 거느리는 존재로 인식되었다. 탐라에 삼을나 시절에 만들어져 내려왔다는 '칠성도七星圖'가 있었다. 조선초 제작『동국여지승람』제주목 고적에, 칠성도七星圖가 주성州城 안에 있는데 석축石築으로 유지遺址가 있으며, 삼성三姓이 초출初出해 삼도三徒를 분점分占하고는 북두北斗 형태를 모방해 대臺를 쌓아 나누어 근거하고 그로 인하여 칠성도七星圖라 이름했다고 한다.[212] 칠성도는 삼성三姓이 처음 생겨나 삼도三徒를 분점할 때 북두칠성 모양을 본떠 대臺를 쌓아 나누어 근거로 삼은 도형(시설)이라는 것이다.

18세기에 제주목사 김정이 「월대月臺·칠성도七星圖를 수축修築하고서」 시를 지었는데,[213] 월대는 관덕정 후後에 위치하고 칠성도는 성내城內에 산재散在해 모두 축석누토築石累土(돌과 흙으로 쌓음)했었지만 남김없이 퇴훼頹毀해 겨우 기지基址(터)만 변별할 수 있어, 명령해 수축修築하도록 했다면서 시를 지었다. 이 시에서 "고도故都 유적遺跡이 날로 황량荒凉해 인근 사람들에 의해 모두 훼상毀傷되었어라, 왕복하며 평피平陂(평평한 언덕)를 만들어 하나의 이치를 밝히니 성城에 가득 성월星月에 광채가 다시 생기네" 라고 읊었다.

---

211 조선시대 기록에서 탐라와 관련해 客星, 노인성(남극성)을 끌어들여 서술한 경우가 종종 있는데, 육지(한반도) 국가·군주를 주인 북극성·북두성으로, 탐라를 손님 내지 신하로 설정해 탐라는 육지 국가에 충성해 왔고 계속 충성해야 한다고 세뇌한 왜곡 논리이니 조심해야 한다. 탐라 성주星主는 객성도 아니고 노인성도 아니고 북반구 뭇별의 주인인 북극성에 해당했던 것이다.

212 『신증동국여지승람』권38, 전라도 제주목 고적. "七星圖[在州城內 石築 有遺址. 三姓初出 分占三徒 倣北斗形 築臺 分據之 因名七星圖". 조선초 성종 때『동국여지승람』에 실린 것임.

213 『노봉집』권1, 「修築月臺·七星圖」(김정). "故都遺跡日荒凉 着處人爲撼毁傷, 往復平陂昭一理 滿城星月復生光"

관덕정 뒤 월대와 성내 산재 칠성도가 터만 남았을 정도로 무너졌는데 18세기에 김정이 그것들을 수리한 것이었다.

칠성도七星圖는 탐라 성주星主가 8~9세기 무렵에 왕권을 신성화하는 작업의 일환으로 도성에 북극성을 따르는 북두칠성의 형태를 만들어 도圖 즉 부호符號로 활용한 것이라고 여겨진다. 이것은 탐라국 도성의 일종의 도시 구획표였을 것이다.

근대기에 홍종시가 그린 「제주성내고적도」에 7개의 장소가 '칠성도'로 표시되어 있지만, 이왕李王(순종) 장례식 때 제주인이 망곡식을 거행한 칠성단[214]만 정확할 뿐 나머지는 불확실하다. 조선시대 지도에는 칠성이 관덕정 남쪽, 목관牧官(이아二衙) 서쪽에 모여 있는 것으로 묘사되었으니 이곳에 적어도 한두 개는 위치해야 되지만 홍종시의 지도에는 그러하지 않아 문제이다.[215] 고대의 칠성도 위치가 근대기에 모두 남아 있기는 어렵기 때문에 더욱 문제이다.

칠성도는 도성 안에 위치한 반면 북극성 내지 북극삼성은 모흥혈(삼성혈)에 해당한다는 견해[216]가 있지만 설득력이 부족해 보인다. 모흥혈이 과연 칠성도의 북두칠성이 가리키는 방향에 위치하는지도 의문이고, 모흥혈의 세 구멍이 북극삼성에 해당하는지도 의문이다. 왜냐하면 모흥혈의 세 구멍은

---

214 이 칠성단은 갑자의숙 뒤에 위치했는데 향교동(향교전)에 해당하며 오현단 근처라고 한다. 홍기표, 「문헌으로 본 탐라 유적」『새롭게 쓴 탐라사』(제주민속자연사박물관, 2024)

215 홍종시의 「제주성내고적도」는 연무정, 광양당, 三姓祠, 모흥혈 등의 위치가 부정확하고 서로 뒤바뀌어 있듯이 그대로 신빙하기 어려운 부분이 발견되니 비판적으로 이용되어야 한다.

216 「주성내의 주요 유적」『탐라성주유사』(탐라성주유사편찬위원회, 1979)에서 칠성대에 대해 삼성혈이 북극성 자리가 되는 칠성도의 始點으로 이를 중심으로 큰 고을이 발달하게 되었다고 했고, 강문규도『탐라왕국』(한그루, 2018) 87~88쪽에서 설득력이 있다고 파악했다.

그림 12. 「濟州圖」(국립제주박물관 소장. 18C전반 제작 추정):
칠성단(칠성대)가 관덕정 남쪽에 뭉치게 그려져 있지만 산재했을 것임

'品品' 자字 형태인 반면 북극삼성은 나란히 있는 것으로 묘사되어 왔기 때문이다. 운주사처럼 칠성 국자 모양의 끝에서 나아가면 북극성에 해당하는 존재가 나오는 경우도 있지만 그렇지 않은 경우도 있었을 수 있다.[217] 성주星主는 북반구 별의 주인 즉 북극성에 해당하는 제왕帝王이었으므로 당연히 성주의 왕궁이 북극성에 해당했다. 성주왕궁과 칠성도의 관계는 평면적이 아니라 입체적, 다차원적으로 보아야 한다.

탐라 도성은 그 구조와 관련해 중국·일본·삼국·통일신라 도성이 참고되며 그 도성들의 영향을 받았을 수도 있다. 진시황이 함양궁咸陽宮(시안 소

---

217 중국 北京 명청대 天壇(환구단) 구역에는 칠성석이 한 구석에 모두 모여 있다. 원래는 7개의 石으로 이루어졌는데 나중에 輔星으로 1개가 추가되어 8개의 石으로 변화했다고 한다.

재)을 축조하면서 자궁紫宮(자미궁紫微宮)을 상징하고 위수渭水를 끌어들여 도읍을 관통하도록 하여 천한天漢(은하수)을 상징하도록 했다. 수양제가 낙양(뤄양)에 도읍을 건설하면서 북으로 망산邙山에 의거하고 남으로 이궐伊闕(용문龍門)과 마주하고 낙수洛水가 도읍을 관통해 하한河漢(은하수)을 상징했다.[218] 수양제는 낙양 궁성(대내)을 자미궁紫微宮(자미성紫微城)이라 했고, 자미궁의 정전을 건양전乾陽殿이라 했고, 건양전의 동남쪽 문을 동화문東華門, 서남쪽 문을 서화문西華門이라 했다. 당에서는 건양전을 건원전乾元殿이라 했고, 동화문과 서화문을 차례대로 일화문日華門과 월화문月華門이라 했다. 여황 무측천武則天은 건원전을 헐고 그 자리에 명당明堂을 건설했다.[219] 수·당은 낙양에 대해 궁성은 북극성을 두르는 성좌星座로 투영하고 그 남쪽의 낙수洛水는 하늘 하천(은하수)으로 상징화하여 하늘을 모방한 성도聖都로 형상화하려 했다.[220] 하늘 중심의 별(星)인 자미紫微를 천제天帝가 거처하는 장소로 간주해, 지상의 천자가 거처하는 장소를 자미궁 내지 자미성紫微城이라 부르게 되었으며, 낙양의 궁성 자미성紫微城은 북극성을 둘러싸는 울타리 담벽으로서 호위하는 모양새를 상징했다고 한다.[221] 수隋 낙양 자미성(자미궁)의 규획이 북두칠성에 상응한다는 견해도 있다.[222]

중국에서는 진시황이 함양궁을 자궁(자미궁)에, 그 앞의 위수를 은하수에 비유되도록 한 사례에 보이듯이 일찍부터 제왕의 궁궐을 천상의 자미궁에 비유했다. 수·당의 낙양 도성은 하늘의 세계처럼 꾸며서 궁성을 자미성(자

---

218 『唐兩京城坊攷』東京(洛陽) ; 『舊唐書』권38, 지리지1, 東都(洛陽)

219 王贵祥, 『古都洛阳』(清华大学出版社, 2012) 제4장

220 서울대 동아문화연구소, 『중국 역대 도시구조와 사회변화』, 2003, 72~78쪽

221 徐松 편찬·愛宕元 역주, 『唐兩京城坊攷-長安と洛陽』(평범사, 1994)

222 隋 낙양 자미성(자미궁)은 7개 小城으로 규획되어, 中 洛城(大內)은 황제거주와 朝政의 장소로 天樞를 상징하고, 좌우 四城(동서 夾城과 동서 격성隔城)은 四輔星이 되고, 북측 二城(曜儀城과 圓壁城)은 禁軍 소재인데, 이 7개의 小城은 北斗七星과 상응하는 것이라 한다(百度百科「隋唐洛阳城宫城」).

미궁)이라 지칭하고 낙수를 은하수로 설정했으며, 궁성 자미성紫微城이 여러 성좌星座가 하늘의 중심으로 천제天帝로 간주되는 북극성을 둘러싸는 것처럼 여러 겹으로 짜여졌다. 자미성紫微城 내지 자미궁은 북극성으로 간주된 제왕帝王의 거처였고 명·청대에 북경北京 궁성의 명칭 자금성紫禁城도 곧 자미성이었다. 그러하니 자신이 북극성의 화신임을 내세운 탐라국 성주星主의 왕궁도 자미성紫微城(자미궁) 내지 자금성으로 불렸으리라 여겨진다.

신라는 초창기에는 군주가 왕궁 내지 도성을 금성金城이라 하여 기치했다가 후에 월성月城(신월성新月城: 반월성半月城)으로 이주했다.[223] 선덕여왕은 '성조황고聖祖皇姑'라는 존호를 사람들로부터 받더니,[224] 정관貞觀7년 계사년(633: 선덕왕 2)에 첨성대瞻星臺를 건립했고,[225] 치세 3년(634)에 자신의 원찰로 분황사芬皇寺를, 치세 4년(635)에 영묘사靈廟寺를 건립했다.[226] 분황사는 황룡사의 북쪽에, 첨성대는 계림(시림)의 북쪽에, 영묘사는 계림(시림)의 남서쪽에 위치했다.[227] 이 세 개의 시설은 선덕여왕의 정신이 담겨 있었는데 서로 연

---

223 혁거세 거서간이 21년에 京城을 축조해 '金城'이라 했고, 26년에 宮室을 금성에 지었으며, 파사이사금이 22년 2월에 성을 쌓아 '月城'이라 하고 7월에 월성에 移居했다고 한다(『삼국사기』 권1, 신라본기, 혁거세 거서간·파사 이사금). '金城'이 황금 성을 의미한 것인지, 金星을 의미한 것인지 확실하지 않다.

224 『삼국사기』 권5, 신라본기, 善德王

225 『삼국유사』 권1, 기이, 善德王知幾三事. "別記云 是王代鍊石築瞻星臺";『세종실록지리지』 경상도 경주부. "瞻星臺, 在府城南隅, 唐太宗貞觀七年癸巳 新羅善德女王所築. 累石爲之, 上方下圓 高十九尺五寸 上周圍二十一尺六寸 下周圍三十五尺七寸. 通其中, 人由中而上". 고려말 안축은「月城 瞻星臺」시에서 "前代興亡歲月經 石臺千尺聳青冥, 何人今日觀天象 一點文星作使星"(『근재집』 권2, 補遺)이라 읊어 월성(경주) 첨성대를 天象 관측용 시설로 이해했다.

226 龍宮 북쪽 芬皇寺는 선덕여왕 갑오년에, 沙川(남천) 尾의 靈廟寺는 선덕여왕 을미년에 건축되었다. 『삼국유사』 권3, 興法3, 阿道基羅 ; 권3, 塔像4, 迦葉佛宴坐石 ;『삼국사기』 권5, 신라본기, 善德王

227 흥륜사지로 알려져 온 곳이 영묘사 명문이 출토되었으니 영묘사 자리로 추정된다.

결하면 일직선상에 놓이게 되는 것도 그러한 배경과 관련이 있었을 것이다. 영묘사는 영묘靈廟 즉 별들을 모시는 사당의 기능을 한 사찰이었다. 영묘사 남쪽에서 오성제五星祭가 행해졌다.[228] 이처럼 영묘사는 여러 별들, 특히 오성제五星을 모시는 사찰이었으니 첨성대와 밀접한 관련을 지녔다고 볼 수 있다. 선덕여왕 말년에 정변이 발생해 선덕여왕의 군대(지휘자 김유신)가 월성(신월성)에, 비담의 반란군이 명활성明活城에 주둔해 대치했다.[229]

문무왕이 삼국을 통일하면서 금성의 동쪽, 월성(신월성)의 북쪽에 동궁東宮인 월지궁 즉 만월성을 건설해 기존의 월성(신월성)과 함께 이용했다.[230] 이 '동궁'은 월지月池를 지녀 월지궁月池宮으로도 불렸고,[231] 만월滿月(보름달)을 닮아 만월성滿月城으로도 불렸다.[232] 신라는 경덕왕 때 월성(신월성) 궁궐의 남쪽 문천蚊川(남천)에 월정교月淨橋와 춘양교春陽橋를 설치했는데,[233] 월정교는 달을, 춘양교는 해를 상징해 음양 조화를 추구한 것이었다. 토함산은 고려초 불국사 무구정광탑 중수기에 보이듯이 월함산月含山으로도 불렸다.

---

228 『삼국사기』 권32, 志1, 제사 7. 五星은 곧 목성·화성·토성·금성·수성이고 그것들을 대표하는 것이 서남쪽 土星이니, 영묘사는 토성 혹은 토성을 대표로 하는 五星을 모시는 절로 여겨진다.

229 『삼국사기』 권41, 김유신전

230 문무왕이 14년 2월에 宮內에 연못을 파고 산을 만들어 화초를 심고 진기한 새와 짐승을 길렀고, 19년 2월에 궁궐을 지극히 壯麗하게 重修하고 8월에 東宮을 創造하고 內外 여러 문의 額號를 비로소 정했다(『삼국사기』 권7, 신라본기, 문무왕 14년 2월 및 19년 2월·8월). 여기서 '東宮'은 금성의 동쪽에 위치한 왕궁을 지칭했다. 월지궁(동궁)의 대표적 시설은 臨海殿이었다. 이 궁은 신라멸망 후 '雁鴨池'로 속칭되다가 현재는 '東宮 月池'로 불리고 있다.

231 헌덕왕이 후계할 아들이 없기에 친동생인 秀宗(흥덕왕)을 副君(儲貳)으로 삼아서 月池宮에 거처하게 했다. 월지궁(동궁)의 일부를 태자궁으로 사용한 것이었다.

232 월성은 新月城으로, 월지궁은 滿月城으로 불리기도 했다. 『삼국사기』 권34, 雜志3, 지리 1, 신라 疆界

233 『삼국사기』 권9, 경덕왕 19년 2월. 이 때 궁중에 大池가 만들어지기도 했다.

신라 왕경 도성이 금성金城, 월성月城(신월성), 월지궁月池宮(만월성), 첨성대, 영묘사, 월정교, 춘양교 등의 구조를 지닌 것은 하늘의 별자리를 왕경에 구현해 신라와 그 군주를 신성화하려 한 것인데 일월日月과 오성五星의 조화를 추구하면서도 달(月)을 중시했다. 고구려는 도성을 '환도성丸都城'이라 했는데, 둥근 하늘(특히 별) 세계를 땅에 구현한 것이고 시조 주몽이 천제天帝의 자子를 자칭했다는 건국신화를 구현한 것이었다.[234] 여러 도성의 이러한 구조는 탐라 도성의 구조를 이해하는 데 도움을 줄 수 있으니, 탐라 도성도 하늘(특히 별) 세계를 땅에 구현해 군주를 신성화한 것으로 볼 수 있다. 탐라 성주星主는 도성의 중심부에 북극성에 해당하는 자신의 왕궁인 자미궁을 건립하고 도성의 7곳에 칠성대를 만들어 북극성을 따르는 북두칠성처럼 상징화했다고 여겨지며[235] 이는 성주의 왕권이 강화되었음을 시사한다.

탐라국은 9세기에도 여전히 독립국으로 존속하며 외국과 외교하고 무역했다. 『삼국사기』에 따르면 애장왕 2년(801) 10월에 탐라국耽羅國이 신라에 사使를 파견해 조공朝貢했는데,[236] 속국으로서의 행위가 아니라 독립국으로서의 외교 행위였다. 탐라국이 9세기에 당과 외교하고 무역했음은 한유의 기록에서 확인된다. 한유韓愈가 당 장경長慶3년(823) 4월에 영남절도부嶺南節度府로 부임하는 정상서鄭尙書를 전송하는 글에서, 해외잡국海外雜國으로 탐부라耽浮羅·유구流求·모인毛人·이단夷亶(타이완)의 주州(洲), 임읍林邑(베트남)·부

---

234 한편 고려시대 나주 능성 雲住寺 구역에서 '丸恩'명 기와가 출토되었고 이 구역에 七星石이 남아 있으니 운주사 구역도 하늘(특히 별) 세계를 구현한 시설이었다. 대개 '환은천조丸恩天造'로 판독되었는데 가로선 문양으로 인해 '大'가 '天'처럼 보이는 듯하기도 하여, 만약 그렇다면 '환은대조丸恩大造'로 판독되어 '환丸(하늘·별)이 은혜로 (운주사 시설을) 大造하다' 또는 '환丸(하늘·별) 은혜를 위해 (운주사 시설을) 大造하다'로 해석될 수도 있다.
235 관덕정 옆에 月臺가 있었다고 하니, 탐라국 도성도 신라 왕경의 월정교와 춘양교처럼 月臺와 그 동쪽 맞은편에 日臺를 조성해 음양의 조화를 추구했을 수도 있다.
236 『三國史記』 권10, 신라본기, 애장왕 2년 10월

남扶南(캄보디아)·진랍眞臘(캄보디아)·어타리於陀利(우타리于陀利)의 속屬은 동남으로 천지天地 가장자리에 만수萬數 거리에 위치해 때로 풍조風潮를 관찰해 조공朝貢하고 만호蠻胡 고인賈人(상인)이 해중海中에서 박교舶交(선박 교역)한다고 했다. 그래서 외국外國의 화貨(재화: 물화)가 날마다 이르러 주珠(진주)·향香·상象(상아)·서犀(물소 뿔)·대모玳瑁(바다거북 껍질)의 기이한 물건이 중국에 넘쳐나 이루 다 사용할 수 없다고 했다.[237]

탐부라국 즉 탐라국은 9세기에도 독립국으로서 당에 조공朝貢하고, 당과 무역을 했는데 당 영남절도부(광동성에 해당)의 관점에서 유구流求·이단夷亶(타이완), 임읍林邑(베트남)·부남扶南(캄보디아)·진랍眞臘(캄보디아) 등과 더불어 해외 잡국雜國의 하나로 인식되었다. 이들 '해외잡국'이 당에 조공 혹은 수출한 물건이 주珠(진주)·향香·상象(상아)·서犀(물소 뿔)·대모玳瑁 등이었는데, 탐부라국(탐라국)이 당에 조공 혹은 수출한 물건은 주珠(진주)와 대모玳瑁(바다거북 껍질) 정도로 추정되며 탐라의 진주는 전복·조개에서 생산되었을 것이다.

9세기 중반 엔닌의 『입당구법순례행기入唐求法巡禮行記』에도 탐라가 등장한다. 일본승 엔닌이 당선종唐宣宗 대중원년大中元年(847) 9월 2일에 당 적산포에서 출항해 신라국 서쪽 산을 망견望見하면서 웅주熊州 서계西界를 지나무주武州 서남계西南界에 속한 고이도高移嶋(하의도)에 정박했다가 9월 6일 묘시卯時에 무주武州 남계南界 황모도黃茅嶋(구초도丘草嶋: 신라국 제삼재상第三宰相 방목처放馬處) 니포泥浦에 이르러 정박했는데, 고이도高移嶋부터 구초도丘草嶋까지 산도山嶋가 서로 이어지고 동남쪽으로 멀리 '탐라도躭羅嶋'가 보인다고 했다. 9월 8일에 바람이 불지 않아 황모도를 출발할 수 없어 선중舩衆이 경鏡(거울)을 던지며 신神에게 제사해 구풍求風하고, 승려가 소향燒香하며 당도當嶋 토지 및 대소 인신人神을 위해 금강경백권金剛經百卷을 염송念誦해 평등하게 본국(일본)에 도달할 수 있기를 기원하고 오경五更에 이르러 바람이 불

237 『昌黎先生集』 권21, 「送鄭尙書序」

지 않아도 출발했는데 거우 포구를 나오자 서풍西風이 홀연히 부니 돛(帆)을 올려 동쪽을 향해 산도山嶋를 따라 그 안을 나아가는데 남북 양면兩面이 산도山嶋로 중첩되어 있고, 막 사시巳時에 이를 무렵에 신라 남계南界의 안도鴈嶋(신라 내가內家 방마放馬의 산山이고, 근동近東에 황룡사장黃龍寺莊이 있음)에 이르러 잠시 쉬는데, 서남쪽으로 '탐라도乇羅嶋'가 망견望見된다고 했다. 오후에 안도鴈嶋를 출항해 산도山嶋를 따라 그 안을 나아가 신라국 동남에 이르러 대해大海로 나와 동남쪽을 바라보며 나아가 9월 10일 삥밍平明에 동쪽으로 멀리 대마도對馬嶋가 보이고, 오시午時에 앞 해로에 본국(일본) 산이 보이고 초야初夜에 비전국肥前國 송포군松浦郡의 북계北界 녹도鹿嶋(나가사키 근처)에 이르러 정박하고, 9월 15일에 귤포橘浦에 이르고. 9월 17일에 박태博太(박다博多: 하카다) 서남 능거도能举嶋에 이르러 정박하고, 9월 18일에 홍려관鴻臚舘(후쿠오카 하카다의 객관) 앞에 이르러 19일에 홍려관에 들어가 묵었다.[238]

일본승 엔닌이 당의 불교탄압을 만나 장보고 세력의 도움으로 탈출해 산동반도 적산포에서 배를 타고 남하해 통일신라 서해를 지나 서남해로 들어오니 멀리 '탐라도乇羅嶋(耽羅島)'가 보였고, 통일신라의 남해를 항해하니 역시 멀리 '탐라도乇羅嶋'가 보였다는 것이다. 엔닌이 '탐라도乇羅嶋'라 한 것은 탐라의 국제적인 위상을 지칭한 것이 아니라 당-일본 해로를 항해하며 해로상의 지표指標로서 언급한 것이니 역시 지극히 자연스러운 표현이었다. 당, 일본, 신라 사람들은 선박운항 때 탐라를 멀리 바라보면서 나아가며 표류하지 않도록 애썼던 것이다.

탐라국은 통일신라의 속국이 아닌 그 자신의 완전한 독립국이었다. 5부족 연맹이었다가 권력투쟁을 거쳐 8세기 무렵에 3부족 연맹으로 전환되었고, 9세기 무렵에 '성주'와 '왕자'의 양립 체제를 출범해 중세로 도약하려하고 있었다고 생각한다.

---

238 圓仁『入唐求法巡禮行記』권4

제2장

중세
탐라국의
도약과 변천

한반도에서는 9세기에 대규모 농민봉기를 겪고 성주城主·장군이 여러 지역에서 정권을 세우고 10세기 후삼국 시대와 고려의 후삼국 통일이 진행되었고 선종불교가 유행했다. 탐라국은 9세기 무렵에 성주星主와 왕자王子가 양립하는 정치제제를 만들어냈고, 10세기 무렵에 불교사찰 원당사가 건립되었다. 한반도는 물론 탐라국도 9~10세기에 중세로 들어서고 있었던 것이다.

중세 탐라국은 후삼국과 교류하다가 고려가 후삼국을 통일하자 고려와 조공-책봉 관계를 맺어 활발하게 교류했다.[1] 공무역과 사무역을 통해 부족한 것을 보충했고 고려 문화를 수용해 자신의 문화를 다양하면서 독특하게 발전시켜 갔고,[2] 성주족 고유와 고조기 부자가 고려의 과거에 급제해 고려 정계에 진출했다. 탐라 지배층이 고려 현종대부터 고려에게서 무산계武散階를 받았는데 권력을 과시하는 징표이기도 했고 고려로부터 간섭받는 빌미로 작용하기도 했다. 고려국이 탐라국 병합을 시도하면서 양국 사이에 긴장이 고조되어 간다.

---

1 탐라가 고려를 사대하면서 해상 활동과 문물 교류가 위축되었다고 보는 시각이 있지만 그러한 시각은 타당하지 않다. 항해기술상 가까운 나라와 교류하는 것이 위험을 최소화하는 것이었다. 탐라가 백제 멸망 후에 난파 위험을 무릅쓰고 일본과 교류한 것은 신라를 신뢰하지 못했기 때문이었다.
2 고내식토기가 10세기 무렵 이후에는 중단되어 탐라에서 도기가 자체 생산되지 않는다고 하는데 과연 그러했는지 좀더 검증이 필요하다. '곽지' 새김 기와, '고내' 새김 기와가 말해주듯이 탐라는 기와를 자체 생산할 수 있었듯이 도기도 충분히 제작할 수 있었다. 도기를 자체 생산하지 않았다면 못 만든 것이 아니라 안 만든 것이었다. 질 좋은 도기를 만들려면 인력은 물론 가마와 많은 땔감이 필요해 비용이 많이 들어 가격이 높아지니 차라리 수입해서 쓰는 편이 나을 수 있었다. 이는 오히려 중세 탐라의 국제적인 무역이 왕성했음을 뒷받침하는 것이다.

1. 탐라국의 후삼국·고려와의 교류와 정치체제

탐라국은 한반도가 9~10세기에 전쟁상태에 빠지니 적절히 대응해야 했다. 한반도의 통일신라가 9세기에 농민의 대규모 봉기로 인해 전쟁상태에 돌입하고 10세기에 들어서면서 신라, (후)백제, (후)고려의 후삼국이 성립했던 것이니 탐라국은 공적·사적 대외교류가 영향을 받지 않을 수 없었다.

고려 태조 8년(925) '11월 기축일'에 탐라耽羅가 방물方物을 공貢했다고 한다.[3] 신라와 백제(후백제)와 고려가 대결한 후삼국시대에, 탐라가 왕건 고려에게 선물을 제공해 교류를 타진한 것이었다. 탐라가 후삼국과 교류했음은 일본 서적인 『부상략기扶桑略記』에서도 확인되는데 그 내용을 소개하면 아래와 같다.

> 제호천황醍醐天皇 연장延長7년(929) 5월 17일에, 신라新羅 견훤甄萱 사使 장언징張彥澄 등 20인이 대마도對馬嶋에 도착해 태재부사太宰府司에게 서장書狀과 신물信物을 특별히 보내고, 또 도수嶋守(대마관) 판상경국坂上經國에게 서書 및 신물信物 등을 보내고 부府(태재부)로 향하기를 요청했다 ⋯ 도사嶋司(대마도관)가 오히려 사使를 구류하고 사유事由를 상부上府에 말하니 부府(태재부)가 곧 태정관太政官에게 보고했다. 그 사자가 부府(태재부)에 보내는 문서는 조정朝庭(일본)을 섬기고자 하는 사유를 서술한 것이고, 도嶋(대마도)에 보내는 문서는 '피국彼國' 표탕인飄蕩人을 돌려보낸 일을 사례한 것이었다. 이에 앞서 지난 정월 13일에 '신라新羅'가 해조海藻를 탐라도貪羅嶋의 □에서 교역交易하다가 표탕飄蕩해 대마對馬(대마도) 하현군下縣郡에 도착하니, 도수嶋守(대마도관) 경국經國이 안존安存하게 하고 양식을 지급하고 아

---

3 『고려사』 권1, 태조 8년. "十一月己丑 耽羅貢方物" ; 『고려사절요』 권1, 태조 8년. "十一月 耽羅貢方物". 이해 음력 11월은 삭일이 庚寅이고 날짜 己丑이 포함되어 있지 않아 '十一月己丑'은 '十月己丑'의 오류일 수 있으며 그렇다면 10월 30일이었다.

울러 통사장通事長 잠망통^{岑望通}과 검비위사檢非違使 진자경秦滋景 등을 파견해 전
주全州로 돌려보냈는데, 3월 25일에 진자경이 홀로 일본에 돌아와 보고하기를,
전주왕全州王 견훤甄萱이 수십주數十州를 공격해 겸병해 대왕大王을 칭했고 … 잠
망통을 구류하고 진자경을 놓아보냈다고 했다. 이전에 경국經國(판상경국坂上經國)
이 표탕인飄蕩人을 돌려보낼 때에 첩牒을 전주全州에 보냈는데, 전주全州가 후에
장언징張彦澄에게 기탁해 반첩返牒을 보내 은정恩情을 사례하고 겸하여 조공朝貢을
원하는 심관深款 및 복례사復禮使 이영李榮 등을 파견하는 사유를 진술했시만 이
영李榮은 오지 않았다.[4]

제호천황 연장7년(929) 5월 17일에, '신라新羅 견훤甄萱 사使' 장언징 등
20인이 대마도對馬嶋에 도착해 도수島守(대마도관) 판상경국坂上經國에게 문서
를 보내고 태재부로 향하기를 요청했는데, 그 문서에는 '피국彼國' 표탕인飄
蕩人을 돌려보낸 일을 사례한 것이었다. 이에 앞서 정월 13일에 '신라新羅'
가 해조海藻를 '탐라도貪羅嶋'의 □에서 교역交易하다가 표탕飄蕩해 대마도에
도착하니 도수島守(대마도관)가 양식을 지급하고 관원을 파견해 전주全州로
돌려보냈다는 것인데, 이 탐라도貪羅嶋는 탐라도耽羅島를 지칭했을 것이다.
후삼국 시대인 929년(고려 태조 12년: 후백제 견훤 38년: 신라 경순왕 3년) 정월에
'신라'와 탐라가 해조海藻를 무역했음을 알려주는데 이 '신라'는 표류인이
전주로 돌려보내진 것으로 보아 신라 혹은 고려보다 후백제였을 가능성이
더 크다. 당시 일본은 견훤 후백제를 인정하지 않아 견훤을 신라 소속으로
간주해 견훤의 사신을 '신라新羅 견훤甄萱 사使'로 표기했기에 더욱 그러하
다. 이 기록은 탐라국이 후삼국과 공적·사적으로 교류했음을 뒷받침하는
데, 나아가 통일신라와도 그러해 왔음을 시사한다. 탐라국은 백제 계승을
천명한 후백제와 교류했고, 고려가 나주 일대를 점유하자 고려와도 교류했

---

4 『扶桑略記』 권24, 醍醐天皇 延長7년

던 것으로 보인다.

일본이 탐라耽羅를 '탐라도貪羅嶋'라고 표기한 점이 주목된다. 즐길 '탐耽'이 아니라 탐할 '탐貪'이라 한 것은 비하한 표기로 보이지만 오히려 탐라가 외교와 무역에서 탐욕으로 여겨질 정도로 실리를 추구했음을 시사한다. 그 기사에서 탐라가 '도嶋(島)'로 표기된 것을 가지고 당시 탐라가 독립국이 아니었다는 주장이 제기될 수 있지만 여기에서 '도嶋(島)'는 행정적인 것이 아니라 자연환경적인 것으로 보아야 하며 따라서 당시 탐라는 독립국이었다고 판단된다. 일본국이 여러 기록에서 왜도倭島 내지 도왜島倭로 기록되었다고 해서 독립국으로서의 위상이 부정되지 않는 것과 같은 이치이다. 단, 도島는 때에 따라 작자의 입장에서 비하의 뉘앙스를 담아 사용되기도 했으니 '탐라도貪羅嶋'에도 '탐貪'과 조응해 그러한 측면이 있지 않나 싶다. 탐라에 대해 탐욕스럽다는 감정을 이입하면서 '도嶋(島)'라고 표현하면 바다의 섬과 맞물려 해적처럼 탐욕함이 더욱 생생하게 다가오기 때문이다.[5] 어쨌거나 당시 탐라국은 외국에게 탐욕스러운 섬으로 인식되었을 정도로 실리를 추구한 독립국가였다고 여겨진다.

중국 『남당서南唐書』(육씨남당서陸氏南唐書)에 따르면, 고려高麗가 오吳 천조天祚2년·진晉 천복天福1년(936)에 신라新羅·백제百濟(후백제)를 패배시키니, 이에 왜倭·탐부耽浮·환어리歡於羅·철륵鐵勒 동이제국東夷諸國이 모두 고려에 부부했다고 한다.[6] 고려 왕건이 936년(태조 19)에 후삼국을 통일하니 왜倭·탐부耽浮·환어리歡於羅·철륵鐵勒, 동이東夷 제국諸國이 고려에 부附했다는 것인데 과장된 표현으로 여겨진다. 당시 왜倭··환어리歡於羅·철륵鐵勒이 고려의 속국이 아니라 고려와 외교관계를 맺은 정도였던 것처럼 탐부耽浮(탐부라) 즉 탐라耽羅도 그러했다고 볼 수 있다.

---

5 '탐라도貪羅嶋'라는 표현에는 탐라가 앞에서 언급되었듯이 8~9세기에 정치적 혼란에 빠져 외국 선박을 약탈했던 사건도 영향을 미쳤을 수 있다.

6 『南唐書』 권18, 浮屠契丹高麗列傳15

탐라국은 후삼국과 교류하며 관망하다가 왕건의 고려가 후삼국을 통일하자 고려와 본격적으로 외교관계를 맺는데, 관련 사항을 소개하면 아래와 같다.

A-1. (고려태조 21년) 겨울12월에 탐라국耽羅國 태자太子 말로末老가 내조來朝하니 고려가 성주星主·왕자王子 작爵을 하사했다.(『고려사』 권1 및 『고려사절요』 권1)[7]

A-2. 전조前朝(고려) 태조가 통삼統三한 초에 성주星主 고자견高自堅·왕사王子 양차미梁且美[즉 량을나良乙那의 후예로 '양梁'으로 바꾸었는데 소리가 서로 가깝기 때문이었음]가 세世에 한 번 조견朝見(조현)했는데, 태조가 넉넉하고 두텁게 대우해 낮에 세 번 접대해 음식과 공장供帳(설비·장막)이 거의 왕자王者에 비견되게 하였고 솔종率從(수행원)으로부터 도부權夫(뱃사공)에 이르기까지 빠짐없이 두텁게 선물했으니 대개 특별히 총애했기 때문이었다. 하지만 성주星主·왕자王子를 세습했을 뿐이고 왕국(고려)에서 벼슬해 대현大顯한 자는 있은 적이 없었다.(『동문선』 권101, 정이오 「성주고씨가전」)

탐라국耽羅國 태자太子 말로末老가 고려태조 21년(938) 12월에 고려에 와서 조朝하니 고려가 성주星主·왕자王子 작爵을 하사했다고 한다. 전조前朝(고려) 태조가 후삼국을 통일한 초에 성주星主 고자견高自堅과 왕자王子 양차미梁且美가 고려에 세世에 한 번 조견朝見(조현)해 고려태조(왕건)로부터 거의 왕자王者 수준의 대우를 받았다고 했는데 태자 말로의 조회와 관련된 것이었다.[8] 탐라국의 성주와 왕자가 몸소 고려에 와서 조회한 것이 아니라 태자

---

7 『고려사』 권57, 지리지2, 耽羅縣 편에도 동일한 기사가 실려 있는데 연도만 표기되어 있다. 이 朝는 朝覲, 朝見을 의미한다.

8 한편, 고득종이 찬술했다는 「序世文」(『영곡유고』)에는, "고려태조가 삼한을 통합해 律令을 개정함에 이르러 昭의 四世孫인 高自堅으로 (좌평에서) 도로 星主를 삼고 그 3년 후에 병력을 파견해 탐라를 討定해 강등해 郡縣을 설치하고 이로부터

그림 14. 태조현릉 왕건상(정학수 촬영):
탐라국태자 말로가 개경을 방문해 왕건을 만났음

말로를 파견해 고려에 조회한 것이며, 성주와 왕자는 태조(왕건)로부터 왕자
王者 즉 왕王으로 대우받은 것이었다. 단, 성주 고자견高自堅과 왕자 양차미
梁且美라고 되어 있지만 당시 토착 탐라인에게 중국식 성씨는 수용되어 있
지 않았으므로 성씨 '고高'와 '양梁'을 붙인 것은 소급 적용된 것이었다.

　탐라국이 태자를 고려에 파견해 조朝하여 통치자가 고려태조(왕건)로부
터 성주星主와 왕자王子를 하사받은(추인받은) 것은 탐라국이 고려국을 사대事

　高氏後裔가 麗朝에 通入해 屢世 服爵했고, 태조가 즉위 21년에 耽羅王이 太子 末
老를 파견해 來朝하자 星主王子爵을 하사했고, 숙종 때에 개혁해 郡으로 삼았고,
의종 때에 강등해 縣으로 삼았다"라고 되어 있는데 신빙하기 어려운 부분이 많
다. 특히 고려태조가 군대를 파견해 탐라를 토벌해 군현을 설치했다는 부분은 전
혀 근거가 없어, 고씨가 고려왕조에 일찍부터 진출해 벼슬하고 충성했음을 강조
하느라 집어넣은 것으로 보이는데, 고득종이 부탁해 정이오가 지은 『성주고씨가
전』에 그러한 내용이 없으니 고득종의 견해라 여겨지지도 않는다.

大해 조공朝貢하여 고려로부터 책봉을 받아 이른바 조공-책봉 관계가 성립했음을 의미한다. 그런데 이는 전근대 동아시아에서 외교·교역·문화 관계의 발현 방식에 해당하는 것이지, 탐라국이 고려국의 속국屬國이 되었음을 의미하지는 않는다. 고려가 중국이나 요·금을, 조선이 명을 사대해 조공하고 책봉을 받았지만 그 나라의 속국이 아니었던 것과 마찬가지이다. 탐라국은 독립국가로서 고려국과 공식적인 외교관계를 맺은 것이었고 이후에도 독립국 지위를 오랫동안 유지한다. 고려가 탐라에게 성수·왕사 삭위를 하사했다고 되어 있지만 탐라 군주가 지녀온 고유칭호인 '성주'와 '왕자'를 추인해 준 것으로 이해해야 한다. 탐라국의 '성주'와 '왕자'는 세습해 오고 있었고 고려를 사대해도 그것은 지속되었다.

탐라국 태자 말로末老가 고려에 와서 조회해 탐라국 통치자가 고려로부터 성주星主·왕자王子 작위를 하사받은(추인받은) 일은 탐라국의 통치자와 정치체제를 시사하는 중요한 열쇠이다. 당시 탐라국의 통치자 군주는 '성주'와 '왕자'였고 '태자'가 존재했다. 그러하니 탐라국은 '성주'와 '왕자'가 군주(왕)로서 영역을 양분해 각각 관부·관료를 지녀 자신의 영역을 통치하는 연맹왕국이었고 연맹 맹주인 국왕이 탐라국을 대표했을 것인데 대개 성주星主가 탐라국왕의 위상을 지녔으리라 여겨진다. '태자'는 성주·왕자 각각에게 두어졌을 수도 있지만 탐라국왕에게만 두어졌을 가능성이 크다. 고려에 파견된 태자 말로는 탐라국왕의 후계자이자 성주星主의 후계자로 여겨지며 그렇다면 성주 (ㄱ)자견의 아들이었을 것이다.

탐라건국 신화에 따르면 삼을나의 후예인 성주星主, 왕자王子, 도상(徒上: 都上)이 각각 자신의 영역을 지배했다고 했는데, 고려태조(왕건)로부터 작위를 받은 자는 성주와 왕자이고 도상은 포함되지 않았다. 이는 한반도 신라 말~후삼국 시기에 해당하는 9세기 무렵을 거치면서 탐라에서 '도상'이 통치자 군주의 위상에서 밀려나 성주와 왕자가 탐라를 양분해 통치했음을 말해준다. 항파두리성 유적에서 출토된 '고내' 새김 기와[9]에 신축辛丑 고내高內

그림 15. 고내 '徒上 吳(도상 오)' 기와
(항파두성 출토):
국립제주박물관, 『삼별초와 동아시아』

그림 16. 고내 '徒上 吳(도상 오)' 부분
반전한 것(전영준, 2015 논문)

'徒上吳'(도상 오)라 새겨져 있어 도상徒上이 오吳로 나타나니 오씨가 도상이 된 것이었다. 부을나 족속이 약화되더니 한반도에서 건너온 오씨가 11~12세기 무렵에 도상이 되어 실무적 일을 관장하기에 이른다고 여겨진다.[10]

성주를 고을나족이 세습했음은 탁라구당사의 보고에서 확인된다. 『고려

---

9 이 기와에 대해 전영준은 「삼별초의 항파두리 토성 입거와 전략적 활용」(『역사민속학』 47, 2015)에서 '敦眉瓦草造' '辛丑二月日 高內村徒上口一文'으로 판독해, 고내촌 장인이 제작했고 徒上은 都內와 같은 표현으로 보았다. 강창화·김용덕·윤중현·김진환은 「삼별초 최후의 거점, 제주 항파두성」(국립제주박물관, 『삼별초와 동아시아』, 2017)에서 '敦習瓦草造' '辛丑二月日 高內村徒上吳'로 판독했다.

10 이 신축년은 1061년, 1121년, 1181년, 1241년 등의 하나에 해당한다. 이 吳氏는 한반도에서도 나주(목포 포함) 일대에서 건너왔을 가능성이 크다. 나주 일대는 탐라와의 주요 교통로였고 이곳 토착 성씨로 吳와 鄭이 대표적이었기 때문이다. 태조 왕건의 배필로 혜종을 낳은 장화왕후 오씨도 나주 사람이었다.

사절요』에 따르면, 선종 7년(1090) 정월에 탁라구당사乇羅句當使가 아뢰기를, 성주星主 유격장군游擊將軍 가량잉加良仍이 사망하여 모제母弟 배융부위陪戎副尉 고복령高福令이 계승했으니 봉부贈賻(부의賻儀)의 물건을 구례舊例에 준하여 내주어 보내야 마땅하다고 하니 따랐다[11]고 한다. 『고려사』에 따르면, 선종 7년 정월 기축일(23일)에 예빈성禮賓省이 탁라구당사乇羅句當使 신장申狀에 의거해 아뢰기를, 성주星主 유격장군游擊將軍 가량잉加良仍이 사망하여 모제母弟 배융부위陪戎副尉 고복령高福令이 계승했으니 봉부贈賻의 물건을 구례舊例에 준하여 내주어 보내야 마땅하다고 하니 제가制可했다[12]고 한다. 성주 유격장군(종5품 하下) 가량잉이 사망하자 모제(동복아우) 배융부위(종9품 하) 고복령이 성주를 계승한 것이니 성주를 고을나족(고씨족)에서 세습한 것이었다.

2. 고려와 활발히 교류하다

탐라와 고려의 교류 기사는 고려태조 왕건 때 접촉 이후에 기록에서 한동안 보이지 않는데 고려현종 때 거란침략으로 고려의 역사기록이 많이 불타버린 때문이었을 수 있다. 그래도 목종 때 탐라 화산 폭발로 인해 교류가 확인된다.

중세 탐라국이 자리잡아 가던 중에 이곳에서 화산이 폭발한다. 탐라는 수백만전 이래 바다에서 화산이 폭발해 생긴 섬이었는데, 기원후 11세기 초에도 이곳에서 화산이 두 차례 폭발한 사건이 기록에 남아 있는 것이다. 고려목종 5년(1002) 6월에 탐라산耽羅山이 사공四孔을 열어 적수赤水(용암)를

---

11 『고려사절요』 권6, 선종 7년 정월
12 『고려사』 권10, 선종 7년 정월. 가량잉이 띤 유격장군과 고복령이 띤 배융부위는 고려로부터 받은 武散階인데, 고복령은 성주에 오르면서 고려로부터 유격장군을 받았을 것이다.

용출해 5일만에 그치니 그 수水(용암)가 모두 와석瓦石으로 되었다고 한다.[13]

고려목종 10년(1007)에 탐라가 고려에 아뢰기를, 탐라 서산瑞山이 해중海中에서 용출했다고 하니, 고려가 대학박사大學博士 전공지田拱之를 파견해 가서 살펴보게 했다. 탐라인耽羅人이 말하기를, 산山(서산瑞山)이 처음으로 용출하자 운무雲霧로 어둡고 땅이 천둥처럼 진동하기를 무릇 7주야晝夜 동안 하다가 비로소 활짝 개었는데, 이 산 높이가 백여장百餘丈, 둘레가 사십여리四十餘里 정도이고 초목草木이 없고 연기烟氣가 그 위를 덮어 바라보니 석유황石硫黃과 같아 사람이 두려워해 감히 접근하지 못했다고 했다. 전공지가 몸소 그 산 아래에 이르러 그 형상을 그림으로 그려서 바쳤다.[14]

이처럼 11세기 초 탐라에 두 차례 화산이 폭발했지만 정치 사회적으로 격변을 불러올 만큼의 큰 피해를 입히지는 않았다. 해중 폭발로 생겨난 산은 오히려 '서산瑞山' 즉 상서로운 산으로 인식되었다. 이 화산 폭발의 구체적인 장소는 대개 미상이고, 특히 '서산'이 어디인지에 대해서 논쟁이 있어왔는데 지구과학계에서 밝혀주기를 기대한다.

그런데 고려현종 2년(1011) 9월 을유일(15)에 탐라耽羅가 주군州郡 사례에 의거해 주기朱記를 하사하기를 고려에 요청하니 허락했다고 한다.[15] 탐라가 자신의 연혁을 기록한 문서를 고려에게 요청해 받았다는 것인데, 고려가 탐라에게 탐라의 연혁을 적어 보내기를 요구하고 그것을 바탕으로 정리해 '주기朱記'라며 탐라에게 내려보낸 것이 아닌가 한다.

---

13 『고려사』 권55, 오행지3, '五行五曰土' ; 『고려사절요』 권2, 목종 5년 6월
14 『고려사』 권55, 오행지3, '五行五曰土' ; 『고려사절요』 권2, 목종 10년. 한편 『고려사』 권94, 전공지전에는 田拱之가 穆宗末에 大學博士에 임명되었는데 "당시 耽羅가 奏하기를 瑞山이 海中에서 湧出했다고 하자 전공지를 파견해 가서 살펴보도록 하니, 耽羅人이 말하기를 그 形狀이 奇異해 두렵다고 했지만, 전공지가 몸소 그 산 아래에 이르러 그 형상을 그림으로 그려 바쳤다"고 되어 있다.
15 『고려사』 권4 및 『고려사절요』 3, 현종 2년 9월. 朱記는 연혁을 적은 문서이다.

고려가 귀부해 온 여진 부족에게 '주기朱記'를 하사한 일이 참고된다. 고려문종 27년(1073) 6월 무인일(6일)에 동북면병마사가 아뢰기를, "삼산三山·대란大蘭·지즐支櫛 등 9촌村 및 소을포촌所乙浦村 번장蕃長 염한鹽漢, 소지즐전리小支櫛前里 번장蕃長 아반이阿反伊, 대지즐大支櫛과 라기나羅其那·오안烏安·무이주撫夷州·골아이骨阿伊 번장蕃長 소은두所隱豆 등 1,238호戶가 와서 부적附籍을 요청했습니다. 대지즐大支櫛부터 소지즐小支櫛 요응포裏應浦 해변까지 장성長城이 무릇 칠백리七百里인데, 지금 제번諸番이 끊임없이 귀순歸順하니 관방關防을 차설遮設할 수 없으므로 마땅히 유사有司로 하여금 주호州號를 아뢰어 정하게 하고 또한 주기朱記를 하사하십시오" 하니, 왕이 따랐다.[16] 이해 9월 갑진일(4일)에 한림원이 아뢰기를, 동여진東女眞 대란大蘭 등 11촌村 내부자內附者가 빈주濱州·이주利州·복주福州·항주恒州·서주舒州·습주濕州·민주閩州·대주戴州·경주敬州·부주付州·완주宛州 등 11개 주州가 되기를 요청하니, 각각에게 주기朱記를 하사해 귀순주歸順州에 예속시키십시오"라고 하자, 왕이 따랐다.[17] 고려가 귀부한 여진족에게 주기朱記를 하사해 귀순주歸順州에 예속시킨 것인데 이러한 여진족 귀순주는 자신의 자율권을 행사한 자치주였다.

탐라가 고려로부터 주기朱記를 하사받았을지라도 고려의 한 지방이 된 것은 아니었다. 여진족 일부가 고려로부터 '주기'를 하사받아 귀순주가 된 사례가 있었다고 해서 탐라 역시 그러했다고 볼 수 없다. 왜냐하면 탐라는 고려현종 2년(1011) 9월에 고려로부터 '주기'를 받았다고 한 이후에도 후술하듯이 고려가 현종 10년 중양절에 송 및 탐라국·흑수국 등의 사람들에게 연회를 하사한 사례 등처럼 '국國'으로 계속 등장하고 그 사람들이 외국인으로 대우받았기 때문이고, 일본도 1031년(고려 현종 22) 무렵에 표류해 온 탐라인을 독립 이국異國의 사람으로 대우했기 때문이다.

---

16 『고려사』 권9, 세가 문종 27년 6월
17 『고려사』 권9, 문종 27년 9월

고려 현종은 천추태후 섭정에 불만을 품은 세력이 결집해 정변을 일으켜 목종을 몰아내 즉위했기 때문에 정통성이 약했고, 원년(1010) 11월에 거란 성종이 이끄는 대군의 침략을 받아 남방으로 피난길에 오르고 다음해 정월 초하루에 수도 개경이 함락당해 불탔다. 화해 협상이 진행되는 와중에 현종은 정월 정해일(13일)에 노령을 넘어 나주에 이르러 머물다가 거란군 퇴각이 확실시되자 정월 을미일(21일)에 북상하기 시작해 2월 정묘일(23일)에 개경으로 돌아왔다.[18] 나주 일대는 고려와 탐라의 교역 요충지였으므로 현종이 나주에 머물 때 탐라 사신 혹은 상인과 만났을 수 있다. 현종은 정통성이 약한데다가 거란의 침략으로 수도가 불타는 위기를 당해 권위에 손상이 갔기에 탐라에 '주기'를 하사하는 행위를 함으로써 체면을 회복하려 했고, 탐라는 고려가 강대국 거란의 침략을 물리친 것을 보고 그러한 행위를 묵인한 것이 아닌가 한다. 그렇다고 탐라국이 고려의 속국이 된 것은 아니었다. 그러한 행위는 탐라국이 해동천자를 자처한 고려의 천하에 속하는 제후국諸侯國 내지 번국蕃國임을 고려가 문서로써 선언한 것으로 볼 수 있다.

왕조국가에서 '주기'는 판적에 속함을 보여주는 문서인데, 통치권이 실질적으로 미치는 지방 군현에 하사하는 경우만이 아니라 다른 독립국에 대해 차별성을 부여하기 위해 상징적으로 설정하기도 했다. 조선초에 권근은 명 주원장에게 바치는 시[19] 중의 「신경지리新京地理」 시에서, "해국海國(조선) 천년에 성명聖明(성스런 명나라)을 만나 아왕我王(조선왕 이성계)이 귀부歸附해 단성丹誠을 공공貢할 공貢하네, 목민牧民해 총애받아 '조선朝鮮' 칭호를 받고 실室을 지어 한읍성漢邑城(한성: 한양)을 새로 열었네" 라고 했고, 「탐라耽羅」 시에서, "푸르고 푸른 일점一點 한라산漢羅山이 멀리 큰 파도 호묘浩渺 사이에 있네 … 성

18 『고려사』 권4, 현종 세가
19 『陽村先生文集』 권1, 應製詩(권근)

대성代에 직방職方이 판적版籍을 닦을 때 이 방방邦(탐라)이 비록 누루陋하더라도 삭제하지 마소서" 라고 했다. 이성계가 정변을 일으켜 왕위에 올라 명에 귀부해 조공하고 명 홍무제(주원장)로부터 '조선' 칭호를 하사받은 것을 찬미했고, 또한 명의 판적版籍에 탐라까지 올려달라고 했으니 조선 자체도 명의 판적에 올라 있음을 전제한 것이었다. 그렇다고 이성계의 조선왕조가 명의 속국은 아니었으니 천자국 명의 천하에 속한다는 의례적인 성격이 강했고 조공-책봉 외교체제에서 천자와 제후국(변국)의 관계였다. 탐라국이 고려로부터 주기朱記를 하사받은 이후의 탐라와 고려 관계도 조선과 명의 관계와 유사했다고 여겨진다.

고려가 현종 10년(1019) 9월 임술일(9일)에 중양절重陽節이라 송宋 및 탐라耽羅·흑수黑水 제국諸國 사람들에게 연회를 저관邸館(객관)에 하사했다.[20] 이는 탐라가 고려로부터 '주기'로부터 하사받았음에도 여전히 국國으로 인정받았음과 탐라 사절단 내지 교역단이 외국인으로 대우받았음을 알려준다.

고려현종 12년(1021) 7월 병자일(3일)에 탐라耽羅가 고려에 방물方物을 바쳤고,[21] 현종 13년(1022) 2월 기유일(9일)에 탐라가 방물方物(토물土物)을 바쳤다.[22] 현종 18년(1027) 6월 갑신일(15일)에 탐라가 고려에 방물을 바쳤다.[23] 현종 20년(1029) 7월 초하루에 거란이 장군 야율관녕耶律管寧과 숭록소경崇祿少卿 이가봉李可封을 고려에 보내와 생신生辰을 축하하고, 탐라가 방물을 바쳤는데,[24] 탐라도 7월 1일에 방물을 바쳐 고려 현종의 생신을 축하한 것으로 보인다. 현종 21년(1030) 9월 신해일 초하루에 탐라가 방물을 바쳤다.[25]

---

20 『고려사』 권4, 현종 10년 9월
21 『고려사』 권4 및 『고려사절요』 3, 현종 12년 7월
22 『고려사』 권4 및 『고려사절요』 3, 현종 13년 2월
23 『고려사』 권5 및 『고려사절요』 권3, 현종 18년 6월
24 『고려사』 권5 및 『고려사절요』 권3, 현종 20년 7월
25 『고려사』 권5 및 『고려사절요』 권3, 현종 21년 9월

탐라가 이처럼 고려에 진상한 '방물方物'은 조공-책봉 관계에서 독립국으로서 고려에 진상한 조공품이었다. 탐라인이 고려에 와서 방물을 바치며 활동한 달은 6월~9월 무렵에 집중되어 있는데 날씨가 항해와 활동에 순조로운 계절이었기 때문일 것이다. 단, 6월~7월의 경우는 현종생일 축하와 관련이 있었을 수 있다.

고려현종 15년(1024) 7월 임자일(27일)에 고려가 탐라추장耽羅酋長 주물周物·자子 고몰高沒로 아울러 운휘대장군雲麾大將軍 상호군上護軍으로 삼았다고 한다.[26] 고려가 탐라 추장酋長인 주물周物과 그 아들 고몰高沒, 이 둘 모두를 운휘대장군(종3품)·상호군(정3품)으로 삼았다는 것이다. 운휘대장군은 무산계武散階 중의 종3품이었고, 상호군은 정3품 상장군에 비견되는 칭호였는데, 고려가 탐라의 지배층에게 무산계를 수여하기 시작한 것이었다.[27] 이 '탐라추장'은 탐라 성주 혹은 왕자를 고려에서 비하한 표현이었을 수도 있고 성주·왕자 버금가는 통치자를 지칭했을 수도 있는데,[28] 전자일 가능성이 더 크다.

현종 20년(1029) 6월 계축일(26일)에 탐라세자耽羅世子 고오노孤烏弩가 내조來朝하니 유격장군游擊將軍을 제수하고 포袍 1습襲을 하사했는데,[29] 유격장군은 종5품 하下의 무산계였다. 탐라국 통치자의 후계자는 태자太子였는데 이제 고려가 세자世子로 부른 것이니, '주기' 하사로 인해 고려와 탐라의 관계가 천자국과 제후국(번국)의 관계로 자리매김한 결과로 여겨진다.

고려는 현종 15년 이후 탐라 지배층에게 여진족과 유사하게 무산계武散階를 수여한다. 대체로 성주·왕자와 세자에게는 4~5품의 장군 급을, 성주·

---

26 『고려사』 권5 및 『고려사절요』 권3, 현종 15년 7월
27 고려 성종대에 文散階와 武散階가 제정되었는데, 文散階는 문신과 무신에게 수여되었고, 武散階는 탐라 지배자와 여진 추장에게 수여되었고, 무산계의 하위는 향리 등에게 수여되기도 했다.
28 '酋長'이라는 표현은 話者가 상대방을 오랑캐로 보는 인식이 담겨 있어서 객관적이지 않다.
29 『고려사』 권5 및 『고려사절요』 권3, 현종 20년 6월

왕자의 친족과 도상에게는 9품의 교위校尉·부위副尉를 주었다. 성주와 왕자는 자신의 고유 칭호(성주·왕자)를 유지하면서 고려로부터 책봉의 새로운 형식으로 무산계를 받게 된 것이었다. 성주·왕자의 무산계 품계가 백제부흥운동기에 '탐라국주' 도동음률이 띤 백제관등 좌평(1품)에 비하면 하락한 듯 보이지만, 탐라 위상의 하락이라기보다 후삼국을 통일하고 거란을 격퇴한 고려 위상의 상승에서 기인했다. 성주와 왕자가 고려로부터 장군(간혹 대장군)을 받은 것은 고구려왕과 백제왕이 중국으로부터 장군·내장군을 받은 것과 유사했으니, 탐라 지배층이 고려로부터 무산계를 받았다고 해서 탐라국이 고려의 속국이 된 것은 아니었다. 고려의 탐라 지배층에 대한 무산계 수여는 탐라가 고려의 번국(치외 조공국)임을 확인하는 행위였다고 할 수 있는데, 고려의 탐라에 대한 영향력 확대의 수단으로 기능하기도 했다.

그림 17. 고려개경 송악산 기슭 대궐궁성 서부건축군 발굴모습(필자 촬영):
탐라국 사절단이 방문했던 현장

일본의 탐라 표류민에 대한 조처에도 탐라의 위상이 보인다. 고려현종 20년(1029) 7월 을유일(28일)에 탐라민耽羅民 정일貞一 등이 일본으로부터 돌아왔다. 정일貞一 등 21인이 항해하다가 바람으로 표류해 동남 극원도極遠島에 이르러 억류된지 7개월만에 정일貞一 등 7인이 소선小船을 훔쳐서 동북으로 일본 나사부邪沙府에 이르러 이에 생환生還할 수 있던 것이었다.[30] 정일 등 탐라 표류민 7인은 일본 나사부의 도움으로 편의상 고려를 거쳐 탐라로 돌아왔던 것으로 판단된다.

일본 평안平安(헤이안) 시대에 소야궁우대신小野宮右大臣이 찬술한 『소우기小右記』에, 장원長元4년(1031: 고려현종 22) 2월 19일에, 태재부太宰府 '해문解文' 즉 탐라인耽羅人 팔인八人이 표류해 온 일이 담긴 해문解文은 감문勘問한(조사하여 심문한) 일기日記[탐라도인耽羅嶋人 사항]와 같아 야심野心이 없는 듯하니 양식을 지급해 돌려보내라고 하면서, 관백關白의 명령에 이국인異國人 중에 의심할만한 일이 없는 자는 아뢰지 않고 양식을 지급해 돌려보내라 했거늘, 의태疑殆(의심스럽고 두려운 정황)가 없으니 양식을 지급해 돌려보내는 것이 마땅하다고 했다.[31] 탐라 사람들이 1030~1031년(고려현종 22)에 표류해 일본에 이르자 일본 조정은 이들 탐라인耽羅人 내지 탐라도인耽羅嶋人을 '이국인異國人'으로 인정하고 의심할만한 정황이 없다며 양식을 지급해 돌려보냈다. 탐라는 1031년(고려현종 22)에 일본에게 독립국으로 인식되었던 것이다.

3. 탐라의 사찰 건립과 고려 불교와의 교류

탐라의 불교 수용 시기에 대해서 논쟁은 무성해 왔지만 확실한 정설은

---

30 『고려사』 권5 및 『고려사절요』 권3, 현종 20년 7월. 貞一 등을 억류한 섬의 사람들은 長大하고 신체에 고루 털이 나고 언어가 특별히 달랐다고 한다.
31 『小右記』 長元四年二月

아직 없다. 탐라는 고대 이래 해외와 교류해 왔고 특히 불교가 융성한 백제, 일본과 활발하게 교류했기에 불교를 접했음은 분명하지만 수용했는지는 알 수 없다. 서귀포시 법화사에 대해 통일신라와 당에서 활약한 장보고의 법화원과 관련된 사찰로 추정하는 견해가 제시되었지만 발굴유물로는 12세기 이상을 올라가지 못하고 있다. 한반도에서 신라 말기~고려 초기(후삼국 시대 포함)에는 승려의 포교 활동이 활발하고 불교가 대중화하고 있었으므로 탐라에 불교가 수용되었을 가능성은 많다고 생각한다. 이러한 배경이 작용했는지 탐라국 시절인 적어도 10세기 무렵에 기능했던 불교사원이 확인되는데 바로 제주시 삼양동의 원당사와 제주시 외도동의 수정사였다.

발굴조사 유물에 의거하건대, 기와와 청자를 기준으로 하면 원당사와 수정사 건립 시기는 10세기 정도라고 한다.[32] 원당사는 무속신당인 원당을 기반으로 생겨나 무속과 불교가 결합한 사찰로 여겨진다. 탐라에 원당사와

그림 18. 원당사 기와(필자 촬영): 국립제주박물관 소장

---

32 차인국, 「제주도 기와의 출현 시점과 특징」『한국기와학보』2, 2020 ; 이수경, 「제주도 기와 도입과 전남 서남해안지역 수급관계」『중앙고고연구』34, 2021.

그림 19. 수정사 청석탑의 금강역사상(국립제주박물관 소장): 필자 촬영

수정사 등이 건립되어 불교가 자리잡아가면서 중세 문화를 일구어 종교와
문화가 다양하게 발전하게 되었다.

　탐라국에서 원당사, 수정사 등 불교 사찰의 건립과 탐라 불교의 발전은
탐라가 교류한 고려의 불교와 밀접한 관련이 있었을 것이다. 특히 고려가
태조 왕건 이래 중시해 거행한 불교적 국가행사인 연등회와 팔관회에 영향
을 받았을 것인데, 팔관회에 탐라 사절단이 참석했기에 더욱 그러했을 것
이다.

　고려 팔관회는 태조 이래 행해지다가 정종靖宗 때 그 의례가 정비된다.
고려 정종 즉위년(1034) 11월 경자일(14일)에 팔관회八關會를 개설해 신봉루神
鳳樓에 나아가 백관에게 연회를 하사하고, 저녁에 법왕사에 행차했다. 다음
날(15일)에 대회(팔관대회)를 개설해 또 연회와 음악 관람을 하사하고 동경(경

주)·서경(평양), 동로東路·북로北路 병마사兵馬使, 4도호都護·8목牧이 각기 표문을 올려 축하하고, 송상객宋商客·동서번東西蕃·탐라국耽羅國이 역시 방물方物을 바치니 좌석과 관례觀禮를 하사했다. 이후 상례常例로 삼았다.[33] 이 팔관회 축하를 위한 송상객과 동서번·탐라국 사절의 구성은 며칠 앞의 정종 즉위 축하 사절과 같을 수도 있었고 다를 수도 있었다. 고려 팔관회는 불교와 전통신앙이 결합한 축제였는데 고려 국왕이 개경대궐 궁성의 신봉루(의봉루)에 행차하고 신하들은 그 앞의 구정毬庭에 모이는데, 지방에서는 양성 혹은 삼경, 양로兩路(양계兩界) 병마사, 4도호부와 8목이 대표를 보내 축하했고, 이와 구별해 외국인이 초빙되어 참석했다.

고려 팔관회는 정종靖宗이 즉위하면서 정비되었는데 탐라국 사절단이 송 상인, 여진과 함께 외국인으로서 개경 대궐의 팔관회에 참석해 방물을 바쳐 축하하고 축제를 관람하며 즐겼던 것이다.[34] 해마다 음력 11월 14~15일에 원칙적으로 열리는 개경 팔관회에 탐라국이 외국인으로서 참석하는 일은 상례가 되었다.[35] 정종靖宗 2년(1036) 11월 기축일(15일)에 팔관회를 개설하니 송상宋商 및 동여진·탐라耽羅가 각기 방물方物을 바친 것은 기록되었지만,[36] 상례로 정한 이후 특별한 경우가 아니면 『고려사』편찬 원칙에 따라 대개 기록되지 않았다. 그러하니 탐라국 사절단은 정종靖宗 즉위년 이후 외국인으로서 고려 팔관회에 특별한 사정이 없는 한 계속 참석했다고 보아야 한다.

고려 문종 3년(1049) 11월 임인일(13일)에, 탐라국耽羅國 진위교위振威校尉

---

33 『고려사』권6, 靖宗 즉위년 11월 ;『고려사절요』권4, 덕종 3년 11월조(실제는 정종 즉위년 11월) ;『고려사』권69, 예지11, 嘉禮雜儀, 仲冬八關會儀
34 탐라 사절이 靖宗 즉위년 팔관회 정비 이전에도 고려 팔관회에 참석했을 수 있다.
35 개경 팔관회는 음력 11월 14일(소회)과 15일(대회)에 열리는 것이 원칙이었지만 특별한 사정이 생기면 날짜가 변경되기도 했다.
36 『고려사』권6, 靖宗 2년 11월

부을잉夫乙仍 등 77인, 북여진北女眞 수령首領 부거夫擧 등 20인이 고려에 와서 토물土物을 바쳤는데,[37] 고려의 팔관회를 축하하기 위한 것으로 보인다. 문종 27년(1073) 11월 신해일(12일)에 팔관회를 개설해 신봉루神鳳樓에 나아가 음악을 관람했고, 다음날(13일) 대회(팔관대회)를 개설하니 대송大宋·흑수黑水·탐라耽羅·일본日本 등 제국諸國 사람들이 각기 예물禮物·명마名馬를 바쳤다.[38] 이 팔관회에 외국인으로서 탐라국 사절 외에도 흑수여진과 일본 사절이 참석했기에 특별히 기록된 것으로 여겨진다.[39]

고려 숙종 5년(1100) 11월 병자일(14일)에 팔관회를 개설해 법왕사法王寺에 행차했고, 무인일(16일)에 송상宋商·탁라乇羅·여진女眞 등이 와서 토물土物을 바쳤다.[40] 송상·탁라·여진 등이 이번에 와서 토물을 바친 것은 팔관회를 축하하기 위한 것으로 보이는데, 어떤 사정으로 인해 15일 대회를 넘긴 16일에 이루어졌기에 특별히 기록되었다고 여겨진다. 숙종 6년(1101) 11월 신미일(14일)에 팔관회를 개설해 법왕사에 행차하고, 송상宋商·탐라耽羅·동북번東北蕃 추장酋長 등이 와서 토물土物을 바쳤다.[41] 송상과 탐라·동북번(동여진·북여진) 추장이 이번에 와서 토물을 바친 것은 팔관회 축하를 위한 것이었는데, 북여진이 왔기에 특별히 기록된 것으로 보인다.

고려 팔관회는 소회小會와 다음날의 대회大會로 이루어졌다. 『고려사』 예지에 팔관회의례가 실려 있는데[42] 인종말~의종초에 완성된 것이었다. 여

---

37 『고려사』 권7 및 『고려사절요』 권4, 문종 3년 11월
38 『고려사』 권9, 문종 27년 11월
39 여진은 동여진과 서여진이 고려에 주로 왔고, 일본은 고려로의 來往이 그리 활발하지 않은데다가 팔관회 참석은 드물었다.
40 『고려사』 권11 및 『고려사절요』 권6, 숙종 5년 11월
41 『고려사』 권11 및 『고려사절요』 권6숙종 6년 11월
42 『고려사』 권69, 예지11, 가례잡의, 仲冬八關會儀. 여기에 실린 판관회의에는 三京留守·東西兵馬使·八牧·四都護 奉表員(持表員)이 小會에 참석해 축하를 올리는 것으로 되어 있다.

기에 팔관회 소회·대회의 과정과 모습이 실려 있는데, 대회에 탐라인이 등장한다. 대회일에 신하들이 구정毬庭에 모이고, 국왕이 선인전(선정전)과 대관전(건덕전)을 거쳐 의봉문루(신봉문루)에 나아가 행사가 거행되는데 외국인이 참석하는 모습은 아래와 같다.

> 합문閤門이 송宋 강수綱首 등을 인솔해 문사위聞辭位에 나아가 입정立定한다. 합문閤門이 문사聞辭를 아뢰기를, "대송大宋 도강都綱 모某 등이 삼가 문안하고 소하朝賀합니다" 라 하고 나서 인솔해 배위拜位에 나아간다. 송 강수가 무릎을 꿇어 물장物狀을 진상하면 합문閤門이 그것을 받아 들어올리고 엎드려 머리를 숙였다가 일어난다. 사인舍人이 외치기를 "재배再拜"라 하면 송 강수가 재배再拜하고 그 중의 항두行頭가 아뢰기를 "성궁聖躬(고려임금) 만복萬福" "산호山呼" 라 하고 재배再拜하고 나서 한 걸음쯤 나아갔다가 물러나 배위拜位로 돌아와 아뢰기를 "산호山呼" 라 하고 재배再拜한다. 그 다음에 선지宣旨(고려임금 명령)를 전하여 좌석을 하사해 음악공연을 관람하게 하고 관사의 술·음식을 하사한다. 마치면 송 강수가 아뢰기를 "산호山呼" 라 하고 재배再拜하고 나서 순차적으로 서쪽으로 나가 막차幕次에 나아간다. 그 다음으로는 합문閤門이 동서번자東西蕃子(동·서 여진)를 인솔해 거행하고, 그 다음으로는 합문閤門이 탐라인耽羅人을 인솔해 거행하는데, 조하朝賀 및 전선례傳宣禮가 모두 송宋 강수綱首와 같다. 그 다음으로는 사방四方 공물貢物과 제번諸蕃 공물貢物을 끌어들여 동東 인덕문仁德門으로부터 들어와 준마처럼 달려 구정毬庭을 지나 서西 의창문義昌門으로 나간다.[43]

---

43 이 '仲冬八關會儀'는 선인전, 대관전, 의봉문 등이 등장하는 것으로 보아 인종말~의종초에 완성된 것이었다. '山呼'는 한 무제가 嵩山에 오를 때 '萬歲'라고 외치는 소리가 들렸다고 하는 데에서 유래한 것으로, 신하가 천자(황제)를 축송하는 예절이었다. '聖躬 萬福'과 '산호山呼'는 서로 연결된 것이었다. 고려 임금이 '山呼萬歲'를 받은 것은 고려가 천자국 체제를 운영했기 때문이었다.

그림 20. 고려 개경 대궐궁성의 신봉문루 터(필자 촬영):
팔관회 때 탐라국사절이 신봉문 앞 구정(버스 정차한 곳)에서 축하

고려 팔관대회일에 宋송 강수綱首(상인商人), 동서번자東西蕃子(동·서 여진), 탐라인이 외국인으로서 대궐 구정毬庭에 나아가 행사에 참석한 것이었다. 송 강수가 고려 합문閤門(궁중의례 담당관)의 인도에 따라 의봉문루(신봉문루)의 고려 임금을 향해 재배再拜하고 그 중의 항두行頭가 "성궁聖躬 만복萬福"과 "산호山呼"를 아뢰고 재배再拜하고 나서 앞으로 나아갔다가 물러나 배위拜位로 돌아와 "산호山呼" 라 하고 재배再拜했다. 그러면 고려임금이 선지宣旨를 내려 좌석을 하사해 음악공연을 관람하게 하고 술·음식을 하사했다. 송 강수가 "산호山呼"를 아뢰고 재배再拜하고 나서 서쪽으로 나가 막차幕次에 나아갔다. 그 다음에는 동서번자東西蕃子(동·서 여진), 그 다음에는 탐라인이 자리에 나아가 축하를 했는데 송 강수(상인)와 동일한 의례를 거행하고 동일한 답례를 받았다. 그 다음에는 사방四方 공물貢物과 제번諸蕃 공물貢物이 동東 인덕문으로부터 들어와 구정毬庭을 지나 서西 의창문으로 나갔는데 이 공물은 대개 송 강수(상인)와 동서번자(동서여진)와 탐라인이 바친 것이었다. 탐라 사절단이 고려를 사대하는 번국蕃國의 사람인 외국인으로서 고려 팔관회에 참석한 일은 탐라가 독립국이었음을, 인종말~의종초에도 그러했음을 뒷받침한다.

고려에서 국가적 양대 축제는 불교와 토속신앙이 결합한 팔관회와 연등회였는데 고려 이전부터의 전통을 계승한 것이었다. 이 국가적 연등회는 상원연등회였으니 석탄일(음력 4월 8일) 연등회와 달랐다. 고려 상원연등회는 음력 정월 보름(14일과 15일)에 행해지다가 현종 원년(1010) 혹은 2년부터 2월 보름(14일과 15일)에 행해지는 것으로 정해졌다. 탐라국은 통일신라·후삼국, 특히 고려와 교류하면서 연등회와 팔관회를 접하게 되었고 이는 탐라의 신앙과 종교(특히 불교)에 많은 영향을 끼쳤을 것이다. 음력 2월 전반기에 열린 제주 연등절(영등절) 행사는 무속과 불교가 결합된 것이라고 이해하는 경향이 강한데, 음력 2월 보름의 고려 상원연등회와 관련되었을 수 있다.

고려 문종 때 흥왕사 창건에 탐라의 인원과 자재가 이용된 일도 탐라의 불교 형성과 관련이 깊으리라 본다. 문종 12년(1058) 8월 을사일(7일)에 송상宋商 황문경黃文景 등이 고려에 와서 토물土物을 바쳤다. 왕(문종)이 탐라耽羅 및 영암靈巖에서 벌재伐材해 대선大船을 만들어 장차 송宋에 통通하고자 했다. 이에 내사문하성이 상언上言하기를, "국가(고려)가 북조北朝(거란)와 결호結好해 변경일대에 경급警急이 없어 민民이 그 생활을 즐거워하니 이로써 나라를 지키는 것이 상책上策입니다. 옛적 경술년에 거란契丹이 문죄問罪하는 서書에 이르기를, 동쪽으로 여진과 결구結構하고 서쪽으로 송국宋國과 왕래하니 이것은 무엇을 도모하고자 함인가 했고, 또한 상서尙書 유참柳參이 거란에 사신으로 간 날에 동경유수東京留守가 남조南朝(송) 통사通使의 일을 물어, 싫어하고 시샘함이 있는 듯하니, 만약 이 일이 누설되면 반드시 틈이 생길 것입니다" 라고 했다. 이어서 상언하기를, "탐라耽羅가 땅이 척박하고 민民이 가난해 오직 해산물을 목도木道(선박 운용)로 경기經紀해(경영해) 생활하기를 도모하는데, 왕년往年 추추秋에 벌재伐材해 바다를 건너 불사佛寺를 신창新創하느라 노폐勞弊(힘쓴 폐단)가 이미 많거늘, 지금 또 거듭 괴롭히면 다른 변變이 생길까 두렵습니다. 하물며 아국我國(고려)은 문물예악文物禮樂 흥행이 이미 오래이고 상박商舶(상선)이 끊임없이 이어져 진보珍寶가 날마다 이르니 실로 중국에 의지해 이익을 볼 것이 없습니다. 만약 거란과 영원히 절교하는 것이 아니라면 송조宋朝와 통사通使해서는 안 됩니다" 라고 했다. 왕이 내사문하성(중서문하성)의 이 상언을 따랐다.[44]

고려는 거란과의 전쟁을 겪으면서 거란을 사대하고 송과는 외교를 끊었다. 단, 고려와 송의 사적 교역은 활발히 이루어졌다. 고려 문종이 12년 (1058) 8월에 탐라耽羅 및 영암靈巖에서 벌재伐材해 대선大船을 만들어 송과 통교하고자 하니 내사문하성(중서문하성)이 거란의 반발을 염려해 반대하면서, 탐라가 '왕년往年 추추秋'에 벌재伐材해 바다를 건너 불교사찰을 신창新創하느라 고생했는데 또 대선大船을 만들게 하면 탐라에 변란이 생길까 두렵다고 했다. 탐라인은 문종 12년(1058)에서 '왕년往年' 즉 그 전년인 문종 11년 (1057) 혹은 그 이전의 가을에 벌재伐材해 배에 실어 항해해 고려의 새로운 불교사찰 창건에 참여했던 것이다.

이 무렵 고려의 불교사찰 창건을 살펴보면, 고려 문종 10년(1056) 2월 계묘일(21일)[양력 3월 9일]에 비로소 흥왕사興王寺를 덕수현德水縣(개경 남쪽)에 창건했고, 2월 기유일(27일)[양력 3월 15일]에 탐라국耽羅國이 방물方物을 바쳤다.[45] 11월 신사일(3일)에 송상宋商 황증黃拯 등 29인이 와서 토물土物을 바쳤고, 11월 임진일(14일)에 팔관회를 개설하고 법왕사에 행차했고 갑오일(16일)에 동여진 야사로耶賜老 등 50인이 와서 토물土物을 바쳤는데,[46] 이 팔관회에 탐라 사절도 참석했으리라 여겨진다. 그러하니 탐라인이 건립에 참여한 고려의 신창新創 사찰은 문종 10년(1056) 2월 계묘일(21일)에 창건을 시작한 흥왕사였고, 탐라인이 이 사찰 창건에 참여한 시기는 문종 10년(1056) 가을 혹은

---

44 『고려사』 권8 및 『고려사절요』 권5, 문종 12년 8월
45 『고려사』 권7, 문종 10년 2월
46 『고려사』 권7, 문종 10년 11월. 송상과 동여진이 와서 토물을 바친 것은 팔관회 때문으로 보이는데, 常例이지만 송상은 날짜보다 일찍, 동여진은 날짜보다 늦게 개경에 도착했기에 『고려사』에 기록되었을 것이다.

그 다음해 가을에 해당한다. 문종이 2월에 흥왕사 창건을 시작한지 일주일 정도에 탐라국 사절이 개경에 이르러 방물을 바쳤으니 탐라국 사절은 이때 흥왕사 창건을 알았을 것이며, 또한 고려의 과거에 빈공으로 급제해 고려에서 벼슬하고 있던 고유高維를 통해서도 흥왕사 창건 정보를 얻을 수 있었을 것이다. 11월 팔관회에 고려 사절이 참석했을 것이니 흥왕사 건립의 진행 상태를 알 수 있었을 것이다.

그런데 흥왕사는 현縣 하나를 옮길 정도로 고려 최대의 사찰로 건립되고 있어서 막대한 인적·물적 자원이 동원되어 반대가 심해 해결책을 모색해야 했다. 문종 10년 11월에 시중(문하시중) 이자연李子淵이 상언上言하기를, "근래 흥왕사를 창조함으로 인해 덕수현德水縣을 양천楊川으로 옮기니, 이로 말미암아 백성百姓이 려사廬舍를 짓느라 편안히 쉴 곳이 없고 남자는 등에 지고 여자는 손에 들어 도로에 서로 이어지니, 가난한 자는 구렁으로 떨어지는 근심이 있고 부유한 자는 안도按堵의 장소가 없습니다. 마땅히 지금 민民을 자식처럼 보아야 하고 민을 하늘처럼 덮어 감싸야 하니, 청컨대 덕수현 일년 부역賦役을 면제해 주십시오" 라고 하니, 문종이 제制하여 특별히 양년兩年 부역을 면제했다.[47]

이처럼 흥왕사 건립을 둘러싸고 고려 백성의 부담이 가중되는 상황에서 고려는 백성의 부담을 완화하기 위해 탐라국에게 원조를 요청했고 탐라국이 이에 호응해 건설 인력과 자재를 제공했다고 여겨진다. 물론 상대적으로 강국인 고려가 조공국인 탐라국에게 압력을 가한 결과로 보이기도 하지만, 탐라국이 문종의 야심작인 흥왕사 건립에 참여함으로써 고려와의 관계를 돈독히 하는 한편 선진 문물을 습득하려 한 측면도 있었다고 생각한다. 탐라의 이러한 인력 파견과 자재 제공은 조공의 일종으로도 볼 수 있으니 이것을 가지고 당시 탐라를 고려의 속국처럼 이해해서는 곤란하다. 명이

---

47 『고려사』 권80, 식화지3, 진휼, 恩免之制

고려와 조선에게 각종 공물(특히 말)을 요구하며 괴롭혔다고 해서 고려와 조선이 명의 속국은 아니었던 것이다. 국제사회에서 상대적으로 강대국이 약소국을 괴롭히는 풍조가 지금까지도 이어지기에 더욱 그러하다.

탐라 고씨족은 고유高維를 개경으로 보내 그가 정종靖宗(문종의 형) 때 급제해 고려에서 벼슬하기 시작했듯이 고씨족이 고려와의 친선관계에 적극적이었다. 그러하니 탐라에서 성주토主 고씨족이 흥왕사 건립 참여를 주도했으리라 여겨지며 고려 측에 인력과 자재 제공을 먼저 건의했을 수도 있다. 탐라의 흥왕사 건립 참여는 탐라의 건축과 문화 발전에 기여했을 것이며, 특히 탐라의 불교 형성에 영향을 미쳤을 것이다.

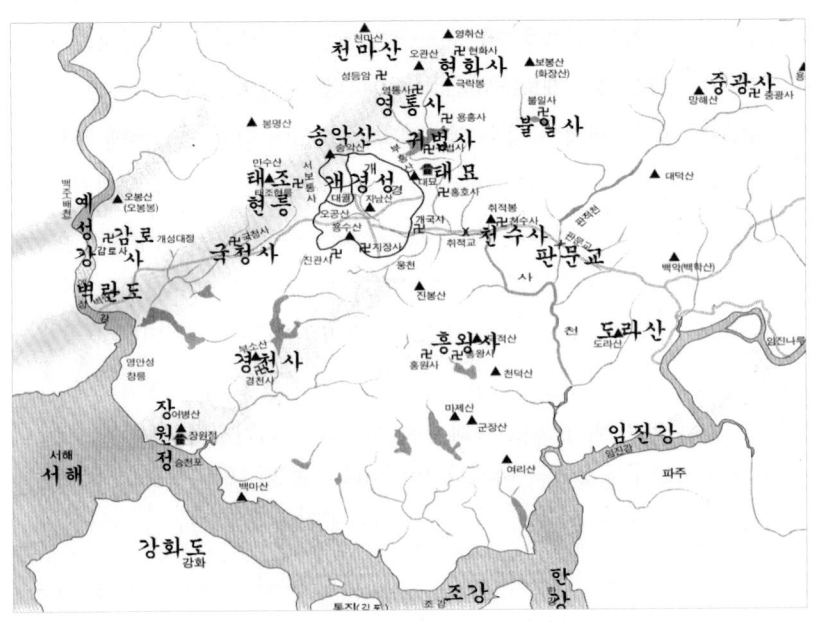

그림 21. 고려 개경일대 모습과 흥왕사(필자 작성):
탐라가 흥왕사(개경성과 임진강·조강 사이에 위치) 건설에 참여했음

4. 고려에 각종 축하사절을 파견하다

탐라국은 고려국왕이 즉위하면 축하 사절을 파견했다. 덕종이 치세 3년 (1034) 9월 계묘일(17일)에 사망하자 이날 그 동생인 평양군(정종)이 즉위했다. 정종靖宗은 즉위년(1034) 10월 경오일(14일)에 덕종을 숙릉肅陵에 장사지내고 보신輔臣을 파견해 서경西京(평양) 팔관회에 연회를 2일 동안 하사했다.[48] 11월 경인일(4일)에 신봉루神鳳樓(개경 궁성의 루)에 나아가 대규ャ모로 사면해 중외中外 신하들의 축하를 받고, 송상객宋商客·동서번東西蕃·탐라국耽羅國이 각기 방물方物을 바쳤는데,[49] 새 국왕 즉위를 축하한 것으로 보인다. 탐라국 사절이 송 상객商客, 동여진·서여진 사절과 함께 고려 새 임금(정종)의 즉위를 축하한 것인데, 11월 14~15일의 개경 팔관회와도 연결된다.

헌종은 부왕 선종이 11년(1094) 5월 임인일(2일)에 세상을 뜨자 유명遺命을 받들어 즉위해, 5월 갑인일(14일)에 선종을 장사지내고, 6월 경오일 초하루에 모친을 높여 태후太后로 삼았다. 6월 무자일(19일)에 신봉루神鳳樓에 나아가 대규모로 사면했고, 송宋 도강都綱 서우徐祐 등 69인, 탁라乇羅 고적高的 등 194인이 와서 즉위를 축하하고 토물土物을 바쳤다.[50] 탁라(탐라) 고적高的 등 194인이 개경에 와서 헌종 즉위를 축하했던 것인데, 국력에 비해 194인으로 구성된 대규모 사절단이었다. 탐라 축하단(194인)은 송상 축하단(69인)보다 거의 3배 많은 규모이니 단순한 민간 상인이 아니라 국가 파견의 외교 사절단이었음이 분명한데 공적 무역도 수행했을 것이다. 고려 숙종 원년 (1096) 9월 경자일(12일)에 탁라성주乇羅星主가 사람을 고려에 보내와 즉위를

---

48 『고려사』 권5, 덕종 3년 9월 ;『고려사』 권6, 靖宗 총서 및 즉위년 10월
49 『고려사』 권6, 靖宗 즉위년 11월
50 『고려사』 권10, 헌종 총서 및 헌종 즉위년 5월·6월 ;『고려사절요』 권6, 헌종 즉위년 6월. 한편 고려 헌종 1년(1095) 7월 계축일(20일)에도 乇羅 高勿 등 80인이 와서 土物을 바쳤는데(『고려사』 권10 및 『고려사절요』 권6), 교역을 위한 것으로 여겨진다.

축하했다.[51] 탐라가 고려 숙종이 즉위하자 사절을 파견해 축하한 것인데 숙종이 즉위한지 한참 지난 후여서 무슨 사정이 있었는지 살펴보기로 하자.

고려 헌종이 어리고 병약하다며 원년(1095) 10월 기사일(7일)에 숙부 계림공鷄林公 희熙(숙종)에게 선위禪位하고 후궁後宮에 퇴거退居하니, 숙종이 경오일(8일)에 즉위하고 이날 원신궁주元信宮主 이씨 및 자子 한산후漢山侯 형제兄弟 2인을 경원군慶源郡(인천)에 유배했다[52]고 한다. 고려에서 계림공(숙종)이 조카 헌종을 몰아낸 정변이 발생한 것이었다. 숙종 즉위년(1095) 10월 신미일(9일)에 좌사낭중左司郎中 윤관尹瓘과 형부시랑 임의任懿를 요遼에 보내 숙부에게 번무藩務를 권수權守하게 했다는 전왕前王(헌종) 표문과 종팽宗祊(종묘제사)을 가수假守하게 되었다는 왕(숙종) 표문을 전달하게 했다. 숙종이 11월 계묘일(11일)에 신봉루神鳳樓에 나아가 참斬·교絞 이하 죄를 사면하고 명산대천名山大川에 모두 덕호德號를 더하고, 민民 나이 80이상 및 독폐질자篤廢疾者·의부義夫·절부節婦·효자孝子·순손順孫·환과鰥寡·고독孤獨에게 물건을 나누어주고, 제색군인諸色軍人에게 미포米布를 하사했다. 11월 병오일(14일)에 팔관회를 개설해 신봉문神鳳門에 나아가 중외中外 축하를 받고 법왕사에 행차했다. 11월 기미일(27일)에 요遼(거란)가 유직劉直을 보내와 전왕前王(헌종) 생신을 축하하니 왕(숙종)이 건덕전에서 대신 영접했다. 숙종이 12월 기사일(7일)에 돌아가는 유직劉直에게 왕(숙종) 표문을 부附하여 자신이 번藩(고려)을 권수權守하고 있음을 요에게 다시 밝혔다. 12월 경인일(28일)에 임의任懿가 요에서 돌아와 전달한 요 황제의 조서詔書에 숙종이 중무重務를 권지權知함을 고식적으로(임시변통으로) 윤허한다고 했다.[53]

그리고 해가 바뀌고도 한참 시일이 흐른 후인 숙종 원년(1096) 9월 경자일(12일)에야 탁라(탐라) 성주가 보낸 축하사절이 개경에 도착했다. 숙종이

---

51 『고려사』 권11 및 『고려사절요』 권6, 숙종 원년 9월
52 『고려사』 권10, 헌종 원년 10월 ; 『고려사』 권11, 숙종 총서 및 즉위년
53 『고려사』 권11, 숙종 즉위년

즉위한지 11개월이 흐른 뒤이므로 날씨 혹은 항해상의 문제로만 보기 어렵다. 고려 숙종은 정변을 통해 조카 헌종을 몰아내고 즉위했기에 당시 고려가 사대하는 거란(요)에게 추인을 받아야 해서 거란(요)과 줄다리기를 하느라 시간을 보내야 했다. 그러다가 거란(요)과의 관계가 어느 정도 안정화된 후에야 고려 숙종이 탁라(탐라)에 자신의 즉위를 알렸다고 여겨진다. 탐라국은 고려와 공적, 사적 교역을 활발하게 하고 있었기에 고려의 왕위교체를 진작 알았을 가능성이 크지만 공식적인 알림을 접수하고서야 축하사절을 파견했을 것이다.

탐라국은 고려에서 국왕 생신을 맞이하거나 왕태자를 책봉하거나 왕태후에게 존호를 올릴 때 축하 사절을 파견하기도 했다. 고려 현종 20년(1029) 7월 초하루에 거란이 장군 야율관녕耶律管寧과 숭록소경崇祿少卿 이가봉李可封을 고려에 보내와 생신生辰을 축하하고, 탐라가 방물을 바쳤으니,[54] 탐라가 7월 1일에 방물을 바쳐 고려 현종의 생신을 축하한 것이었다. 문종 31년(1077) 12월 정축일 초하루에 요遼가 검교태부檢校太傅 양상길楊祥吉을 보내와 생신을 축하하고, 탐라국耽羅國이 방물方物을 바쳤는데,[55] 탐라국의 이 행위도 문종의 생신을 축하한 것으로 보인다.

고려 문종이 왕태자를 책봉하자 탐라국이 사절을 파견해 축하한다. 고려 문종 8년(1054) 2월 계묘일(9일)에 훈勳을 책봉해 왕태자로 삼고, 병오일(12일)에 신봉루에 나아가 대규모로 사면하고 무릇 유직자有職者에게 1급級을 더했고, 계축일(19일)에 종묘宗廟·산릉山陵에 제사하고 뭇 신하들을 건덕전乾德殿에서 연회하고 선물을 하사했다. 4월에 고려가 급사중給事中 김량지金良贄를 거란에 보내 태자 세운 일을 알렸다.[56] 문종 8년(1054) 5월 기묘일(16일)에 탐라국耽羅國이 사使를 파견해 태자 책립冊立을 축하하니 사자使者

54 『고려사』 권5 및 『고려사절요』 권3, 현종 20년 7월
55 『고려사』 권9 및 『고려사절요』 권5, 문종 31년 12월
56 『고려사』 권7, 문종 8년 2월 및 4월

13인에게 직職을 더하고 초공梢工·겸종傔從에게 물건을 차등 있게 하사했다.[57] 고려가 태자 책봉을 4월에 거란에 알렸으니 탐라도 이 무렵에 알았을 것이다. 고려가 문종 8년(1054) 2월 계묘일(9일)에 왕태자를 책봉했고, 탐라국은 4월 무렵에 이를 알고 축하사절을 파견했는데 5월 기묘일(16)에 개경에 도착했던 것이다. 이 탐라 사절단은 사자使者 13인 및 다수의 초공梢工(뱃사공)과 겸종傔從(시종)으로 이루어졌다.

고려 선종 3년(1086) 2월 병인일(7일)에 왕이 왕태후에게 책冊을 올리고 건덕전에 나아가 중외中外 축하를 받고 뭇 신하들에게 연회를 하사했다. 탁라乇羅 유격장군游擊將軍 가어내加於乃 등이 와서 축하하고 방물方物을 바쳤다.[58] 이 왕태후(인예순덕태후) 책봉에 대해서는 『고려사』 후비전에 좀더 자세히 실려 있다. 선종 3년 2월에 왕이 모친 연덕궁주 이씨를 책봉해 태후太后로 삼는데, 제도諸道가 모두 표문을 올려 축하하고 주현州縣이 아울러 무려 십만여필十萬餘疋 포布를 바쳤고, 탁라乇羅 역시 와서 축하하고 방물을 바쳤다고 한다.[59] 인주(인천) 출신 이자연의 장녀가 남편 문종에 의해 왕비에 책봉되었고, 문종의 상례喪禮를 마친 아들 선종에 의해 왕태후에 책봉되었는데, 이 왕태후 책봉을 탁라(탐라) 유격장군 가어내加於乃가 사절단을 이끌고 와서 축하한 것이었다. 당시 인예태후 이씨는 친아들 순종이 국왕에 올랐다가 요절했고 친아들 선종이 국왕으로 재임하고 있었고 친아들 희熙(숙종)가 계림공으로 차기 왕권을 노리고 있었고 친아들 후煦(의천: 대각국사)가 우세승통으로 불교계를 이끌고 있어서 권위가 드높았으니, 이러한 배경으로 인해 탐라가 축하 사절단을 파견했다고 여겨진다.

이처럼 탐라국은 고려에서 국왕의 즉위와 생신, 왕태자와 왕태후 책봉 등의 경사慶事를 행할 때 사절단을 파견해 축하했다. 탐라국이 고려에 축하

---

57 『고려사』 권7 및 『고려사절요』 권4, 문종 8년 5월
58 『고려사』 권10, 선종 3년 2월
59 『고려사』 권88, 열전1, 后妃1, 문종의 배필 仁睿順德太后李氏

사절단을 파견하는 일은 앞에서 언급했듯이 특히 팔관회의 경우가 더욱 두드러졌다.

5. 탐라국과 고려국의 무역과 물품

탐라국은 고려와 조공-책봉의 사대관계를 맺었는데 이에 따라 조공품과 답례품이 오가면서 공적 교역이 이루어졌고 그 외에 서로 사적 교역도 이루어졌다. 조선초에 고려왕조실록 등을 편집해 만든 『고려사』에는 탐라가 방물方物을 바친 일 위주로 기록되고 고려가 답례품을 준 일은 간간이 기록되었는데 생략된 경우가 많았다고 여겨진다.

고려 현종 3년(1012) 8월 임인일(7일)에 탐라인耽羅人(탐라耽羅)이 고려에 와서 대선大船 2척을 바쳤다.[60] 탐라가 고려에 대선大船 2척을 선물했던 것인데, 탐라국과 그 주민들이 뛰어난 조선造船 기술을 지녔음을 알려준다. 문종 6년(1052) 3월 임신일(27일)에 삼사三司가 아뢰어 탐라국耽羅國 세공歲貢 귤자橘子를 일백포자一百包子로 개정改定해 영원히 정제定制로 삼기를 요청하니 따랐다.[61] 탐라와 고려는 조공-책봉 관계가 맺어졌기에 탐라는 고려에 공물을 진상했는데, 탐라국이 고려에 해마다 바치는 공물 감귤을 고려의 재정담당 삼사三司가 1052년에 고려왕에게 건의해 100포자包子(꾸러미: 보자기)로 정한 것이었다. 이를 통해 탐라의 특산물 중에 감귤이 있었고 고려 특수층이 감귤 맛을 보게 되었음을 알 수 있다.

『고려사』에 따르면, 문종 7년(1053) 2월 정축일(7일)에 동여진東女眞 아부한阿夫漢 등 33인이 고려에 와서 준마駿馬를 바치니 직상職賞을 주었다. 탐라

---

60 『고려사』 권4 및 『고려사절요』 권3, 현종 3년 8월
61 『고려사』 권7, 문종 6년 3월

국왕자耽羅國王子 수운나殊雲那가 그 자子 배융교위陪戎校尉(종9품 상) 고물古物 등을 고려에 보내와 우황牛黃·우각牛角·우피牛皮·라육螺肉·비자榧子·해조海藻·귀갑龜甲 등 물건을 바치니 왕이 왕자王子에게 중호장군中虎將軍(중무장군中武將軍: 정4품 상)을 제수하고 공복公服·은대銀帶·채단彩段·약물藥物을 하사했다.[62] 탐라국과 고려의 이 거래에 대해『고려사절요』는 탐라국왕자耽羅國王子 수운나殊雲那가 자子 배융교위陪戎校尉 고물古物을 고려에 보내와 토물土物을 바치니 왕자王子에게 중호장군中虎將軍을 제수하고 공복公服·은대銀帶·채단彩段·약물藥物을 하사했다[63]고 되어 있다. 탐라국이 고려에 바친 우황牛黃(소 담낭 결석)·우각牛角(소뿔)·우피牛皮(소가죽)·라육螺肉(소라 살)·비자榧子·해조海藻(톳, 미역 등)·귀갑龜甲(거북껍질) 등 물건은 탐라의 토물土物 즉 토산물이었고 이에 대한 답례품으로 고려는 탐라에게 공복公服·은대銀帶·채단彩段·약물藥物을 주었다. 탐라에서 소를 기르는 축산업과 해산물을 채취하는 어업이 발달했고 그래서 소와 해산물이 주요 방물로 고려에 진상되었던 것이다. 비자나무는 한반도에서는 남부에서만 자라니 탐라의 비자나무 열매는 우수한 상품이었을 것이다.

탐라 교역단은 봄과 가을 명절 기간에 고려와 교역하기를 선호한 듯하다. 고려가 현종 10년(1019) 9월 임술일(9일)에 중양절重陽節이라 송宋 및 탐라耽羅·흑수黑水 제국諸國 사람들에게 연회를 저관邸館에 하사했다.[64] 이는 중양

---

62 『고려사』권7, 문종 7년 2월. 이 貢物에 소라는 있지만 전복은 보이지 않는데, 당시 탐라에 전복이 산출되고 있었을 것이다. 전복은 탐라의 8세기 일본과 교역품에 보이고, 제주의 조선왕조에 대한 대표적 진상품이었기 때문이다. 전복은 소라에 비해 먼 바다로 나가야 채취되기 때문에 탐라의 고려에 대한 조공품에 빠졌지만 무역품에는 포함되어 있었을 것이다. 조선시대 제주인이 가혹한 전복 진상·공납에 시달려 鮑作人(浦作人)이 몰락하니 潛女가 그 역할을 떠맡은 비참한 상황과 대비된다.

63 『고려사절요』권4, 문종 7년 2월

64 『고려사』권4, 현종 10년 9월

절 무렵에 탐라국 사절단 혹은 교역단이 개경의 객관에 머물며 외교 혹은 교역 활동을 펼쳤음을 알려준다.

고려문종 9년(1055) 2월 무신일(20일)에 한식寒食이라, 송상宋商 엽덕총葉德寵 등 87인을 오빈관娛賓館에서, 황증黃拯 등 105인을 영빈관迎賓館에서, 황조黃助 등 48인을 청하관淸河館에서 연회했고, 탐라국수령耽羅國首領 고한高漢 등 158인을 조종관朝宗館에서 연회했다.[65] 1055년 2월 무신일(20일)은 양력으로는 3월 26일이었으니, 이날 한식절을 맞이해 고려가 개경에 머물고 있는 송 상인과 탐라국 사람들을 위해 연회를 개최한 것이었다. 고려가 탐라국 수령 고한이 이끄는 158명으로 이루어진 대규모 단체를 위해 한식절에 조종관에서 잔치를 열어준 것인데 이들은 무역하기 위해 개경으로 온 교역단으로 보인다. 조종관은 탐라 사절단·교역단이 머무는 개경 객관으로 발어참성 동북문인 조종문朝宗門의 근처에 자리했다고 여겨진다.[66] 고려의 한식절 대접대상으로 송상은 모두 합쳐 240명이었고, 탐라인은 158명이었다. 송상이 탐라인보다 1.5배 정도 많았지만 국력과 인구수를 고려하면 탐라인의 수가 엄청 많은 것이었으니 탐라가 얼마나 고려와의 교역을 왕성하게 전개했는지 알 수 있다.

문종 10년(1056) 2월 기유일(27일)에 탐라국耽羅國이 방물方物을 바쳤는데,[67] 양력으로는 3월 21일에 해당해 한식절·청명절 무렵으로 보인다. 탐라국 사람들의 이 번 개경 방문은 방물을 바쳤으니 고려로부터 답례품을 받았을 터이지만 주요 목적은 교역이었을 것이다. 청명절淸明節[68] 무렵은 송의 『동경몽화록東京夢華錄』과 『청명상하도淸明上河圖』 등에 보이듯이 나들이와 축제와 교역이 활발하게 열리는 시기였다. 고려도 그러했을 것이고[69] 항해하기

---

65 『고려사』 권7, 문종 9년 2월
66 조종문은 왕륜사 근처이니 조종관은 왕륜사 인근에 자리했다고 볼 수 있다.
67 『고려사』 권7 및 『고려사절요』 권4, 문종 10년 2월
68 청명절은 한식절 전후에 해당한다.

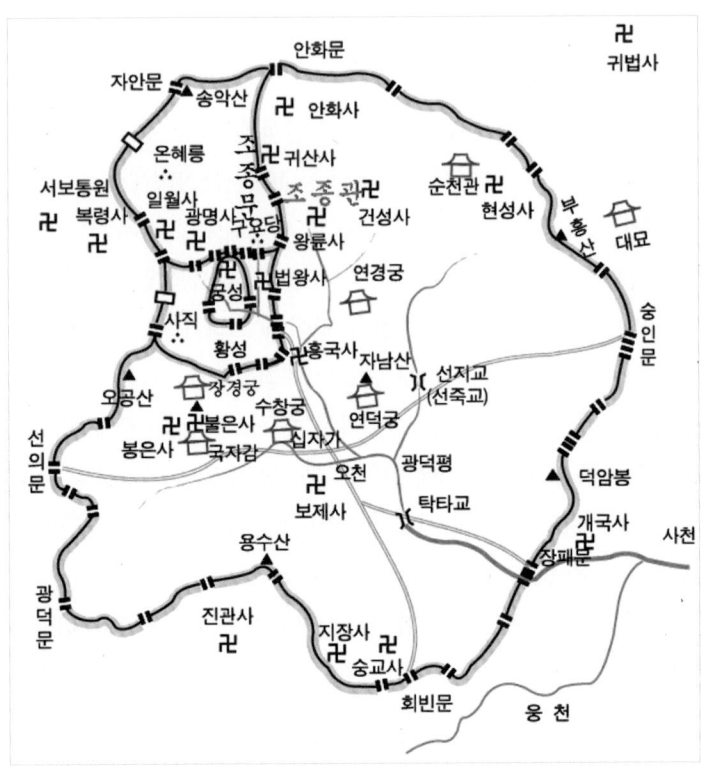

그림 22. 고려 개경도성과 조종관(필자 작성): 탐라국 방문단은 대궐(궁성+황성)
궁성의 팔관회에 참석했고, 객관인 조종관(왕륜사 인근)에 묵었음

에 날씨도 좋은 시기였으니 탐라 사람들이 이러한 시기를 이용해 교역하러
고려에 오기를 좋아했다고 여겨진다.

---

69 양주楊州는 곧 고려 한양부漢陽府로, 북으로 華山(삼각산)에 의거하고 남으로 漢
水(한강)에 臨하여 土地가 平衍해 다른 州가 비교할 수 없을 정도로 富庶하고 繁
華한데, 양주(한양) 남녀가 바야흐로 春을 맞이해 놀기를 좋아해 서로 즐기며 '양
주楊州'라는 노래를 불렀다고 한다(『고려사』 권71,악지2, 속악, 양주). 양주(한양)
사람들이 봄을 맞이해 놀면서 '양주'라는 노래를 불렀던 것인데, 한식·청명 무렵
이었을 것이다.

6. 탐라표류인의 송에서 삼씨 전파와 황제생일 참석

탐라국 사람들은 항해하다가 종종 송나라에 표류했는데 주목할만한 일들이 벌어지기도 했다. 조선중기 제주 안무어사 김상헌이 『남사록』에서 필담筆談(중국 필담)을 인용하기를, "송宋 가우嘉祐 중에 선박 하나가 표류해 곤산현崑山縣에 이르렀는데, 선중船中 사람의 의관衣冠이 당인唐人처럼 홍정紅鞓·각대角帶와 검정 포삼布衫을 착용했지만 언어는 알아들을 수 없고 서자書字도 읽을 수 없거늘, 문서 하나를 꺼냈는데 당조唐朝가 '탁라도乇羅島'에 고칙告勅한 것이었고, 또 '상고려표上高麗表(고려에 올리는 표문)'가 있으니, 대개 동이東夷 중에 고려에 신속臣屬한 자였다. 선중船中의 여러 곡물 중에 오직 마자麻子(삼씨)가 커서 크기가 련蓮(연꽃 씨)과 같았다"라고 했다. 이어서 언급하기를, 또한 표해록漂海錄에 역시 '탁라인乇羅人이 표류해 곤산崑山에 이르러 선장船檣(선박돛대) 도기倒起의 방법을 비로소 배우고 탁라乇羅는 곧 지금 제주濟州이고 마자麻子가 련蓮처럼 컸지만 다시는 예전과 같지 않다'라고 되어 있다고 했다. 조선초 최부는 『표해록』에 따르면 제주를 출항해 표류하다가 명에 의해 구조되어 북경北京에 도착해 머물 때에 동행의 안의安義(제주인 진무)와 이효지李孝枝(제주목리濟州牧吏) 등과 우연히 다음과 같이 문답했다. "송宋 시절에 너희 제주인濟州人이 표류해 소주蘇州 지경에 이르렀는데 그 선박에 있는 마자麻子(삼씨)가 련인蓮仁(연꽃 씨)처럼 커서 소주 사람이 얻어서 심었지만 후년에 수확물이 그것보다 조금 작아 평범한 마자麻子와 마찬가지였다. 지금 너희 토지에 이른바 마자麻子가 있는가? 안의가 대답하기를, 이는 고대古代 일이었고 지금은 평범한 마자麻子이고 또한 희귀합니다. 때문에 무릇 공천公賤(공노비)에게 공貢을 거두지만 모두 갈추포葛麤布를 납부하니 국가에 쓰임이 없고 민民에게 해害가 있습니다. 만약 해물海物처럼 풍토에 따른 생산물로써 공貢하면 편할 것입니다."

이와 관련된 중국 측의 기록은 다음과 같다. "가우嘉祐(송인종 연호: 1056~

1063) 중에 소주蘇州 곤산현崑山縣 해상에 선박 하나가 돛대가 부러져 해안에 이르렀다. 선중船中에 30인 남짓이 있어 의관衣冠이 당인唐人처럼 홍정紅鞓·각대角帶와 짧은 검정 포삼布衫을 착용한 상태였다. 사람을 보자 모두 통곡했는데 언어를 알아들을 수 없고 시험삼아 글자를 쓰도록 했지만 글자 역시 읽을 수 없었고, 이동함에 서로 줄지어 기러기 행렬 같았다. 한참 만에 그들이 스스로 문서 하나를 꺼내 보였는데 당唐 천수天授(무주武周 무측천 연호: 690~692) 중에 둔라도屯羅島 수령首領 배융부위陪戎副尉에게 고칙告敕하는 제制였고, 또 문서 하나가 있어 '고려高麗에게 올리는 표表'로 역시 둔라도屯羅島라 칭해져 있고 모두 한자를 사용했는데, 대개 동이東夷로 고려에 신속臣屬한 자였다. 선중船中에 있는 여러 곡물 중에 오직 마자麻子(삼씨)가 커서 크기가 련蓮(연꽃 씨)과 같아 소주인이 그것을 심었는데, 첫해에는 크기가 역시 련蓮과 같았지만 다음해에는 점차 작아지고 수년 후에는 단지 중국 마자麻子와 같았다. 당시에 찬선대부贊善大夫 한정언韓正彦이 곤산현崑山縣 지사知事였는데 그 사람들을 불러 술과 음식을 제공해 위로하니 그들이 먹고 나서 손을 머리까지 들어올렸는데 기뻐서 감사를 표하는 것 같았다. 한정언이 사람(공인)을 시켜 그들 선박의 외외檣(돛대)를 수리하도록 했는데, 외檣(돛대)가 원래 선목船木 위에 심어져 움직일 수 없자 공인工人이 해결책으로 전축轉軸을 제작하고 그 기도起倒의 방법을 가르치니 그 사람들이 또 기뻐해 다시 손을 들어올려 감사를 표했다. 필담筆談으로 전달되었다."[70]

송인종 가우嘉祐(1056~1063: 고려 문종 10년~17년에 해당) 시절에 어떤 선박이 소주 곤산현 해변에 표착했는데, 당의 황후였다가 황제에 올라 주周를 건국한 무측천의 천수天授(690~692) 시절에 황제 무측천이 둔라도屯羅島 수령首領 배융부위陪戎副尉에게 고칙告敕하는 제制(황명)를 지니고 있었다. 김상헌은 이러한 필담을 요약해 소개한 것인데 둔라도屯羅島가 아니라 탁라도乇羅島라

---

70 『古今合璧事類備要』 前集8, 風飄海船

표기하고 곧 제주濟州라 파악했다. '둔屯'자와 '탁乇'자는 생김새가 비슷해서 필사하거나 새기는 과정에서 자칫 혼동할 수가 있으니, 둔라도屯羅島는 탁라도乇羅島의 오기 내지 흘림체로 판단된다. 최부와 김상헌이 본 자료에는 탁라도乇羅島라 되어 있었음이 분명한데 옮겨 쓰는 과정에서 혼동해 오기가 발생했을 것이다. 여기에서의 도島는 조선시대에 제주가 주州이자 목牧이었지만 도島로 자주 불린 사례처럼 당연히 행정구역이 아니라 자연지형으로서의 섬을 의미한 것이었다. 탁라 즉 탐라가 7세기말에 당 내지 무주武周와 통교해 그 수령首領(족장 급)이 당·주周 무산관武散官의 하나인 배융부위陪戎副尉(종9품)를 제수받았던 것인데, 이는 고려가 탐라인에게 무산계를 수여하는 동기로 작용했으리라 여겨진다. 고려 문종 10년~17년에 해당하는 송인종 가우嘉祐(1056~1063) 시절에 표류한 탁라도 사람들이 고려에게 올리는 표문을 지니고 있어서 동이東夷로 고려에 신속臣屬한 자로 파악되었다고 하는데, 탁라 즉 탐라가 고려를 사대해 조근朝覲했음을 의미한 것이지 고려의 속국이거나 한 지방을 의미한 것은 아니었다. 고려와 조선이 중국을 사대한 것도 '신속臣屬'이라 표현되었기 때문이다.

송(북송) 증공曾鞏은 당송팔대가의 한 사람으로 불릴 정도로 유명한 인물인데, 그의 활동과 기록은 탐라의 위상을 파악하는 데 중요하다. 원풍元豐(송 신종 연호) 연간에 중서사인中書舍人 증공曾鞏이 '외국外國'을 존휼存恤하기를 바라서 저령著令(분명한 법령)을 만들기를 요청하며 상언上言했는데, 그가 '외국인外國人'을 존휼存恤해 저령著令으로 만들기를 요청한 차자箚子가 그것이었다.[71] 증공은 원풍5년(1082) 4월에 중서사인에 임명되고 9월에 모친상을 당해 면직되고 다음해에 사망하므로 그는 원풍5년(1082: 고려문종36) 4월~9월에 이 '차자'를 올린 것인데, 이 '차자'를 소개하면 아래와 같다.

---

[71] 『歷代名臣奏議』 권344, 夷狄. "元豐間 中書舍人曾鞏 乞存恤外國 請著爲令 上言曰 …"; 『南豐先生元豐類藁』 권32, 箚子, 「存恤外國人請著爲令」

신臣(증공曾鞏)이 앞서 명주明州를 담당했을 때 고려국계高麗國界 '탁라국인託羅國人' 최거崔擧 등이 바람으로 인해 선박을 잃어 표류飄流해 천주계泉州界에 이르러 포어선捕魚船의 구원을 받아 모두 무사해 포어선捕魚船을 따라 힘을 합쳐 물고기를 잡아 먹으며 자급自給했고, 후에 천주泉州에게 소원하기를 명주明州에 와서 편선便船이 있기를 기다려 '본국本國'으로 돌아가려 한다고 하자, 천주泉州가 연로沿路에 구권口券을 지급해 사람을 파견해 압래押來하니, 신臣(증공)이 주식酒食을 마련해 먹이고 승사僧寺에 보내 편안히 머물게 하여 날마다 음식물을 지급하고 5일에 1번 주식酒食을 특별히 베풀고, 장狀을 갖추어 아뢰었는데, 신臣의 아룀이 아직 도달하지 않은 사이에 먼저 도달한 천주泉州 아룀에 의거한 성지聖旨를 받들었는데 계관係官에 명령해 옥사屋舍에 편안히 머물게 하고 항상 조관照管하도록 하라는 내용이어서 신臣(증공)이 최거崔擧 등을 존휼存恤한 것이 자못 조정朝廷의 뜻에 부합했습니다. 이후에 다시 (최거 등) 각각에게 의장衣裝을 마련해 주어 동천절일同天節日(송 신종神宗 생일)에 역시 관대冠帶해 연회에 참여할 수 있게 했습니다. 생각하건대 해외 만이蠻夷가 화란禍亂을 만나 표익漂溺 유전流轉해 멀리 향토鄕土를 잃어 중국中國에 의탁한데, 중국은 예의禮義가 나오는 곳으로 마땅히 두터이 무존撫存해 실소失所하지 않도록 해야 하거늘, 천주泉州가 처음에 (탁라국인 최거 등에게) 단지 구권口券을 지급하고 사람을 파견해 도보徒步로 압래押來했으니, 조정朝廷 긍휼矜恤의 은혜에 걸맞지 않은 것이 있을까 걱정되고, 황우皇祐(송 인종의 연호) 일로편칙一路編勅에도 역시 단지 구식口食을 지급하라는 지휘만 있고, 금래今來(지금: 그 당시) 성지聖旨에 계관係官에게 명령해 옥사屋舍에 편안히 거처하게 하고 항상 조관照管(살피고 단속함)하라 했으니, 사리事理가 같지 않습니다. 또한 금래今來 내린 성지聖旨에 저령著令이 있지 않습니다. 바라건대 금후今後에 '고려高麗 등 국國' 사람의 선박이 풍세風勢 불편으로 인해 혹 표실飄失해 연해沿海 여러 주현州縣에 도착하면, 주식酒食을 두어 먹이고 계관係官에 보내 옥사屋舍에 편안히 머물게 하고 날마다 음식물을 지급하고 수일數日에 1번 주식酒食을 특별히 베풀고, 의복衣服이 없는 자에게 관官이 만들어 주고, 노도路道에 수륙水陸을 따라 안마鞍馬·주선舟船을 급차給借하고 분석해 아뢰되 그 본국本國으로 돌아가고자 하는 자는 조지朝旨를 받도록 하여, 원인遠人이 조정朝廷 인은仁恩 대우의 뜻을 알게 하십시오.

증공曾鞏이 명주明州를 관장했을 때 고려국계高麗國界(고려국 경계) '탁라국인託羅國人(탁라국인)'[72] 최거崔擧 등이 바람으로 인해 선박을 잃어 표류해 천주泉州 지경에 이르러 포어선捕魚船의 구원을 받아 포어선을 따라 힘을 합쳐 물고기를 잡아먹으며 자급自給하다가 천주泉州에게 소원하기를 명주明州에 와서 편선便船이 있기를 기다려 '본국本國(탁라국: 탐라국)'으로 돌아가기를 희망했다. 천주泉州가 연로沿路에 구권口券을 지급해 사람을 파견해 명주明州로 압송하니, 증공이 주식酒食을 마련해 먹이고 승사僧寺에 보내 편안히 머물게 하여 날마다 음식물을 지급하고 5일에 1번 주식酒食을 특별히 베풀고, 장狀을 갖추어 송 조정에 아뢰었다. 천주泉州가 아뢴 것이 먼저 조정에 도달해 이것에 의거한 성지聖旨를 받들었는데 계관係官에 명령해 옥사屋舍(집)에 편안히 머물게 하고 항상 조관照管하도록 한 것이어서 증공이 최거崔擧 등을 존휼存恤한 것이 자못 송 조정朝廷의 뜻에 부합했다. 증공은 이후에 최거 등 각각에게 의장衣裝을 마련해 주어 송 신종의 생일인 동천절同天節에 관대冠帶를 착용해 연회에 참석할 수 있도록 해 주었다.

증공은 해외 만이蠻夷가 중국에 표류해 왔을 때 대우가 소홀하고 일정한 원칙이 부족하다며 저령著令(분명한 법령)으로 만들기를 요청한 것이었다. 그가 바란 저령著令은 '고려高麗 등 국國' 사람의 선박이 표류해 중국 연해沿海에 도착하면 주식酒食을 두어 먹이고 계관係官에 보내 집에 편안히 머물게 하고 날마다 음식물을 지급하고 수일에 1번 주식酒食을 특별히 베풀고, 의복衣服이 없는 자에게 관官이 만들어 주고, 노도路道에 수륙水陸을 따라 안마鞍馬・선박을 급차給借하고, 조정에 아뢰되 그 본국本國(고려 등 국國)으로 돌아

---

72 託羅는 곧 乇羅(托羅)이니 耽羅의 이칭이었다.

가고자 하는 자는 조지朝旨를 받도록 하는 것이었다. 송에 표류해 오는 '해외 만이蠻夷'는 중국 동쪽 바다 밖의 '만이蠻夷'이니 '고려高麗 등 국國' 즉 고려국, 일본국, 탐라국 등이 여기에 해당하는 것이다. 증공이 바란 저령著令은 탁라국(탐라국) 사람으로 표류해 온 최거 등을 대우한 사례를 표준으로 한 것이었다.

증공曾鞏이 명주明州를 관장하고 있었을 때에 탁라국(탐라국) 사람인 최거 등이 천주泉州에 표류해 와서 그들의 소원에 따라 명주明州로 보내져 증공의 대우를 받았다.[73] 증공은 최거 등에게 불교사찰에 편안히 머물게 하면서 날마다 음식물을 지급하고 5일에 1번 주식酒食을 특별히 베풀어 주었다. 송 신종의 생일인 동천절同天節[74] 축하 행사에도 참석하게 했는데 이는 명주明州에서 열린 행사였을 것이다. 최거 등은 명주에 머물다가 송 조정의 허락을 받아 탐라국으로 귀국했을 것인데, 선박을 잃어 버렸기 때문에 선박을 제공받았거나 다른 선박편을 이용했을 것이다.

증공은 송 가우嘉祐2년(1057)에 진사급제進士及第하여 태평주太平州 사법참군司法參軍이 되었고, 중앙으로 소환되어 근무하다가 영종실록英宗實錄 검토관檢討官에 임명되었지만 달을 넘기지 못해 파직되어 월주越州 통판通判으로 나갔고(희녕2년: 1069), 이후 제주齊州·양주襄州·홍주洪州·복주福州의 지주知州에 임명되었고 복주福州 지주知州에서 판태상시判太常寺로 소환되었다가 취소되어 명주明州 지주知州로 고쳐 임명되었고, 박주亳州 지주知州로 옮겨 근무하다가 원풍元豊3년(1080: 고려문종 34)에 창주滄州 지주知州로 가라는 명령을 받고 도都(개봉)를 들렀다가 황제의 마음을 얻어 삼반원三班院을 관장하는 직책

---

73 탁라국인 최거 등이 표류하다가 도달한 泉州는 타이완 맞은편에 위치해 이곳에서 탁라국(탐라국)으로 돌아오기 어려웠기 때문에 중국과 탐라·고려·일본 교역로 상의 창구인 明州(寧波)로 이동한 것이었다.

74 同天節은 송 신종의 생일이었다. 『宋史』 神宗紀에, "治平四年二月庚寅 以四月十日 爲同天節"이라 했으니 동천절은 음력 4월 10일이었다.

에 임명되었고, 원풍4년(1081: 고려문종 35) 7월 기유일에 사관수찬史館修撰에 임명되어 역사편찬을 관장했고, 원풍5년(1082: 고려문종 36) 4월에 중서사인中書舍人에 발탁되었는데 9월에 모친상을 당하고 다음해 4월에 강녕부江寧府에서 65세로 사망했다.[75]

증공은 복주福州에서 근무하다가 판태상시判太常寺에 임용되어 소환되자 황제에게 올리는 글을 지었지만 이 임용이 취소되어 명주明州 지주知州로 고쳐 임명되자 이 글을 올리지 않았다. 그는 이 글에서 자신이 희녕熙寧2년(1069)에 월주越州에 통판通判으로 나갈 때 전대轉對(윤대輪對)에서 성의誠意·정심正心·수신修身·치국가천하治國家天下의 도道는 반드시 학學에 근본해야 한다고 건의했는데, 11년이 흐른 지금에 비로소 목목穆穆한 청광淸光을 바라볼 수 있게 되어 감히 전설前說(이전 견해)을 부연해 아뢰려 한다고 했다.[76] 증공은 정월 25일에 명주明州에 도임到任(부임)하면서 황제와 조정에 올리는 글에서 10년 동안 6군郡에서 근무했다고 했다.[77] 그가 월주越州·제주齊州·양주襄州·홍주洪州·복주福州에서 근무한 것에다가 이제 정월 25일에 막 근무하기 시작한 명주明州까지 포함해 10년 동안 6군郡에 근무한 것이라 한 것이었다. 그러니까 그가 정월 25일에 명주明州 지주知州에 임명된 때는 1069년(희녕2)부터 10년 혹은 11년이 지난 때로, 기간으로는 10년이고 햇수로는 11년이었으니 1079년(원풍2: 고려문종33) 정월 25일에 명주에 부임한 것이었다.

---

75 『南豊先生元豊類藁』 續附 曾鞏 行狀·墓誌 ; 『송사』 권319, 열전78, 曾鞏 ; 『宋史』 권16, 본기16, 신종3, 원풍4년 7월. 南劍州 賊渠 廖恩이 반란을 일으키자 福州를 관장하고 있던 증공이 그 반란을 약화시키는 데에 기여했는데, 廖恩이 반란을 일으킨 때는 熙寧10년(1077: 고려문종 31)이었다. 증공은 新法 개혁가 왕안석과 처음에는 친밀했지만 나중에는 소원해지면서 오랫동안 지방관을 전전했다. 그는 구양수, 왕안석, 소식(소동파) 등과 함께 당송팔대가의 한 사람으로 불릴 정도로 문장에 뛰어났다.

76 『元豊類藁』 권29, 「自福州召判太常寺上殿」(改明州 不果上)

77 『元豊類藁』 권27, 「明州謝到任表」 ; 『元豊類藁』 권36, 「明州到任 謝兩府啓」

그러하니 증공이 명주明州에 1079년(원풍2: 고려문종33) 정월 25일에 부임해 근무하던 중에 탁라국인 최거 등이 중국 동남부 해변에 표류해 온 것이었다.[78] 최거 등이 신종생일 동천절(4월 10일) 행사에 참여했으니 그 이전에 표류해 천주를 거쳐 명주에 온 것인데, 음력 3월 무렵에 표류해 중국 해변에 도착한 것 같다.[79] 원풍2년(1079) 5월 갑신일(17일)에 원강元絳이 지박주知亳州에서 파직되었고,[80] 증공이 명주에서 근무하던 5월 30일에 지박주知亳州에 임명한다는 황제 칙명을 받았다.[81] 그러하니 증공은 원풍2년(1079) 5월 30일에 원강元絳을 대신해 박주亳州 지주知州에 임명된 것이었다.[82] 증공은 1079년(원풍2: 고려문종33) 정월 25일에 명주에 부임해 근무하다가 5월 30일에 지박주知亳州에 임명되었던 것인데, 그가 경사京師(개봉)에 머물고 있는 노모를 위해 중앙 관직이나 중앙에서 가까운 지방에 발령 내어 주기를 지속

---

78 한편 증공이 明州를 관장하고 있었을 때에, 熙寧 5년·6년·9년(1076)에 고려국 進奉使·副가 明州 知州·通判에게 土物을 선물한 적이 있음을 언급하면서 과도하게 많으니 시정하기를 희망했다(『元豊類藁』 권35, 「明州擬辭高麗送遺状」). 원풍2년(1079) 춘정월 병자일에는 송 황제가 詔하여 高麗交易法을 만든다(『宋史』 권15, 本紀16, 神宗二).

79 증공은 「進奉元豊元年同天節功德疏状」·「進奉元豊元年同天節銀状」과 「進奉元豊二年同天節銀絹状」을 지었다(『元豊類藁』 권33). 원풍원년 同天節状은 福州에 근무할 때 것으로, 원풍2년 同天節状은 明州에 근무할 때 것으로 판단되는데, 원풍2년에 명주에서 거행한 이 同天節 행사에 탁라국인 최거 등이 초대받은 것으로 보인다.

80 『宋史』 권15, 본기16, 神宗二, 신종 元豊2년

81 『元豊類藁』 권33, 「移知亳州 乞至京迎侍赴任状」

82 증공은 5월 30일에 知亳州에 임명되었다. 「亳州到任謝兩府啓」(『元豊類藁』 권36)에 따르면 "今月十六日 到任"이라 했으니 6월 16일에 박주에 부임했다고 판단된다. 「到亳州 與南京張宣徽啓」(『元豊類藁』 권36)에서 "今者抄秋"라 했으니 박주에서 抄秋(늦가을: 9월)를 보냈다. 그는 墓誌에 따르면 亳州에 근무하다가 원풍3년(1080)에 知滄州로 발령되었는데, 자신이 遠違班列한 지 12년이라고 했다(『元豊類藁』 권34, 「授滄州乞朝見状」). 희녕2년(1069) 越州 통판 이래 亳州 근무를 마칠 때까지 12년이라 한 것인데, 원풍3년(1080) 연말에 知滄州에 임명된 것으로 판단된다.

그림 23. 중국 닝보(영파)와 필자: 명주(영파)는 탐라국과 중국의 주된 교류창구였음

적으로 간청해 오던 중에 원강元絳이 지박주知亳州에서 파직되자 황제가 증공의 명주明州 근무를 중단하고 중앙에서 가까운 박주亳州에 발령해 준 것으로 보인다.

탁라국인 최거 등은 1079년(원풍2: 고려문종33) 정월 25일~4월 10일 사이에, 아마도 3월 무렵에 표류해 천주를 거쳐 명주(영파寧波)에 이르러 증공의 우대를 받고 4월 10일 동천절 행사에 참석했으며, 그 후 적당한 때에 탁라국(탐라국)으로 돌아왔을 것이다. 탁라국 표류민 최거 등이 표류해 천주 지경에서 구조받았지만 명주로 이동해 탁라국으로 돌아가기를 소원한 것은 탁라국(탐라국)이 송과 공적·사적으로 교류하고 있었고 그 창구는 명주(영파)였음을 시사한다. 중국 명주는 항주(항조우) 남동쪽 인근에 위치하는데 그 앞 주산군도舟山群島(보타산 지님)와 함께 전통적으로 신라와 고려는 물론 고중세 탐라의 주요 교통로였다고 하겠다.

증공은 탁라국(탐라국) 표류민에게 온갖 편의를 제공하고 동천절 행사에 초대하는 등 극진히 우대했고, 이는 송 조정의 정책에 부합했으니 탁라국

(탐라국)이 송으로부터 독립국으로 대우받은 것이었다. 증공은 탁라국(탐라국) 표류민에 대해 대우한 그 경험에 기반해 원풍5년(1082: 고려문종36) 4월~9월에 '해외 만이蠻夷' 표류민에 대한 대우 법령을 제정하기를 요청하는 글을 올렸다. 그가 사용한 '탁라국인託羅國人'이라는 표기는 그가 명주明州를 관장하고 있었을 때를 기준으로 했거나 그가 원풍5년(1082: 고려문종36) 4월~9월에 표류민 관련 법령 제정을 요청한 때를 기준으로 했거나 명주 관장 이래를 기준으로 한 것이었다. 1079년(원풍2: 고려문종33)~1082년(문종 36) 무렵에도 탐라국은 송에게 여전히 독립국으로 인식되었다고 볼 수 있다.

7. 고유의 고려 진출과 탐라인의 중국식 성씨 수용

『세종실록』 지리지는 조선초는 물론 고려시대 사정을 반영한 것인데 제주목의 토성土姓으로 고高·양梁·부夫를, 인물로 문하시랑 고조기高兆基를 들었다.[83] 조선초와 그 이전에 제주를 대표하는 토착지배 성씨를 고高·양梁·부夫로 본 것이었다. 『동국여지승람』은 제주목 본주本州의 성씨로 고高·량良[후에 양梁으로 바꿈]·부夫·문文을 들었고, 속현의 성씨로 정鄭·김金·이李·문文·안安·현玄·함咸·양楊을 들었고, 도래한 성씨로 김金·이李·박朴·림林·유兪·주周·조趙·송宋·정鄭·홍洪·서徐·최崔·오吳·차車·지池·한韓·마馬를 들었다.[84] 제주를 대표하는 성씨로 고高·량良[양梁]·부夫 외에도 문文을 추가했는데 보성군寶城郡의 복성현福城縣 사람이 도래하여 고씨高氏의 사위가 되었고 그 자손 중에 고씨를 계승해 왕자王子가 된 자가 있다고 했다. 속현(정의현과 대정현)의 성씨로 든 정鄭·김金·이李·문文·안安·현玄·함咸·양楊은 토착 성씨인지 도래

---

83 『세종실록』 권151, 지리지 전라도 제주목
84 『신증동국여지승람』 권38, 전라도 제주목, 姓氏

성씨인지 애매한 경우로 보인다.

『세종실록』지리지와 『동국여지승람』에 실린 제주 성씨는 토성土姓인 고高·량良(梁)·부夫 외에는 대개 중세에 도래한 성씨였다. 탐라인은 원래 중국식 성씨를 사용하지 않았으니 고高·량良(梁)·부夫도 성씨 자체로는 고대탐라 시대에는 존재하지 않았고 중세시대를 거치면서 형성되어 갔다.

탐라인은 중세 초기에도 중국식 성씨를 별로 사용하지 않았다. 탐라 건국신화에는 고을나高乙那와 량을나良乙那와 부을나夫乙那의 후예로 고후高厚·고청高淸 삼형제가 신라에 조회해 성주와 왕자와 도내都內를 하사받았고, 삼을나가 번성해 고高가 성주星主, 량良이 왕자王子, 부夫가 도상都上(徒上)이 되었고 후에 량良을 고쳐 양梁(량)이라 했다[85]고 했다. 이는 고대 탐라 시절에 성주와 왕자와 도상이 이미 중국식 성씨로 고高·량良·부夫를 사용한 것으로 기술한 것인데 사실과 다르다. 7세기에 당 고종에게 조공사신을 파견한 탐라국왕 유리도라儒李都羅, 신라 문무왕에게 항복한 탐라국주 도동음률徒冬音律이 나타난다. 『당회요』는 유리도라에 대해 '유리'는 성이고 '도라'는 이름이라고 해석했지만 확실하지 않다. 탐라가 7세기에 일본에 파견한 구마예久麻藝와 구마기久麻伎에 주목해 '구마(곰)'를 숭배해 그것으로 성씨를 삼은 것이라는 견해가 있지만,[86] 탐라에는 곰·범과 같은 맹수가 없었기에 설득력이 부족하다.

탐라인은 원래 중국식 성씨를 사용하지 않았다고 보아야 하며, 어느 부족의 누구라고 불렀을 것이다. 탐라인은 중세에 접어들어도 극히 일부의 도래인을 제외하면 중국식 성씨를 사용하지 않았다. 고려가 현종 15년(1024) 7월에 탐라 추장인 주물周物과 그 아들 고몰高沒 각각에게 3품인 운휘대장군을 수여했다. 이 '고몰高沒'이 탐라 최초로 고씨를 칭한 사람이라는

---

85 『세종실록』권151, 지리지 전라도 제주목 ; 『고려사』지리지2, 전라도 탐라현
86 진영일, 「고대탐라의 교역과 「국」형성고」『제주도사연구』3, 1994 ; 『고대중세 제주역사 탐색』, 보고사, 2008

견해가 있지만[87] 이름에 몰락·침몰·죽음을 의미하는 '몰沒'자가 들어간 점으로 보아 '고몰' 자체가 성씨가 없는 온전한 이름으로 여겨진다. 한자의 뜻에 그리 연연하지 않고 가장 비슷한 발음을 지닌 한자를 빌려 표기하노라니 그런 이름이 된 것이었다.

현종 20년 6월에 탐라세자 고오노孤烏弩가 고려에 조회해 유격장군(종5품하)을 받았다. 정종9년(1043) 12월에 탁라국 성주 유격장군 가리加利가 고려에게 왕자王子 두라豆羅가 사망했다며 호잉號仍으로 왕자 삼기를 요청했으니, 성주가 '가리'이고, 왕자가 '두라'와 '호잉'이었다. 이러한 인물들의 명칭에서 중국식 성씨는 확인되지 않는다. 탐라 사람들은 11세기 중반 고유高維의 고려정계 진출을 계기로 중국식 성씨 사용을 점차 시도하는데 갈등이 벌어져 안착이 쉽지 않았다.

고려문종 3년(1049) 11월 임인일(13일)에, 탐라국耽羅國 진위교위振威校尉 부을잉夫乙仍 등 77인, 북여진北女眞 수령首領 부거夫擧 등 20인이 고려에 와서 토물土物을 바쳤는데,[88] 고려의 팔관회를 축하하기 위한 것으로 보인다. 이 부을잉夫乙仍은 탐라 토착명호로 보이는데, 부을나夫乙那 족속이라면 훗날의 '부夫'씨에 해당할 수도 있다. 문종 7년(1053) 2월에 탐라국 왕자王子 수운나殊雲那가 아들 고물古物을 고려에 파견했고, 9년 한식절에 고려가 탐라국수령 고한高漢을 위해 연회를 열었다. 문종 16년 2월에 탐라 고협高叶이, 10월에 탐라성주 고일高逸이 고려에 와서 토물 내지 방물을 바쳤다. 문종 17년(1063) 3월에 탐라 신성주新星主 두량豆良이 고려에 조회하니 명위장군(종4품하)을 수여했고, 22년 3월 혹은 2월에 탐라성주 유격장군 가야잉加也仍이 고

---

87 진영일, 앞의 글
88 『고려사』권7 및 『고려사절요』권4, 문종 3년 11월. 탐라인이 그 이름이 여진인과 비슷하다고 해서 둘의 계통이 서로 많은 관련이 있었다고 보기는 어렵다. 왜냐하면 몽고초원, 만주, 한반도, 일본은 하나의 언어권이어서 간·칸·한 등에 보이듯이 한자에 오염되기 전에는 유사한 언어가 많았기 때문이다.

려에 토물을 바쳤고, 32년(1078) 9월 계유일 초하루에 일본국이 탐라耽羅 표풍민飄風民 고려高礪 등 18인을 돌려보냈다. 선종 9년(1092) 2월에 탐라성주 의인懿仁이 고려에 와서 토물을 바쳤다. 헌종 즉위년(1094) 6월 무자일(19일)에 탁라乇羅 고적高的 등 194인이 와서 즉위를 축하하고 토물土物을 바쳤고, 1년(1095) 7월 계축일(20일)에 탁라乇羅 고물高勿 등 80인이 와서 토물土物을 바쳤다. 숙종 6년(1101) 10월에 탁라 신성주新星主 배융부위(종9품 하) 구대具代로 유격장군(종5품 하)을 삼았다.[89] 탐라 사절단장 고한·고협·고적·고물과 탐라성주 고일과 탐라표풍민 고려高礪는 '고高'씨를 표방한 반면 탐라왕자 수운나와 고물古物 부자, 탐라 신성주 두량·구대, 탐라성주 가야잉·의인은 중국식 성씨를 사용하지 않은 것으로 보인다. 이처럼 탐라에서 중국식 성씨 사용은 점차 시도되어 갔지만 전통고수 분위기로 인해 그 수용은 쉽지 않았다. 고한·고협·고적·고물·고일·고려高礪 등은 중국식 성씨 '고高'를 내세운 것으로 보이고 성주족(고씨족)의 일원으로 여겨지는데, 이는 11세기 중후반에 탐라 성주족(고씨족)이 해외, 특히 고려와의 교역 활동을 적극적으로 벌여 주도했음을, 성주족(고씨족)이 중국식 성씨 수용을 선도했음을 시사한다.

탐라 지배층에 중국식 성씨 사용의 분위기를 일으키는 주요 계기는 고유高維의 고려 진출이었다. 탐라에서 전조前朝(고려) 태조가 통삼統三한 초기에 성주星主 고자견高自堅과 왕자王子 양차미梁且美가 조견朝見(조현)해 총애를 받았지만 그 후예는 성주星主·왕자王子를 세습했을 뿐이고 왕국(고려)에서 벼슬해 대현大顯한 자가 있은 적이 없었는데, 고유高維가 비로소 빈공賓貢으로 정왕靖王 을유년(1045: 정종 11)에 남성시南省試에 수석으로 합격하고, 다음해 병술년(1046: 정종 12)에 이작정李作梃 방榜에 제삼인第三人으로 급제해 고려 관직을 역임하고 우복야右僕射(정2품: 상서성의 장관)까지 승진했다고 한다.[90] 단,

89 『고려사』 세가 및 『고려사절요』 해당 왕대.
90 『東文選』 권101, 星主高氏家傳(鄭以吾)

성주 '고자견高自堅'과 왕자 '양차미梁且美'의 성씨는 그들 생존 때의 것이 아니라 훗날 소급된 것이었다.

고유는 정종 11년(1045)에 빈공 즉 외국인의 자격으로 과거의 예비시험인 남성시(국자감시)에 응시해 수석으로 합격했다. 그는 태자 말로의 아들인지는 확실하지 않지만[91] 탐라성주의 근친으로 여겨지며, 탐라에서 유교적 소양을 쌓고 고려 개경으로 올라와 학업에 힘쓴 결과 그러한 빼어난 성취를 얻을 수 있었을 것이다. 정종 12년(1046) 3월에 문하시랑 최융崔融이 지공거知貢擧로 진사進士를 취하니 을과乙科 이인정李仁挺 등 4인·병과丙科 6인·동진사同進士 7인·명경明經 1인에게 급제를 하사했으니,[92] 고시관 최융이 정종 12년 3월에 주관한 과거에 장원 이인정(이작정)의 다다음으로 제3등 급제한 것이었다.

탐라 고유는 빈공으로 고려의 과거에 우수한 성적으로 급제했지만, 신라 최치원이 빈공으로 당 과거에 급제해 벼슬했음에도 당에서 출세하기 어려웠던 것처럼,[93] 고려의 청요직에 진출하기 어려웠다. 고려 문종이 11년(1057) 1월 기축일(12일)에 고유高維로 우습유右拾遺를 삼자, 중서성中書省이 아뢰기를, "고유는 계系가 탐라耽羅 출신이라 간성諫省에 적합하지 않으니 만약 그 재주를 아낀다면 청컨대 다른 관직을 제수하십시오" 하니 왕이 따랐다고 한다.[94] 습유拾遺는 중서문하성 소속 간관諫官들 중의 하나로 6품이었다.[95] 간관은 청요직淸要職이어서 당시 고려의 시각으로 법률·도덕·혈통·출

---

91 고유는 고씨족보에는 태자 말로의 아들로 되어 있지만 말로의 활동 시기와 100년 정도 차이가 있으니 말로의 손자일 수는 있지만 말로의 아들로 보기는 어렵다.

92 『고려사』 권73, 선거지1, 과목 1, 凡選場

93 최치원은 신라에서 진골 바로 아래의 6두품 출신이었다. 6두품은 차관까지는 승진할 수 있었지만 장관은 진골이 차지했다. 최치원은 당에 유학해 그 과거에 급제해 출세를 꿈꾸었지만 당나라가 아무리 열린 세계제국이라고 해도 오랑캐라고 여긴 신라 출신의 최치원을 요직에 등용해 주지는 않았다.

94 『고려사』 권8 및 『고려사절요』 권5, 문종 11년 정월

신 등에서 하자가 없어야 임용되는 것이 원칙이었다. 문종은 실용적인 왕이어서 고유가 간관이 되기에 흠이 없다고 여겨 습유에 임명하려 하다가 중서성(중서문하성)의 반대로 철회했다. 중서성이 고유가 탐라 출신이라며 간관 임명을 반대한 이유는 당시 고려 집권층 다수가 고려는 문명을 구가하는 반면 탐라는 미개한 오랑캐라고 여겼기 때문일 것이다. 고려는 송 출신은 적극 우대했던 반면 탐라와 여진을 포함한 다른 외국 출신은 차별했던 것이다.

고유는 문종 24년(1070) 4월 임신일(12일)에 비서소감秘書少監(종4품)으로 동북로병마부사東北路兵馬副使로 나가[96] 고려의 동북로(동북면)을 관할했다. 개경으로 돌아온 그는 문종 25년(1071) 10월에 비서소감秘書少監으로서 과거의 예비시험인 국자감시(남성시)를 주관해 75인을 선발했다.[97] 그가 고시관으로 활약한 것은 학문과 문장을 인정받은 것이었다. 그는 이후 승진을 거듭해 재상급인 복야僕射(정2품: 상서성의 장관)까지 올랐으니 고려 정계 진출에 있어서는 성공을 거둔 셈이었다. 그가 복야에 오른 시기는 아마 문종 말엽 정도에 해당할 것이다.

고유高維가 고려 과거에 응시할 무렵만 해도 탐라에는 중국식 성씨가 도래인渡來人을 제외하면 거의 사용되지 않았다.[98] 고유는 고려정종 11년(1045)

---

95 『고려사』 권76, 백관지1, 문하부
96 『고려사』 권8, 문종 24년 4월. 비서소감은 經籍祝疏를 관장하는 秘書省의 차관으로 종4품이었다(『고려사』 권30, 백관지1, 典校寺).
97 『고려사』 권74, 선거지2, 과목 2, 凡國子試之額
98 한반도에서도 신라는 6세기 무렵에야 왕실에서 성씨를 사용했고, 통일신라 시대에도 왕실과 상류층 위주로 성씨를 사용했다. 송악의 토호인 왕건 집안도 조부 작제건-부친 용건-왕건으로 이어지며 성씨가 없다가 왕건이 자립하며 이름의 '왕'을 성씨로 삼았다. 한반도에서 후삼국 시대와 고려의 후삼국 통일을 거치며 지배층 위주로 성씨가 사용되고 본관이 정해지고 고려시대에 성씨가 평민에게로 확산되었다.

에 남성시(국자감시)에 응시해 합격했으니 성씨가 '고高'였다. 그는 남성시에 응시 원서를 낼 때 자신의 성씨를 '고'라고 적어 낸 것인데 이전에 그가 개경으로 유학하려 하면서 혹은 유학한 직후에 자신의 성씨를 '고'라고 했을 수 있다. 고유가 11세기 중반에 자신의 성씨를 중국식으로 '고'라 하고 고려의 과거에 급제해 고려 정계에서 활약한 일은 탐라인에게 중국식 성씨 사용을 자극했다.

그런데 탐라인은 토착성이 강했으므로 이질적인 중국식 성씨 수용이 그리 용이하지만은 않았다. 탐라에서 성주星主 유격장군游擊將軍 가량잉加良仍이 사망하여 모제母弟 배융부위陪戎副尉 고복령高福令이 계승했는데, 이러한 사실을 고려는 탁라구당사乇羅句當使의 보고에 의해 선종 7년(1090) 정월에 접수해 대처했다.[99] 사망한 성주는 '가량잉加良仍'이고 동복아우로 새로 즉위한 성주는 고복령高福令이었다. 형은 전통적 명호를 사용한 반면 아우는 중국식 성씨로 '고高'를 사용해, 성주족의 한 집안에 전통 호칭과 중국식 성명이 공존하고 있었으니, 성주족 근친 사이에도 중국식 성씨 수용을 놓고 갈등했던 것이다. 선종 9년(1092) 2월 기묘일(26일)에 동여진 회화장군懷化將軍 삼빈三彬 등이 와서 마馬를 바쳤고, 탐라성주耽羅星主 의인懿仁이 와서 토물土物을 바치니 정원장군定遠將軍을 더하고 의대衣帶를 하사했다.[100] 이 성주 '의인懿仁'이 고씨족에 해당하는지 량씨족에 해당하는지 확실하지 않지만 중국식 성씨를 수용하지 않았다. 탐라에서 11세기 중후반에 중국식 성씨 사용이 점차 늘어나고 있었지만 그것을 둘러싸고 치열한 갈등이 벌어졌음을 엿볼 수 있다.

탐라에서 중국식 성씨 사용은 고유의 아들 고당유(고조기)가 고려정계에 진출하면서 고을나족(대개 성주족)을 중심으로 안착한다. 고유高維의 아들 고

---

99 『고려사절요』 권6, 선종 7년 정월
100 『고려사』 권10 및 『고려사절요』 권6, 선종 9년 2월

조기高兆基는 탐라인으로 구명舊名이 당유唐愈인데 예왕睿王 정해년(예종 2년: 1107)에 한즉유韓卽由 방榜에 과거급제해 고려 정계에 진출해 출세했다.[101] 고조기는 초명初名이 당유唐愈로 탐라인耽羅人이고 우복야右僕射에 오른 고유高維의 아들인데, 성품이 강개慷慨하고 서사書史를 섭렵하고 오언시五言詩에 더욱 뛰어나고 예종초에 급제했다.[102] 예종 2년(1107)에 임의任懿가 지공거知貢擧, 박경작朴景綽(박경인朴景仁)이 동지공거同知貢擧로 한즉유韓卽由 등을 취했으니[103] 고당유(고조기)는 이 때 급제한 것이었다. 최자는『보한집』서문에서 본조本朝(고려)의 문장가로 고당유高唐愈를 김부식金富軾·김부일金富佾·김부철金富轍 형제, 권적權迪, 최윤의崔允儀, 정지상鄭知常 등과 함께 들었다. 또한『보한집』에 학사 고당유高唐愈가 미시微時에 읊기를, "어찌 하한河漢(은하수)에 올라 상계上界 신선과 고유高遊하고, 곧바로 천곡千斛 수水를 가지고 손을 들어 운천雲天을 씻지 않으리" 라 했는데,[104] 이 시는 그의 고향 탐라의 한라산漢拏山을 주제로 읊은 것으로 판단된다. 그러하니 고조기는 원래 고당유라고 이름하다가 나중에 고조기라고 개명한 것이었다. 고당유高唐愈(고조기)는 부친 고유를 이어 성씨 '고高'를 사용하며 고려에서 급제해 관직에 나아가 이 집안에서 고씨 사용이 안착한다.

탐라에서 중국식 성씨 사용은 11세기중반 고유의 고려정계 진출로 자극받아 점차 늘어나고, 12세기초 그 아들 고당유(고조기)가 고려정계에 진출하면서 고을나족(대개 성주족)을 중심으로 자리잡아 12세기 무렵에는 대세를 이룬다. 그런데 탐라에서 중국식 성씨 사용을 촉진하는 데에 영향을 끼친 존재로 중국식 성씨를 지니고 육지에서 건너온 사람들을 들 수 있다.

---

101 『東文選』 권101, 「星主高氏家傳」(鄭以吾 찬술)
102 『고려사』 권98, 열전11, 高兆基
103 『고려사』 권73, 선거지1, 과목1, 凡選場
104 『보한집』 상권. "高學士唐愈微時云, '安得凌河漢 高遊上界仙, 直將千斛水 擧手洗雲天', … 觀其詩 辭意豪壯, 果以志節爲名宰相 歷仕三朝"

원풍元豊(송 神宗 연호) 연간에 중서사인 증공曾鞏이 쓴 글에 자신이 명주明州를 담당했을 때 고려국계高麗國界 탁라국인託羅國人 최거崔擧 등이 바람으로 인해 실선失船해 표류飄流해 천주泉州를 거쳐 명주에 이르렀다고 했다.[105] 앞에서 언급했듯이 탁라국인 최거 등은 1079년(원풍2: 고려문종33) 정월 25일~4월 10일 사이에, 아마도 3월 무렵에 표류해 천주를 거쳐 명주에 이르러 증공의 우대를 받았다. 탁라국(탐라국) 사람인 최거崔擧는 본인 혹은 선대가 육지에서 도래渡來한 인물로 판단되는데 탐진(강진 남부) 최씨 혹은 영암 최씨가 아닌가 한다.[106] 고려숙종 4년(1099) 7월 신유일(20일)에 송宋이 아탁라我乇羅 실선인失船人 조섬趙暹 등 6인을 돌려보냈다고 한다.[107] 조섬趙暹은 그 자신 혹은 선대에 도강道康(강진 북부)에서 건너온 도강 조씨가 아닌가 한다. 한반도 남해안의 강진과 영암은 일찍부터 탐라와 교류해 온 곳이니, 최거·조섬 혹은 그 선대가 탐라와 교역해 오다가 탐라에 정착했으리라 여겨진다.

앞에서 언급했듯이 『동국여지승람』은 제주를 대표하는 성씨로 고高·량良[양梁]·부夫 외에도 문文을 추가하면서, 보성군寶城郡의 복성현福城縣 사람이 도래하여 고씨高氏의 사위가 되었고 그 자손 중에 고씨를 계승해 왕자王子가 된 자가 있다고 했다. 전라도 보성군 복성福城의 성姓으로 문文·노盧·림林·혁革이 있으니,[108] 이 문씨가 제주(탐라) 문씨와 연결된다고 볼 수 있다. 그런데 『남평문씨남제공파세보』에 따르면 문극겸의 손자인 문작文綽이 명

---

105 『歷代名臣奏議』 권344, 夷狄. "元豊間 中書舍人曾鞏 乞存恤外國 請著爲令 上言曰 …"; 『南豊先生元豊類藁』 권32, 劄子, 「存恤外國人請著爲令」

106 『세종실록』 지리지 전라도 나주목 편에 따르면, 영암의 土姓으로 崔·朴·周·白·髥·陸이 있었고, 강진(도강+탐진) 중 道康의 姓으로 金·趙·黃·任이 있었고, 강진 중 耽津의 姓으로 崔·曹·兪·安·鄭·河가 있었다. 耽津 사람으로 유명한 인물로는 醫官으로 활동하다가 고려인종 때 이자겸 정변을 진압하는 데 공로를 세워 공신에 책봉된 崔思全(『고려사』 권98, 최사전전)이 대표적이다.

107 『고려사』 권11 및 『고려사절요』 권6, 숙종 4년 7월

108 『세종실록』 권151, 지리지 전라도 장흥도호부 보성군

종 24년(1194)에 처음으로 탐라에 들어왔다고 한다.[109] 문극겸은 나주목 관할인 남평군 사람으로 의종~명종대에 활약하며 재상에 오른 인물인데[110] 그 손자 문작이 탐라에 정착했다는 것이다. 복성에서 도래한 문씨 인물이 곧 남평 문극겸의 손자인 문작인지는 확실하지 않지만 전라도 남해안 일대에서 도래한 문씨가 탐라 지배층으로 자리잡은 것이었다.

항파두리성에서 고내명문 기와가 발굴되었는데 삼별초가 이 성을 쌓으면서 활용한 것이었다. 이 기와에는 신축辛丑 고내 '徒上吳'(도상 오)라 새겨져 있어, 도상徒上이 오吳로 나타나니 오씨가 도상이 된 것이었다. 이 신축년은 1181년, 1241년 등의 하나에 해당한다. 도상徒上은 탐라 건국신화에 따르면 원래 부을나의 후손인 부夫가 그것이 되었다고 하는데, 이 기와에는 오吳로 찍혀 있으니 부을나 족속이 약화되어 내성來姓 오씨가 고려중기 무렵에 도상이 되어 실무적 일을 관장했다고 추정된다. 이 오씨는 나주목 혹은 그 관할인 남평·장흥·보성 등[111] 전라도 남해안·영산강 일대의 고을에서 도래해 정착한 성씨로 여겨지는데, 탐라왕래 교통의 요충인 나주(목포 포함)에서 도래했을 가능성이 크지 않나 싶다.

그런데 의종 7년(1153) 11월 경자일(15일)에 탐라현耽羅縣 도상徒上 인용부위仁勇副尉 중련진직中連珍直 등 12인이 와서 방물方物을 바쳤다.[112] 탐라국이

---

109 남평의 土姓으로 曹·吳·兪·黃·丁·文이 있었고, 남평의 인물로 평장사 文克謙이 있었다. 『세종실록』 권151, 지리지 전라도 나주목 남평현

110 급제문신 문극겸은 명망이 높아 무신정변에도 살아남았고, 전주 출신의 무인집권자 이의방의 아우인 李隣이 문극겸의 딸과 혼인했고, 문극겸의 아들로는 侯軾과 惟弼이 있었다(『고려사』 권99, 문극겸전). 이의방이 정중부 세력에 의해 제거당하자 이린 집안은 동북면으로 피신하는데, 이린은 곧 이성계의 선조이다.

111 『세종실록』 지리지에 따르면 전라도 나주목·남평현, 장흥도호부 土姓으로 吳가 있었다. 나주 오씨로 대표적인 인물은 태조 왕건의 둘째 배필로 혜종을 낳은 장화왕후 오씨인데, 이 집안은 대대로 나주의 목포에 거주했다(『고려사』 권88, 后妃傳). 당시 목포는 나주의 포구였다.

고려에 의해 탐라현으로 편입된 것을 모르고 그 사절단이 팔관회를 축하하러 개경에 왔던 것이다. 도상徒上 중련진직中連珍直은 탐라의 전통명호를 지닌 인물이었고 도상徒上이니 훗날의 '부夫' 씨에 해당할 수도 있는데 12세기 중엽인 이때에도 탐라 지배층 중에 중국식 성씨를 거부하는 사람도 존재했던 것이다.[113]

탐라인이 토착적 명호를 오랫동안 유지하다가 11세기 중후반에 탐라 지배층이 중국식 성씨를 수용하는 경향을 보이지만 고려의종 초에 탐라현으로 편입되는 시점까지도 토착적 명호를 지닌 지배층이 있었다. 고려는 태조 왕건이 후삼국을 통일한 직후에 중앙과 지방의 지배층을 본관과 성씨로 묶어 통제하려 했고 그 후계 국왕들이 이를 관철시켜 나갔는데 탐라는 의종초까지도 그러한 대상이 될 수 없었으니, 이는 탐라가 적어도 12세기 중엽 의종초까지는 고려와는 다른 독자적 세계였음을 뒷받침한다.

8. 고려의 간섭 점증과 탐라의 내외 갈등

탐라국은 11세기경에 권력투쟁이 일어나 내분이 심화한 듯하다. 『고려사』에 따르면, 고려 정종靖宗 9년(1043) 12월 경신일(27일)에 탁라국乇羅國 성주星主 유격장군游擊將軍(종5품 하下) 가리加利가 아뢰기를, "왕자王子 두라豆羅가 근래 인졸因卒했는데, 하루라도 후사後嗣가 없어서는 안되니 청컨대 호잉號仍으로 왕자王子를 삼도록 해 주십시오" 라 하고, 방물方物을 바쳤다. 『고려

---

112 『고려사』 권18, 세가 의종 7년 11월
113 량을나족(대개 왕자족)은 대개 전통을 고수하는 입장인 듯했는데 탐라현 초기에 거병한 良守(『고려사』 권18)에서 확인되듯이 '良'을 성씨로 사용했다. '良'은 고종 16년(1229) 2월 26일에 제주 표류민 梁用才가 돌아온 데(『고려사』 권22) 보이듯이 이 이전에 '梁'으로 바뀌었다.

사절요』에 따르면, 정종 9년 12월에 탁라국乇羅國 성주星主 유격장군游擊將軍 가리加利가 아뢰기를, "왕자王子 두라豆羅가 근래 인사因死했으니, 청컨대 호 잉號仍으로 왕자王子를 삼도록 해 주십시오"라 하고 방물方物을 바쳤는데, 탁라乇羅는 곧 탐라耽羅였다.[114]

탁라국(탐라국)에서 왕자 두라가 사망하자 호잉으로 왕자를 삼기를 성주 가리가 고려에게 요청한 것인데, 당시 왕자의 계승을 왕자 집안에서 결정 한 것인지, 성주가 간여한 것인지 애매하지만 성주가 고려에 요청했으니 성주가 국왕이었다고 볼 수 있다. 탐라국이 통치자의 계승을 고려에게 요 청해 허락을 구한 것은 '주기朱記'를 하사받은 영향으로 볼 수도 있다. 하지 만 삼국, 통일신라, 고려, 조선이 중국 혹은 강대국과 조공-책봉 관계를 맺 어 통치자의 계승을 그들로부터 승인받은 사례처럼 조공-책봉 외교관계에 서 일반적으로 보이는 현상이기도 했다. 왕자王子 두라豆羅의 사망이 '인졸 因卒' 내지 '인사因死'로 표현되었으니 자연사라기보다 권력투쟁으로 인해 암살되었을 가능성을 시사한다.

고려문종 7년(1053) 2월 정축일(7일)에 탐라국왕자耽羅國王子 수운나殊雲那 가 그 자子 배융교위陪戎校尉(종9품 상) 고물古物 등을 고려에 보내와 토물土物 인 우황牛黃·우각牛角·우피牛皮·라육螺肉·비자榧子·해조海藻·귀갑龜甲 등 물건 을 바치니 왕이 왕자王子에게 중호장군中虎將軍(중무장군中武將軍: 정4품 상)을 제 수하고 공복公服·은대銀帶·채단彩段·약물藥物을 하사했다.[115] 탐라국과 고려

---

114 『고려사』 권6, 靖宗 9년 12월. "十二月庚申 乇羅國星主游擊將軍加利奏 王子豆羅 近因卒 一日不可無嗣 請以號仍爲王子 仍獻方物"; 『고려사절요』 권4, 靖宗 9년 12월. "十二月 乇羅國星主游擊將軍加利奏 王子豆羅近因死 請以號仍爲王子 仍獻 方物 乇羅卽耽羅也"
115 『고려사』 권7 및 『고려사절요』 권4, 문종 7년 2월. 中虎將軍은 곧 中武將軍이었 으니, 고려 제2대 혜종의 이름이 '武'였기에 기피하여 '武' 대신에 '虎' 자를 사용 한 것이었다.

국의 교섭은 탐라국의 성주星主가 주도해 왔는데 왕자王子가 끼어들어 고려로부터 우대를 받은 것이었으니 성주와 왕자가 권력투쟁과 이권경쟁을 벌였음을, 고려가 탐라 성주와 왕자의 갈등을 조장했음을 시사한다.

고려문종 16년(1062) 2월 을사일(27일)에 탐라耽羅 고협高叶 등이 고려에 와서 토물土物을 헌獻(공貢)했고,[116] 문종 16년(1062) 10월 기묘일(6일)에 탐라성주耽羅星主 고일高逸이 와서 방물方物(토물土物)을 바쳤는데,[117] 탐라성주가 몸소 최초로 고려를 방문한 것이었다. 문종 17년(1063) 3월 신해일(9일)에 탐라耽羅 신성주新星主 두량豆良이 내조來朝하니 명위장군明威將軍을 특수特授했다.[118] 탐라성주 고일高逸이 고려를 방문한지 5개월 정도 만에 새로운 탐라성주 두량豆良이 고려에 내조來朝하니 고려가 명위장군(종4품 하)을 특별히 제수한 것이었다. 문종 22년(1068) 3월(혹은 2월) 정묘일 혹은 2월에 탐라성주耽羅星主 유격장군游擊將軍(종5품 하) 가야잉加也仍이 와서 토물土物을 바쳤는데,[119] 이 월일은 2월 정묘일(24일)이었을 수도 있다. 선종 9년(1092) 2월 기묘일(26일)에 동여진 회화장군懷化將軍 삼빈三彬 등이 와서 마馬를 바쳤고, 탐라성주耽羅星主 의인懿仁이 와서 토물土物을 바치니 정원장군定遠將軍(정5품 상上)을 더하고 의대衣帶를 하사했다.[120] 문종~선종 때에 탐라국의 성주 고일高逸, 두량豆良, 가야잉加也仍, 의인懿仁이 몸소 고려를 방문한 일은 탐라국에 내분이 일어나 통치세력이 서로 심각한 권력투쟁을 벌였고 그래서 고려의 후원을

---

116 『고려사』 권8 및 『고려사절요』 권5, 문종 16년 2월

117 『고려사』 권8, 문종세가 및 『고려사절요』 권5, 문종 16년 10월. 『고려사』에는 方物로, 『고려사절요』에는 土物로 되어 있다.

118 『고려사』 권8 및 『고려사절요』 권5, 문종 17년 3월

119 『고려사』 권8, 문종 22년 3월조. "三月丁卯 耽羅星主游擊將軍加也仍來 獻土物"; 『고려사절요』 권5, 문종 22년 2월조. "二月 耽羅星主游擊將軍加也仍來 獻土物". 문종 22년 3월은 삭일이 癸酉여서 丁卯는 이달에 올 수 없기 때문에 三月 丁卯는 二月 丁卯의 오류일 수 있다.

120 『고려사』 권10 및 『고려사절요』 권6, 선종 9년 2월

얻으려 했음을 시사한다.

탐라 사절단장 고협高叶과 탐라 성주 고일高逸은 고씨족으로 보이는 반면 탐라의 새로운 성주 두량豆良은 고씨라기보다 량을나족일 수 있는데[121] 그렇다면 량을나 왕자족이 정변을 일으켜 고을나 성주족을 몰아내 국왕인 성주에 올라 고려의 승인을 받기 위해 몸소 고려 개경을 방문했다고 여겨진다. 고려가 두량에게 특별히 명위장군(종4품 하)을 제수한 것은 토착성이 강해 그동안 고려에게 그리 우호적이지 않던 량을나족이 고려에 손을 내밀었기 때문이 아닌가 한다. 고려는 탐라국의 양대 통치세력인 성주족과 왕자족의 갈등을 부채질하며 탐라국에 대한 영향력을 증가해 갔다고 볼 수 있다.

일본승려 성심成尋이 연구延久 4년(1072: 고려 문종26) 3월 15일에 일본 큐슈 비전국肥前國에서 당인선唐人船을 타서 중국 송을 향해 출발해, 3월 20일에 '고려국탐라산高麗國耽羅山'을 지나고, 21일에 건풍乾風이 불자 선인船人이 소동騷動해 신神에게 기도하고, 간풍艮風(북동풍)이 부니 성심成尋이 오대산五臺山 문수보살과 천태석교天台石橋 오백나한五百羅漢을 염송했다고 한다.[122] 그는 '고려국탐라산高麗國耽羅山'이라 표현했으니 탐라를 고려국의 소속으로 간주한 것인데, 당시 일본은 천황(천자)-번국(제후) 체제를 지녔기에 성심은 그러한 시각으로 고려와 탐라의 관계를 바라보았을 수 있지만, 승려 개인의 사적인 시각으로 부정확한 정보에 의거한 기록이라 하겠다. 문종 31년(1077) 12월 정축일 초하루에 요遼가 검교태부檢校太傅 양상길楊祥吉을 보내와 생신生辰(문종 생일)을 축하하고, 탐라국耽羅國이 방물方物을 바쳤으니,[123] 탐라

---

121 성주 가야잉加也仍은 고을나족인지 량을나족인지 확실하지 않다.

122 成尋 『參天台五臺山記』 第一, 延久四年三月. 한편 『고려사』 권9, 세가 및 『고려사절요』 권5에 따르면, 문종 32년(1078) 9월 계유일 초하루에 日本國이 耽羅 漂風民 高礪 등 18인을 돌려보냈는데, 이 탐라 표류민은 편의상 고려를 통해 탐라로 귀환한 것으로 보인다.

국은 여전히 독립국이었던 것이다.

그런데 탐라에 고려의 구당사가 파견된다. 문종 33년(1079) 11월 임신일(8일)에 탐라 구당사勾當使(句當使) 윤응균尹應均이 대진주大眞珠 2매枚를 바쳤는데, 광요光曜가 별(星)과 같아 당시 사람들이 이르기를 '야명주夜明珠'라 했다.[124] 고려문종 33년(1079) 11월 8일에 탐라구당사가 큰 진주 2개를 고려에 바친 것인데, 이날 이전에 고려가 탐라에 구당사를 파견했음을 알려준다. 탐라에 고려의 구당사가 파견되었다고 해서 탐라국이 고려의 속국이 된 것은 아니었다. 앞에서 살펴보았듯이 북송 증공이 탁라국 표류인을 대우한 사례에서 1079년(원풍2: 고려문종33)~1082년(문종 36) 무렵에도 탐라국이 송에게 여전히 독립국으로 인식되고 있었다. 이는 고려가 탐라에 구당사를 파견했음에도 탐라가 여전히 독립국으로 존재하고 있었음을 증명한다.

그런데 일본승려 계각戒覺의 기록이 문제이다. 그는 영보永保2년(1082: 고려 문종36) 9월 5일에 송 상인의 배에 타서 일본 축전국筑前國 박다진博多津(하카다항)을 출발해 9월 16일 밤 오경五更에 탁라산託羅山을 지났는데, 이는 '고려국高麗國의 별도別嶋'로 인민人民이 많이 거주하며 토공土貢을 근임勤任한다고 운운云云한다고 기술했다.[125] 그는 탁라산이 고려국의 다른 섬 내지 고려국과 다른 섬으로 조공을 힘써 맡는다고 한다고 언급한 것인데, 탁라(탐라)가 고려국과는 다른 세계이면서 고려국에 조공을 바치고 있다고 본 듯하다. 이 기록은 앞에서 언급한 일본승려 성심成尋의 기록처럼 승려 개인의 사적인 것이고 탁라(탐라)에 대한 언급은 '운운云云'이라 표현했듯이 주워들은 것이어서 탁라(탐라)의 위상을 정확히 반영한 것은 아니었다.

고려의 구당사는 주부군현州府郡縣에 파견된 관원이 아니라 나루에 파견

---

123 『고려사』 권9 및 『고려사절요』 권5, 문종 31년 12월
124 『고려사』 권9, 문종 33년 11월
125 戒覺 『渡宋記』 永保二年九月. "十六日 夜至五更 過託羅山 是高麗國之別嶋也 人民多住 勤任土貢 云云"

된 관원이었다. 탐라(탁라) 구당사는 후술하는 오인정의 사례처럼 탁라도乇羅島 구당사句當使로도 불렸다. 고려의 구당사句當使에 대해 살펴보면, 고려 성종 13년에 압록도鴨綠渡 구당사句當使를 두었고 후에 여러 진도津渡(나루)에 모두 구당句當이 있었다고 한다.[126] 고려가 압록강 나루에 구당사를 두었고 여러 나루에 구당을 둔 것이었으니 구당사는 나루를 담당하는 관원이었다. 특히 압록나루 구당사는 거란과의 국경인 압록강의 나루를 담당하면서 국경의 동향을 관찰하고 충돌을 예방하고 완화하는 임무를 맡았다고 볼 수 있는데, 이는 탐라 구당사의 성격을 파악하는 데에 도움을 준다.

탐라 구당사는 기본적으로 고려의 경계에 위치한 탐라의 나루(항구)에 파견된 고려 관원으로 그 나루(항구)를 중심으로 고려와 탐라가 외교·무역하는 과정에서 생겨나는 문제를 관찰하고 조정하고 고려 정부에 보고하는 역할을 담당했다고 볼 수 있다.[127] 또한 부수적으로 탐라의 상황과 정세를 살펴서 고려 조정에 보고하는 역할도 수행했다고 볼 수 있다. 탐라 구당사는 그 성격이 압록강나루 구당사와 유사했다고 여겨진다.

탐라 구당사의 활동을 좀더 살펴보자. 『고려사절요』에 따르면, 고려선종 7년(1090) 정월에 탁라구당사乇羅句當使가 아뢰기를, 성주星主 유격장군游擊將軍 가량잉加良仍이 사사死하여 모제母弟 배융부위陪戎副尉 고복령高福令이 계승했으니 봉부賵賻(부의賻儀)의 물건을 구례舊例에 준하여 내주어 보내야 마땅하다고 하니 따랐다[128]고 한다. 『고려사』에 따르면, 선종 7년 정월 기축일(23일)에 예빈성禮賓省이 탁라구당사乇羅句當使 신장申狀에 의거해 아뢰기를, 성주星主 유격장군游擊將軍 가량잉加良仍이 사사死하여 모제母弟 배융부위陪戎副尉 고복령高福令이 계승했으니 봉부賵賻의 물건을 구례舊例에 준하여 내주어 보내

---

126 『고려사』 권77, 백관지2, 外職, 勾當
127 나루는 강, 바다, 섬에 위치한다. 탐라 구당사는 파견된 곳이 바다의 섬(島)에 자리한 탐라의 나루(항구)였으므로 乇羅島 구당사로도 불린 것이었다.
128 『고려사절요』 권6, 선종 7년 정월

야 마땅하다고 하니 제가制可했다[129]고 한다.

성주 유격장군 가량잉이 사망하고 동복아우 배융부위 고복령이 성주를 계승하니 탁라구당사(탐라구당사)가 고려의 외교담당 관청인 예빈성에 보고하자, 예빈성이 고려임금에게 아뢰어 부의 물건을 구례舊例에 준하여 탁라(탐라)에 내주어 보내기를 요청하니, 고려임금(선종)이 그렇게 하라고 했던 것이다. 이는 탐라구당사가 기본적으로 연락관이었음을 알려준다. 탁라(탐라) 성주의 사망에 대한 조의표시 절차를 고려에서 외교담당 관청인 예빈성이 주관했으니, 탁라(탐라)가 고려의 구당사 파견 후에도 여전히 독립국으로 존재했음을 알 수 있다.

탐라 구당사에 대해서 오인정 묘지명이 참고된다. 오인정吳仁正은 고창현高敞縣 사람으로 25세인 인종조仁宗朝 갑진년(1124: 인종 2) 춘春에 급제해 원흥진판관元興鎭判官에 초임初任해 능명能名이 있었고 임기를 채워 개경으로 돌아왔지만 강개慷慨하게 뜻을 지켜 세속世俗과 부침浮沉하지 않았기 때문에 10년 동안 재임용되지 않아 성동城東 작동鵲洞의 북쪽에 거처해 혹 궁경躬耕하여 처자妻子를 먹였지만 방문하는 수레가 많고 학사學士가 모두 사존師尊했다고 한다. 때에 그의 은문恩門(좌주座主)인 김부식金富軾이 조정에서 정政(인사)을 관장했는데 사림士林 무리가 모두 그의 지절志節을 김상국金相國(재상 김부식)에게 말했고, 그 역시 고검시古劍詩를 지어 바치니, 상국相國(김부식)이 탄식하며 말하기를, "그대는 문생門生인데 어찌 일찍 (나에게) 나아오지 않았는가" 하고 탁라도구당사乇羅島句當使를 맡도록 했다. 오인정이 고쳐 경관京官을 받고 싶어 하자, 가빈家貧 낙백落魄한 오인정에게 그 땅(탁라)이 의식衣食에 도움이 될 수 있다고 상相(김부식)이 설득했다고 한다. 오인정이 명령을 받들어 바다를 건너 부임해 3년 임기를 마치고 육지로 돌아와 무슨 판관判官을 지냈고, 금金 정원貞元3년 을해년(1155: 의종 9)에 어느 지방으로 나갔다가 질병

---

129 『고려사』 권10, 선종 7년 정월

그림 24. 오인정 묘지명(국립중앙박물관 소장):
'乇羅島句當使(탁라도구당사)'가 새겨져 있음

에 걸려 개경으로 돌아와 그 해 7월에 질병으로 인해 세상을 떴고, 묘지명 제목의 직함이 익양부녹사翼陽府錄事인 점으로 보아 중간에 익양부녹사를 역임했다.[130] 탁라도구당사가 의식衣食에 도움이 될 수 있다고 했으니 이 직책으로 근무하면 한 몫 챙길 수 있었다는 것인데, 탐라가 구당사에게 선물을 넉넉히 주었을 수도 있지만 탐라 구당사가 무역 관련 업무를 맡았기에

---

130 吳仁正 묘지명(海東高麗國翼陽府錄事吳 墓誌: 국립중앙박물관 소장). 묘지석이 가운데가 파손되어 판독하기 어려운 부분이 많다.

일종의 알선비 내지 수고비를 챙길 수 있었으리라 여겨진다.

오인정의 좌주 김부식이 인사행정을 관장한 시기는 언제였을까? 김부식은 인종 13년 정월에 묘청妙淸·유참柳묘·조광趙匡 등이 서경(평양)에서 기병하자 왕명을 받아 개경군을 이끌고 토벌에 나서 인종 14년 2월에 서경성을 함락하고 3월에 문하시중 판이부사判吏部事에 임명되어 4월에 개경으로 개선했고, 인종 20년 3월에 세 번 표문을 올려 치사致仕를 요청해 허락받아 퇴임했다.[131] 김부식이 인종 14년 3월~20년 3월에 재상으로서 문반인사를 총괄했으니 오인정의 탁라도구당사 임명 때는 이 사이에 해당한다. 오인정이 묘지명에 봄철에 급제했다고 되어 있지만, 그는 4월에 과거에 응시하고 5월 1일에 최종 급제명단이 발표되었다.[132] 오인정이 1124년(인종 2) 5월에 급제해 빨리 원흥진판관元興鎭判官에 임명되어 3년 임기를 마쳤다면 그 후 10년 동안 다시 임용되지 못하다가 김부식에 의해 임용되었으니 인종 15~16년 무렵에 탁라도구당사에 임명되었다고 추정된다.

오인정은 지방 방어진防禦鎭과 주州·군郡에 설치된 판관判官(7품)[133]을 역임했는데 이 판관은 7품이었지만 그 위상은 중앙직의 말단인 8~9품 정도에 해당했다. 그는 탐라에서 올라온 이후에 중앙직으로 익양부녹사翼陽府錄事를 지냈는데, 익양부는 의종의 아우인 익양후翼陽侯(훗날 명종)의 관부이고 그 소속 녹사는 종9품이었다.[134] 오인정은 지방 7품직과 중앙 9품직을 역임했

---

131 『고려사』 권98, 김부식전 ; 『고려사』 권16·17 및 『고려사절요』 권10, 해당 연월
132 인종 2년 4월에 중서시랑 金若溫이 知貢擧로, 병부시랑 金富軾이 同知貢擧로 進士를 취하니 왕이 高孝冲 등 37인에게 及第를 하사했고(『고려사』 권73, 선거지1, 과목 1, 凡選場), 인종 2년 5월 정축일 초하루에 高孝冲 등에게 급제를 하사했다(『고려사』 권15, 세가), 오인정은 이 때 급제한 것이었다. 고려시대에 과거 고시관을 '좌주(은문)'라 하고, 그 밑에서 급제한 자를 '門生'이라 하면서 서로 끈끈한 관계를 형성했다.
133 『고려사』 권77, 백관지2, 外職
134 『고려사』 권19, 세가 명종총서 ; 『고려사』 권77, 백관지2, 諸妃主府·諸王子府. 고

고 그 중앙 9품직인 익양부녹사가 묘지명의 제목으로 내걸어졌으니,[135] 탁라도구당사는 이러한 정도의 위상을 지녔다고 볼 수 있다. 탐라(탁라) 구당사는 이처럼 고려에서 말단 관리가 파견되었고 주부군현州府郡縣 단위의 지방관도 아니었으니 탐라에 영향력을 행사하기 어려웠고 연락관 정도의 임무를 수행했다고 볼 수 있다. 단, 그렇더라도 구당사 파견은 고려의 탐라에 대한 간섭을 초래할 여지는 있었다.

한편, 11세기 후반 무렵에 고려가 탐라에 대해 '아我'라고 표현한 사례가 보인다. 고려선종 5년(1088) 7월에 송宋 명주明州가 '아탐라我耽羅' 표풍인飄風人 용협用叶 등 10인을 돌려보냈고,[136] 고려숙종 4년(1099) 7월 신유일(20일)에 송이 '아탁라我乇羅' 실선인失船人 조섬趙暹 등 6인을 돌려보냈다고 한다.[137] 송이 탐라(탁라) 표류인을 고려로 보낸 것인데 이것을 가지고 송이 탐라를 고려의 소속으로 간주했다고 하면 비약이니, 당시 송과 고려는 공적사적으로 활발하게 교류했으므로 송이 탐라 표류민을 송-고려 왕래 선박편에 실어보내는 것이 편리했기 때문이라 보아야 한다.

고려가 탐라(탁라)에 대해 '아我'를 붙여 고려의 탐라(탁라)처럼 표현한 것은 탐라(탁라)가 고려 천하의 제후국임을 나타낸 것이니 탐라국이 부정된 것은 아니었다. 중국이 사이四夷를 설정해 '사이'가 중국 천하에 속한 것처럼 묘사했다고 해서 '사이'가 중국에 속한 것은 아니었다. 명이 고려와 조선을 명의 영역으로 간주하는 표현을 종종 사용했고, 조선시대 기록물에서 '유명조선有明朝鮮'[138]이라는 표현이 많이 발견되지만, 그렇다고 해서 고려와

려는 국왕의 아들과 형제를 諸王 내지 親王이라 칭하며 公·侯를 책봉하고 그들을 위해 府를 설치했다.

135 오인정은 말단직을 전전하다가 끝났는데, 좌주 김부식이 인종 20년에 조기 퇴임(사실상 실각)한 일도 영향을 미쳤을 것이다.

136 『고려사』 권10 및 『고려사절요』 권6, 선종 5년 7월

137 『고려사』 권11 및 『고려사절요』 권6, 숙종 4년 7월

138 '有明朝鮮'은 그 의미에 대해 의견이 분분하지만 '明 천하의 조선', '明 시대의 조

조선이 명의 영역이거나 속국은 아니었다. 그러한 것처럼 고려가 탐라에 대해 '아我'라 했다고 해서 탐라가 고려의 소속은 아니었는데, 단 고려가 탐라를 자신의 소속으로 간주하려는 경향과 탐라에 대한 영향력을 증가하려는 시도가 나타나고 있었음을 시사한다.

9. 12세기초 고려 격변과 1105년 탐라군 문제

『고려사』 지리지에 따르면, 고려숙종 10년(1105)에 탁라乇羅를 고쳐 탐라군耽羅郡으로 삼았다고 한다.[139] 이를 그대로 받아들인다면 탐라국(탁라국)은 1105년에 멸망한 것이 되는데 과연 그러했는지 따져보기로 한다.

고려 숙종 원년(1096) 9월 경자일(12일)에 탁라성주乇羅星主가 사람을 고려에 보내와 즉위를 축하했다.[140] 숙종 2년(1097) 6월 갑오일(12일)에 송이 '아표풍인我漂風人' 자신子信 등 3인을 돌려보냈는데, 이전에 탐라민耽羅民 20인이 배를 탔다가 표류해 나국騾國에 들어가니 모두(대부분) 살해당했지만 오직 이 3인이 탈출해 송에 이르렀다가 이때에 돌아온 것이었다.[141] 탐라민 20인이 표류해 나국에 들어갔다가 그 중에서 자신子信 등 3인이 생환했다. 숙종 4년(1099) 7월 신유일(20일)에 송이 '아탁라我乇羅 실선인失船人' 조섬趙暹 등 6인을 돌려보냈다.[142] 당시 고려는 이들 탁라(탐라) 표류인을 '아표풍인我漂風人', '아탁라我乇羅 실선인失船人'이라 했으니 고려 천하의 일원으로 간주

선' 정도로 해석된다. 조선시대 사대부(특히 유자儒者)가 中華와 유교를 존숭하면서 '有明朝鮮'을 자랑스럽게 남용했는데, 부끄러운 행위로 낯이 뜨거워질 뿐이다.

139 『고려사』 권57, 지리지2, 全羅道 羅州牧 耽羅縣. "肅宗十年 改乇羅爲耽羅郡"
140 『고려사』 권11 및 『고려사절요』 권6, 숙종 원년 9월
141 『고려사』 권11 및 『고려사절요』 권6, 숙종 2년 6월
142 『고려사』 권11 및 『고려사절요』 권6, 숙종 4년 7월

한 셈이었지만 조공-책봉 관계에서 나온 상징적인 인식이었다. 『고려왕조실록』 등을 바탕으로 조선초기에 찬술한 『고려사』와 『고려사절요』에서 고려 숙종 2년 6월과 4년 7월에 해당하는 시기의 탐라(탁라) 표류인을 그렇게 표현했으니 당시 탐라가 고려 소속으로 착각될 수 있지만 당시 탐라는 고려의 조공국이지 속국은 아니었다.

고려 숙종 6년(1101) 9월에 남경개창도감南京開創都監을 설치하고 문하시랑평장사 최사추崔思諏·어사대부 임의任懿·지주사知奏事 윤관尹瓘과 소부김少府監 치사致仕 문상文象·춘관정春官正 음덕전陰德全·추관정秋官正 최자호崔資顥에게 명령해 남경 자리를 상相(여러모로 관찰)하도록 했고, 10월 을미일(8일)에 탁라乇羅 신성주新星主 배융부위陪戎副尉 구대具代로 유격장군遊擊將軍을 삼았고, 이날에 최사추 등이 돌아와 아뢴 바에 따라 삼각산三角山(북한산)·면악面嶽(북악)의 남쪽 일대에 남경을 건설하기로 결정했고, 다음날인 병신일(9일)에 남경을 비로소 창건함으로 인해 종묘·사직·산천에 고했다.[143] 탁라(탐라)에서 고려로부터 배융부위(종9품 하)를 받았던 구대具代가 새로 성주에 오르면서 고려로부터 유격장군(종5품 하)을 받은 것이었으니 고려와 조공-책봉 관계가 유지되고 있었는데, 고려는 탁라성주 구대를 유격장군으로 삼은 날에 양주(한양)에 남경을 건설할 구체적인 자리를 결정했다. 숙종 6년(1101) 11월 신미일(14일)에 팔관회를 개설해 왕이 법왕사에 행차하고, 송상宋商과 탐라耽羅·동북번東北蕃 추장酋長 등이 와서 토물土物을 바쳤다.[144] 탐라 추장이 송상 및 동북여진 추장과 함께 외국인으로서 고려 팔관회를 축하한 것이었으니 탐라는 독립국으로 존속하고 있었다.

그런데 숙종 말년에 고려에게 큰 위기가 닥친다. 동여진 추장酋長 영가盈歌가 숙종 7년 4월 갑진일에 고려에 사使를 파견해 내조來朝했다.[145] 동여진

---

143 『고려사』 권11 및 『고려사절요』 권6, 숙종 6년 9월·10월
144 『고려사』 권11 및 『고려사절요』 권6, 숙종 6년 11월
145 『고려사』 권11, 숙종 7년 4월. 盈歌는 훗날 金이 건국되면 穆宗으로 추증된다.

태사太師 영가盈歌가 숙종 8년(1103) 7월 갑진일(27일)에 고려에 사使를 파견해 내조來朝했고, 11월 병신일(20일)에 고쇄古酒·솔부率夫·아로阿老 등을 보내와 토물土物을 바쳤다.[146]

그러다가 숙종 9년(1104) 정월 신사일(6일)에 동여진 추장 오아속烏雅束(영가盈歌의 조카)이 별부別部 부내로夫乃老와 틈이 생겨 공형公兄 지조之助를 파견해 병력을 동원해 공격하면서 그 기병騎兵이 와서 고려의 정주관定州關 밖에 주둔했다. 계미일(8일)에 왕이 문하시랑평장사 임간林幹으로 판동북면행영병마사判東北面行營兵馬事를 삼아 부월鈇鉞을 주어 가서 대비하게 하고, 또 직문하성直門下省 이위李瑋로 서북면 행영병마사行營兵馬使를, 위위경衛尉卿 김덕진金德珍으로 동북면 행영병마사를 삼았다. 2월 임자일(8일)에 임간林幹이 여진과 정주성定州城 밖에서 전투해 패배하자, 유사有司가 임간 및 병마사兵馬使 좌복야左僕射 황유현黃兪顯, 부사副使(병마부사) 대장군 송충宋忠·호부시랑 왕공윤王公胤·우승선右承宣 조규趙珪의 패배죄를 탄핵하니 그들 모두를 파직했다. 을축일(21일)에 왕이 추밀원사樞密院使 윤관尹瓘으로 동북면 행영병마도통行營兵馬都統을 삼아 부월鈇鉞을 주어 파견했다. 3월 정축일(4일)에 윤관이 여진과 전투해 30급級 남짓을 베었지만 아군我軍 사상함몰자死傷陷沒者가 과반過半이었다. 6월 갑인일(13일)에 동북면 병마도통(윤관)이 아뢰기를, "여진이 스스로 장채場寨를 헐고 공형公兄 지조之助 등 68인이 관關을 두드리며 화해를 요청합니다"라고 했다.[147]

숙종 9년(1104) 2월에 임간林幹이 이끄는 고려군이 여진과 전투해 패배했고, 3월에 윤관尹瓘이 이끄는 고려군이 여진과 전투해 사상함몰자死傷陷沒者가 과반過半이었으니 사실상 패배였다. 고려군이 고려를 사대해 온 여진의

---

146 『고려사』 권12, 숙종 8년 7월 및 11월. 女眞 중에 黑水에 거처하는 자가 部族이 날마다 强해지고 兵이 더욱 精悍했는데, 盈歌는 흑수여진 完顏部의 통치자였다.

147 『고려사』 권12, 숙종 9년. 完顏部 통치자 烏雅束은 盈歌의 조카이며 훗날 아우 阿骨打(태조)에 의해 금이 건국되면 康宗으로 추중된다.

군에게 두 차례 패배한 것은 고려와 숙종에게 치욕을 안겼으니 숙종은 자존심을 회복하고 민심을 수습하면서 복수를 도모해야 했다. 숙종은 남경과 서경 순행을 통해 자신의 위상을 고양하려 했다.

숙종 9년 5월 갑오일(22일)에 남경南京 궁궐이 완성되었다.[148] 문종이 양주(한양)에 남경을 설치했다가 폐지했었는데 아들 숙종이 4년 9월 이래 남경 설립을 의논해 6년 9월 이래 남경 건립 사업을 추진해 온 것이 대략 완성된 것이었다.[149] 숙종은 9년 7월에 개경에서 남경을 향해 출발해 8월에 남경에 도착해 여러 행사를 거행하고는 남경을 떠나 9월에 장원정長源亭 일대에 머물다가 10월에 개경으로 돌아왔다.[150] 숙종은 이어서 10년(1105) 8월 을해일(11일)에 서경(평양)으로 순행하여 임오일(18일)에 서경 감진전感眞殿에서 태조진太祖眞을 알현하고 오성전五星殿을 알현하고 장락전長樂殿에 나아가 백관 조하朝賀를 받았다. 기축일(25일)에 창화문昌化門에서 활쏘기를 사열하고 경인일(26일)에도 역시 그러했는데 태자가 과녁을 적중하니 뭇 신하가 축하했다. 계사일(29일)에 경계輕繫(경범죄자)를 석방했다. 9월 무술일(4일)에 인예태후(숙종 모후) 휘신도량諱辰道場(기일재)으로 인해 장경사長慶寺에 행차했다. 임자일(18일)에 영작원營作院 문에 나아가 무사武士 사어射御를 사열했다. 병진일(22일)에 왕이 병들어 정사일(23일)에 서경을 출발했다. 10월 을축일(1일)에 왕이 질병 위독해 금교역金郊驛에 차次하고, 병인일(2일) 야반夜半에 금교金郊를 출발해 개경성 장평문 밖에 이르러 연輦 중에서 세상을 떠 지명遲明에 서화문에 도착하자 발상發喪했다. 이날에 예종이 태자로서 유조遺詔를 받들어 즉위했다.[151]

숙종은 9년(1104) 7월~8월에 남경에 순행하더니, 10년(1105) 8월~9월에

148 『고려사』 권12, 숙종 9년
149 『고려사』 권11, 숙종 세가
150 『고려사』 권12, 숙종 9년
151 『고려사』 권12, 숙종 10년 및 예종 총서

서경에 순행했다가 10월에 위독해 개경으로 진입하면서 세상을 떴다. 숙종 10년에 탁라乇羅를 고쳐 탐라군耽羅郡으로 삼았다고 했으니, 숙종 10년 1월~9월에 해당하는데 8월~9월에 서경에 순행했을 때였을 가능성이 크다. 서경 평양은 고려 임금이 이곳에서 종종 '유신維新' 조서詔書를 반포해 정책의 전환을 과시했고 고려의 대외 정벌의 근거지로 이용되었기에 더욱 그러하다. 숙종은 서경에 순행해 여진에 대한 복수를 도모하면서 탁라(탐라)를 탐라군으로 삼는다고 선언함으로써, 여진에 의해 구겨진 자존심을 회복하려 했던 것으로 보인다. 하지만 이는 선언적인 의미가 강하여 행정적 물리적 조치를 취하지 못했다. 탐라가 고려의 군郡으로 편제되었으면 고려가 탐라에 지사知事(군수)를 파견해 통치해야 했는데 그러하지 못했기 때문이었다.

고려 숙종이 탁라를 고쳐 탐라군이라 한 것은 고려의 일방적인 선포로 탐라는 여전히 독립국으로 존속했다고 여겨진다. 대조영이 고구려 유민과 말갈족을 규합해 당군을 물리쳐 진국振國(震國) 즉 발해국을 세웠지만, 당은 이를 인정하지 않아 발해군渤海郡이라 하고 대조영과 역대 임금들에게 발해군왕渤海郡王을 책봉하다가 정원貞元14년(798)에야 발해국을 인정해 발해국왕渤海國王이라 책봉했다.[152] 당이 발해국과 그 임금을 발해군, 발해군왕이라 오랫동안 지칭했다고 해서 발해가 독립국이 아니었는가? 발해 자신은 당이 그렇게 지칭한 시기에도 엄연히 독립국가로 존재하며 당과 극렬히 전쟁하기도 했다. 몽고 원元의 사신이 지원15년(1278)에 점성국占城國(참파왕국: 베트남 중남부 국가)에 갔다가 돌아와 그 왕이 몽고에 내부內附 의사를 지니고 있다고 전하자 세조(쿠빌라이칸)가 그 왕을 점성군왕占城郡王에 책봉했지만,[153] 당시 점성국은 엄연한 독립국가이고 그 통치자는 국왕이었다. 몽고 원은 점성에 대해 군郡과 군왕郡王으로 취급했지만 점성 자신은 국國이고 국왕이

---

152 『舊唐書』 北狄列傳, 渤海靺鞨 ; 『册府元龜』 권965, 外臣部 封册
153 『元史』 권210, 列傳97, 占城

다스렸다. 이러한 사례는 숙종 10년 '탐라군'을 이해하는 데 도움을 준다. 고려는 탐라를 탐라군耽羅郡으로, 그 군주 내지 성주를 탐라군왕耽羅郡王으로 간주하게 된 것으로 보이지만, 탐라는 여전히 국國을 유지하면서 국왕을 지닌 독립국으로 존속한 것으로 여겨진다.[154] 이는 후술하듯이 고려인종 원년(1123)에 고려에 사신으로 왔던 서긍이 『고려도경』에서 담라국(탐라국)을 고려에 의해 통제되지 않는 독립국으로 언급한 사실이 뒷받침한다.

예종은 즉위해 부왕 숙종의 상례를 마치자 부왕의 복수를 외치며 윤관을 총사령관으로 임명해 2년(1107) 12월 이래 여진 정벌에 나서게 했다. 윤관의 고려군은 여진에게 많은 타격을 가해 일단 성공해 이른바 9성을 쌓았지만 여진의 끈질긴 반격으로 인해 고려는 인적·물적으로 많은 피해를 당했다. 여진이 요청하고 고려가 받아들이는 형식으로 화해가 성립했는데, 고려는 여진으로부터 계속 고려를 사대하겠다는 약속을 얻어냈지만 9성을 여진에게 돌려주어야 했다. 이리하여 고려에 평화가 찾아왔지만 윤관은 실각하고 고려와 예종은 체면을 구겼다. 예종은 송의 휘종을 모방해 도교에 심취했다.

고조기(고당유)가 예종 2년(1107)에 급제해 남주南州에 출수出守해 청백淸白하게 공무를 수행했다고 하니,[155] 고려군이 여진과 전쟁을 한창 벌이는 와중에 고조기는 남주南州 즉 고려의 남부 지방의 관원으로 근무하고 있었던 것이다. 그가 지은 「진도강정珍島江亭」 시는 진도군의 강가(바닷가) 정자 즉

---

154 고려 숙종이 탁라를 탐라군으로 삼았다고 한 이후에는 『고려사』와 『고려사절요』의 연대기 기사에서 탐라국이 보이지 않는다. 이는 고려가 탐라를 탐라군으로 간주해 고려왕조실록에 싣지 않았을 가능성, 고려왕조실록에는 실려 있었지만 조선초에 고려사를 편찬하면서 고려 숙종의 그러한 조치를 기준으로 삼아 연대기에서 탐라국 관련 기사를 삭제했을 가능성을 상정해 볼 수 있다.

155 『東文選』권101, 「星主高氏家傳」(鄭以吾 찬술) ; 『고려사』권73, 선거지1, 과목1, 凡選場 ; 『고려사』권98, 열전11, 高兆基

그림 25. 진도 벽파항과 벽파정(필자 촬영):
고조기가 「진도강정珍島江亭」 시를 지은 무대이다.

벽파정碧波亭을 주제로 읊은 것인데,[156] 그가 남주(아마 진도)에 근무할 때 지은 것으로 보인다. 그는 이 시에서 읊기를, "숲속 길을 다 가니 때에 포구浦口에 선박이 돌아오는구나, 물은 천리千里 땅을 두르고 산은 일애一涯 하늘을 막고 있네, 객客이 대낮에 외로이 뗏목(배)에 타서 청운靑雲 상계上界의 신선이 되었다가, 돌아와 사물에 느낌이 많아 취醉하여 먹물을 강 안개에 뿌리네"라고 했다. 벽파정은 진도군 동쪽 30리 도구渡口에 자리한 정자로, 고조기가 여기에 올라 풍광을 읊었던 것인데, 그는 훗날 몽고·고려 연합군이 삼별초와 전투하며 이곳 등으로 진입해 진도를 함락하고 이어서 그의 고향 탐라를 침략하리라는 사실을 전혀 예상하지 못했을 것이다.

---

156 『신증동국여지승람』 권37, 전라도 진도군 樓亭. 碧波亭 ;『동문선』 권9, 五言律詩, 「珍島江亭」. 벽파정을 江亭이라 한 것은 이 정자가 진도 북동쪽 해안의 나루에 자리하며 바다를 사이에 두고 해남과 마주하는데 이 바다가 강처럼 보이기도 했기 때문이었다.

고려가 정신 승리를 위해 문치주의에 침잠하고 있던 예종 8년(1113) 6월에 송이 진도현珍島縣 표풍민漂風民 한백漢白 등 8인을 돌려보냈다. 이전에 한백漢白 등이 매매賣買로 인해 탁라도乇羅島에 갔다가 바람으로 인해 표류해 송 명주明州(영파)에 이르니 본주本州(명주)가 성지聖旨(송황제 명령)를 받들어 각각에게 견絹 20필疋, 미米 2석石을 하사해 고려에 돌려보낸 것이었다.[157] 예종 8년(1113) 6월 이전에 진도현 사람인 한백漢白 등이 매매하러 탁라도(탐라도)에 갔다가 표류해 송 명주(영파)에 이르렀던 것인데 탁라(탐라)가 '도島' 즉 섬으로 표현되었다고 해서 그것이 행정적인 위상을 의미하지는 않았다. 숙종 10년(1105)에 탁라를 고쳐 탐라군耽羅郡으로 했다는 『고려사』의 기록을 그대로 받아들인다면 탐라는 예종 8년(1113)에 탐라군耽羅郡이었다고 할 수 있지만 숙종 10년의 그것이 고려의 일방적인 선언이었을 수 있음이 고려되어야 한다.

고조기高兆基(고당유)가 금양현金壤縣(통주通州)에 묵으며 시를 짓고, 운암진雲巖鎭에서 시를 지었다.[158] 특히 운암진 시에서 읊기를, "바람이 호산湖山에 드니 일만 구멍이 부르짖고, 숙운宿雲이 다 돌아가니 변방 하늘이 높네. 창응蒼鷹이 곧바로 백천척百千尺 날아오르니 어떤 자디잔 티끌이 깃털을 더럽히리오"라고 했는데, 최자가 품평하기를 사의辭意가 호장豪壯하다고 했다. 금양현(통천)과 운암진은 이웃 고을로 금강산 북쪽에 위치했으니, 고조기가 동북면에 나가 병마사영 혹은 진鎭·현縣에서 근무한 것이었다. 고조기의 시 「기원寄遠」(멀리에서 부치며)[159]은 이 때 동북면에서 지은 것으로 여겨지는데, 그

---

157 『고려사절요』 권8 및 『고려사』 권13, 예종 8년 6월

158 『신증동국여지승람』 通川 題詠 ; 『동문선』 권9, 「宿金壤縣」 ; 『동문선』 권19, 「書雲巖鎭」 ; 『보한집』 상권

159 『동문선』 권19, 「寄遠」(고조기). "錦字栽成寄玉關 勸君珍重好加飱, 封侯自是男兒事 不斬樓蘭未擬還". 玉關은 玉門關의 약칭으로 보이는데, 옥문관은 돈황 일대에 자리한 중국 서쪽의 關門이었다. 樓蘭은 중국에서 흉노 등 돈황 서쪽의 오랑캐를

는 이 시에서 읊기를 "금자錦字(비단글자)로 지어 옥관玉關(옥문관玉門關)에서 부치나니 군君께서는 진중珍重하게 음식을 잘 드십시오, 봉후封侯는 본디 남아男兒의 일이니 누란樓蘭(오랑캐)을 베지 않고는 돌아가지 않으려 합니다" 라고 했다. 고조기는 고려 동북면에서 근무하면서 여진족을 물리치는 공로를 세우고야 돌아가 고려의 후작에 책봉을 받겠노라고 군君(고려 임금)에게 포부를 밝혔다. 그는 이 시의 내용으로 보아 동북면 병마사영의 관원으로서 안변도호부(등주), 화주和州, 정주定州, 금양현(통주), 운암진 등을 순력하면서 여진족에 대처했다고 여겨진다.[160]

고조기가 동북면에 근무한 때는 윤관과 오연총이 여진을 정벌해 9성을 쌓고 지킬 때, 고려가 여진과 화해해 9성을 돌려줄 때, 아니면 그 후 여진과의 국경지역이 안정기에 접어든 예종말~인종초 등을 상정해 볼 수 있다. 누란樓蘭(오랑캐)을 베어죽이겠다는 의지를 표명한 것으로 보아 윤관과 오연총이 9성을 쌓아 지킬 때일 가능성이 있는데, 여진과의 전투 기록에 보이지 않는 것으로 보아 정주定州 이북의 새 개척지보다 그 이남의 기존 지역을 방어하는 임무를 주로 수행하지 않았나 싶다. 탐라국 출신의 그가 여진족을 물리치는 공로를 세워 고려의 후작에 책봉 받겠다는 포부는 고려에 동화同化되어 가는 모양새이니 탐라국의 운명에 먹구름을 몰고 온다.

고려에서 예종이 죽고 어린 왕자 인종이 외조부 이자겸의 도움으로 숙부를 물리치고 왕위에 올랐다. 인종 원년(1123)에 송 사절단이 개경에 와서 고려 측의 응대를 받으며 여러 의례에 참여했다. 이 사절단을 사적으로 만

지칭했던 용어이다. 고조기는 이 시를 동북면, 아마 關門이 설치된 定州에서 지었을 수 있다. 그는 고려 동북면 변경에서 근무하면서 여진족을 상대한 일을 중국이 옥문관에서 누란을 상대한 일에 비유한 듯하다.
160 한편 고조기는 「安城驛」 시와 「永淸縣」 시를 지었다(『동문선』 권9). 안성역은 金郊道의 역으로 平州에 속하고 영청현은 평양 근처의 고을이었으니, 고조기는 고려의 서북면 일대에서도 근무한 적이 있었다.

나 선물을 증정한 고려 관원들도 많았는데 그 중에 합문閣門(각문閣門)의 관원이 합문지후閣門祗候 고당유高唐愈를 포함해 다수 포함되어 있었다.[161] 고당유(고조기)가 인종 원년(1123)에 조회의례朝會儀禮를 관장하는 합문의 지후로 근무하고 있었던 것이다. 고려에서는 대개 6품 이상이 참직叅職으로 국왕 행차의 의례에 참석할 수 있었는데 당시 기준으로 노비 관련 등 기본적인 하자가 없어야 임명될 수 있었고 참직에 오르면 고위직으로 가는 길이 열리는 것이었다. 그런데 합문지후는 정7품이었지만 참직으로 대우받았으니[162] 고당유(고조기)는 인종 원년(1123)에 참직에 올라 있었던 것이며 아직까지도 '고당유'라는 성명을 사용하고 있었다.

인종 원년(1123) 송 사절단의 일원인 서긍이 『고려도경』에서 언급하기를, 고려는 남쪽으로 요해遼海와 격隔하고, 서쪽으로 요수遼水와 거距하고, 북쪽으로 계단契丹(거란) 구지舊地와 접하고, 동쪽으로 대금大金과 거距하고, 또한 일본·유구流求·담라聃羅·흑수黑水·모인毛人 등 국國과 견아犬牙(개의 이빨)처럼 어긋나 상제相制(서로 견제)한다고 했다.[163] 송은 고려인종 원년(1123) 당시에도 담라국聃羅國 즉 탐라국을 고려와는 다른 독립국으로 인정했으니, 탐라는 고려숙종이 말년에 탁라를 탐라군이라 선언한 후에도 탐라국으로

---

161 『宣和奉使高麗圖經』 권8, 人物
162 閣門(閣門)은 朝會儀禮를 관장했고, 문종 때 정하기를, 判事는 정3품, 知事는 兼官, 使는 정5품, 引進使는 2인으로 정5품, 引進副使는 종5품, 閣門副使는 정6품, 通事舍人 4인과 祗候 4인은 정7품, 權知祗候는 6인이었다(『고려사』 권76, 백관지1, 통례문). 신종5년에 祗候는 文·吏 각3인인데 승격해 叅秩로 했다고 되어 있지만 훨씬 이전에 이미 참질로 되어 있었다. 의종이 內豎(內僚) 鄭諴에게 犀帶를 하사하고 權知閣門祗候에 임명하자 대간이 宦者(환관)가 朝官에 叅하는 것은 古制에 없다고 간쟁하며 임명장에 서명하기를 거부하면서 왕과 오래 갈등했으니(『고려사』 권122, 열전 宦者), 합문지후가 참직이 되어 있었음을 알려준다.
163 『宣和奉使高麗圖經』 권3, 城邑, 封境. "高麗. 南隔遼海 西距遼水 北接契丹舊地 東距大金, 又與日本·流求·聃羅·黑水·毛人等國, 犬牙相制"

존속했음을 알려준다.

고조기는 「성주고씨가전」에 따르면 인왕조仁王朝(고려 인종 때)에 대각臺閣에 출입하며 직언直言하고 감히 간언하기를 좋아했다고 한다.[164] 인종 8년(1130) 4월에 지어사대사知御史臺事 이주연李周衍, 중승中丞 임원준任元濬, 잡단雜端 황보양皇甫讓, 시어사侍御史 고당유高唐愈, 전중시어사殿中侍御史 문공원文公元 등이 상소해 시폐時弊를 말했지만 왕은 단지 2~3사항을 따랐을 뿐이었다.[165] 고당유(고조기)는 인종 8년(1130) 4월에 시어사侍御史(종5품)로서 고려의 대관臺官 즉 어사대의 관원으로 활약하고 있었으니[166] 인종 원년(1123)~인종 8년(1130) 4월 사이에 시어사에 임명되었던 것이다.

고려의 대관臺官은 감찰을 관장했을 뿐만 아니라 간관諫官과 함께 언론 활동을 수행했고 대관과 간관을 통틀어 대간臺諫이라 불리는 청요직이었다. 고당유의 부친 고유는 탐라 출신이어서 대간 임용이 취소되었던 반면 고당유는 대간에 임용되어 활동했다. 그 이유로는, 고당유는 탐라인이지만 고려 정계에 진출한 2세대여서 고려에 귀화한 사람으로 간주되었기 때문일 수 있다. 또한 고려 숙종이 말년에 탁라(탐라)를 탐라군이라 선포했기에 그 이후 고려 과거에 급제해 고려에 벼슬한 고당유를 고려 조정이 넓은 의미의 고려인의 범주에 넣었기 때문일 수 있다. 또한 고당유가 고려왕조에 대한 충성을 보였기 때문일 것이다. 고당유의 고려 청요직 진출은 고려 고위직으로의 승진을 보장받는 것이었지만 탐라국의 이해利害와 관련되어 있었다.

---

164 『東文選』 권101, 「星主高氏家傳」(鄭以吾 찬술)

165 『고려사』 권16 및 『고려사절요』 권9, 인종 8년 4월

166 고려 御史臺는 時政을 論執하고 風俗을 矯正하고 糾察·彈劾하는 임무를 관장했다. 문종이 정하기를, 判事(1인)와 大夫(1인)는 정3품, 知事(1인)와 中丞(1인)은 종4품, 雜端(1인)과 侍御史(2인)는 종5품, 殿中侍御史(2인)는 정6품, 監察御史(10인)는 종6품(文·吏 각 5인)이었다. 『고려사』 권76, 백관지1, 사헌부

인종 8년(1130) 7월 경신일(20일)에 시어사侍御史 고당유高唐愈를 좌천해 공부원외랑工部員外郞으로 삼았다. 이전에 이자겸이 용사用事했을 때 산승山僧 선서善諝의 말에 따라 홍경원弘慶院을 수리하면서 승정僧正 자부資富 및 지수주사知水州事 봉우奉佑로써 그 사업을 주간하도록 하자 주현州縣에서 정丁을 징발해 해害가 됨이 심히 컸었다. 그런데 이자겸이 패배하자 자부資富는 이 사업에 연좌되어 섬에 유배되었지만 오직 봉우奉佑가 평소 환관宦官과 결탁해 요행히 복직復職하니, 고당유가 불가不可하다고 고집해 두세 번 상소하여 논박論駁했기 때문에 왕의 뜻에 거슬려 대관에서 해임되어 공부의 원외랑(정6품)으로 좌천된 것이었다.[167]

고당유(고조기)는 곧 대관臺官으로 복직되었다. 이자겸의 난 때 조신朝臣이 모두(대부분) 협종脅從 실절失節했지만 덩쿨처럼 퍼진 그 지당支黨에 의지해 처벌에서 벗어나 재보宰輔에 이른 자가 많았다. 고조기가 그들을 척거斥去하고자 하여 누차 상서上書해 힘을 다해 간쟁하기를, "비록 성상聖上이 관대寬大해 그들의 자질疵疾(疵疾: 허물)을 가릴 지라도 그들이 무슨 면목面目으로 조정에 서서 일월日月을 보리까"라고 했다. 왕이 비록 고조기의 말을 옳다고 여겼지만 차마 대신大臣을 다 버릴 수가 없어 이윽고 고조기를 발탁해 예부낭중禮部郞中으로 삼았는데 실은 대직臺職을 빼앗은 것이었다고 한다.[168]

고당유가 시어사로 복직되었다가 예부낭중으로 이동한 것이라면, 종5품 시어사에서 정5품 예부낭중으로 옮긴 것이니 품질로는 승진이었지만 관직 중요도로 보면 좌천이나 마찬가지였다. 인종 9년(1131) 11월 기해일(6일)에 예부낭중 고당유를 파견해 금金에 가서 생신(인종생신) 축하에 대해 사례하게 했다.[169] 대관臺官에서 해임되어 예부낭중(정5품)으로 이동한 고당유

---

167 『고려사』권16 및 『고려사절요』권9, 인종 8년 7월 ; 『고려사』권98, 고조기전. 工部는 山澤·工匠·營造의 일을 관장했고 그 員外郞은 정6품이었다.
168 『고려사』권98, 고조기전. 禮部는 禮儀·祭享·朝會·交聘·學校·科擧의 政을 관장했고, 그 郞中은 정5품이었다. 『고려사』백관지1, 禮曹

가 여진족 금에 사신으로 갔던 것이다.

인종 13년(1135) 1월 무신일(4일)에 묘청妙淸·유참柳旵과 분사시랑分司侍郞 조광趙匡 등이 서경(평양)으로써 반반叛하여 국호를 '대위大爲'라 하고 건원建元 하기를 '천개天開'라 하니, 왕이 재추宰樞를 모아 의논해, 평장사 김부식金富 軾과 참지정사 임원애任元敱와 추밀원승선 김정순金正純에게 명령해 병부兵部 에 좌정해 병력을 다스려 토적討賊 계책을 마련하게 했다. 그러고는 조칙을 내려 김부식·임원애로 중군수中軍帥(중군 원수)를 삼고 김정순·정정숙鄭旌淑· 노영거盧令琚·임영林英·윤언이尹彦頤·이진李瑱·고당유高唐愈·유영劉英으로 그 좌佐를 삼고, 이부상서 김부의金富儀에게 좌군左軍을 거느리게 하고 김단金 旦·이유李愈·이유개李有開·윤언민尹彦旼으로 그 좌佐를 삼고, 지어사대사知御 史臺事 이주연李周衍에게 우군右軍을 거느리게 하고 진숙陳淑·양우충梁祐忠·진 경보陳景甫·왕수王洙로 그 좌佐를 삼았다.[170]

인종 13년(1135) 1월 무신일(4일)에 묘청·유참·조광 등이 서경(평양)에서 거병하자 토벌하기 위해 개경군이 중군, 좌군, 우군으로 편성되었고 고당 유가 중군의 보좌로 종군해 서경 토벌에 참여한 것이었는데, 이 때까지도 '고당유'라는 성명을 사용하고 있었다.[171] 고당유의 구체적인 관직은 확인 되지 않는데 3~4품 정도의 관직을 띠었을 것이다. 오인정吳仁正이 앞에서 언급했듯이 인종 15~16년 무렵에 탁라도구당사乇羅島句當使를 지냈으니 숙 종이 탁라를 탐라군으로 삼았다고 하지만 지군사知郡事(군수郡守)가 아니라 여전히 구당사가 파견되고 있어서 탐라의 독립적 위상은 유지되고 있었다. 이러한 시기에 고당유는 고려 고위직으로의 진출을 마주하고 있었다.

---

169 『고려사』 권16 및 『고려사절요』 권9, 인종 9년 11월
170 『고려사절요』 권10, 인종 13년 1월 ; 『고려사』 권98, 열전, 金富軾
171 어떤 인물 자신의 전기는 그를 대표하는 이름을 내세우는 것이 일반적이고 『고 려사』 고조기전도 마찬가지이다. 그러하니 고조기 이름의 변천을 명확히 파악하 려면 『고려사』 고조기전 이외의 기록을 기준으로 해야 한다.

그런데 고당유(고조기)는 인종 13년(1135) 1월 서경 토벌에 개경군의 지휘관으로 참여한 기사를 끝으로 그 이후 인종대 기사에 나타나지 않는다. 그러다가 의종 원년(1147) 12월 정사일(27일)에 "고조기高兆基로 수사공守司空 상주국上柱國으로 삼다", 의종 2년(1148) 3월 병인일(8일)에 "고조기로 정당문학政堂文學 판호부사判戶部事를 삼다"라는 기사가 나타나는데,[172] '고조기'라는 성명으로 등장한다. 고려에서 청요직을 거치면 대개 왕을 근시近侍하는 추밀원 관원인 승선과 추밀을 거친 다음에 중서문하성의 재신宰臣에 올렸고, 중서문하성의 재신宰臣과 추밀원의 추밀樞密이 모여 이른바 재추회의를 하여 정책을 논의했다. 고조기의 경우 중서문하성의 정당문학에 오르기 전에 추밀원 관원을 거쳤는지 확인되지 않는 것이다. 고당유(고조기)는 대관臺官으로 감찰과 언론 활동을 과격하게 진행한 결과 왕과 다수 관료의 원망을 샀기 때문에 예부낭중(정5품)으로 옮긴 이후 승진은 했지만 기본적으로 행정직을 전전하다가 의종이 즉위하고서야 정당문학을 제수받아 재추회의에 참석할 수 있게 되었지 않나 싶다.

고당유는 인종 13년(1135) 1월~의종 원년(1147) 12월 사이에 성명을 고조기로 바꾸었다. 그는 인종 후반에 고위직을 역임하고 있었지만 왕과 관료의 불신을 사서 요직을 맡지 못해 번민에 빠졌을 터인데 이 시기에, 의종 원년(1147) 12월 이전에 이름을 '당유唐愈'에서 '조기兆基'로 고친 것으로 판단된다. '조기兆基'는 '징조 터전(토대)' 정도의 의미로 해석된다. '당유唐愈'는 김근金覲의 아들 이름이 송 소식蘇軾·소철蘇轍을 흠모해 '부식富軾'·'부철富轍'이라 했던 것처럼 당唐의 유명한 문장가인 한유韓愈를 흠모해 닮고자 지은 이름이었을 터인데, 아마 부친 고유高維가 지어준 이름이었을 것이다. 고당유는 이러한 이름인 '당유'를 버리고 '조기'라 개명했으니 번민에 빠진 그에게 전환을 불러오기 위한 행위로 여겨진다. '조兆'는 그에게 좋은 징조,

---

172 『고려사』 권17, 의종 원년 12월 및 2년 3월

상서로운 징조로 사용되었을 터이지만, 그의 변신이 탐라에게 좋은 징조였는지 지켜보아야 한다.

10. 광양당과 호종단 설화의 비밀

탐라는 의종초에 고려의 탐라현으로 되기 이전까지 독립국으로 존속한다. 이는 『고려사』 예지에 실린 중동팔관회의仲冬八關會儀[173]가 인종말~의종초에 완성된 것이고 그 내용에 탐라인이 송 강수綱首(상인), 동서번자東西蕃子(동서여진)와 함께 외국인으로서 팔관회에 참석하는 것으로 나오는 데에서도 알 수 있다. 그런데 후술하듯이 고려가 의종초에 탐라를 고려의 한 현縣으로 편입하는 일이 벌어지며, 이는 인종대~의종초에 고려와 탐라가 극심한 갈등을 겪었음을 시사한다.

고려가 탐라를 고려의 한 지방으로 편입하려 한다면 숙종 말년에 이미 탐라군耽羅郡이라 선언했으므로 지군사知郡事(군수)를 파견하는 것이 이치에 맞는데 강등해 탐라현으로 삼아 현령관을 파견하니 그 이전에 심각한 일이 벌어졌다고 볼 수 있다. 왜냐하면 왕조시대에 읍호의 강등은 대개 반역(반란)과 관련이 있었기 때문이다. 고려 숙종이 탐라국을 탐라군이라 선포한 이래 탐라국은 독립국을 유지하려 한 반면 고려는 탐라국을 해체하려 시도하면서 갈등이 심화되었고 그 과정에서 인종후반~의종초에 군사적 충돌이 발생했고 결국 고려 측이 승리해 의종초에 기존의 선언적·의제적 탐라군을 강등해 탐라현으로 삼은 것이 아닌가 한다.

---

173 『고려사』 권69, 예지11, 嘉禮雜儀, 仲冬八關會儀. 고려가 이자겸정변 기간에 여진족 금을 사대하기로 결정했음에도 이 仲冬八關會儀에 東西蕃子를 넣은 것은 事金을 수치로 여겨 의종대까지도 征金論이 제기되었기 때문일 것이다.

12세기 전반 탐라와 고려의 충돌은 광양당廣壤堂과 호종단胡宗旦 설화에 서 엿볼 수 있는데 이를 소개하면 아래와 같다.

① 언전諺傳에 이르기를, '한라산주漢拏山主 신자계제神子季弟'가 태어나면서 성덕 聖德을 지니고 몰没하여 명신明神이 되었는데, 때마침 호종단胡宗旦이 이 토土 를 진양鎭禳하고 배를 타서 강남江南으로 향하자, 이 신神이 응鷹으로 변하여 돛대 꼭대기에 날아오르자 북풍이 크게 불어 호종단 배를 쳐서 무수어 비양 도飛揚島 암석 사이에 침몰하도록 하니, '국가國家'가 그 영이靈異를 포상해 식 읍을 하사하고 책봉해 광양왕廣壤王으로 삼아 해마다 향폐香幣를 내려 제사했 다.(『세종실록』 지리지 제주목 영이靈異)174

② 광양당廣壤堂은 제주 남쪽에 있고 한라호국신사漢拏護國神祠이다. 언전諺傳에, 한 라산신漢拏山神의 '제弟'가 태어나면서 성덕聖德을 지니고 몰殁하여 신神이 되었 는데, 고려 때에 송 호종조胡宗朝가 와서 이 토土를 압壓하고 부해浮海해 돌아가 니 이 신神이 응鷹으로 변화해 돛대 꼭대기에 날아오르자 북풍이 크게 불어 호종조胡宗朝(호종단)의 배를 쳐서 부수어 비양도飛揚島 암석 사이에 침몰하게 하 니, '조정朝庭'에서 그 영이靈異를 포상해 식읍을 하사하고 책봉해 광양왕廣壤王 으로 삼아 해마다 향폐香幣를 내려 제사하고, 본조本朝(조선)는 본읍本邑(제주)으 로 하여금 제사를 지내도록 했다.(『동국여지승람』 제주목 사묘祠廟)175

③ 두천斗泉: 병문천屛門川 서쪽 오십보五十步에 있다. 그 형상이 '두斗'와 같았기

---

174 '漢拏山主神子季弟'는 '漢拏山主 神子季弟', '漢拏山主神 子季弟' 등으로 읽어져 한라산주(한라산신)의 神子와 季弟, 神子인 季弟, 子와 季弟, 神子 중의 季弟 등 으로 해석된다. '漢拏山主 神子季弟'로 보는 것이 가장 문리에 맞아 한라산주(한 라산신)의 神子와 季弟, 아니면 神子인 季弟로 여겨지니, 한라산주(한라산신)의 아들 혹은 아우를 의미했을 것이다.
175 『신증동국여지승람』 권38, 제주목 祠廟. 중종 때 '新增'이 아닌 성종 때 동국여지 승람의 것임.

때문에 그렇게 이름한 것이다. 세상에 전하기를, 이 샘(泉)을 마시면 백보百步를 날 수 있었는데, 호종조胡宗朝(호종단)가 와서 그 기운을 누르니 그러한 효능이 사라졌다고 한다. 가물면 맑고 장차 비가 내리려 하면 금기金氣가 수면水面에 뜬다.(『동국여지승람』 제주목 산천).[176]

호종단은 송 복주福州 출신으로 고려에 귀화한 문사이며 압승술壓勝術에 능했고 대개 예종~인종 무렵에 활동기록이 보인다.[177] 『세종실록』 지리지와 『동국여지승람』에 실린 광양당과 호종단 설화는 호종단이 탐라를 음양풍수로 진양鎭禳하고 돌아가려 하자 한라산신의 아들 혹은 아우가 응鷹 즉 매로 변하여 호종단의 배를 비양도 암석 사이에 침몰시키니, '국가'(세종실록 지리지), '조정'(동국여지승람)이 포상해 광양당의 광양왕에 책봉했다는 내용이다. 이 두 서적의 기록은 국가 내지 조정을 고려高麗인 듯이 기술했지만 호종단은 후술하듯이 고려 관원으로서 고려왕조를 위해 복무하며 충성했기에 합리적이지 않으니, 이 국가 내지 조정은 탐라국으로 보아야 한다. 병문천 서쪽 인근에 자리한 샘은 모양이 '두斗'(국자: 북두칠성)처럼 생겨 '두천斗泉'이라 불렸는데, 이 샘물은 마시면 날 수 있다고 할 정도로 효능이 뛰어났다가 또한 호종단이 와서 그 기운을 누르자 그 효능이 사라져버렸다고 하니, 탐라인의 호종단에 대한 반감이 컸음을 알 수 있다.

고려가 숙종 10년에 탁라(탐라)를 고쳐 탐라군耽羅郡으로 삼았다[178]고 하

---

176 '解飛'는 탈피해 날다, 날기를 터득하다, 解飛처럼 날다(저절로 움직이다) 등으로 해석된다. 『鄴中記』에 따르면, 중국 五胡十六國 시대에 기계전문가인 解飛가 동력장치를 발명했다고 한다.
177 胡宗旦이 조선시대 기록에는 胡宗朝로도 나타난다. '旦' 대신에 '朝'를 사용한 것인데, 周公 旦이 周의 기틀을 닦아 유교에서 숭상받았고, 이성계가 조선왕조를 개창하고서 이름을 旦으로 바꾸었기 때문에 避諱한 것이었다.
178 『고려사』 권57, 지리지2, 전라도 나주목 耽羅縣.

그림 26. 비양도 바다(필자 촬영): 호종단 배가 침몰했다고 함

지만 지군사知郡事를 파견하지 못해 탐라는 여전히 외국으로 간주되고[179] 독립국가 상태였다. 이러한 상황에서 고려에서 보낸 호종단 일행이 탐라를 음양술수로 누르고 돌아가다가 비양도 바다에서 침몰했는데 이를 탐라국이 그 신의 영험으로 여겨 광양당의 광양왕에 책봉했다고 해석된다.[180] 비양도 바다에서 탐라 병력의 선박이 고려 병력의 선박과 해전을 벌여 승리를 거두었고 호종단은 배와 함께 침몰되었으리라 추정된다. 고려 숙종이

---

179 『고려사』 권69, 예지11 嘉禮雜儀에 실린 仲冬八關會儀에는 大會日에 宋綱首, 東西蕃子, 耽羅人이 참석했는데, 이 仲冬八關會儀에 나오는 大觀殿과 儀鳳樓와 宣仁殿 중에서 대관전과 의봉루는 인종 16년 5월 전각·궁문의 개칭 때 생겨난 명칭이고, 선인전은 인종말~의종초에 생겨난 명칭이었다. 이 중동팔관회의는 인종 16년 이후의 인종말~의종초에 완성된 것이었으니 이 시기에도 탐라가 고려의 외국으로 간주되었음을 시사한다. 김창현, 「개경 황성과 궁성의 내부구조」, 『고려 개경의 구조와 그 이념』, 신서원, 2002 ; 「고려의 탐라에 대한 정책과 탐라의 동향」, 『한국사학보』 5, 1998 참조.

180 '飛揚島'라는 지명도 한라산신의 아들 혹은 아우 신이 매로 변해 이 섬의 바다에 떠 있는 호종단 배를 향해 날아올랐다는 이야기로 인해 생겨났을 것이다.

말년에 탐라국을 탐라군이라 선언하고 예종대~의종초에 그것을 관철하려 시도한 것으로 보이니, 호종단 사건이 인종대~의종초 무렵에 발생해 탐라 병력이 고려 병력과 전투해 피해를 입혔고, 그래서 고려가 복수를 시도한 끝에 의종초에 탐라를 현縣으로 강등한 것으로 추정된다.

호종단胡宗旦의 경력을 살펴보면, 그는 송宋 복주인福州人으로 일찍이 송 대학大學(태학太學)에 들어가 상사생上舍生이 되었는데 총민聰敏하고 박학博學하고 능문能文하고 이에 더하여 잡예雜藝에 능통했다. 양절兩浙(절강성浙江省에 해당)에 노닐다가 상선商船을 따라 고려에 오자 예종에게 우후優厚하게 총애를 받아 좌우위녹사左右衛錄事를 거쳐 예종 6년(1111) 8월에 권직한림원權直翰林院(권지직한림원權知直翰林院)에 임명되었다. 그가 빠르게 청요淸要에 올랐지만 자 못 압승술壓勝術을 진언하니 왕(예종)이 혹惑하지 않을 수 없었다고 한다.[181]

호종단은 예종 6년 12월 병오일(18일)에 우습유右拾遺 지제고知制誥에 임 명되었고, 예종 8년 3월에 왕이 건덕전에서 시조視朝하고 신급제新及第 정지 원鄭之元(정지상鄭知常) 등을 인견引見하고 좌정언左正言 호종단에게 명령해 그 들을 데리고 가서 주식酒食을 합문閤門에서 하사하게 했다.[182] 예종 12년 (1117) 11월 무신일(24일)에 왕이 청연각淸讌閣에 나아가 문하시랑 김연金緣에 게 예기禮記를 강론하게 하고, 기거랑起居郎 호종단에게 서書(서경) 무일無逸을 강독하게 하고, 급제 권적權適·조석趙奭·김단金端 등에게 여러 경經을 강독하 게 했다.[183] 예종 15년(1120) 5월에 이지저李之氐 등 38인에게 급제를 하사했

---

181 『고려사』 권97, 劉載傳 附 胡宗旦 ; 『고려사절요』 권7, 예종 6년 8월. 福州는 중 국 남부의 福建省에 해당한다.

182 『고려사절요』 권8, 예종 8년 3월 ; 『고려사』 권74, 선거지2, 科目2, 凡崇獎之典. 예종 8년 3월은 7년 3월의 오류였을 수 있다. 왜냐하면 『고려사』 권13, 세가와 『고려사절요』 권7과 『고려사』 권73, 선거지1, 科目1, 凡選場에 의거하면 예종 7 년 3월에 鄭之元 등에게 급제를 하사했기 때문이다.

183 『고려사』 권14, 예종 12년 11월

다. 때에 왕이 자못 악기樂妓를 좋아해 영롱玲瓏·알운遏雲 등이 노래를 잘 해 누차 하사품을 받으니 국학생國學生 고효충高孝冲이 감이녀시感二女詩를 지어 풍간諷諫하자 왕(예종)이 기뻐하지 않았는데, 고효충이 이 과거에 나아오자 왕이 명령해 내쫓아 감옥에 가두도록 했다. 이에 보문각대제寶文閣待制 호종 단이 상서上書해 구원을 도모하자 왕이 고효충을 석방시켰다.[184] 호종단은 예종의 총애를 받아 문한직文翰職과 간관諫官을 역임하며 경전 강독을 담당 했고 예종말에 보문각대제(종4품)에 오르더니 예종에게 풍간했다가 하옥된 국학생을 석방하게 할 정도로 예종의 신임을 받았다.[185]

이제현은 『역옹패설』에서, 주저周佇와 호종단胡宗旦은 모두 민인閩人인데, 주저는 현왕顯王(현종) 때 북조北朝(거란)와 왕복하는 문자文字(문서)를 많이 찬 술했고, 호종단은 '인왕仁王(인종)에게 올리는 서書'가 있는데 박흡博洽은 주 저에게 미치지 못하는 듯하지만 초초楚楚하게(정결하게) 스스로 즐기고 총민 聰敏했고, 겸하여 잡예雜藝에 능통했기 때문에 압승壓勝의 자訾(비방: 비난)가 있는데, 지금까지 누가 나은 지 판별할 수 있는 자가 없다고 했다.[186] 인종 4년(1126) 2월 신유일(25일)에 내시內侍 지후祗候 김찬金粲, 내시內侍 녹사錄事 안보린安甫鱗이 동지추밀원사同知樞密院事 지록연智祿延 등과 함께 이자겸李資 謙·척준경拓俊京을 주살하기를 도모하다가 이기지 못했다. 다음날에 왕(인종) 이 신봉문神鳳門에 나아가 황산黃傘을 펼치니 척준경의 군졸이 망견望見하고 나배羅拜해 기뻐하며 만세萬歲를 부르니 왕이 그들에게 무장을 해제해 산거 散去하라 하고 내탕內帑 은폐銀幣를 매어달아 하사하고 시어사侍御史 이중李 仲·기거사인起居舍人 호종단胡宗旦으로 하여금 군사에게 선유宣諭해 갑옷을

---

184 『고려사절요』 권8, 예종 15년 5월 ; 『고려사』 권97, 劉載傳 附 胡宗旦
185 예종이 寶文閣을 설치해 待制를 두었는데 官班은 '給舍'와 동일하게 대접하고 金 紫를 하사했다. '給舍'는 곧 給事中(종4품)과 中書舍人(종4품)이니 보문각대제도 종4품에 해당했다. 『고려사』 권76, 백관지1 참조.
186 이제현 『역옹패설』 후집2. 閩은 중국 福建省에 해당한다.

벗고 무기를 버리라고 하니, 척준경이 분노하여 칼을 뽑아 이중李仲 등을 내쫓고 군졸로 하여금 다시 갑옷을 입고 무기를 잡도록 했다.[187] 인종 4년 (1126) 2월에 국왕 측근과 이자겸 세력이 충돌해 정변이 일어났을 때 호종단은 기거사인(종5품)으로서 국왕 편에서 활동하고 있었던 것으로 나타나는데 그는 예종말에 보문각대제(종4품)를 지냈으므로 이 기거사인起居舍人은 중서사인中書舍人(종4품)의 오류로 여겨진다.

『역옹패설』에 따르면, 정국안화사靖國安和寺에 돌에 새긴 예왕睿王(예종)의 당률사운시唐律四韻詩 1편篇이 있고 그 뒤에 태자太子 모某(인종)가 서서書한 것이 있었다. 이 시기에 왕(예종)과 태자(인종)가 모두 학문에 뜻을 두어 유아儒雅를 불러들여 문의했는데, 윤관尹瓘·오연총·이오李䫨·이예李預·박호朴浩·김연金緣·김부일·김부식·김부의金富儀·홍관洪瓘·인빈印份·권적權適·윤언이尹彦頤·이지저李之氐·최유청·정지상鄭知常·곽동순郭東珣·임완林完·호종단胡宗旦이 명신名臣 현사賢士로 조저朝著(조정)에 포열布列해 토론討論하고 윤색潤色해 후세에 따라잡을 수 없을 정도로 중화풍中華風이 있었다고 한다.[188] 『고려사』와 『고려사절요』에 실린 예종치세에 대한 사신史臣의 평론은, "예종이 타고난 자질이 명철明哲한데, 일찍이 동궁東宮에 있을 때 현사賢士를 예禮로써 접대하고 효제孝弟를 돈독히 행했고, 즉위하자 다스림에 정신과 힘을 쏟았는데, 다만 뜻을 지경 개척(확장)에 두어 요행히 변공邊功을 바라 구극仇隙(여진과 원수 사이가 됨)이 그치지 않았고, 화풍華風(중화풍)을 흠모해 호종단을 신용信用해 자못 그 말에 혹惑하여 실失한(잃은) 것이 있음을 면하지 못했다"고 했다.[189]

익재 이제현은 예종대에 학문에 힘써 중화풍이 유행했다며 여기에 호종단이 윤관·김부일·김부식·김부의(김부철)·권적·윤언이·정지상·임완 등과 더불어 명신名臣 현사賢士로서 기여했다고 매우 긍정적으로 평가했다. 반면

---

187 『고려사절요』 권9, 인종 4년 2월 ; 『고려사』 권127, 반역전1, 李資謙
188 이제현 『역옹패설』 후집1
189 『고려사』 권14, 예종세가 말미 및 『고려사절요』 권8, 예종 말미, 史臣 贊

『고려사』와 『고려사절요』에 실린 사신史臣 평론은 예종의 여진 정벌을 비판했고, 또한 예종이 중화풍을 흠모해 호종단을 신용해 그 말에 미혹해 잃음(과오)이 있었다고 비판해 호종단에 대해 부정적으로 평가했다.

호종단은 음양풍수설에 의거해 기운을 진압하는 압승술壓勝術의 대가로 전해진다. 원간섭기 이곡(이색의 부친)이 관동을 유람하며 말하기를, 호종단은 이승당李昇唐 사람으로 본국本國(고려)에 와서 벼슬해 오도五道에 나가 순력하며 이르는 곳마다 비갈碑碣을 보면 그 글자를 깎아버리거나 비석을 깨뜨리거나 물에 빠뜨렸고 심지어 종경鍾磬(동종·경쇠)이 유명하면 모두 쇠를 녹여 막아 소리가 나지 않도록 했으니, 한송정寒松亭·총석정叢石亭·삼일포三日浦의 비碑, 계림부(경주) 봉덕奉德(봉덕사) 종鍾과 같은 것에서 볼 수 있다고 했다. 이곡이 고성 삼일포三日浦(삼일호三日湖)를 구경하니 사람이 말하기를, 이 호수는 사선四仙이 노닐던 곳이라 36봉峯마다 비碑가 있었지만 호종단이 모두 취하여 침몰시켜 그 받침만 남아 있다고 했다. 이곡이 강릉 문수당을 구경했는데, 사람이 말하기를 동쪽에 사선비四仙碑가 있었지만 호종단에 의해 침몰당해 받침만 남아있다고 했다.[190] 호종단이 고려의 여러 지방을 순찰하며 명승지의 유명한 비석, 범종 등을 파손했다는 이야기가 광범위하게 전파되었던 것이다.

호종단의 압승壓勝 행위에 대해 여기저기에 다수 전해지지만 대개 설화 형태여서 구체적인 실체를 밝히기 어려운 측면이 있다. 다행히 그의 동도(경주) 방문 기록이 『보한집』에 실려 있어 단서를 제공한다. 동도東都(경주)는 본래 신라新羅로 옛적에 사선四仙이 있어 각기 도도徒 천여인千餘人을 거느리고 가법歌法이 성행했고, 황룡사皇龍寺의 우화문雨花門은 옛적에 선도仙徒가 창건

---

190 『가정집』 권5, 東遊記(이곡). 이곡은 호종단을 '李昇唐之人'이라 했는데 '李昇'은 南唐의 건국자 '李昇'의 오류로 보인다. 호종단은 宋 출신인데 이곡이 호종단을 李昇唐(李昇唐) 사람이라 한 것은 호종단이 강남 사람이었기 때문일 것이다.

한 것인데 풍물風物이 황량荒凉해 지나가는 자가 감상感傷(슬퍼져 마음 상함)하지 않을 수 없었다. 학사 호종단胡宗旦이 '사초使軺'를 타고 그 문(우화문)을 통과하며 진사 최홍빈崔鴻賓이 유제留題한 시를 보고 놀라서 말하기를 "참으로 세상에 매우 드문 인재로군" 라고 했다. 왕에게 복명復命하자 상上이 동도東都 유사遺事를 묻자 이 시를 아뢰어 경警(경계警戒)으로 삼도록 했다.[191]

호종단은 '사초使軺'(사使가 타는 수레)를 타고 동도(경주)를 방문했으니 고려 국왕의 특별 명령을 받고 동경(경주)을 시찰한 것이었는데, 황룡사의 우화문에 적힌 진사 최홍빈의 시를 보고 놀랐다. 최홍빈은 그 시에서 "고수古樹(오랜 나무)는 삭풍朔風이 불어 울고 미파微波(미미한 물결)는 잔휘殘暉(잔존 광채)에 출렁거리네, 배회하며 전사前事를 생각하니 별안간 눈물이 옷을 적시네" 라고 읊었다. 동경(경주) 사람인 최홍빈은 옛 신라를 회고하고 그리워하며 눈물을 흘렸던 것이니 왕명으로 순찰하러 온 호종단은 깜짝 놀랄 수밖에 없었고 상上(예종 혹은 인종)에게 보고해 경계警戒 즉 주의하여 미리 단속하도록 한 것이었다. 동도(경주) 사람들은 고려 중기에도 여전히 옛 신라를 그리워하고 있었으니 고려 왕과 신료는 동도(경주) 일대에서 혹시 변란이 일어나지 않을까 경계해야 했던 것이다. 호종단은 왕의 특별명령을 받고 동도(경주)를 시찰했는데 이곳에서 신라부흥 운동이 일어날까 보아 압승壓勝하는 임무를 띠고 파견되었으리라 추정되며, 그의 압승壓勝 행위는 동도(경주)에 그치지 않고 광범위하게 진행되었을 수 있다. 그래서 이곡이 언급하기를, 호종단이 5도道에 나가 순력하며 비석·범종 등을 훼손했다고 했을 것이다.

고려왕조는 음양풍수설이 유행했는데 그 중기로 접어들면서 왕조의 운수가 다해 간다는 설이 유포되어 운수를 연장하는 조치를 해야 한다는 연

---

191 『보한집』 상권. "東都本新羅 古有四仙 各領徒千餘人 歌法盛行 … 皇龍寺雨花門 是古仙徒所創 風物荒凉 過者無不感傷, 學士胡宗旦 乘使軺過其門, 見進士崔鴻賓 留題 '古樹鳴朔吹 微波漾殘暉, 徘徊想前事 不覺淚霑衣', 胡瞿然驚曰 '眞不世才 也', 及復命 上問東都遺事 逐奏此詩以爲警."

기설延基說이 대두한다. 문종 10년(1056)에 서강西江(예성강) 병악餅嶽의 남쪽에 장원정長源亭을 지었다. 도선道詵 「송악명당기松岳明堂記」에 이르기를, 서강西江 가에 군자君子가 어마御馬하는 명당 땅이 있어, 태조가 통일한 병신년부터 120년에 이르러 여기에 나아가 창구創構하면 국업國業이 연장延長된다고 하니, 이에 이르러 문종 명령에 따라 태사령太史令(음양관) 김종윤金宗允 등이 상지相地해 그것을 지은 것이라고 한다.[192] 11세기 후반에 이미 고려왕조 운수 쇠왕설이 생겨나 운수를 연장하기 위해 서강(예성강), 정확히는 예성상이 조강祖江과 만나는 지점(강화도의 맞은편)에 장원정을 지은 것이었다.

고려 중기인 12세기에 전쟁과 정변이 이어지니 왕조운수 쇠왕설이 더욱 유행하자 이에 대응해 연기延基 내지 비보裨補 행위를 적극 전개한다. 예종대에는 예의상정소가, 인종대에는 음양회의소가 그러한 행위를 수행하는 데 앞장선다.

예종 8년(1113) 8월에 예의상정소禮儀詳定所를 설치했고,[193] 예종 9년(1114) 6월에 예의상정소가 임금과 신하의 칭호를 바로잡기를 아뢰었다.[194] 예종 11년(1116) 4월에 왕이 서경(평양)에 이르러 건원전乾元殿에서 조하朝賀를 받고 제制를 내려 말하기를, 지금 일관日官(음양관)의 요청으로 서도西都에 행차해 신교新教를 반포해 장차 물物과 더불어 경시更始해 민民으로 하여금 귀속함을 알게 하고, 선왕先王의 구업舊業을 흥기하고자 한다고 했다. 또한 저

---

192 『고려사절요』 권4, 문종 10년 ; 『고려사』 권56, 지리지1, 王京開城府, 貞州
193 『고려사절요』 권8, 예종 8년 8월 ; 『고려사』 권77, 백관지2, 諸司都監各色, 禮儀詳定所
194 『고려사』 권84, 형법지1, 公式, 公牒相通式. 禮儀詳定所가 아뢰기를, 근래 朝廷 사이에서 행해지는 表狀書簡에서 稱號가 바르지 않아 正名하는 義가 아니니, 바라건대 무릇 上表에는 '聖上陛下'를 칭하고, 上箋에는 '太子殿下'를 칭하고, 諸王은 '令公', 中書令·尙書令은 '太師令公', 兩府執政官은 '太尉'라 칭하고, 平章·司空·參政·樞密·僕射는 각기 時職을 따라 칭하고, 三品 이하 員寮에게는 '相公'을 칭하지 말고 곧바로 官名을 불러야 한다고 했다.

성현聖賢의 훈계 및 여러 도참圖讖의 언급에서, 음양陰陽을 봉순奉順하고 불석佛釋(불교)을 존숭하고 형벌을 명신明信하고 유명幽明을 출척黜陟하고 삼보三寶의 재물은 망령되이 소비해서는 안되고 사선四仙의 자취는 영광을 더해야 한다고 했으니, 이에 의거해 행하여 감히 잃지 말도록 하라고 했다. 또한 국풍國風은 검박儉朴하고자 하는데, 지금 조정朝廷·사서士庶 의복이 화려하고 사치해 존비尊卑에 차등이 없으니, 예의상정소로 하여금 조종대祖宗代 식례式例·연혁沿革에 의거해 제정制定해 아뢰라고 했다.[195]

인종 9년(1131) 6월에 음양회의소陰陽會議所가 아뢰기를, 근래 승속僧俗 잡류雜類가 모여 무리를 이루어 '만불향도萬佛香徒'라 호칭해, 혹 염불念佛 독경讀經하며 궤탄詭誕한 행위를 하고, 혹 내외內外 사사寺社의 승도僧徒가 술과 파(葱)를 팔고, 혹 병기를 지녀 악惡을 행하고 펄쩍 뛰며 유희해, 상常(강상綱常)을 어지럽히고 풍속을 문란하게 하니, 청컨대 어사대와 금오위金吾衛로 하여금 순검해 금지하도록 하십시오 하니, 조詔하여 따랐다.[196] 신앙, 인륜, 풍속 등을 음양과 관련되는 것으로 여겨 음양회의소가 간여한 것이었다.

강릉 문수사 석탑이 마당에서 동쪽 구석에 자리했지만 영험이 많았다가 비구 처현處玄이 그것을 마당 중심으로 옮기자 20년 남짓 영험이 사라졌는데, 일자日者가 구기求基하러 다니다가 이곳에 들러 충고하자 승려들이 탑을 다시 동쪽 구석으로 옮겼다고 한다. 이러한 내력을 정풍正豊(정륭正隆) 원년 병자년(1156: 의종10년) 10월에 백운자白雲子가 기록했다.[197] 이는 고려 중기에 일자日者(음양관)를 포함한 음양풍수 전문가가 왕조의 기업基業을 연장하는 조치를 행하기 위해 곳곳을 돌아다녔음을 알려준다. 예의禮儀와 음양을 정비해 연기延基하려는 시도는 최윤의崔允儀 등에 의해 인종~의종대에 편찬된 『상정예문詳定禮文』으로 일단 완성된다.

---

195 『고려사』 권14 및 『고려사절요』 권8, 예종 11년 4월
196 『고려사』 권85, 형법지 2, 禁令 ; 『고려사절요』 권9, 인종 9년 6월
197 『三國遺事』 권3, 塔像, 「五臺山文殊寺石塔記」

고려 무인정권은 자신의 이익을 위해 음양풍수를 조정하려 한다. 신종 원년(1198) 정월에 '산천비보도감山川裨補都監'을 설치했는데, 최충헌이 재추 宰樞·중방重房 및 술사術士를 모아 국내산천 비보裨補·연기延基의 일을 의논 해 설치한 것이었다.[198] 고려 무인정권은 음양적으로 무신을 보호하는 데 힘썼고,[199] 어떤 현상이 무신에게 음양적으로 불리한 것으로 간주되면 고쳤 으며, 무인 최충헌은 집권하자 산천비보도감을 설치해 자신과 무신에게 유 리하도록 국내 산천을 음양풍수적으로 재편하려 했다. 서울시 종로구 신영 동 248-32번지 일원에서 고려시대 건물지가 발굴되었는데 여기에서 '승안 삼년承安三年'이라 찍힌 기와가 발견되었다. 금 연호인 '승안삼년'은 무오년 (1198) 즉 고려 신종 1년에 해당한다. 고려 남경(한양)의 면악(북악)과 북한산 사이에, 장의사莊義寺 인근으로 북한산 승가사로 올라가는 입구에 신종 원 년(1198)에 건물이 창건 내지 중창된 것인데 바로 산천비보도감이 행한 비 보裨補·연기延基 사업의 일환으로 여겨진다.

고려 중기에 고려왕조의 운수를 연장하려는 조치가 광범위하게 행해졌 고, 특히 여진정벌 실패, 이자겸 정변, 여진족 금에 대한 사대로 인한 왕조 권위의 추락 등이 그러한 조치를 더욱 부추겼다. 이러한 움직임의 일환으 로 호종단을 탐라에 파견해 탐라를 음양풍수적으로 눌러 장차 고려에 흡수 하려 하다가 호종단 일행이 탐라의 공격을 받았던 것이 아닌가 한다. 당시 탐라는 고려가 탐라군이라 선포했지만 고려의 한 지방이 아니라 독립국임

---

198 『고려사절요』 권14, 신종 원년 정월 ; 『고려사』 권77, 백관지2, 諸司都監各色, 山 川裨補都監. 무인정권은 역성혁명을 단행하지 않는 한 왕씨 국왕을 내세워야 했 고 지방에서 반란이 빈번히 발생했으므로 수도 개경을 중심으로 둔 음양풍수설 에서 탈피하기는 어려웠다.
199 貞州에 있던 '重房堤'(『고려사』 권56, 지리지1, 王京開城府, 貞州)도 그러한 사례 의 하나일 것이다. '重房堤'는 重房裨補라 칭해지며 春秋마다 班主가 府兵을 거 느리고 修築했다고 한다.

에도 호종단이 그러한 압승壓勝 행위를 한 것에 대해 의아해 하는 자도 있을 수 있다. 하지만 이는 명 주원장이, 고려가 사신을 파견해 표문을 받들어 칭신稱臣하자, 그 왕을 책봉해 고려국왕으로 삼았으니 고려국의 경내境內 산천이 이미 명의 직방職方에 귀속되었다며 고려 공민왕 19년(1370) 4월에 도사 서사호徐師昊를 고려에 보내와 고려 산천에 제사하게 하고 기념비석을 세우도록 한 사례[200]와 유사하다고 볼 수 있다.

호종단은 이자겸 정변의 진행 중인 인종 4년(1126) 2월에 기거사인(중서사인?)으로 나타나고는 그 이후에 연대기 기록에서 확인되지 않는다. 제주목 광양당과 관련된 호종단 설화에 대해『동국여지승람』제주목 찬술자는 호종조胡宗朝(호종단胡宗旦)는 고려에 와서 벼슬해 관직이 기거사인起居舍人에 이르러 졸卒했으니 압승壓勝하러 왔다가 익주溺舟했다는 설은 믿을 수 없다고 했는데,『고려사』와『고려사절요』에 그가 '기거사인'까지만 확인되기 때문에 나온 견해라고 이해된다. 그는 이자겸 정변 때 국왕 편에 선 듯하지만 이자겸 세력에 의해 살해된 것 같지는 않다. 이자겸이 실각하고 묘청·정지상 등 서경파가 세력을 얻는데 호종단은 음양풍수설에 능통한 점에서 그들과 통하는 면이 있어 그들과 가깝게 지냈을 가능성이 있다. 호종단이, 서경파와 가까우면서 주역周易에 정통한 윤언이尹彦頤와 친밀한 사이였기에 더욱 그러하다.[201] 그런데 묘청 등 서경파가 칭제건원과 금국정벌과 서경천도

---

200 『고려사』권42 및『고려사절요』권29, 공민왕 19년 4월 ;『고려사』권42, 공민왕 19년 6월 ;『文憲集』권4,「代祀高麗國山川記」. 이에 따르면, 徐師昊가 碑石을 싣고 와 都城 남쪽 楓川이 어디인가 묻자 會賓門 밖 陽陵井이라 대답하니 여기에 그것을 세웠다고 한다. 그런데 우왕 9년(1383) 9월에 判書雲觀事 崔融에게 명해 徐師昊가 세운 비석을 넘어뜨리도록 했는데 대개 그 비석을 세운 후에 兵革이 쉬지 않고 水旱이 서로 이어졌기 때문이라 하며, 우왕 11년(1385) 9월에 명 황제가 파견한 詔書使 國子監學錄 張溥가 徐師昊 비석을 보고자 하자 그것을 다시 세웠다고 한다.『고려사』권135, 신우전 우왕 9년 9월 및 11년 9월 ;『고려사절요』권32, 우왕 11년 9월

를 추진하다가 개경파의 반발로 좌절되자 서경(평양)에서 거병했다가 김부식이 통솔한 개경군에 의해 진압당하고 김부식이 집권하면서 그 과정에서 서경파와 우호 인물이 숙청당했다. 윤언이(윤관의 아들)는 서경파와 가까운 인물이었지만 어쩔 수 없이 개경군의 지휘자로 참전해 서경을 공략하는 데 많은 공로를 세우지만 정지상과 친밀하게 지내고 칭제건원을 주도했다는 이유로 집권자 김부식에 의해 지방으로 좌천당했다. 호종단도 아마 서경파 및 윤언이와 친밀했기에 집권자 김부식에 의해 불이익을 낭했고 그래시 제상급에 오르지 못하고 3~4품 정도에 그쳐 말년이 연대기에 기록되지 않았다고 여겨진다.

호종단은 재상 윤언이의 꿈에 나타난다. 봉성鳳城(경도京都: 개경) 북동北洞 안화사安和寺는 본래 예왕睿王(예종)이 창건한 것으로 사문寺門에서 어화원御花園까지 거의 6, 7리里인데 왕래자가 화병畫屛 중에 있는 듯해 세상에서 연하동烟霞洞 선진仙眞 거처라고 말한다고 한다. 상국相國 윤언이尹彦頤가 안화사에 재숙齋宿하고 있을 때 꿈에서 학사 호종단胡宗旦을 보았는데, 호종단이 일엽一葉을 두둥실 타고 와서 자취문紫翠門(안화사 문)에서 만나 일절一絶을 지어 읊기를, "오운五雲이 깊은 곳은 나의 향鄕이고 안개가 잠근 누대樓臺에는 일월日月이 길구나, 머리를 돌리니 석년昔年에 교반交伴한 자(윤언이)가 지금도 열심히 일하는 모습이 보이는 몽혼장夢魂場(꿈속)이네" 라고 했다.[202]

201 윤언이는 『易解』를 지었을 정도로 주역에 정통했는데(『고려사』 권96, 尹瓘傳 附 尹彦頤), 주역은 음양설의 기본이다.

202 崔滋『파한집』중권. "鳳城北洞安和寺本睿王所刱也 … 出寺門至御花園 幾六七里 … 往來者如在畫屛中 世以謂烟霞洞仙眞所居, 昔相國彦頤齋宿於是 夢見學士胡宗旦 乘一葉泛泛而來 會紫翠門 作一絶云 '五雲深處是吾鄕 烟鏁樓臺日月長, 回首昔年交伴者 如今役役夢魂場'. 寺有紫翠門'. 호종단이 윤언이의 꿈에서 지었다는 시에서 '五雲深處是吾鄕 烟鏁樓臺日月長'은 개경 대궐 북쪽의 烟霞洞 안화사 일대를 묘사한 것이니 '吾鄕'도 烟霞洞 안화사 일대를 지칭하는 것이고, '樓臺'도 이일대(특히 안화사)의 그것이다. 호종단과 윤언이가 친하게 어울려 지냈고 특히

윤언이가 꾼 꿈을 통해, 호종단은 윤언이와 석년昔年 즉 왕년往年(종전從前)에 교반交伴한 사이였고, 특히 개경 연하동 안화사 일대에서 함께 노닐었기에 이곳을 '나의 향鄕'이라 했음을 알 수 있다. 호종단과 윤언이는 '교반交伴한 자' 즉 교제하여 동반자가 된 친우로 표현될 정도로 매우 친밀한 사이였다. 상국(재상) 윤언이가 안화사에서 재齋를 지내려 머물고 있을 때[203] 호종단이 윤언이의 꿈에 나타나 석년昔年(왕년)에 교반交伴한 자(윤언이)가 열심히 일하는 모습이 보인다고 했다는 것이니, 이 때는 호종단이 이미 사망했음을 시사한다. 윤언이가 안화사에서 호종단 꿈을 꾸었을 때 '상국相國' 즉 재상으로 표현되었다. 윤언이는 인종 13년 정월에 서경(평양)이 거병하자 중군원수 김부식을 보좌해 인종 14년(1136) 2월에 서경성을 함락하는 데 공로를 세웠지만 정지상과 깊이 결납結納했다는 죄목으로 5월에 중군병마사(김부식)의 탄핵을 받아 양주梁州 방어사로 폄출당했다가 무오년에 광주목사廣州牧使 예부시랑禮部侍郞에 임시로 임명되고 경신년((1140: 인종 18) 12월에 정식으로 임명되었다.[204] 그리고 황통皇統5년(1145: 인종 23)에 호부상서를 제수받았으며, 황통6년(1146)에 집현전학사를, 황통8년(1148)에 한림학사를 제수받았는데[205] 나머지 관직은 이전과 같다고 했으니 호부상서로 학사직을 겸했던 것 같다. 인종 23년(1145) 5월에 임원애任元敱가 지공거知貢擧로, 윤언이가 동지공거同知貢擧로 진사進士를 취하자 조문진趙文振 등 32인에게 급제를 하사했는데[206] 윤언이는 이 때 호부상서였을 것이다. 인종은 윤언이를 활용

烟霞洞 안화사 일대에서 그러했음을 알려준다.

203 안화사는 예종이 먼저 세상을 떠난 왕후를 기리며 창건한 선종 사찰이니 인종에게 부모의 원찰이었다. 이러한 연유로 윤언이가 인종말 혹은 의종초에 齋를 지내러 안화사에 묵었다고 여겨진다.

204 『고려사』 권98, 열전 金富軾 ; 『고려사』 권96, 열전, 尹瓘 附 尹彦頤 ; 『고려사절요』 권10, 인종 13년 및 14년 ; 윤언이 묘지명 ; 『동문선』 권35, 廣州謝上表(윤언이)

205 윤언이 묘지명

206 『고려사』 권73, 선거지1, 科目1, 凡選場

해 고려왕조를 부흥하고 자신의 왕권을 높이려 했다. 의종은 2년(1148) 12월 신사일(27일)에 임원애任元敱로 수태위守太尉 정안공定安公을, 김부식으로 수태보守太保 낙랑군樂浪郡 개국후開國侯를 삼고, 이인실李仁實로 중서시랑동평장사 판이부사를, 고조기高兆基로 참지정사 판병부사를, 김영관金永寬으로 참지정사 판공부사를, 윤언이로 정당문학政堂文學 판형부사를 삼았다.[207]

윤언이는 인종 23년(1145)에 호부상서가 되었는데 이 때 추밀까지 띠었다면 재상에 진입한 것이고, 추밀을 역임하지 않고 의종 2년(1148) 12월에 정당문학에 임명되었다면 이 때에 비로소 재상에 진입한 것이었다. 그는 의종 3년(1149) 9월 임오일(3일)에 정당문학으로 세상을 뜬다.[208] 그러하니 그가 상국(재상)으로서 호종단 꿈을 꾼 때는 인종 23년(1145)부터 의종 3년(1149) 9월 사이가 되며, 호종단이 사망한 시기는 그 이전이 된다고 여겨진다. 고려왕조와 인종은 이자겸 정변, 여진 금에 대한 사대, 서경과 개경의 전쟁으로 인해 추락한 위상을 상승시켜야 했다. 윤언이는 부친 윤관을 따라 여진 정벌에 참전했었고, 이자겸 정권의 여진 금에 대한 사대에 반발해 칭제건원을 추진하고 금 정벌을 꿈꾸었으니 위대한 고려를 추구한 자였고 호종단과 친밀한 사이였다.

고려가 탐라를 집어삼키려는 시도를 진행하던 중에 호종단을 경호병력과 함께 탐라에 파견하니, 호종단이 탐라의 기운을 음양풍수적으로 누르는 행위를 하고 떠나가려 하자 탐라국이 반발해 군대를 동원해 호종단과 그

---

207 『고려사』 권17 및 『고려사절요』 권11, 의종 2년 12월. 한편 윤언이 묘지명에 따르면, 윤언이가 그르게 人에게 忌憚을 받아 罪名이 政案에 기록되어 있어, 인종이 痛惜하게 여겨 削去하도록 했지만 有司가 堅執해 이루어지지 못하다가 今上(의종)이 즉위해 剛斷하여 掃除했다고 하니, 김부식 세력이 윤언이를 끈질기게 견제했음을, 인종과 의종이 윤언이를 신임했음을 알 수 있다.

208 윤언이 묘지명 ; 『고려사』 권17 및 『고려사절요』 권11, 의종 3년 9월. 윤언이는 그 묘지명에 추밀 역임이 보이지 않으니 추밀을 거치지 않고 정당문학에 올랐을 가능성이 크다고 생각한다.

일행이 탄 배를 공격해 침몰시키니 호종단도 전사했고 그 시기는 인종말~
의종초가 아니었을까 한다. 탐라국은 이 전투의 승리를 기념해 공로자를
포상하면서 명신明神(한라산신의 아들 혹은 아우)의 도움이라 믿어 이 신을 광양
당의 광양왕에 책봉한 것이라 추정되고 탐라 측도 피해를 많이 입었으리라
여겨진다. 고려는 뒷수습에 힘쓰면서 탐라를 회유하고 협박하고 복수를 시
도하다가 후술하듯이 의종 초에, 구체적으로는 의종 7년(1153)에 탐라를 현
縣으로 편입한 것으로 여겨지는데 그 과정에서 또 전쟁이 벌어졌을 수도
있다.

제3장

고려의
탐라 강점과
탐라의 독립항쟁

1. 탐라국이 멸망하다

『고려사』지리지와 『세종실록』지리지에 따르면, 의종 때에 (탐라군耽羅郡을) 현령관縣令官으로 삼았으니,[1] 탐라가 의종 때 고려의 현縣으로 편입된 것이었다. 의종 7년(1153) 11월 경자일(15일)에 탐라현耽羅縣 도상徒上 인용부위仁勇副尉 중련진직中連珍直 등 12인이 와서 방물方物을 바쳤으니,[2] 탐라는 이날에 탐라현으로 되어 있었다. 그런데 11월 15일은 고려 팔관회가 열리는 날이었고, 팔관회에는 고려 중앙관료 및 서경·동경·남경, 양계 병마사, 대도호부·목牧의 파견원 외에 외국인이 참석했다. 탐라의 도상徒上 인용부위仁勇副尉 중련진직中連珍直 등 12인은 외국인인 탐라국인으로서 개경 팔관회에 참석하러 온 것이었는데 탐라가 탐라현으로 되어 있었던 것이니 뒤통수를 맞은 셈이었다. 의종 7년의 이 기사는 고려 숙종이 말년에 탁라(탐라)를 탐라군이라 선포했지만 탐라는 여전히 독립국가인 탐라국으로서 존속하다가 고려에게 의종 7년에 탐라현으로 편입되었음을 말해준다.

도상 중련진직 등이 탐라가 탐라현으로 된 것을 모르고 의종 7년(1153)의 음력 11월 경자일(15일)에 개경에 와서 방물을 바쳤으니 탐라는 이날 이전에 탐라현으로 된 것인데, 그 시기는 고려와 탐라의 소통 및 중련진직의 여정을 고려하면 이해의 음력 9월 무렵부터 11월 15일 사이 정도로 추정된다. 탐라국이 1153년(의종 7) 늦가을~초중겨울 무렵에 고려에 의해 멸망당한 것이었다. 탐라가 이에 반발해 곧바로 저항했을 수도 있는데 기록에서 확인되지 않는다.

---

1 『고려사』권57, 지리지2, 전라도 나주목, 탐라현. "肅宗十年 改乇羅爲耽羅郡, 毅宗時 爲縣令官"；『세종실록』권151, 지리지, 전라도 제주목. "高麗肅宗十年乙酉[宋徽宗 崇寧四年] 改乇羅爲耽羅郡, 毅宗時 爲縣令官"

2 『고려사』권18, 세가 의종 7년 11월

탐라국은 이처럼 고려에 의해 1153년(의종 7) 늦가을~초중겨울 무렵에 현령관으로 편입되면서 멸망당했다. 고려의 입장에서는 숙종 말년에 탐라군耽羅郡이라 선포했기에 탐라군을 탐라현으로 삼은 것인 반면 탐라의 입장에서는 탐라가 탐라군을 받아들인 적도 없고 탐라에 고려의 지군사知郡事(군수)가 파견된 적이 없었기에 고려 의종의 탐라현 설치는 독립국을 유지해 오던 탐라국의 멸망을 의미했다. 고려가 탐라군이라 선포했지만 탐라국은 받아들이기는커녕 오랫동안 굳세게 저항해 왔다. 고려 의종은, 모후의 총애를 받고 도량을 지녀 사람들의 마음을 얻은 아우 대녕후의 도전, 군사훈련(격구 등)과 숭무정책과 내료 정함의 합문지후 임명에 대한 대간의 극렬한 반대, 고려왕조의 운수가 다해 간다는 음양도참설의 유행 등으로[3] 위기에 빠진 그의 왕권 위상을 고양해야 했는데, 탐라 편입이 그러한 위기를 타개하는 주요 책략으로 이용되었다고 여겨진다.

탐라는 의종대에, 구체적으로 의종7년(1153)에 탐라현으로 되면서 멸망당했는데 그 과정에 탐라인의 반발과 저항이 있었을 터이지만 고려가 탐라를 접수하는 데 성공을 거두었다. 고려가 그러한 성공을 거둔 배경에는 탐라 출신으로 고려 재상에 오른 고조기(고당유)의 활동이 개재되어 있었지 않나 싶다.

고당유는 인종대에 대관臺官으로 감찰과 언론 활동을 과격하게 진행한 결과 왕과 다수 관료의 원망을 사서 견제를 당했기 때문에 행정직을 전전했고 운수를 바꾸기 위해서인지 인종말기 무렵에 '조기兆基'로 개명했다. 그는 서경 정벌에 김부식 휘하로 참여했지만 김부식 정권에서 소외되었던 것 같다. 고조기는 그의 좌주 임의任懿의 아들인 임원애(임원후)가 김부식 퇴

---

3 『고려사』와 『고려사절요』 의종대 기사 참조. 의종은 평소 圖讖을 믿어 여러 아우와 우애하지 않았고 특히 모후의 총애를 받고 도량을 지녀 衆心을 얻은 대녕후를 꺼렸다(『고려사』 권90, 종실전1, 인종의 아들 大寧侯暻 ; 『고려사』 권98, 정습명전).

임 후에 왕비 임씨任氏의 부친이라는 배경으로 판이부사에 올랐지만 역시 소외당했던 것 같다. 이는 그가 태자(의종) 편에 섰기 때문이라 여겨진다.

그런데 의종 원년(1147) 12월 정사일(27일)에 왕이 고조기高兆基로 수사공守司空 상주국上柱國을, 이인실李仁實로 상서우복야尙書右僕射 참지정사 판형부사를 삼았다.[4] '사공司空'은 삼공三公(정1품) 즉 태위太尉·사도司徒·사공司空의 하나로, 추밀보다 품질은 높지만 실제로는 아래로 간주된 복야僕射(정2품)의 위상을 높이는 데 종종 사용되었으니, 고조기는 행정부 상서성의 상관인 복야로서, 부연하면 이인실이 우복야右僕射인 점으로 보아 좌복야左僕射로서 '사공司空'을 띠게 된 것으로 여겨진다.[5]

상주국上柱國(정2품)은 그 아래 주국柱國(종2품)과 함께 공로자에게 수여하는 '훈勳'직이었는데, 김부식이 서경 거병을 진압하고서야 상주국을 받은 것처럼 고려에서 일반 신하가 수여받은 경우는 드물었다. 그러한 상주국을 고조기가 의종 1년에 왕으로부터 받은 것이었으니 그가 의종에게 공로를, 특히 의종의 즉위과정에 공로를 세워 포상을 받은 것으로 보인다.

의종이 원자元子로 태자였을 때 정습명이 태자 시독侍讀으로 근무했는데, 부왕 인종이 태자(의종)가 그 직책을 제대로 수행하지 못할까 염려하고 모후 임씨任氏가 또한 차자次子(대녕후)를 사랑해 장차 차자를 태자로 세우려 하자 정습명이 마음을 다해 조호調護해 태자에서 폐위되지 않도록 하여 승선承宣으로서 동궁東宮의 사부가 되고 인종이 태자에게 즉위하면 치국治國은 정습명의 말을 사용해야 한다고 했으며, 의종은 즉위하자 태후 임씨의 이전 행위를 원망했다.[6] 환관 출신의 내료內僚 정함鄭諴은 원자(의종) 유온乳媼

<hr />

4 『고려사』권17, 의종 원년 12월

5 품계·특수칭호·관직 사이의 서열이 불일치하는 경우 行·守가 사용되었는데, 고조기가 받은 司空이 정1품으로 그의 본직(아마 정2품 僕射)보다 높기 때문에 '守'를 붙여 守司空이라 했을 것이다.

6 『고려사』권98, 정습명전 ; 『고려사절요』권11, 의종 5년 3월 정습명 卒記

(유모)의 남편으로 원자를 강보襁褓 시절부터 신근辛勤하게 보호하여 길러 의종 즉위에 기여하니 의종이 정함을 조관朝官 참직參職인 합문지후(각문지후)에 임명해 그 공로에 보답했다.[7] 김존중金存中은 용궁군龍宮郡 사람으로 총혜聰慧하고 시명詩名이 있었는데, 인종 때 춘방시학春坊侍學으로 급제해 첨사부녹사詹事府錄事에 보임되고 환관宦官 정함鄭諴과 서로 친밀하게 지냈으며, 의종이 즉위하자 춘방春坊 구은舊恩으로 인해 내시內侍에 소속되어 특별히 총애를 받았으니,[8] 그는 춘방시학과 첨사부녹사로서 태자 의종을 위해 복무해 의종의 즉위에 공헌했던 것이다.

의종은 부왕 인종 때에 장자로서 태자에 책봉되었지만 부왕과 모후 임씨(공예태후)가 차자인 대녕후大寧侯를 총애해 태자를 교체하려 하다가 내료 정함, 동궁관 정습명(정몽주의 조상)과 김존중 등의 구원에 힘입어 태자 자리를 지킨 끝에 왕위에 오를 수 있었던 것이다. 고조기도 그처럼 위기에 처한 태자 의종을 지켜 즉위시키는 데에 공로를 세웠기 때문에 의종이 즉위하자 사공司空 상주국上柱國을 제수했다고 여겨지는 것이다. 고조기는 이처럼 의종의 신임을 받았으니 고위재상으로 승진해 나간다.

고조기는 의종 2년(1148) 3월 병인일(8일)에 정당문학政堂文學 판호부사判戶部事에 임명된다.[9] 중서문하성의 종2품 재상인 정당문학으로서 호구戶口·공부貢賦·전량錢粮을 관장하는 호부의 판사를 겸한 것이었는데,[10] 고위재상인 중서문하성의 재신宰臣으로서 재추회의에 참석해 정책을 논의할 수 있게 되었다. 의종 2년(1148) 윤8월에 고조기가 지공거知貢擧로, 유필庾弼이 동지

---

7 『고려사』 권122, 열전, 宦者, 鄭諴 ; 『고려사』 권99, 이공승전
8 『고려사』 권123, 열전, 嬖幸1, 金存中. 고려 內侍는 宦官 및 內僚(南班)와 다른 존재로 출세에 유리해 士族이 선호한 궁중 직책이었다.
9 『고려사』 권17 및 『고려사절요』 권11, 의종 2년 3월 ; 『고려사』 권98, 고조기전. 守司空 上柱國은 그대로 유지했을 것이다.
10 중서문하성의 재신은 종2품이라도 상서성의 僕射(정2품)보다 실제로는 서열과 위상이 높았다.

공거同知貢擧로 진사進士를 취하니 유정견柳廷堅 등 25인에게 급제를 하사했다.[11] 고조기가 과거 고시관을 맡아 급제자를 선발한 것이니 문장가로서의 역량을 인정받은 것이었고, 좌주座主로서 문생門生 세력을 형성할 수 있게 되었다.

의종 2년(1148) 12월 정묘일(13일)에는 이인실李仁實로 권판이부사權判吏部事를, 고조기로 권판병부사權判兵部事를 삼았으니,[12] 이인실이 임시 판이부사로 문반 인사를, 고조기가 임시 판병부사가 무반 인사를 총괄한 셈인데, 이인실은 참지정사로, 고조기는 정당문학으로 그렇게 했을 것이다. 임원애(임원후)가 평장사 판이부사였다가 의종이 즉위하면서 문하시중 판이부사에 올랐었는데[13] 문반인사를 총괄하는 판이부사 자리를 빼앗긴 것이었다.[14] 이인실과 고조기가 전격적으로 문반과 무반의 인사를 통괄해 의종에게 충성스러운 자들로 관직자를 재편하는 작업을 수행한 것이었다. 의종 2년(1148) 12월 신사일(27일)에, 임원애任元敱로 수태위守太尉 정안공定安公을, 김부식金富軾으로 수태보守太保 낙랑군樂浪郡 개국후開國侯를, 이인실李仁實로 중서시랑동평장사中書侍郎同平章事 판이부사判吏部事를, 고조기로 참지정사叅知政事(종2품) 판병부사判兵部事를, 김영관金永寬으로 참지정사 판공부사判工部事를, 윤언이尹彦頤로 정당문학 판형부사判刑部事를 삼았다.[15] 이인실과 고조기가 '권權(임시:

---

11 『고려사』 권73, 선거지1, 科目1, 凡選場

12 『고려사』 권17, 의종 2년 12월

13 임원애는 의종 즉위년 4월 을사일(16일)에 門下侍中 定安侯를 제수받았다(『고려사』 권17).

14 고조기는 누구를 밀어내고 권판병부사를 맡게 된 것일까. 의종 즉위년(1146) 11월에 평장사 王冲이 致仕하기를 요청하자, 왕이 조칙을 내려 그가 淸儉 公平하고 신체가 아직 康强하다며 그에게 几杖을 하사해 視事하도록 했으니(『고려사』 권17) 평장사 王冲이 판병부사를 맡다가 고조기에게 넘기게 된 것으로 보인다. 이는 의종이 왕충을 원로로 예우했지만 고조기를 신임해 인사행정을 맡겼음을 시사한다. 왕충의 致仕는 미루어져 의종 3년 12월에 이루어진다.

대리)을 떼고 정식 판이부사와 판병부사가 된 것인데 본직도 이인실은 참지
정사에서 평장사로, 고조기는 정당문학에서 참지정사로 승진했다.

의종이 외조부 임원애(임원후)를 문반 인사를 총괄하는 판이부사에서 물
러나게 하더니 곧 문하시중에서 물러나게 한 것인데, 이는 자신을 위협했
던 외척을 본격적으로 숙청하기 시작했음을 의미했고, 의종 편에 선 고조
기는 고려 정계에서 승진하며 권력자로 떠오를 수 있었다. 문하시중은 한
동안 공석으로 남게 되어 재상으로 판이부사를 맡으면 수상, 재상으로 판
병부사를 맡으면 아상이 된다.

의종 3년(1149) 4월 신유일(10일)에 이인실李仁實로 수사공守司空 문하시랑
평장사門下侍郎平章事를, 고조기로 중서시랑평장사中書侍郎平章事를 삼았다.[16]
고조기가 중서문하성의 종2품 재상인 참지정사에서 정2품 재상인 평장사
로 승진한 것인데, 여전히 이인실이 판이부사를, 고조기가 판병부사를 겸
임하고 있었다. 의종 3년(1149) 7월 병신일(16일)에는 왕이 평장사 고조기 등
을 청연각淸讌閣에서 연회했다.[17] 청연각은 예종 때 개경 대궐 내전구역에
건립된 내각으로 정책토론, 경연經筵, 연회가 열리는 곳이었는데 고조기 등
이 이곳 연회에 참석한 것이었다.

의종 3년(1149) 8월 기미일(10일)에 왕이 장원정長源亭에 행차했고, 임신일
(23일)에 서루西樓에 나아가 격구擊毬를 관람했다.[18] 장원정은 문종 때 예성강
이 조강과 만나는 지점에 건립한 일종의 별궁이었는데 의종이 이곳에 순어
하고 그 서루에서 격구를 관람한 것이었다. 그런데 8월 계유일(24일)에 왕이
평장사 고조기, 어사대부 문공원文公元, 중서사인中書舍人 왕식王軾, 좌승선左

---

15 『고려사』 권17 및 『고려사절요』 권11, 의종 2년 12월
16 『고려사』 권17 및 『고려사절요』 권11, 의종 3년 4월 ; 『고려사』 권98, 고조기전.
　　이때 鄭襲明이 한림학사에 임명되었다.
17 『고려사』 권17 및 『고려사절요』 권11, 의종 3년 7월
18 『고려사』 권17, 의종 3년 8월

承宣 정습명鄭襲明을 불러들여 만나 술자리를 벌이고 국사國事를 논의하더니 서루西樓에 나아가 격구를 관람했다.[19] 고조기, 문공원, 왕식, 정습명 등이 의종과 함께 장원정에서 국사를 논의하고 그 서루에서 격구를 관람한 것인데 이들이 의종의 측근세력이었다. 의종은 격구의 달인으로 대간의 극렬한 반대에도 불구하고 격구를 즐기며 숭무崇武 정책을 폈는데 숭무정책을 주도하던 윤언이(윤관의 아들)가 의종 3년 9월 임오일(3일)에 정당문학으로 세상을 뜨면서[20] 점차 대간에 휘둘려 숭문崇文 정책으로 전환해 간다.

의종 3년(1149) 12월 기미일(11일)에 왕이 고조기로 권판이부사權判吏部事를 삼았다.[21] 12월 임신일(24일)에 왕충王冲으로 문하시중을 삼아 그대로 곧바로 치사致仕하게 하고, 고조기로 판상서이부사判尙書吏部事를, 김영관金永寬으로 중서시랑동중서문하평장사中書侍郞同中書門下平章事 판상서병부사判尙書兵部事를, 최유청崔惟淸으로 참지정사 판상서형부사判尙書刑部事를 삼았다.[22] 고조기가 이해 12월 11일에 평장사로서 판이부사를 권權(임시: 대리)으로 맡게 된 것인데, 이인실이 평장사 판이부사에서 물러났기 때문일 것이며, 12월 24일에 권權(임시: 대리)을 떼고 판이부사를 맡게 되었다. 고조기는 잠시 임시(대리) 판이부사로 문반인사를 총괄하다가 정식 판이부사로 문반인사를 총괄하게 된 것인데, 그가 띤 평장사 권판이부사, 평장사 판이부사는 당시 문하시중이 공석이었으므로 곧 수상首相에 해당했다. 그는 의종 3년(1149) 12월 기미일(11일)부터 고려의 수상에 오른 것이었으니 대단한 성취였지만 탐라에는 부담이 될 수도 있었다.

의종의 측근이었다가 소외당한 정습명鄭襲明이 의종 4년(1150) 3월에 57세로 세상을 떴다. 정습명은 의종의 즉위에 많이 공헌했고 인종의 고탁顧托

19 『고려사』 권17 및 『고려사절요』 권11, 의종 3년 8월
20 『고려사』 권17, 의종 3년 9월
21 『고려사』 권17, 의종 3년 12월
22 『고려사』 권17 및 『고려사절요』 권11, 의종 3년 12월

을 받았기에 직언을 서슴지 않다가 의종의 꺼림을 받고 김존중金存中·정함鄭諴에게 헐뜯음을 당하던 차에 병들어 휴가를 내자 그 직책을 왕이 김존중에게 임시로 대신해 맡게 하니 정습명이 왕의 뜻을 헤아려 알고 약을 먹고 (물리치고) 죽었다고 한다.[23] 그는 『고려사』와 『고려사절요』에는 추밀원지주사樞密院知奏事로 죽은 것처럼 되어 있지만 그의 묘지명에는 '예부상서禮部尙書 동지추밀원사同知樞密院事 한림학사翰林學士 지제고知制誥'가 최종관직으로 나오고 경오년(의종 4)에 이 관직에 이르렀다고 되어 있다. 의종은 정습명을 예부상서 동지추밀원사로 승진시키는 방식으로 지주사(비서실장)를 해임했던 것으로 보인다. 그 결과 김존중의 권력이 더욱 강화되었는데 김존중은 고조기와 친밀한 사이였다.

그런데 평장사 고조기는 의종 4년(1150) 10월에 간관諫官에 의해 탄핵당해 좌복야로 좌천당했다가 평장사로 복귀한다. 당시 김존중金存中이 용사用事했는데 고조기가 자기를 굽혀 투합偸合하니 시의時議가 그르게 여겨 간관에 의해 탄핵당해 상서좌복야尙書左僕射로 강등되었지만 김존중의 구원에 힘입어 수개월이 되지 않아 다시 평장사에 제배되었다고 한다.[24] 김존중은

---

23 『고려사』 권17, 세가 의종 5년 3월 ; 정습명 묘지명 ; 『고려사』 권98, 정습명전 ; 『고려사절요』 권11, 의종 5년 3월. 정습명은 迎日縣 사람으로 鄕貢으로 급제했는데, 부친이 副戶長 鄭侯鑑이고, 모친이 鄭氏이고, 妻도 鄭氏였다. 정습명의 죽음에 대해 『고려사』 정습명전은 '仰藥而死', 『고려사절요』는 '却藥而死'라 되어 있다. 정습명 사망일은 『고려사』 세가는 "(의종 5년 3월)壬辰 廬囚, 樞密院知奏事鄭襲明卒"이라 하여 의종 5년(1151) 3월 임진일(21일)처럼 되어 있는 반면, 정습명 묘지명은 "年五十七'其年'(庚午年)三月十六日卒"이라 하여 경오년(1150: 의종4) 3월 16일로 되어 있다. 의종 측에서 정습명의 의문스러운 사망 배경을 덮으려 시도한 결과 그의 사망 연월일이 바뀐 것이 아닌가 한다. 한편, 정습명이 세상을 뜨자 정함이 간절히 아뢰니 의종이 5년(1151) 윤4월에 김존중을 발탁해 右承宣으로 삼자 이로부터 김존중이 禁中에 출입하며 국정을 圖議해 세력이 朝野를 기울였다고 한다(『고려사절요』 권11, 의종 5년 윤4월 ; 『고려사』 권123, 열전, 嬖幸1, 金存中).
24 『고려사절요』 권11, 의종 4년 10월 ; 『고려사』 98, 고조기전

내료 정함과 함께 의종의 최측근 세력을 이루어 대간과 대결하고 있었는데, 대간이 고조기가 김존중 편에 섰다고 여겨 탄핵해 상서성의 좌복야로 좌천되도록 만든 것이었는데 고조기는 곧 평장사로 복귀한다.[25] 이해 12월 신해일(9일)에 김영관金永寬으로 판이부사判吏部事를, 고조기로 판병부사判兵部事를 삼았으니,[26] 고조기가 비록 수상과 판이부사를 회복하지는 못했지만 아상亞相 판병부사로 무반인사를 총괄하게 되었는데 물론 평장사를 회복했다.

의종 4년(1150) 12월 무진일(26일)에 김영관金永寬으로 감수국사監修國史 시서경유수사知西京留守事를, 최유청崔惟淸으로 중서시랑평장사를, 문공원文公元으로 참지정사를 삼았는데,[27] 김영관은 여전히 평장사 판이부사로 수상이었을 것이다. 의종 5년(1151) 2월 무신일(7일)에 문하시중 치사致仕 김부식金富軾이 나이 77세로 세상을 떠서 중서령中書令을 추증받았다.[28] 의종 5년(1151) 3월 무인일(7일)에는 고조기가 중군병마판사中軍兵馬判事 겸 서북면병마판사西北面兵馬判事에 임명되었는데,[29] 여전히 평장사 판병부사로 아상이었을 것이다. 고려는 중군병마사 혹은 중군병마판사가 군권(군령권)을 총괄했으니, 고조기가 무반인사는 물론 군권(군령권)까지 장악한 것이었다.

고조기는 그의 전기에 따르면 평장사로 복귀했다가 이윽고 치사致仕했다고 한다. 의종 5년(1151) 4월 기유일(8일)에 왕이 침향목沈香木으로써 공工에게 명령해 관음상을 각성刻成해 내전內殿에 두고 반승飯僧했고,[30] 4월 병진일(15일)에 최유청崔惟淸으로 판병부사判兵部事를, 문공원文公元으로 판형부사判刑部事를, 유필庾弼로 지문하성사知門下省事를 삼았다.[31] 5월 정미일(8일)에 간의諫議

---

25 중서문하성의 평장사와 상서성의 복야는 품계로는 같은 정2품이지만 위상으로는 전자가 후자보다 훨씬 높았다.
26 『고려사』 권17 및 『고려사절요』 권11, 의종 4년 12월
27 『고려사』 권17, 의종 4년 12월
28 『고려사』 권17 및 『고려사절요』 권11, 의종 5년 2월 ; 『고려사』 권98, 김부식전
29 『고려사』 권17 및 『고려사절요』 권11, 의종 5년 3월
30 『고려사』 권17 및 『고려사절요』 권11, 의종 5년 4월

왕식王軾과 기거주起居注 이원응李元膺 등이 상소해 정서鄭叙 등의 죄를 논하고 김존중金存中이 도왔는데, 왕식과 이원응은 김존중의 족族이었다.[32] 며칠 지난 5월에 대간臺諫이 복합伏閤해 대녕후大寧侯 경瞔과 음결陰結되었다는 혐의자들을 탄핵하니, 왕이 정서鄭叙(공예태후의 매부)를 곤장쳐 동래東萊로 유배하고, 양벽梁碧을 회진會津에, 김의련金義鍊을 청주淸州에, 김참金㫜을 박도樸島에 유배했다. 또한 대간이 평장사 최유청崔惟淸이 정서가 대녕후 등 제왕諸王을 연회할 때 기명器皿을 빌려주어 도와 대신大臣의 체통을 잃었다며 남경유수南京留守로 폄출하도록 하고, 잡단雜端 이작승李綽升이 대성臺省의 정서鄭叙 탄핵 때 집에 있으면서 참예하지 않았다며 남해현령南海縣令으로 폄출하도록 했는데, 최유청과 이작승은 정서의 매서妹婿(매부)였다. 정서 등이 유배되자 김존중金存中이 더욱 총애를 받았다고 한다.[33] 5월 정묘일(28일)에 김영관金永寬으로 수사도守司徒 판국자감사判國子監事를, 문공원文公元으로 중서시랑평장사 판이부사判吏部事를, 유필庾弼로 참지정사 판병부사判兵部事를, 김영석金永錫으로 정당문학을, 최자영崔子英으로 지문하성사知門下省事를 삼았다.[34]

최유청이 의종 5년(1151) 4월 병진일(15일)에 평장사 판병부사에 임명되었다가, 정서鄭叙(공예태후의 매부: 대녕후와 음결陰結 혐의자)에게 그릇을 빌려준 이유로 5월에 탄핵을 받아 해임되어 남경유수南京留守로 폄출되었으며, 5월

---

31 『고려사』 권17, 의종 5년 4월. 한편 『고려사』 권99, 최유청전에는 최유청이 中書侍郎同中書門下平章事 判兵部事에 驟進했다고 되어 있다.

32 『고려사』 권17 및 『고려사절요』 권11, 의종 5년 5월

33 『고려사절요』 권11, 의종 5년 윤4월 및 5월 ; 『고려사』 권90, 열전, 宗室1, 인종의 아들 大寧侯瞔 ; 『고려사』 권97, 鄭沆傳 附 鄭叙 ; 『고려사』 권99, 최유청전. 대녕후는 도량을 지녀 衆心을 얻었다고 한다. 김존중이 공예태후 妹婿(매부: 제부)인 內侍郎中 鄭叙 및 태후 아우인 承宣 任克正과 틈이 있던 차에, 鄭叙가 大寧侯와 交結해 항상 더불어 遊戲하니, 김존중과 鄭諴 등이 飛語를 꾸며 아뢰자 왕이 의심했다고 한다. 대녕후는 의종 11년 2월에 유배당한다(『고려사절요』 권11).

34 『고려사』 권17 및 『고려사절요』 권11, 의종 5년 5월

정묘일(28일)에 김영관이 수사도守司徒 판국자감사로 되어 평장사 판이부사에서 물러나면서 문공원文公元이 중서시랑평장사 판이부사에 임명되고, 유필庾弼이 참지정사로 최유청 대신에 판병부사를 맡게 되었다. 그러하니 고조기는 평장사로 복귀해 판병부사를 지내다가 의종 5년(1151) 4월 병진일(15일)에 이 직책에서 물러났다고 볼 수 있는데, 중군병마판사는 계속 유지했을 수도 있다. 그는 이 때 혹은 그 이후에 치사致仕했다. '치사致仕'는 대개 70세 정년퇴임을 의미하고 때로는 명예퇴임을 의미했는데 고조기가 이느 경우에 해당하는지 확실하지 않지만 정년퇴임이었을 가능성이 크다. 질병이 아니라면 정기인사 때인 12월에 퇴임이 결정되어 다음해를 맞이하면서 퇴임했을 수 있다.

요컨대, 고조기는 의종 원년(1147) 12월 정사일(27일)에 수사공守司空 상주국上柱國을 받았다. 의종 2년(1148) 3월 병인일(8일)에 정당문학 판호부사에 임명되었고, 윤8월에 지공거知貢擧로 급제자를 선발했고, 12월 정묘일(13일)에 권판병부사權判兵部事에 임명되었고, 12월 신사일(27일)에 참지정사(종2품) 판병부사에 임명되었다. 의종 3년(1149) 4월 신유일(10일)에 중서시랑평장사(정2품) 판병부사에 임명되었고, 12월 기미일(11일)에 권판이부사權判吏部事에, 12월 임신일(24일)에 판이부사에 임명되었다. 의종 4년(1150) 10월에 간관에 의해 탄핵당해 좌복야로 좌천당했다가 김존중의 도움으로 12월 신해일(9일)에 평장사로 복귀해 판병부사를 맡았다. 의종 5년(1151) 3월 무인일(7일)에 중군병마판사 겸 서북면병마판사에 임명되어 군령권을 장악했는데 평장사 판병부사는 그대로 유지했다. 의종 5년 4월 병진일(15일)에 평장사 판병부사에서 물러났고 아마 이해 12월에 관직에서 퇴임했다. 그리고 의종 11년(1157) 2월 기해일(3일)에 중서시랑평장사 치사致仕 고조기가 졸卒하자, 왕이 3일 동안 철조輟朝하고 유사有司에게 명령해 호상護喪하게 하고 시호를 하사했으니,[35] 극진히 예우한 것이었다.

이처럼 고조기는 의종 초기에 고려 재상으로서 고려 국왕의 측근으로

그림 28. 고조기묘(제주시 아라동 소재): 필자 촬영

활약하고 아상 혹은 수상을 지내기도 했다. 그런데 의종 7년(1153)에 탐라현이 설치되어 탐라에 현령관이 파견되면서 탐라국이 멸망했다. 고조기가 의종 5~6년에 퇴임하고 의종 11년에 사망했지만 탐라국 멸망에 대한 책임에서 자유롭지는 않으리라 여겨진다. 탐라현 설치는 갑자기 결정된 것이 아니라 고조기가 재상으로 재직하고 있던 때에 고려 국왕과 관부가 오랜 준비를 거친 것으로 보이며 고조기가 퇴임시절에도 의종의 측근원로로서 자문에 응했을 것으로 보이기 때문이다. 또한 고조기가 고려 관료로서 성취하면 할수록 그는 물론 그의 친족 다수는 고려왕조에 경도될 수밖에 없었을 것이기 때문이다. 단, 광양당과 호종단 설화가 시사하듯이 고려와 탐라의 갈등이 매우 심각했기에 고조기가 비록 의종의 측근이었지만 탐라가

---

35 『고려사』 권18 및 『고려사절요』 권11, 의종 11년 2월 ; 『고려사』 권98, 고조기전. 고조기는 『고려사』 고조기전에 '無子'로 되어 있지만 『성주고씨가전』에는 아들들이 존재한 것으로 나온다.

현縣으로 강등되는 것을 막기에는 역부족이었을 수도 있다.

고조기가 산장에서 「산장우야山莊雨夜」 시를 지어 아래와 같이 읊었다.[36]

어제 밤 송당松堂에 비가 내려 시냇물 소리가 베개 서쪽으로 들렸어라
새벽이 밝아와 뜰의 나무를 보니 머문 새가 아직 둥지를 뜨지 않았네

고조기가 산장山莊에 머물고 있던 밤에 비가 내리니 이 시를 지은 것인데 이 산장은 한라산 동쪽 기슭의 송당 마을에 자리한 그의 별장으로 보인다.[37] 그가 이 시를 지은 시점이 탐라현 설치(탐라국 멸망) 이전인지 이후인지 판별하기는 어렵다. 송당松堂은 구제주의 광양당, 삼양동의 원당元堂, 고산 차귀당 등과 함께 탐라 전통신앙의 핵심이었다. 송당의 신이 강림했다면 탐라국의 멸망에 분노하고 슬퍼하지 않았을까.

2. 탐라 독립항쟁의 서막: 량수의 거병

탐라국은 고려 의종 때에, 구체적으로는 의종7년(1153) 늦가을~초중겨울 무렵에 고려에 의해 현령관으로 되면서 멸망당했다. 현령관이 설치되면서 고려로부터 탐라에 현령縣令과 현위縣尉가 파견되었다. 고려는 탐라현을 현령과 현위를 통해 지배했는데, 기존의 최고 통치자였던 성주星主와 왕자王子는 군주로서의 위상은 상실했지만 자신의 관아를 지니며 많은 영향력을

---

36 『동문선』 권19, 五言絶句, 「山莊雨夜」(高兆基). "昨夜松堂雨 溪聲一枕西, 平明看庭 樹 宿鳥未離栖"

37 여말선초 고득종의 모친이 고득종 上書(『세종실록』 권64, 세종 16년 6월 을해)에 따르면, 橋里(橋來里)에 家舍·農田을 지니고 있었다. 이로 보아 탐라의 고씨 등 권력층은 교래, 송당 등 중산간 지대에도 토지와 별장을 가졌던 것으로 여겨진다.

행사했다. 탐라 현령관은 성주·왕자와 함께 탐라를 공동으로 다스렸다.

그런데 탐라현령과 탐라현위가 고려 인종조仁宗朝에 정한 외관록外官祿[38]에 보여 문제이다. 이 외관록에서 26석石 10두斗에 탐라현령耽羅縣令이 서경 육현령西京六縣令 등과 함께 들어 있고, 20석에 탐라현위耽羅縣尉가 서경육현위西京六縣尉 등과 함께 들어 있다. 하지만 인종조仁宗朝에 정한 외관록 규정은 인종 때 정한 것만이 아니라 서경 조위총의 거병에 대응한 명종 8년 서경관제 경정更定에 따라 완비된 서경의 6개 현령이 통틀어 포함되는 등 신종 초까지의 변화가 추가로 기재된 것임이 밝혀졌다.[39] 그러니까 의종 때에 탐라가 고려의 현으로 편입되어 현령관이 파견된 후에 탐라현령과 탐라현위의 녹봉이 책정된 것이 인종조 외관록 규정에 소급되어 추가로 기록된 것으로 판단되는 것이다.

이 규정에 소급되어 기재된 탐라현령 녹봉은 26석石 10두斗로, 서경육현령西京六縣令, 강화江華·장단長湍·해양海陽(광주光州)·수안遂安·가림嘉林·부성富城·금구金口·임피臨陂·진례進禮·김제金堤·남해南海·진도珍島·능성綾城·관성管城·대구大丘·일선一善·의성義城·기양基陽·수안順安·연일延日·동래東萊·만경萬頃·우봉牛峯·영덕盈德·김포金浦 등 현령縣令과 같은 수준이었다. 또한 탐라현위 녹봉은 20석石으로, 동경東京·서경西京·남경南京 법조法曹, 안북도호安北都護·안서도호安西都護 법조, 황주黃州·광주廣州·청주淸州·충주忠州·전주全州·나주羅州·진주晉州·상주尙州·용주龍州 등 법조法曹, 영풍永豐·수덕樹德 등 진장鎭將, 십삼창十三倉 판관, 서경육현위西京六縣尉, 가림嘉林·부성富城·임피臨陂·진례進禮·김제金堤·해양海陽(광주)·능성綾城·관성管城·대구大丘·일선一善·강화江

---

38 『고려사』 권80, 식화지3, 祿俸, 外官祿

39 윤경진, 「『고려사』 식화지 외관록 규정의 기준 시점과 성립 배경」 『역사와 현실』 78, 2010. 묘청·조광 등이 서경에서 거병하자 개경 정부가 인종 14년에 西京畿를 나누어 六縣으로 삼았지만 대개 속현 형태로 완화되었다가 조위총 거병으로 인해 명종 8년에 六縣令으로 완결되었던 것이다.

華·의성義城·순안順安·동래東萊·수안遂安 등 현위縣尉, 모든 감무監務와 같은 수준이었다.

탐라현령관 설치 초창기에 현령과 현위는 누구였는지 잘 확인되지 않는다. 탐라현령으로 처음 확인되는 인물은 최척경崔陟卿이다. 그는 완산完山(전주) 향리로 급제해 의종초에 경산부京山府 판관에 보임되어 성품이 염개廉介해 리민吏民이 두려워하고 사랑했는데 임기를 채워 개경으로 돌아왔지만 발이 권문權門에 이르지 않은지 10년 남짓이었는데, 판이부사 최윤의崔允儀가 그 청직淸直을 듣고 탐라령耽羅令에 임명하고자 하니 최척경이 지방관에 다시 임용됨과 탐라 땅이 벽원僻遠(궁벽하고 멈)함을 이유로 굳이 사양했다. 이에 최윤의가 말하기를, 탐라는 땅이 멀고 풍속이 사나워 수守(수령守令) 되기가 실로 어렵기 때문에 그대를 보임하는 것이라, 바라건대 그대가 꺼리지 말고 가서 원민遠民을 어루만져 국가(고려)의 근심이 되지 않도록 하면 마땅히 미관美官으로써 보답하리라 하니, 최척경이 부득이 탐라령으로 취임해 이익을 일으키고 폐단을 혁파하니 민이 모두 편안했다고 한다.[40]

그러면 최척경은 언제 탐라현령이 되었을까? 최윤의는 그의 묘지명에 따르면 을해년(1155: 의종 9년)에 중서시랑동중서문하평장사 판이부사 겸 서경유수사西京留守使에 임명되었다. 『고려사』 세가에 따르면 의종 9년(1155) 3월 계유일(26일)에 최자영으로 권판이부사權判吏部事를, 최윤의로 권판병부사權判兵部事를 삼았고, 5월 경오일(24일)에 최자영으로 판이부사 서경유수사西京留守事를 삼았고, 6월 을미일(19일)에 최자영으로 서북면병마판사 겸 판중군병마사를, 최윤의로 동북면병마판사 겸 판중군병마사를 삼았고, 8월 병오일(31일)에 평장사 최자영 등을 불러 국정을 물었다.[41] 그러하니 최윤의는 의종 9년 말엽에 평장사 판이부사에 임명된 것이었다. 최윤의는 판이부判

---

40 『고려사』 권99, 열전12, 崔陟卿 ; 『고려사절요』 권13, 명종16년 6월, 최척경 卒記
41 『고려사』 권18, 의종세가

吏部로 전주銓注가 평윤平允해 현능賢能을 임용했다고 하며, 나이 61세인 의종 16년(1162) 8월 임진일(28일)에 문하시랑평장사로 세상을 뜬다.[42] 최윤의는 의종 9년(1155) 말엽부터 의종 16년(1162) 8월까지 사이에 평장사 판이부사로서 문반 인사를 관장한 것이며 이 시기에 최척경이 최윤의에 의해 탐라현령으로 발탁되어 근무한 것이었다. 최척경이 탐라에서 돌아와 보니 보답을 약속했던 최윤의는 이미 사망했으니 그가 탐라에서 3년 동안 근무했다면 대략 의종 13년 무렵에 탐라현령에 부임한 셈이 된다.

최척경이 탐라에서 돌아왔지만 최윤의는 이미 사망했고 최척경이 개경에 3년 동안 거주했는데 심히 가난해 자존自存할 수 없어 가족을 데리고 고향으로 돌아가려 했다. 때마침 전라안찰사가 급히 아뢰기를, 탐라인耽羅人이 령令·위尉 침포侵暴를 괴로워해 반反하여 말하기를 만약 최척경을 령令으로 삼는다면 무기를 내려놓겠다고 한다고 하니, 의종이 재상 최포칭(최유칭)에게 일러 말하기를, 이처럼 현자가 있거늘 어찌 등용하지 않으리오 하고는 최척경을 불러 능견綾絹(비단)을 하사하고 곧바로 탐라령耽羅令에 임명하니, 최척경이 가가家(가인家人)를 데리고 부임하기를 요청하자 왕이 허락했는데 탐라에 부임하는 자가 실室(아내)을 동반함이 최척경으로부터 시작되었다. 탐라인이 최척경이 옴을 듣고 곧바로 경함輕艦(가벼운 함정)을 갖추어 맞이해 최척경이 지경 안으로 들어오자 모두 창(戈)을 버리고 나열해 절하며 말하기를, "공公이 오니 우리들이 재생再生합니다" 라 하고 예전처럼(예전에 최척경이 탐라령으로 근무했을 때처럼) 안도按堵했다고 한다.[43] 탐라인이 현령과 현위의 침탈에 반발해 거병했다가 재부임한 탐라현령 최척경에 의해 진압된 것인데 탐라인의 이 거병은 량수良守가 주도한 항쟁이었다.

의종 22년(1168) 11월 정축일(20일)에 탐라안무사 조동희趙冬曦가 왕을 알

42 『고려사』권18 및 『고려사절요』권11, 의종 16년 8월 ; 『고려사』권95, 열전8, 崔冲 附 崔允儀
43 『고려사』권99, 열전12, 崔陟卿 ; 『고려사절요』권13, 명종16년 6월, 최척경 卒記

현했다. 탐라는 험원險遠해 공전攻戰이 미치지 않는 곳이고 양지壤地(토양)가 고유膏腴해(기름져) 경비經費가 나오는 곳이라, 전에는 공부貢賦가 번잡하지(괴롭지) 않아 민民이 그 업業을 즐거워했는데, 근래 관리官吏가 불법을 저지르자 적수賊首 량수良守 등이 모반謀叛해 수재守宰를 축출하니, 왕이 조동희에게 명령해 부절符節을 지니고 가서 효유하게 하자 적적賊들이 스스로 항복하니, 조동희가 량수良守 등 2인 및 그 당黨 5인을 베고 나머지 모두에게는 곡식과 백帛(비단)을 하사해 안무하고는 복명한 것이었다고 한다.[44]

이처럼 량수가 탐라인들을 지휘해 일으킨 무력武力 항쟁은 탐라안무사 조동희와 재부임 탐라현령 최척경에 의해 의종 22년(1168) 11월 정축일(20일) 이전에 진압당했다. 그러하니 이 거병은 의종 22년(1168) 11월 20일 이전에 발생했는데, 좀더 구체적인 시점은 최척경의 탐라현령 재부임 시기를 통해 추론할 수 있다.

최척경은 처음 탐라현령의 임무를 마치고 올라오니 최윤의는 이미 사망해 보답을 받지 못한 채 3년을 개경에 머물던 차에 탐라 '반역'으로 인해 탐라현령으로 다시 차출되었다. 최윤의는 의종 16년(1162) 8월 임진일(28일)에 세상을 떴으니 이 무렵에 최척경이 탐라 처음 근무를 마쳐 올라왔다고 가정하고 그 후 3년이 흐르면 의종 19년 무렵이 된다. 그러면 탐라에서 량수良守 거병은 의종 19년 무렵에 발생하고 22년(1168) 무렵에 가서야 진압된 것으로 몇 년 동안에 걸친 치열한 항쟁이었다. 최척경의 첫 탐라현령 재임 다음에 탐라에 부임한 탐라 현령이 현위와 함께 착취를 자행했기 때문에

---

44 『고려사』 권18, 의종 22년 11월. 한편 의종 24년(1170) 8월에 무신정변이 발생해 9월에 의종이 추방될 때 兵部侍郎 趙冬曦는 延基地를 相하러 西海道에 갔다가 變을 듣고 東界에 가서 擧兵해 討賊하려고 鐵嶺에 이르렀지만 猛虎로 인해 지나갈 수 없어 追騎에게 체포되니, 정중부는 조동희가 탐라평정 공로가 있다며 유배하려 했는데 守者가 조동희를 죽여 시신을 물에 던졌다고 한다. 『고려사』 권128, 정중부전 ; 『고려사절요』 권11, 의종 24년 8월·9월

량수가 거병했으리라 판단된다.

탐라가 현으로 격하된 이후 부담이 가중되고 고려 파견 지방관의 착취가 노골화되니 이는 탐라 사람들의 저항을 초래했다. 의종 19년~22년(1168) 11월 무렵에 '적수賊首' 량수良守 등이 '모반'해 수재守宰(현령)를 축출했다. 탐라는 험하고 멀어 공격해 전투함이 미치지 않는 곳이고 강토가 비옥해 경비經費가 나오는 곳인데 공부貢賦가 괴롭지 않아 민民이 그 업業을 즐거워해 오다가 고려관리가 불법을 저질렀기 때문에 일어난 사태였다. 안무사 조동희가 회유하자 '적賊'들이 스스로 항복하니 량수 등 2인과 그 당黨 5인을 베어죽이고 나머지는 안무했고, 탐라인이 령·위 침탈을 괴로워해 '반란'했지만 청직한 최척경이 다시 탐라령으로 부임하자 무기를 내려놓았다고 한다. 사실은 조동희와 최척경이 량수 거병을 힘겹게 가까스로 진압한 것이었다. 량씨족 일원인 량수가 민중을 움직여 거병해, 탐라인을 침탈해 온 현령관을 무력으로 몰아내며 항거한 것인데, 고려의 지배에 저항하는 탐라 독립항쟁의 시작이었다.

3. 탐라의 연이은 항쟁과 고려의 대응

고려는 1170년 무신정변으로 의종이 폐위되고 아우 명종이 즉위하면서 무인정권이 성립했다. 그런데 여기저기에서 무인정권에 반대하는 거병이 일어나자 무인정권은 진압과 안무에 힘썼는데 의종 후반에 '반란'이 일어났던 탐라현도 안무의 대상이었다.

최당崔讜은 동주東州(철원) 사람인 평장사 최유청의 아들로 급제해 벼슬하더니 경인년에 명종이 즉위하자 추밀원당후관으로부터 정언正言에 임명되어 용감히 시비是非를 논하다가 좌천되었고, 상식봉어尙食奉御로 기용되더니 예부원외랑을 거쳐 이부원외랑를 띠고 전라도 염안사廉按使가 되고 겸하여

탐라를 안무했다. 이윽고 위위소경衛尉少卿 보문각대제에 임명되었는데, '■
酉(■유)'에 대금大金 횡선사橫宣使가 왔다가 돌아가려는데 서적西賊에 의해 도
로가 막히니 최당이 임진로臨津路로 이 횡선사를 전송해 돌아가도록 했다.[45]

최당이 정언正言으로 시비를 논하다가 좌천당한 구체적인 때를 찾아보
자. 명종 1년(1171) 9월 무자일(17일)에 좌간의 김신윤과 우간의 김보당, 우
정언右正言 최당崔讜 등이 상소해, 전조前朝(의종) 재상 최윤의·간의 이원응·
중승 오중정 등이 환관 정함鄭諴의 고신告身에 서명하고, 서해안찰사 박순
고朴純古(박순하朴純嘏)가 노인성 출현을 망령되이 아뢰고, 지수주사知水州事 오
록지가 금귀金龜의 서瑞를 망령되이 헌상했으니 모두 자손을 금고禁錮하기
를 요청하고, 지금 승선 이준의·문극겸이 대성臺省을 겸하여 용사用事하고
있으니 겸관을 벗기를 요청하니, 왕이 따랐지만 이준의·문극겸의 일은 윤
허하지 않았다. 다음날 간관諫官이 복합伏閣해 간쟁하는데 이준의(이의방의 형)
가 술취해 순검군으로 하여금 간관을 능욕하게 했고 왕이 듣고 이준의를
불러 위해慰解하고 간관을 황성隍城에 가두었다. 경인일(19일)에 김신윤, 김보
당 등을 좌천시키면서 최당을 전중내급사殿中內給事로 좌천시켰고, 이준의를
고쳐 위위소경衛尉少卿으로, 문극겸을 고쳐 대부소경大府少卿으로 삼았다.[46]

최당은 명종 1년(1171) 9월에 간관으로서 언론활동을 하다가 좌천당한
것이었고, 이후에 상식봉어로 기용되더니 예부원외랑을 거쳐 이부원외랑
을 띠고 전라도 염안사廉按使가 되고 겸하여 탐라를 안무한 것이었다. 최당
이 명종초에 정언이 되어 논사論事하다가 귀행貴倖을 거슬려 낙직落職했고,
이윽고 기용되어 이부원외랑이 되고 나가서 동남도東南道를 안按하여 성적
聲績이 있었다고 하는데,[47] 여기에는 전라도와 탐라 안무도 포함되었을 것

---

45 최당 묘지명(『고려묘지명집성』). 이후 최당은 兵部侍郎 知制誥를 거쳐 尙書右丞으
　　로 司馬試를 관장했고, 西北面元帥幕에 出鎭하고 돌아와 礼賓卿에 제배된다.
46 『고려사』 권19 및 『고려사절요』 권12, 명종 1년 9월
47 『고려사』 권99, 열전12, 崔惟淸 附 崔讜

이다. 최당의 부친 최유청이 금 대정大定14년 갑오년 12월 25일에 훙薨하여 다음해인 대정15년 을미년(1175: 명종 5년) 정월 임인일에 장사지내지며 묘지명이 만들어졌는데, 이 때 최당은 시이부원외랑試吏部員外郎으로 새겨져 있다.[48] 그러하니 최당은 명종 4년 무렵에는 시이부원외랑試吏部員外郎을 띠고 있었다.

최당이 금 횡선사를 임진로로 전송한 때는 언제였을까? 명종 7년(1177) 6월에 금 횡선사가 오니, 국가(고려)가 서경(평양) 여얼餘孼이 도로를 막을까 의심해 군려軍旅(전쟁) 후에 연로沿路에 역병이 크게 발생했다고 칭탁해 다른 도로를 따라 영후迎候하고, 호부낭중 박소朴紹와 중랑장 이승시牙應時를 파견해 관군 및 신기군神騎軍 80인을 거느리고 가서 불우不虞를 대비하게 했는데, 통덕역에 이르자 갑자기 나타난 적적賊에게 습격당해 사망자가 십중팔구이고 박소 역시 해를 입었다.[49] 8월 을유일(18일)에 이 금사金使가 돌아가는데, 때에 서적西賊이 길을 막음으로 인해 동쪽으로 임진臨津을 건너 춘주계春州界를 경유해 나아가 정주定州에 이르러 관문을 나갔다.[50] 최당이 금 횡선사를 임진로로 전송한 때는 명종 7년(1177: 정유년) 8월이었던 것이다.

요컨대, 최당은 명종 1년(1171) 9월에 간관으로서 언론활동을 하다가 좌천당했고, 상식봉어로 기용되더니 예부원외랑을 거쳐 이부원외랑을 띠고 전라도 염안사로 탐라를 안무했고, 명종 7년(1177) 8월에 금 횡선사를 임진로로 전송했다. 그는 명종 1년(1171) 9월~명종 7년(1177) 8월 사이에 탐라를 안무한 것인데, 그가 좌천당했다가 기용되어 여러 관직을 거치고서 탐라를 안무했기에 탐라를 안무한 시기는 명종 2년 이후에 해당할 것이다.

고려 무인정권은 탐라의 동향에 민감하게 반응했다. 명종 16년(1186) 7

---

48 최유청 묘지명(국립중앙박물관 소장)
49 『고려사』 권19 및 『고려사절요』 권12, 명종 7년 6월
50 『고려사』 권19 및 『고려사절요』 권12, 명종 7년 8월. 春州副使 崔忠弼이 그 供頓을 빙자해 매우 심히 聚斂했다가 坐罷되었다.

월 갑신일(9일)에 어떤 사람이 탐라 반叛을 고하니, 왕이 경악해 양부兩府(재추)를 불러들여 처치 대책을 묻고 곧바로 합문지후 독고충獨孤忠과 낭장 지자심池資深을 파견해 안무사로 삼고, 식목녹사式目錄事 장윤문張允文으로 대부주부大府注簿 행탐라현령行耽羅縣令을 삼아 각각에게 능견綾絹(비단) 7단端을 하사해 길에 오르기를 재촉하고 조칙을 내려 전前 령令·위尉 모두에게 중벌을 내렸는데 이윽고 들으니 '반상叛狀(반역 상황)'이 없었지만 조칙이 이미 나갔기 때문에 장윤문은 탐라현령으로 부임하고 전 령·위는 끝내 면직되었다.[51]

장윤문은 목주木州(천안) 사람인데 복야僕射 상장군을 역임한 외조부 우방재于邦宰의 문음(음서)으로 벼슬길에 진출했지만 독서해 급제하여 동도서기東都書記에 보임되어 최고 고과를 받아 식목녹사에 임명되었다. 탐라현이 해중海中에 위치해 자기 스스로 강양疆壤(강역)이 다르다고 여겨 비록 왕화王化에 복종하지만 누차 조교條敎를 범해 조의朝議가 능리能吏를 선발해 그곳을 진수鎭守하려, 장윤문에게 대부주부大府注簿를 제수해 현령으로 삼아 그 민民을 어루만지게 했다. 이에 장윤문이 탐라에 이르자 '내모來暮(내하모來何暮: 선정 찬미)의 노래'가 있었다고 하며, 임기를 채우자 제릉승諸陵丞 겸 도병마녹사에 임명되었다.[52]

명종 16년(1186) 7월에 탐라반란 보고는 소문이었지만 탐라 현령과 현위가 면직되고 식목녹사 장윤문이 대부주부를 받아 탐라현령으로 부임했다. 탐라가 고려의 현이 되었지만 해중에 위치해 고려와 강역이 다르다고 여겨 자주 조교條敎(고려 법령)를 범했기 때문에 능력이 뛰어난 장윤문을 탐라 현령으로 보낸 것이었는데, 이는 탐라가 고려에 반기를 드는 행동을 자주 했음을 알려준다.

최충헌 무인정권기에도 고려에 대한 탐라의 항쟁은 이어진다. 신종 5년

---

51 『고려사』 권20, 세가 및 『고려사절요』 권13, 명종 16년 7월
52 장윤문 묘지명. 장윤문은 그 후 中書注書, 權知閣門祗候, 監察御史, 秋部員外郎 忠淸道點軍使, 起居舍人 慶尙州道廉按使, 右司郎中을 거쳐 少府少監에 임명된다.

(1202) 10월에 탐라耽羅가 '반叛'하니 소부소감小府少監 장윤문張允文과 중랑장 이당적李唐績을 파견해 안무하게 했는데, 이해 12월 을해일(5일)에 탐라안무 사耽羅安撫使 장윤문·이당적이 아뢰기를, 적괴賊魁 번석煩石·번수煩守 등이 모두 복주伏誅되었다고 했다.[53] 소부소감 장윤문이 이전에 탐라현에 근무했을 적에 은혜와 위엄이 있었기에 안무사로 탐라현에 나갔으며 돌아오자 형부 시랑에 임명되었다고 한다.[54] 박문비도 번석·번수 거병 때 탐라에 안무사 로 파견되었을 수 있다. 안무사가 여러 명 파견되었고 많은 군대를 이끌고 간 것으로 보이니 번석, 번수 등의 거병은 치열한 무력항쟁이었던 것으로 보인다.

박문비朴文備도 그를 상장군 겸 호부상서에 임명하는 관고官誥(이규보 찬 술[55]에 따르면, 탐라에 수령으로 근무한 적이 있었고 안무사로 파견된 적 이 있었다. 이 관고에는 박문비가 탐라耽羅의 구방舊邦에 출수出守해 황패黃 霸(한漢 목민관)와 같은 최상의 다스림을 행했고, 당시의 유애遺愛로 인해 다시 명령해 이 읍邑(탐라)의 역도逆徒를 효유하게 하니 용절龍節이 이르자 효음鴞 音(부엉이 소리)이 바뀌었으며, 장군將軍의 직임에 보임되자 융병戎兵을 독려해 진변鎭邊하니 완융頑戎이 감히 변방을 엿보지 못하고 수부帥府를 따라 로虜 (오랑캐)를 정벌하고 3년 동안 근무하며 백전百戰했다고 했다. 이윽고 등단登 壇(대장군)의 임명을 받아 누차 장월杖鉞의 권權을 들어 달단達旦(몽고)을 영로迎 勞하고 동진東眞과 교호交好했다고 했다.[56]

---

53 『고려사』 권21 및 『고려사절요』 권14, 신종 5년 10월 및 12월

54 장윤문 묘지명. 장윤문의 탐라안무사 관련 원문은 "遷少府少監 以公嘗莅耽羅縣有 恩威 出爲安撫使, 及還拜刑部侍郎"이다. 장윤문은 형부시랑, 간의대부, 대사성을 역임하고 은퇴해 雙明齋 崔大師 昆季와 함께 耆老會를 만들었다고 한다.

55 『東國李相國全集』 권34 敎書·麻制·官誥 및 『동문선』 권25 制誥, 「朴文備上將軍兼 戶部尙書官誥」(이규보 찬술).

56 "往出守耽羅之舊邦 無奈復黃霸之理最 以爾有當時之遺愛 復令諭玆邑之逆徒 龍節 始臨 鴞音旋革 及得補將軍之任 痛欲成蓋代之功 督戎兵而鎭邊 頑戎不敢窺塞 …".

또한 이 관고에서, "짐朕(고종)이 병용柄用하려 했지만 이치가 어찌 반제反擠해 어떻게 홀연히 무망無妄의 재앙으로 인해 외外에서 오랫동안 수고했는가. 이는 반드시 등용 더딤으로 인해 먼저 그 몸을 괴롭게 한 것이리라. 무릇 훤비喧卑한(시끄럽고 저속한) 강군江郡(탐라)을 두 번 담당해 문득 도이島夷의 침구侵寇를 능히 소탕했고 비록 좌환左宦에 임명되더라도 오히려 외로운 충성을 다했으니, 천명이 어찌 오래 막히고 인망人望이 끝내 버려질 수 있으리오. 때문에 우림羽林 준급峻級(상장군)으로 불러들여 판적외사版籍巍司(호부상서)를 겸하게 특별히 제수한다" 라고 했다.

박문비는 탐라의 구방舊邦에 출수出守해 황패黃霸(한대漢代 유명한 목민관)와 같은 최상의 다스림을 행했다고 했으니 탐라 수령으로 근무했다. 수령으로 근무한 그 유애遺愛로 인해 고려가 그에게 다시 이 읍邑(탐라)의 '역도逆徒'를 효유하게 함에 그가 용절龍節을 지니고 이르자 효음鴞音(부엉이 소리)이 바뀌고 그가 장군에 임용되었다고 했으니, 탐라가 '반역'하자 그가 왕명을 받아 '용절'을 지니고 안무사로 탐라에 와서 효음鴞音 즉 '반역'을 진압한 것이었다. 그가 안무사로 올 때 직함은 장군임용 이전이었으므로 중랑장 혹은 낭장이었을 것이다.

박문비의 탐라 관련 시기가 언제였는지 좀 더 따져보자. 고종 11년(1224) 7월에 대장군 이극인이 최우(최이) 죽이기를 도모하다가 발각되어, 최우가 이극인 및 상장군 최유공, 장군 김계봉, 산원 박희도·이공윤 등을 죽이고 그 당여 50인 남짓을 섬에 유배했다. 또한 최우가 이극인의 당여를 국문해 연루혐의자 추밀원부사樞密院副使 김중귀, 상장군 함연수·이무공, 대장군 박문비를 먼 섬에 유배했다.[57] 그러하니 박문비가 무망無妄의 재앙으로 인해

한편 '黃霸之理最'에 대해 김일우는 『고려시대 탐라사 연구』(신서원, 2000) 234~236쪽에서 극도의 무력으로 다스려서 상등(最)의 성적을 냈다고 해석했지만, 黃霸는 漢代의 유명한 목민관이었으므로 黃霸처럼 잘 다스려 최상 고과에 해당했다고 해석해야 타당하다.

외外에서 오래동안 수고했다는 것은 그가 최우에 대한 암살시도 사건에 연루되어 유배되었던 일을 지칭한 것으로 판단된다. 그러하니 박문비는 고종 11년 7월 이전에 탐라 방면에 두 번 근무한 것이 되며 이는 탐라수령 근무와 탐라안무사 파견으로 판단된다. 탐라안무사로는 중랑장 혹은 낭장을 띠고 파견된 것인데 신종 5년(1202) 번석·번수 등의 '반역'을 진압하기 위해서였을 수도 있고, 탐라의 또 다른 '반역'을 진압하기 위해서였을 수도 있다.

고려는 희종 7년(1211)에 탐라현의 석천촌石淺村으로 귀덕현歸德縣을 삼았는데,[58] 이 귀덕현은 탐라현의 속현이었을 것이다. 석천촌을 귀덕현으로 승격한 것이었고 귀덕은 덕에 귀부한다는 의미를 지닌다. 이 승격의 배경으로 두 가지를 상정해 볼 수 있다. 첫째, 탐라의 고려에 대한 항쟁에 석천촌 주민들이 협조하지 않고 오히려 고려에 협력했기 때문에 고려가 보답했을 수 있다. 둘째, 석천촌 주민들이 고려를 거부하는 항쟁을 적극 주도했기 때문에 고려가 회유하기 위해서 승격시켰을 수 있다.

고려는 탐라가 자주 반기를 들자 읍호를 올려 회유하려 했다. 고종 7년(1220) 3월 병오일(16일)에 '탐라군耽羅郡'에 돌 100개 남짓이 스스로 움직였는데 그 중에서 가장 큰 돌은 돌아오려 하다가 중지하고, 나머지 돌들은 모두 그 상태로 정지해 움직이지 않았다고 한다.[59] 고려가 고종 7년(1220) 3월 병오일(16일) 이전에 탐라현을 탐라군으로 승격한 것이었다. 고종 16년(1229) 2월 을축일(26일)에 송상宋商인 도강都綱 김인미金仁美 등 2인이 '제주濟州' 표풍민飄風民 양용재梁用才 등 28인과 함께 왔다.[60] 고려가 '탐라군'을 고종 7년(1220) 3

---

57 『고려사절요』 권15, 고종 11년 7월 ; 『고려사』 권129, 열전42, 叛逆3, 崔忠獻 附 崔怡. 한편, 박문비는 경술년((1250: 고종 37) 4월에 건립한 진각국사(혜심) 비석의 公卿大夫 名号에는 樞密院使로 나타난다.

58 『고려사』 권57, 지리지2, 전라도 나주목, 탐라현

59 『고려사』 권54, 오행지2, 五行四 '金'

60 『고려사』 권22, 고종 16년 2월

월 16일부터 고종 16년(1229) 2월 26일 사이에 '제주'로 승격하며 개칭한 것이었다. 군郡에서 주州로 승격한 것이지만 주목州牧은 아니었다. 고려는 탐라군을 '제주'로 승격했지만 '탐라'라는 고유칭호를 빼앗고 물 건너 고을이라 각인해 독립정신을 삭제하려한 교묘한 술책이었다. 송에 표류했다가 돌아온 사람 중에 양용재梁用才는 왕자족으로 여겨지는데, 왕자족 성씨가 '良(양: 양)'에서 '梁(양: 량)'으로 변화했음을 시사한다. 탐라 사람들이 고려 무인정권기 무렵이면 한자문화와 유교문화에 꽤 익숙해져 지배층 위주로 자신에게 불리한 뜻을 지닌 한자 사용을 기피하려는 분위기가 형성되었을 것이다. 그래서 량良 씨 족속이 성씨를 양梁(량)으로 바꾸게 되었으리라 추정된다.[61]

'제주濟州' 명칭의 시작 시점과 관련해 최당(철원 사람)의 손자인 최린이 받은 마제麻制(임명장)에 '제주濟州'에 지방관으로 근무했다는 부분이 있어 눈길이 간다. 재신宰臣 임경숙任景肅·채송년·김창金敞·조돈趙敦과 추밀원사樞密院使 최린崔璘을 제수하는 마제麻制를 하천단이 찬술했는데, 임경숙은 참지정사 수문전대학사 수국사修國史 판예부사 태자태보太子太保에, 채송년은 참지정사 판호부사 태자소부太子少傅에, 김창金敞은 금자광록대부 수사공守司空 정당문학 좌복야左僕射 집현전대학사 판공부사 태자소보太子少保에, 조돈趙敦은 금자광록대부 지문하성사 이부상서 판삼사사에, 최린은 추밀원사樞密院

---

61 후대 기록이 참고된다. 고득종 찬술로 전해지지만 신빙성이 떨어지는 「서세문」(『영곡유고』)과 이형상 『남환박물』誌蹟에 인용된 「高氏世系錄」에, 高乙那와 良乙那와 夫乙那가 화살을 쏘아 거처를 정했고, 구백년 후에 三神人이 돌에 활을 쏘아 勇力을 시험했는데 高가 上이 되고, 良이 中이 되고, 夫가 下가 되었기 때문에 민심이 高에게 돌아가니, 高로 君[君長: 고씨세계록]을, 良으로 臣을, 夫로 民을 삼고 국호를 毛牟[毛牟: 고씨세계록]라 했는데 牟麰(보리)이 무성했기 때문이라 했다. '高', '良', '夫'라는 한자 뜻을 고씨의 입장에 유리하게 해석한 문자의 유희였다. 한자문화권에서 良과 夫는 훌륭한 신하라는 '良臣', 보통 사람(남자)이라는 '匹夫' 등으로 종종 쓰이는데, 특정 사람들(특히 고씨)이 이러한 언어관습을 교묘하게 이용하는 분위기가 보이자 良 족속이 성씨를 梁으로 바꾸었으리라 여겨진다.

使 어사대부 태자빈객太子賓客에 특별히 제수한다는 내용이다.[62] 임경숙이 고종 31년 4월에 좌복야左僕射로 지공거知貢擧를 맡고, 경술년(1250: 고종 37) 4월에 건립한 혜심惠諶 비석에 참지정사로 나오고, 고종 37년 5월에 평장사로 지공거를 맡았다. 최린이 고종 33년 4월에 추밀원부사樞密院副使로 지공거知貢擧를 맡았다.[63] 그러하니 이 마제는 고종 33년(1246) 4월~37년(1250) 4월 사이에 찬술된 것이었다.

이 마제麻制에서 최린의 경력에 대해 소개하기를, 먼저 임인臨人을 시험하고자 함에 따라 장단長湍에 수령으로 부임하니 '맹호도강猛虎渡江'했고, 제주濟州에 수령으로 부임하니 '거주去珠 환포還浦'했고, 일찍이 금해金海(김해)에서 금金을 사양하니 청외淸畏를 사람들이 알았고, 금성錦城에서 제금製錦하자 적류賊類를 안무하기를 도모하니 비적조績(큰 공적)을 가상히 여겨 아경亞卿으로 발탁했다고 했다.[64] 이 문서에 최린이 '제주'에 수령으로 부임했다고 되어 있는데, 이 '제주' 호칭은 그가 그곳에 근무하던 시절의 표현이었을 수도 있고, 이 문서 작성 시점인 고종 33년(1246) 4월~37년(1250) 4월 사이의 표현이었을 수도 있다.

---

62 『동문선』 권26, 制誥, 「除宰臣任景肅蔡松年金㪷趙敦樞密院使崔璘 麻制」(河千旦)
63 이들의 지공거 역임은 『고려사』 권73, 선거지1, 科目1, 凡選場 참조.
64 제주 부임과 관련된 부분의 원문은 "先試臨人, 履雙鳧於長湍 則猛虎渡江, 駕五馬於濟州 則去珠還浦, 曾辭金於金海 淸畏人知, 及製錦於錦城 謀安賊類, 嘉乃丕績 擢以亞卿"이다. '猛虎渡江'과 '去珠還浦'는 지방관의 선정을 묘사한 표현이었다. '製錦於錦城'은 錦城(羅州) 근무를 비단 제작에 비유해 표현한 것인데 언어의 유희에 가깝다. '去珠還浦'는 漢에서 태수가 진주를 마구 캐자 진주조개가 다른 곳으로 이동했다가 孟嘗이 태수로 부임해 선정을 베풀자 진주조개가 돌아왔다는 고사(『후한서』 맹상전)에서 유래했다. 최린의 제주 근무를 '去珠還浦'라 하여 선정을 행했다고 기술한 것인데 제주에서 진주가 생산되었기 때문에 나온 묘사였을 수 있다. 상투적인 표현인지, 그가 진주 등 제주인의 부담을 줄이는 조치를 실제로 했는지 따져보아야 한다.

최린은 명문 출신으로 나이 거의 30세에 발분發憤해 독서하여 강종 때 급제해 대간을 역임하고, 고종 때 나주부사羅州副使로 나갔는데 때에 원율 인原栗人 이연년李延年이 '백적도원수百賊都元帥'라 자칭하며 산림山林을 불러 모아 주군州郡을 침략하니, 최린이 지휘사 김경손과 함께 이연년을 격파해 그 공로로 우부승선右副承宣에 초배超拜되었다고 한다.[65] 강종 치세는 짧으니 최린이 대간직에 진입한 때는 고종 때였을 것이다. 최린은 고종 20년 3월 에 사간司諫(정6품)으로 표문을 받들고 금金에 갔지만 길이 막혀 이르지 못하 고 돌아온다.[66] 고종 24년 봄철에 전라도지휘사 김경손이 나주성 전투에서 초적草賊 이연년을 토벌해 평정했다.[67] 이연년이 고려에 반기를 들어 백제 부흥운동을 일으켰는데 지휘사 김경손과 나주부사羅州副使 최린에 의해 고 종 24년 봄철에 나주성 전투에서 패배해 죽임을 당한 것이었다. 최린은 강 종 때 급제해 장단 수령을 역임하고, 고종 때 탐라 수령 혹은 제주 수령, 김해 수령을 역임하고 이후 고종 20년 3월 이전에 대간직인 사간司諫(정6품) 에 임명된 것인데 아마 사간 이전에 그 하위 대간직인 정언正言(종6품)을 거 쳤을 것이다. 이로 보아 최린은 고종 초기에 탐라 수령 혹은 제주 수령을 역임했다고 판단된다.[68]

---

65 『고려사』 권99, 列傳12, 崔惟淸 附 최린. 百賊都元帥는 곧 百濟都元帥였다.
66 『고려사』 권23 및 『고려사절요』 권16, 고종 20년 3월
67 『고려사절요』 권16, 고종 24년
68 김일우는 『고려시대 탐라사 연구』(신서원, 2000) 239~242쪽에서 최린 관련 기록을 종합적으로 분석해 최린이 고종 3·4년 장단수령, 고종 7·8년경 경관, 고종 10·11 년경 제주수령, 고종 14년경 경관, 고종 17년(1230)경 김해수령, 고종 20년 사간, 고종 23년 나주수령, 고종 24년 우부승선에 진출한다고 유추하고는 탐라군의 제 주개편이 고종 10년경에 이루어졌다고 추정했지만 불확실한 측면이 있다. 무엇보 다도 관원의 임기가 그대로 지켜지지 않은 경우가 많았기 때문이다. 그는 '猛虎渡 江'을 고종 4년 거란적 침략과 관련시켜 최린의 장단수령 부임시기를 고종4년경 으로 추정했다. 하지만 이 '猛虎渡江'은 임진강변 장단 일대의 기이한 풍경 혹은

4. 고려가 탐라신을 지배하려 하다

고려는 신종 즉위년(1197) 11월 1일에 탐라耽羅 신기神祇(神祇)에게 칭호를 더하는데 그 배경을 살펴보자. 명종 26년(1196) 4월 무오일(9일)에 장군 최충헌이 이의민을 주살했고, 4월 기묘일(30일)에 최충수가 장군에 임명되었다.[69] 5월에 최충헌·최충수 형제가 봉사封事를 올려, '적신賊臣' 이의민을 주살했으니 혁구革舊 도신圖新하되 한결같이 태조 정법正法을 준수하고 중흥中興을 광계光啓해야 한다며 개혁안 10개 조목을 제시했는데 명종이 가납嘉納했다고 한다.[70]

최충헌 형제의 이 '봉사'를 보면, "옛적에 조성祖聖(태조 왕건)이 삼한을 통일하고 송악군松嶽郡에 신경神京을 점쳐서 정하여 명당위明堂位에 대궁궐大宮闕을 지어 자손 군왕君王이 만세萬世 거처하는 곳이 되었고, 근래 궁실宮室이 화재를 당하자 또 새롭게 중건해 장려壯麗하건만, 구기설拘忌說을 믿어 오랫동안 임어臨御하지 않았는데 음양에 배치됨이 있음을 어찌 알리오리까, 폐하는 길일吉日로 입어入御해 승천承天해 영명永命하십시오" 했다. "성조聖祖(태조) 때에 반드시 산천山川 순역順逆으로써 부도사浮屠祠(불교사원)를 창건해 지地를 따라 안정했는데, 후대 장상將相·뭇 관원과 무뢰無賴 승니僧尼 등이 산천 길흉을 묻지 않고 불우佛宇를 영립營立해 이름하기를 원당願堂이라 하여 지맥地脉을 손상해 재변이 누차 일어났으니 폐하는 음양관陰陽官으로 하여금 검토하게 하여 무릇 비보裨補 외에는 곧 철거하십시오" 했다.

명종은 대궁궐이 중건되었음에도 음양 구기설拘忌說을 믿어 수창궁에 머물다가 최충헌 형제의 요구에 따라 대궁궐로 이어하게 된다. 명종 26년

많은 호랑이에 빗대어, 후한 때 九江에 호랑이가 많아 피해를 입혔는데 宋均이 태수로 부임해 선정을 행하자 호랑이가 강을 건너갔다는 고사(『후한서』 宋均傳)에 비유해 최린의 장단 근무를 묘사한 것으로 보인다.

69 『고려사』 권20, 명종 26년 4월
70 『고려사절요』 권13, 명종 26년 5월 ; 『고려사』 권129, 열전42, 叛逆3 崔忠獻

(1196) 8월 임신일(25일)에 왕이 수창궁에서 나와 광화문廣化門을 통해 연경궁延慶宮(대궁궐의 오류)에 이어했고, 9월 정축일 초하루에 의봉문에 나아가 사면령을 내렸던 것이다.[71] 고려 무인정권은 무신(무반)에게 음양풍수적으로 해롭다고 여겨지는 사항이 발생하면 민감하게 반응했다. 명종 27년(1197) 2월 임자일(8일) 밤에 어떤 사람이 대내大內에 들어와 이빈문利賓門 밖 서쪽 보랑步廊 기둥을 뚫어 구멍 수십 개를 만드니, 무인이 말하기를, "이는 반드시 동반東班(문반)이 서西(서쪽: 무반)를 저주한 것이라" 하고 서로 전달하며 떠들썩하는 자가 심히 많았지만 동반(문관)이 스스로 해명할 수 없었다. 대장군 우승경이 말하기를, "이는 간사한 사람이 문반에게 흠을 입히고자 사건을 일으키려 한 것일 뿐이지 동반(문관)이 한 것이 아니오" 하니 무인의 소동이 가라앉았다고 한다.[72]

최충헌·최충수 형제는 자신의 권력을 공고히 하고자 국왕을 폐립한다. 그들이 명종 27년(1197) 9월 갑인일(14일)에 초제醮祭를 개설해 폐립廢立 일을 하늘에 고하고, 9월 계해일(23일)에 명종을 핍박해 폐위해 유폐하고 평량공(신종: 명종의 아우)을 맞이해 대관전에서 즉위시켰다.[73] 새 국왕 신종이 이해 (1197) 11월 경자일 초하루에 의봉루에 나아가 조칙을 내리기를, "짐朕이 신민臣民의 추대로 인해 조종祖宗 누적의 기업基業을 계승해 밤낮으로 공경하고 두려워하여 왕위에 편안하지 않아 바라건대 중흥中興해 대평(태평)에 이르겠노라" 라며 죄수를 사면하고 국내 명산대천名山大川 및 탐라 신기神祇(神祇)에게 각기 칭호를 더한다고 했다.[74]

신종이 1197년 9월에 즉위해 11월에 국내 명산·대천 및 탐라 신기神祇(神祇)에게 각기 칭호를 더했는데 이는 그를 옹립한 최충헌·최충수 형제의

---

71 『고려사』 권20 및 『고려사절요』 권13, 명종 26년 8월·9월
72 『고려사』 권20 및 『고려사절요』 권13, 명종 27년 2월
73 『고려사』 권20, 명종 27년 9월 ; 『고려사』 권21, 신종 총서
74 『고려사』 권21, 신종 즉위년 11월

뜻이기도 했을 것이다. 이 조치는 무인정권에 반기를 드는 지방 사회를 무마하기 위한 성격을 띠었는데, 탐라 신은 고려 국내 명산대천의 신과는 다르게 특별 취급되었다. 이는 탐라가 의종 초반에 멸망했지만 고려에 저항하는 움직임을 보여 왔고 신종 즉위년 당시에도 고려에 동화되지 않았음을 시사한다. 고려 무인정권은 탐라 신에게 칭호를 더함으로써 탐라 신과 사람들을 통제하는 한편 탐라인을 무마하려 했다고 여겨진다.

고려가 신종 즉위년(1197) 11월에 국내 명산·대천 및 탐라 신기神祇(神祇)에게 각기 칭호를 더한 일은 다음해부터 대대적으로 산천비보 사업으로 이어진다. 신종 원년(무오년 ; 금 승안삼년承安三年) 정월~2월에 최충헌이 재추宰樞·중방重房 및 술사術士를 모아 국내 산천 비보裨補·연기延基 사업을 의논해 산천비보도감山川裨補都監을 설치했다.[75] 최근에 고려시대 건물 유구와 '承安三年'(승안삼년)명 기와가 서울 종로구 신영동(북악산과 북한산 사이)의 주택부지에서 발굴되었는데, 이곳에 승안삼년(고려 신종원년) 산천비보도감의 산천비보 사업의 일환으로 건물이 지어졌을 가능성이 크다.

고려가 강도江都에서 몽고와의 전쟁을 이어가던 고종 40년(1253) 10월 무신일(3일)에 국내명산名山 및 탐라 신기神祇에게 각기 제민濟民의 칭호를 더하고 대묘大廟(태묘) 구실九室 및 19릉陵에 아울러 존시尊諡를 더해 올렸다.[76] 고려가 국내 명산과 탐라 신에게 칭호를 더하면서 여전히 탐라 신을 국내 명산 신과 구별해 특별 취급했다. 당시 탐라는 고려의 한 지방으로 행정구역 명칭은 '제주'였지만 그 신은 오래 전부터의 신령이라 여긴 때문인지 탐라 신으로 불렸다. 어쨌거나 고려는 몽고와의 전쟁 와중에도 탐라 신을 챙겼는데 이는 이 전쟁으로 인해 고려가 약화됨에 따라 제주가 탐라로 돌아가려는 움직임을 보였기 때문일 것이다.

---

75 『고려사절요』 권14, 신종 원년 정월 ;『고려사』 권77, 백관지2, 諸司都監各色
76 『고려사』 권24, 고종 40년 10월

5. 제주 부사 최자의 감귤과 판관 김구의 돌담

고려 무인정권기 최자崔滋와 김구金坵는 이규보 다음의 문장가로 명성을 떨쳤는데 몽골과 고려 전쟁 초기에 제주에 지방관으로 근무했다. 김구는 그의 열전에 따르면, 부녕현扶寧縣(전라도 부안) 사람으로 초명初名이 백일百鎰이고 어릴 때부터 시문詩文을 잘 지어 하과夏課마다 성적이 가장 우수해 장원급제하리라 기대받았지만 고종 때 과거에서 차석으로 급제해 정원부定遠府 사록司錄에 보임되었는데, 같은 부녕현 사람인 황각보가 유감을 지녀 세루世累를 집어서 관부에 고소했다. 김구는 그 재주를 중시한 권신權臣 최이(최우)의 구원에도 불구하고 제주판관濟州判官으로 고쳐 임명되었는데, 당시 최자가 제주 부사副使로 근무하고 있었다.[77]

김구는 그 묘지명[78]에 따르면 나이 22세로 춘관春官(예부시)에 응시해 을과乙科 제이인第二人 즉 차석으로 급제하고(좌주座主는 김정숙공金貞肅公), 병신년(1236: 고종 23년)에 탐라에 나가 쉬倅(제주 판관)가 되어 염명廉明하다고 일컬어졌다고 한다. 고종 19년 5월에 한림학사승지 김인경金仁鏡(金良鏡: 정숙공)이 지공거知貢擧로, 한림학사 김태서金台瑞가 동지공거同知貢擧로 진사를 취하자 문진文振 등 29인 및 명경明經 2인에게 급제를 하사했다고 하니,[79] 김구는 고종 19년 5월에 급제하고 정원부사록에 보임되었다가 취소되어 병신년(1236: 고종 23년)에 제주 판관으로 부임했던 것이고, 최자는 고종23년(1236) 혹은 그 이전에 제주 부사副使로 부임했던 것이다.

최자는 초명이 종유宗裕 혹은 안安이었고 문헌공 최충의 후손으로 문장에 능해 강종 때 급제해 상주사록尙州司錄에 보임되어 최고 고과를 받고 국

---

77 『고려사』 권106, 열전19, 金坵. 김구의 世累는 그의 조부가 僧이었던 것을 의미했다. 승려가 천시된 것이 아니라 승려의 帶妻가 문제된 것이었다.
78 金坵 묘지명(국립중앙박물관 소장)
79 『고려사』 권73, 선거지1, 과목1, 凡選場

학학유國學學諭(국자감 종9품직)에 보임되었다. 그런데 무인집권자 최이(최우)가 조사朝士를 품제品第하기를, 능문능리能文能吏(문장과 행정실무에 능함)로 제일第一을 삼고, 문장에 능하지만 능리能吏하지 못함으로 그 다음을 삼고, 리吏에 능하지만 능문能文하지 못함으로 또 그 다음을 삼고, 문文·리吏 모두 능하지 못함으로 하下를 삼아 모두 병풍에 손수 적어 전주銓注(인사행정)를 할 때마다 고열考閱해 차례를 매겼는데 최자 이름이 '하下'에 있었다. 그래서 최자는 국학학유에 머물러 10년 동안 승진 혹은 재임용되지 못했다. 최이(최우)가 이규보에게 말하기를, "누가 공公(이규보)을 이어 문병文柄을 잡을 만합니까?" 하니, 이규보가 대답하기를 "학유學諭 최안崔安이 있고 급제 김구金坵가 그 다음입니다" 라고 했다. 최이(최우)가 문명文名 있는 문사들을 불러 서표書表를 짓게 하고 이규보로 하여금 차례를 매기게 하니 최자가 무릇 십선十選에서 다섯 번 으뜸을, 다섯 번 2등을 차지했다. 최이(최우)가 또 리재吏才(행정실무 능력)를 시험하고자 최자에게 급전도감녹사給田都監錄事를 제수했는데 최자가 역시 민첩하고 근면하게 복무했다.[80] 급전도감녹사는 병과권무丙科權務로[81] 8~9품 정도의 위상을 지녔다. 이규보가 문병文柄 후계자로 최이(최우)에게 학유 최자와 급제 김구를 추천하고 문장력을 시험했는데 이는 김구가 급제한 고종 19년 5월 직후의 일이었다.

그러하니 최자(최안)는 강종 때 급제해 상주사록을 거쳐 국자감학유(종9품)에 임명되었지만 최이(최우)의 인사평가에서 문文·리吏 모두 능하지 못하다며 하下를 받아 10년 동안 승진되지 못하다가 고종 19년 5월 직후에 문장력 겨루기에서 최우수를 차지해 능문能文을 인정받았고 능리能吏 시험으로 급전도감녹사에 임용되었는데 그 시기는 고종 20년 무렵이었을 것이다. 그가 제주 부사副使에 임명된 것은 급전도감녹사를 역임하고 나서였을 터이

---

80 『고려사』 권102, 崔滋傳 ; 『고려사절요』 권18, 원종 1년 7월조 최자 卒記
81 『고려사』 권77, 백관지2, 諸司都監各色, 給田都監

니, 그는 고종 20년~고종23년(1236) 사이에 제주 부사로 부임한 것이었다.

제주에 부사副使 최자와 판관 김구가 근무하고 있을 때, 사람이 개경으로부터 와서 "진효공秦孝公이 효함肴函(효산肴山과 함곡관函谷關)의 험고함에 근거해 사해四海를 낭괄囊括하다(포괄하다)" 라는 과장科場(과거장) 부제賦題를 보고 하니, 최자가 김구에게 말하기를, "이 제목은 답안을 짓기 어려운데 나를 위해 지어 주오" 라고 하니, 김구가 자약하게 담소하며 곧 붓을 찾아 지었는데 수정한 곳도 없었다. 최자가 탄복해 그 자子에게 말하기를, "이는 시부詩賦의 준승準繩(표준)이라, 너는 삼가 그것을 보관해 두어라" 고 했다.[82] 이를 통해 최자의 아들이 부친이 근무하고 있는 제주에 머물고 있었음을 알 수 있다.

제주판관 김구가 밭에 돌담을 쌓도록 했다고 한다. 『동국여지승람』 제주 풍속에 인용된 『동문감東文鑑』(김태현 해동문감海東文鑑)에 "땅이 난석亂石이 많고 건조乾燥해 본디 수전水田이 없고 오직 모맥麰麥·두두·속粟이 생산되며, 그 전田에 고古에 강반疆畔이 없어 강포强暴한 가문이 날마다 잠식蠶食해 백성百姓이 괴로워했는데, 김구金坵가 판관이 되어 민民 질고疾苦를 물어 돌을 모아 담을 쌓아 경계를 만드니 민이 많이 편하게 여겼다" 고 한 것이 그것이다.[83] 제주는 돌이 많고 물이 말라 수전(논)이 거의 없고 밭에 모맥麰麥(보리)·두두(콩)·속粟(조) 등을 재배했던 것인데 화산지형이기 때문이었다. 제주에 돌담이 김구에 의해 시작된 것인지 의문이 좀 들기는 하지만 그에 의해

---

82 『고려사』 권106, 열전19, 金坵
83 『신증동국여지승람』 권38, 제주목 풍속, 聚石築垣: "『東文鑑』'地多亂石乾燥 素無 水田 唯麰麥豆粟生之. 厥田古無疆畔 强暴之家 日以蠶食 百姓苦之, 金坵爲判官 問 民疾苦 聚石築垣爲界 民多便之'". 松堂先生金公(김광재) 묘지명(『목은문고』 권17) 에 김광재의 부친 김태현이 『海東門鑑』을 지었다고 했고, 東文選序(『사가집』 권4) 에 김태현이 『文鑑』을 지었다고 했는데, 그것이 곧 『東文鑑』이다. 원간섭기에 김 태현이 해동문감(동문감)을 찬술했던 것이다.

돌담이 보편화되었다고 여겨진다.

김구는 그 묘지명에 따르면 탐라에 근무하다가 질만秩滿해(임기를 마치고) 개경으로 돌아와 서장관書狀官에 충임되어 북(몽고)으로 사신 갔다가 왔고 신축년(1241: 고종 28) 가을에 직한림원直翰林院에 임명되었다고 한다. 그는 그의 열전에 따르면 권직한림權直翰林으로 서장관에 충임되어 원元에 갔고 북정록北征錄이 있어 세상에 전해진다고 했다.[84] 김구가 금방金榜에 아등亞登해 귤유橘柚의 향鄕(탐라 제주)에 애정을 깊이 남겨 옥당玉堂(한림원)에 직보直步했다고 하니,[85] 제주는 '귤유橘柚의 향鄕'으로 인식되었을 정도로 귤과 유자가 특산물이었다. 김구는 경자년(1240: 고종 27)에 몽고에 조회하러 가다가 서경을 지나며 시를 남겼으니[86] 고종 27년(1240)에 서장관으로 몽고에 간 것이었다. 그러하니 김구는 고종 23년(1236)에 제주 판관으로 부임해 3년 임기를 마치고 개경으로 돌아와 고종 27년(1240)에 권직한림을 띠고 서장관으로서 몽고에 사신으로 다녀와 다음해에 직한림에 임명되었다고 할 수 있다.[87]

최자는 제주에 근무하면서 이규보에게 귤을 보내주었는데 자신을 끌어준 은혜를 제주 감귤로 갚은 셈이었다. 이규보가 동지冬至에 신력新曆을 학사 이백전에게 부치며 시를 짓고, 12월 초하루에 일식日蝕 시를 짓고, 12월 12일에 말(馬)이 쓰러져 죽자 시를 짓고, 제주태수濟州太守 최안崔安이 동정귤洞庭橘을 부치자 시를 지어 사례했고, 정유년 12월 28일에 퇴임을 요청해 윤허를 받고 학사 이백전에게 부치는 시를 지었고, 12월 29일 반정頒政에 따라 문하평장으로 치사致仕하며 시를 지었다.[88] 그러하니 이규보는 정유년

---

84 『고려사』 권106, 金坵傳
85 『동문선』 권30, 批答, 「金坵 讓中大夫國子祭酒左諫議大夫翰林侍講學士 依前知制誥 不允批答」(작자 미상)
86 『동문선』 권6, 七言古詩, 「庚子歲朝蒙古過西京」(김구)
87 김구는 翰院에 8년간 재직하다가 堂後를 거쳐 閣門祗候에 제수되고 國學直講으로 옮기는데, 崔沆(최우의 아들)이 圓覺經을 새기고 김구에게 跋하도록 하자 김구가 풍자시를 지으니 최항이 분노하여 좌천시킨다(『고려사』 김구전).

(1237: 고종24년) 12월 12일~28일에 제주태수 최안(최자)이 부친 '동정귤洞庭橘'을 받고 3수首의 시를 지어 사례한 것인데 이 시는 아래와 같다.[89]

탐라를 제외하면 보기 어려워[이 귤은 탐라 외에 없음] 얼마나 멀리서 왔는가 수정水程이 험난한데, 귀인문벌도 오히려 드물게 얻거늘 해마다 노잔老殘에게 부쳐주어 최고로 감사하네

금탄金彈보다 둥글고 찬연한 보배인데 오히려 상림霜林에서 처음으로 딴 새것 같네, 동정洞庭이라 불리니 더욱 기뻐해 음연飮筵(연회)에는 마땅히 동정洞庭 춘春에 짝해야 하기 때문이라

선생(최자)이 교체되어 강회江淮를 건너면 다시 어떤 사람이 있어 나에게 귤을 보내오리오, 이 과일은 맛보기 어렵지만 진정 세사細事이니 그대가 곧 성랑省郞에 제배되어 돌아옴을 축하하네[금년에 교대 예정]

전시수도 강도江都의 이규보는 최안(최자)이 수정水程이 멀고 험난한 탐라에서 동정귤을 보내오자 탐라를 제외하면 귤이 없고 귀인과 문벌도 그것을 얻기 어렵다며 감사를 표했다. 이를 통해 탐라의 감귤 중에 동정귤도 생산되었음을 알 수 있다. 이규보가 이 시의 세주에서 최안이 금년에 교대 예정이라 했으니 최안 즉 최자는 고종 24년(1237) 연말에 제주 태수(부사副使) 임기를 마칠 예정이었다.

이규보가 무술년(1238: 고종 25) 원일元日(설날)에 시를 짓고, 사월四月인데도 오히려 춥다는 시를 짓고, 제주수濟州守[최안崔安]가 전에 부친 시운詩韻으로 문신問訊하고(안부를 묻고) 겸하여 청귤靑橘을 선물한 것에 차운次韻하는 시 3수首를 짓고, 「초여름이 저무는데 꾀꼬리가 없구나」 시를 지어 "사월四月이

---

88 『東國李相國後集』 권2, 古律詩. 이규보는 연보에 따르면 나이 70세인 정유년 12월에 致仕했다.

89 『동국이상국후집』 권2, 古律詩, 「濟州太守崔安 以洞庭橘見寄 以詩謝之[三首]」

저물어가건만 꾀꼬리 소리가 어찌 매우 늦는가"라고 했다.[90] 그러하니 제주수濟州守 최안(최자)이 이전에 부친 시운詩韻으로 안부를 묻고 겸하여 이규보에게 청귤을 선물한 것에 차운하는 시 3수를 이규보가 지은 때는 고종 25년(1238) 4월이었는데, 이 시에서 아래와 같이 읊었다.[91]

천애天涯 섭해涉海가 어렵다고 말하지 말지라 천금千金 신신身이 도착하니 오히려 어찌 어려우리, 눈眼 앞에 반드시 선생(최자) 얼굴을 보리니 (나는) 이미 상유桑楡를 맡아(말년이 되어) 날이 저물어 가네[나의 오랜 질병이 바야흐로 나았기 때문에 이른 것임]

염주炎洲(뜨거운 섬: 제주)에서 건강을 잘 챙김이 족히 보배로운데 어찌 하물며 새로이 서원西垣(중서문하성)에 제배하는 명령이 내렸음에랴[우정언右正言으로 징래徵來했기 때문에 이른 것임], 지난날 내 시詩는 적중했는지 아닌지 그대는 지금 이미 약계藥階(중서문하성) 춘春을 향했네[나의 이전 시詩에 이르기를, '그대가 모름지기 성랑省郞이 되어 돌아옴을 축하하네'라 했음]

은근殷勤히 청귤靑橘이 강회江淮를 건너왔는데 먹으려 하지 않지만 멀리 옴을 귀중히 여기네[많이 부패했기 때문에 이른 것임], 이월二月에 제주를 떠나 지금 비로소 도착했는데 애틋하게도 오히려 암향暗香을 띠어 감도네[아직 부패하지 않은 것이 있음]

최안(최자)은 고종 24년(1237) 연말에 제주부사 임기를 마치고 고종 25년(1238) 음력 봄철에 제주를 떠나면서 이규보에게 청귤靑橘을 선물로 보냈다.

---

90 『동국이상국후집』 권2, 古律詩, 「戊戌元日」 ; 『동국이상국후집』 권3, 古律詩, 「四月猶寒」·「次韻白樂天在家出家詩」·「次韻濟州守[崔安] 以前所寄詩韻問訊 兼貺靑橘[三首]」

91 『동국이상국후집』 권3, 古律詩, 「次韻濟州守[崔安] 以前所寄詩韻問訊 兼貺靑橘[三首]」

이 청귤은 음력 2월에 제주를 떠나 강회江淮(바다)를 건너 4월에야 강도(강화경)의 이규보 집에 도착했던 것이고 많은 시일 경과와 온난한 날씨로 인해 대부분 부패했지만 먹을 만한 것도 있었다. 제주에서 '청귤'이 생산되었음을 알려주는데, 이 '청귤'은 음력 2월에 보내졌으니 덜 익은 감귤이라기보다 감귤 품종의 하나였다고 하겠다. 이규보는 제주부사 최자 덕분에 귀중한 동정귤과 청귤을 맛볼 수 있었다.

이규보는 최자가 개경으로 올라온 후에도 제주 감귤을 맛보기를 원했다. 그는 시랑 이수李需가 제주로 부임하는 유홍개庾弘蓋를 전별하는 회문廻文에 차운하는 시 2수首를 지었는데 나이 74세인 신축년(1241: 고종 28) 3월 16일~25일에 지은 것이었다.[92] "만장漫長한 길 끝으로 향하는 하정遐征(원정遠征)을 전송하며 눈물이 떨어져 스스로 정情을 느낌을 아네" 라고 했는데, 이수가 유홍개를 전송하는 뜻을 대신한 것이었다. "물결 건넘이 평온해 곧 바다를 지나리니 술을 기울여 취함이 좋아 다시 술을 따르네, 산유酸儒(우활한 유자儒者)는 옹졸해 유항幽巷에 거처함이 합당하고 광도曠度(넓은 도량: 유홍개)는 광대해 극성劇城을 진압함이 적합하네, 환무歡舞가 제주에 두루 미쳐 명성이 반드시 최상으로 되겠고[다스림 최상고]과 관현管絃이 국國(탐라국)에 연주됨은 옛적부터 칭송했다지[옛 탐라국耽羅國], 둥근 하늘을 우리르며 암협巖峽을 끼고 돌아 저지沮地(막힌 곳)로 끝까지 가서 귤등橘橙으로 들어가네" 라고 읊었는데, 태수(유홍개)에게 부쳤으면 하면서 지은 시였다. "모여서 도롱跳弄

---

92 『東國李相國後集』권9,「辛丑三月三日 送長子涵以洪州守之任有作」…「夢與美人戲 覺而題之」[三月十五日也]("我年七十四 久斷숙中事"),「明日夢 又與美人戲 寤而又作」(3월 16일),「次韻李侍郎需餞庚濟州[弘蓋]廻文[二首]」,「寄朴學士[仁著]」,「登家園望海有作」,「四月六日 松廣山道者無可…」. 이규보는「寄朴學士[仁著]」시 序에서 今月 二十五日에 學士가 新亭 百葉桃花 감상에 초대했는데 左目患으로 인해 가지 않았지만 시를 지어 寄呈한다고 했다. 그러하니「次韻李侍郎需餞庚濟州[弘蓋] 廻文」은 신축년 3월 16일~25일에 지은 것이었다.

그림 29. 견자산에서 바라본 강화읍내와 송악산(필자 촬영): 강도시대 탐라제주의 공물이
올라온 곳. 송악산에 궁궐이, 견자산에 최씨 진양부가 위치했음

하며 함께 행초(살구)을 맛보고 싶고 활고滑枯하기 위해(입맛 돋우기 위해) 장차
함께 등橙(귤등橘橙)을 쪼개어 먹자고요"라고 읊었는데, 이수李需에게 주는 시
였다.

유홍개는 신축년(1241: 고종 28) 3월 16일~25일 이전에 제주 태수(부사副使)
로 부임한 것인데 그 때는 고종 28년 1월 무렵이었을 것이다. 이규보 등의
고려 관료에게 제주는 극성劇城으로, 옛 탐라국耽羅國으로, 귤등橘橙의 땅으
로 인식되고 있었다. 이규보와 이수는 유홍개가 제주에 부임하면 귤등橘橙
을 부쳐 주기를 은근히 기대하고 있었다. 이를 통해 제주에 귤橘은 물론 등
橙(감귤의 한 종류)도 생산되었음을 알 수 있다. 이규보 등 고려관료는 제주에
대해 옛 탐라국으로 극렬하고 혹독해 다스리기 어려운 '극성劇城'이라 평가
하면서도 제주 감귤 맛을 보기를 원했다.

6. 제주 공물의 폐단과 지방관의 탐학

제주 수령은 최자(최안)가 이규보에게 감귤을 보냈듯이 사적으로 지인에게 감귤을 선물했다. 또한 제주 수령은 공적인 공납貢納으로 특산물 감귤을 고려 왕실 내지 관부에 운송했을 것인데, 이는 고려 문종 때 정한 탐라국의 귤 공물 수량을 참작했으리라 여겨진다.[93]

제주는 고려에 공물로 말을 바쳤다. 고종 45년(1258) 5월 임술일(13일)에 제주濟州 공마貢馬 및 최의崔竩의 호마胡馬를 문무 4품 이상에게 나누어 하사했고,[94] 원종 원년(1260) 7월 을해일(9일)에 제주 공마貢馬(헌마獻馬)를 동서(문무) 4품 이상에게 하사했으니,[95] 제주에서 공물로 바친 말을 왕이 고위관료들에게 하사했다. 고려가 여러 도島에 말을 방목해 번식하도록 하여 장壯한 것을 가려내어 상승尙乘에 충당하고 그 나머지는 제왕諸王·재보宰輔·문무신료에게 나누어 하사했고 그 다수가 탐라에서 나온 것이었는데, 역적逆賊(삼별초)의 난으로부터, 원元이 도민島民(고려소속 섬들 주민)을 육지에 거주하게 하고 탐라를 원元에 별속別屬 시키니 고려의 마축馬畜이 번성하지 않았기 때문에 해결책으로 충렬왕 14년(1288) 2월에 마축자장별감馬畜滋長別監을 두었다고 한다.[96] 고려에서 필요한 말의 다수를 삼별초의 제주점령 이전까지

---

93 고려가 탐라에 현縣·주州를 설치해 받은 貢物은 덜 체계적인데다가 탐라인의 강한 저항력을 의식해 그리 가혹하지 않았다고 여겨진다. 반면 조선은 저항력이 매우 약화된 제주에서 온갖 貢物을 체계적으로 한정 없이 착취해 제주인을 몰락시킨다. 조선은 제주에 국영 果園을 운영했을 뿐만 아니라 개인 소유의 감귤까지 일일이 세어 기록해 필요할 때마다 탈취하니 제주인이 감귤을 독약으로 여겨 그 나무를 없애버리려 한다(김상헌 『남사록』 ; 『광해군일기』(중초본·정초본) 권10, 광해군 즉위년 11월 병술).

94 『고려사』 권24 및 『고려사절요』 권17, 고종 45년 5월

95 『고려사』 권25 및 『고려사절요』 권18, 원종 원년 7월

96 『고려사』 권82, 병지2, 馬政

는 제주에서 바친 말이 차지했던 것이다.

김지석金之錫이 강도江都 무인정권기인 고종말~원종초에 고려에 근무하면서 공물 관습을 개혁하는데 그 내용은 아래와 같다.

① (김지석이) 고종말에 제주부사濟州副使가 되었다. 제주 풍속에 남자 나이 15세 이상은 해마다 공두貢豆 1곡斛을, 아리衙吏 수백인數百人은 각기 해마다 공마貢馬 1필匹을 바치면 부사副使와 판관判官이 나누어 받았기 때문에 수재守宰가 비록 가난한 자라도 모두 치부致富했다. 정기井奇·이저李著 2인이 일찍이 제주를 수守했다가 함께 좌장坐贓해 면직되었다. 김지석이 제주에 도착한 날에 곧바로 두두·마마 공물하기를 견쇄하고 염리廉吏 10인을 선발해 아리衙吏에 충당해 정사가 물처럼 맑으니 리吏·민民이 회복懷服했다. 이에 앞서 경세봉慶世封이라는 자가 제주濟州를 수守했는데 역시 청백淸白으로 칭송받았다. 제주인이 말하기를, "전에 '경세봉'이 있었고 후에 '김지석'이 있었다"라고 했다.(『고려사』 권121, 양리전良吏傳, 김지석金之錫)

② 여름4월에 왕(고종)이 위독했다. … 태자 전倎(원종)을 파견해 표문을 받들어 몽고에 가게 했다. … (6월) 임인일에 왕(고종)이 유경柳璥 집에서 훙薨했다 … (10월), 제주濟州 구속舊俗에 무릇 남자 나이 15세 이상인 자는 해마다 공두貢豆 1곡斛을, 아리衙吏 수백인數百人이 각기 해마다 공마貢馬 1필을 바치면 부사副使와 판관判官이 받아서 나누어 가지기 때문에 무릇 제주를 다스린 자는 비록 가난하더라도 모두 치부致富했다. 김지석金之錫이 부사副使가 되자 곧 공두貢豆를 견쇄하고 염리廉吏 10인을 선발해 아리衙吏에 충당하고 또한 공마貢馬를 제除하여 정사가 염청廉淸하니 리吏·민民이 회복懷服했다.(『고려사절요』 권17, 고종 46년조)

제주 풍속에 남자 나이 15세 이상은 해마다 공두貢豆 1곡斛을, 아리衙吏 수백인數百人은 각기 해마다 공마貢馬 1필匹을 바치면 부사副使와 판관判官이 나누어 받았기 때문에 수재守宰(수령)가 비록 가난한 자라도 모두 치부致富했다고 한다. 이러한 풍속을 김지석이 제주부사濟州副使로 부임해 개혁했다고 하는데『고려사』열전에는 고종말에 부임해서 그렇게 했다고 했고,『고려사절요』에는 그렇게 했다는 내용이 고종 46년 10월조에 실려 있는데 이때는 고종이 46년 6월에 이미 세상을 떠서 태손(충렬왕)이 몽골에 간 태자(원종)를 대신해 고려국을 통치하고 있었으니 원종 즉위년 10월로 간주될 수있다. 김지석이 부임하기 이전부터 제주인이 콩·말을 수령관에게 풍속처럼 바쳐 왔던 것을 김지석이 부임하면서 개혁했는데 고종말~원종초의 일로 판단된다.『고려사절요』에 고종 46년 10월, 실제는 원종 즉위년 10월 조항에 실린 것은 김지석의 그러한 개혁이 이 무렵에 고려 조정에 알려졌기 때문이라 여겨진다. 김지석은 제주의 두豆(콩)·마馬(말) 헌납 풍속을 개혁했는데,『고려사』열전에는 두豆·마馬 공貢하기를 견촉했다고 하고,『고려사절요』에는 공두貢豆를 견촉하고 공마貢馬를 제除했다고 되어 있어, 완전히 없앤 것인지, 경감한 것인지 애매한 측면이 있다. 제주 아리衙吏가 수백인數百人이었는데 김지석이 부임해 염리廉吏 10인을 선발해 아리衙吏에 충당했다고 하니 아리衙吏 즉 제주 관청의 향리를 10인으로 줄였다고 판단된다. 김지석의 개혁으로 제주인의 부담은 많이 줄었지만 후임자에 의해 지속되었는지는 의문이다. 제주 지방관으로 김지석 부임 이전에, 정기井奇·이저李著가 있어 장물贓物 죄로 면직되었음을, 경세봉이 있어 청백淸白했음을 알 수 있는데, 정기·이저·경세봉이 제주에 근무한 때는 고종대 혹은 그 이전이지만 구체적인 시점은 알기 어렵다.

고종 31년(1244) 2월 계유일(2일)에 유사有司가 탄핵해 아뢰기를, 전前 제주부사濟州副使 노효정盧孝貞과 판관(제주판관) 이각李珏이 재임 때에 일본 상선商船이 구풍颶風(폭풍)을 만나 제주 지경에 난파하자 노효정 등이 능견綾絹(비단)·은銀·주珠 등 물건을 사적으로 취했다고 하니, 노효정에게 은銀 28근斤을, 이각에게 20근을 징수하고 섬으로 유배했다.[97] 몽고와 고려의 전쟁기에 제주에 근무한 부사 노효정과 판관 이각이 표류해 온 일본상선의 물건을 빼앗아 사적으로 소유했다가 처벌받은 것이었다.

제주는 수령 송소宋佋와 나득황의 횡포로 신음해야 했다. 고려 고종이 사망하고 태자 원종이 몽고에서 돌아오지 않은 원종 원년(1260) 정월에 태손(충렬왕)이 인사명령을 내리면서 판예빈성사判禮賓省事 나득황羅得璜으로 제주부사濟州副使를 삼았다. 이에 앞서 송소宋佋가 제주를 수守하다가 장물贓物죄에 걸려 면직되었는데, 사람들이 말하기를, "제주가 옛적에 소도小盜(작은 도둑)를 겪더니 지금 대적大賊(큰 도적)을 만났구나" 라고 했다.[98] 제주 수령 송소가 불법적인 물건을 많이 받아 면직되었는데 탐관오리로 더 악명이 높은 나득황이 제주 수령으로 부임했던 것이다.

원종 원년 2월 경자일(2일)에 제주부사濟州副使 판예빈성사 나득황으로 방호사防護使를 겸하게 했다. 조의朝議가 제주는 해외 거진巨鎭이고 송상宋商과 도왜島倭가 아무 때나 왕래하니 마땅히 방호별감防護別監을 특별히 파견해 비상非常에 대비해야 하지만 구제舊制에 다만 수쉬守倅(수령)를 파견할 뿐이어서 방호防護를 별도로 두어서는 안된다고 하니 나득황으로 하여금 겸하게 한 것이었다. 또한 고사故事에 경관京官 관질 높은 자가 외직에 보임될 경우 관질이 서로 합당하지 않으면 모두 본직으로써 전자前字를 띠고 부임했는데 지금 만약 전함前銜으로 부임하면 위엄과 무게가 없기 때문에 함두銜頭에 전자前字를 삭제해 그대로 판사(판예빈성사)를 띠도록 하고 안찰사에게 통첩通牒할 경우 방호사를 칭하도록 했다.[99] 제주부사 나득황이 제주방어를 관장하

---

97 『고려사』 권23 및 『고려사절요』 권16, 고종 31년 2월
98 『고려사절요』 권18, 원종 원년 정월. 한편 『고려사』 권104, 羅裕傳에는 나유의 부친 羅得璜이 剝民 聚歛해 崔沆을 아첨해 섬겨 長興副使를 거쳐 全羅按察使가 되었고, 濟州副使가 되었는데 宋佋가 濟州를 守해 坐贓해 면직되었던 터여서, 나득황이 이르자 사람들이 말하기를, "濟州가 옛적에 小盜를 겪더니 지금 大賊을 만났구나" 라 했다고 한다.

는 방호사까지 겸하면서 더욱 높아진 위세로 제주민을 괴롭히게 되었다.

7. 성주 양호가 강도와 대도를 방문하다

몽고가 1231년(고려고종 18)에 고려를 침략하면서 고려 무인정권은 몽고와의 전쟁에 돌입해 1232년에 개경에서 강도江都(강화경江華京)로 천도해 항전을 이어갔다. 고려 본토와 백성이 유린당해 심각한 피해를 입었고, 특히 동북면 북부가 몽고 직할령으로 편입당했다. 고려고종 45년(1258)에 몽고병蒙古兵이 침략해 오자 용진현인龍津縣人 조휘趙暉와 정주인定州人 탁청卓青이 반반叛하여 병마사兵馬使 신집평愼執平을 죽이고 화주和州 이북으로써 몽고에 부부附하니, 몽고가 쌍성총관부雙城摠管府를 화주에 설치하고 조휘趙暉로 총관摠管을, 탁청卓青으로 천호千戶를 삼아 다스렸던 것이다.[100] 결국 고종은 질병으로 위독한 치세 46년(1259) 4월에 항복을 결정해 태자(원종)를 몽고에 파견했는데, 몽고는 때마침 황위(대칸) 계승 전쟁 중이었고 고려태자는 아릭부케가 아니라 쿠빌라이(훗날 원세조)를 만나 항복한다.

그런데 고려 고종이 몽고에 항복하고 원종이 고려국왕으로 환국했지만 무인정권은 강도江都를 고수하며 개경 환도를 거부해 세월을 보냈다. 이러한 때에 제주성주 양호가 갑자기 등장한다. 고려원종 7년(1266) 11월 병진일(28일)에 추밀원부사樞密院副使 송군비宋君斐·시어사侍御史 김찬金贊 등에게 명령해 흑적黑的(몽고 사신) 등과 함께 일본에 가게 했다. (11월 28일) 제주성주濟州星主가 와서 알현하니, 갑자일(12월 6일)에 정언正言 현석玄錫을 파견해 성

---

99 『고려사』 권25 및 『고려사절요』 권18, 원종 원년 2월
100 『고려사』 권58, 지리지3, 東界. 이성계의 선조도 곧 쌍성총관부의 千戶를 역임했을 뿐만 아니라 다루가치에 임명되었으니 몽고 원에게 몽고인으로 간주된 것이었다.

주성主를 데리고 몽고에 가게 했다.[101] 제주성주가 강도와 몽고를 연달아 방문한 것이었다.

이 제주성주를 몽고에 보냄을 고주告奏하는 표문을 김구金坵가 찬술했는데, 이 표문의 내용은 아래와 같다.[102]

일천一天은 외外가 없고 사해四海가 중中에 있어 비록 척지尺地라도 어찌 감히 스스로 사사로이 하리오까. 때문에 금일에 다만 상솔相率(잇따름)하기를 기약합니다. 삼가 생각하건대 황제 폐하는 형덕馨德(향기로운 덕)이 먼 곳까지 품고 대명大明이 아득한 곳까지 비추어 크든 작든 버리지 않고 도道가 건곤乾坤의 함육涵毓에 화합하고 하이遐邇(원근)가 서로 기뻐하고 은혜가 부모의 비련庇憐을 넘습니다. 대저 제주濟州는 원래 소방小邦(고려)에 부附해 가장 심도深島가 되어 휼상譎狀(기만하는 모양)을 형언하기 어려운데, 만료蠻獠(오랑캐)의 풍風을 많이 부끄러워할지라도 충성을 숨기지 않으니 함께 성신聖神(몽고황제)의 교화에 목욕하기를 바라서 이 거수渠首(우두머리)로 하여금 궐정闕庭에 조朝하게 합니다. 돌아보건대 여予(원종)는 오로지 삼가 근면을 다하려 하니 그 조량照亮을 드리워 주십시오.

고려국왕 원종은 몽고에 바치는 표문(김구가 대신해 찬술)에서 제주에 대해 원래 소방小邦(고려)에 부附했지만 가장 심원한 섬으로 휼상譎狀(기만하는 모양)을 형언하기 어렵고, 많이 부끄러운 오랑캐 풍속을 지녔다고 했다. 그러면

---

101 『고려사』 권26, 원종 7년 11월. "(11월) 丙辰 命樞密院副使宋君斐·侍御史金贊等 與黑的等 往日本, 濟州星主來見, 甲子 遣正言玄錫 以星主如蒙古"; 『고려사절요』 권18, 원종 7년 11월. "濟州星主來見 遣正言玄錫 以星主如蒙古". 이해 11월에 갑자일이 없으므로 이 '甲子'는 12월 6일에 해당한다.

102 『동문선』 권40, 表箋, 「告奏表」(金坵); 『止浦集』 권2, 應製錄, 「遣濟州星主告奏表」. 『지포집』에는 "元宗七年丙寅十一月 濟州星主來見 同月甲子 遣正言玄錫 以星主如蒙古"라는 세주(후대 첨가로 보임)가 달려 있는데, '同月甲子'는 '十二月甲子'의 오류이다.

서도 제주가 충성을 숨기지 않으니 고려와 함께 성신聖神(몽고황제 쿠빌라이칸)의 교화에 젖도록 하고자 제주성주를 보내 몽고 대궐에 조회하도록 했다고 했다. 제주는 고려에 편입되었지만 오랑캐 풍속을 많이 지니면서 형언하기 어려울 정도로 고려를 기만했다고 하니 고려에 복종하지 않으려 했음을, 고려가 제주를 오랑캐로 취급했음을 말해준다. 이는 당시에도 제주가 탐라의 면면한 역사와 고유한 문화를 잃지 않았음을 시사한다.

고려가 제주성주를 몽고에 보낸 이유에 대해 제주가 충성을 숨기지 않아 고려와 함께 몽고황제의 교화에 젖도록 하려는 때문이라 했지만, 당시 고려가 이미 몽고에 항복한 상태였고 고려가 급박하면 강화도에서 제주로 옮겨가리라는 혐의를 받고 있었고[103] 몽고가 남송·일본 정벌을 계획하면서 해로의 요충인 탐라에 관심을 가지고 있었기 때문이라 볼 수 있다. 또한 제주성주가 고려가 약화된 틈을 타서 제주의 독립된 미래를 위해 은밀히 작업해 몽고행을 달성했을 수 있다.

『원사』 세조본기에 따르면 지원4년(고려원종 8년) 정월 을사일에 백제百濟가 그 신臣 양호梁浩를 파견해 내조來朝하니 금수錦繡를 차등 있게 하사했다고 하는데,[104] 이 '양호梁浩'는 고려가 몽고에 보낸 제주성주濟州星主와 동일인이었을 것이다. 고려 측이 제주성주가 고려 신하임을 강조하기 위해 몽

---

103 고려 고종이 사망해 태자(원종)가 고려로 돌아오는 와중인 원종 원년(1260) 2월에 金守磾와 別將 于琔이 몽고 也束達의 營에 말하기를, "고려는 급함이 있으면 반드시 濟州로 옮길 것이라, 지금 舊京(개경)에 復都한다고 말함은 사실이 아닙니다"라로 하니, 也束達이 믿었다고 한다(『고려사절요』 권18, 원종 원년 2월 ; 『고려사』 권130, 열전43, 叛逆4, 于琔). 이에 태손(충렬왕)은 개경에 환도하려 함을 보여주고자 出排都監을 두고 백관에게 개경에 집을 짓도록 했으며, 원종도 강도로 들어오자 개경 환도의 모양새를 보여주어야 했다(『고려사절요』 권18 및 『고려사』 권25, 원종 원년 3월·4월).

104 『원사』 권6, 本紀6, 世祖, 至元4년. "(春正月) 乙巳 百濟遣其臣梁浩來朝 賜以錦繡有差"

그림 13. 중국 북경 북해공원(필자 촬영): 몽고제국 대도의 황궁이 자리했던 곳.
제주성주 양호가 이곳을 방문했음.

고에게 양호를 '제주성주濟州星主 고려신高麗臣'이라 소개했는데 몽고 측에서
기록하다가 혼동이 발생한 것이 아닐까 한다. 중국에는 탐라·탐모라 등이
익숙했고 몽고 조정에는 중국인이 많이 포진되어 있었으니 느닷없이 '제주
濟州'라고 들으니 혼동하기 쉬웠을 것이다. 몽고 세조황제(쿠빌라이칸)가 지원
4년 2월에 상도上都를 향해 떠났으니,[105] 양호는 몽고 대도大都(연경: 현재 베이
징)를 방문한 것이었다. 제주성주 양호가 몽고 대도를 방문해 조회한 일은
탐라의 운명에 중대한 결과를 초래한다. 왜냐하면 후술하듯이 몽고 쿠빌라
이칸과 조정이 자신에게 조회한 그 성주로 인해 제주를 탐라국으로, 성주
를 탐라국왕으로 인정해 탐라를 독립시키려 작정하기 때문이다.

　　양호梁浩는 탐라의 지배족 양씨(대개 '왕자' 세습)의 일원으로 무력을 동원
해 고씨 성주를 몰아내 성주를 차지하고서 고려 국왕과 무인정권의 인정을

---

105 『원사』 권6, 本紀6, 世祖, 至元4년 2월

받기 위해 강도江都를 방문했던 것으로 보인다. 그런데 그가 고려 강도와 몽고 대도를 방문한 사이에 탐라에서 성주 양호에 반기를 드는 사건이 발생한다. 『동국여지승람』에 따르면 고려 원종 때 문행노文幸奴가 난難을 일으켜 장평長坪에 병력을 포진하니 부사副使 최탁崔托과 성주星主 양호梁浩 등이 토평討平했는데, 이 장평은 제주 서쪽 6리에 위치한다고 했다.[106] 『탐라지』(이원진)에 따르면 원종8년 정묘년(1267)에 초적草賊 문행노文幸奴가 난亂을 일으키니 부사副使 崔托이 병력을 동원해 주살誅殺했다고 한다.[107] 원종8년에 문행노가 난을 일으키자 제주부사濟州副使 최탁과 성주 양호 등이 이 난을 토벌해 평정했으니, 성주 양호가 몽고 대도에서 돌아온 직후에 제주부사 최탁의 협력을 받아 문행노 난을 평정한 것이었다.

문행노는 한반도에서 도래해 고씨와 친밀한 문씨족의 일원으로 새 성주 양호에 불만을 품어 거병한 것으로 보인다. 문행노가 '초적草賊'이라 기록된 것은 그가 산과 초원에서 활동하는 사냥꾼·목자 등을 군사력으로 동원했기 때문이라 여겨진다. 문행노 군이 행진해 장평에 포진하니 성주 양호와 제주부사 최탁 군이 출격해 전투가 벌어졌다. 장평은 그 위치가 제주 서쪽 6리라고 하니 현재 제주공항 일대에 해당한다. 이 전투를 통해 당시 성주 치소와 제주 치소가 대천(한천) 동쪽에, 훗날 조선시대 제주목관아 일대에 위치했음을 시사받는다. 문행노 군이 제주치소, 성주치소를 공격하기 위해 나아가 장평에 이르자 성주 양호와 제주부사 최탁 군이 막아서면서 전투가 벌어졌고 결과는 문행노 군의 패배였다. 성주 양호는 문행노의 거병을 격퇴해 위기를 극복했지만 얼마 없어 삼별초의 탐라 침략으로 또 위기를 맞는다.

---

106 『신증동국여지승람』 권38, 전라도 제주목 古跡. "長坪: 在州西六里. 高麗元宗時 文幸奴作難 陳兵于長坪 副使崔托·星主梁浩等討平之"
107 이원진 『탐라지』, 濟州, 建置沿革

8. 몽고의 동정東征 계획과 요충 탐라

몽고는 고려가 이미 항복하자 일본에 눈길을 돌리는데 탐라와도 관련이 있었다. 아직 강도 무인정권기인 고려원종 8년(1267) 8월 혹은 9월에 고려국왕이 몽고황제의 명령에 따라 기거사인起居舍人(예부시랑禮部侍郎) 반부潘阜와 서장관書狀官 사문박사四門博士 이정李挺(이인정李仁挺)을 국신사國信使에 충임해 대몽고국황제大蒙古皇帝가 일본국왕日本國王에 보내는 국서와 고려국왕이 일본국대왕 전하에게 보내는 국서를 지니고 일본국에 갔지만 태재부에 5~6개월 억류당했다가 돌아온다.[108] 원종은 이 국서에서 고려국이 몽고대국蒙古大國을 '신사臣事'(신하로서 섬김)하고 있다며 일본국도 몽고와 통호通好하기를 종용했지만 일본은 거절했다.

몽고는 자신에게 복종하지 않는 남송과 일본을 정벌하려 했는데, 그러려면 선박이 많이 필요해 고려와 탐라에게 많은 선박을 제작하게 한다. 지원至元 5년(1268: 고려원종 9) 7월에 고려국왕 왕식王植(王植: 원종)이 그 신하 최동수崔東秀를 몽고에 보내와 말하기를, 병력 1만萬을 준비하고 선박 1천千 척을 제작한다고 하니 몽고황제가 조칙을 내려 명위장군 도통령都統領 탈타아脫朶兒(脫朶兒)와 무덕장군 통령統領 왕국창王國昌과 무략장군 부통령副統領 유걸劉傑 등을 파견해 가서 검열하고 흑산黑山·일본 도로를 살펴보도록 하고 탐라耽羅에게 명령해 선박 1百 척을 별도로 제작하도록 했다. 10월에 그들이 고려에 도착하자 원종이 강도에서 승천부로 나가 맞이하니 그들이 군액軍額·전함을 검열했다. 왕국창·유걸劉傑 등이 고려의 낭장 박신보와 도병

---

108 『고려사』 권26 및 『고려사절요』 권18, 원종 8년 8월 및 9년 7월 ; 『元史』 권208, 列傳95, 外夷1 高麗·日本, 至元四年 九月 ; 『續本朝通鑑』 103, 文永四年 十二月 ; 『鎌倉遺文』 13, 文永四年, 高麗國書案[東大寺尊勝院文書]·高麗國牒狀案[大和尊勝院文書]. 潘阜의 직함은 "高麗國信使 朝散大夫 尚書禮部侍郎 知制誥 賜紫金魚袋" 였으니 그가 곧 고려국 國信使였다.

마녹사 우천석의 안내로 흑산도에 가서 수도水道를 살펴보았다.[109]

지원5년(1268: 고려원종 9) 12월에 식植(원종)이 그 지문하성사 신사전申思全과 예부시랑 진정陳玎(진자후陳子厚)과 기거사인 반부潘阜 등을 파견해 몽고 국신사國信使 흑적黑的 등을 따라 일본에 가게 했고, 차借 예부시랑 장일張鎰이 표문을 받들어 탈타아脫朵兒를 따라 몽고에 입조入朝했다.[110] 원종 10년 (1269) 3월 신유일(16일)에 흑적黑的 및 신사전 등이 대마도對馬島에 이르러 왜倭 2인을 잡아 돌아오니, 4월 무인일(3일)에 참지정사 신사전을 파견해 흑적黑的을 수행해 왜 2인을 데리고 몽고에 가게 했다.[111] 신사전이 몽고에 이르러 왜인과 함께 황제(쿠빌라이칸)를 알현하니, 황제가 크게 기뻐해 신사전에게 일본에 갔다가 살아서 돌아와 복명復命하니 충절이 가상하다며 비단을 후히 하사했다. 황제가 왜인에게 말하기를 "너의 국國(일본)이 중국에 조근朝覲한 유래가 오래인데 지금 너의 국(일본)의 내조來朝를 바라는 것이지 협박하는 것이 아니다" 라고 했다. 그러고는 궁전을 관람하도록 하자, 왜인이 아뢰기를 천당불찰天堂佛刹이 있다고 들었는데 바로 이것을 일컬은 것이라고 하니, 황제가 기뻐해 또 연경燕京(대도) 만수산옥전萬壽山玉殿과 여러 성궐城闕을 두루 관람하도록 했다.[112] 만수산 옥전은 쿠빌라이칸이 여진족 금의 별궁을 개축해 만든 황궁의 중심이었다.

원종 10년(1269) 5월 병오일(1일)에 경상도안찰사가 급히 보고했는데, 제주인濟州人이 표풍漂風해 일본에 이르렀다가 돌아와 말하기를, 일본이 병선

---

109 『元史』 권6, 本紀6, 世祖 至元五年 ; 『원고려기사』 지원5년 ; 『고려사』 권26 및 『고려사절요』 권18, 원종 9년 10월

110 『元史』 권208, 列傳95, 外夷1 高麗, 지원5년 12월 ; 『원고려기사』 元 世祖 ; 『고려사』 권26 및 『고려사절요』 권18, 원종 9년 12월

111 『고려사』 권26 및 『고려사절요』 권18, 원종 10년 3월·4월. 한편 『元史』 권208, 列傳95, 外夷1 高麗 편에는 지원6년 '三月'에 植(원종)이 申思全을 다시 파견해 表를 받들어 黑的을 따라 入朝했다고 되어 있는데 '三月'은 四月의 착오일 것이다.

112 『고려사』 권26, 원종 10년 7월조

兵船을 갖추어 장차 우리를 침략하려 한다는 것이었다. 이에 삼별초 및 대각반大角班을 파견해 해변을 돌며 지키게 하고, 또한 연해沿海 군현으로 하여금 성을 축조하고 곡식을 축적하게 하고 창선현彰善縣 소장 국사國史를 진도에 옮기게 했다.[113] 일본도 몽고와 고려의 침략에 대비하고 있었던 것이다.

몽고는 남송·일본 해로 상에서 탐라의 지리적 위치에 주목한다. 지원 6년(1269: 고려원종 10) 7월에 몽고 추밀관樞密官이 황제 명령을 받들어 천호·장군인 도통령 탈타아脫朶兒(탈탈아脫脫兒)와 통령 왕국창과 부통령 유걸劉傑을 고려에 다시 파견해 탐라등처耽羅等處 도로를 살펴보고 군병軍兵·선함船艦을 점검하게 하고, 식禃(원종)에게 조칙을 내려 큰 선박을 마련하고 해도海道를 잘 아는 관원을 선발해 그들을 인도해 도달하도록 하라고 했다. 어떤 사람이 말하기를, 탐라 해도海道가 남송·일본에 가기가 매우 쉽다고 했기 때문이었다.[114] 몽고가 일본·남송 정벌을 앞두면서 남송·일본 해로의 요충에 자리한 탐라가 국제적으로 부각하게 되었다.

원종 10년(1269) 7월 갑자일(20일)에 몽고사蒙古使 우루대于婁大·우정于琔 6인이 왜인倭人을 일본으로 송환하기 위해 그들을 데리고 고려에 왔다.[115] 몽고가 고려의 반부潘阜를 통해 새서璽書(황제친서)를 일본에 보내 통호通好를 종용했지만 답변이 없자 국신사國信使 흘덕紇德(흑적黑的) 등을 파견했다가 대마도에서 공격을 받자 탑이랑塔二郎·미이랑弥二郎 2인을 생포해 돌아왔었다. 지원6년(원종10년) 6월에 탑이랑塔二郎을 일본에 돌려보내면서 '대몽고국황제大蒙古國皇帝'의 중서성中書省이 '일본국왕전하日本國王殿下'에게 첩문을 보내 일본이 몽고에게 사대의 의례를 행하여 고려국 사례처럼 보전하기를 바란

---

113 『고려사』 권26, 원종 10년 5월
114 『元史』 권6, 本紀6, 世祖 至元6년 7월 ; 『원고려기사』 탐라·고려 기사 ; 『元史』 권208, 列傳95, 外夷1 高麗·耽羅. 이때 林衍의 餘黨 金通精이 탐라에 遁入했다고 『원사』 탐라전에 되어 있지만 이는 착오이다.
115 『고려사』 권26, 원종 10년 7월

다고 했다.[116] 지원6년 기사년(1269: 고려원종 10) 8월에 고려국 경상진안동도
慶尚晉安東道 안찰사按察使가 일본국 태재부太宰府에 보낸 첩牒[117]에 따르면 이
도道의 안찰사가 선박과 식량을 마련해 상주목 장교 1명, 진주목 장교 1명,
향통사鄕通事 2인, 수수水手(선원) 20인을 보내 그 왜인을 호송했다. 몽고는
포로를 일본에 송환하는 은혜를 보이면서 일본에게 조공하기를 회유했지
만 일본은 따르지 않았다. 일본의 동향은 탐라의 운명과 밀접하게 연관되
어 있었다.

9. 동경행성의 고려 진출과 탐라에의 영향

고려 원종10년(1269) 6월에 강도에서 무인집권자 임연林衍이 국왕 원종
과 권력투쟁을 벌여 국왕을 폐립廢立하는 사건, 즉 국왕 원종을 폐위하고
아우 안경공安慶公 창淐을 국왕으로 옹립하는 사건이 벌어졌다. 임연은 중
서사인 곽여필을 몽고에 파견해 왕(원종)의 손위遜位 표문을 바치게 했는데,
진병疹病(두창)으로 인해 아우 안경공 창淐에게 손위遜位했다는 내용을 담고
있었다. 새 국왕 창淐이 왕(원종)을 높여 태상왕으로 삼았다. 세자(충렬왕)가
몽고 연경燕京에서 돌아오다가 압록강변 파사부婆娑府에 이르러 국왕 폐립廢
立을 알고 통곡하며 몽고로 도로 들어갔다.[118]

---

116 『異國出契』蒙古國中書省牒, 文永六年. 이 牒에는 몽고국 중서성의 資政大夫 中
書左丞, 資德大夫 中書右丞, 榮祿大夫 平章政事, 榮祿大夫 平章政事, 光祿大夫
中書右丞相이 서명했다. 고려 金有成이 牒狀使로 塔二郎 송환을 담당했는데(『元
史』권208, 列傳95, 外夷1 日本 ; 『鎌倉年代記裏書』및 『關東評定傳』2 및 『北條
九代記』下, 文永六年), 그는 일본 太宰府에 오랫동안 억류된다.
117 『異國出契』高麗國慶尚晉安東道按察使牒, 文永六年. 이 고려 안찰사의 직함은
'按察使 兼監倉使・轉輸提點刑獄兵馬公事, 朝散大夫 尙書禮部侍郎 太子宮門郎'이
었다.

고려는 몽고와 일본 사이에 끼여 난처한 입장인데다가 국왕 폐립으로 인해 임연 무인정권이 흔들리고 있었는데 여기에 결정타를 가한 자는 몽고였다. 지원6년(1269: 고려원종 10) 8월에 고려국 세자 심懿(충렬왕)이 고려국왕 폐립 사항을 몽고 조정에 아뢰니 황제가 조칙을 내려 사신 알타사불화斡朶思不花(斡朶思不花)·이악李諤 등을 고려에 파견해 상문詳問하게 했다.[119] 9월에 황제가 칙령을 내려 고려세자 심懿에게 병력 삼천三千을 거느리고 그 국난國難에 나아가게 했고, 초불화抄不花에게 그 국國(고려)을 정벌하게 했고, 관군만호管軍萬戶 송중의宋仲義에게 고려를 정벌하게 했다. 초불화抄不花가 단사관斷事官 별동와別同瓦를 파견해 왕준王綧·홍차구洪茶邱(홍다구) 소관 호戶에서 군사軍士를 선발해 동경東京에서 취합해 추밀원에 교부交付해 승인을 받아 삼천삼백인三千三百人을 얻었다.[120]

그런데 몽고의 고려 임연정권 정벌에 몽고의 동경행성과 국왕 두연가頭輦哥가 주도적으로 참여한다. 이는 탐라의 운명과도 밀접한 관련이 있기에 소개하면 아래와 같다.

① 지원6년(1269: 원종10년) 9월에 국왕國王 두연가頭輦哥를 파견해 병력을 통솔해 고려를 무정撫定하게 했다. 조칙을 내려 고려국 관리·군민軍民에게 효유하기를, "권신權臣이 폐립廢立을 마음대로 행했기 때문에 특별히 국왕 두연가 등 행중서성사行中書省事를 파견해 병력을 거느려 동하東下해 너의 나라를 무정撫

---

118 『고려사』권26 및 『고려사절요』권18, 원종 10년 7월·8월 ; 『고려사』권130, 叛逆傳4, 林衍 ; 『고려사』권107, 金富允傳 및 鄭仁卿傳 ; 『고려사』권102, 李藏用傳

119 『元史』권6, 本紀6, 世祖 至元6년 8월·9월 ; 『元史』권208, 列傳95, 外夷1 高麗 ; 『원고려기사』세조황제, 지원6년 8월·9월 : 『고려사』권26 및 『고려사절요』권18, 원종 10년 8월·9월 ; 『고려사』권130, 叛逆傳4, 林衍 ; 『고려사』권104, 金方慶傳

120 『원고려기사』세조황제, 지원6년 9월 ; 『元史』권208, 列傳95, 外夷1 高麗 ; 『元史』권6, 本紀6, 世祖 至元6년 9월

定하라고 명령했다"고 했다. 또한 조칙을 내려, 중헌대부 병부시랑 흑적黑的
과 치래로총관부淄萊路總管府 판관 서세웅徐世雄을 파견해 특별히 국왕 왕식王
植(원종)·안경공安慶公 창湜·임연林衍 등에게 명령해 12월 10일까지를 기한으로
함께 궐하闕下로 나아와 정실情實을 면진面陳하라고 하면서, 이미 두연가국왕
頭輦哥國王 등을 파견해 병력을 거느려 압경壓境하게 했나니 만약 기한을 넘어
도 이르지 않으면 곧 마땅히 수악首惡을 끝까지 힐문하려 진병進兵해 초륙勦戮
하겠노라 했다.[121]

② 지원6년(1269: 원종10년) 10월에 조칙을 내려 병부시랑 흑적黑的과 치래로총관
부淄萊路總管府 판관 서세웅徐世雄을 파견해 고려국왕 왕식王植(원종), 왕제王弟 창
湜 및 권신權臣 임연林衍을 불러 함께 부궐赴闕하게 하고, 국왕 두연가頭輦哥에
게 명령해 병력으로써 고려 지경을 진압하게 하고, 조벽趙璧 동경행중서성東
京行中書省에게 명령해 조칙으로써 고려국 군민軍民에게 효유하게 했다.[122]

③ 지원6년(1269: 원종10년) 10월에 황제가 식植(원종)·창湜 폐치廢置를 임연林衍 행위
로 여기고 중헌대부 병부시랑 흑적黑的과 치래로총관부淄萊路總管府 판관 서세
웅徐世雄을 파견해, 식植·창湜·연衍(임연) 등에게 명령해 12월에 함께 궐하闕下
로 나아와 정실情實을 면진面陳하면 그 시비를 듣겠다고 했다. 또한 국왕 두연
가頭輦哥 등을 파견해 병력을 통솔해 압경壓境하게 하고 만약 기한을 넘어도
이르지 않으면 곧 마땅히 수악首惡을 끝까지 다스리고자 진병進兵해 초륙勦戮
하겠다고 하고, 조벽趙璧 동경행중서성에게 명령해 고려국 군민軍民에게 조칙
으로써 효유하게 했다.[123]

④ 지원6년에 고려권신 임연林衍이 그 국왕(원종)을 폐废하여 그 아우 온溫(창湜의
착오)을 세우니, 황제가 조칙을 내려 '국왕 두연가頭輦哥' 및 조벽趙璧을 파견해
병력을 거느려 토벌하게 하고, 송도宋衜로 행성行省 원외랑員外郎을 삼아 조칙

---

121 『원고려기사』 세조황제, 지원6년 9월
122 『元史』 권6, 本紀6, 世祖 至元6년 10월
123 『元史』 권208, 列傳95, 外夷1 高麗

을 가지고 가서 강화도江華島 거주민을 평양平壤에 옮기도록 했다.[124]

두연가頭輦哥 국왕을 정점으로 하는 몽고 동경행성東京行省이 고려 방면으로 진출하게 되었는데, 그 시작점은 지원6년(1269: 원종10년) 9월 혹은 10월이었다. 몽고황제는 한편으로는 두연가 국왕과 조벽에게 병력을 통솔해 고려로 진입해 군사적 위협을 가하도록 했고, 한편으로는 병부시랑 흑적黑的 등을 파견해 고려 강도로 가서 폐립된 고려국왕(원종과 창湄)과 권신 임연을 몽고 수도로 불러들이도록 했다. 당시 동경행성(동경행중서성)은 두연가국왕, 행중서성사 조벽, 원외랑 송도 등으로 구성되었는데, 원외랑 송도는 강화도에 가서 그 거주민을 평양으로 옮기라는 조칙을 받고 있었다. 동경행성의 고려방면 진출은 고려 서북면 관리인 최탄崔坦·한신韓愼 등의 반란과 밀접한 관련이 있었다.

원종 10년(창왕湄王 즉위년: 1269) 10월에 서북면병마사영 기관記官 최탄·한신, 삼화현인 전교위前校尉 이연령李延齡 등이 거병해 고려 강화경 정권에 반역해 함종현령 최원崔元을 죽이고 가도영椵島營(가도 임시 병마사영)에 들어가 분사어사 심원준과 감창사 박수혁과 경별초京別抄 등을 죽였다. 이어서 서경 유수 최년崔年·판관 류찬柳粲·사록 조영불, 용주수령 유희량, 영주수령 목덕창, 철주수령 김정화, 선주수령 김의金義, 자주수령 김윤金潤 등을 죽였고, 성주수령 최군崔羣은 부하에게 죽임을 당했다. 최탄 등은 서북면의 나머지 수령들도 모조리 죽이고자 했는데 의주부사義州副使 김효거에게 설득된 몽고사蒙古使 탈타아脫朶兒(대부성大富城에 체류)의 구원으로 살해되지 않은 자가 많았지만 의주수령 김효거, 인주수령 정신보, 정주수령 한분韓奮 등 22인은 몽고로 보내졌다. 최탄 등이 거병한 명분은 상도上都(개경: 여기서는 강화경)가 병력을 동원해 북비北鄙(북계)의 사람을 모조리 주살하고자 하기 때

---

124 『元史』 권178, 列傳65, 宋衜

문이라는 것이었고, 고려가 권토卷土해 '해도海島'에 심원하게 들어가려고
북계 제성諸城 사람을 모조리 죽이려 하기 때문이라는 것이었다.[125] 서북면
에서 최탄·한신·이연령 등이 거병해 고려 관원과 군인을 대거 살해해 서
북면을 장악함으로써 고려는 서경과 서북면에 대한 통제력을 상실했다. 이
때 임연 무인정권이 진도로 천도하려는 계획을 이미 세우고 있었는지 확인
하기 어려운데, 이 해도海島(바다 섬)는 심원하다고 했으니 임연 정권이 탐라
제주로 천도하려 했을 수도 있다.

지원6년(1269: 원종10년) 11월 2일에 몽고 추밀원이 고려 정벌 일을 의논
해 아뢰었다.[126] 몽고는 그 추밀원의 고려 정벌 회의에 드러나듯이 임연의
국왕 폐립으로 인해 벌어진 고려의 혼란을 틈타 강온 양면책으로 고려를
굴복시켜 남송·일본 정벌에 이용하려는 전략을 세우고 있었다. 심지어 신
라·백제·고구려 삼국시대처럼 고려를 둘로 나누어 서로 견제하게 하여 저
절로 약화하도록 만들려는 전략도 계획했다. 몽고가 최탄 등의 거병을 이
용해 서경 이북을 자신의 영토로 편입시키는 것도, 훗날 탐라에 진출해 탐
라를 고려로부터 독립시키는 것도 그러한 전략의 일환이라 볼 수 있다.

고려 도통령都統領 최탄崔坦 등이 임연 반란을 이유로 서경西京 50여성餘
城을 들고(이끌고) 몽고에 입부入附하니, 지원6년(1269: 원종10년) 11월에 왕준王
綧·홍차구洪茶丘(홍다구) 소관의 호戶에서 군사를 징발해 동경東京에 이르러
추밀원에 부付하여 삼천삼백인三千三百人을 얻었고, 고려 서경도통西京都統 이
연령李延齡이 익병益兵하기를 요청하니 망가도忙哥都를 파견해 병력 이천二千
을 거느려 나아가게 했다고 한다.[127] 지원6년(1269: 원종10년) 11월 정미일(6일)
에 왕준王綧·홍차구洪茶丘(홍다구) 군사 삼천인三千人을 징발해 고려를 평정하

---

125 『고려사』 권26 및 『고려사절요』 권18, 원종 10년 10월 ; 『고려사』 권130, 叛逆傳
4, 崔坦
126 『원고려기사』 세조황제 ; 『元史』 권208, 列傳95, 外夷1 高麗
127 『元史』 권208, 列傳95, 外夷1 高麗

게 했고, 고려 서경도통 이연령이 익병益兵하기를 요청하니 망가도忙哥都를 파견해 병력 이천二千을 거느려 나아가게 했다고 한다.[128] 지원6년에 고려 권신 임연이 반역하니 겨울11월에 홍다구에게 조칙을 내려 그 군사 삼천三千으로 국왕 두연가頭輦哥를 따라 토평討平하게 하고 강화도江華島 신민臣民을 왕경王京(개경)으로 옮기도록 조치하라고 했다고 한다.[129] 9월에 황명을 받아 고려 정벌군을 편성하기 위해 단사관 별동와를 파견해 왕준·홍다구 호戶에서 군사를 징발하기 시작한 자는 원래 초불화抄不花였다. 그런데 초불화抄不花가 병들자 황제가 몽가도蒙哥都(망가도忙哥都)에게 명령해 그 임무를 대신하게 하니[130] 망가도忙哥都가 이어받아 11월에 왕준·홍다구 호戶에서 군사 3300명을 징발해 동경(요양)에 보내 추밀원의 승인을 받았던 것이다. 그리고 서경도통 이연령이 병력 증강을 요청하니 황제가 망가도忙哥都에게 병력 2000명을 거느려 나아가게 했던 것이다. 몽고에 간 고려인 왕준·홍다구가 거느린 군사 3300명, 몽고 망가도忙哥都가 거느린 군사 2000명이 동경행성 두연가국왕의 통솔 하에 임연정권 정벌과 평양 진주進駐를 위해 고려로 향하게 되었던 것이다.[131]

원종10년 11월 임자일(11일)에 몽고가 병부시랑 흑적黑的과 치래도총관부菑萊道摠管府 판관 서중웅徐仲雄 등 12인을 보내와 조칙을 내리기를, "왕(원종)은 창淐 및 임연과 함께 궐하闕下에 나아와 정실情實을 면진面陳하면 짐朕이 그 시비를 듣고 스스로 구처區處하리라 … 이미 두연가국왕頭輦哥國王을

128 『元史』 권6, 本紀6, 世祖 至元六年 十一月

129 『元史』 권154, 列傳41, 洪福源 附 俊奇(홍다구)

130 『元史』 권208, 列傳95, 外夷1 高麗

131 한편, 원종10년(1269) 12월 신묘일(20일)에 靜州別將 康元佐 등 3인이 와서 몽고 황제 조서를 전했는데, 그 조서에, "고려국 龜州都領 崔坦 등 및 西京 54城·西海 6城 軍民 등에게 효유하노라 … 지금 최탄에게 이미 勑命을 더하였고, 그 吏民을 별도로 行中書省(동경행중서성)에 칙령을 내려 撫護하게 했노라" 라고 했다(『고려사』 권26 및 『고려사절요』 권18).

파견해 병력을 통솔해 압경壓境하게 했으니 만약 기한을 넘겨도 이르지 않으면 곧 당연히 수악首惡을 궁힐窮詰하러 진군해 남김없이 초절勦絶하리라"라고 했다.[132] 11월 임술일(21일)에 임연이 그 집에서 흑적黑的을 연회했는데 흑적이 왕 복위 일을 말하니 임연이 부득이 재추를 모아 창淐을 폐廢하고 왕을 복립復立하는 것을 의논했다.[133] 마침내 11월 갑자일(23일)에 왕(원종)이 복위하고 창淐이 사제私第로 돌아갔다.[134]

몽고는 임연을 겁박해 굴복시키고 원종을 복위시켜 한숨을 돌리자 일본에게 통교를 설득하는 사신을 또 파견한다. 지원6년(1269: 원종10) 12월에 몽고가 또 비서감祕書監 조량필趙良弼에게 명령해 일본에 사신으로 가도록 했던 것이다.[135] 몽고는 고려에 대한 지배력을 높이면서 고려를 일본·남송 정벌의 군사기지로 만들어 간다. 지원6년(1269: 원종10) 12월에 황제가 차구茶丘(다구)에게 명령해 병력을 거느려 봉주등처鳳州等處에 가서 둔전총관부屯田總管府를 설립하게 했다.[136]

원종은 복위하자 원종10년(1269) 12월에 친조하기 위해 몽고로 향하는데 임연이 그 아들 임유간林惟幹을 딸려 보냈다. 왕이 압록강을 넘자 동경행성이 폐립廢立 사정을 물으면 어떻게 대답할지 수행 신하들과 의논했다. 다음 해(1270: 지원7년) 1월 신해일(11일)에 왕이 동경東京에 이르니 국왕 두연가頭輦哥와 조趙 평장平章(조벽) 등이 왕에게 폐립廢立의 연유를 물었다.[137]

---

132 『고려사』 권26 및 『고려사절요』 권18, 원종 10년 11월. 한편 『원고려기사』 세조황제에는 지원6년(1269: 원종10) 11월 '十七日'에 黑的 등이 高麗에 이른 것으로 되어 있는데 '十七日'은 '十一日'의 오류로 판단된다.

133 『고려사』 권26 및 『고려사절요』 권18, 원종 10년 11월 ; 『고려사』 권130, 叛逆傳4, 林衍

134 『고려사』 권26, 원종 10년 11월

135 『元史』 권208, 列傳95, 外夷1 日本 ; 『全元文』 권100, 元世祖9 致日本國王書. 한편 『武家年代記裏書』에 따르면 文永六年 12월에 蒙古가 일본에 왔다.

136 『元史』 권154, 列傳41, 洪福源 附 俊奇(홍다구)

원종이 몽고 대도로 향하던 중에 고려는 서북면 일대를 몽고에게 빼앗긴다. 『원사』 본기와 고려전에 따르면, 지원7년(1270: 원종11) 정월 갑인일(14일)에 조칙을 내려 고려 서경西京을 내속內屬해 동녕부東寧府로 고치고 자비령慈悲嶺을 그어서 경계로 삼도록 했다.[138] 『고려사』 세가와 『고려사절요』에 따르면, 2월 정축일(7일)에, 최탄崔坦이 몽고에 아뢰기를 경병京兵(강도 고려군)이 자신들을 침략하고자 한다며 몽고병蒙古兵 삼천三千이 와서 서경西京을 진진鎮하기를 요청하니, 황제가 최탄·이연령에게 금패金牌를, 현효철玄孝哲·한신韓愼에게 은패銀牌를 하사하고 조칙을 내려 서경을 몽고에 내속內屬하도록 하여 고쳐서 동녕부東寧府라 호칭하고 자비령을 그어서 경계로 삼고 최탄 등으로 총관總管을 삼았다.[139] 몽고가 지원7년(1270) 정월에 고려 서북면을 직할령으로 삼아 서경(평양)에 동녕부를 설치했는데 그것이 2월에 고려에 알려진 것이었고, 동녕부 지역은 총관 최탄 등이 몽고 행성行省의 관할 하에 상당한 자율권을 지니며 지배했다.

몽고 황제(세조)는 중통칠년中統七年(지원칠년至元七年의 오류) 정월 15일에 조칙을 내려 고려국 요속僚屬·군민軍民에게 임연을 토벌하는 이유를 효유하면서 이미 행성行省을 파견해 병력을 거느려 동하東下하도록 했는데 오직 임연을 토벌하는 것이라 했고, 지원7년(1270: 원종 11) 정월 정사일(17일)에 몽가

<hr />

137 『고려사』 권26 및 『고려사절요』 권18, 원종 10년 12월 및 11년 정월·2월 ; 『고려사』 권105, 許珙傳 ; 『고려사』 권102, 이장용전. 한편 일본 正傳寺에서는 몽고의 위협에 대항해 文永六年(1269: 고려원종 10) 12월 27일에 八幡大菩薩에게 王宮 옹호와 皇帝天子 万歳万万歳万万歳를 기원했다(宏覺禪師祈願開白文).

138 『元史』 권7, 本紀7, 世祖 至元7년 정월 ; 『元史』 권208, 列傳95, 外夷1 高麗. 몽고는 지원13년에 동녕부를 東寧路總管府로 승격시키는데 정주·의주·인주·위원진은 파사부 소속으로 변경한다. 동녕부 내지 동녕로총관부는 동경행성·요양행성 소속으로 몽고에 內屬했다.

139 『고려사』 권26 세가 및 『고려사절요』 권18, 원종 11년 2월 ; 『고려사』 권130, 叛逆傳4 崔坦.

도몽가도都蒙哥都(망가도忙哥都)로 안무고려사安撫高麗使(안무사安撫使)를 삼아 호부虎符를 차서 병력을 거느려 고려의 서경西境(서쪽 지경)을 지키도록 했다.[140]

원종 11년(1270: 지원7년) 정월에 몽고가 파견한 몽가독蒙哥篤이 군사를 거느리고 와서 서경西京에 주둔했는데, 임연은 왕(원종)이 청병請兵 복도復都함을 우려해 명령을 거부하고자 지유指諭 지보대智甫大를 파견해 병력을 거느려 황주黃州에 주둔하게 하고 신의군神義軍으로 하여금 초도椒島에 주둔해 대비하도록 했다. 최탄·한신 등이 그 계략을 알고 비밀리에 주즙舟楫을 갖추고 복병伏兵하고는 몰래 몽가독蒙哥篤에게 말하기를, "임연 등이 장차 관군(몽고군)을 죽이고 제주濟州로 들어가고자 하니 청컨대 관인官人(몽고관인)이 사냥하러 나간다고 성언聲言해 경군京軍(강도파견 고려군) 왕래 상황을 살펴서 서로 알리고 우리들은 주사舟師(수군)로써 보음도甫音島·말도末島로 나아가고 관인官人은 군사를 거느려 착량窄梁에 임하면 저(그)가 진퇴할 수 없으리니 그러한 정황이 되면 황제에게 갖추어 아뢰어 왕경(강도)을 취할 수 있고 자녀와 옥백玉帛을 차지할 수 있습니다" 라고 했다. 몽가독蒙哥篤이 따르려 하다가 수행하고 있던 김방경의 만류로 중지했다.[141] 강도 임연정권이 제주로 옮겨가려 한다는 의혹이 제기되니 몽고가 더욱 제주를 주시하게 된다.

원종11년(1270) 2월 신미일 초하루에 왕이 황제를 연도燕都(대도)에서 알현해 방물方物을 바치고 연회를 모셨다.[142] 2월 갑술일(4일)에 왕이 몽고 도당都堂에 상서해 군대를 파견해 주어 함께 가서 곧바로 구경舊京(개경)에 이르러 수내水內(강화) 신민臣民을 초유招諭해 모두 다 출거出居하도록 하여 권신

---

140 『원고려기사』 세조황제 및 『全元文』 권100, 元世祖9 「諭高麗國討林衍詔」; 『元史』 권7, 本紀7, 世祖 至元七年 正月; 『元史』 권208, 列傳95, 外夷1 高麗, 한편 文永七年(1270: 고려원종 11) 정월에 日本國 太政官이 蒙古國 中書省에 牒을 보냈다(『本朝文集』 권67, 文永七年, 贈蒙古國中書省牒).
141 『고려사절요』 권18, 원종 11년 정월; 『고려사』 권104, 열전17, 金方慶
142 『고려사』 권26, 원종11년 2월

權臣을 제거하고 나머지는 모두 존무存撫하도록 해달라고 했다. 수일이 지나 영녕공永寧公·강화상康和尙·홍다구洪茶丘 등이 와서 말하기를, 몽고 중서성이 이미 아뢰어 황제가 그 군마軍馬 요청을 허락해 발송發送하도록 했다고 했다.[143]

2월 임오일(12일)에 황제가 왕(원종)에게 환국하도록 하면서 동경행성東京行省 국왕 두연가頭輦哥에게 병력을 통솔해 호위해 함께 고려로 가도록 했다.[144] 2월 병술일(16일)에 왕(원종)이 세자와 함께 연도燕都(대도)를 출발했다.[145] 이날에 황제가 군사를 파견해 식植(禃: 원종)을 호송해 취국就國하도록 하면서 조칙을 내려 고려국 관리·군민軍民에게 효유하기를, "너희 국國 권신權臣이 문득 감히 마음대로 국주國主를 폐廢하였기에 특별히 병력을 파견해 국왕 식植(禃)을 호송해 환국還國해 구경舊京(개경)에 거처하게 하고, 달로화적達魯花赤에게 명령해 가서 진무鎭撫하여 너희 방방邦을 안정하게 하노라"라고 했다. 처음에는 황명으로 두연가頭輦哥 행성行省으로 하여금 서경西京에 주둔하게 하고 망가도忙哥都·조량필趙良弼로 안무사安撫使에 충임해 식植(禃)과 함께 그 경京(개경)에 들어가게 했다가, 이윽고 다시 행성行省(두연가)으로 하여금 그 왕경王京(개경)에 들어가게 하고 탈탈아脫脫兒(탈타아脫朶兒)로 그 국國(고려) 달로화적達魯花赤에 충임하고 안무사安撫司를 혁파했다.[146] 지원7년에 고려신하 임연이 반역하자 세조가 두연가국왕頭輦哥國王을 파견해 토벌하게 하면서 준繂(영녕공)에게 영부민領部民 1300호戶를 동원해 국왕(두연가)과 함께 동행하도록 했다.[147] 2월 17일에 몽고 중서성이 아뢰어, 대군大軍이 압경壓

143 『고려사』 권26 세가 및 『고려사절요』 권18, 원종 11년 2월
144 『고려사』 권26 및 『고려사절요』 권18, 원종 11년 2월 ; 『고려사』 권102, 이장용전
145 『고려사』 권26 및 『고려사절요』 권18, 원종 11년 2월
146 『원고려기사』 세조황제, 지원7년 2월 16일 ; 『元史』 권208, 列傳95 外夷1 高麗, 지원7년 2월
147 『元史』 권166, 列傳53 王繂

境할 때에 임연에게 내조來朝하라는 문서를 동성東省(동경행성)으로 하여금 임연에게 전해 주도록 하는 것이 좋다고 했다.[148]

임연이 명령을 거역해 야별초夜別抄를 파견해 제도諸道 주군州郡을 순행巡行하며 민民에게 제도諸島에 입거入居하기를 독려하도록 하다가 저疽(등창)가 등에 생겨 원종 11년(1270) 2월 을미일(25일)에 사망하니 감국監國 순안후順安侯 종종琮이 임연의 아들 임유무林惟茂로 교정별감敎定別監(校定別監)을 삼았다. 임유무가 도방都房 6번番을 모아 그 집을 자위自衛하고 아우 임유인林惟烟으로 하여금 서방書房 3번番을 거느려 그 형 임유간林惟幹 집을 지키도록 하여 외원外援으로 삼았다.[149]

원종11년(1270) 4월 기묘일(10일)에 왕이 동경東京에 이르렀는데, 지유指諭 유주庾賙·낭장 오부순伍夫順·명약원明藥員 김윤기 모두 홍다구洪茶丘에게 의탁했다.[150] 4월 정유일(28일)에 왕(원종)이 대부성大富城에 이르자 두연가頭輦哥가 사람을 시켜 왕에게 임유간林惟幹(임연의 아들)을 잘 지키도록 당부했다.[151] 지원7년(1270: 원종11) 4월 혹은 5월에 동경행상서성東京行尙書省 군이 서경(평양)에 접근해 철철도徹徹都 등을 파견해 식禎(원종)의 신하 정자여鄭子璵 등과 함께 성차省劄를 가지고 고려국 영공令公 임연을 부르게 했는데, 사使가 돌아와 임연이 이미 죽고 아들 임유무가 영공令公 지위를 세습했다고 전했다.[152]

---

148 『원고려기사』 세조황제

149 『고려사』 권26 및 『고려사절요』 권18, 원종 11년 2월 ; 『고려사』 권130, 叛逆傳4 林衍 및 附 林惟茂

150 『고려사』 권26 및 『고려사절요』 권18, 원종 11년 4월

151 『고려사』 권26, 원종 11년 4월

152 『元史』 권208, 列傳95, 外夷1 高麗 ; 『원고려기사』 세조황제, 지원7년. 동경행상서성은 곧 동경행성이었다. 세조 지원7년(1270: 원종11) 3월 경자일 초하루에 河南等路 및 陝西五路·西蜀四川·東京等路 行中書省을 고쳐 行尙書省으로 삼았고, 4월 계미일에 軍官 等級을 정하되 萬戶·總管·千戶·百戶·總把는 軍士로써 차등을 삼았으니(『元史』 권7, 세조본기), 몽고에 尙書省이 설치되면서 行中書省이 行尙

원종11(1270) 5월 경술일(11일)에 왕(원종)이 먼저 상장군 정자여鄭子璵와 대장군 이분희를 보내와 국중國中 신료를 효유하기를, "황제가 행성行省(동경행성) 두연가국왕頭輦哥國王 및 조평장趙平章(평장 조벽趙璧) 등으로 하여금 병력을 거느려 과인寡人을 보호하며 귀국하게 하면서 말하기를, '경卿(원종)이 귀국해 국인國人을 효유해 모두 구경舊京(개경)으로 옮겨 예전처럼 안도按堵하게 하면 아군我軍(몽고군)은 곧 귀환하리라' 했다면서, 지금의 출륙出陸은 구례舊例처럼 하지 말지니 문무양반文武兩班으로부터 방리백성坊里百姓에 이르기까지 모두 부인婦人·소자小子를 거느리고 나오라 … 또한 우민愚民이 대병大兵 압경壓境을 보고 반드시 경동驚動할까 우려되니 마땅히 속히 전유傳諭해 제도諸道 민民으로 하여금 안심 낙업樂業하고 왕사王師(몽고군)를 접대해 맞이하라" 라고 했다. 임유무가 군료群僚(치사致仕 재추, 삼품 이상, 현관顯官 사품 이하 및 대성臺省)로 하여금 각기 실봉實封해 가부可否를 의논하게 했는데 모두 말하기를 군명君命이라 감히 따르지 않으리오 했다. 이에 임유무가 분노하며 따르지 않고 제도諸道 수로방호사水路防護使와 산성별감과 야별초를 나누어 파견해 인민人民을 해도海島·산성으로 입보入保하게 하여 명령을 거부하려 하고, 또한 장군 김문비로 하여금 야별초를 거느려 교동喬桐을 지켜 왕사王師(북군北軍: 몽고군)를 방어하게 했다.[153]

동경행상서성(동경행성) 군이 지원7년(1270: 원종11) 4월에 서경에 접근했고, 5월 6일에 철철도徹徹都 등을 정자여 등과 함께 파견해 임연을 부르게 하니 5월 11일에 강도에 이르렀고, 5월 17일에 철철도 등이 돌아와 올린 보고에 의하여 무인 집권자 임연 사망과 임유무 계승을 알게 되었던 것이다. 특히 정자여는 강도에 이르자 고려 신민에게 개경으로 환도하라는 왕명을 선포했지만 임유무는 관료 대부분의 의견을 무시하고 왕명을 거절해

<hr>

書省으로 바뀐 것이었다.
153 『고려사』 권26 및 『고려사절요』 권18, 원종 11년 5월 ; 『고려사』 권130, 叛逆傳 4, 林衍 附 林惟茂 ; 『고려사』 권106, 嚴守安傳

방어를 독려했다. 원종11년(1270) 5월 병오일(7일)에 몽고가 탈타아脫朶兒(탈탈아脫脫兒)로 아국我國(고려) 달로화적達魯花赤을 삼았다고 하는데,[154] 황제가 탈타아를 고려 다루가치로 삼은 일이 이때에 강도 무인정권에 알려진 것이었다.

몽고 동경행성 군은 이렇게 압록강을 넘어 서경으로 진입한다. 황제가 조직을 내려 조벽趙璧에게 양한襄漢(襄陽)으로부터 돌아오도록 하여 중서좌승中書左丞으로 고쳐 임명하고 국왕 두연가頭輦哥와 함께 행동경등로중서성사行東京等路中書省事(동경행중서성사)를 제수하여 문죄問罪하는 군사를 일으키니 군사가 나아가 평양平壤(양평襄平)에 머물렀다고 한다.[155] 조벽趙璧은 두연가국왕의 바로 밑인 동경행중서성 평장平章으로 군사를 이끌고 고려로 향했는데 평양(서경) 진입 때는 동경행상서성 평장의 신분이었다.

그런데 강도에서 정변이 발생한다. 원종11년(1270) 5월 계축일(14일)에 어사중승 홍문계(홍규洪奎: 임유무의 자부姊夫), 직문하성사直門下省事 송송례宋松禮, 위사장衛士長 송염宋琰·송분宋玢(송송례의 두 아들)이 삼별초를 위사衛社 대의大義로써 설득해 동원하여 임유무를 공격해 주살하고 서방書房 3번番 및 조성색造成色을 혁파했다.[156] 5월 을묘일(16일)에 왕(원종)이 용천역龍泉驛에 머물렀는데, 중령역졸中靈驛卒 2인이 승천부昇天府 첩牒을 가지고 와서 임유무 복주伏誅를 보고했고, 중승 홍문계와 장군 송분宋玢과 내원령內園令 곽예郭預 등이 나아와 표하表賀했다.[157] 5월 21일에 몽고 대군大軍이 왕경(개경) 서쪽 궐성闕城(관성關城)에 머물며 사람을 파견해 임연 처자妻子를 수계收繫하게 했고, 23일에 행성行省(동경행성)이 식植(원종)과 함께 강화도江華島 거민居民을 왕경(개경)

---

154 『고려사』 권26 및 『고려사절요』 권18, 원종 11년 5월
155 『西巖集』 권19, 碑銘, 「大元故榮祿大夫中書平章政事 趙公(趙璧) 神道碑銘」 ;『元史』 권159, 列傳46 趙璧. 조벽 군사가 머문 곳이 조벽묘지명에는 '襄平'으로, 조벽전에는 平壤으로 되어 있다.
156 『고려사』 권26 및 『고려사절요』 권18, 원종 11년 5월 ;『고려사』 권130, 叛逆傳 4, 林衍 附 林惟茂 ;『고려사』 권106, 洪奎傳
157 『고려사』 권26 및 『고려사절요』 권18, 원종 11년 5월

으로 옮기기를 의논해 정했다.[158]

5월 임술일(23일)에 재추가 구경舊京(개경)에 복도復都하기를 회의해 날짜를 정해 방시榜示해 모두 구경舊京으로 돌아가도록 재촉했는데, 삼별초가 이심異心을 품어 따르지 않고 마음대로 부고府庫를 열었다.[159] 5월 갑자일(25일)에 영녕공永寧公 준緯이 처자를 거느려 와서 왕을 알현했고, 왕이 상장군 정자여에게 강화로 들어가 삼별초를 돈유敦諭하게 했다.[160] 5월 병인일(27일)에 왕이 구경舊京(개경)으로 돌아와 사판궁沙坂宮에 들어갔다.[161] 5월 24일에 행성行省이 누차 식楨(원종)과 의논하기를 강화도江華島에 나아가 황제 조詔를 선포해 사민士民을 안무하고 모든 의이자疑貳者를 효유하자고 했지만, 식楨(원종)이 따르지 않다가 27일에 구경舊京(개경)에 입거入居하고 29일에 비로소 청종聽從했다고 한다.[162]

몽고 동경행성이 고려 방면에 진출함에 따라 강도(강화경) 무인정권이 붕괴하고 고려 국왕과 조정은 개경으로 환도하게 되었다. 동경행성이 고려는 물론 탐라제주에도 간여하게 되는데, 탐라제주에게는 위기이기보다 고려의 지배에서 벗어날 수 있는 기회로 작용할 수 있었다.

---

158 『원고려기사』 세조황제 지원7년 5월
159 『고려사』 권26 및 『고려사절요』 권18, 원종 11년 5월 ; 『고려사』 권130, 叛逆傳4 裴仲孫
160 『고려사』 권26, 원종 11년 5월 ; 『고려사』 권105, 柳璥傳
161 『고려사』 권26, 원종 11년 5월
162 『원고려기사』 세조황제 지원7년 5월

제4장

몽고의
탐라 진출과
탐라국의
독립과 양상

1. 개경정부 군대와 이문경 삼별초의 탐라 침략

원종이 몽고에서 돌아오면서 몽고의 병력에 기대어 강도의 무인정권에게 출륙을 명령하자 고려 강도에서 갈등이 벌어져 정변이 발생한다. 원종 11년(1270) 5월 계축일(14일)에 어사중승 홍문계(홍규洪奎), 직문하성사 송송례, 위사장 송염宋琰·송분宋玢이 삼별초를 동원해 임유무를 공격해 주살했다.[1] 5월 병인일(27일)에 왕이 구경舊京(개경)으로 돌아와 사판궁에 들어갔다.[2] 5월 임술일(23일)에 재추가 구경舊京(개경)에 복도復都하기를 회의해 날짜를 정해 모두 구경舊京으로 돌아가도록 재촉했는데, 삼별초가 이심異心을 품어 따르지 않고 마음대로 부고府庫를 열었다.[3] 5월 무진일(29일)에 왕이 장군 김지저金之氐를 파견해 강화에 들어가 삼별초를 혁파하게 했다. 왕이 구경舊京(개경)에 복도復都하자 삼별초가 반역해 의이疑貳를 품었기 때문에 혁파한 것이었는데, 김지저가 삼별초 명적名籍을 취하여 돌아가니 삼별초가 명적名籍이 상조上朝(몽고)에 보고되어 알려질까 두려워 더욱 반심叛心을 지녔다고 한다.[4]

원종 11년(1270) 6월 기사일 초하루에 장군 배중손裵仲孫, 야별초지유夜別抄指諭 노영희盧永禧(盧永僖) 등이 삼별초를 거느려 반역해 사람들을 구정毬庭

---

1 『고려사』 권26 및 『고려사절요』 권18, 원종 11년 5월 ; 『고려사』 권130, 叛逆傳4, 林衍 附 林惟茂 ; 『고려사』 권106, 洪奎傳. 한편 『원고려기사』에는 세조황제 지원 7년 5월 15일에 고려국 侍郎 洪文系·尚書 宋松禮가 惟茂 및 임연의 사위 崔宗沼를 죽였고, 16일에 惟茂의 아우 惟裀이 自剄했다고 되어 있다.

2 『고려사』 권26, 원종 11년 5월

3 『고려사』 권26 및 『고려사절요』 권18, 원종 11년 5월 ; 『고려사』 권130, 叛逆傳4 裵仲孫

4 『고려사』 권26 및 『고려사절요』 권18, 원종 11년 5월 ; 『고려사』 권81, 병지1 兵制 ; 『고려사』 권130, 叛逆傳4 裵仲孫. 金俊이 崔竩를, 林衍이 金俊을, 宋松禮가 임유무를 주살할 때 모두 삼별초 힘을 빌렸다고 한다.

에 불러 모았다. 배중손과 노영희가 삼별초를 거느려 시랑市廊에 모여 승화후承化侯 온溫을 핍박해 왕으로 삼고 관부를 서치署置하고, 대장군 유존혁劉存奕과 상서좌승尚書左丞 이신손李信孫으로 좌우승선을 삼았다. 선함船艦을 모아 신미일(3일)에 자녀·재화를 표략剽掠해 배를 타서 남하하는데, 구포仇浦로부터 항파강缸破江에 이르기까지 축로舳艫가 서로 접해 무려 천여千餘 척이었다. 때에 백관이 모두 왕을 출영出迎한 상황에서 그 처자식은 모두(거의) 적적賊에게 노략당하니 통곡 소리가 천지에 진동했다. 6월 3일에 세자 심惓이 알리기를, "반병叛兵이 부고府庫를 겁탈하고 도적圖籍을 불사르고 해중으로 도망해 들어갔다고 하니, 행성行省(동경행성)이 사람을 시켜 강화도江華島 안을 엿보게 했는데 백성이 모두 텅 비고 도島(강화도)의 동남 40리里 거리에 반병叛兵이 승선乘船해 후풍候風하고 있어 달아나고자 하는 형세였다. 이에 행성이 곧바로 내안乃顏에게 명령해 군사를 거느려 추격하게 했다.[5] 6월 계유일(5일)에 두연가국왕頭輦哥國王의 명령을 받은 타랄알朶剌歹(타라다이)가 병력 이천二千을 거느려 강화에 들어가 병사를 놓아 재물을 약탈하니 인심이 흉흉했다. 6월 을해일(7일)에 왕이 두연가頭輦哥 둔소屯所에 행차했다.[6]

여름 6월에 삼별초가 반叛하여 인민을 구략驅掠해 항해航海하여 남쪽으로 향하니, 왕(원종)이 참지정사 신사전申思佺을 파견해 추토사追討使로 삼고, 또 6월 신사일(13일)에 동지추밀원사同知樞密院事 혹은 추밀부사樞密副使 김방경을 역적추토사逆賊追討使로 삼아 병력 60인 남짓을 거느려 몽고 송만호宋萬戶 등 병력 일천一千 남짓과 함께 삼별초를 추토追討하게 했다.[7] 김방경과 송만호 등이 해중에 이르러 망견望見하니 적선賊船이 영흥도靈興島에 정박해

5 『원고려기사』 세조황제 지원7년 6월 ; 『원사』 권208, 열전95, 外夷1 고려, 지원7년 6월
6 『고려사』 권26 및 『고려사절요』 권18, 원종 11년 6월
7 『고려사』 권104, 김방경전 ; 『고려사절요』 권18 및 『고려사』 권26, 원종 11년 6월 ; 김방경 묘지명 ; 『익재난고』 9상 忠憲王世家 원종 부분

있어 김방경이 공격하려 하자 송만호가 두려워해 저지하니 적적賊이 달아났다. 적적賊으로부터 도망해 온 남녀·노약 1000명 남짓을 송만호가 적당賊黨이라 여겨 모두 포로로 잡아 돌아갔는데, 후에 고려가 그들을 돌려보내 주기를 행성行省(동경행성)에 요청했지만 돌아오지 못한 자가 자못 많았다.[8]

7월 기해일 초하루에 행성 두연가頭輦哥가 상장군 서균한, 비서승秘書丞 반부藩阜(潘阜), 어사御史 김광취 등에게 명령해 강화창江華倉을 열어 군신群臣·백성에게 하사했고, 7월 신해일(13일)에 두연가가 총관摠管 홍차구洪茶丘(홍다구)를 파견해 전라·경상·동계 3도道를 순시하게 했다.[9] 지원7년 7월 20일에 승상丞相 안동安童 등이 아뢰기를, "두연가頭輦哥 등이 대탁大託(大托)·망고대忙古鯹를 보내와 아해阿海로 하여금 군사 일천오백一千五百을 거느려 왕경(개경)에 주둔해 그 국중國中을 사찰伺察하게 해 달라고 말했습니다" 라고 하니, 황제가 아해阿海로 안무사安撫使를 삼았다.[10] 7월 병인일(28일)에 왕이 백주白州에 행차해 두연가를 연회했다.[11] 9월 병오일(9일)에 재추가 달로화적達魯花赤 탈타아脫朶兒를 연회했고, 무오일(21일)에 달로화적(다루가치)이 강화에 들어가 허실을 순심巡審했다.[12]

원종11년(1270) 8월 병술일(19일)에 삼별초가 진도珍島에 들어가 근거해 주군州郡을 침략하고 제지帝旨(황명)라고 속여 빙자해 전라도안찰사로 하여금 민을 독려해 수확하고 해도海島에 옮겨 거주하게 했다.[13] 삼별초가 진도에 반거叛據해 주현州縣에 격문檄文을 보내 민으로 하여금 모두 진도에 들어가게 하고 또 성언聲言하기를 별초別抄를 가둔 자는 죄를 주겠노라 했다.[14]

---

8 『고려사』 권104, 김방경전 ; 『고려사절요』 권18, 원종 11년 6월
9 『고려사』 권26 및 『고려사절요』 권18, 원종 11년 7월
10 『원사』 권208, 열전95, 外夷1 고려: 『원고려기사』 세조황제, 지원7년 7월
11 『고려사』 권26, 원종 11년 7월
12 『고려사』 권26, 원종 11년 9월
13 『고려사』 권26, 원종 11년 8월
14 『고려사』 권106, 嚴守安傳

9월 기해일(2일)에 전라도토적사全羅道討賊使 참지정사 신사전이 면직되었는데, 토적討賊에 뜻을 두지 않다가 나주에 이르러 적賊의 육지출현을 알고 달아나 개경으로 돌아왔기 때문이었다. 전주부사全州副使 이삼李杉도 성城을 포기하고 도망했기 때문에 면직되었다.[15] 9월 신축일(4일) 장군 양동무楊東茂·고여림高汝霖 등이 주사舟師(수군)로써 진도를 토벌했지만, 적賊이 장흥부長興府로 들어가 경졸京卒(관군) 20명 남짓을 죽이고 도령都領 윤만장尹萬藏을 사로잡고 재곡財穀을 표략剽掠했다.[16]

9월 갑진일(7일)에 김방경으로 신사전을 대신해 전라도추토사全羅道追討使를 삼아 몽고원수蒙古元帥 아해阿海와 함께 병력 일천一千으로써 진도를 토벌하게 했다.[17] 때에 적賊의 세력이 심히 치열해 주군州郡이 망풍望風해 맞이해 항복했다. 적賊이 나주를 포위하고 병력을 나누어 전주를 공격했을 때 나주인이 전주인과 더불어 항복을 의논했는데 전주인이 망설여 결정하지 못했다. 김방경이 도중에 이를 듣고 전주에 첩牒하여 병력 일만一萬을 통솔해 전주에 들어가려 한다고 하니 전주가 그 첩牒을 나주에 보여 주었다. 적賊이 이를 듣고 포위를 풀고 떠나가고, 이로부터 다시 여러 주州를 마음대로 침략하지 못했다고 한다.[18]

김방경이 아해阿海와 함께 삼견원三堅院에 주둔해 진도와 마주해 진을 쳤다. 원종11년 11월에 반남인潘南人 홍찬·홍기가 적중賊中으로부터 도망쳐 돌아와 아해阿海에게 참소하기를, 김방경·공유孔愉 등이 몰래 적賊과 서로 통通한다고 하니, 아해阿海가 달로화적達魯花赤에게 첩牒을 보내 알리자 달로

---

15 『고려사』 권26 및 『고려사절요』 권18, 원종 11년 9월 ; 『고려사』 권104, 김방경전
16 『고려사』 권26 및 『고려사절요』 권18, 원종 11년 9월
17 『고려사』 권26 및 『고려사절요』 권18, 원종 11년 9월 ; 『고려사』 권104, 김방경전 ; 『익재난고』 9상 忠憲王世家 원종 부분
18 『고려사절요』 권18, 원종 11년 9월 ; 『고려사』 권104, 김방경전 ; 『고려사』 권103, 金應德傳. 나주 副使 朴琈는 어느 편에 설 것인지 결정하지 못했지만 戶長 鄭之呂와 司錄 金應德이 주도해 삼별초 공격으로부터 나주를 지켰다고 한다.

화적(다루가치)이 김방경을 소환하고 참지정사 채정蔡楨으로 대신하게 했다. 아해阿海가 김방경을 쇠사슬로 묶어 군졸 50인으로 하여금 개경으로 압송하게 하니 보는 자가 원통해 하고 슬피 울었다고 한다. 달로화적이 왕에게 홍찬 등이 말한 것은 무망誣妄이라며 김방경을 석방했다.[19]

그런데 원종 11년(1270) 11월에 삼별초의 일부가 제주를 함락하는데 그 과정을 소개하면 아래와 같다.

① 원종 11년(1270) 11월 기해일(3일)에 적賊(삼별초)이 제주濟州를 함락했다.(『고려사』 권26)

② 원종 11년 11월에 적賊(삼별초)이 제주濟州를 함락했다. 이전에 안찰사 권단權㫜이 '영암부사靈巖副使' 김수金須를 파견해 병력 이백二百으로써 제주를 지키게 하고, 또 장군 고여림高汝霖을 파견해 병력 칠십七十으로써 잇도록 했는데, 적賊(삼별초)이 제주를 공격하자 김수·고여림 등이 힘껏 전투하다가 사망하고, 나주인 진자화陳子和가 적賊 안에 곧바로 들어가 적장 곽연수郭延壽를 목베어 나오고 또 들어가 그렇게 하니 사졸士卒이 기뻐해 도약함을 보고 다시 적진으로 들어갔다가 적賊에게 살해당하자, 적賊이 승리를 타서 관군(고여림·김수 군대)을 모조리 죽이고 제주를 함락한 것이었다.(『고려사절요』 권18)

③ 진자화陳子和 역시 나주인인데 장신長身이고 날래고 용감했다. 안찰사 권단權㫜이 '영암부사靈巖副使' 김수金須를 파견해 병력 이백二百으로써 제주濟州를 지키게 했고, 또 장군 고여림高汝霖으로 하여금 병력 칠십七十을 거느려 이어서 가도록 했다. 진자화가 당시 나이 19살인데 역시 종군했다. 적賊(삼별초)이 제주를 공격하자 김수·고여림 등이 힘껏 전투하다가 사망했다. 진자화가 적중賊中에 곧바로 들어가 그 장將 곽연수郭延壽를 베어 나오고 또 들어가 또 그렇게 하니 사졸士卒이 기뻐해 도약했다. 진자화가 이윽고 다시 들어갔다가 적賊

---

19 『고려사』 권104, 김방경전 ; 『고려사절요』 권18, 원종 11년 11월

에게 살해당했다. 적적이 승리를 타서 관군을 모조리 죽여 마침내 제주를 함락했다.(『고려사』 권103, 김응덕전)

④ 경오난庚午亂(1270년 삼별초 봉기)에 부군府君(김수)이 '영광군수靈光郡守'로 병력을 거느려 탐부라耽浮羅(탐라)를 지켰는데, 겨울에 이르러 대부인大夫人(아내 고씨)이 의복을 부침에 동료同僚가 백금白金을 주어 그 비용을 도우려 하여 두세 번 강요했지만 대부인이 끝내 받지 않으니 중회中外가 현명하게 여기지 않음이 없었으며, 부군府君(김수)은 힘껏 전투하다가 죽었다. (김수 처 고씨 묘지명)[20]

⑤ 김태현의 부친인 감찰어사監察御史 김수金須는 누차 추증받아 문하시중에 이르렀다. 시중(추증시중 김수)이 일찍이 충헌왕 을묘년(1255: 고종 42)에 진사제進士第에 올랐다. 지원至元 기사년(1269: 원종10)에 어사御史(감찰어사)로부터 나가 '지영광군知靈光郡'(영광군 지사知事)이 되었다. 다음해(1270)에 삼별초가 반叛하여 강도江都 인물人物을 노략하여 배에 타서 남하해 뜻이 먼저 탐라耽羅를 점거占據하는 데에 있으니, 본국(고려)이 장군 고여림高汝霖을 파견해 추토追討하게 하고 또한 전라도에 첩牒을 내려 정관正官으로 단아하여 사람들에게 신복信服받는 자를 선발해 군사를 거느려 함께 나아가게 했는데, 시중(김수)이 그 선발에 해당해 집에 묵지 않고 초군抄軍을 행하여 고여림을 탐라에서 빨리 만났다. 적적賊이 진도珍島를 지키며 탐라에 아직 이르지 않으니 주야晝夜로 보堡를 축조하고 계機(장치)를 설치하여 오는 길을 차단해 들어올 수 없도록 하기를 도모했다. 그런데 '수토자守土者'가 수서首鼠(머리를 내민 쥐)처럼 거취를 정하지 않아 힘을

---

20 이제현 찬술 「沃溝郡大夫人高氏墓誌銘」(光山金氏族譜』:『고려묘지명집성』에 실림). 옥구군대부인 고씨는 沃溝 사람인 禮賓卿致仕 高侹의 딸, 禮賓卿 知制誥 高瑩中의 손녀, 右諫議大夫 國子監大司成 趙通의 外孫으로 光山 사람인 金須와 혼인해 金台鉉을 낳았다. 김수 처 고씨는 '옥구군대부인'이라 칭해졌듯이 沃溝 사람이었는데, 이는 『濟州高氏文忠公派譜』에 실린 高瑩中 묘지명(『고려묘지명집성』에 인용됨)에 高瑩中이 '全州 沃溝縣人'이라 기재된 데에서도 알 수 있다. 高瑩中 가계는 탐라고씨가 아니라 옥구고씨였던 것이다.

쓰지 않고, 적적賊이 다른 길을 경유해 이르자 시중(김수)이 알아채지 못했다. 시중(김수)이 평소 대의大義로 사졸을 권장하던 터라 사람들이 많이 감격해 용기 백배해 떨쳐 소리지르며 다투어 뛰어올라 적적賊 선봉을 거의 다 죽였지만 '토인土人'이 적적敵을 도우니 중과불모衆寡不侔(중과부적衆寡不敵)해 끝내 고장군高將軍(고여림)과 함께 전몰해 돌아오지 않았다 … 공공公(김태현)이 나이 십세十歲로 고고孤가 되고, 대부인은 고고故 예빈경 고정高侹의 딸인데 '영광靈光'으로부터 고고孤(김태현)를 데리고 돌아왔다. (김수 아들 김태현의 묘지명)[21]

⑥ 동제원東濟院은 제주 동쪽 9리里에 위치하고 유지遺址가 남아 있는데, 곧 이문경李文京이 진병陳兵한 곳이었다. 송담천松淡川은 제주 동쪽 13리里에 있는데, 이문경李文京이 병사를 놓아 분략焚掠하자 고여림高汝林 등이 이곳에서 맞이해 전투했지만 이기지 못하니 이문경이 관군을 모조리 죽이고 조천포朝天浦에 근거했다. (『동국여지승람』 제주목)[22]

⑦ 살피건대 명월방호소明月防護所는 제주 서남방 60리里에 위치한다 … 또한 지지地誌에 의거하건대 삼별초가 진도珍島에 근거하며 먼저 파견한 위장偽將 이문경李文京이 여기에 도착해 배를 정박했다. (김상헌 『남사록』)

　　원종 11년(1270) 6월에 삼별초가 개경으로 환도하라는 왕명을 거부하고 새 왕을 옹립해 남하하니, 개경 정부와 삼별초 정부는 서로를 견제하기 위해 탐라를 차지하려 했다. 이해에 개경정부의 명령에 따라 지방관 김수金須와 장군 고여림의 군대가 탐라를 먼저 침략하고, 이어서 진도 삼별초정부의 명령을 받은 이문경 삼별초가 탐라를 침략했다. 앞에서 언급했듯이 9월 신축일(4일)에 장군 양동무楊東茂·고여림高汝霖 등이 주사舟師(수군)로써 진도 토벌을 시도했다. 장군 고여림은 9월 4일까지도 진도방면 작전에 종사했

21 『졸고천백』, 최해 찬술 「金文正公墓誌(김태현 묘지)」
22 『신증동국여지승람』 권38, 제주목 古跡

으니 고여림의 제주 진입은 이 날 이후였다. 김수는 7~9월 무렵에 고여림보다 먼저 제주로 들어왔을 것이다.

　나)와 다) 기사에 따르면, 김수는 '영암부사靈巖副使'로 근무하다가 안찰사 권단權㫜에 의해 뽑혀 병력 이백二百을 거느리고 제주로 진입했고 이어서 장군 고여림이 병력 칠십七十을 거느리고 제주로 진입했다고 하는데, 라)와 마) 기사에 따르면 김수의 지방관 직책은 영광군수靈光郡守 내지 지영광군知靈光郡(영광군 지사知事)였다. 훗날 원종이 12년(1271) 4월 임인일(9일)에 '영광부사靈光副使' 김수金須(金須) 처妻에게 미米 10곡斛을 하사해 김수 전망戰亡의 충성을 표창했고,[23] 이해 10월 정유일(7일)에 사면령을 내리면서 전공자를 포상할 때 제주濟州를 지키다가 전사한 장군 고여림高汝霖·'영광부사靈光副使' 김수金須 및 역적逆賊 토벌에 종사한 경외별초京外別抄의 자子는 초자超資 상직賞職하고, 자子가 없는 경우 그 부모 및 처妻에게 조세를 면제한다고 했으니,[24] 김수가 전사했을 때 직책이 '영광부사靈光副使'로 나타난다. 그러하니 김수는 영암부사靈巖副使가 아닌 영광부사靈光副使 즉 영광군수靈光郡守(영광군 지사知事)로 탐라에 들어간 것이었다.[25] 김수와 고여림의 제주 진입순서가 나)와 다) 기사에는 김수가 먼저, 고여림이 나중으로 되어 있다. 반면 마) 기사에는 고여림이 먼저, 김수가 나중으로 되어 있는데 김수의 아들 김태현의 묘지명이라 세월이 흘러 진입순서에 혼동이 생긴 것으로 보인다. 그러하니 김수가 먼저, 고여림이 뒤따라 탐라에 들어갔다고 파악된다.

---

23 『고려사』 권27, 원종 12년 4월

24 『고려사』 권27, 원종 12년 10월

25 홍기표는 「고려 김수(金須)의 생애와 제주도」(『제주도연구』 55, 2021)에서, 金須가 띤 지방관직의 용례를 분석하고는 영광 관련이 다수이고 영암 관련이 소수인 점, 가족의 묘지명에 영광군 근무로 나오는 점, 신증동국여지승람에 金須 관련 사실이 영광군과 그의 본관인 광산현에 소개된 점에 의거해 영광의 수령으로 파악했는데 타당하다고 여겨진다.

그림 32. 동제원터 추정지(필자 촬영): 오현고등학교 일대

그림 33. 삼양 삼수천(필자 촬영): 이문경 삼별초와 고여림·김수 군대의 혈전 현장

그림 34. 조천포(필자 촬영): 중세 탐라제주의 주요 항구

김수와 고여림은 제주에 이르자 보루를 축조하고 장치를 설치해 삼별초가 오는 길을 차단하려 했다. 이문경 삼별초가 진도를 출발해 제주 명월포로 진입해 동진했다. '수토자守土者'(수령守令) 즉 제주 부사副使가 수서首鼠(머리를 내민 쥐)처럼 개경정부와 진도정부 사이에서 양다리를 걸쳐 방관하고 토인土人(탐라인)이 김수·고여림 군대에 협조하지 않았다. 이로 인해 고여림·김수 군대는 그들이 대비하지 못한 다른 길로 삼별초가 경유하자 알아채지 못했다. 고여림·김수 군대는 삼별초가 제주 중심부에서 먼 명월포로 진입하리라 예상하지 않고 조천포 위주로 방어선을 구축했던 것인데, 이문경 삼별초가 명월포로 진입해 동진하는데도 제주수령의 방관과 탐라인의 비협조로 가까이 다가올 때까지 알아채지 못했다.

이문경 삼별초는 제주 중심부를 통과해 동제원東濟院(제주 동쪽 9리)에 포진했는데, 화북 별도봉 기슭 오현고등학교 일대로 추정되고 있다. 고여림·

김수 군대가 방어에 나서면서 송담천松淡川(제주 동쪽 13리) 일대에서 전투가 벌어졌는데, 송담천은 화북과 삼양 사이에 흐르는 삼수천에 비정되고 있다.[26] 이 전투에서 고여림·김수 군대는 힘을 다해 전투했지만 고여림과 김수가 전사하고 19살의 나주인 진자화陳子和도 분투하다가 역시 전사했다. 이문경 삼별초는 고여림·김수 군대를 거의 전멸시키는 대승을 거두고 조천포로 나아가 여기에 근거를 정했다.

진도정부 삼별초의 별동대가 탐라 제주를 함락한 것인데 11월의 사건이었다. 경오년(1270) 6월에 신위神衛 등 군(삼별초)이 강화에서 남하할 때 대위隊尉 조자비曺子조는 별장別將 초수超授를 뿌리치고 탈출해 개경으로 돌아와 관군에 소속되어 적적賊을 공격하며 탐라에 이르러 '신미辛未(1271) 동冬'에 죽었는데 전몰戰歿한 것이었다.[27] 조자비도 탐라에 들어와 고여림·김수 군대에 속해 경오년(1270)에 이문경 삼별초와 전투했던 것인데 그 다음해인 신미년에 전사했다. 그는 경오년 전투에서 패한 후에, 숨었다가 다음해에 발각되어 살해당했거나 탐라를 탈출해 돌아왔다가 다음해에 부상악화로 죽었을 터인데 전자일 가능성이 크다. 그는 대위隊尉를 역임한 자였기에 장군 고여림을 따라 탐라로 들어왔을 것이다.

토인土人(탐라인)이 적敵을 도우니 고여림·김수 군대는 무리가 적어 삼별초를 대적할 수 없어 패배했다고 하는데, 김수의 아들 김태현의 묘지명에 기재된 내용이라 김수의 패배를 합리화하기 위한 측면도 있다. 탐라인이 이문경 삼별초에 적극 협력했는지는 의문이지만 대개 김수·고여림 군대에 협조적이지 않았다고 볼 수 있는데, 김수·고여림 군대가 탐라인을 강압적으로 징집해 군사를 보충하고 보루와 장치를 만드는 일에 사역했기 때문일

---

26 삼수천은 그 발원지가 조선시대에 제주목장 중의 삼소三所(교래·봉개 일대)와 관련되어 생긴 이름이었을 것이다. 그러니까 송담천이 삼소로 인해 삼소천으로 불리다가 삼수천으로 변했다고 여겨진다.

27 『가정집』 권1, 節婦曺氏傳 ; 『동문선』 권100, 節婦曺氏傳(이곡 찬술)

것이다. 이문경 삼별초가 승리하자 탐라 제주는 삼별초의 통제권 하에 놓이게 되었다.

2. 진도 삼별초의 몰락과 탐라 침략

몽고는 삼별초와 일본 정벌을 위해 고려에 둔전경략사를 설치해 장기전에 대비한다. 고려 둔전屯田은 세조 지원7년(1270: 원종11)에 창립創立했다. 이때에 일본 동정東征을 위해 양향糧餉(군량)을 쌓아 진취進取의 계책으로 삼고자 왕준王綧·홍다구洪茶丘 등이 관할한 고려호高麗戶 이천인二千人에다가 중위군中衛軍 이천인二千人을 동원하고 파사부婆娑府·함평부咸平府 군사 '각 일천인一千人'(파사부 일천+함평부 일천)을 합하여 왕경王京·동녕부東寧府·봉주鳳州 등 일십처十處에 둔전을 치립置立하고 경략사經略司를 설치해 그 일을 통령하고 둔屯마다에 군사 오백인五百人을 사용했다.[28]

고려둔전 설치과정을 좀더 살펴보면, 지원7년(원종 11년) 11월 정사일(21일)에 칙령을 내려 병력 이천二千을 더하여 전에 발동한 군軍을 합하여 육천六千을 만들어 고려에 둔전屯田해, 흔도忻都 및 전 좌벽총수左壁總帥 사추史樞로 아울러 고려 '금주金州'(봉주鳳州의 착오) 등처等處 경략사經略使를 삼아 호부虎符를 차서 둔전屯田 일을 통령하게 하고, 고려국왕에게 조유詔諭해 시의사侍儀司를 세우도록 했다.[29] 지원7년 11월 25일에 몽고 중서성이 아뢰어 고려에 둔전경략사屯田經略司를 설치해 흔도忻都·사추史樞로 봉주등처鳳州等處 경략사經略使를 삼아 군사 오천五千을 거느려 둔전屯田하고, 금주金州에 또 홍차구洪茶邱(홍다구)로 하여금 구영민舊領民 이천二千으로써 둔전屯田하게 하고,

---

28 『元史』 권100, 志48 兵3, 屯田 高麗國立屯
29 『元史』 권7, 本紀7, 世祖 至元七年 十一月

아랄첩목아阿剌帖木兒로 부경략사副經略司를 삼아 총할總轄하게 하고 아해阿海
군軍을 파罷했다.[30] 지원 육년六年(칠년七年의 오류)에 고려인 김통정金通精(배중손
이 보다 정확)이 진도에 근거해 반역하자 토벌했지만 세여歲餘에도 함락하지
못하니, 지원7년(1270: 고려원종 11)에 사추史樞를 소용대장군昭勇大將軍 봉주경
략사鳳州經略使에 임명했다고 한다.[31]

몽고가 지원7년(원종 11년) 11월 21일 혹은 11월 25일에 고려에 둔전경략
사屯田經略司를 설치한 것이었다. 둔전병력 수는 변동이 있었던 듯한데 7천
명 이상까지 늘어난 것으로 보인다. 흔도忻都·사추史樞가 봉주등처鳳州等處
경략사經略使로 군사 오천五千을 거느려 둔전하고, 홍차구洪茶邱(홍다구)가 자
신 통령의 민民 이천二千을 거느려 금주金州에 둔전하고, 고려왕족 왕준王綧
의 아들 아랄첩목아가 부경략사로 조절 역할을 맡았다. 아랄첩목아는 부친
의 직책을 세습해 호부虎符를 받아 고려인호高麗人戶를 총관總管하면서[32] 고
려둔전 부경략사副經略司(副經略使)가 된 것이었다.

동경행성이 고려 일에 간여하면서 고려 측과 갈등이 벌어지기도 했다.
원종 11년 12월 을묘일(20일)에 세자 심諶(愖)이 몽고단사관蒙古斷事官 불화不
花·맹기孟祺 등과 함께 개경에 이르러 고려국왕에게 황제의 조칙을 전했다.
이 조칙에서, 두연가국왕頭輦哥國王을 우두머리로 한 행성관원行省官員이 요
해擾害했다고 고려신하 원부元傅 등이 아뢰었지만 망설妄說이라 힐책하면서,
고려의 약배소인若輩小人이 전대고사前代故事 및 조종법도祖宗法度를 진술했지
만 그 중의 선자善者는 따르고 불선자不善者는 고쳐야 한다고 했다. 고려국

---

30 『원고려기사』 세조황제 ; 『元史』 권208, 列傳95 外夷1 高麗
31 『元史』 권147, 列傳34, 史天倪 附 史樞
32 『元史』 권166, 列傳53, 王綧傳 및 附 阿剌帖木兒. 지원7년에 林衍이 叛하자 世祖
　가 頭輦哥國王을 파견해 토벌할 때 王綧이 領部民 一千三百戶를 동원해 頭輦哥國
　王과 同行했는데 이해 11월에 질병으로 辭還해 家居하자 아들 阿剌帖木兒(阿剌帖
　木兒)가 襲職한 것으로 보인다.

이 사적으로 남송·일본과 교통交通한 것을 힐책하면서, 금년에 남송 상선商船이 오자 경卿(원종)이 사적으로 돌려보냄에 행성行省이 힐문하자 비로소 말하기를 행성으로 하여금 지회知會(널리 알게 함)하지 않도록 한 것이라 했는데 이는 잘못이라 했다. 일본국에 귀부歸附하려던 어떤 고려인이 말하기를 이전에 일본이 고려에 세공歲貢했다고 했고, 왕년에 말한 괄병括兵 조선造船이 지금까지 성과가 없다며 이후에 남송 혹은 일본과 일이 있으리니 병마·선함船艦·자량資糧을 일찍 조치해야 한다고 했다.[33]

달로화적이 김방경을 석방하자 원종 11년(1270) 윤11월에 왕이 달로화적에게 요청해 다시 김방경으로 하여금 적적(삼별초)을 토벌하게 하여 상장군을 제수해 위로해 파견했다.[34] 12월 정사일(22일)에 몽고원수 아해阿海와 고려 김방경의 연합군이 진도로 나아가 그 바다에서 삼별초와 전투했다. 적적(삼별초)이 배에 타서 기치旗幟를 성대하게 펼치고 징과 북을 쳐 그 소리가 바다를 끓는 듯하고 또 성城 위에서 북을 치고 크게 소리 지르며 성세聲勢를 도우니 아해阿海가 겁나怯懦해 전투하지 않은데, 김방경이 군사를 거느려 공격하자 적적(삼별초)이 전함으로써 맞이해 공격하니 관군이 도주했다. 김방경 배가 적중으로 돌입하자 적적(삼별초)이 선박으로써 포위해 공격했다. 김방경이 해중에 투신해 자살하려다가 위사衛士의 만류로 중지하고, 장군 양동무楊東茂가 몽충蒙衝으로써 돌격해 포위망을 뚫어 구원하자 김방경이 가까스로 탈출했다. 김방경이 구원에 나서지 않은 장군 안세정安世貞·공유孔愉 등을 베어죽이고자 하다가 아해阿海의 만류로 그만두었다.[35]

원종12년(1271) 정월 기사일(5일)에 공유孔愉·안세정安世貞을 면직하고 또 아해阿海가 외축畏縮해 구원하지 않았다고 장군 인공수印公秀를 파견해 몽고

33 『고려사』 권26 및 『고려사절요』 권18, 원종 11년 12월
34 『고려사』 권104, 김방경전 ; 『고려사절요』 권18, 원종 11년 윤11월
35 『고려사』 권26, 원종 11년 12월 ; 『고려사절요』 권18, 원종 11년 12월 ; 『고려사』
   권104, 김방경전

에 가서 아뢰니 황제가 아해阿海를 면직해 소환했다.[36] 고려가 몽고에 보낸 고주표告奏表(김구金坵 찬술)에, "소방통군小邦統軍 참지정사 김방경이 처음에 주사舟師(수군)에게 명령해 빠르게 격파하고자 했지만 아해원수阿海元帥가 알 인歹人의 망유妄誘를 잘못 청납聽納해 김방경을 잡아(체포해) 왕경으로 보내고 그 설비한 선병船兵 및 초련抄鍊 군인을 모두 혁파해 돌려보냈습니다. 다행 히 달화적達花赤(다루가치)이 그 실상을 근핵根覈하니 모두 무왕誣枉(무고)이어 서 김방경을 돌려보내니 김방경이 다시 병선兵船을 갖추고 군인을 징집했 습니다. 지난해 십일월十一月(십이월十二月의 오류) 이십이일二十二日에 접전해 아선我船 100여百餘 척이 적선賊船 30척과 상대했는데, 오직 김방경·장군 양 동무 배가 먼저 들어가 힘껏 전투한데 아해阿海가 구원하지 않고 물러나 관 변觀變해 이 때문에 성과가 없어 지금에 이르도록 헛되이 추속蒭粟(건초와 식 량)을 허비하니 실로 통심痛心하는 것입니다. … 그 단유端由는 역어譯語 김원 기金元器가 임전臨戰해 모두 아니 바라건대 절차節次를 채청採听(採聽)해 주십 시오"라고 했다.[37] 이에 몽고황제가 아해阿海를 면직한 것이었다.

원종12년(1271) 3월 병인일(3일)에 몽고가 흔도忻都 및 사추史樞 등을 파견 해 아해阿海를 대신하게 하면서 조칙을 내렸다. 이 조칙에서, 지금 장차 일 본을 경략하려고 유사有司에게 명령해 군졸을 징발해 둔전屯田하여 진취進取 의 계책으로 삼아 그대 국國의 다른 날의 전수轉輸의 폐해를 면하기를 바라 는 것이고, 일본에 다시 사절을 파견해 국서를 가지고 가서 초회招懷를 보 이게 하는 것이니 경卿(원종)은 마음을 다해 방략方略을 도우라고 했다. 또한 몽고 중서성이 문서를 보내기를, 황제 명령을 받들어 흔도忻都·사추史樞로 행경략사行經略司를 삼아 봉주鳳州 등 장소에 영군營軍 둔전屯田하게 하나니, 둔전우屯田牛 육천두六千頭는 동경東京 등에서 일반一半(절반)을 마련해 보내고

---

36 『고려사』 권27 및 『고려사절요』 권19, 원종 12년 정월
37 『동문선』 권40, 表箋, 告奏表(金坵)

나머지 삼천두三千頭는 경략사經略司로 하여금 직直(치값: 값)을 받아 그것으로 왕국(고려)에서 화시和市(구매)하고, 이를 제외한 농기·종자種子·추말蒭秣(꼴·건초)의 부류 및 접추接秋 군량은 한결같이 공급해 결핍하지 않도록 하라고 했다.[38] 3월 계유일(10일)에 봉주경략사鳳州經略司가 견견絹 12,350필을 가지고 와서 농우農牛를 시市(구매)했다.[39] 4월 병신일(3일)에 고려가 제도諸道 농무별감農務別監을 나누어 파견해 농우·농기를 황주黃州·봉주鳳州에 납부하기를 재촉해 원(몽고) 둔전屯田의 수요에 대비했다.[40] 두연가국왕頭輦哥國王의 동경행성은 연전年前에 동경으로 돌아갔고[41] 흔도와 사추 등이 경략사로서 고려에서 둔전군을 통솔했다.

지원8년(1271: 원종12) 4월 임인일(9일)에 고려 봉주경략사鳳州經略司 흔도忻都가 말하기를, "반신叛臣 배중손이 사명使命(조사詔使)을 계류稽留하고 험고險固에 의지해 복종하지 않으니 홀림적忽林赤(호림적虎林赤)·왕국창王國昌과 함께 분도分道해 진토進討하기를 요청합니다" 하니 황제가 따르고 진도를 토벌하는 것으로써 식植(원종)에게 효유했다.[42] 원종 12년 4월 임자일(19일)에 몽고

---

38 『고려사』권27 및 『고려사절요』권19, 원종 12년 3월. 원종 12년에 왕이 阿海가 畏縮해 不戰했다고 아뢰니 황제가 阿海를 파직해 忻都로 대신하게 했다고 한다(『고려사』권104, 김방경전).

39 『고려사』권27 및 『고려사절요』권19, 원종 12년 3월

40 『고려사』권27 및 『고려사절요』권19, 원종 12년 4월 ; 『고려사』권79, 식화지2 農桑

41 원종 12년 7월에, 서경(동녕부)이 西海道 銀波莊·三進江을 쪼개어 屬縣으로 삼고자 하니, 왕이 몽고 중서성에 알리기를, "銀波莊·三進江은 본래 서해도 소속인데 지금 서경인이 핑계하여 말하기를, 頭輦哥國王이 와서 서경에 있을 때 이미 그 두 곳 인민을 籍했다고 하는데, 이는 妄言이 명확하오, 年前에 頭輦哥가 班師했는데 금년 정월 15일에 이르러 西京百戶 福大가 비로소 그 곳에 이르러 그 인민을 위협해 開剃했소 … 황명에 의거해 저 곳 인민을 모두 다시 屬款하도록 해 주시오" 라고 했으니(『고려사』권27), 두연가는 年前에 군대를 거느리고 돌아갔다.

42 『元史』권7, 本紀7 世祖 至元八年 夏四月 ; 『元史』권208, 列傳95 外夷1 高麗

가 파견한 영녕공永寧公 준綧의 아들 희熙·옹雍 등 2인이 병력 사백四百을 거느리고 진도를 토벌하러 왔다.[43] 4월 정사일(24일)에 몽고 사신 주부개周夫介가 고려에 도착해 황명을 전하기를 서우暑雨 전에 역적(삼별초)을 토평하는 것이 좋으니 군사 육천인六千人을 징발해 진도를 공취攻取하라고 했고, 중서성 문서를 전하기를 진도 변邊에 현재 있는 병선兵船 260척을 제외하고 본국(고려)으로 하여금 병선兵船 140척을 첨발添發하라고 했다.[44] 4월(4월 24일 이후)에 사공司空 전빈田份과 좌복야 윤군정 등이 부위병府衛兵을 검열했는데 그 액수에 차지 않아 이에 문무산직文武散職·백정白丁·잡색雜色 및 승도僧徒를 아울러 검열해 충당했다.[45] 5월 계해일 초하루에 홍다구洪茶丘가 병력을 거느려 진도 토벌에 나섰는데 그 족속族屬 및 무뢰無賴의 무리가 많이 따랐다. 이날에 다루가치 탈타아脫朶兒가 재추와 함께 교郊에서 열병했다. 5월 갑자일(2일)에 경군京軍을 추가로 징발하고 또 충청도·경상도 군사를 조달하여 군사를 증원했다.[46] 5월 임신일(10일)에 장군 변량邊亮·이수심李守深 등이 주사舟師(수군) 삼백三百을 거느려 진도 토벌에 나섰는데, 4품 이상으로 하여금 가노家奴 1구口를 내어 수수水手에 충당하게 했다.[47]

마침내 원종 12년(1271) 5월에 몽고와 고려 연합군의 제2차 진도진입 전쟁이 시작되는데 그 과정을 소개하면 아래와 같다.

① 원종 12년 5월 정축일(15일)에 김방경金方慶·흔도忻都·다구茶丘·희熙·옹雍 등이 삼군三軍을 거느리고 진도를 토벌해 대파大破하고 위왕僞王 승화후承化侯 온溫

---

43 『고려사』 권27 및 『고려사절요』 권19, 원종 12년 4월
44 『고려사』 권27, 원종 12년 4월 ; 『고려사절요』 권19, 원종 12년 4월
45 『고려사』 권81, 병지1 兵制 ; 『고려사절요』 권19, 원종 12년 4월
46 『고려사』 권27 및 『고려사절요』 권19, 원종 12년 5월 ; 『고려사』 권130, 叛逆傳4 洪福源 附 洪茶丘
47 『고려사』 권27 및 『고려사절요』 권19, 원종 12년 5월 ; 『고려사』 권81, 병지1 兵制

을 베어죽이니 적장賊將 김통정金通精이 여중餘衆을 거느리고 탐라耽羅로 달아나 들어갔다.(『고려사』 권27, 세가 원종 12년 5월)

② 원종 12년 5월에 삼군三軍이 진도를 토벌하는데, 김방경과 흔도忻都가 중군中軍을 거느리고 벽파정碧波亭으로부터 들어가고, 희희熙·옹雍 및 홍다구洪茶丘가 좌군左軍을 거느리고 장항獐項으로부터 들어가고, 대장군 김석金錫과 만호萬戶 고을마高乙麽가 우군右軍을 거느리고 동면東面으로부터 들어가는데, 전함戰艦이 도합 백여百餘 척이었다. 적적賊(삼별초)이 벽파정에 모여 중군을 방어하고자 했는데 다구茶丘가 선등先登해 방화放火하여 협공夾攻하자 적적賊이 놀라 무너져 우군으로 달려가니 우군이 두려워해 중군으로 나아가려 하자 적적賊이 2척을 포획해 모두 죽였다. 이에 앞서 관군이 자주 적적賊과 전투해 이기지 못하니 적적賊이 경시해 설비하지 않았었다. 그런데 이제 관군이 떨쳐 공격하자 적적賊이 모두 처자妻子를 버리고 달아나니 강도江都에서 끌려온 사녀士女·진보珍寶 및 진도에 거주하는 민이 모두 몽병蒙兵에게 획득한 바가 되었다. 위왕僞王 승화후 온溫은 영녕공永寧公 준綧의 모형母兄(동복형)이라, 준綧이 희희熙·옹雍에게 부탁하기를 만약 승리하면 형을 죽음에서 구조해야 한다고 했지만, 다구茶丘가 먼저 들어가 온溫 및 그 아들 환桓을 죽였다. 적당賊黨 김통정이 여중餘衆을 거느리고 탐라에 달아나 들어갔다 … 때에 적장賊將 유존혁劉存奕이 남해현南海縣에 근거해 연해沿海를 표략했는데 적적賊이 탐라에 달아나 들어감을 듣고 역시 선박 80척 남짓으로써 따랐다.(『고려사절요』 권19, 원종 12년 5월)

③ 김방경과 흔도忻都가 협력 모의해 진도를 공격하는데, 김방경·흔도가 중군中軍을 거느려 벽파정碧波亭으로부터 들어가고, 영녕공永寧公의 아들 희희熙·옹雍 및 홍다구洪茶丘가 좌군左軍을 거느려 장항獐項으로부터 들어가고, 대장군 김양金錫(김석)과 만호萬戶 고을마高乙麽가 우군右軍을 거느려 동면東面으로부터 들어가되 총계 백여百餘 척이었다. 적적賊이 벽파정에 모여 중군을 방어하고자 하는데 다구茶丘가 선등先登해 불을 놓아 협공挾攻하니 적적賊이 놀라 무너져 우군으로 달려가자 우군이 두려워해 중군으로 나아가려 함에 적적賊이 2척을 노획

해 모조리 죽였다. 이에 앞서 관군이 자주 적적賊과 전투해 이기지 못하니 적적賊
이 경시해 설비하지 않았는데 관군이 떨쳐 공격하자 적적賊이 모두 처자妻子를
버리고 달아나니 강도江都에서 끌려온 사녀士女・진보珍寶 및 진도에 거주하는
민民이 많이 몽병蒙兵에게 노획한 바가 되었다. 김방경이 적적賊이 무너짐을 보
고 쫓아가 남녀 일만인一萬人 남짓과 전함戰艦 수십數十 척을 획득했다. 여적餘
賊이 탐라로 달아났다. 김방경이 진도에 더 들어가 미米 사천석四千石, 재보財
寶・기장器仗(병기・의장儀仗)을 획득해 모두 왕경(개경)으로 운반하고 그 함적陷賊
양민良民은 모두 복업復業하도록 했다.(『고려사』 권104, 김방경전)

④ 다음해(원종12년)에 김방경과 몽고원수蒙古元帥 흔도忻都 등이 삼군三軍을 거느리
고 공격하여 깨뜨리니 적적賊(삼별초)이 모두 처자妻子를 버리고 달아나고, 적장
賊將 김통정이 여중餘衆을 거느리고 탐라에 달아나 들어갔다 … 신손信孫(이신손
李信孫)은 적적賊을 따라 탐라로 향하고자 하다가 중로中路에서 돌아왔다 … 존혁
存奕(유존혁劉存奕)은 남해현南海縣에 근거해 연해沿海를 표략했는데 적적賊이 탐라
에 달아나 들어감을 듣고 역시 80척 남짓으로써 따랐다.(『고려사』 권130, 반
역전4 배중손)

⑤ 지원8년 5월에 흔도忻都가 사추史樞・홍다구洪茶丘와 함께 진도적珍島賊을 대패
大敗시키고 승화후承化侯를 획득해 베어죽이니 그 당여 김통정金通精이 탐라耽
羅로 달아났다.(『원사』 권208, 열전95 외이外夷1 고려)

⑥ (지원8년) 이달(5월)에 경략사經略使 흔도忻都 등이 승화공承化公을 공파攻破해 베
어죽였다. 처음에 흔도忻都・사추史樞・홍다구洪茶邱가 진도를 공격하러 갔는데,
적적賊(삼별초)이 전함을 도도島의 북안北岸에 벌여놓고 있으니 사추史樞가 말하기
를, "지금 흉수凶竪(삼별초)가 도량跳梁(함부로 날뜀)하니 역쟁力爭해서는 안되고
하물며 하서夏暑(여름 더위)가 바야흐로 치열하고 해기海氣가 울증鬱蒸해 궁력弓
力(활의 힘)이 느슨해(늘어져) 사용하기 어려우니, 진실로 이때에 의지해 군軍을
나누어 삼대三隊로 삼아 기치旗幟를 많이 펼쳐 의병疑兵(가짜 군사)으로 삼다가,
내(사추)가 제군諸軍과 더불어 잠사潛師하여(몰래 군사를 움직여) 나가 곧바로 그

예봉을 꺾고 진도로 달려가면 반드시 깨뜨릴 수 있소" 라고 하자, 사使를 몽고에 파견해 아뢰고 또한 화창火槍·화포火礮 및 여러 공전攻戰의 도구를 요청하니 상上(황제)이 따랐었다. 이윽고 이제 적賊(삼별초)과 전투해 대패大敗시켜 승화공을 사로잡아 베어죽인 것이었다. 그 당여 김통정金通精은 탐라耽羅로 달아났다.(『원고려기사』 세조황제, 지원8년 5월)[48]

⑦ 임연여당林衍餘黨 배중손裴仲孫 등이 고려왕 식禃(원종)의 친속 승화후承化侯를 세워 왕으로 삼아 삼별초군을 인솔해 진도에 근거해 반역하니, 지원8년 5월에 다구茶丘가 황명을 받들어 경략사經略使 흔도欣都와 함께 진군해 토벌하여 그 삼별초군을 깨뜨려 승화후를 죽였다. 그 당여 김통정金通精이 여중餘衆을 거느리고 탐라耽羅로 달아났다.(『원사』 권154, 열전41 홍복원 부附 준기俊奇[홍다구])

⑧ 원종 12년 4월 임자일(19일)에 몽고에 의해 파견된 영녕공永寧公 준綧의 아들 희熙·옹雍 등 2인이 병력 사백四百을 거느리고 진도를 토벌하러 왔다.(『고려사』 권27 및 『고려사절요』 권19)

⑨ 왕준王綧의 아들 아랄첩목아阿剌帖木兒(희熙 혹은 옹雍)는 부친 직책을 세습해 호부虎符를 받고 고려인호高麗人戶를 총관總管하고 지원8년에 병력을 거느려 반적叛賊 김통정金通精을 토벌하니 적賊이 패하여 탐라耽羅로 달아났다.(『원사』 권166, 열전53 왕준王綧 부附 아랄첩목아阿剌帖木兒)[49]

⑩ 지원8년(1271: 원종12) 5월에 흔도忻都·사추史樞가 표문을 올려 진도 적도賊徒가 패산敗散하고 여당餘黨이 달아나 탐라耽羅에 들어갔다고 말했다.(『원사』 권7, 본기7, 세조 지원8년 5월)

원종 12년(1271) 5월에 몽고군와 고려군이 삼군三軍으로 편성해 진도를 토벌했는데 해남에서 배를 타서 출발했을 것이다. 김방경과 흔도忻都가 중

---

48 史樞 관련사항은 『元史』 권147, 列傳34, 史天倪 附 史樞에도 실려 있다.
49 '討叛賊金通精 賊敗走耽羅'라 하여 '叛賊 김통정'을 강조한 것은 삼별초 장수 중에 탐라로 들어가는 주역이 김통정이었기 때문일 것이다.

그림 35. 진도 벽파정에서 바라본 벽파항(필자 촬영):
바다 너머 해남이 보임. 삼별초와 고려·몽고군의 혈전 현장

군中軍을 거느려 벽파정碧波亭으로 들어가고, 영녕공永寧公(왕준王綧)의 아들 희熙·옹雍 및 홍다구洪茶丘가 좌군左軍을 거느려 장항獐項으로 들어가고, 대장군 김양金鍚(김석)과 만호 고을마高乙麽가 우군右軍을 거느려 동면東面으로 들어가는데 전함은 총계 100척 남짓이었다. 삼별초가 벽파정에 모여 중군을 막으려 하는데 홍다구가 먼저 진도에 올라 불을 놓아 협공하자 삼별초가 놀라 무너져 우군으로 달려가니 우군이 두려워해 중군에 나아가려 하자 삼별초가 2척을 획득해 모조리 죽였다. 하지만 삼별초가 이전에 관군(몽고군+개경정부군)과 여러 차례 전투해 승리하자 관군을 경시해 제대로 방비하지 않다가 이제 관군의 거센 공격을 받자 모두 처자를 버리고 달아났다. 이에 강도江都에서 끌려온 사녀士女·진보珍寶와 진도에 거주하는 민民은 많이 몽고군에 의해 노획한 바가 되었다. 김방경이 삼별초가 무너짐을 보고 추격해 남녀 일만인一萬人 남짓과 전함 수십數十 척을 획득했다. 희熙와 옹雍은 부친의 부탁으로 온溫(준綧의 동복형)을 살리고자 했지만 홍다구가 희熙·옹雍

그림 36. 진도 삼별초정부 왕궁 유적(필자 촬영): 온왕溫王 거처

보다 먼저 들어가 승화후(왕) 온溫과 그 아들 환桓을 죽였다. 살아남은 삼별
초가 탐라로 달아났다. 김방경이 미米 사천석四千石, 재보財寶·병기·의장儀仗
을 획득해 모두 왕경(개경)으로 운반하고, 삼별초에게 함몰된 양민良民은 모
두 복업復業하게 했다.

　　몽고측 기록은 흔도忻都가 사추史樞·홍다구洪茶丘와 함께 진도적珍島賊을
대패大敗시켜 승화후承化侯를 획득해 베어죽였다고 하고, 경략사經略使 흔도
忻都 등이 승화공承化公을 공파攻破해 베어죽였다고 하고, 승리 요인으로 사
추史樞의 계략을 들어 진도함락에 있어서 몽고군(홍다구군 포함)의 역할을 강
조했다. 반면 고려측 기록은 홍다구의 기여를 인정하면서도 김방경과 고려
군의 역할을 강조했다. 한희유는 대정隊正을 거쳐 여러 차례 승진해 대장군
에 올라 김방경을 따라 진도·탐라를 토벌해 모두 공로가 있었다고 한다.[50]
나유羅裕는 여러 차례 승진해 장군에 올라 원수元帥 김방경을 따라 삼별초

를 진도에서 토벌해 공로가 있었다고 한다.[51] 김방경은 묘지명에 따르면 경오년에 동지추밀원사로 추토사가 되어 군사를 통솔해 진도 적적을 포위하더니 다음해 5월에 무릇 15차례 대전大戰하여 진도를 취하여 금자광록대부 金紫光祿大夫 수대위守大尉(수태위守太尉) 중서시랑평장사 판이부사判吏部事 대자대보大子大保(태자태보太子太保)에 제배되고 이윽고 문하시랑평장사에 제배되었다고 하는데, 진도를 공략할 때 직함은 참지정사였다. 그는 진도를 함락한 공로로 참지정사에서 평장사 판이부사에 오른 것이었다.

고려는 원종 12년 5월 경인일(28일)에 상장군 정자여를 파견해 몽고에 가서 적적(진도 삼별초) 평정을 사례하게 했다.[52] 지원8년 6월 6일에 식식植(원종)이 그 상장군 정자여를 파견해 표문을 올려 진도 공파攻破를 사례했다고 하니,[53] 원 수도에는 6월 6일에 도착한 것이었다. 몽고·고려 연합군이 진도를 함락해 온왕溫王을 죽이고 이곳 삼별초정부를 붕괴시켰지만 살아남은 삼별초는 김통정과 유존혁 등의 지휘하에 탐라를 침략해 근거로 삼아 새로운 정부를 건립한다. 김통정과 유존혁의 삼별초는 조천포에 근거하고 있던 이문경 삼별초와 협력해 탐라에 대한 지배력을 확대해 나갔을 것이다.

탐라 삼별초는 탐라에 내성內城과 외성外城을 축조해 근거로 하면서 고려 해안 일대를 공략한다. 원종 13년(1272) 6월 을묘일(29일)에 장군 나유羅裕를 파견해 모병募兵 1550인 남짓을 거느려 전라도에서 삼별초를 토벌하게 했는데, 때에 적적(삼별초)이 이미 '제주濟州'(고려사 세가), '탐라耽羅'(고려사절요)에 들어가 내외성內外城을 축조해 그 험고險固를 믿고 날로 더욱 창궐해 항상 나와 노략해 빈해濱海가 적막했다.[54] 적적(삼별초)이 탐라耽羅에 들어가 내

---

50 『고려사』 권104, 한희유전
51 『고려사』 권104, 羅裕傳
52 『고려사』 권27 및 『고려사절요』 권19, 원종 12년 5월
53 『원고려기사』 세조황제
54 『고려사』 권27 및 『고려사절요』 권19, 원종 13년 6월

외성內外城을 축조하고 험함을 믿어 더욱 창궐해 때로 나와 노략해 안남安南
(안남도호부) 수守(수령) 공유孔愉를 사로잡아 가자 빈해濱海가 적막하고 침략이
경기京畿에 미쳐 도로가 통하지 않으니 왕이 심히 근심했다.[55] 적賊(삼별초)이
이미 탐라에 들어가 내외성內外城을 축조하고 때로 나와 표절剽竊(표략)하고
주군州郡에 횡행해 수재守宰(수령)를 죽이므로 빈해濱海가 적막했다.[56] 김통정
삼별초가 축조한 내외성은 곧 항파두성인데 탐라 삼별초정부의 거점이자
도성이었다.

탐라 삼별초 관련 성城을 『동국여지승람』 제주목 고적古跡 조항[57]에서
살펴보자.

① 고토성古土城: 주州(제주) 서남 삼십육리三十六里에 위치하고 둘레 십오리十五里인
데 삼별초가 축조한 것으로 지금은 모두 무너졌다.

② 고장성古長城: 연해沿海 환축環築해 둘레 삼백여리三百餘里인데, 고려 원종 때에
삼별초가 반역해 진도에 근거하니 왕(원종)이 탐라에 파견한 시랑侍郎 고여림
高汝林 등이 '병兵 일천一千'을 거느려 방비하면서 장성長城을 쌓은 것이었다.

③ 항파두고성缸波頭古城: 주州(제주) 서쪽 사십리四十里에 위치하며, 성城 안에 천泉

---

55 『고려사』 권104, 김방경전. 이 안남(안남도호부)은 계양도호부(樹州: 부평 일대)로
여겨진다. 삼별초가 서해안을 따라 북상해 인천, 부평 일대를 공격하고 강화·祖
江·임진강 일대까지 진출해 개경을 위협했던 것이다.

56 『고려사』 권130, 열전43, 叛逆4 裵仲孫

57 『신증동국여지승람』 권38, 전라도 제주목, 古跡. "古土城[在州西南三十六里, 周十
五里 三別抄所築 今皆頹圯] … 古長城[沿海環築 周三百餘里, 高麗元宗時 三別抄叛
據珍島 王遣侍郎高汝林等于耽羅 領兵一千以備之 因築長城], 缸波頭古城[在州西四
十里, 城中有泉 大旱不渴, 高麗元宗十二年 遣金方慶討三別抄於珍島破之, 金通精
率三別抄來 據貴日村缸波頭里 築此城以拒之, 方慶等進攻拔之, 令千戶尹邦寶等領
元兵四百及官軍一千人 留鎭而還], 涯月木城[在州西四十二里, 卽三別抄所築以禦官
軍處, 今半頹落]"

(샘)이 있어 큰 가뭄에도 마르지 않는다. 고려 원종12년에 김방경을 파견해 진도 삼별초를 토벌해 패배시키자, 김통정이 삼별초를 거느리고 와서 귀일촌貴日村 항파두리缸波頭里에 근거해 이 성城을 축조해 항거하니, 김방경 등(몽고·고려군)이 진공進攻해 함락하고, 천호千戶 윤방보尹邦寶 등으로 하여금 원병元兵(몽고병) 사백인四百人 및 관군官軍 일천인一千人을 거느려 유진留鎮하게 하고 돌아왔다.

④ 애월목성涯月木城: 주州(제주) 서쪽 42리에 위치하는데 곧 삼별초가 축조해 관군官軍을 방어한 곳으로 지금은 절반이 퇴락頹落했다.

삼별초가 제주에 축조했다고 하는 성곽 유적으로 '고토성古土城', '고장성古長城', '항파두고성缸波頭古城', 애월목성涯月木城이 있었다. '고장성古長城'은 연해沿海 환축環築으로 둘레 300리 남짓이고 시랑侍郎 고여림高汝林 등이 '병兵 일천一千'을 거느려 방비하면서 쌓은 장성長城이라 했는데, 이 장성은 그 일부를 김수·고여림 군과 삼별초가 이어가며 쌓았을 수 있지만 대부분은 고려말~조선시대에 왜구를 방어하기 위해 쌓은 시설이었을 것이다. 애월목성涯月木城은 삼별초가 귀일촌(현재 고성리와 상귀리 일대)의 삼별초 본영 앞

그림 37. 애월포구(필자 촬영): 삼별초가 목책을 설치한 곳

(북서) 인근의 교통·전략 요충인 애월포 일대를 방어하기 위해 건립한 목책 木柵이었다. 삼별초 본영의 바로 앞(북)에는 귀일촌 포구(하귀 포구)가 있었지 만 당시 해로의 상황과 함대의 운영에 애월포가 유리해 삼별초 본영은 애 월포涯月浦를 주로 이용했다고 여겨진다.[58]

'고토성古土城'(제주 서남 36리. 둘레 15리)과 '항파두고성紅波頭古城'(제주 서쪽 40 리)은 기록상으로 거리상으로는 서로 다른 것처럼 보이지만 연구자들은 하 나의 권역으로 보고 있으며, '고토성'을 외성으로, '항파두고성'을 내성으 로 보기도 한다. 발굴조사 결과 삼별초 본영 성곽이 내성과 외성으로 이루 어졌음이 명확해졌으니 이는 삼별초가 탐라에 내외성內外城을 축조했다는 『고려사』와 『고려사절요』의 기록이 맞음을 증명한다. 외성이 토성임은 남 아 있는 유적으로든지, 조선후기 지도로든지 확인할 수 있다. 내성은 석성 으로 막연히 알려져 오다가 발굴조사 결과 외성과 마찬가지로 토성으로 밝 혀졌다. 탐라 삼별초 본영 성곽은 통상 '항파두성(항파두리성)'이라 지칭되고 있는데, 내성과 외성 모두 판축板築 토성土城이며, 내성은 둘레가 약 756m 이고, 외성은 둘레가 약 3.85km로 측량되었다고 한다.[59]

고려 개경은 외성(나성)과 황성皇城과 궁성宮城이 모두 토성이었다. 전시 수도 강도는 궁성과 해안외성으로 이루어졌다가 중성中城(내성에 해당)이 병 풍 모양으로 건설되면서 이와 만나는 해안외성의 일부와 함께 도성으로 기 능했다. 강도에서 궁성은 그 위치가 아직 확정되지 않았지만 토성이었을 가능성이 있고, 해안외성은 제방(방죽) 형태로 쌓았기에 토성이었을 것이며, 중성은 남아 있는 유적으로 보거나 발굴조사에 의거하거나 토성이었다. 강 화 중성은 'ㄷ'형태의 판축 토성으로 길이가 11.39km였으니[60] 이것과 만나

---

58 涯月浦는 포구가 月처럼 생긴 湖를 지닌 천연의 항구였다. '涯月'이라는 지명도 포 구가 月처럼 생긴 湖를 지닌 데에서 유래했다고 여겨진다.

59 강창화·김용덕·윤중현·김진환, 「삼별초 최후의 거점, 제주 항파두성」 『삼별초와 동아시아』, 국립제주박물관 특별전도록, 2017

는 해안외성 부분을 설정하면 강도 도성은 둘레가 16㎞ 정도로 추정할 수 있다. 삼별초 정부가 자리잡은 진도의 도성은 석성인 용장성(약 13㎞)이고 그 안에 토성인 궁성이 건립되었는데, 원래 용장성은 몽고군을 방어하기 위한 산성이었고 궁성은 불교사원을 개축한 것이었다. 탐라 삼별초 본영이 본부의 내성과 그 바깥의 외성으로 이루어진 점은 도성이나 읍성의 기본적인 형태여서 그리 특별한 것은 아니고, 그 재료로 흙을 사용했다는 점이 특별한 것이다. 탐라 삼별초 본영이 성곽(내외성)을 토성으로 축조한 일은 고려 개경 성곽과 강도 성곽과 진도 궁성을 계승한 것이었으니 이는 탐라 삼별초가 자신이 고려의 정통, 나아가 삼한·삼국의 정통을 계승한 적자嫡子임을 과시한 것이라 볼 수 있다.[61] 김통정 삼별초는 진도전투에서 온왕과 그 왕자가 살해당한 이후 탐라로 와서 정부를 만들었음에도 새로운 왕을 옹립하지 못했지만 성곽축조 방식을 통해 정통성을 과시했으니 장차 새로운 왕을 옹립하려 했다고 여겨진다.

삼별초가 탐라 귀일촌 일대에 본영으로 축조한 내성과 외성의 성곽은 무인정권의 강도 성곽이나 삼별초정권의 진도 성곽에 비해 규모가 작았다. 이는 근본적으로 삼별초가 진도에서 패배해 축소된 잔여 세력이 탐라에 이주했기 때문에 발생한 것이었다. 항파두성 내성과 외성의 건설에는 탐라의 인적·물적 자원이 강제로 대규모로 동원되었을 것이기에 탐라인은 엄청난 부담에 시달려야 했다. 특히 판축 기법으로 토성을 쌓았기에 탐라인에게 더욱 고역이었다. 탐라에는 널려 있는 것이 돌이었고 탐라인에게는 돌로 담벽을 쌓는 것이 익숙했는데 갑자기 느닷없이 생소한 판축 토성을 쌓아야 했으니 너무 힘든 작업이었을 것이다. 삼별초가 판축토성 기술자를 데리고

---

60 국립서울문화유산소, 『강화중성 발굴조사보고서』 1·2, 2021· ; 문옥현, 「강화중성 - 남산리구간 제2차 발굴조사 -」『중부지역 문화유적 발굴성과』, 2021 ; 문옥현, 「강도시기 강화 외곽 토성의 구조와 성격」『한국중세고고학』 10, 2021

61 대개 고구려는 수도와 거점에 석성을 쌓은 반면 백제와 신라는 토성을 쌓았다.

그림 38. 항파두리 외성(토성) 남벽: 필자 촬영

왔을 터이지만 설계와 감독에 그쳤을 것이며 삼별초 군사는 군액이 줄어들어 늘어난 해안선과 거점을 지키는 데에 급급했을 것이니 실제 공사는 거의 다 탐라인이 징발되어 행했을 것이다. 항파두성 권역에서 발굴된 '곽지' 새김 기와, '고내' 새김 기와 등이 발견되었는데, 이는 항파두성 내성과 외성 공역에 이 일대에서 가까운 지역으로부터 인적·물적 자원이 집중적으로 조달되었음을 시사한다. 삼별초의 탐라인에 대한 인적·물적 수탈은 성곽 공역에만 그치지 않고 갖가지로 자행했을 것이며 이는 탐라인 대부분에게 삼별초에 대한 적개심과 저항을 불러온다.

3. 몽고·고려군의 탐라 침략

몽고군은 진도를 함락한 이후에도 원수元帥 흔도忻都 등 6,000명 정도가 고려에 머물며 탐라·일본 방면 작전에 대비하고 있었다. 원종 12년 8월에 왕이 몽고에 보낸 문서에 따르면, 때에 몽고병蒙古兵이 진도를 토벌한 자가 무릇 육천인六千人이고 마馬는 무려 일만팔천一萬八千이고, 이에 더하여 봉주 둔전鳳州屯田 농우農牛 역시 오륙천五六千에서 내려가지 않았다. 그 양향粮餉을 한결같이 본국(고려)으로 하여금 공판供辦하게 하니 중외中外가 모두 괴로워하여 민民이 초목草木의 열매를 먹고 있다고 했다.[62] 몽고황제 쿠빌라이칸은 지원8년(1271) 11월에 국호를 '대원大元'이라 선포했다.[63] 대원제국이 성립한 것인데 남송, 일본, 탐라 방면에 대한 공략 강화를 함축하고 있었다.

원종 12년(1271) 11월 계미일(23일)에 고려가 이창경·문선렬을 하정賀正하러 몽고에 보내 역적逆賊(삼별초) 여종餘種이 제주濟州에 달아나 들어가 제도諸島 포서浦漵(포구) 사이에서 횡행해 다시 육지로 나올까 염려되니, 진멸殄滅하도록 해 달라고 했다.[64] 지원 9년(1272: 원종 13) 정월 병인일(7일)에 황제가 조칙을 내려 불화不花 및 마린馬璘을 파견해 고려에게 효유해 선박과 군량을 갖추어 탐라耽羅 정벌을 돕도록 했다.[65]

지원8년(1271) 9월에 식禃(원종)이 그 통사通事·별장別將 서칭徐稱(徐偁)을 파견해 일본에 사使하는 선무宣撫 조량필趙良弼을 도송導送하게 했다.[66] 지원 9년(1272) 3월에 황제가 중서성에 효유해 일본사인日本使人 견환遺還을 신속히 의논하라고 했는데, 안동安童이 말하기를, "량필良弼(조량필)이 금주金州 수병戍兵을 옮겨 일본으로 하여금 의구疑懼를 망생妄生하지 말도록 하기를 요청했는데, 신臣들이 생각하기를 금주金州 수병戍兵은 피국彼國(일본)이 아는 바인데 만약 다시 이수移戍하면 마땅하지 않으므로 다만 내사來使에게 효유해 '이 수戍(금주金州 수戍)는 탐라耽羅(탐라 삼별초) 때문에 잠시 설치한 것이니 너

---

62 『고려사』 권27 및 『고려사절요』 권19, 원종 12년 8월
63 『원사』 권7, 세조본기 지원8년 11월
64 『고려사』 권27 및 『고려사절요』 권19, 원종 12년 11월
65 『元史』 권7, 本紀7, 世祖 至元九年正月
66 『元史』 권208, 列傳95 外夷1 高麗

희들은 의외疑畏하지 말라' 라고 하십시오" 하니 황제가 좋다고 했다.[67]

몽고 원에서 흑산과 탐라, 어디를 먼저 공략할 것인지 논의가 진행된다. 지원9년(1272: 원종 13) 3월에 철장鐵匠 고루高樓 등이 흑산黑山·탐라耽羅 등 해도海道 도본圖本을 바치자 중서성에서 원간圓看해 의정議定하도록 했다. 성省·원院·대臺(중서성·추밀원·어사대) 등이 함께 아뢰기를, "흑산·탐라 공사公事를 신臣들이 의논해 얻기를, 마땅히 탐라를 먼저 취해야 합니다. 만약 흑산을 먼저 취한다면 적병賊兵(삼별초)이 횡절橫截해 들어와 아군我軍이 이로움을 잃을까 걱정되고, 고려왕 역시 상사上司(중서성)에게 힘을 보태어 탐라를 병제倂除하기를 요청해 이전에 이미 표문表聞이 있습니다. 지금 아골유鴉鶻劉가 흑산黑山에 갔지만 일절一節 미치지 못했습니다. 다만 고려왕이 말한 바를 의논해 만약 탐라를 취하려 한다면 피彼(저: 고려)가 선척船隻 기력氣力을 다소 지니고 있을 터이니 아군我軍이 얼마 정도 합용合用할 수 있습니다. … 또한 찰홀察忽(차쿠: 홍차구: 홍다구) 형제는 모두 피처彼處(저 곳: 고려)에 있어 사람이 저 곳의 사세事勢를 깊이 아는데, 찰홀察忽이 현재 금주金州(김해)에 있으니 마땅히 왕경(개경)으로 오도록 하여 그 형제 및 공사共事의 사람과 더불어 아는(맡은) 사무事務를 상의商議하고 모두 다 상주上奏하도록 하십시오" 라고 했다. 이에 황제가 그렇게 하도록 허락했다.[68] 몽고가 흑산보다 탐라를 먼저 공략하기로 결정한 것이었다.

원종 13년(1272) 3월 정묘일(9일)에 고려왕이 금훈琴熏으로 제주역적초유사濟州逆賊招諭使를 삼았다.[69] 5월 신유일(4일)에 전라도안찰사가 보고하기를, 삼별초가 대포大浦(목포木浦?)를 침략해 조선漕船(조운선) 13척을 약탈했다고 했다.[70] 5월 을축일(8일)에 경상도안찰사가 탐라적耽羅賊(탐라 삼별초) 첩자 2인을

67 『元史』 권7, 本紀7, 世祖 지원9년 3월
68 『원고려기사』 耽羅
69 『고려사』 권27, 원종 13년 3월
70 『고려사』 권27, 원종 13년 5월

잡아서 보냈다. 5월 병인일(9일)에 금훈이 제주로부터 돌아왔다. 금훈이 처음에 추자도楸子島를 지나는데 적도賊徒(삼별초)가 금훈 종자從者를 죽이고 또 전리電吏를 구류하고 제주적濟州賊(제주 삼별초)이 금훈 대선大船을 탈취하고 소선小船을 지급해 돌려보냈으니, 항복 뜻이 없었다. 5월 정축일(20일)에 삼별초가 탐진현을 분략焚掠했다.[71] 탐라 삼별초는 몽고와 고려(개경정부)의 회유를 거부하고 전쟁을 이어갔다.

지원9년(1272: 원종 13) 5월에 원 황제가 조칙을 내려 '탐라耽羅' 및 '제주濟州'를 취하기를 의논했다.[72] 대개 '탐라'는 몽고에서 사용한 호칭이고 '제주'는 고려에서 사용한 호칭이었으니 몽고가 탐라를 정복해 고려의 지방행정 단위 '제주'를 삭제해 자신이 지배하겠다는 것이었다. 원종 13년(1272) 5월 갑신일(27일)에 각문부사閣門副使 금훈琴熏을 파견해 원에 가서 표문을 올리게 했는데, 이 표문은 아래와 같다.[73]

지인至仁으로 죄를 풀어주어 요행히 자신自新하도록 용서했지만 포적逋賊이 미혹해 오히려 방자하고 교만해 복종하지 않고 있습니다. 지난번에 도성都省이 아뢰어 받은 성지聖旨 선포를 받들어 제주초유사濟州招諭使 각문부사閣門副使 금훈 琴熏·산원散員 이정李貞을 파견하니 4월 15일에 배에 타서 출항했지만 역풍逆風을 만나 물러나 보마도甫麻島에 정박하자 역적逆賊(삼별초) 김희취金希就·오인봉吳仁鳳·전우田祐 등 선박 4척이 와서 금훈의 선박을 빼앗고 인물人物을 모조리 잡아 그들의 선박에 옮겨 싣고 초유문자招諭文字(초유문서)를 거두어 쥐어 가서 제주濟州 김통정金通精에게 보고했습니다. 김희취 등이 금훈琴熏 등을 데리고 추자도楸子島에 이르러 억류해 간수看守하더니 회보廻報를 받자 김희취 등이 금훈 등에게 업신여기고 꾸짖으며 말하기를, '너희들이 일찍이 진도에 사람을 보내 우리를 꾀

---

71 『고려사』 권27, 원종 13년 5월
72 『元史』 권7, 本紀, 世祖 至元九年 五月
73 『고려사』 권27, 원종 13년 5월

어 그 마음을 느슨하게 하고는 대군大軍을 끌어들여 진도를 공파攻破해, 오직 부모·처자妻子는 인정人情이 가장 애중愛重하건만 모두 다 구략驅掠해 갔으니, 이것이 우리들의 원망이 골수骨髓에 사무친 것이라, 지금 또 오속吾屬(우리 무리)을 모조리 없애고자 와서 유혹하니 너희들을 마땅히 남김없이 모조리 죽여야 하지만 그리 하면 지금 이 사의事意를 누가 가서 고하리오, 이것이 너희를 놓아주는 까닭이다' 하고, 썩어 문드러지는 소도小舠(작은 배) 1척, 늙은 수수水手 1명과 초유문자招諭文字를 주어 송환하고, 그 일행一行 안의 기관記官·전리電吏·초공梢工·인해引海 등 4인을 모조리 죽이고, 나머지 수수水手 10인 역시 죽이고자 끌고 갔습니다. 금훈琴熏 등이 도도島(추자도) 중에서 반환盤桓하다가 수수水手 중에 탈해脫害한 자 3인을 얻어 전월前月 29일에 돌아오니, 곧 상조上朝해 향건向件 사유事由를 아뢰게 합니다. 엎드려 바라건대 기울여 채청採聽하고 넉넉히 긍종矜從하셔서 융병戎兵을 분위分委해 혹 혁위赫威를 빌려주어 처벌해 완종頑種(삼별초)을 청소해 바라건대 유초遺噍(남은 백성)로 하여금 편안히 생활하도록 해 주십시오.

고려국왕(원종)이 원 황제(쿠빌라이칸)의 명령을 받들어 탐라 제주의 삼별초를 회유하기 위해 제주초유사 금훈 등을 파견했지만 역풍을 만나 보마도甫麻島에 정박했다가 김희취 등 삼별초에게 나포되었다. 김희취는 금훈이 지닌 초유문서를 거두어 탐라의 김통정에게 알리고 김훈 등을 추자도에 억류하다가 김통정의 답신을 받자 김훈 등에게 고려 개경정부군의 진도에서의 행위를 꾸짖고는 금훈에게 낡은 작은 배 1척과 늙은 수수水手 1명을 주어 돌려보내고 금훈 일행의 나머지는 죽이거나 끌고 갔다. 금훈은 추자도에서 수수水手 4명(늙은이 1인과 잡혔다가 탈출한 3인)으로 가까스로 살아 돌아와 왕명을 받아 몽고에 가서 보고하면서 제주 토벌을 요청하는 표문을 전달한 것이었다. 지원9년 6월 신해일(25일)에 고려국왕 왕식王禃(원종)이 탐라耽羅 여구餘寇(여적餘賊: 삼별초)를 토벌하기를 몽고에 요청했으니,[74] 원종이 파견한 금훈이 몽고에 도착해 6월 25일에 원종의 표문을 황제에게 바친 것이었다.

원종 13년(1272) 6월 무자일(2일)에 전라도 지휘사指揮使가 보고하기를, "삼별초 적선賊船 6척이 안행량安行梁(충청도 태안의 해로)을 통과해 올라옵니다" 라고 하니 경성京城(개경)이 흉흉하게 두려워했다.[75] 탐라 삼별초가 파견한 전함이 안행량을 통과해 북상하니 개경이 위협을 느껴 민심이 흉흉했던 것이다. 6월 임자일(26일)에 낭장 이유비李有庇를 파견해 원(몽고)에 가서 표문을 올리게 했다. 이 표문에서 말하기를, "제주濟州 역적逆賊(삼별초)이 이해 3월·4월에 회녕현會寧縣·해제현海際縣·해남현海南縣의 포서浦漵(포구)를 침략해 여러 주현州縣의 조운선을 탈취하고, 또 5월에 회녕현·탐진현을 매우 방자하게 구략驅掠해, 무릇 전후로 선박 20척과 곡미穀米 삼천이백석三千二百碩 남짓을 약탈해 갔고, 12인을 살해하고 24인을 구략했습니다" 라고 했다. 또한 말하기를, "노효제盧孝悌가 역적逆賊(삼별초)에 붙었다가 이달 14일에 도망해 나와서 고하기를, '역적逆賊이 선박 11척으로써 병력 390인을 나누어 실어 경상·전라도 조운선을 취하기를 도모하고 또한 연해주현沿海州縣을 공파攻破하고자 합니다' 라고 했기 때문에 연해 주현이 소동騷動해 안정하기 어렵습니다. 접때에 표주表奏했듯이 장차 전라주도全羅州道 전함조성역戰艦造成役을 침요侵擾할까 염려되니 바라건대 금주金州 주둔 상조上朝(몽고) 군마軍馬를 나누어 파견해 방어하도록 해 주십시오. 소방小邦(고려) 병졸이 궁전弓箭(활과 화살)·갑모甲牟(갑옷과 투구)를 모두 다 몰수당해 병사가 많이 도수徒手하고 나신裸身해 매우 편하지 않습니다. … 경상도의 관군官軍(몽고군) 이천二千을 덜어 전라주全羅州에 기사騎士 수백數百으로써 나누어 배치하면 조주造舟(선박제작)의 땅을 지킬 뿐만 아니라 여러 연해沿海의 방면을 방호할 수 있습니다. 빨리 견예堅銳(정예)를 아사我師(고려군)에 나누어주어 그 구구寇(삼별초)를 탕청盪清(소탕)하도록 해 주십시오" 라고 했다.[76]

---

74 『元史』권7, 本紀7, 世祖 至元九年 六月
75 『고려사』권27, 원종 13년 6월
76 『고려사』권27, 원종 13년 6월

탐라 삼별초가 회령현(보성, 장흥)·해제현(무안, 신안)·해남현·탐진현 등 한반도 서남해안 일대를 집중적으로 공격해 여러 주현州縣의 조운선을 탈취하니 고려 재정이 심각한 타격을 받았을 뿐만 아니라 탐라와 일본 등을 공격하기 위한 전함 제작도 위협을 받게 되었다. 이러한 상황이 되자 원종은 몽고황제에게 제주 토벌을 서둘러 달라고 간청했다. 이유비를 파견해 올린 위의 표문 외에 별저別楮(別紙)에서 원종이 말하기를, "제주濟州로부터 나와서 온 자 고윤대高允大 등 6인이 연전年前 9월 초에 추토사追討使 김방경 휘하에 이르렀는데 흔독欣篤(흔도忻都) 관인官人이 누차 전유傳諭하니 그 주둔 장소로 보냈습니다. 하지만 때에 바야흐로 제주인濟州人을 초유招諭하고 있는데 순명順命해 출래出來한 자가 문득 군軍 중에 억류당하면 피인彼人(제주인)이 듣고 알면 어떠하겠습니까? 바라건대 금약禁約하도록 해 주십시오"라고 했다.[77] 고윤대高允大 등 6인이 삼별초가 지배하는 탐라에서 탈출해 김방경에게 의탁했지만 흔독欣篤(흔도忻都)의 요청으로 흔독의 주둔지로 보내졌다. 고윤대는 탐라의 지배족속 고씨로 여겨지는데 그를 포함한 6인은 삼별초에 반발해 탈출한 것이었으니 고씨를 중심으로 한 탐라 지배층이 삼별초에게 저항하는 움직임을 보인 것이었다.

원종 13년(1272) 8월에 원이 시위친군侍衛親軍 천호千戶 왕잠王岑을 파견해 다구茶丘와 함께 탐라를 정벌해 취하는 책략을 의논하게 하니, 다구茶丘가 표진表陳하기를, 김통정의 당여가 왕경(개경)에 많이 있어 그들로 하여금 그(탐라 혹은 김통정)를 초유하게 하고 초유해도 따르지 않으면 공격해도 늦지 않다고 하니 황제가 따랐다. 다구茶丘가 이에 김통정의 질녀인 낭장 김찬金贊·이소李邵, 적장賊將 오인절吳仁節 족속인 환문백桓文伯 등 5인을 파견해 가서 설득하게 했지만 김통정 등이 따르지 않고 김찬金贊을 머물게 하고 나머지는 모두 죽였다.[78] 그(삼별초) 당黨 김통정金通精이 남은 무리를 거느리고 탐

---

77 『고려사』 권27, 원종 13년 6월

라탐羅로 도주하자, 황제가 시위친군侍衛親軍 천호 왕잠王岑을 파견해 다구茶丘와 함께 정취征取 책략을 의논하게 하니, 다구茶丘가 표진表陳하기를, 김통정의 당黨이 왕경에 많이 있어 하여금 초유하게 하고 초유해도 따르지 않으면 공격해도 늦지 않다고 하니 따랐으며, 이윽고 다구茶丘가 황제명령을 받들어 나주도羅州道에 가서 전선戰船 제작을 감독하고, 탐라耽羅 항복을 초유하기 위해 김통정의 질녀姪女 김영金永 등 7인을 얻어 그들로 하여금 초유하게 했지만 김통정이 따르지 않고 김영金永을 머물게 하고 나머지는 모조리 죽였다.[79] 적적賊賊(삼별초)이 이미 탐라에 들어가 내외성內外城을 축조하고 때로 나와 표절剽竊(표략)하고 주군州郡에 횡행해 수재守宰(수령)를 죽이므로 빈해濱海가 적막하니, 왕이 김통정의 질녀姪女 김찬金贊 및 오인절吳仁節 등 6인을 파견해 초유招諭했는데 김통정이 김찬을 머물게 하고 나머지는 모두 죽였다.[80] 몽고가 탐라를 공격해 취하는 책략을 의논하다가 초유를 해 보자는 홍다구의 건의를 받아들이니 홍다구 혹은 원종이 김통정의 질녀姪女인 낭장 김찬金贊(혹은 김영金永)·이소李邵, 적장賊將 오인절吳仁節 족속인 환문백桓文伯 등 5인 혹은 6인을 탐라에 파견해 설득하게 했지만 김통정 등이 따르지 않고 오직 김찬(혹은 김영)을 머물게 하고는 나머지는 모두 죽였던 것이다. 이로써 몽고와 고려 연합군의 탐라 침략은 더 이상 피하기 어려워졌다.

지원9년(1272: 원종13) 11월에 원 황제와 중서성·추밀원에서 일본과 탐라 중에서 누구를 먼저 정벌할 것인지 두고 논의하고 탐라 정벌을 결정해 동원병력 규모를 제시했는데 이를 소개하면 아래와 같다.

① 지원9년(1272: 원종13)에 중서성 신臣 및 추밀원 신臣이 의논해 말하기를, "만약 먼저 일본에 사事(정벌)가 있으면 그 역순逆順의 정情을 보지 않아 후사後辭(뒷말)

---

78 『고려사』권27 및 『고려사절요』권19, 원종 13년 8월
79 『元史』권154, 列傳41, 洪福源 附 俊奇(茶丘). 金贊과 金永은 동일인으로 여겨진다.
80 『고려사』권130, 열전43, 叛逆4 裴仲孫

가 있을까 걱정되니 먼저 탐라耽羅를 평정한 연후에 일본 복종 여부를 관찰해 그 사事를 천천히 의논하는 것이 좋고, 또한 '탐라국왕耽羅國王'이 일찍이 와서 조근朝覲했는데 지금 반적叛賊(삼별초)이 그 주主(군주: 탐라국왕)를 축축해 그 성城에 근거해 난亂하니 군사를 일으켜 그 반적을 토벌하는 것이 의義에서 먼저 하는 바입니다"라고 했다. (『원사』탐라전)[81]

② 지원9년 11월 15일에 중서성이 아뢰기를, "먼저 황제명령을 받들어 탐라耽羅·일본日本 일을 의논했습니다. 신臣들이 추밀원관과 함께 순문詢問했는데, 남국南國(탐라국)으로부터 일본을 경유해 온 자인 탐라인耽羅人 3명이 있어 도본圖本을 그림으로 그려 일컫기를, 일본 태재부太宰府 등 하선下船의 장소는 하안下岸해 대략 군사 2,3만萬을 사용할 만하다고 하니, 신臣들이 생각하기를, 만약 일본에 먼저 사事하면(정벌하면) 아직 본국(일본) 순역順逆의 정情을 보지 못해 후사後詞가 있을까 걱정되니, 탐라耽羅 적구賊寇(삼별초)를 먼저 평정하는 것이 좋고 그러한 연후에 만약 일본국이 과연 조량필趙良弼 등을 석방해 귀국시키지 않으면 서서히 마땅히 재의再議하면 후환後患이 없을 듯합니다. 또한 '탐라국왕耽羅國王'이 일찍이 내조來朝했는데 지금 반적叛賊(삼별초)이 그 주主(군주: 탐라국왕)를 축출해 성곽城郭을 점거占據하니 의리상 마땅히 먼저 평정해야 합니다"라고 했다. 상上(황제)이 말하기를, "찰홀察忽(홍차구: 홍다구)이 앞서 사람을 탐라耽羅로 들여보냈는데 지금 돌아오지 않았는가?"가 하니, 신료가 아뢰기를, "아직 돌아오지 않았습니다" 했다. 상上이 말하기를, "그 사람이 돌아오는 날에 만약 탐라가 귀순하면 다시 무슨 말을 하리오" 하니, 또 아뢰기를, "그 사람이 돌아와 탐라가 귀순하지 않는다고 하면 군사軍事를 지오遲誤할까(지체해 그르칠까) 걱정됩니다" 라고 했다. 상上이 말하기를, "그렇게 행하되, 탐라가 귀순하면 용병用兵하지 말고, 특별히 조용調用의 처處가 있으면 경

---

81 『元史』권208, 列傳95, 外夷1 耽羅. "(至元)九年, 中書省臣及樞密院臣議曰 '若先有事日本 未見其逆順之情 恐有後辭 可先平耽羅 然後觀日本從否 徐議其事, 且耽羅國王嘗來朝覲 今叛賊逐其主 據其城以亂 舉兵討之 義所先也'"

卿들이 의합議合해 다소 병력을 사용하라" 라고 했다. 회주回奏하기를, "신臣들이 약량約量하니, 본처本處 둔전군屯田軍에서 이천二千을 선발할 수 있고, 다시 한군漢軍 안에서 삼이천인三二千人(2~3천인)을 선발할 수 있고, 선박 중에 말을 실어 말이 힘을 쓰면 몽고군은 적게 차출할 수 있고, 고려국이 오륙천五六千을 뽑으면, 공共히 일만여군一萬餘軍이 가능합니다"라고 했다. 상上이 말하기를, "무위군武衛軍에서 이천二千을 차출하고, 경卿들이 나머지를 다시 의논할 지어다" 라고 했다. (『원고려기사』 탐라)

③ 지원9년(1272: 원종13) 11월 기사일(15일)에 칙령을 내려 둔전군屯田軍 이천二千, 한군漢軍 이천二千, 고려군高麗軍 육천六千을 동원하고, 여기에다가 무위군武衛軍 이천二千을 더하여 탐라耽羅를 정벌하게 했다.(『元史』 권7, 세조본기)

④ 원종 13년(1272) 12월 을미일(11일)에 원(몽고)이 제주濟州를 공토攻討함으로 인해 고려왕에게 조칙을 내려 군군 육천六千, 수수水手 삼천三千을 뽑도록 했다. (『고려사』 권27)

지원9년(1272: 원종13) 11월에 원 황제와 중서성·추밀원이 의논해 탐라를 일본보다 먼저 정벌하기로 결정했다. '탐라국왕耽羅國王'이 일찍이 몽고에 와서 조근朝覲했었는데 지금 반적叛賊(삼별초)이 그 군주(탐라국왕)를 축출해 그 성곽을 점거해 근거로 삼아 난亂하니 군사를 일으켜 그 반적을 토벌하는 것이 의義에 합당하다고 했다. 이 탐라국왕은 곧 이전에 몽고에 조회했던 제주성주 양호인데 삼별초가 성주 양호를 몰아내고 새 성주를 옹립한 것이었다. 몽고는 자기에게 조회한 제주성주 양호를 탐라국왕으로 인정한 것이었고 이 탐라국왕을 몰아낸 삼별초를 반역자로 규정해 토벌하기로 한 것이었다. 몽고가 제주성주 양호를 탐라국왕으로 인정한 데에는 삼별초 평정 후에 탐라를 국가로 독립시키려는 의중이 담겨 있었다. 탐라 진공군은 둔전군 2,000명, 한군漢軍 2,000명, 무위군武衛軍 2,000명, 고려군 6,000명으로 정해졌으니 도합 12,000명 규모였다.

지원10년(1273: 원종 14) 정월 4일에 좌승상左丞相이 아뢰기를, "신臣들이 찰홀察忽(차구: 다구)과 의논했는데 이월二月 초부터 삼월三月 반半까지에 탐라耽羅를 정벌함이 적절합니다" 라고 하니 따른다는 성지聖旨를 받들었다. 상上(황제)이 또 말하기를, "찰홀察忽(차구)로 하여금 가도록 하라" 고 하니, 장좌승張左丞이 다시 아뢰기를, "신臣들이 탐라를 정벌하는 군장軍將을 의논해 장자長者는 흔도忻都, 제이第二는 무위군武衛軍 정야가발도이鄭也可拔都兒(정온鄭溫), 제삼第三은 찰홀察忽로 하였습니다" 라고 하니 역시 비준한다는 성지를 받들었다.[82] 정월에 흔도忻都·정온鄭溫·홍다구洪茶丘(홍차구)에게 명령해 탐라耽羅를 정벌하게 했고, 정월에 경략사經略使 흔도忻都·사추史樞 및 홍다구洪茶丘 등에게 명령해 병선兵船 대소大小 108척을 거느리고 탐라耽羅 적당賊黨(삼별초)을 토벌하게 했으니,[83] 정온鄭溫과 사추史樞는 동일인으로 보인다. 고려가 정월 기미일(5일)에 경상도에 사使를 파견해 전함戰艦 제작을 감독하게 했고, 정월 경신일(6일)에 문하시랑평장사 김방경으로 판추토사判追討事를, 추밀원부사樞密院副使 변윤邊胤으로 사使(추토사追討使)를 삼았다.[84] 정월 임오일(28일)에 마강馬絳(다루가치)이 대장군 송분宋玢과 함께 근도近道 전함을 순시했는데, 삼별초가 합포를 침략해 전함 32척을 불태우고 몽고병 10인 남짓을 사로잡아 죽였다.[85] 2월 기축일(6일)에 홍다구洪茶丘가 원(몽고)으로부터 돌아와 달로화적達魯花赤 이익李益·마강馬絳 등과 함께 궁궐에 나아가 출군出軍을 의논했다.[86] 2월 임진일(9일)에 고려가 수로감선사水路監船使를 파견해 전함을 거느려 남하하게 했다.[87]

---

82 『원고려기사』 耽羅
83 『元史』 권8, 本紀8, 世祖 至元10년 정월 ; 『元史』 권208, 列傳95, 外夷1 耽羅
84 『고려사』 권27 및 『고려사절요』 권19, 원종 14년 정월
85 『고려사』 권27, 원종 14년 정월. 한편 이해 정월 병자일(22일)에 전라도 防護將軍 文景秀가 보고하기를, 賊船(삼별초 선박) 10척이 樂安郡을 침입했다고 했다.
86 『고려사』 권27, 원종 14년 2월
87 『고려사』 권27, 원종 14년 2월

지원10년(1273: 원종 14) 2월에 고려국왕 왕식王禃(원종)이 왕사王師(몽고군)로써 탐라耽羅를 정벌하되 부략俘掠을 금지하고 병장兵仗 자제自製를 청납하기를 요청하니 몽고가 따랐다.[88] 원종 14년 2월 병신일(13일)에 흔도忻都·유통령劉統領, 만호萬戶 정온鄭溫·박고대朴古大 등이 염주塩州 둔소屯所로부터 와서 황명 2통을 전달했는데, 하나는 흔도忻都·다구茶丘 등으로 영군領軍해 탐라를 토벌한다는 것이고, 다른 하나는 관군官軍이 양가녀良家女를 마음대로 빼앗아 비婢로 삼음을 금지하고 병장兵仗을 고려가 자제自制(自製)함을 청납한다는 것으로 왕의 요청을 따른 것이었다.[89] 흔도忻都를 총사령관으로 하여 탐라를 정벌한다는 몽고황명이 원종 14년(1273) 2월 13일에 고려 측에 전달된 것이었다. 2월 계묘일(20일)에 중군행영병마원수中軍行營兵馬元帥 김방경이 정기精騎 팔백八百을 거느리고 흔도忻都 등을 따라 삼별초를 탐라에서 토벌하려 나서니 왕이 월鉞(도끼)을 주어 파견했다.[90] 3월 신유일(8일)에 이익李益(다루가치)이, 서해도전함西海道戰艦이 많이 패몰敗沒함으로 인해 안찰사 우천석禹天錫을 가두었다.[91]

원종 14년(1273) 2월에 왕이 원에 사신을 파견해 울릉도蔚陵島 작목斫木을 혁파하고 다구茶丘 휘하 오백인五百人 의복을 줄이고 삼별초 평정 후에 '제주 인물'(고려사 세가), '탐라 인민'(고려사절요)을 출륙出陸하지 말도록 하여 예전대로 안업安業하게 하도록 요청하니 황제가 모두 따랐다.[92] 지원10년(1273: 원종 14) 3월 19일에 조평장趙平章(행성 평장) 등이 아뢰기를, "고려왕이 상언上言해, '성자聖慈(황제)가 탐라耽羅 적구賊寇(삼별초)를 정벌하라 했는데, 만약 상上(황

---

88 『元史』 권8, 本紀8, 世祖 지원10년 2월
89 『고려사』 권27 및 『고려사절요』 권19, 원종 14년 2월
90 『고려사』 권27 및 『고려사절요』 권19, 원종 14년 2월
91 『고려사』 권27, 원종 14년 3월
92 『고려사』 권27 및 『고려사절요』 권19, 원종 14년 2월 ; 『고려사』 권130, 반역전 趙彝 附 李樞

제) 위령威靈에 의지해 그 땅을 평정한다면 엎드려 바라건대 관군官軍에게 명령을 내려 반드시 역종逆種을 섬멸하는 것으로 기약을 삼되, 제주濟州 백성百姓에 대해서는 노략虜掠을 금지해 생지生地에 두어 주십시오' 라고 했습니다" 라고 하자, 황제가 고려왕의 상언을 받아들인다고 효유하라고 했다.[93] 몽고군이 삼별초를 정벌할 때 탐라 백성을 노략하지 말도록 하겠다고 몽고 황제(쿠빌라이칸)가 약속한 것이었다. 원사元使 조량필趙良弼이 초유招諭하러 일본에 다시 가서 대재부大宰府에 이르렀지만 국도國都에 들어가지 못하고 원종 14년 3월 계유일(20일)에 돌아오니, 을해일(22일)에 왕이 인견引見해 위로하고 전별예물을 주었다.[94] 일본이 몽고와의 통교를 거부하니 탐라 다음의 공격 대상은 일본이 될 수밖에 없었다.

지원10년(1273: 원종 14) 4월 9일에 경략사經略使 흔도忻都·사추史樞 및 홍차구洪茶邱(홍다구) 등이 크고 작은 병선兵船 총계 108척을 거느리고 진발進發했다.[95] 4월 병오일(24일)에 고려가 오교양종五敎兩宗 승도僧徒를 모아 도량道場을 남산궁男山宮에 개설해 적적賊(삼별초) 평정을 기원했다.[96]

몽려蒙麗 연합군이 이러한 과정을 거쳐 탐라를 침략해 삼별초와 전쟁을 벌이게 되는데, 그 과정을 자세히 알아보기 위해 관련기록을 소개하면 아래와 같다.

A-1. 원종 14년 2월 계묘일(20일)에 중군행영병마원수中軍行營兵馬元帥 김방경이 정기精騎 팔백八百을 거느리고 흔도忻都 등을 따라 삼별초를 탐라耽羅에서 토벌하려 하니 왕이 월鉞(도끼)을 주어 파견했다.(『고려사』 권27 및 『고려사절요』 권19)

---

93 『元高麗紀事』 耽羅
94 『고려사』 권27 및 『고려사절요』 19, 원종 14년 3월
95 『원고려기사』 耽羅
96 『고려사』 권27 및 『고려사절요』 권19, 원종 14년 4월

B-1. 원종 14년 3월 신유일(8일)에 이익李益(다루가치)이, 서해도西海道 전함戰艦이 많이 패몰敗沒함으로 인해 안찰사 우천석禹天錫을 가두었다.(『고려사』 권27, 원종세가)

B-2. 원종 14년 3월 기묘일(26일)에 서해도西海道 전함戰艦 이십二十(혹은 이십칠二十七)척이 가야소도伽耶召島에 이르러 대풍大風을 만나 패몰敗沒해, 남경판관 임순任恂과 인주부사仁州副使 이석李奭과 녹사 배숙裴淑 및 호공篙工(고공篙工: 뱃사공)·수수水手(노젓는 사람) 등 115인이 익사하고, 경상도 전함 이십칠二十七척이 역시 패몰敗沒(패익敗溺)했다.(『고려사』 권27 및 『고려사절요』 권19)

C-1. 지원10년(1273: 원종 14) 4월 9일에 경략사經略使 흔도忻都·사추史樞 및 홍다구洪茶邱 등이 크고 작은 병선兵船 총계 108척을 거느리고 진발進發했다.(『원고려기사』 탐라)

C-2. 원종 14년 4월에 흔도忻都·다구茶丘 등이 반남현潘南縣에 주둔했다. 장차 출발하려는데 제도諸道 전함戰艦이 모두(다수) 표몰漂沒했다. 김방경과 흔도忻都 등이 출발해 병력 일만一萬과 전함戰艦 백육십百六十척으로써 추자도楸子島에 임시로 머물러 후풍候風(순풍을 기다림)하다가 탐라에 이르렀다.(『고려사절요』 권19)

C-3. 원종 14년에 김방경으로 행영중군병마원수行營中軍兵馬元帥를 삼아 파견하니, 김방경이 수군水軍을 포함한 군졸 만여인萬餘人을 다시 단련해 흔도忻都·다구茶丘와 함께 반남현潘南縣에 주둔했다. 장차 진발하려는데 제도諸道 전선戰船이 모두(다수) 바람에 파탕簸蕩되었다. 그러함에도 진발해 오직 전라도 일백육십一百六十척으로써 추자도楸子島에 임시 머물러 후풍候風하다가 야반夜半(한밤중)에 급한 바람에 휩쓸려 지향하는 바를 알지 못했다. 여명黎明에 이미 탐라에 가까이 이르렀는데 세차게 일어나는 바람과 파도로 인해 나아갈 수도 물러날 수도 없으니 김방경이 하늘을 우러러 크게 탄식하며 말하기를, "사직 안위가 이 일거一擧(한번의 거행)에 달려 있건만, 금일의 일은 나에게 있지 않은저" 했는데, 이윽고 풍랑風浪이 멈췄다.(『고려사』 권104, 김방경전)

D-1. 원종 14년 4월 경술일(28일)에 김방경이 흔도忻都·다구茶丘 등과 함께 전라

도 일백육십一百六十척 수륙병水陸兵 일만여인一萬餘人으로써 탐라에 이르러 적賊(삼별초)과 전투해 심히 많이 살획殺獲하니 적賊 무리가 크게 무너지자 김원윤金元允 등 6인을 베고 항복한 자 일천삼백여인一千三百餘人을 여러 선박에 나누어 싣고, 그 탐라에 원주元住한 자는 예전처럼 안도按堵하게 하자, 이에 적賊(삼별초)이 모두 평정되니 (김방경이) 장군 송보연宋甫演 등으로 하여금 유진留鎭하게 하고 돌아왔다.(『고려사』 권27, 세가)

D-2. 원종 14년 4월에, (김방경과 흔도 군이 추자도를 거쳐 탐라에 이르러) 중군中軍이 함덕포咸德浦로부터 들어가자 적賊(삼별초)이 암석 사이에 복병伏兵했다가 뛰어올라 크게 부르짖으며 막으니 김방경이 성내며 소리쳐 질책하자 대정隊正 고세화高世和가 뛰어나와 적賊 중으로 돌입突入하니 사졸士卒이 기세를 타서 다투어 나아가고, 장군 나유羅裕가 선봉先鋒을 거느리고 이어서 이르러 심히 많이 살획殺獲했다. 좌군左軍 전함戰艦 삼십三十척이 비양도飛楊島(飛揚島)로부터 곧바로 적루賊壘를 공격하니 적賊이 바람에 초목이 쓰러지듯이 무너져 달아나 내성內城으로 들어갔다. 관군官軍이 외성外城을 넘어 들어가 화시火矢(불화살)를 사방으로 발사해 연기와 화염이 하늘까지 가리니 적賊 무리가 크게 무너져 김통정金通精이 그 무리 칠십여인七十餘人을 거느리고 산중山中으로 달아나 들어가고, 적장賊將 이순공李順恭·조시적曹時適 등이 육단肉袒해(웃통을 벗어) 항복했다. 김방경이 제장諸將을 지휘해 내성內城으로 들어가자 부녀婦女가 부르짖으며 울었다. 김방경이 말하기를, "그 거괴巨魁를 섬멸하고 협종脅從은 다스리지 않으리니 너희들은 두려워하지 말라" 라 하고는 다만 김원윤金元允 등 6인을 베어죽이고 항복한 자 일천삼백인一千三百人 남짓을 여러 선박에 나누어 싣고, 그 탐라에 원주元住하는 자는 예전처럼 안도按堵하게 했다. 이에 흔도忻都가 몽고군蒙古軍 오백五百을 머물게 하고, 김방경 역시 장군 송보연宋甫演 등으로 하여금 군사 일천一千을 거느려 유진留鎭하게 하고는 돌아와, 나주羅州에 이르러 적당賊黨 35인을 베어죽이고 나머지는 모두 처벌하지 않았고 군사들에게 크게 잔치를 열어 위로하고는 여러 주州의 군軍을 해산했다.(『고려사절요』 권19)

D-3. 원종 14년에, (김방경 군이 추자도를 거치며 사나운 바람·파도에 시달리다가 탐라에 가까워지니 풍랑이 그쳐) 중군中軍이 함덕포咸德浦로부터 들어갔다. 적적(삼별초)이 암석 사이에 복병伏兵했다가 뛰어올라 크게 부르짖으며 막으니 김방경이 성내며 소리쳐 제선諸船 병진並進을 재촉하자 대정隊正 고세화高世和가 앞장서서 적진賊陣으로 돌입突入하니 사졸士卒이 기세를 타서 다투어 나아가고, 장군 나유羅裕가 예병銳兵(정예병)을 거느리고 이어서 이르러 심히 많이 살획殺獲했다. 좌군左軍 전함戰艦 삼십三十척이 비양도飛揚島로부터 곧바로 적루賊壘를 공격하니 적적이 바람에 쓰러지는 초목처럼 무너져 달아나 자성子城(내성에 해당)으로 들어갔다. 관군官軍이 외성外城을 넘어 들어가 화시火矢(불화살)를 사방에서 발사해 연기와 화염이 하늘까지 가리니 적적 무리가 대란大亂했는데, 적중賊中으로부터 내투來投한 자가 말하기를, 적적이 이미 세력이 다하여 달아나기를 도모하니 급히 공격할만하다고 했는데, 이윽고 적추賊酋 김통정이 그 무리 70인 남짓을 거느리고 산중山中으로 달아나 들어가고, 적장賊將 이순공李順恭·조시적曹時適 등이 육단肉袒(웃통을 벗어) 항복하니, 김방경이 제장諸將을 지휘해 자성子城(내성)으로 들어가자 사녀士女가 부르짖으며 울었다. 김방경이 말하기를, 다만 거괴巨魁를 주살할 뿐이니 너희들은 두려워 말라고 하고는 그 괴魁 김윤서金允敍 등 6인을 잡아 통가通街에서 베어죽이고 친당親黨 35인을 사로잡고 항중降衆 1300인 남짓을 나누어 실어 돌아가고 그 거민居民은 모두 예전처럼 안도按堵했다. 이에 흔도忻都가 몽군蒙軍 오백五百을 머물게 하고, 김방경이 역시 장군 송보연宋甫演과 중랑장 강사신康社臣·윤형尹衡으로 하여금 경군京軍 팔백八百과 외별초外別抄 이백二百을 거느려 유진留鎭하게 하고 반사班師해 나주羅州에 이르러 그 사로잡았던 친당親黨을 베어죽이고 나머지는 모두 처벌하지 않았고 대대적으로 잔치를 열어 군사를 위로했다.(『고려사』 권104, 김방경전)

D-4. 이 역역(진도 전역戰役)에서 그물에서 벗어난 여종餘種(삼별초)이 탐라에 들어가 근거해 조험阻險(막히고 험난함)에 의지해 악독한 행위를 마음대로 저지르니,

또 공公(평장사 김방경)으로 행영중군병마원수行營中軍兵馬元帥를 삼아 계유년 4월 28일에 대양大洋을 범선으로 건너가 큰 산으로 계란을 누르듯이 봉둔蜂屯(벌집과 같은 삼별초주둔지)을 모조리 소탕하자, 삼한(고려)이 거국적으로 살아갈 희망을 가지게 되었다. (김방경 묘지명)

E-1. 지원10년 4월 28일에 경략사經略使 흔도忻都가 홍다구洪茶邱와 함께 병력을 통령해 항해하여 탐라적성耽羅賊城을 공격해 함락하고 김통정金通精 등을 사로잡아 지旨(황명)를 받들어 죽였다. 처음에(이전에) 승화공承化公이 이미 죽어 그 당黨 김통정金通精이 다시 반역하여 군사를 이끌고 탐라耽羅에 돌입突入해 방어하며 지켰는데, 때에 시위친군侍衛親軍 천호千戶 왕잠王岑이 지旨를 받들어 고려로 나아가, 국왕 및 홍다구洪茶邱와 더불어 탐라반적耽羅叛賊 취하기를 논의했는데, 다구茶邱가 말하기를, 고려 왕경(개경)에 김통정 친척이 많이 있어 초유招誘를 파견할 만하고, 만약 명령을 따르지 않으면 군력軍力으로써 공격해도 늦지 않다고 했다. 이 일을 황제에게 아뢰어 황명을 받아 다구茶邱가 전라도에서 김통정 질녀 김영金永 등 7인을 물어 얻어 그들로 하여금 김통정을 초유하게 했는데 김통정이 본국本國(탐라국) 성주星主 등과 더불어 따르지 않아 사명使命을 모조리 죽이고 오직 김영을 남기니, 이에 흔도忻都 등이 성지聖旨를 받들어 공격해 함락하여 복주伏誅한 것이었다.(『원고려기사』 세조황제)

E-2. 지원10년 4월에 경략사經略使 흔도忻都가 홍다구洪茶丘와 함께 병력을 통령해 항해하여 탐라성耽羅城을 공격해 함락하여 김통정金通精 등을 사로잡아 조詔를 받들어 주살했다.(『원사』 권208, 열전95, 외이外夷 고려)

F-1. 원종 14년에, 또 김방경에게 명령해 토벌하게 하자, 김방경이 흔도忻都 등과 더불어 진공進攻하니 적적(삼별초)이 크게 무너져 김통정이 70인 남짓을 거느리고 산중山中으로 달아나 들어갔다가 액사縊死(목매어 죽음)하니 탐라가 마침내 평정되었다.(『고려사』 권130, 반역전, 배중손 첨부 김통정)

F-2. 원종 14년 윤6월 병진일(6일)에 탐라유진장군耽羅留鎭將軍 송보연宋甫演이 적괴賊魁 김통정 시체를 획득해 아뢰고, 또한 적장賊將 김혁정金革正·이기李奇 등 70

인 남짓을 수색해 체포하여 다구茶丘에게 보내니 (다구가) 모두 죽였다. 원元이 달로화적達魯花赤을 탐라에 두었다. (『고려사』 권27 및 『고려사절요』 권19)

G-1. 지원10년(1273: 원종 14) 4월 28일에 탐라耽羅를 공파攻破해 적당賊黨(삼별초)을 모두 평정하자, 조정朝廷(몽고)이 그 땅에 '탐라초토사耽羅招討司'를 세우고 진변군鎭邊軍 일천칠백인一千七百人을 주둔하고 그 공부貢賦는 해마다 모시포毛施布 백필百匹을 바치게 했다. (『원고려기사』 탐라)[97]

G-2. 지원10년 6월에 탐라耽羅를 평정해 그 땅에 '탐라국초토사耽羅國招討司'를 설립하고 진변군鎭邊軍 천칠백인千七百人을 주둔하고 그 공부貢賦는 해마다 모시포毛施布 백필百匹을 바치게 했다. (『元史』 권208, 열전, 외이外夷1 탐라耽羅)[98]

G-3. 지원10년 6월 무신일(27일)에, 경략經略 흔도忻都 등 병력이 탐라耽羅에 이르러 그 땅을 무정撫定하니, 황제가 조칙을 내려 실리백失里伯으로 '탐라국초토사耽羅國招討使'를 삼고 윤방보尹邦寶로 부副하도록 했다. (『원사』 권8, 본기, 세조)[99]

G-4. 지원10년에 실리백失里伯을 소용대장군昭勇大將軍으로 천임遷任해 '탐라국초토사耽羅國招討使'로 삼았다. (『원사』 권133, 열전20, 실리백)[100]

원 황제 쿠빌라이칸이 결정한 탐라정벌군의 원래 규모는 둔전군屯田軍 이천二千, 한군漢軍 이천二千, 무위군武衛軍 이천二千, 고려군高麗軍 육천六千이니 도합 12,000명(몽고군 6천명+고려군 6천명)이었다. 그런데 쿠빌라이칸이 고

---

97 『원고려기사』 탐라, 지원10년. "(지원10년 4월)二十八日, 攻破耽羅 賊黨悉平, 朝廷於其地立耽羅招討司, 屯鎭邊軍一千七百人, 其貢賦 每歲進毛施布百匹. 後改爲軍民都達魯花赤總管府, 尋又改爲軍民安撫司"

98 『元史』 권208, 列傳95, 外夷1 耽羅. "(지원10년)六月 平之, 於其地 立耽羅國招討司, 屯鎭邊軍千七百人 其貢賦歲進毛施布百匹. 招討司後改為軍民都達魯花赤總管府 又改為軍民安撫司"

99 『元史』 권8, 本紀8, 世祖 至元十年六月. "戊申, 經略忻都等兵至耽羅 撫定其地, 詔以失里伯為耽羅國招討使 尹邦寶副之"

100 『元史』 권133, 列傳20, 失里伯. "(지원)十年 遷昭勇大將軍 為耽羅國招討使"

려에게 군軍 육천六千과 수수水手 삼천三千을 선발하라고 했으니 고려 측은 군사 6천명 외에 수수水手 삼천三千을 더 동원해야 했다. 이 수수水手 삼천까지 포함하면 탐라침략 몽려연합군은 15,000명 규모였다. 몽고군 고위급 지휘관은 경략사 흔도忻都와 정온鄭溫(혹은 사추史樞)·홍차구洪茶丘(찰홀察忽)였고, 고려군 고위급 지휘관은 판추토사(중군원수) 김방경·추토사 변윤邊胤이었다.

지원10년(1273: 원종 14) 정월에 원 쿠빌라이칸이 경략사經略使 흔도忻都·사추史樞(혹은 정온鄭溫)·홍차구洪茶丘 등에게 명령해 병선兵船 대소 108척을 거느리고 탐라耽羅 적당賊黨(삼별초)을 토벌하게 했다. 원종 14년 2월 기축일(6일)에 홍차구洪茶丘가 원으로부터 돌아와 달로화적達魯花赤 이익李益·마강馬絳 등과 함께 궁궐에 나아가 출군出軍을 의논했다. 2월 임진일(9일)에 수로감선사水路監船使를 파견해 전함을 거느리고 남하하게 했다. 2월 병신일(13일)에 흔도忻都·유통령劉統領, 만호 정온鄭溫·박고대朴古大 등이 염주塩州 둔소屯所로부터 와서 전달한 조서詔書 중에 흔도忻都 등으로 영군領軍해 탐라를 토벌한다는 내용이 들어 있었다. 2월 계묘일(20일)에 중군행영병마원수 김방경이 정기精騎 팔백八百을 거느리고 흔도忻都 등을 따라 삼별초를 탐라에서 토벌하러 나서니 왕이 월鉞(도끼)을 주어 파견했다. 중군행영병마원수로 고려군 총사령관인 김방경이 2월 20일에 개경을 출발한 것이었는데 그가 거느린 정기精騎 800은 그야말로 고려 출동군 중에서도 정예기병이었다.

4월 9일에 경략사經略使 흔도忻都·사추史樞 및 홍차구洪茶邱 등이 병선兵船 총계 108척을 거느리고 진발進發했는데, 몽고군 주둔지 염주塩州(연안延安: 예성강과 서해 합류처)를 출발한 것으로 보인다. 4월(4월 중순 무렵)에 흔도忻都·다구茶丘와 김방경 등이 반남현潘南縣(나주 소속)에 주둔했는데, 영산강의 반남현 포구에 주둔한 것으로 현재 나주시와 영암군이 만나는 지점이다. 흔도忻都와 김방경의 몽려연합군은 병력 1만명 남짓을 전함 160척에 태워 반남현 포구를 출발했다. 몽려연합군은 원래 규모가 12,000명(몽고군 6천명+고려군 6천명)이었고 수수水手 삼천까지 포함하면 15,000명이었다가 1만명 남짓으로 축소된 것인데, 서해도西海道 전함이 이십二十(혹은 이십칠二十七)척, 경상도 전함이 이십칠二十七척 침몰해 오직 전라도 전함 160척만을 운용할 수 있었기 때문일 것이다. 이 몽려연합군은 추자도에 기항했다가 사나운 바람과 파도에 시달리다가 풍랑이 잦아들어 탐라에 다가가 중군은 함덕포로 진입했고, 좌군은 비양도를 끼며 나아갔는데 명월포로 진입했을 것이다.[101]

몽·려 중군이 함덕포로 진입하자 삼별초 복병의 거센 요격을 받았지만 고려군 대정隊正 고세화高世和와 장군 나유羅裕의 연이은 활약에 힘입어 격퇴했다. 좌군이 곧바로 적루賊壘(항파두성)를 공격하자 삼별초가 자성子城(내성)으로 들어가니, 관군(몽려연합군)이 외성外城을 넘어 들어가 불화살을 마구 쏘았다. '적추賊酋' 김통정이 무리 70인 남짓을 거느려 산중으로 달아나 들어가고, 적장賊將 이순공·조시적曹時適 등이 항복하니, 김방경이 제장諸將을 지휘해 자성子城(내성)으로 들어가 괴魁 김윤서 등 6인을 잡아 통기通街에서 베어죽이고 친당親黨 35인을 사로잡고 항복한 무리 1,300인 남짓을 배에 실었다.[102] 삼별초가 아닌 탐라 원주민은 몽고 황제(쿠빌라이칸)의 약속대로 처벌받지 않아 예전처럼 안도按堵했다.

---

101 김상헌은 『남사록』에서, 추자도에 대해 金方慶과 몽고 忻都가 이 섬에 머물며 候風했는데 夜半에 風急해 어찌할 바를 몰랐거늘 黎明에 이미 탐라에 접근해 있어 進攻해 삼별초를 大破하니 탐라인이 그 功을 생각해 추자도를 '候風島'라 이름했다고 했다. 또한 명월포에 대해 漂海錄(최부 찬술)에 高麗時 耽羅가 朝元하러 明月浦로부터 출발했다고 서술되어 있고, 地誌에 진도 三別抄가 먼저 파견한 僞將 李文京이 이곳에 到泊했고, 김방경이 삼별초를 토벌할 때 左軍이 飛揚島로 들어갔는데 곧 이 浦이고, 胡宗旦 역시 여기에 到泊했고, 공민왕 때 元牧子 등이 난을 일으키자 崔瑩 등 諸元帥가 領兵해 來討하자 牧子 등이 이 浦에서 拒戰하니 大軍이 격파했다고 서술되어 있다면서, 이곳은 제주에서 가장 要塞處라고 했다.
102 『고려사』 권57, 지리지2, 耽羅縣 편에는, 원종 十一年(十二年의 오류)에 逆賊 金通精이 三別抄를 거느려 (제주에) 入據해 作亂하니 四年 후에 왕이 金方慶에게 명령해 討平했다고 되어 있다.

그림 39. 함덕포구(필자 촬영): 몽려연합군이 진입하며 삼별초와 전투한 현장

그림 40. 항파두리 내성 유적(필자 촬영): 삼별초가 최후를 맞이한 현장

몽고 측의 입장이 반영된 『원사』와 『원고려기사』에는 흔도欣都와 홍다구(홍차구) 등이 이끄는 몽고군이 탐라를 평정한 것으로 기술했고 고려군의 활약은 거의 기재하지 않았다. 다구茶丘가 지원10년에 조詔에 따라 흔도欣都와 더불어 병력을 거느려 바다를 건너 탐라耽羅를 격파해 통정通精을 획득해 죽이고 그 협종자脅從者를 모두 다 면免하니(용서하니) 고려가 비로소 평정되었다고 했고,[103] 정온鄭溫이 바다를 건너 탐라耽羅를 정벌해 평정했다고 했다.[104] 고려시대 기록에 근거한 조선초 『고려사』와 『고려사절요』에는 몽려연합군의 탐라 진공에서 고려군의 활약이 강조되어 실린 반면 몽고군의 활약 장면은 별로 실리지 않았는데, 이는 진도 진공에서 몽고군의 활약을 꽤 자세히 기술한 『고려사』·『고려사절요』와 다르다. 이는 고려·조선이 원·명과 탐라 영유권을 놓고 갈등하면서 탐라 진공작전에서 몽고군의 활약을 축소하려 했기 때문이라 여겨진다.

나유羅裕가 김방경이 탐라를 토벌할 때 대장군으로 종군해 전봉前鋒(선봉)을 거느리고 먼저 해안에 내려 심히 많이 살획殺獲하니 나유에게 경략사經略使(흔도忻都)가 획득 남녀 2구口로써 상을 주고 황제에게 아뢰니 나유에게 중통보초中統寶鈔를 하사했다고 하니,[105] 경략사經略使 흔도忻都가 몽고군 나아가 몽려연합군의 총사령관으로서 탐라에서 주도권을 행사했음을 엿볼 수 있다. 『원사』와 『원고려기사』에는 4월에 흔도忻都와 홍차구洪茶邱 지휘 하의 몽고군이 탐라를 평정하면서 김통정을 죽인 것으로 되어 있지만, 윤6월 병진일(6일)에야 고려군의 탐라 유진장군留鎭將軍 송보연宋甫演이 적괴賊魁

---

103 『元史』 권154, 列傳41, 洪福源 附 俊奇(茶丘). 김통정은 홍다구에게 잡혀 죽임을 당한 것이 아니라 자살했다.
104 『元史』 권154, 列傳41, 鄭溫
105 『고려사』 권104, 열전17, 羅裕. 한편 한희유가 隊正에 初補된 이래 累遷해 대장군이 되어 김방경을 따라 珍島·耽羅를 토벌해 모두 공로가 있었다고 한다(『고려사』 권104, 열전17, 韓希愈).

김통정 시체를 획득해 아뢰었고, 또한 적장賊將 김혁정金革正·이기李奇 등 70인 남짓을 수색해 체포해 차구茶丘(다구)에게 보내니 차구가 모두 죽인 것이었다.

원종 14년 5월 을해일(24일)에 김방경이 그 아들 김수金綏 및 지후祇候 김감金瑊(김함), 별장別將 유보兪甫 등을 보내와 승첩을 고하니 왕이 김수金綏를 대장군으로, 김감金瑊을 공부낭중으로, 유보兪甫를 중랑장으로 임명하고, 대정隊正 고세화高世和는 먼저 적진에 올라 함락시켰기에 낭장郞將으로 임명하고 그 나머지에게도 차등 있게 상을 주었으며, 뭇 신하들이 표문을 올려 평적平賊을 축하했다.[106] 원종 14년 5월 경진일(29일)에 예사禮司에게 명령해 광주光州 무등산신無等山神에게 작호를 더해 책봉하고 춘추春秋에 제사하게 했는데, 탐라에서 삼별초를 토벌하는데 무등산신이 음조陰助한 영험이 있었기 때문이라 한다.[107] 광주 무등산 신당의 무당이 무등산신의 삼별초토벌 관련 영험을 이야기했을 터이지만 광주는 탐라로 가는 육로 경유지이기는 하지만 항해로와는 직접적인 관계가 없기에 의아하기도 하다. 무등산신의 이 포상에는 광주 출신의 김수金須가 탐라에서 이문경 삼별초와 싸우다가 전사한 것, 그 아우 김주정이 출세해 실력자로 떠오른 것이 작용했으리라 여겨진다.

원종 14년(1273) 6월 임오일 초하루에 대장군 김수金綏를 원에 파견해 표문을 가지고 가서 탐라적耽羅賊 평정을 고하게 했는데,[108] 지원10년(1273: 원종 14) 6월에 식植(植: 원종)이 그 대장군 김흔金忻을 파견해 제주濟州를 공파攻

---

106 『고려사』 권27 및 『고려사절요』 권19, 원종 14년 5월 ;『고려사』 권104, 김방경전. 金忻이 장군으로서 부친 김방경을 따라 耽羅賊을 토벌해 告捷해 대장군에 임명되었다고 하니(『고려사』 권104, 김방경전 附 金忻), 김방경의 아들 金綏와 金忻은 동일인이었다.

107 『고려사』 권27, 원종 14년 5월 ;『고려사』 권63, 예지5, 吉禮小祀 雜祀

108 『고려사』 권27 및 『고려사절요』 권19, 원종 14년 6월

破한 것을 표주表奏했다는 것[109]이 그것이다. 탐라 삼별초 평정을 고려가 김 방경의 아들 김수金綏(김흔金忻)를 원종 14년 6월에 원에 파견해 보고한 것이 었다.

고려가 '탐라적' 평정을 고하는 표문을 보면, "해구海寇(바다 도적: 삼별초)가 치열해 나라에 만연하여 질병처럼 위중해 오래동안 낫지 않았는데 왕사王師(천자 군사: 몽고군)가 임하니 천위天威에 의지해 모조리 소탕했습니다" 라고 했다. "오로지 지인至仁(황제)에 목욕해 구양舊壤(개경)에 출거出居하자 고인顧因(인습)의 역종逆種(삼별초)이 방자하고 교만하게 구란構亂을 도모하니, 고려의 구원호소가 엄신嚴宸(몽고황제)에게 도달해 그들을 멸망하게 하도록 정벌하게 허락했습니다. 비록 거괴巨魁가 진도에서 패산敗散했지만 여종餘種이 탁라乇羅(탐라)에 달아났는데, 어찌 예의睿意(몽고황제 뜻)가 가련히 여겨 관찰해 다시 관군官軍을 파견해 섬멸함을 기대했으리까, 만리萬里 수정水程이 험간險艱(험난)해 형세상 가벼이 건너기 어려웠기 때문에 삼군三軍이 목도木道(선박, 뱃길)로 나아감에 어찌 우려가 혹 없었으리까" 라고 했다. "5월 24일에 김방경이 첩牒하여 보고하기를 '4월 28일에 대군大軍이 제주濟州에 들어가 역도逆徒를 처치해 일경一境을 평정했습니다' 라고 했습니다. 이는 우러러 황령皇靈에 의지하고 천우天祐를 받들어 전함戰艦이 순풍順風을 얻어 전진해 눌러서 완민頑民(삼별초)을 마른 낙엽처럼 쓸어 제거한 것인데, 승첩 보고가 빠르게 전달되자 여정輿情(여론輿論)이 기뻐했습니다. 신臣은 대대大憝(대악大惡)를 극청克淸해 성덕聖德의 멀리 미침을 감격해 잔구殘區(남은 지역: 고려)와 유려遺黎(남은 고려백성)를 영원히 지키면서 다시 살아나 일심一心으로 직책에 힘쓰겠습니다. 만수萬壽하시기를 기대합니다" 라고 했다.

원종은 탁라(탐라) 삼별초 평정을 왕사王師 내지 관군官軍 즉 천자국 몽고의 파견군의 공로로 돌리면서 황제 쿠빌라이칸에게 감사를 올렸는데, 선박

---

109 『元史』 권208, 列傳95, 外夷1 高麗 ; 『원고려기사』 세조황제

에 타서 탐라(제주)로 향한 몽려연합군이 삼군三軍으로 편성되었음을 알려준다. 전투 과정에서 중군과 좌군이 확인되니 이 삼군은 중군과 좌군과 우군으로 편성되어 있었다. 몽려연합군은 삼군으로 편제되었으면서도 그 안에서 몽고군과 고려군은 따로 편제되어 독자적으로 운영되었을 수도 있다.

함덕포로 진입한 중군에 고려군의 원수 김방경, 대정隊正 고세화高世和, 장군 나유羅裕가 포함되어 있었는데 흔도忻都의 몽고군 본대도 이 중군에 포함되어 있었을 것이다. 좌군이 전함 30척으로 비양도로부터 곧바로 적루賊壘(항파두성)를 공격하니 삼별초가 자성子城(내성)으로 들어가자 '관군'이 외성을 넘어 들어가고, 김방경이 제장諸將을 지휘해 자성子城(내성)으로 들어갔는데, 이 '관군'은 몽고군은 물론 고려군도 포함했을 것이다. 비양도를 끼고 진입한 좌군 전함 30척은 고려군만 의미했을 수도, 고려군과 몽고군을 의미했을 수도 있는데 고려군의 역할을 부각하기 위해 고려·조선 측의 기록에서 몽고군의 이 방면 진입을 모호하게 처리했을 가능성도 있다. 탐라로 진입한 연합군에서 기록상 '우군右軍'이 나타나지 않는데, '우군'의 활약을 몽고군이 주도했기에 고려·조선 측 기록에 아예 싣지 않았을 가능성도 있고, '우군'이 애월포 혹은 귀일포(하귀포)로 진입해 곧바로 항파두성을 공격했을 수도 있는데 삼별초가 중시해 목책을 설치한 애월포로 진입했을 가능성이 크다. 애월포는 요충인데다가 많은 선박이 정박할 수 있어 삼별초 선박과 인원 다수가 포진해 있었을 터이니, 몽려군의 입장에서는 여기를 깨뜨려야 항파두성을 고립시킬 수 있고 삼별초의 해상 탈출을 어렵게할 수 있을 것이었기 때문이다. 탐라공략 연합군의 편성은 진도공략 연합군의 편성과 비교해 분석할 필요가 있다.

원종 14년(1273) 6월 계해일(13일)에 왕이 도병마사都兵馬使 및 성대省臺에 명령하기를, "중군원수 김방경·병마사兵馬使 변윤邊胤은 흉거兇渠를 능히 죽여 없애 공렬功烈이 수이殊異하니 포상의 규정을 신속히 의논해 아뢰도록 하라. 기타 장사將士·군졸에 대한 과상科賞 조건條件 역시 의논해 아뢰라" 라

고 했다. 이날 김방경으로 시중侍中(문하시중)을, 변윤으로 판추밀判樞密을, 김
양金鍚으로 상장군 지어사대사知御史臺事를, 나유羅裕·송보연宋甫演으로 각각
대장군을 삼았다.[110] 원종 14년 6월에 탐라평정 공로를 논하여 김방경으로
시중侍中을, 변윤邊胤으로 판추밀원사判樞密院事를, 김석金鍚(김양)으로 상장군
지어사대사知御史臺事를, 나유羅裕·송보연宋甫演으로 아울러 대장군을 삼았다
는 것[111]이 그것이다.

원종은 도병마사 및 성대省臺에 내린 교서에서, "제주역적濟州逆賊(삼별초)
은 실로 제압하기 어려워, 상조上朝(몽고)에 군사를 요청해 토벌하기에 이르
렀는데, 만약 병력이 오랫동안 엄체淹滯하면 비만飛輓의 비용을 대기 어렵
고 대양大洋을 건너면 불측不測의 변變을 또한 우려할만했는데 종사宗社 안
위가 이 일거一擧에 달려 있었도다. 중군원수 김방경이 진도의 역역役으로부
터 탐라 토벌에 이르기까지 마음과 힘을 다해 간험艱險을 피하지 않고 적절
히 조치해 전함·병기·양향糧餉(군량)을 두루 준비하지 않음이 없고 대군大軍
을 독솔督率해 흉거兇渠를 죽여 없애 피채疲瘵(지치고 병듦)를 다시 소생시키니
공업功業의 중대함이 대려帶礪해도 잊기 어렵도다. 병마사兵馬使 변윤邊胤은
남방에 먼저 가서 여러 일을 구판具辦하고 김방경과 마음을 같이해 협력하
여 공렬功烈이 수이殊異하니 포상의 규정을 신속히 의논해 아뢰라. 기타 영
병領兵하고 관선管船한 장사將士 및 장교전군將校典軍으로부터 외별초外別抄에
이르기까지 과상科賞 조건條件을 아울러 거행하라" 라고 했다.[112]

---

110 『고려사』 권27, 원종 14년 6월
111 『고려사절요』 권19, 원종 14년 6월. 김방경이 그 묘지명에 따르면 문하시랑평장
　　사 행영중군병마원수로 탐라를 소탕하니 元廟(원종)가 寢殿에 불러들여 연회를
　　하사해 위로하고 守大師 開府儀同三司 門下侍中 上柱國 判御史臺事를 제수했다
　　고 하는데, 이러한 직책은 김방경의 개선 행진 이전에 이미 주어진 것으로 보아
　　야 한다.
112 『고려사』 권104, 김방경전

탐라에서 전투 때 고려군에서 전공을 세워 포상을 받은 자는 판추토사 중군원수 김방경, 추토사 병마사 변윤, 그리고 김양(김석), 장군 나유·송보연, 대정隊正 고세화高世和 등이었는데, 김양(김석)은 진도전투에서 대장군으로 우군을 거느렸고 탐라전공으로 인해 상장군 지어사대사에 임명되는 것으로 보아 탐라전투 시에는 대장군이었을 것이다.

탐라전투에서 경략사 흔도忻都와 판추토사 김방경(중군원수)이 몽려 중군을 지휘하고 장군 나유와 대정 고세화가 중군 소속으로 활약했다. 참조가 되는 진도전투(제2차)에서, 몽려군이 삼군三軍으로 편성되어, 흔도忻都와 김방경이 중군을, 영녕공永寧公(왕준王綧)의 아들 희熙·옹雍 및 홍차구洪茶丘(홍다구)가 좌군을, 대장군 김양金錫(김석)과 만호 고을마高乙麼가 우군을 거느렸다. 이로 보아 탐라전투에서 정온(사추) 혹은 홍차구(홍다구)는 중군에서 흔도를 보좌했거나 좌군 혹은 우군을 지휘했을 것이고, 추토사이자 병마사인 변윤 혹은 대장군 김양(김석)은 좌군 혹은 우군을 지휘했을 것이다. 아마 변윤 혹은 김양(김석)이 고려군 위주의 좌군을 거느려 비양도 방면으로 진입하고, 정온(사추) 혹은 홍차구가 몽고군(고려유민 포함) 위주의 우군을 거느려 애월포 방면으로 진입한 것이 아닐까 한다. 진도전투 때 좌우군 중에서 몽고군(고려유민 위주)은 좌군이었는데, 탐라전투 때에는 오른쪽을 왼쪽보다 중시하는 몽고전통의 영향을 받아 몽고군이 우군으로 편성되었을 수 있다. 이 좌군과 우군이 항파두성 공략에 앞장섰다고 여겨진다. 몽려군에서 흔도와 김방경의 중군은 함덕포 전투에서 격렬한 저항을 받아 지체되어 늦게 항파두성에 도착해 공격에 합류했다.

원종 14년 6월 정유일(16일)에 원수元帥 김방경이 개환凱還하니 왕이 심히 두텁게 위유慰諭하고 손수 홍정紅鞓(붉은 가죽 혁띠)을 하사하고, 장사將士에게 크게 연회를 베풀었다.[113] 유천우兪千遇가, 원수元帥 김방경이 탐라를 공하攻

---

113 『고려사』 권27, 원종 14년 6월 ; 『고려사』 권104, 김방경전

下한 것을 축하하는 시를 지었는데[114] 이 때였을 것이다. 6월 무술일(17일)에 흔도忻都가 경京(개경)으로 들어오려 하자 왕이 대장군 박성대로 하여금 교郊에서 맞이해 위로하게 했는데 흔도가 술자리가 박薄하다며 분노해 경京으로 들어오지 않고 원元으로 돌아갔다.[115]

4. 탐라국의 독립과 초토사·총관부·안무사

몽고 원은 탐라에서 삼별초를 평정하자마자 6월에 탐라국초토사耽羅國招討司를 설치한다. 몽려 연합군이 지원10년(1273: 원종 14) 4월 28일에 탐라에 진입해 삼별초를 진압해 그 병력 일부를 탐라에 주둔시키고, 몽고 원이 6월에 탐라에 '탐라국초토사耽羅國招討司'를 설립해 공부貢賦(공물)로 해마다 모시포毛施布 백필百匹을 진상하게 하고, 6월 27일에 소용대장군 실리백失里伯으로 탐라국耽羅國 초토사招討使를, 윤방보尹邦寶로 부초토사副招討使를 삼고, 윤6월 6일에 달로화적(다루가치)을 탐라(탐라국)에 둔 것이었다.[116]

탐라에 몽고 원에 의해 '탐라국초토사耽羅國招討司'가 건립됨으로써 탐라국이 부활했다. 탐라국은 몽고 원이 고려국을 간접지배한 것처럼 원의 간접지배를 받게 되었다. 탐라는 비록 고려처럼 원의 속국 내지 제후국이 되었을지라도 고려 의종 7년(1153)에 고려의 탐라현으로 편입되면서 독립을

---

114 『동문선』 권20, 七言絶句, 「賀元帥金公方慶攻下耽羅」(兪千遇)
115 『고려사』 권27, 원종 14년 6월. 한편 지원10년 6월에 趙良弼이 다시 일본에 使하여 太宰府에 이르렀다가 돌아왔다(『元史』 권208, 列傳95, 外夷1 日本).
116 훗날 지원31년(1294: 충렬왕 20)에 고려왕(충렬왕)이 上言해, 耽羅 땅은 그 祖宗부터 이래 그 國(고려)에 臣屬해 왔는데 林衍逆黨(삼별초)이 평정된 후에 尹邦寶가 계책으로 朝廷에 經歷(經歷)되기를 요청한 것이라며 예전처럼 고려에 속하게 해달라고 한다(『원고려기사』 탐라, 丞相 完澤 등의 아룀). 이로 보아 몽고의 탐라국초토사 설립에 윤방보가 일정한 역할을 했던 듯하다.

상실했다가 120년만에 독립을 회복한 것이었다. 제주가 '탐라국'을 회복한 것이니, 탐라가 고려의 강점을 받아 오다가 몽고에 의해 탐라국으로 독립을 한 것이었고, 성주星主와 왕자王子의 독자적인 통치권은 인정되었다.

이 탐라국은 국왕 성주星主의 정부와 몽고 초토사招討司가 양립해 통치했다. 탐라국이 몽고 원에게 공물로 해마다 모시포 100필을 진상함으로써 탐라국·탐라국왕과 몽고국·몽고황제 간에 조공-책봉 관계가 성립했다. 지원 12년(1275: 충렬왕 원년) 6월에 원이 손탄遜攤으로 '탐라국耽羅國' 달로화적達魯花赤(다루가치)을 삼았으니,[117] 몽고 감찰관 다루가치가 탐라국에 실제로 파견된 것이었다. 탐라국초토사는 형식상 국왕 두연가頭輦哥를 우두머리로 하는 동경행성의 간접 관할로 여겨지지만[118] 탐라국은 성주星主가 국왕으로 통치하는 독립국으로 존재했다. 즉 당시 탐라국은 성주 국왕이 통령하는 정부와 초토사招討使가 통령하는 탐라국초토사耽羅國招討司가 병존했던 것이다. 탐라국 성주국왕의 정부는 동경행성의 영향권 하에 있었지만 동경행성과 병렬적인 위상을 지녔다고 여겨진다.

몽고 원은 후에 탐라국초토사耽羅國招討司를 고쳐 군민도달로화적총관부軍民都達魯花赤總管府로 삼았고, 이윽고 또 고쳐 군민안무사軍民安撫司를 삼는다.[119] 이원진『탐라지』[120]는, 김통정 삼별초가 신미년(원종12년) 제주를 침략

---

117 『元史』권8, 本紀8 世祖 至元十二年 六月. "以遜攤為耽羅國達魯花赤"
118 동경행성은 지원11년(1274: 고려원종15년: 충렬왕즉위년)에 北京行省으로 바뀌고 廉希憲이 그 평장정사에 임명된다(『元史』권126, 列傳13 廉希憲).
119 『元史』권208, 列傳95 外夷1 耽羅. "(지원10년)六月 平之 於其地立耽羅國招討司 屯鎮邊軍千七百人 其貢賦歲進毛施布百匹. 招討司後改為軍民都達魯花赤總管府, 又改為軍民安撫司" ; 『원고려기사』탐라. "(지원10년 4월)二十八日, 攻破耽羅 賊黨悉平, 朝廷於其地立耽羅招討司, 屯鎮邊軍一千七百人, 其貢賦 每歲進毛施布百匹. 後改爲軍民都達魯花赤總管府, 尋又改爲軍民安撫司"
120 이원진『탐라지』濟州 建置沿革. "(원종)十一年庚午 反賊金通精領三別抄 據珍島 翌年辛未(원종12년) 來據侵掠 星主高仁朝·王子文昌祐等以聞, 越三年癸酉 王命金

하니 성주星主 고인조高仁朝(고인단高仁旦)·왕자王子 문창우文昌祐 등이 고려에 아
뢰었고, 3년 후인 계유년(1273: 원종14)에 왕(원종)의 명령에 따라 김방경 등이
원병元兵과 연합해 토평하니, 다음해 갑술년(1274)에 원元이 초토사招討使를
설치하고 충렬왕원년 을해년에 원이 제주를 다시 탐라耽羅라 호칭했다고 했
다. 고인조와 문창우의 성주와 왕자 칭호는 소급해 적용된 것으로 여겨지
며, 초토사 설치와 탐라호칭 회복 시기에 대해 갑술년(1274)과 을해년(1275)
으로 기술했지만 계유년(1273: 원종14)으로 보아야 한다. 『탐라지』에 따르면,
충렬왕 2년 병자년(1276)에 원이 탐라 초토사招討使를 혁파해 군민총관부軍民
摠官府를 설치하고 3년 정축년(1277)에 원이 동서아막東西阿幕을 설립해 우牛·
마馬·타駝(낙타)·려驢(나귀)·양羊을 방목해 달로화적達魯花赤을 파견해 감독하게
하고, 10년 갑신년(1284)에 원이 총관부摠官府를 혁파해 탐라군민안무사耽羅
軍民安撫使를 설치했다고 한다. 『원사』 세조본기에 따르면, 지원21년(1284: 충
렬왕10) 정월 경오일에 몽고가 탐라국안무사耽羅國安撫司를 설립했다.[121]

그러하니 몽고 원이 지원13년(1276: 충렬왕 2)에 탐라국 초토사招討司를 고
쳐 탐라국 군민도달로화적총관부軍民都達魯花赤總管府(군민총관부 ; 군민다루가치총
관부)로 삼았고, 지원21년(1284: 충렬왕10) 정월에 탐라국총관부를 고쳐 탐라
국안무사耽羅國安撫司(탐라국군민안무사)로 삼았다. 탐라국초토사는 탐라국 총관
부, 이어서 탐라국안무사로 변화했는데, 탐라국은 계속해 독립국가로 존속
하면서 몽고 원의 간접지배를 받는 형태가 유지되었다.

몽고 원은 탐라국에 초토사, 총관부, 안무사를 설치했지만 '탐라국'을
인정해 탐라국왕과 그 정부를 통해 간접지배했다.[122] '국國'은 기본적으로

方慶等 合元兵 討平之, 翌年甲戌 元設招討使, 忠烈王元年乙亥 元復號耽羅, 二年
丙子 元設軍民摠官府, 三年丁丑 元立東西阿幕 放牛馬駝驢羊 遣達魯花赤以監之,
十年甲申 元革摠官府 置耽羅軍民安撫使, 二十年甲午 王朝元 請還耽羅 元丞相完
澤等 奏奉帝旨 還隷于我, 二十一年乙未 改爲濟州 置牧使判官"

121 『元史』 권13, 本紀13, 세조 지원21년 정월

독립 국가를 의미해 왔고, 몽고 천하에서의 그것도 독립성을 보장받은 존재였다. 그러하니 탐라가 몽고로부터 '국國'을 인정받은 것은 대단한 의미를 지녔다.

몽고제국에서는 독자적인 영토·인민을 가진 집단을 '울루스'라고 했는데 한자로는 '국國'이라 표기했다. 대몽고국도 하나의 울루스(국)이고 그 안에 여러 개의 울루스(국)가 존재했다. 칭기스칸이 세계를 정복해 나가면서 그의 아들들은 주로 서방으로 진격해 주치 울루스(킵차크 칸국), 오고타이 울루스(오고타이 칸국), 차카타이 울루스(차카타이 칸국)를 세웠다. 칭기스칸의 아우인 테무게옷치긴(철목가알적근鐵木哥斡赤斤)은 동방으로 진격해 옷치긴울루스(알적근국斡赤斤國)를 세워 국왕으로 군림했고 요동·고려 방면을 주관하면서 '황태제국왕皇太弟國王'이라 칭했고,[123] 그 자손이 국왕을 세습했다. 무칼

---

122 한편, 몽고황제 성종이 지원31년(1294: 충렬왕 20) 5월에 충렬왕의 요청을 받아들여 탐라를 고려에 귀속하도록 조처함에 따라 충렬왕 21년(1295) 윤4월에 제주목이 설치되었다가 후에 탐라국이 다시 부활하는데, 이 다시 부활하는 탐라국도 탐라국왕과 그 정부를 통해 몽고의 간접지배를 받는다.

123 鐵木哥斡赤斤은 이른바 '皇太弟國王 斡嗔那顔'이라 한 자였다(『元史』 권107, 表 2, 宗室世系表). 그는 '皇太弟國王'으로서 고려에게 조공을 재촉하는 주역으로 등장하는데 그 기사는 다음과 같다. 몽고태조14년((1219: 고려고종6) 9월에 皇太弟 國王 및 元帥 合臣·副元帥 箚剌 등이 각기 문서로써 선차대사宣差大使 慶都忽思와 東眞國 懷遠大將軍 紇石烈 등 10인을 고려에 파견해 入貢을 재촉하니 이윽고 고려가 方物을 바쳤고, 몽고태조15년(1220) 9월에 大頭領官 堪古若·着古歟(著古與) 등이 다시 皇太弟國王 書로써 고려에게 재촉하니 고려가 방물을 바쳤다(『元史』 권208, 列傳95, 外夷1 高麗 ; 『원고려기사』 太祖). 고종 8년(1221) 8월에 蒙古使 著古與 등 13인과 東眞 8인과 婦女 1인이 고려에 와서 蒙古皇太弟 鈞旨를 전하고 獺皮 등을 요구했다(『고려사』 권22). 몽고태조(칭기스칸)가 치세18년(1223: 고려고종10) 8월에 山朮觲 등 12인을 고려에 보내와 다시 皇太弟國王 書로써 공헌貢獻을 재촉했다(『元史』 권208, 列傳95, 外夷1 高麗). 이규보가 이 皇太弟에게 답하는 외교문서를 찬술했다(『동국이상국전집』 권28, 「蒙古國使齋廻 上皇太弟書」).

리(목화려木華黎)는 몽고부족에 속했을지라도 칭기스칸의 아들과 아우는 아니지만 칭기스칸의 정복전쟁에서 혁혁한 전공을 세우니 태조(칭기스칸)가 목화려木華黎를 태사太師·국왕國王에 책봉하고 서권誓券(맹서 문서)과 황금인黃金印을 하사하면서 "자손에게 국國을 전傳하여 세세世世토록 끊이지 않도록 하라" 라고 했다.[124] 무칼리도 일종의 독자적 울루스(국)를 동방에 세웠고 그 자손이 그 국의 국왕을 세습했다. 대몽고국의 대칸(황제)은 그 계승을 둘러싸고 분쟁이 치열했고, 각 울루스(국)의 칸(한) 내지 국왕은 세습이 원칙이었다. 쿠빌라이가 대칸 계승전쟁에서 아우 아릭부케를 패배시켜 대칸(황제)에 오르고 이어서 대원大元을 개창하면서 서방의 여러 칸국은 대원제국에서 떨어져 나간다.

세조 쿠빌라이칸이 세운 대원제국의 천하에서 '국國'의 위상을 지닌 곳은 극히 소수였다. 황실 계열에서는 옷치긴 왕가가 국왕을 세습하는 정도였고, 태조공신 계열에서 무칼리의 후손이 국왕을 세습하는 정도였다. 쿠빌라이칸의 황자皇子들조차 분봉分封을 받고 군대를 거느려 요충지에 진주進駐하면서도 '국國'을 지니지 못했다. 동경행성 승상을 맡아 요동과 고려 방면을 주관한 두연가頭輦哥 국왕은 무칼리의 후손으로 여겨지고 있다. 쿠빌라이칸이 정복한 지역에서 한족漢族 남송은 여러 개의 성省(行省)으로 갈갈이 쪼개져 이 지역에 '국國'은 존재하지 않았다. 정복지 원래 주민에게 '국國'을 허용한 곳은 고려국, 면국緬國(미얀마), 점성국, 탐라국 정도였다. 점성국(베트남 중남부)은 몽고가 '군郡'이라 부르다가 '국國'으로 인정했다. 안남국의 경우 몽고가 여러 차례 원정군을 파견해 전투를 벌였음에도 끝내 정복하지 못한 채 안남국이 조공을 바치자 몽고가 '국國'으로 인정할 수 밖에 없었으니 안남국은 자신의 힘으로 온전한 '국國'을 지켜낸 것이었다. 고려는 태자가 쿠빌라이칸에게 항복해 구제舊制 유지를 약속받았는데 이른바

---

124 『元史』 권119, 列傳6, 木華黎

'세조 구제'의 핵심은 고려'국'의 유지였다. 고려는 일본에게 자신이 몽고를 신하로서 섬겨도 '국國'을 보전하고 있다며 몽고와 통호通好하기를 권유했지만 일본은 거부했다. 몽고가 탐라를 독립시킨 데에는 전략적으로 해로의 요충지라는 점이 작용했겠지만 고려국을 견제하면서 일본으로 하여금 몽고에 조공하도록 유도하는 효과도 기대했을 것이다. 어쨌거나 몽고제국 천하에서, 대원제국 천하에서 '국國'을 지닌 곳은 소수였고 특히 정복지에서 그러한 곳은 극소수였는데 탐라국이 그 하나였으니 탐라인은 충분히 자부심을 가질만했다.

탐라국 초토사·총관부·안무사 시절의 지배층은 누구였을까?「성주고씨가전」에 따르면, 지원8년 신미년(1271) 여름에 신의군神義軍·삼별초三別抄가 반역해 탐라에 들어가니, 지원 이십년二十年(일십년一十年의 오류) 계유년(1273: 원종 14) 여름4월에 국가가 군사를 동원해 그들을 모조리 섬멸해 고적高適으로 유총관留摠管을 삼아 남은 민民을 특별히 안집安集하게 하고, 무인년(1278: 지원15: 충렬왕4) 여름에 부조赴朝하게 하여 금패金牌를 친히 수여했으며, 갑신년(1284: 지원21: 충렬왕10)에 총관부摠管府를 고쳐 군민안무사사軍民安撫使事(군민안무사)로 삼았는데 (고씨가) 대를 이어 현달했다고 한다.[125]

몽고 원이 지원10년(1273: 원종 14)에 탐라국 초토사招討司를 설치했다가 지원13년(1276: 충렬왕 2)에 탐라국 군민도달로화적총관부軍民都達魯花赤總管府(군민다루가치총관부)로 바꾸면서 고적高適으로 유총관留摠管 즉 총관摠管(摠官)을 삼아 탐라국을 안집하게 한 것이었다. 고적이 탐라국총관부의 총관이 된 것이었는데 성주星主이자 탐라국왕으로서 탐라국총관부의 총관을 겸했으리라 판단된다. 그는 탐라국 국왕성주와 총관부 총관으로서 탐라국을 통치

---

125 정이오 「성주고씨가전」(『동문선』 권101). "高適, 元王辛酉登第 卽入金闈 因覲親還鄕, 比及至元八年辛未夏 神義軍三別抄 叛入耽羅, '二十年'(一十年)癸酉夏四月 國家濟師 討之盡殲, 以高適爲留摠管 特令安集餘民, 戊寅夏 赴朝 親授金牌, 甲申改摠管府爲軍民安撫使事, 繼世逐顯焉. 五世孫仁坦 襲爵 …"

했다고 볼 수 있다.

충렬왕 2년(1276) 4월 계유일(9일)에 고려국왕 및 공주(제국공주)가 도라산都羅山에 행차하고, 탐라성주耽羅星主가 내조來朝하니 명령해 사품四品(조신사품朝臣四品)의 하下에 차례하게 했다.[126] 이 탐라성주는 고적이었을 것이다. 탐라성주 즉 탐라국왕이 고려에 와서 고려국왕(충렬왕)을 만나니, 고려가 탐라성주를 4품 하의 반열로 대접한 것인데 고려가 현종대 이래 탐라국 성주와 왕자에게 무산계 4·5품 정도를 수여했던 사례를 참작한 듯하다. 탐라국과 고려국은 몽고 원 제국의 판도에 속하는 국가였는데, 양국의 국력 차이가 있었고 고려가 탐라국을 제주로 만들려는 욕망을 버리지 않고 있었고 고려국왕은 몽고황실의 부마로 위상이 높았기에 고려는 탐라성주를 제대로 대우하지 않았다고 볼 수 있다.

고적을 무인년(1278: 지원15: 충렬왕4) 여름에 부조赴朝하게 하여 금패金牌를 친히 수여했다고 했는데, 그가 몽고 원의 부름을 받아 원 조정에 나아가니 원 황제(쿠빌라이칸)가 친히 그에게 금패金牌를 수여했던 것이다. 그러하니 고적은 몽고 원의 대도大都(현재 베이징) 혹은 상도上都를 방문했다고 여겨진다. 몽고가 지원21년(1284: 충렬왕10)에 탐라국총관부를 탐라국안무사로 바꾸면서 고적은 탐라국 안무사按撫使가 되었을 수 있는데, 그렇다면 그는 탐라국 국왕성주이자 안무사로서 탐라국을 통치했다.

몽고 원은 탐라국초토사耽羅國招討司를 설치하면서 탐라국으로 하여금 공부貢賦(공물)로 해마다 모시포毛施布 백필百匹을 진상하게 했다. 그런데 충렬왕 2년(1276) 윤3월 정유일(2일)에 원이 파견한 임유간林惟幹 및 회회回回 아실미리阿室迷里(아실미리아阿室迷里兒)가 주珠(진주)를 탐라에서 캐러 왔다. 6월 임

---

126 『고려사』권28, 충렬왕 2년 4월. "癸酉 王及公主 幸都羅山, 耽羅星主來朝 命序四品之下" ; 『고려사절요』권19, 충렬왕 2년 4월. "耽羅星主來朝 命序朝臣四品之下". 탐라성주는 개경 남동쪽 도라산에 가서 고려국왕(충렬왕)을 만났을 것이다.

신일(9일)에 임유간(임연의 아들)이 탐라에서 주珠를 캐었지만 얻지 못하자 민民 소장의 백여매百餘枚를 취해 원으로 돌아갔다.[127]

탐라국은 유배 장소 혹은 도피자 은신처로 이용되기도 했다. 충렬왕 원년(1275) 4월 임자일(11일)에 원이 도적盜賊 백여인百餘人을 탐라에 유배했다.[128] 5월 계사일(23일)에 원이 고려국왕 왕심王愖(충렬왕)에게 효유하여 진도여당珍島餘黨으로 탐라耽羅에 있는 자를 부르게 했다.[129] 고려가 7월에 제주도루인물濟州逃漏人物 추쇄색推刷色(추고색推考色)을 설치했는데,[130] 제주로 도망간 고려인을 추쇄하기 위한 것이었다. 7월 정유일(4일)에 원이 왕연생王延生을 파견해 탐라 인물人物을 추쇄推刷했다.[131] 충렬왕 3년 5월 무술일(10일)에 원이 죄인 33명을 탐라에 유배했고, 8월 경진일(23일)에 원이 죄인 40명을 탐라에 유배했다.[132]

탐라국 초토사는 몽고 동경행성의 관할이었다가 동경행성이 북경행성으로 바뀌면서 북경행성 관할로 변화한다. 염희헌廉希憲이 국왕 두연가행성頭輦哥行省을 이어 요양遼陽을 진무했는데, 어떤 사람이 그(두연가)가 요민擾民해 불편不便한 것을 말하니 지원11년(1274: 원종15년: 충렬왕즉위년)에 황제가 조칙을 내려 염희헌(중서평장정사中書平章政事 역임)을 북경행성北京行省(동경행성의 후신) 평장정사平章政事로 삼은 것이었다. 염의헌이 임지로 떠나려 하자 황제가 말하기를, "옛적에 선조先朝에서 경卿이 사기事機를 깊이 알아 매양 제도

---

127 『고려사』 권28 및 『고려사절요』 권19, 충렬왕 2년 윤3월 및 6월
128 『고려사』 권28, 충렬왕 원년 4월
129 『元史』 권8, 本紀8 世祖 至元十二年 五月. 한편, 충렬왕 원년 6월 병진일(17일)에 원이 使를 파견해 조칙을 내려 '耽羅賊黨'으로 州縣에 도망해 숨은 자를 사면했는데(『고려사』 권28 및 『고려사절요』 권19), 이 '耽羅賊黨'은 삼별초 관련자였을 것이다.
130 『고려사』 권77, 백관지2 諸司都監各色 ; 『고려사절요』 권19, 충렬왕 원년 7월
131 『고려사』 권28, 충렬왕 2년 7월. 왕연생은 司徒 禎의 庶子로 원에 沒入했다.
132 『고려사』 권28, 충렬왕 3년 5월·8월

帝道로써 짐朕을 인도했고 악한鄂漢에서 반사班師하자 천명을 누차 진술했나니 짐朕 마음이 잊지 않노라. 경卿이 실제로 행함이 적절하고 승상丞相(행성승상 두연가국왕)은 퇴탁退托할 뿐이라, 요습遼習(遼膚)은 호戶가 수만數萬 정도이고 제왕諸王·국서國壻 분지分地가 있는 곳인데 저들이 모두 평소 경卿의 능력을 알기 때문에 경卿에게 진무하게 하는 것이니 짐朕의 이 뜻을 체현하라"고 했다. 염희헌이 부임해 요동의 친왕親王을 눌렀다. 이윽고 황제가 조칙을 내려 국왕(두연가)에게 귀국歸國하게 하자 염희헌이 홀로 행성사行省事를 관장했다.[133]

동경행성을 총괄한 두연가국왕의 권력이 커지자 몽고황제 세조가 동경행성을 북경행성으로 바꾸고 지원11년(1274)에 염희헌을 북경행성 평장정사로 삼아 실권實權을 부여해 행성승상 두연가국왕을 무력화시키고 염희헌으로 하여금 제왕諸王 세력이 큰 요동을 장악하게 하더니 두연가국왕을 행성승상에서 해임해 두연가의 국國으로 돌아가게 했던 것이다. 이에 따라 탐라국 초토사, 이어서 탐라국 총관부는 북경행성의 관할로 된 것이었다.

그런데 몽고 원이 탐라에 목장을 설치하면서 그 목장 영역은 몽고 원의 직할령이 된다. 충렬왕 2년(1276) 8월 정해일(25일)에 원이 탑랄적塔剌赤(타라치)을 파견해 탐라耽羅 달로화적達魯花赤(다루가치)을 삼아 마馬 백육십필百六十匹을 가지고 와서 목牧했다.[134] 『세종실록』 지리지와 『고려사』 지리지에 따르면 충렬왕 3년 정축년[지원14년]에 원元이 탐라에 목마장牧馬場을 설치했다.[135] 충렬왕 2년(1276) 8월에 탐라 다루가치 탑랄적塔剌赤(타라치)이 말 160필을 데리고 고려에 오고 다음해에 탐라로 건너와 그 말들을 탐라에 방목

---

133 『元史』 권126, 列傳13 廉希憲. 요동 일대를 관장하는 行省이 동경행성이었다가 북경행성으로 바뀌었다.
134 『고려사』 권28 및 『고려사절요』 권19, 충렬왕 2년 8월. "元遣塔剌赤 爲耽羅達魯花赤 以馬百六十匹來牧"
135 『세종실록』 지리지 제주목 ; 『고려사』 지리지2, 탐라현

한 것으로 판단된다.

『동국여지승람』은 제주목 고적 조항에서 달로화적부達魯花赤府·군민안무사부軍民安撫使府에 대해, 고려 충렬왕 때 원元 탑라적塔羅赤(탑랄적塔剌赤)이 우牛·마馬·락駱(낙타)·려驢(나귀)·양羊을 싣고 와서 수산평水山坪에 방목해 마축馬畜이 번식하니 이후에 원元이 달로화적부達魯花赤府 및 총관부摠官府를 설치해 고인단高仁旦으로 총관摠官을 삼아 부사府事를 처리했다고 했다.[136] 정의현 고적 조항에서 수산평水山坪에 대해, 수산水山 서남에 위치하는데 고려 충렬왕 때 원元 탑라적塔羅赤 등이 와서 우牛·마馬·락駱(낙타)·려驢(나귀)·양羊을 이 평坪에 방목했다고 했다.[137] 이원진『탐라지』에 따르면, 충렬왕 3년 정축년에 원이 동서아막東西阿幕을 설립해 우牛·마馬·타馳(낙타)·려驢(나귀)·양羊을 방목해 달로화적達魯花赤을 파견해 감독하게 했다고 한다.[138] 탐라에 동 목장과 서 목장을 관리하는 동아막과 서아막이 설치된 것인데 동아막은 수산평에 자리잡았다. 탐라달로화적耽羅達魯花赤 탑랄적塔剌赤은 충렬왕 3년 10월 갑술일(19일)에 원에 갔다가 다음해 2월 경오일(17일)에 원으로부터 돌아왔는데, 황제가 왕(충렬왕)에게 해동청海東靑을 하사했다.[139]

몽고의 탐라 목장과 관련해 몽고의 마정馬政을 보면, 세조 중통中統4년에 군목소羣牧所를 설치해 태부감太府監에 예속했고, 이윽고 (태부감을) 상목감尙牧監으로 승격하고, 또 태복원太僕院으로 승격하고, 위위원衛尉院으로 고치고,

---

136 『신증동국여지승람』 제주목 고적, 達魯花赤府·軍民安撫使府[高麗忠烈王時 元塔羅赤載牛馬駱驢羊來 放于水山坪 馬畜蕃息. 是後 元設達魯花赤府及摠官府 以高仁旦爲摠官 行署府事, 尋罷, 其後 又設軍民安撫使府 以塔赤爲達魯花赤 行署府事, 尋又罷之 還隷高麗. 今州城北海岸有古官府遺址 疑卽其地, 然不可考]

137 『신증동국여지승람』 정의현 고적, 水山坪[在水山西南 高麗忠烈王時 元塔羅赤等來放牛馬駱驢羊于此坪]

138 이원진『탐라지』 濟州 建置沿革

139 『고려사』 권28, 충렬왕 3년 10월 ; 『고려사』 권28 및 『고려사절요』 권20, 충렬왕 4년 2월

원院(위위원)을 혁파하여 태복시太僕寺를 건립해 선휘원宣徽院에 예속하고, 후에 중서성에 예속해, 어위하御位下 대알이타大斡耳朶 마馬를 관장했다. 그 목지牧地는 동쪽으로 탐라耽羅를 넘고, 북쪽으로 화리독마火里禿麻를 넘고, 서쪽으로 감숙甘肅에 이르고, 남쪽으로 운남등지雲南等地에 이르며 무릇 14처處였다. 상도上都·대도大都로부터 옥이백아玉你伯牙·절련겁태아折連怯呆兒에 이르기까지 주회周廻 만리萬里에 목지牧地가 아님이 없었다.[140]

무릇 어위하御位下·정궁위하正宮位下의 수조隨朝하는(조정을 따르는) 여러 색목인원色目人員은 감숙甘肅·토번土番·탐라耽羅·운남雲南·점성占城·노주蘆州·하서河西·역해복설亦奚卜薛·화림和林·알난斡難·겁로련怯魯連·아랄홀마걸阿剌忽馬乞·합랄목련哈剌木連·역걸리사亦乞里思·역사혼찰亦思渾察·성해成海·아찰탈불한阿察脫不罕·절련겁태아折連怯呆兒 등처等處 초지草地, 내內로 강남복리江南腹裏 제처諸處, 관官에 관계해 마馬·우牛·타駞·라騾(노새)·양羊을 자생孶生해 점수點數하는 처處에서 일한다고 했다. 14도道 목지牧地 각 천호千戶·백호百戶 등 명목名目은 좌左(다음)와 같으니, 동로東路 절련겁태아折連怯呆兒 등처等處(1), 옥이백아玉你伯牙 상도上都 주위周圍(2), 합랄목련哈剌木連 등처(3), 아랄홀마걸阿剌忽馬乞 등처(4), 알근천斡斤川 등처(5), 아찰탈불한阿察脫不罕 등처(6), 감주甘州 등처(7), 좌수左手 영평永平 등처(8), 우수右手 고안주固安州 등처(9), 운남雲南 역해복설亦奚卜薛(10), 노주蘆州(11), 익도益都(12), 화리독마火里禿麻(13), 고려탐라국高麗耽羅國(14)이었다.[141] 원 어위하御位下·정궁위하正宮位下 목장에는 목인牧人으로 여러 색목인色目人이 파견되었는데 탐라 목장에도 그러했다. 원은 14도道 목지牧地를 운영했고 각 책임자는 천호와 백호였는데, '고려탐라국'도 14도 목지의 하나로 천호와 백호가 임명되었다. 이 '고려탐라국'은 고려의 탐

---

140 『元史』 권100, 志48 兵3 馬政
141 『元史』 권100, 志48 兵3 馬政. 甘州는 河西走廊에 위치한다. 이 馬政 편에는 14 道 牧地를 관장하는 哈赤·千戶·百戶 명단이 실려 있지만, '蘆州'와 '高麗耽羅'는 조항만 있고 구체적인 명단이 누락되어 있다.

라국이라는 의미가 아니라 고려탐라국 방면 내지 고려방면 탐라국의 의미로 14도(방면)의 하나로서의 단위에 해당했다. 이는 옥이백아玉你伯牙 상도上都가 하나의 방면이지 옥이백아의 상도가 아닌 것에서도 알 수 있다.

목인牧人은 '합적哈赤'·'합랄적哈剌赤'이라 불리고 천호千戶·백호百戶가 있어 부자父子가 서로 계승해 임사任事했다. 조정朝廷이 해마다 9월·10월에 시관寺官(태복시관太僕寺官을) 파견해 열시閱視해 그 다과를 비교하고 태어난 망아지가 있으면 낙인烙印해 헤아리고 현재 수목數目을 몽고蒙古·회회回回·한자漢字 문책文冊으로 만들어 아뢰었다. 무릇 병사病死한 것이 3이면 목인牧人으로 하여금 큰(大) 빈마牝馬(암말) 1로 보상하게 하고, 2이면 두 살 마馬 1로 보상하게 하고, 1이면 빈양牝羊(암양) 1로 보상하게 하고, 마馬가 없는 자는 양羊·타駞(낙타)·우牛로써 절납折納하게 했다.[142]

몽고 원의 탐라 목장 설치는 탐라국의 영토를 잠식한 것이지만 탐라의 목축산업의 비약적인 발전을 가져온다. 탐라 목장의 목축은 다수 색목인色目人과 소수 몽고인이 담당했는데 이들이 이른바 '목호牧胡'였으니 탐라에 '목호' 세력이 형성된다. '목호'가 목축 책임을 졌으므로 탐라인은 그 책임에서 자유로웠다.[143] 탐라인은 목축 전문가 '목호'와 서로 교류하고 도움을 주고받으면서 그들의 목축산업 기술을 습득해 축산업을 혁신할 수 있었다. 조선 대정현성 성문 앞으로 옮겨진 석인상 중에 복식 표현이 있는 것은 돌궐계이며 이는 킵차크 칸국 출신의 하치(목동)가 탐라목장에 파견된 데에서 기원했다는 견해가 있는데[144] 설득력이 있다고 생각한다.

---

142 『元史』 권100, 志48, 兵3 馬政
143 반면, 조선시대 제주 목자는 제주인이 담당해 말의 손실에 대해 다른 말(대개 同色馬)로 배상해야 해서 부모·처자·同生을 팔고 자신을 雇當하는 비참한 지경에 이르며 몰락해 갔다. 몽고의 탐라목장은 동서아막의 영역에 한정된 반면 조선시대 제주 국영목장은 중산간·산간의 全 지역에 설치되어 국영 果園과 더불어 농지를 많이 잠식해 제주인 가난의 근본요인으로 작용한다.

<table>
<tr><td>그림 41. 대정 석인상(필자촬영)</td><td>그림 42. 대정 석인상(필자촬영)</td></tr>
</table>

몽고와 탐라가 목장을 통해 공생관계를 형성한 반면 고려는 탐라로부터의 말 조공이 끊기면서 타격을 받는다. 고려는 말 부족을 해결하기 위해 충렬왕 14년(1288) 2월에 마축자장별감馬畜滋長別監을 설치했다. 이에 앞서 마馬를 제도諸島에 방목하여 번식하도록 하고 장자壯者를 간출簡出해 상승尙乘에 충당하고 그 나머지는 제왕諸王·재보宰輔·문무신료文武臣僚에게 반반班에 따라 하사했거늘 탐라耽羅의 산출이 거다居多했다고 한다. 그런데 역적逆賊(삼별초)의 난亂 이래 원元이 도민島民을 육거陸居하게 하고 탐라耽羅는 원元에 별속別屬되자, 고려에 마축馬畜이 번성하지 않아 세공歲貢(국내 세공)이 심히

_____

144 정성권, 「제주도 돌하르방의 기원 문제와 불교조각과의 관계」 『몽골학』 70, 2022

적으니 국가에 친조親朝·조정助征의 일이 있으면 외관外官으로 하여금 헌마獻馬하게 하고 또 백관에게 품렴品斂하고 심지어 외군外郡 양마良馬을 빼앗음에 이르러 내외가 괴로워하니, 조의朝議가 만약 관官을 설치하여 빈마牝馬(암말)·자우牸牛(암소)를 선발해 번식하도록 하면 장래를 대비할 수 있다고 여겨이에 이 설치명령이 있었다는 것이다.[145] 고려가 말 수요를 탐라의 조공에상당히 기대어 왔는데 삼별초 난 이후 탐라의 말 조공이 끊기고 삼별초 평정 후에도 그러했다는 것이다.

탐라국 총관부 및 안무사의 구성은 어떠했을까? 「성주고씨가전」에 따르면, 갑신년(1284: 지원21년: 충렬왕10)에 총관부摠管府를 고쳐 군민안무사사軍民安撫使事로 삼았는데 (고씨가) 대를 이어 현달했다. 오세손五世孫(고유의 오세손)고인탄高仁坦(고인단高仁旦)이 작爵을 계승했다. 지원至元 신사년(지원18년: 1281: 충렬왕7)에 원조元朝가 일본을 정벌하고자 전조前朝(고려)에 칙령을 내려 전함戰艦 구백九百 척을 준비하고 군자軍資·기장器仗 일체를 마련하게 했고, 또한 탐라에 명령을 내려 전함 일백一百 척을 제작하게 하니 그 계획(계량)에 부족함이 없도록 준비했는데 탐라의 이 준비가 모두 고인탄(고인단)으로부터나왔다. 지원21년(1284: 충렬왕10)에 또 선명宣命(황명: 몽고황제 명령)과 금패金牌를 받아 명위장군明威將軍 안무사사安撫司使에 임명되었다.[146]

고인탄(고인단)은 고적의 조카뻘 쯤에 해당한다. 그는 탐라국 총관부 시

---

145 『고려사』 권82, 병지2, 馬政. 元이 '島民'을 陸居하게 했다고 했는데, 이 '島民'은고려 여러 섬의 民을 지칭했다.

146 정이오 「성주고씨가전」(『동문선』 권101). "甲申 改摠管府爲軍民安撫使事, 繼世遂顯焉, 五世孫仁坦 襲爵, 至元辛巳 元朝欲征日本 勅前朝 備戰艦九百艘 軍資器仗一切幹辦, 故令下耽羅 使造一百艘 儲待應副 亦無有闕其計 皆自仁坦出也, 至元二十一年 又受宣命金牌明威將軍安撫司使. 二十九年 以征東行中書省箚付 充耽羅指揮使'. '故令下耽羅'에서 '故'는 '又'의 오류일 수 있다. 高仁旦은 조선시대 기록에서 高仁朝 혹은 高仁坦으로 표기되곤 했는데 태조 이성계의 이름 '旦'을 忌諱한 것이었다.

절인 지원18년(1281: 충렬왕7)에 몽고의 일본정벌을 위한 전함 100척을 탐라에서 빠짐없이 제작했고 지원21년(1284: 충렬왕10)에 또 선명宣命(황명: 몽고황제명령)과 금패金牌를 받아 명위장군明威將軍 안무사사安撫司使에 임명되었다는 것이다. 그는 전함건조를 지휘감독했는데, 탐라국 국왕성주이자 총관부 총관인 고적을 보좌해서 그러했을 수도 있고, 그 자신이 국왕성주이자 총관부 총관에 올라 그러했을 수도 있고, 그 자신은 총관으로서 그러하고 국왕성주는 고적이었을 수도 있다. 지원21년(1284: 충렬왕10)에 탐라국총관부가 탐라국안무사로 바뀌고 고인탄(고인단)이 안무사安撫司의 안무사安撫使에 임명된 것인데, 이 때에 탐라국에서 권력이 고적에서 고인탄(고인단)으로 교체되었을 수도 있다. 고적이 총관에서 안무사로 되었다가 고인단이 안무사를 계승했을 가능성, 총관부가 안무사로 되면서 고적이 총관에서 물러나고 고인단이 안무사가 되었을 가능성, 고인단이 이미 고적을 이어 총관으로 활동하다가 안무사가 되었을 가능성이 있다. 이러한 교체 배경으로 고적의 사망 혹은 질병 혹은 연로를 생각해 볼 수도 있고, 몽고가 고인단이 전함건조를 주도한 공로를 높이 샀기 때문이라 볼 수도 있다.

탐라국 총관부(제1차)와 안무사부의 구성은 이원진 『탐라지』에서 유추할 수 있는데 이를 소개하면 아래와 같다.

> 고려 충렬왕 때 원 탑라적塔羅赤이 소, 말, 낙타, 나귀, 양을 싣고 와 수산평首山坪(水山坪)에 방목하니 마축馬畜이 번식했다. 이후 원이 '달로화적부 및 총관부達魯花赤府及總官府(달로화적총관부)'를 두어 고인조高仁朝(고인단)로 총관總官을, 적適(고적)으로 총관부總官副를, 문신文愼으로 동지총관同知總官을, 탑아塔兒로 부판副判을, 고정간高貞幹으로 지사知事를, 김숙金叔으로 제공提控을, 진사進士 정곤鄭琨·양기梁琪로 지방知房을, 진사 부정재夫貞才·고순시高順時·문절수文節隨·조유현趙有賢·안비安庇로 영사令史를 삼아 부府의 일을 처리했다. 이윽고 그것을 혁파하고 군민안무사부軍民安撫使府를 설치하여 탑라적塔羅赤으로 달로화적達魯花赤을, 고인조高仁朝(고인단)로

안무사安撫使를, 문창우文昌佑로 부사府使를, 정총도달汀總都達로 동지사同知事를, 채유인蔡有仁으로 첨사簽事를 삼아 부府의 일을 처리했다. (『탐라지』 고적 달로화적부·군민안무사부)[147]

고인조高仁朝는 곧 고인단高仁旦(고인탄高仁坦)이었고, '적適'은 고적高適으로 판단되는데, 고인조 즉 고인단이 총관總官(摠管)으로, 고적이 총관부總官副 즉 부총관으로 등장해서 문제이다 고적은 「성주고씨가전」에 유총관留摠管으로 나오니 탐라총관부 총관을 지냈다고 보아야 하는데, 『탐라지』 편찬 과정에서 유총관留摠管을 부총관副摠管으로 착각했다고 여겨진다. 그러하니 탐라국 달로화적(다루가치) 총관부가 처음 설치되었을 때 고적이 유총관留摠管 즉 총관摠管이었고 고인단은 부총관副摠管이었거나 후에 총관이 되었다고 볼 수 있다.

이 탐라국총관부의 구성원은 ①총관(유총관) 고적, ②부총관 혹은 후임총관 고인단, ③동지총관 문신, ④부판副判 탑아塔兒, ⑤지사知事 고정간, ⑥제공提控 김숙, ⑦지방知房 정곤·양기, ⑧영사令史 부정재·고순시·문절수·조유현·안비로 이루어졌다. 몽고식 이름으로 보이는 탑아塔兒는 어디 출신인지 확실하지 않지만 나머지는 모두 탐라인들로 판단된다. 고씨가 4명, 문씨가 2명, 김·정·양·부·조·안씨가 각각 1명으로 탐라 지배층이 적절히 안배되었는데, 구성 비율에서 고씨가 1위, 문씨가 2위를 차지했다. 8개로 구성된 직위에서도 고씨는 총관부의 최고 지배자인 ①, ②와 중간 간부인 ⑤와 말단 실무진인 ⑧을 이루어 지배력을 관철할 수 있었다. 문씨는 최고직책 바로

---

147 『탐라지』 古跡 達魯花赤府·軍民安撫使府[在州城北海岸 有古官府遺址 疑卽其地. 高麗忠烈王時 元塔羅赤載牛馬馳驢羊來 放于首山坪 馬畜蕃息, 是後 元設'達魯花赤府及總管府 以高仁朝爲總官 適爲總官副 文愼爲同知總官 塔兒副判 高貞幹知事 金叔提控 進士鄭琨·梁琪知房 進士夫貞才·高順時·文節隨·趙有賢·安庇爲令史 行署府事. 尋罷之 又設'軍民安撫使府' 以塔羅赤爲達魯花赤 高仁朝安撫使 文昌佑府使 汀總都達同知事 蔡有仁簽事 行署府事]

밑의 ③의 직책과 실무진 ⑧을 통해 고씨 다음으로 영향력을 행사할 수 있었다. 그 다음에는 김씨가 중간 간부인 ⑥에 위치하고, 그 다음에는 정씨와 양씨가 실무진 ⑦을, 그 다음에는 부씨·조씨·안씨가 말단 실무진 ⑧을 이루어 나름대로 발언권을 지녔다. 정곤鄭琨·양기梁琪는 지방知房을, 부정재·고순시·문절수·조유현·안비安庇는 영사令史를 맡아 실무를 처리했는데 이들은 모두 진사進士였다. 이들 진사는 고려 과거인 국자시(사마시) 혹은 예부시 합격자이거나 고려 성균관에 유학한 학생이었거나 탐라국 자체 과거의 합격자이거나 탐라국이 설치한 국학國學의 학생이었을 것이다. 이는 탐라인의 문장 구사와 유학儒學 이해가 상당한 수준에 올라 있었음을 말해준다.

탐라의 지배층은 총관부의 구성으로 볼 때 고高, 문文, 김金, 정鄭·양梁, 부夫·조趙·안安 순으로 영향력을 발휘했다. 이들은 모두 『동국여지승람』 제주목 성씨항에서 조趙를 제외하고 '본주'와 '속현'에 실린 성씨들이다. 단, 김金과 정鄭은 성씨항에서 내성來姓에도 보여 총관부의 그것이 토성土姓 계통인지 내성來姓 계통인지 확실하지 않다. 조趙는 내성來姓과 원에서 온 경우가 있었는데, 조유현趙有賢은 원이 탐라에 진출한 초기라는 점, 그가 말단 실무진이라는 점에서 볼 때 한반도에서 도래한 내성來姓으로 여겨진다. 총관부 구성에 의거하건대 토착 고高와 도래 문文의 위상이 두드러지고, 토착 양梁과 부夫의 위상이 약화되고, 도래 김金이 고高와 문文 다음의 위상을 차지했다. 부씨는 고려초부터 이미 통치권력 집단에서 밀려났지만 양씨는 고씨 다음의 위상을 차지하다가 문씨에게 밀려 약화된 것이었다.

탐라국 안무사부의 구성을 보면, 안무사安撫使는 고인조(고인단), 부사府使는 문창우文昌佑, 동지사同知事는 정총도달汀總都達, 첨사簽事는 채유인蔡有仁으로 나타난다. 그런데 「성주고씨가전」에 따르면 고인단은 지원 29년(충렬왕 18년: 1292)에 정동행중서성의 명령에 따라 탐라 지휘사指揮使에 임명되며, 부사副使 문창우文昌祐, 동지同知 김선金瑄과 함께 의논을 정하여 원조元朝에 아뢰어 탐라를 고려에 환속시켰다고 한다. 이로 보아 앞의 '부사府使'는 '부사副使'의 착오로 보인다. 고인단이 안무사安撫使와 지휘사指揮使를 지낼 때 문창우가 바로 밑의 부사副使를 지냈던 것이니, 고씨와 문씨가 탐라 통치의 양대 세력으로 굳어졌음을 알려준다. 충렬왕이 20년 11월에 탐라의 왕자 문창유文昌裕와 성주 고인단高仁旦에게 홍정紅鞓·아홀牙笏·모모帽·개益盖·화靴 각 하나씩을 하사하는데,[148] 이 문창유文昌裕와 문창우文昌佑(文昌祐)는 동일 인물 로 판단된다. 문창유(문창우)가 기록상 문씨 중의 첫 왕자王子로 나타나지만 동지총관同知總官 문신文愼이 문씨 중의 첫 왕자王子였을 가능성이 크다. 문 창유(문창우)는 문신의 아들 혹은 조카였지 않나 싶다. 지휘사부에서 동지 김선이 지휘사 고인단과 부사 문창우 다음의 지위를 차지한 것은 김씨가 탐라 지배층에서 세 번째 세력으로 성장해 갔음을 보여준다. 안무사부에서 동지사同知事 정총도달汀總都達은 몽고식 이름을 지닌 인물로 여겨지는데 어 디 출신인지 불확실하고, 첨사簽事 채유인蔡有仁은 한반도에서 도래한 성씨 의 인물로 추정되지만『동국여지승람』제주 성씨조항에 채씨는 올라 있지 않다.

탐라국에 국왕성주 관부와 왕자王子 관부가 있었고, 따로 몽고 원이 설 립한 관부로 초토사를 거쳐 총관부, 이어서 안무사가 있었다. 총관부와 안 무사는, 정복군 병영 성격이 강한 초토사와 달리 그 구성원이 거의 다 탐 라인으로 이루어져 그 운영이 탐라인에게 맡겨져 있었다. 단, 탐라국의 여 러 사항은 몽고 파견 다루가치의 감찰과 견제를 받아야 했다. 고씨와 문씨 는 삼별초를 토벌하는 몽고·고려에 협력해 총관부, 안무사, 지휘사에서 최 고위급의 위상을 차지했다. 양씨족에게 도전받아 위상이 흔들렸던 고씨족 이 성주족으로서의 자신의 입지를 회복했고, 문씨족이 새로이 날아올라 양 씨족을 대신해 왕자족이 되었다. 이후 고씨는 성주 세습을 굳히고 문씨는 왕자 세습을 이어가면서 탐라의 최고 권력층으로 군림한다.

---

148 『고려사』권31, 충렬왕 20년 11월

5. 몽고연합군의 일본정벌과 탐라의 동향

몽고 원은 일본 정벌을 진행하면서 탐라국을 병참기지로 활용한다. 고려와 탐라에게 전함을 제작하게 하고, 고려에게 식량을 공급하도록 한다. 원종15년(1274) 정월에 총관 찰홀察忽(차구: 홍다구)을 파견해 전함戰艦 삼백三百 척 제작을 감독하게 하면서 소용대장군 홍다구洪茶丘로 감독조선관군민총관監督造船官軍民總管을 삼고 그 공장工匠·역도役徒와 일체 물건을 본국(고려)이 마련하도록 온전히 맡겼다. 이에 왕(원종)이 공장工匠·역도役徒 30,500명 남짓을 징집해 조선造船 장소로 나아가게 했다.[149]

고려는 원종15년(1274) 2월 갑자일(17일)에 별장別將 이인李仁을 파견해 원에 가서 중서성에 상서上書하게 했다. 이 상서에서, 금년 정월 2일에 문하시중 김방경이 가져온 성지省旨(중서성 명령)에 대선大船 삼백三百 척을 전라全羅·탐라耽羅 두 곳에서 제작하도록 하라 했고, 정월 19일에 받든 성지省旨에 제주유수濟州留守 관군官軍과 소방졸小邦卒(고려군졸), 모두 일천사백인一千四百人 7개월 당 군량 2,904석을 고려에게 지급하라 했고, 지원10년(1273: 원종 14) 12월에 받든 성지省旨에 제주백성濟州百姓 일만이백이십삼인一萬二百二十三人(10,223인)에게 고려가 모두 공급을 행하라고 했다고 했다. 관민官民에게 거두어 조선造船 부요·장匠 및 둔주경행屯住經行 군마軍馬와 제주백성濟州百姓 등 양료糧料 합계 사만여석四萬餘碩을 마련하기 시작했는데, 이어서 이후에 요구된 금주金州·전주·나주 둔주군屯住軍과 제주濟州 군민軍民 양료糧料는 공급하기 실로 어려우니 감면해 원인遠人(고려인)에게 은혜를 베풀어 달라고 했다.[150]

---

149 『고려사』 권27 및 『고려사절요』 권19, 원종15년 정월 ; 『고려사』 권104, 김방경전
150 『고려사』 권27 및 『고려사절요』 권19, 원종 15년 2월. 당시 탐라는 海難에다가 전란으로 여성 비율이 훨씬 높았을 것이다. 백성 10,223인은 男丁이었을 터이니 女丁까지 포함하면 丁은 25,000명 정도로, 아이와 노인을 포함한 전 인구는 전란을 겪었어도 4만명 정도로 추론되며 곧 많이 증가했을 것이다.

몽고는 대선大船 삼백三百 척을 전라全羅와 '탐라耽羅'가 나누어 건조하게 하면서 그 공장工匠·인부人夫 삼만오백명三萬五百名에 대한 식량을 고려가 공급하게 했다. '제주濟州'에 유수留守하는 관군官軍(몽고군)과 소방졸小邦卒(고려군졸), 모두 일천사백인一千四百人의 군량, 그리고 흔도忻都 등이 거느린 고려주둔 몽고군의 군량을 고려가 부담했다. 또한 고려는 몽고의 명령에 따라 '제주濟州' 백성 10,223인에게 식량을 공급해야 했는데, 이 '제주濟州' 백성 10,223인은 당시 탐라의 인구 전체가 아니라 군함 제작 등 일본정벌 사업에 동원된 탐라인을 의미했다. '탐라'는 몽고에서 부른 명칭이었고 '제주'는 고려가 탐라 영유를 주장하며 부른 명칭이었다. 탐라 유수군(주둔군)과 공역종사자에 대한 식량을 탐라가 아니라 고려가 부담했던 것이었다. 탐라가 소국인데다가 몽려군과 삼별초의 전쟁을 겪은 직후여서 여력이 없었기 때문에 몽고가 그나마 나은 고려에게 떠맡겼던 것인데 탐라국에게는 이로운 일이었다.

고려가 원종 15년 4월 갑자일(18일)에 간의대부 곽여필을 파견해 원에 가서 표문을 올리게 했다. 이 표문에서 말하기를, 홍다구洪茶丘가 김방경에게 문서를 보내 선박 삼백三百 척과 초공梢工·수수水手 일만오천인一萬五千人을 미리 갖추라고 하니, 그 수數가 심히 많아 단지 소방인小邦人(고려인)을 사용해 충족하기 어렵다면서, 원래元來 관할했던 제주濟州·동녕부북계제성東寧府北界諸城 사람과 서해도西海道에서 피역避役해 달아나 동녕부東寧府에 있는 자는 모두 물에 익숙하고 선박조종을 잘하니 추쇄해 보충하게 해 달라고 했다. 지금 조선造船 부장斧匠·장匠 및 감조관監造官 등 삼만오백인三萬五百人, 종전군種田軍·홍총관군洪總管軍(홍다구군)·제주유수군濟州留守軍 등 식량을 마련하기 어려운데 특별히 황은을 입어 이만석二萬碩 미米를 조운해 군량을 보충하니 거국擧國이 감대感戴한다고 했다.[151]

마침내 몽려 연합군이 충렬왕 즉위년(1274) 10월에 제1차 일본정벌을 단

---

151 『고려사』 권27 및 『고려사절요』 권19, 원종 15년 4월

행한다. 제1차 일본정벌 몽려연합군은 몽한군蒙漢軍 25,000명, 고려군 8,000명, 초공梢工·인해引海·수수水手 6,700명, 전함 900척 남짓으로 이루어졌다. 몽고군의 경우 원元 도원수都元帥 홀돈忽敦(흔도忻都), 우부원수右副元帥 홍다구洪茶丘, 좌부원수左副元帥 유복형劉復亨이 지휘했다. 고려군의 경우 '삼익군'(중군·좌군·우군)으로 도독사都督使 김방경이 중군을, 좌군사左軍使 김신金侁이 좌군을, 우군사右軍使 김문비가 우군을 지휘했다. 일본을 정벌해 일기도一岐島(이키섬) 일대에까지 공략해 전과를 거두었지만 큰 바람과 비 때문에 실패해 철군하여 11월 기해일(27일)에 합포에 도착했는데, 무려 13,500명 남짓의 군사가 돌아오지 못했다.[152]

몽고 원은 제2차 일본정벌을 준비하고 겸하여 탐라 주둔군을 보강한다. 고려가 충렬왕 원년(1275) 3월에 탐라수졸耽羅戍卒 결소缺少로 인해 사람을 모집해 직직職(작爵)을 수여해 파견했고, 7월에 부병府兵 사령四領을 파견해 '제주濟州'를 지키게 했다.[153] 8월 정미일(9일)에, '제주濟州' 달로화적達魯花赤(다루가치)이 고려에 파견한 사使가 수졸戍卒을 독려하니, 왕이 김광원金光遠 등으로 하여금 사령병四領兵을 조달하게 하여 비록 근시近侍를 겸하더라도 모두 징발해 장군 양공적梁公勣 등으로 하여금 거느려서 가도록 했다.[154] '탐라'는 몽고 원이 사용한 용어였고, '제주'는 고려가 미련을 지녀 사용한 용어였다. 탐라국 다루가치가 고려충렬왕 원년(1275) 7월에 고려에 사절을 파견해 고려에게 탐라 방어군졸을 요구하니 고려가 8월에 김광원 등으로 하여금 사령병四領兵을 징발하게 하여 장군 양공적 등이 이 '사령병'을 거느려 탐라로 향했던 것이다. 1령領은 대개 1000명이었으니 탐라를 지키기 위해 고려

---

152 『고려사』 권28, 충렬왕 즉위년 7월~11월. 김방경이 元帥 忽篤(忻都)과 함께 일본을 토벌해 그 一岐島·對馬島·伊蠻島 등을 깨뜨리고 식량이 다함으로 인해 돌아왔다고 한다(『익재난고』 9상, 忠憲王世家, 충렬왕 총서).
153 『고려사』 권82, 병지2 鎭戍 ; 『고려사절요』 권19, 충렬왕 원년 3월 및 7월
154 『고려사』 권28, 충렬왕 원년 8월

군 4령 즉 4000명이 파견된 것이었다. 몽려군의 제1차 일본정벌로 인해 일본의 고려국과 탐라국에 대한 침략이 우려되는데다가 몽려군의 제2차 일본정벌을 앞두고 있어서 탐라국의 방어력을 강화한 것이었다.

고려가 충렬왕 3년(1277) 2월 정묘일(8일)에 장순룡張舜龍을 파견해 원에 가서 중서성에 상서上書하게 했다. 이 상서에서, 몽고 원이 둔전군 3,200명과 활단적闊端赤을 추가로 고려에 파병하면서 고려에게 군량을 부담하도록 했다면서, 고려가 현재 합포진변군, 탐라방호군, 염·백주 귀부군과 활단적闊端赤에게 한두漢斗로 1년에 군사식량 18,629석石 2두斗와 마우료馬牛料 32,952석 6두를 백성에게 거두어 공급하고 있으니, 지금 추가파견 둔전군·활단적 식량은 둔전경략사에서 공급하기를 요청했다.[155] 고려가 3월 을묘일(26일)에 친종장군 김자정金子廷을 파견해 방수군防守軍을 탐라에 압송押送했다. 탐라가 크게 흉년이 들어 굶주려 민民이 심지어 문을 닫은 채 죽은 자가 있으니 고려가 최석崔碩을 파견해 순시하게 했다.[156] 고려국이 탐라국에 이러한 조치를 행한 이유는 양국이 모두 몽고원 제국의 일원이기 때문이었다. 1277년에 탐라에 큰 흉년이 들어 탐라민이 굶주림에 시달렸음을 알 수 있다. 7월 정미일(20일)에 밀직부사 박항朴恒을 원에 파견해 성절을 축하하고, 중서성에 상서上書해 병량兵糧을 탐라·합포 둔수군屯守軍에게 지급하기를 요청했다.[157]

1276년(고려충렬왕 2)에 몽고군이 남송 수도 임안臨安(항조우)을 점령하면서 남송은 사실상 멸망했다. 몽고가 제2차 일본 정벌에 집중할 수 있는 기회를 맞이한 것이지만 오랜 전쟁으로 산적한 문제가 많았고 제1차 정벌 실패의 교훈이 있어 결행하기 쉽지 않았다. 고려에서는 동정원수부東征元帥府(흔

---

155 『고려사』 권28, 충렬왕 3년 2월
156 『고려사』 권28 및 『고려사절요』 권19, 충렬왕 3년 3월 ; 『고려사』 권55, 오행지 3, 五行五曰土. 內僚 出使가 김자정으로부터 비롯되었다고 한다.
157 『고려사』 권28 및 『고려사절요』 권19, 충렬왕 3년 7월

도혼都와 홍다구 중심)와 다루가치가 황제·중서성·추밀원을 배경으로 고려 내정에 간섭하면서 갈등이 심화한다. 특히 홍다구가 김방경·충렬왕과 충돌하면서 고려 정치·군사를 혼란스럽게 만들며, 김방경이 원을 거역하려 한다는 참소를 당해 형벌을 받기도 한다.

충렬왕 4년(1278) 4월 갑인일 초하루에 왕 및 공주(제국공주)가 원을 향해 개경을 떠나 6월 기사일(17일)에 상도上都 개평부에 도착해 황제(쿠빌라이칸)를 알현했다. 7월 임진일(11일)에 외外 올타兀歹(오도르) 연회에 참석했다. 이 연회 직후에 왕이 중서성에 상서上書하기를, 동정원수부東征元帥府가 전라도에 마음대로 탈탈화손脫脫禾孫(역참 관원)을 설치해 상사上司(도성都省)의 허락이 떨어지기도 전에 탈탈화손을 파견해 사백군四百軍을 거느려 부임하게 했다고 비판했고, 탐라 달로화적達魯花赤이 나주해남羅州海南 지면에 마음대로 참적站赤(참치)을 설치했다고 비판했다. 탐라·진도 공파攻破 때에 관군(몽고군)에 사로잡혔다가 도망한 자는 관군이 추쇄함이 당연하지만, 공파 후에 평민에 치역齒役한 자를 노획虜獲이라 망령되이 칭하여 구역驅役에 충당하니 금지해 달라고 했다. 소방小邦은 여러 도島(섬)가 비록 많지만 모두 육지와 멀지 않아, 상사上司(중서성)가 보낸 죄인을 안치하기에 이미 어려운데, 하물며 지금 탐라 땅의 원방元放 죄수를 아울러 이치移置하도록 하니 여러 도島에 둘만한 땅이 없고 조석朝夕에 다른 변란이 생길까 걱정되니, 탐라에 원방죄도元放罪徒는 전처럼 탐라에 거처하게 해 그대로 관군으로 하여금 감수監守하게 해 달라고 했다.[158] 탐라국 다루가치가 고려국의 나주해남 지역에 참적(참치: 역참 또는 그 담당자)을 설치한 것인데 월권이라고 고려국왕은 여긴 것이었고, 또한 고려국왕은 탐라에 있는 죄수를 고려의 섬으로 옮기는 것을 반대했던 것이다. 7월 신축일(20일)에 평장 합백哈伯과 부추副樞(추밀부사) 패랄孛剌(발랄)이 왕에게 말하기를, "진도·탐라 정벌 때에 관군(몽고군)이 포로로 사로잡은

---

158 『고려사』 권28 및 『고려사절요』 권20, 충렬왕 4년 4월~7월

자는 왕 역시 다투지 마시오" 라고 했다.[159]

충렬왕은 7월 계묘일(22일)에 상도를 떠나 북경北京을 지나 동경東京에 다다른 8월 신사일(30일)에 장군 박의朴義를 원에 파견해 도당都堂(중서성)에 상서하게 했다. 이 상서에서, "본국本國(고려)에서 온 문서에 의거하면 전라도 안렴사按廉使 보고에 '금춘今春에 상사上司(중서성)가 보낸 죄도罪徒를 도道(전라도) 내에 분치分置했는데 영암군靈岩郡 피면도披縣島 13명이 부桴(뗏목)를 타서 도망해 숨자 수색해 획득하고, 보성군寶城郡 내로도乃老島 24명이 행인선行人船을 빼앗아 도망해 숨어 아직 잡지 못했습니다' 라 했습니다. 내가 상도上都에 있을 때 이 일을 말하기를, '본국(고려)은 도자島子(섬)가 비록 많지만 육지에서 먼 것이 적어, 누차 보낸 죄도罪徒를 이미 안치하기 어려운데, 지금 이 배이移配되는 탐라죄수耽羅罪囚를 어느 땅에 두리오, 바라건대 전소前所(탐라)로 돌려보내어 그대로 관군으로 하여금 진수鎭守하십시오' 라고 했지만 아직 명강明降을 받지 못했습니다. 지금 2도島(피면도와 내로도) 죄수의 도망이 이와 같음으로 인하여 그 나머지 제도諸島 죄인이 누가 생심生心하지 않으리오. 잘 아뢰어 명단明斷을 내려주십시오" 라고 했다.[160] 충렬왕은 탐라에 거처하는 죄수를 고려의 섬으로 옮기지 말기를 원에 거듭 요청했던 것이다.

왕이 서경(동녕부)을 경유하는 도중인 9월 신축일(20일)에 장군 박의朴義가 원으로부터 돌아와 중서성의 첩牒을 전했다. 이 첩牒에서, "탐라 달로화적達魯花赤(다루가치) 탑랄적塔剌赤(타라치)이 아뢰기를 '탐라에 체류하는 죄수를 고려의 험악 도자島子(섬)에 입거入去하도록 하는 것이 어떠합니까' 라고 하니, 성지聖旨(황명)가 그렇게 하도록 했소. 그런데 두 화아火兒가 도주하자 하나는 붙잡아 거주하게 하고 하나는 붙잡지 못하니, '앞서 체례體例에 의거해 탐라에 입거入去하도록 하는 것이 어떠합니까' 라고 아뢰자, 받든 성지聖旨(황명)

---

159 『고려사』 권28 및 『고려사절요』 권20, 충렬왕 4년 7월
160 『고려사』 권28, 충렬왕 4년 8월

에 '별개의 험악 도자島子(섬)에 방편方便으로 존주存住하도록 하라, 이를 그들이 알도록 하라' 라고 했소" 라고 했다.[161] 몽고 원은 고려의 반대에도 불구하고 탐라 거처 죄수를 고려의 섬으로 옮기는 조치를 밀어부쳤던 것이다.

충렬왕 4년 11월 무자일(9일)에 '제주濟州 달로화적達魯花赤'이 왕을 대접했고, 11월 계해일(19일)에도 '제주 달로화적'이 왕을 대접했다고 하는데,[162] 이 '제주'는 고려 시각의 표현이었다. 탐라(탐라국) 달로화적(다루가치)이 개경 일대에 들러 고려국왕(충렬왕)을 위해 연회를 마련한 것이었다.

몽고 원은 남송을 정복한 후에 남방 경략을 지속적으로 추진하는 한편 제2차 일본정벌을 본격적으로 대규모로 추진한다. 지원17년(1280: 충렬왕6) 5월 갑인일에 선박 삼천三千 척을 제작하느라 황제가 탐라眈羅에 칙령을 내려 재목材木을 마련해 공급하게 했다.[163] 8월 계유일(4일)에 원경元卿이 원으로부터 가지고 온 성지省旨(중서성 명령)에, 탐라 달로화적達魯花赤으로 하여금 스스로 그 철장鐵匠으로써 전함戰艦을 제작하게 하는 내용이 담겨 있었다.[164]

충렬왕이 6년(1280) 8월 신미일(2일)에 원을 향해 개경을 떠나 8월 신묘일(22일)에 상도上都에 이르렀다. 여기에서 황제와 신하들이 제2차 일본정벌에 대한 구체적인 실행 계획을 협의해 결정했다. 차구茶丘(홍다구)・흔도忻都가 몽蒙・려麗(고려)・한漢 사만군四萬軍을 거느려 합포合浦를 출발하고, 범문호范文虎(망송항장亡宋降將)가 만군蠻軍(망송 군) 십만十萬을 거느려 강남江南을 출발해 일기도一歧島에 모여 일본으로 돌격하기로 정했다. 충렬왕이 칠사七事로써 황제에게 요청했는데, 그 중의 하나는 아군我軍(고려군)으로 탐라에 진수鎭戍하는 자로써 동정東征 군사에 보충하는 것이었다.[165] 충렬왕이 11월 기유

---

161 『고려사』 권28, 충렬왕 4년 9월
162 『고려사』 권28, 충렬왕 4년 11월
163 『元史』 권11, 本紀, 世祖 지원17년
164 『고려사』 권29, 충렬왕 6년 8월
165 『고려사』 권29 및 『고려사절요』 권20, 충렬왕 6년 8월

일(11일)에 우승지右承旨 조인규와 대장군 인후印侯를 파견해 원에 가서 중서성에 상서하게 했다.[166] 이 상서에서, 고려 일천군一千軍이 탐라에 진수鎭戍하는 자는 예전 동정東征(일본정벌) 때에 고려 5,300 군액軍額에 포함되었다며, 이제 다시 정토군征討軍 4,700을 고려에게 첨가시킴에 수량 전부를 부응하기 어려울까 심히 걱정되니, 전항前項 진수일천군鎭戍一千軍(탐라 일천 진수군)을 가지고 신첨新添 정토군액征討軍額에 보충해 달라고 했다. 고려 충렬왕은 탐라에 진수하는 고려군을 일본정벌에 동원하려 한 것이었다.

지원18년(1281: 충렬왕7) 정월에 황제가 일본행성日本行省 우승상右丞相 아랄한阿剌罕, 우승右丞 범문호范文虎・흔도忻都・홍다구洪茶丘에게 일본을 정벌하라 명령했다. 2월 을해일(9일)에 황제가 칙령을 내려 탐라耽羅 신조선新造船을 홍다구洪茶丘에게 주어 출정出征하게 했다. 2월 병술일에 정일본국군征日本國軍이 계행啓行했다.[167] 3월 임자일(17일)에 원수元帥 김방경과 만호萬戶 박구朴球・김주정金周鼎이 고려군을 통솔해 합포合浦로 향했다. 정동행중서성우승征東行中書省右丞 흔도忻都・다구茶丘가 3월 갑인일(19일)에 고려 개경에 왔고, 3월 병진일(21일)에 합포로 향했다. 4월 경진일(15일)에 고려국왕 정동행성좌승상 충렬왕이 합포에 이르렀고, 4월 계미일(18일)에 합포에서 제군諸軍을 대대적으로 사열했다.[168]

몽려 연합군은 동로군(몽한군+고려군)과 강남군(만군蠻軍: 망송亡宋 군)으로 이루어졌다. 고려가 준비한 병력과 물자는 정군正軍 1만명, 수수水手 1만5천명, 전선戰船 900척, 군량 10만석이었다. 이 중에서 전선(전함)과 군량은 동

---

166 『고려사』 권29 및 『고려사절요』 권20, 충렬왕 6년 11월
167 『元史』 권11, 本紀11, 世祖 지원18년 정월・2월. 한편, 지원18년(1281) 6월 경인일(26일)에 阿剌罕의 병듦으로 인해 황제가 阿塔海에게 조칙을 내려 아랄한을 대신해 일본정벌의 軍事를 통괄하게 한다(『元史』 권11, 세조본기 ; 『元史』 권208, 列傳95, 外夷1, 日本).
168 『고려사』 충렬왕 세가

로군이 함께 사용하는 것이었으니 전선 300척(수수水手 1만5천명)은 고려군 1만명이, 600척은 몽한군蒙漢軍 4만명이 사용했다. 십만이 넘는 강남군은 전함과 식량을 독자적으로 조달했다.

충렬왕 7년(1281: 지원18년) 5월 무술일(4일)에 흔도忻都·다구茶丘 및 김방경·박구朴球·김주정金周鼎 등이 주사舟師로써 일본 정벌에 나섰다.[169] 몽려 연합군이 일본으로 향하는 와중에 원이 탐라에 대한 몇 가지 조처를 취한다. 5월 임자일(18일)에 원이 탐라국耽羅國 금년 입공入貢 백저白紵를 면제했고, 5월 임술일(28일)에 황제가 칙령을 내려 탐라국耽羅國 달로화적達魯花赤 탑아적塔兒赤이 고려의 전라全羅 등처等處에서 전렵田獵(사냥)해 민민民을 어지럽히는 것을 금지했다. 6월 임오일(18일)에 원이 탐라耽羅 수성(방수군)에게 명령해 역전力田해(농사에 힘써) 자급自給하도록 했다.[170] 7월 계묘일(10일)에 낭장 유비柳庇가 원으로부터 돌아왔는데, 황제가 탐라진수군耽羅鎭戌軍 50명이 출륙出陸 경종耕種하는 것을 허락했다.[171] 탐라국은 일본정벌에 직접 참여하지는 않았지만 출정 선박의 일부를 제작해 납품하느라 수고를 했기에 금년 공물을 면제했고, 일본정벌 기간이어서 탐라국 다루가치에게 자중하도록 하고 탐라 방수군에게 군량을 공급하기 어려워 자급하도록 했을 것이다.

동로군은 5월에 일본 영역으로 진입하지만 이전과 달리 방어체계를 잘 갖춘 일본군에게 고전한다. 대마도에서 전투를 벌이고 진격해 일기도壹岐島와 하카다 일대에서 치열하게 공방전을 벌인다. 일기도(이키섬), 종상宗像, 향추香椎, 입화立花, 다다량빈多多良濱, 청류靑柳, 거기莒岐, 박다博多(하카다), 장문포長門浦, 명도名島, 조사鳥飼, 적판赤坂, 생송원生松原, 백로원百路原, 금진今津, 금장今裝, 질빈姪濱, 송포松浦, 응도鷹島, 평호도平戶島 등이 주된 전투 장소였다. 동로군은 하카다만으로 상륙해 일본군을 유린해 '신궁황후'의 행재소였다

---

169 『고려사』 권29 및 『고려사절요』 권20, 충렬왕 7년 5월
170 『元史』 권11, 本紀11, 世祖 至元18년 5월 및 6월
171 『고려사』 권29 및 『고려사절요』 권20, 충렬왕 7년 7월

그림 43. 후쿠오카 하코자키 신궁(필자 촬영): 일본 대몽전쟁의 정신적 중심.
'敵國降伏'(적국항복) 현판이 걸리어 옴.

는 '수목성水木城'을 빼앗아 근거로 삼으니, 일본이 신성시한 신사인 거기궁
莒崎宮(하코자키 신궁)의 신체神體가 급히 다른 곳으로 옮겨져야 했다. 하지만
동로군은 일본군의 반격이 거세지면서 수세에 몰리게 되었다.[172] 동로군과
강남군은 6월 15일 전에 일기도一岐島(이키시마)에서 회합하기로 약속했지만
범문호의 강남군은 약속 기일이 한참 지나도 오지 않았다. 그러다가 강남
군은 7월에 평호도平壺島(平戶島)에 이르러 오룡산五龍山(평호도 동쪽 응도鷹島)으
로 이동했다. 그런데 8월 1일(일본기록 윤7월 1일)에 동로군과 강남군은 태풍
을 만나 선박이 파손되고 표류하고 군사가 대거 익사해 심각한 타격을 받

---

172 『皇代曆』 弘安四年 ; 『高野春秋編年輯錄』 9, 弘安四年 ; 『日蓮聖人註畵讚』 5 ; 『一
代要記』 卷壬 今上皇帝 弘安四年 ; 『勘仲記』 2, 弘安四年 六月 ; 『弘安四年日記抄』
弘安四年 六月 ; 『歷代鎭西要畧』 3, 弘安四年 ; 『鎌倉遺文』 권19, 持範注進狀 ; 『고
려사』 권29 및 『고려사절요』 권20, 충렬왕 7년 5월·6월 ; 『고려사』 권104, 金方
慶傳 ; 김방경 묘지명 ; 『고려사』 권104, 金周鼎傳 ; 『익재난고』 9상, 忠憲王世家.
익재난고에 따르면 김방경 고려군이 霸家臺(博多 혹은 太宰府)까지 진격했다.

았다.[173] 범문호가 전함 3500척(『고려사절요』) 혹은 9,000척(김방경전), 만군蠻軍 십여만十餘萬으로써 이르렀는데 8월에 대풍大風을 만나 만군蠻軍이 '모두'(거의) 익사했다.[174] 결국 몽고 연합군은 회군할 수밖에 없었다.

고려왕과 공주(제국공주)가 몽고연합군 대부분이 일본에서 수장水葬되고 있는 줄은 모른 채 충렬왕 7년 8월 정묘일(4일)에 개경에서 경상도를 향해 떠났다.[175] 8월 경오일(7일)에 장군 원경元卿이 야선불화也先不花와 함께 원으로부터 돌아왔는데, 황제가 칙령을 내려 탑납塔納을 경상慶尙에, 탑랄적塔剌赤을 전라全羅에, 야선불화也先不花를 충청忠淸에 모두 탈탈화손脫脫禾孫(역참 감독관)이 되게 하였다.[176] 몽고가 전쟁 중에 교통과 통신을 정비한 것인데 탑랄적塔剌赤은 탐라국 다루가치로서 전라도 탈탈화손을 겸한 것이었다.

고려왕과 공주(제국공주)가 보주甫州를 거쳐 8월 정축일(14일)에 안동부安東府에 옮겨 머물렀다. 8월 기묘일(16일)에 별장別將 김홍주金洪柱가 합포로부터 행궁(안동 행궁)에 이르러 동정군東征軍이 패배하고 원수元帥 등이 돌아와 합포에 이르렀음을 고했다.[177] 윤8월 갑오일(2일)에 김방경 등이 와서 행궁(안동 행궁)을 알현했고, 윤8월 병진일(24일)에 왕이 좌사의左司議 반부潘阜를 파견해 흔도忻都·다구茶丘·범문호范文虎를 위로했다. 윤8월 경신일(28일)에 왕과 공주가 경상도로부터 개경에 이르렀다. 이달(윤8월)에 흔도忻都·다구茶丘·범

---

173 『關東評定傳』弘安四年[辛巳] ;『鎌倉年代記裏書』및『北條九代記』下 및『勘仲記』권2 弘安四年 ;『一代要記』卷壬, 今上皇帝 弘安四年 ;『弘安四年日記抄』弘安四年 閏七月 十一日·十二日 ;『鎌倉遺文』권19, 後宇多天皇宣旨 ;『歷代鎭西要畧』3, 弘安四年. 이해 윤달은 8월 다음인데 일본에서는 대개 7월 다음에 윤7월을 설정했다.

174 『고려사절요』권20, 충렬왕 7년 6월조 ;『고려사』권104, 金方慶傳 ;『元史』권208, 列傳95, 外夷1 日本

175 『고려사』권29, 충렬왕 7년 8월

176 『고려사』권29, 충렬왕 7년 8월

177 『고려사』권29, 충렬왕 7년 8월

문호范文虎 등이 원으로 돌아갔는데, 관군官軍(원군元軍) 불반자不返者가 무려 '십만유기十萬有幾'(십만 남짓)였고, 아군我軍(고려군) 불반자不返者도 역시 칠천여 인七千餘人이었다.[178] 몽고군 십만명 남짓과 고려군 7천명 남짓이 죽거나 포로가 되었던 것이다. 지원18년(1281: 충렬왕7) 8월 임진일(29일)에 황제가 조칙을 내려, 돌아오는 정일본군征日本軍을 위해 소재관所在官에게 양식을 지급하게 했는데, 흔도忻都·홍다구洪茶丘·범문호范文虎·이정李庭·김방경金方慶 제군諸軍이 그 선박이 풍도風濤에 의해 타격받아 크게 실리失利하여 여군餘軍이 돌아와 고려 지경에 다다름이 '십존일이十存一二'(10분의 1, 2 생존)였다.[179] 동로군과 강남군 중에 10분의 1~2 정도만 살아 돌아왔다는 것이다.

그런데 강남군은 수천척의 선박에 타서 원의 강남에서 출항해 탐라 바다를 경유하며 일본을 향해 나아갔으니 탐라국 사람들에게 이전에 본 적이 없던 일대의 장관이었을 것이다. 우승右丞 범문호范文虎 등이 병력 십만(10만 남짓)을 거느려 경원慶元·정해定海 등 장소(절강성 항구)에서 출항해 일본으로 향했으니[180] 탐라 바다를 경유한 것이었다.

장희張禧는 제2차 일본원정 추진과정에서 뒤늦게 합류해 강남군을 지휘하게 되는데 몽고군 총사령관 역할까지 부여받았던 듯하다. 그는 지원17년에 조정이 일본 정벌을 의논하니 가기를 요청하자 행중서성 평장정사에 제배해 우승右丞 범문호范文虎·좌승左丞 이정李庭과 더불어 주사舟師를 함께 통솔해 항해하여 동정東征하게 했다. 지원18년에 일본에 이르자 장희는 곧 배에서 내려 평호도平湖島(平戶島)에 루루壘壘를 축조하고 전함戰艦을 약속約束해(묶어) 각기 서로 오십보五十步 떨어지도록 정박해 풍도風濤 촉격觸擊을 피하였다. 8월에 구풍颶風(폭풍)이 크게 불어 범문호·이정 전함이 모두 파괴되었지만 장희가 거느린 부部는 홀로 완전했다. 범문호 등이 돌아가기를 의논하

---

178 『고려사』 권29 및 『고려사절요』 권20, 충렬왕 7년 윤8월
179 『元史』 권11, 本紀11, 世祖 至元18년 8월
180 『元史』 권154, 列傳41, 洪福源 附 俊奇(茶丘)

자 장희가 선박을 나누어 주었다. 때에 평호도平湖島(平戸島) 둔병屯兵이 사천四千인데 범주乏舟할 때 장희가 선박 중의 마마馬 70필을 모두 버리고 그들을 구제해 돌아와 경사京師에 이르렀는데, 범문호 등은 모두 처벌받았지만 장희는 홀로 면免했다고 한다.[181]

지원18년에 우승 범문호와 참정參政(좌승으로 승진) 이정李庭이 병력 십만十萬으로써 항해해 왜倭를 정벌해 칠주야七晝夜에 죽도竹島에 이르러 요양성신遼陽省臣 병력과 합하여 태재부太宰府를 먼저 공격하고자 했지만 지의遲疑해 진격하지 않다가 8월 초하루에 구풍颶風(태풍)이 크게 불어 사졸士卒이 '십상육칠十喪六七'(10에 6,7 상실)했다.[182] 이정李庭은 주로 복건福建 일대에 활동하다가 중앙으로 올라와 지원17년에 중서좌승中書左丞에 제배되어 동정東征에 참여해 지원18년(1281)에 일본으로 나아가 죽도竹島에 머물다가 바람을 만나 선박이 다 파손되었다. 이정이 파손선박 판板을 껴안고 표류해 해안에 이르러 내려서 남은 무리를 수습해 고려를 경유해 경사京師로 돌아왔는데, 사졸士卒 생존자가 '십일이十一二'(10에 1,2)였다고 한다.[183] 범문호와 이정은 강남군을 지휘해 탐라 바다를 건넜지만 일본 죽도에서 태풍을 만나 사졸 10분의 8 정도를 잃은 채 겨우 돌아왔던 것이다.

오안민吳安民은 관군총관管軍總管으로 양주揚州를 진수鎭守하다가, 지원18년 일본정벌 때 선무장군宣武將軍 정동부만호征東副萬戸에 임명되어 회동서淮東西(회동·회서 ; 장강·회하 중하류 일대) 병력을 거느려 주사舟師로 그 국國(일본)에 이르렀다. 팔월에 구풍颶風(폭풍)이 크게 불어 기계器械·군사軍士가 침닉沈溺 물고物故하니, 오안민이 파손된 선박으로 해도海島를 지나 고려高麗 라인邏人(순라군)을 만나 돌아올 수 있었다고 한다.[184] 그는 범문호와 함께 강남군을

---

181 『元史』 권165, 列傳52, 張禧
182 『元史』 권128, 列傳15, 相威
183 『元史』 권162, 列傳49, 李庭
184 『淸容居士集』 권30, 「宣武將軍壽春副萬戸吳侯墓誌銘」

지휘해 일본에 도착했지만 폭풍을 만나 겨우 살아서 돌아왔던 것이다. 총관을 역임한 초정楚鼎이 지원18년 일본원정에 참여해 천여인千餘人을 거느려 좌승左丞 범문호范文虎를 따라 바다를 건넜는데 대풍大風이 홀연히 불어 배가 파손되었다. 초정이 파주破舟 판판板에 매달려 3주야晝夜 표류하다가 한산에 이르러 범문호 선박을 만나 고려의 금주金州 합포에 도달할 수 있었고, 바다에 머물던 산병散兵 역시 표류해 (합포에) 와서 모이니 그들을 거느려 돌아왔다고 한다.[185]

마목특瑪穆特은 남송 정벌에 공로를 세워 지주池州 총파總把로 일하다가 지원18년 일본정벌 때 경원慶元(절강성 소재)을 경유해 배를 띄워 항해해 무릇 7주야晝夜에 달가도達可島(일본국에서 70리里 떨어진 곳)에 이르렀다. 그런데 조석潮汐 영학盈涸으로 배를 정상적으로 유지할 수 없고 전진할 수 없어 묶어서 채채寨를 만들고 영산靈山에 닻을 내렸는데 8월 1일 야반에 구풍颶風(폭풍)이 크게 불어 파도가 산과 같아 천둥처럼 부딪치니 배가 거의 다 파괴되고 군사가 부르짖으며 삼실(麻)처럼 해중海中에 빠져 죽었다. 다음날에 대수大帥(원수元帥)가 마목특에게 명령해 먼저 돌아가도록 하자 마목특이 탐라耽羅를 경유하고 고려高麗를 넘고 요수遼水를 건너 경사京師(대도)에 이르렀다고 한다.[186] 마목특은 강남군의 하급 지휘관으로 일본원정에 참여해 탐라 바다를 지나 일본의 섬에 도착한 것인데, 폭풍을 만나자 탈출해 탐라를 경유해 귀환했던 것이다.

한사寒士 공문표孔文杓(공단경孔端卿)가 신사년 6월에 종군해 사명四明(영파寧波)을 출발해 신전산神前山으로부터 항해한지 3일에 탐라耽羅에 이르고 또 3

---

185 『元史』 권166, 列傳53, 楚鼎
186 『滋溪文稿』 권21, 「元故贈長葛縣君張氏墓誌銘」(長葛縣子 瑪穆特의 배필 長葛縣君 張氏 묘지명). 당시 몽고군의 軍將은 가족을 데리고 참전할 수 있었기 때문에 瑪穆特의 아내도 일본정벌 남편을 따라갔다가 부서지는 배에서 간신히 탈출해 돌아왔다.

일 후에 일본 해구海口에 이르러 죽도竹島에 정박했는데, 1개월이 다하도록 두류逗雷(逗留)해 나아가지 않았다. 8월 단야旦夜(삭단朔旦 밤) 중에 구풍颶風(폭풍)을 만나 주사舟師가 섬멸되고 수수帥(원수)가 홀로 고려高麗로 범주帆走하고 사망자가 '삼수십만三數十萬'인데, 공문표孔文杓(공단경孔端卿)가 우연히 죽지 않아 파손 선박에 붙어 합포合浦에 오르고 평양平壤의 도都를 지나 요양遼陽의 수水를 건너고 옛 여진女眞·거란契丹의 지경을 지나고 평란주平灤州를 경유해 연산燕山(연경: 대도)에 이르렀는데 무릇 94일, 도보徒步 칠천여리七千餘里이고, 또 오랜 후에 다시 남귀南歸할 수 있었다. 공문표(공단경)가 읊기를, "세기歲紀 '중광대황락重光大荒落'(신사년辛巳年)에 주사舟師가 동정東征해 위엄을 혁탁赫濯히 빛내며 죽도竹島에 정박해 달이 바뀌는 그 날 '갑자甲子 중추삭仲秋朔'(8월 1일)에 밤이 되어 어두어지며 비가 내리고 풍색風色이 사나워지더니 새벽에 백랑白浪이 산악처럼 밀치고 해신海神 양후陽侯가 어지러이 움켜쥐는 듯하여 거대한 전함이 서로 유린하고 도끼에 찍히듯이 돛대가 부러지고 닻줄이 끊어져 천생千生 만명萬命이 물고기 곽槨(덧널)이 되었네"라고 했다.[187] 공문표(공단경)가 강남군에 참여해 영파를 출발해 탐라 바다를 경유해 일본 죽도竹島에 이르렀지만 8월 초하루에 폭풍을 만나 겨우 탈출한 것인데 원정군 사망자가 '삼수십만三數十萬'(30만)이라 한 것은 과장된 표현으로 보인다.

몽고 강남군 십여만이 수천척의 전함으로 탐라 바다를 건너 일본에 이르렀지만 그 중의 80~90%는 죽거나 포로로 잡혔고 그 중의 10~20%만이 탈출해 고려 영역 혹은 탐라 바다를 경유해 생환할 수 있었다. 탐라국 사람은 몽고 연합군의 일본원정에 제1차이든 제2차이든 참여하지 않고 선박 일부를 제작해 제공하고 탐라국만을 방어하고 '목호牧胡'의 말 번식을 도우면 되었고 몽고 원도 여기에 만족했으니 거의 피해를 입지 않았다. 만약 탐라가 고려의 지배를 받고 있었다면 바다에 익숙한 탐라인을 고려가 원정

---

187 元 方回『桐江續集』권32, 「孔端卿東征集序」(方回 찬술)

군에 동원했을 터인데 다행스럽게 탐라는 고려의 지배에서 벗어난 독립국이어서 전쟁의 참화를 피할 수 있었다. 반면 고려는 선박 제조와 군량 보급의 대부분을 담당했을 뿐만 아니라 고려군이 원정군의 상당수를 차지했기에 막대한 인적·물적 피해를 입었다.

지원18년((1281: 충렬왕 7) 9월 계유일(11일)에 몽고가 탐라耽羅 수병戍兵(방수군)을 더하고 고려국에 명령해 그들에게 전구戰具를 공급하게 했다.[188] 몽고가 고려와 탐라에 대한 일본의 보복을 염려해 탐라의 방어를 강화한 것인데 탐라 방수군의 전구戰具(전투도구)를 고려국에게 부담시켰으니 탐라국에는 이익이었다. 몽고 원은 지원18년 12월 기해일에 일본행중서성日本行中書省을, 지원19년 정월 병인일에 정동행중서성征東行中書省을 혁파했으니,[189] 탐라국은 정동행성의 영향권에서 벗어났다. 충렬왕 8년(1282) 정월 을해일(14일)에 원이 도랄대闍刺鮮·몽고불화蒙古不花를 파견해 탐라방수군耽羅防守軍 량糧粮·초량草糧 세지歲支(매년 지출)의 수량을 물었다.[190] 2월 3일에는 원이 파견한 몽한군蒙漢軍 일천사백一千四百이 탐라를 지키러 왔다.[191] 탐라의 방어를 강화하는 한편 제3차 일본정벌에 대한 대비이기도 했다.

원 황제 쿠빌라이칸은 일본정복에 대한 미련을 지녀 제3차 일본정벌을 계획한다. 여기에 고려국왕도 말리기는커녕 부화뇌동한다. 지원19년((1282: 충렬왕 8) 7월 임술일에 고려국왕이 스스로 선박 150척을 제작해 일본정벌 돕기를 요청했던 것이다.[192] 9월 임신일(16일)에 황제가 평락平灤(평란平灤)·고려高麗·탐라耽羅 및 양주揚州·융흥隆興·천주泉州에 칙령을 내려 대소선大小船

---

188 『元史』 권11, 本紀11, 世祖 지원18년 9월
189 『元史』 권11, 本紀11, 世祖 至元18년 12월 ; 『元史』 권12, 本紀12, 세조 지원19년 정월
190 『고려사』 권29, 충렬왕 8년 정월
191 『고려사』 권29 및 『고려사절요』 권20, 충렬왕 8년 2월
192 『元史』 권12, 本紀12, 世祖 至元十九年 7월

3,000척을 제작하게 했다.[193] 충렬왕 8년(1282) 9월 19일에 고려왕이 장군 홍자한洪子翰으로 탐라방호부사耽羅防護副使를 삼았다.[194] 이해 12월 을사일(19일)에 역자譯者(통역관) 정지연鄭之衍이 원으로부터 돌아와 황명을 전달했는데, 탐라진수군耽羅鎭戍軍을 고려국이 관원을 파견해 관령管領하라는 것이었다.[195] 충렬왕 9년 9월 경신일(10일)에 고려가 호군護軍 박수朴秀·최원로崔元老를 파견해 탐라를 지키게 했다.[196] 이는 고려 병력이 원의 명령에 따라 탐라에 방수군의 일부로 주둔하고 있었기 때문이다.

몽고 원은 일본, 점성占城, 면국緬國(미얀마) 등 원정 사업에 진력해 죄수까지 동원한다. 지원 20년(1283: 충렬왕9) 정월 을축일에 원이 정일본征日本 군량을 예비預備해 고려국으로 하여금 이십만석二十萬石을 갖추게 하고, 아탑해阿塔海로 예전처럼 정동행중서성 승상丞相을 삼았다. 4월 계묘일에 고려국왕 왕춘王賰(王睶)에게 정동행중서성 좌승상左丞相과 그대로(거듭해) 부마駙馬 고려국왕을 제수했다. 5월 갑자일에 정동행중서성征東行中書省을 설립해 고려국왕과 아탑해阿塔海로 공사共事하게 했다.[197]

지원21년(1284: 충렬왕10) 정월 갑술일에 원이 왕적옹王積翁을 파견해 조詔를 가지고 일본에 사절로 가게 했지만, 왕적옹은 경원慶元(절강성 소재)을 경유해 항해하여 일본 근경近境에 이르렀다가 주인舟人(뱃사람)에게 해害를 당했다.[198] 그런데 이 원사元使 왕적옹의 일본행에 탐라가 등장한다.

남해관음보타선사南海觀音寶陀禪寺 주지住持 여지如智의 '해인접대암海印接待

---

193 『元史』 권12, 本紀12, 世祖 至元十九年 九月
194 『고려사』 권29 및 『고려사절요』 권20, 충렬왕 8년 9월
195 『고려사』 권29 및 『고려사절요』 권20, 충렬왕 8년 12월
196 『고려사』 권29 및 『고려사절요』 권20, 충렬왕 9년 9월. 한편 충렬왕 9년 정월 계해일(8일)에 원이 伯刺介를 파견해 와서 耽羅 香樟木을 求했으니(『고려사』 권29 및 『고려사절요』 권20), 香樟木은 탐라의 특산물이었다.
197 『元史』 권12, 本紀12, 世祖 至元20년 정월·4월·5월
198 『元史』 권13, 本紀13, 세조 지원21년 정월

그림 44. 중국 주산군도 보타산 불긍거관음원不肯去觀音院(필자 촬영):
남해관음보타사 여지如智는 이곳 주지로 여겨짐

庵' 기記에서 말하기를, "계미년(1283: 충렬왕 9) 8월에 성지聖旨를 받들어 (여지
如智가) 제거提擧 왕군치王君治와 함께 화국和國(일본)에 봉사奉使해, 해상海上(바
닷가)에서 8개월 숙류宿留하고 흑수양黑水洋을 지나 구풍颶風(태풍)을 만났고,
반월半月 후에 홀연히 표표飄 바람을 만나 사산寺山(보타사 산)의 외外에 이르러
다행히 어복魚腹에 장葬하지 않은 것은 대사大士(관음대사) 력力이었다" 라고
했다. 또한 말하기를, "갑신년(1284: 충렬왕 10) 4월에 또 성지聖旨를 받들어
(여지如智가) 참정參政 왕적옹王積翁과 함께 왜국倭國에 다시 사使해 5월 13일에
은鄞에서 개범開帆하고(출항하고) 탐라耽羅에 13일 동안 머물고 고려 합포合浦
에 25일 동안 머물고 7월 14일에 선박이 왜산倭山 대마도對馬島에 이르러
머물렀는데, '위험했도다 이 때여, 대사大士(관음)가 아니면 누가 생생生하게 했
으리오'" 라고 했다.[199]

---

[199] 『善隣國寶記』上 弘安九年. 이를 지원28년 신묘년(1291: 충렬왕 17) 6월에 宣差
日本國奉使 前住寶陀 五樂翁 愚溪如智가 記한다고 했다.

지원21년(1284: 충렬왕10) 정월에 참정 왕적옹이 일본에 사신으로 가라는 황명을 받고 절강성浙江省으로 내려와 주산군도 보타선사 주지 여지如智를 대동해 5월 13일에 은鄞(절강성 영파寧波)에서 출항하고 탐라에 13일 동안 머물고 고려 합포에 25일 동안 머물렀다. 그리고 7월 14일에 일본 대마도(쓰시마)에 이르렀다가 위험에 빠졌지만 승려 여지는 관음보살의 도움으로 생환했다는 것이다. 하지만 사절단장 왕적옹은 살해당해 돌아오지 못했다. 승려 여지의 항해 기록은 탐라가 절강성과 일본을 오가는 항로에서 요충에 해당했음을 알려준다. 또한 그가 탐라에 머무는 동안에 주산군도와 탐라의 불교(특히 관음신앙) 교류가 이루어졌을 것이다.

충렬왕 9년(1283) 9월 을축일(15일)에 탐라耽羅 달로화적達魯花赤 탑랄적塔剌赤이 원으로부터 돌아와서, 왕(충렬왕)을 대접하고 말 2마리를 바치고 구혼求婚하니 왕이 내시內侍 정부鄭孚의 딸로써 탑랄적의 처妻가 되도록 했다.[200] 탐라국 다루가치 탑랄적(타라치)가 원에 갔다가 돌아오는 도중에 고려를 들러 혼인할 아내를 충렬왕에게 요청해 내시 정부鄭孚의 딸과 혼인하게 되었던 것이다. 그런데 다음해인 지원21년(1284: 충렬왕10) 정월 경오일에 원이 탐라국안무사耽羅國安撫司를 설립했으니,[201] 탐라국총관부가 탐라국안무사로 바뀐 것이었다.

「성주고씨가전」에 따르면, 갑신년(1284: 지원21년: 충렬왕10)에 총관부摠管府(탐라국총관부)를 고쳐 군민안무사사軍民安撫使事(탐라국안무사耽羅國安撫司)로 삼아도 고씨가 대를 이어 현달했다고 한다. 오세손五世孫 인탄仁坦(고인단高仁旦)이 작위를 세습했는데, 지원至元 신사년(지원18년: 1281: 충렬왕7)에 원조元朝가 일본을 정벌하고자 전조前朝(고려)에 칙령을 내려 전함戰艦 900척을 마련하고 군자기장軍資器仗 일체를 간판幹辦하게 하고, 때문에 명령을 탐라에 내려 (전

---

200 『고려사』 권29 및 『고려사절요』 권20, 충렬왕 9년 9월. 이 內侍는 환관이 아니라 士族이 선망하는 궁중직이었다.
201 『元史』 권13, 本紀13, 세조 지원21년 정월. "庚午 … 立耽羅國安撫司"

함) 100척을 제작하게 하니, (탐라의) 저대儲待 응부應副가 그 계산에 궐闕함이 없었던 것이 모두 인탄仁坦(고인단)으로부터 나온 것이어서, 인탄(고인단)이 지원21년(1284: 충렬왕10)에 선명금패宣命金牌 명위장군明威將軍 안무사사安撫司使를 제수받았다고 한다.[202] 충렬왕 10년(1284) 정월에 원이 탐라국총관부 대신에 탐라국안무사耽羅國安撫司를 설치했는데, 이해에 고인탄(고인단)이 몽고 황제로부터 금패金牌와 명위장군(정4품)과 안무사安撫使를 받은 것이었다. 고인단이 탐라국안무사에 임명된 데에는 몽고의 제2차 일본정벌에 필요한 전함 등 군수물자로 탐라에 할당된 것을 그가 주도해 마련했기 때문이기도 했다. 고인단은 탐라국 성주星主·국왕으로서 안무사安撫司의 안무사安撫使를 겸했을 것이다.

충렬왕 10년(1284) 2월 기해일(20일)에 원元이 '제주濟州' 달로화적達魯花赤을 파견해 왔다고 하고,[203] 6월 경오일(24일)에 원이 도리첩목아闍梨帖木兒를 파견해 병력을 거느리고 와서 '제주濟州'를 지켰다고 한다.[204] 이는 고려 측의 기록이 반영된 것이니, 정확한 표현으로는 '탐라국' 달로화적(다루가치)이 온 것이고 도리첩목아 군대가 '탐라국'을 지키러 온 것이었다. 지원21년(1284: 충렬왕10) 7월 정해일에 탑랄적塔剌赤(탐라국 다루가치)이 말하기를, "두연가국왕頭輦哥國王이 고려高麗에 출수出戍해 왕속旺速 등 소부군所部軍 사백四百을 차출해 (탐라에) 가게 했는데, 지금 두연가頭輦哥가 이미 돌아갔지만 탐라耽羅에 유군留軍해 그 처자妻子를 떠난지 이미 오래니 마땅히 다른 군군으로 하여금 바꾸어 지키도록 해야 합니다" 라고 했다. 이에 백안伯顏 등이 의논해 고려군高麗軍 천인千人으로써 탐라耽羅에 주둔하고, 그 유수留戍 사백인四百人은 놓아주어 환가還家하기를 요청하니 황제가 따랐다.[205] 충렬왕 11년

202 정이오 「성주고씨가전」(동문선 권101)
203 『고려사』 권29 및 『고려사절요』 권20, 충렬왕 10년 2월
204 『고려사』 권29 및 『고려사절요』 권20, 충렬왕 10년 6월
205 『元史』 권13, 本紀13, 세조 지원21년 7월. "(丁亥) 塔剌赤言, '頭輦哥國王出戍高

(1285) 2월 무신일(5일)에 왕이 '제주濟州'(탐라국) 달로화적達魯花赤을 정전正殿에서 연회했는데 왕이 영관伶官 지후祗候 김대직金大直에게 서대犀帶 1요腰를 하사했다. 국제國制에 영관伶官(악관)은 한칠품限七品이지만 행신幸臣 이정李貞이 왕에게 풍의諷하니 하사한 것이었다.[206] 이를 통해 탐라국 다루가치가 초빙된 이 연회에서 악관의 음악공연이 행해졌음을 알 수 있다. 지원23년(1286: 충렬왕 12년) 5월 을유일에 황제가 칙령을 내려 탐라수병躭羅戍兵 사백인四百人을 집으로 견환遣還하도록 했다.[207] 탐라에서 몽고군 400명 대신에 고려군 1000명이 주둔하게 된 것인데, 지원21년(1284) 7월에 결정되었지만 준비가 필요해 지원23년(1286) 5월에야 이루어졌다.

원 황제 쿠빌라이칸은 남방 점성국, 안남국 등 방면의 원정이 교착 상태에 빠졌음에도 일본정벌 진행을 멈출 줄 모른다. 지원22년(1285: 충렬왕11) 4월 병오일에 정일본선征日本船으로써 강회江淮에 운량運糧하게 하고 군군에게 수전水戰을 가르치도록 했다. 4월 신유일에 탐라躭羅가 제작한 정일본선征日本船 백소百艘(100척)를 원 황제가 고려高麗에 하사했다. 6월 경술일에 원이 여직女直(여진) 수달달水達達에게 명령해 선박 200척을 제작하고 정일본영풍선征日本迎風船을 제작하게 했다. 11월 무인일에 고려에게 병력 만인萬人·선박 650척을 징발하여 일본 정벌을 돕도록 하고 근지近地에서 많이 조선造船하도록 했다.[208]

지원22년 11월 계사일에 칙령을 내려 제군諸軍은 명년明年 삼월三月에 차례로 출발하여 팔월八月에 합포에서 회합하기로 기약하라고 했다.[209] 몽고

　　麗 調旺速等所部軍四百以往, 今頭輦哥已回, 留軍躭羅 去其妻子已久, 宜令他軍更
　　戍'", 伯顔等議 '以高麗軍千人屯躭羅 其留戍四百人縱之還家, 從之'
206 『고려사』 권30 및 『고려사절요』 권20, 충렬왕 11년 2월
207 『元史』 권14, 本紀14, 세조 지원23년 5월. "敕遣躭羅戍兵四百人還家"
208 『元史』 권13, 本紀13, 세조 지원22년 4월·6월·11월
209 『元史』 권13, 本紀13, 세조 지원22년 11월

의 제3차 일본정벌 출정이 결정되어 지원23년 3월에 원 본토를 출발하여 8월에 고려 합포에서 회합하기로 기약한 것이었다. 그런데 지원22년(1285) 12월 정미일에 황태자皇太子(진킴眞金: 추존 유종裕宗)가 홍훙하는 일이 발생한다.[210] 세조황제는 후계자가 불투명해진 상황이라 정벌보다 내치에 힘을 기울어야 했다. 황태자 보익輔翼을 위해 지원19년에 건립된 첨사원詹事院과 그 전량錢糧·선법選法·공역工役은 모두 다 태후위하太后位下(당시는 황태자비: 코코진)에게로 귀속되었다.[211] 지원23년(1286: 충렬왕 12년) 정월 갑술일에 황제가 일본 고원도이孤遠島夷로 인해 민력民力을 중곤重困한다며 정일본征日本을 파罷하고, 고용한 민선民船을 해산했다.[212] 모든 준비를 마친 제3차 일본정벌을 중단했던 것이다.

황제 쿠빌라이칸은 여러 왕들의 자율성이 강한 동북 지역에 대한 통제를 시도한다. 지원23년(1286: 충렬왕 12) 2월 을사일에 원 조정이 의논하기를 동북東北이 제왕諸王 소부所部가 그 사이에 잡거雜居한데 선위사宣慰司가 경시輕視된다고 하니, 황제가 산북요동도山北遼東道·개원등로開元等路 선위사宣慰司를 혁파해 동경등처東京等處 행중서성行中書省을 설립해, 활활이돈闊闊你敦으로 좌승상左丞相을 삼고, 요동도선위사遼東道宣慰使 탑출搭出로 우승右丞을 삼고, 동첨추밀원사同僉樞密院事 양인봉楊仁風·선위사宣慰使 역이살합亦而撒合으로 아울러 참지정사를 삼았다.[213] 그리고 3월 정축일에 동경행중서성東京行中書省을 함평부咸平府에로 옮겼다.[214] 황제는 동북 지역을 지배하기 위해 동경

---

210 『元史』 권13, 本紀13, 세조 지원22년 12월 ; 『원사』 권115, 列傳2, 裕宗(추존). 황태자가 사망한 직후인 이달 무오일에 中衛軍 四千人으로써 木 58,600을 베어 萬安寺에 지급해 수조修造하도록 하는데, 황태자 진킴의 명복을 빌기 위해 만안사를 수리하는 것으로 보인다.

211 『元史』 권89, 志39, 百官5, 儲政院 ; 『원사』 권116, 列傳3, 后妃2, 裕宗의 徽仁裕聖皇后 ; 『원사』 세조본기 지원22년 12월 ; 『원사』 권115, 列傳2, 裕宗

212 『元史』 권14, 本紀14, 세조 지원23년 정월

213 『元史』 권14, 本紀14, 세조 지원23년 2월

행성(요양행성)을, 이어서 북경행성을 설치했다가 여러 왕들의 반발로 선위사로 격하했는데 다시 행성을 부활해 '동경행성'이라 했다. 동경행성(요양행성)은 곧 폐지되었다가 쿠빌라이칸이 동방왕가 나얀(내안乃顔)의 반란을 진압하고 다시 설립한다. 탐라국은 동경행성과 정동행성의 영향권에 있었기에 이러한 움직임에 유의해야 한다.

충렬왕 13년(1287) 11월 계사일(7일)에 원이 탑랄아塔剌兒를 파견해 와서 탐라耽羅 달로화적達魯花赤을 삼았다.[215] 15년(1289) 8월 무오일(12일)에 '탐라안무사耽羅安撫使' 홀도탑아忽都塔兒가 원으로부터 돌아왔다.[216] 지원27년(1290: 충렬왕 16년) 정월 병인일(22일)에 합단合丹 여구餘寇가 평정되지 않으니 원이 고려국에 명령해 탐라수병耽羅戍兵 천인千人을 동원하여 토벌하도록 했는데,[217] 이 탐라진수군 천명은 고려가 몽고군을 대신해 탐라에 파견한 병력이었으니 곧 고려군이었다. 지원28년(1291: 충렬왕 17년) 11월에 탐라耽羅가 원에 사使를 파견해 동저東紵 백필百匹을 공貢했다.[218] 고인탄(고인단)이 지원29년(1292: 충렬왕 18년)에 정동행중서성征東行中書省 차부箚付(공문서)로써 탐라지휘사耽羅指揮使에 충임되었는데,[219] 탐라국 안무사로서 지휘사를 겸했을

---

214 『元史』권14, 本紀14, 세조 지원23년 3월. 동경행성(요양행성)은 동방 왕가의 반발로 이해 7월에 해체되었다. 다음해인 지원24년에 동방왕가가 옷치긴의 후손인 나얀(내안乃顔)을 중심으로 반기를 들자 쿠빌라이칸이 이를 진압하고 이해 10월에 요양행성을 설립한다.

215 『고려사』권30, 충렬왕 13년 11월. "元遺塔剌兒來爲耽羅達魯花赤"

216 『고려사』권30, 충렬왕 15년 8월. "耽羅安撫使忽都塔兒還自元. 中書省牒求靑砂甕盆瓶". 원 중서성이 牒하여 靑砂甕盆瓶을 求했는데 이는 원이 탐라가 아니라 고려에 요구한 것이며, 耽羅安撫使 忽都塔兒는 탐라로 가는 도중에 고려에 들러 그 요구를 고려에 전달했을 뿐이었다.

217 『元史』권16, 本紀16, 世祖 至元二十七年 正月. "丙寅 合丹餘寇未平 命高麗國 發耽羅戍兵千人討之"

218 『元史』권16, 本紀16, 世祖 至元二十八年 十一月. "耽羅遣使 貢東紵百匹"

219 정이오 「성주고씨가전」(동문선 권101)

것이다.

1292년(지원 29: 충렬왕 18년) 5월에 일본 선박이 탐라 바닷가에 이르러 정박하니 탐라가 공격해 일본인을 체포하는 일이 발생한다. 보고를 받은 원이 이해 9월 임오일(24일)에 홍군상洪君祥을 고려에 보내와 고려에게 명령해 그 일본인을 호송해 일본국에 돌려보내게 했다. 이에 10월 경인일(3일)에, 태복윤太僕尹 김유성金有成으로 호송일본인護送日本人으로 삼고, 공역서령供驛署令 곽린郭麟으로 서장관書狀官을 삼아 일본에 문서를 보내게 했다.[220] 이 문서는 『고려사』 충렬왕세가와 일본 『겸창유문鎌倉遺文』에 실려 있는데[221] 후자에 실린 서두와 말미[222]를 제외하면 내용이 거의 동일하다.

이 문서의 내용을 소개하면, 소방小邦(고려)은 귀국貴國(일본)과 격해隔海하여 이웃이 되고 석昔에 귀국貴國 상인商人이 때로 혹 금해부金海府(김해부)에 내왕來往해 우호를 삼아 일찍이 혐극嫌隙이 없었다고 했다. 그런데 금년(1292) 5월에 귀국貴國 상선商船이 탐라耽羅 주저洲渚(바닷가)에 이르러 정박했는데, 탐라는 성격이 완힐頑頡해 그 상선을 사격해 내쫓고 순찰해 2명을 붙잡아 보내자, 소방小邦이 대원국황제大元國皇帝에게 아뢰어 압송하니 황제가 조칙을 내려 그 연유를 묻고 명령해 본국本國으로 돌려보내 호송護送하라 했다고 했다.[223] 아국我國(고려)은 원래 조선祖先(조부 고종)부터 대원大元을 신사臣事하여,

---

220 『고려사』 권30, 세가 충렬왕 18년 9월·10월 ; 『고려사절요』 권21, 충렬왕 18년 9월조. 監察御史 金有成이 太僕尹에, 直文翰署 郭麟이 供驛署令에 임명되어 일본인을 護送했지만, 일본이 일찍이 東征에 유감을 품었기 때문에 김유성과 곽린 등은 모두 일본에 拘留당해 돌아오지 못했다고 한다.

221 『고려사』 권30, 세가 충렬왕 18년 10월 ; 『鎌倉遺文』 23, 正應五年, 高麗國王書寫[金澤文庫文書]

222 문서의 서두는 "皇帝福廕裏 特進上柱國開府儀同三司 駙馬高麗國王王昛 謹奉書于日本國王殿下 冬寒 伏惟尊候[侯力]萬福臨莅 不穀篤承皇帝聖德 保守[大元國]弊封"이고, 말미는 "至元二十九年[正應五年]十月 日 狀"이다. 그러하니 이 문서는 고려국왕이 일본국왕에게 보내는 친서였다.

나의 부왕父王(원종)이 천정天庭에 두 번 조근朝覲해 문득 성장聖奬을 입어 국가를 안보安保하고 후도侯度를 각근恪謹하고, 나는 세자世子 때에 부왕을 이어 친조親朝하니 황제가 총악寵渥을 특별히 드리워 공주公主와 혼인함을 허락해 책봉해 부마駙馬로 삼아 종기宗器를 승습承襲하게 하여, 국호國號·군신君臣·사직社稷을 잃지 않고 예악문물禮樂文物·의관衣冠·명분名分이 일체 잉구仍舊하고 백성이 안도按堵해 낙업樂業 안생安生했는데, 실로 정성으로 사대事大했기 때문이라 했다. 송조宋朝는 … 조공朝貢을 대로 닦고 방물方物을 해마다 납부하겠다고 하자 황제가 군대를 돌리고 한림학사 학경郝經을 파견해 심히 도탑게 선유宣諭했지만 송국宋國이 고치지 않고 명령을 어겨 조朝하지 않으니 황제가 진노震怒해 왕사王師를 대규모로 동원해 실기失期로써 토벌해 국호國號를 진멸殄滅하니 구묘九廟가 무너지고 백관이 훼손되어 더 이상 군신君臣 예禮가 없어 삼백년 누적의 기약이 하루아침에 경복傾覆해 이에 관官과 성省을 설치해 유민遺民을 완호完護했다고 했다. 귀국貴國은 아국我國(고려)의 존속을 생각하고 송宋의 멸망을 징계해 일개一介의 사使를 파견해 일척一尺의 서書(표表)를 받들어 대원大元에 조朝하면 지금에 손해가 없고 후에 이익이 있어 진실로 귀국貴國 사직社稷의 복福이라고 했다.[224] 고려는 일본에게 대원에 귀부하기를 설득하면서 자신은 멸망당한 송조와 달리 국호를 유지하고 있는 상황임을 강조했는데 탐라국도 그러한 상황에 해당했다.

충렬왕 18년(1292) 3월 임술일(30일)에 우승右丞 아살阿撒이 와서 탐라耽羅

---

223 "今年五月 貴國商船到泊耽羅洲渚 耽羅性頑頡射逐其船 邏捉二名而送之 小邦申於大元國皇帝 詔問其由 命還本國而護送"(『고려사』 충렬왕세가) ; "今[五]月貴國商船致泊耽羅洲渚 耽羅人性本頑點 追逐其船 邏捉二名而送之 小邦申於大元國而押送 皇帝詔問其由 命還本國而護送"(『鎌倉遺文』)

224 지난 신사년에 邊將이 아뢴 바로 인해 병력을 발동해 往征해 戰艦이 風濤로 인해 播揚해 失水하여 軍卒이 遺漏하여 돌아오지 못한 자가 있는데, 지금 듣건대 耽羅가 보낸 商人(일본상인)이 말하기를 貴國이 그 모두를 거두어 보호해 處養한다고 하니 好生의 聖德에 순응하는 듯해 다행이라고 했다.

달로화적達魯花赤 죄를 안찰했다.[225] 19년(1293) 9월 을축일(13일)에 원이 탐라
耽羅 달로화적達魯花赤을 교지交趾에 유배하고, 우승右丞 아살阿撒로 그것을 대
신하게 했다.[226] 탐라 다루가치가 어떤 죄로 처벌받고 우승右丞 아살阿撒로
교체된 것이었다. 이해 12월 무자일(7일)에 고려가 송분宋玢으로 탐라耽羅 도
지휘사都指揮使를 삼았는데,[227] 탐라주둔 고려군을 지휘하기 위해서였을 것
이다. 지원30년(1293: 충렬왕19) 2월에 황제가 조詔하여 연해沿海에 수역水驛을
설치해, 탐라耽羅로부터 압록강구鴨淥江口까지 무릇 11소所로, 홍군상洪君祥으
로 하여금 감독하게 했다.[228] 충렬왕 19년(1293) 7월 을묘일(1일)에 원이 만호
윤세주尹世柱를 파견해 탐라耽羅 인물人物을 추쇄推刷했다.[229]

충렬왕 19년(1293) 7월 갑술일(20일)에 행중서성이 고려 도첨의사사都僉議
使司에 차부箚付하기를, "추밀원(원 추밀원) 자문咨文에 준准하면(의거하면), 고려
국왕 자문咨文에 '본국(고려)이 거수취륙去水就陸 때에 진도 백성百姓을 나누어
역시 육지로 옮기니 본지本地(진도)가 공한空閑했거늘, 후에 탐라耽羅가 원에
아뢰어 탐라 인민人民을 (진도에) 적입摘入해 종전種田하게 했는데, 지금 합단
적군哈丹賊軍으로 인해 육지에서 종양種養할 수 없어, 만약 (진도) 탐라인호耽
羅人戶를 탐라에 환입還入하고 나주 부근 백성을 진도珍島로 이입移入해 종전
種田해 생계를 유지하면 편便하다'고 하니, (추밀원이) 아뢰어 받든 황지皇旨
에, '이는 진실眞實인가? 탐라耽羅의 원전지元田地에 가도록 한다는 것이, 어
떤 전지田地에 왕백성王百姓이 종종種種한다는 것인가'라고 했다며, 삼가 황지皇
旨에 의거해 시행하시오"라고 했다.[230] 삼별초 몰락으로 진도 사람들이 육

225 『고려사』 권30, 충렬왕 18년 3월. "右丞阿撒來 按耽羅達魯花赤罪"
226 『고려사』 권30 및 『고려사절요』 권21, 충렬왕 19년 9월. "元流耽羅達魯花赤於交
趾, 以右丞阿撒代之"
227 『고려사』 권30, 충렬왕 19년 12월
228 『元史』 권17, 本紀17, 世祖 지원30년 2월
229 『고려사』 권30, 충렬왕 19년 7월
230 『고려사』 권30, 충렬왕 19년 7월

지로 옮겨지니 탐라국 사람들이 원의 허락을 받아 진도에 진출해 농사를 지었던 것인데 이에 대해 고려국이 불만을 제기했던 것이다.

그런데 몽고 원제국에 세조 쿠빌라이칸이 사망하는 격변이 발생한다. 충렬왕 19년(1293) 10월 기해일(17일)에 고려왕 및 공주(제국공주)가 원을 향해 떠났다. 서경을 거쳐 압록강을 넘고 대보장大保庄, 무녕현撫寧縣, 계주薊州를 거쳐 12월 신축일(20일)에 연경燕京(대도)에 이르러 첨서중추원사簽書中樞院事 홍군상 집에 머물렀는데, 황제가 질독疾篤해 알현할 수 없었다. 12월 을사일(24일)에 고려왕 및 공주(제국공주)가 황태자皇太子 진금眞金(진킴) 비자妃子인 활활진闊闊眞(코코진)의 전殿에 나아가 금종金鍾·금우金盂, 백은만루도금白銀滿鏤鍍金 대臺·잔盞 등을 선물했다. 충렬왕 20년(1294) 정월 계유일(22일)에 세조황제(쿠빌라이칸)가 붕崩하니, 고려왕과 공주 부부가 양羊10, 마馬 1로써 빈전殯殿에 제사했다. 원조元朝 상제喪制는 국인國人(몽고인)이 아니면 감히 가까이 하지 못했는데 오직 고려가 참여할 수 있었다. 원이 전함戰艦 제작을 혁파했는데, 황제가 붕어하자 홍군상이 승상丞相 완택完澤에게 말하니 마침내 승상이 동정東征을 그친 것이었다.[231] 제3차 일본정벌 계획이 완전히 혁파된 것인데 탐라의 전략적 가치가 감소되어 탐라에게는 좋지 않을 수도 있었다.

원 세조의 손자인 철목이鐵穆耳(티무르: 성종)가 북변에 주둔하고 있다가 지원31년(1294)에 세조 붕어를 듣고는 4월 임오일에 상도上都에 이르고 좌우부左右部 제왕諸王이 모두 모였다.[232] 충렬왕과 공주(제국공주)가 4월 계사일(13일)에 상도上都에 가서 황태자(성종)를 맞이했다.[233] 4월 갑오일(14일)에 철목이(티무르)가 황제에 즉위해 제왕諸王·종친宗親·문무백관 조朝를 대안각大安閣에서 받고 조칙을 내려 황고皇考(진킴)를 추존해 황제(유종裕宗)라 하고, 태모원

---

231 『고려사』 권30, 충렬왕 19년 10월~12월 ; 『고려사』 권31, 충렬왕 20년 정월
232 『元史』 권18, 本紀18, 성종황제
233 『고려사』 권31, 충렬왕 20년 4월

비太母元妃(모후 코코진)를 높여 '황태후皇太后'라 했다.[234] 4월 갑오일(14일)에 황태자가 황제에 즉위하니 곧 성종成宗이었다. 표하례表賀禮가 끝나자 황제(성종)가 고려왕에게 연회에 나아오게 했는데 제왕諸王·부마駙馬가 모두 모인 중에서 왕자王㘴(충렬왕 자리)는 제칠第七이었다.[235] 원제국의 새로운 질서가 탐라에게 다가오고 있었다.

---

234 『元史』 권18, 本紀18, 성종황제 즉위년
235 『고려사』 권31, 충렬왕 20년 4월

제5장

원간섭중후기
탐라국과
제주목 반복

1. 탐라국이 제주목으로 되다

고려 충렬왕이 원을 방문해 머물던 치세 20년(1294)에 세조황제가 사망하고 성종황제가 즉위한 일은 탐라국의 운명에 중대한 결과를 초래한다. 충렬왕 20년(1294) 5월 갑인일(5일)에 태백성이 낮에 출현했고, 다음날(6일)에 역시 그러했는데, 탐라인耽羅人 곡겁대曲怯大·몽고대蒙古大·탑사발도塔思拔都 등이 원에 가서 마馬 400필匹을 헌상했고, 왕(충렬왕)이 4사事로써 황제(성종)에게 아뢰고 탐라의 고려에의 환예還隸를 허락받았다.[1] 탐라인이 멀리 원에 가서 말을 헌상했지만 탐라의 멸망을 지켜보아야 했다. 몽고 원이 탐라를 고려에게 귀속시킨 과정을 소개하면 아래와 같다.

① 충렬왕 20년(1294) 5월 (6일에) 왕이 4사事로써 황제에게 아뢰었는데, 첫째는 탐라耽羅 돌려주기 요청, 둘째는 포로된 인민人民 돌려주기 요청, 셋째는 공주 책봉 요청, 넷째는 작명爵命 더하기 요청이었다. 황제가 명령해 탐라를 고려에 환예還隸하게 했다.(『고려사』 권31 및 『고려사절요』 권21)

② 지원31년(1294: 충렬왕 20)에 고려왕이 상언上言하기를, "탐라耽羅의 땅은 조종祖宗부터 이래 그 국國(고려)에 신속臣屬했는데 임연역당林衍逆黨(삼별초)이 이미 평정된 후에 윤방보尹邦寶가 초토부사招討副使에 충임되자 계책으로써 조정朝廷(몽고 원)에 경예經隸되기를 구求한 것이니, 바라건대 예전대로 해 주십시오"라고 하니, 황제(성종)가 말하기를, "이는 소사小事라, 고려로 환속還屬하도록 하라" 라고 했다. 이로부터 (탐라가) 다시 고려에 예속되었다. (『원사』 권208, 외이전1, 탐라)

③ 지원31년(1294: 충렬왕 20) 5월 29일에 승상丞相 완택完澤 등이 아뢰기를, "고려

---

1 『고려사』 권31, 충렬왕 20년 5월

왕이 상언上言해, '탐라耽羅의 땅은 그 조종祖宗부터 이래 그 국國(고려)에 신속臣屬했는데, 임연역당林衍逆黨(삼별초)이 이미 평정된 후에 윤방보尹邦寶가 계책으로써 조정朝廷(몽고 원)에 경력經歷되기를 구求한 것이니, 바라건대 예전대로 해 주십시오' 라고 했는데, 신臣들은 그 상세함을 알지 못하고 쌍숙雙叔 배輩가 마땅히 그것을 알리니, 순문詢問해 명백하기를 기다려 과연 질애窒礙(꽉 막힘)가 없으면 넘겨줌을 특별히 받들도록 하십시오" 라고 하니, 상上(황제)이 말하기를, "이는 소사小事라, 어찌 반드시 다언多言하리오, 고려에 환속還屬하도록 하라" 라고 했다. (『원고려기사』탐라)

④ 충렬왕 20년(1294) 11월 경술일(4일)에 탐라耽羅 왕자王子 문창유文昌裕와 성주星主 고인단高仁旦에게 홍정紅鞓·아홀牙笏·모모帽·개개蓋·화화靴 각각 1사事를 하사했는데, 탐라가 지금에 아我(고려)에게 귀귀歸했기 때문에 이 하사가 있었던 것이지만 원元에 진마進馬는 끊어지지 않았다. 을묘일(9일)에 고려왕이 탐라耽羅 달로화적達魯花赤에게 직금의織金衣 2습襲을 하사했다. (『고려사』권31 및 『고려사절요』권21)

⑤ 고인탄(고인단)이 지원21년(1284: 충렬왕10)에 또 선명宣命 금패金牌를 받아 명위장군明威將軍 안무사사安撫司使를 제수받고, 지원29년(1292: 충렬왕 18년)에 정동행중서성征東行中書省 차부箚付로 탐라耽羅 지휘사指揮使에 충임되었다. '이에 이르러' 부사副使 문창우文昌祐·동지同知 김선金瑄과 함께 의론을 정하여 원조元朝에 주달奏達해 (탐라를) 본국(고려)에 환속還屬하도록 했다. 충렬왕이 그 충성을 가상히 여겨 특별히 역어譯語 낭장郎將인 정공鄭恭·임량필任良弼로 하여금 특별히 선명宣命으로 불러 성주星主 운휘상장군雲麾上將軍으로 삼고 홍정紅鞓·자의紫衣·보개寶蓋를 하사해 헤아릴 수 없을 만큼 많이 주었는데, 홍정紅鞓·보개寶蓋 하사는 신라로부터 권여權輿한 것이었다. 충렬왕이 말하기를, "신라시대로부터 쭉 지금에 이르도록 순국徇國 적성赤誠해 아낄만하도다. 성주星主의 직직職을 영세永世토록 떨어뜨리지 말지어다" 라고 했다. (『동문선』권101, 「성주고씨가전」)

⑥ 충렬왕 20년(1294)에 왕이 조원朝元해 탐라耽羅를 돌려주기를 요청하니 원승상 元丞相 완택完澤 등이 아뢰어 성지聖旨를 받들어 탐라로써 아我(고려)에게 환예還隸하니, 다음해 을미년(1295)에 고쳐서 '제주濟州'라 하고 비로소 판비서성사判秘書省事 최서崔瑞로 목사牧使를 삼았다. (『고려사』 권57, 지리지2, 탐라현)

⑦ 충렬왕 21년(1295) 윤4월에 다시 탐라耽羅를 고쳐 '제주濟州'라 하여 판비서성사判秘書省事 최서崔瑞로 목사牧使를 삼았다. (『고려사절요』 권21)

⑧ 충렬왕 21년(1295) 윤4월 계축일(9일)에 판비서성사判秘書省事 최서崔瑞로 제수목사濟州牧使를 삼았다.(『고려사』 권31)

⑨ 충렬왕 10년 갑신년에 원이 총관부摠官府를 혁파해 탐라耽羅 군민안무사軍民安撫使를 설치했고, 20년 갑오년에 왕이 조원朝元해 탐라 돌려주기를 요청하니 원승상元丞相 완택完澤 등이 아뢰어 제지帝旨를 받들어 아我(고려)에게 환예還隸하니, 21년 을미년에 고쳐서 '제주濟州'라 하고 목사牧使·판관判官을 두었다. (이원진 『탐라지』 건치연혁)

⑩ 갑오년(충렬왕 20)에 원이 설치한 부府(탐라군민안무사부)를 혁파해 탐라耽羅를 고려에 환예還隸했고, 다음해에 고쳐 제주濟州라 하고 처음으로 조임趙任으로 도지초사都指招使를 삼고 최서崔瑞로 목사牧使를 삼고 지남익池南翼으로 판관判官을 삼았다. 정유년(충렬왕 23)에 채득공蔡得公으로 방어사防禦使를 삼고 임숙林叔으로 만호萬戶 도지휘사都指揮使를 삼았다. (이원진 『탐라지』 고적)[2]

고려 충렬왕이 원 상도上都에 머물고 있던 1294년(충렬왕 20) 5월 6일에 4사事로써 원 성종황제에게 아뢰었는데, 그 중의 첫 번째가 탐라를 고려에 돌려주기를 요청한 것이었다. 그 내용은 탐라의 땅은 그 조종祖宗부터 이래

---

2 林叔은 충숙왕 10년(1323) 정월에 마음대로 離任한 이유로 行省에 갇혔다가 뇌물 주어 복직되자 제주인의 반발로 파직된 濟州萬戶 林淑(『고려사』 권35 및 『고려사절요』 권24)과 동일인일 가능성이 있다.

그 국國(고려)에 신속臣屬했다면서, 임연역당林衍逆黨(삼별초)이 이미 평정된 후에 윤방보尹邦寶가 초토부사招討副使에 충임되자 계책으로써 조정朝廷(몽고 원)에 경예經隸(경력經歷) 되도록 한 것이니, 예전대로 해 달라는 것이었다. 5월 29일에 승상 완택完澤으로부터 고려왕의 그러한 상언을 보고받자 성종황제는 '소사小事'라며 탐라를 고려에 환속시켰다고 한다. 이는 세계를 지배한 몽고원 제국의 시각에서 '소사'(작은 일)였지만 탐라에게는 독립을 다시 상실하게 되는 '대사大事'였다.

원 성종황제는 정통성과 세력이 약했다. 세조황제 치세에서 황태자 진킴이 사망하자 진킴의 아들 테무르(티무르: 성종)가 황태자를 계승했지만 세조황제가 사망하자 황위계승 갈등이 발생했다. 이러한 상황에서 테무르(성종)가 모후 코코진(진킴의 배필)의 후원으로 즉위할 수 있었는데, 그 과정에서 때마침 원에 온 충렬왕의 도움을 받은 셈이었고 부마駙馬로 황실의 어른인 충렬왕의 요청을 일단 받아들여야 했던 것이었다. 여기에는 탐라가 세조 쿠빌라이칸의 사망으로 버팀목이 사라지고 원의 제3차 일본정벌 시도가 포기되면서 전략적 지위가 약화된 상황도 작용했다. 훗날 이제현은, 충렬왕이 20년에 입조入朝했을 때 황제(세조)가 붕어하자 성종을 옹립하는 의논에 참여하니, 성종이 왕(충렬)은 선조先朝 훈척勳戚이라며 심히 후하게 대우해 말하는 바는 모두 청납했고, 대신大臣인 승상丞相 백안伯顏·완택完澤과 달한達罕(巫師) 홀고손忽古孫과 대사大師 월지절月知節도 감히 균례鈞禮하지 못했다고 서술했다.[3]

5월 기사일에 성종황제(추증유종의 아들)가 모친(코코진)인 황태후의 거처 구舊 태자부太子府를 고쳐 융복궁隆福宮이라 하고, 첨사원을 고쳐 휘정원徽政院이라 하여 황태후를 받들게 하였다.[4] 황태후 코코진은 융복궁과 휘정원을

---

3 『익재난고』 9상, 忠憲王世家, 충렬왕총서
4 『元史』 권89, 志39, 百官5, 儲政院 ; 『원사』 권116, 列傳3, 后妃2, 裕宗의 徽仁裕聖皇后 ; 『원사』 권115, 列傳2, 裕宗 ; 『원사』 권18, 본기18, 성종 즉위년

통해 막강한 권력을 행사했는데 곧 탐라에도 영향력을 행사하게 된다. 충렬왕은 상도에서 심주瀋州(심양)를 거쳐 고려로 돌아오는데, 도중인 7월 무오일(10일)에 대장군 오인영吳仁永으로 전라도지휘사全羅道指揮使를 삼으니 그가 탐라耽羅에 갔다.[5] 이는 탐라의 고려 귀속결정에 따라 탐라 군대를 지휘하기 위한 것으로 보인다.

이처럼 1294년(지원31: 충렬왕 20) 5월 29일에 고려 충렬왕의 요청을 원 성종황제가 받아들이는 형식으로 탐라를 고려에 귀속하는 결정이 내려졌다. 『고려사』와 『고려사절요』에 따르면, 충렬왕이 20년(1294) 11월에 탐라 왕자王子 문창유와 성주星主 고인단高仁旦에게 홍정紅鞓·아홀牙笏·모帽·개蓋(蓋)·화靴를 하사하고 탐라 달로화적에게 직금의織金衣를 하사했는데, 이는 탐라의 고려 귀속이 결정되어 탐라국의 제주목으로의 전환 조치를 앞두고 탐라 통치자를 위로하기 위한 조치로 여겨진다.

그런데 「성주고씨가전」은 지원29년(1292: 충렬왕 18년) 기사 바로 뒤에 탐라 안무사 혹은 지휘사 고인탄(고인단)이 부사副使 문창우文昌祐·동지同知 김선金瑄과 함께 의론을 정하여 원조元朝에 주달奏達해 탐라를 본국(고려)에 환속還屬하도록 했다고 하여, 탐라의 고려에의 귀속을 고인탄(고인단), 문창우, 김선이 주도한 것처럼 서술했다. 하지만 그러했다는 시점이 모호하게 처리되었고, 그들이 그러한 행위를 했다는 기록은 『원사』나 『고려사』·『고려사절요』 등에 보이지 않아 곧이곧대로 신빙하기는 어렵고, 가전家傳의 성격상 탐라의 고려에의 귀속에 고인탄(고인단) 등이 주도적으로 협력했음을 과장한 것이라 여겨진다. 이는 『고려사』와 『고려사절요』 충렬왕 20년 11월 조항에, 탐라의 고려 귀속결정 기념으로 왕자 문창유와 성주 고인단에게 홍정紅鞓·아홀牙笏·모帽·개蓋(蓋)·화靴를 하사했다고 하면서도 그러한 귀속결정에 대한 그들의 역할을 언급하지 않은 데에서도 알 수 있다.

---

5 『고려사』 권31, 충렬왕 20년 7월. 충렬왕은 8월 을유일(7일)에 개경에 이르렀다.

충렬왕은 5월 30일에 원 상도를 출발한 이후 도중에 혹은 8월 7일 개경에 돌아온 후에 탐라에 역어譯語 낭장郎將인 정공鄭恭·임량필任良弼을 파견해 탐라의 고려 귀속을 결정한 황제의 칙령을 탐라 국왕과 안무사安撫司(우두머리 다루가치와 안무사安撫使)에게 전달한 것이었다. 이 황제칙령 반포 대상 중에 원에서 파견된 탐라 달로화적(다루가치)이 포함되어 있었기 때문에 역어(통역관)가 파견되었다고 볼 수 있다. 충렬왕이 20년(1294) 11월 경술일(4일)에 탐라 왕자王子 문창유文昌裕와 성주星主 고인단高仁旦에게 홍정紅鞓·아홀牙笏·모帽·개蓋(蓋)·화靴를 하사했으니, 충렬왕이 고인탄(고인단)을 불러 성주星主 운휘상장군雲麾上將軍으로 삼고 홍정紅鞓·자의紫衣·보개寶蓋를 하사한 때는 바로 충렬왕 20년 11월 4일이었고, 문창유도 왕자에다가 고인단과 유사한 무산계武散階를 받았을 것이다. 문창유의 '왕자' 칭호와 고인단의 '성주' 칭호는 이미 띠어 오던 것이었고 여기에다가 무산계를 더했다고 볼 수 있다. 성주 고인탄(고인단)은 '성주'에다가 무산계 '운휘상장군'을 더한 것으로 판단된다. 원래 고려 무산계에는 상장군 칭호가 없고 표기대장군(종1품), 보국대장군(정2품), 진국대장군(종2품), 관군대장군(정3품), 운휘대장군(雲麾大將軍, 종3품) 등 대장군 칭호가 있으니, 이 '운휘상장군'은 운휘대장군을 승급한 것이거나 운휘대장군의 오류로 여겨진다.

「성주고씨가전」은 홍정紅鞓·보개寶蓋 하사는 신라로부터 권여權輿한 것이라고 했고, 충렬왕이 말하기를, "신라시대로부터 쭉 지금에 이르도록 순국徇國 적성赤誠해 아낄만하도다" 라고 했다고 서술했다. 이는 『삼국사기』 이래 삼국 중에 신라가 가장 먼저 건국되었다는 인식이 확립된 것에 의거해 탐라가 신라부터 고려에 이르는 왕조를 섬겨 왔다고 왜곡해 강조한 것이었다.[6]

---

6 단, 탐라국주(탐라국왕)가 신라 문무왕에게 조회했을 때 紅鞓·寶蓋 등을 받았을 수는 있다.

몽고원은 1294년(지원31: 충렬왕 20) 5월 29일에 상도에서 탐라의 고려에의 귀속을 결정했다. 충렬왕은 상도를 출발해 8월 7일에 개경으로 돌아온 이후에 탐라국을 접수하기 위한 준비를 진행하더니, 다음해인 1295년(지원32: 충렬왕 21)에 탐라국을 고쳐 '제주목濟州牧'이라 하고 목사牧使와 판관判官을 둔다. 탐라가 고려에 귀속되어도 탐라의 원에의 말 공진貢進은 끊이지 않았다고 했는데, 이는 충렬왕 21년 3월 경오일에 원이 백첩목아伯帖木兒를 보내와 탐라에서 마馬를 취한 데[7]에서도 알 수 있다.

원 황제의 탐라의 고려 귀속 허락에 따라, 고려가 충렬왕 21년(1295) 윤4월에 다시 탐라耽羅를 고쳐 '제주濟州'라 하고 윤4월 계축일(9일)에 판비서성사判秘書省事 최서崔瑞로 제주목사濟州牧使를 삼았다. 최서崔瑞는 묘지명에 따르면, 안서安西(해주) 사람으로 급제해 여러 관직을 역임하고 지원29년에 정헌대부正獻大夫 판비서사判秘書事 응선부좌첨사膺善府左詹事로 옮기더니, 지원31년(1294: 충렬왕 20)에 황제가 명령을 내려 탐라耽羅로써 다시 아토我土(고려 영토)로 삼도록 했는데, 분부分符의 시초에 실로 적합한 사람을 얻기 어려웠거늘 (지원32년: 충렬왕21) 최서가 명령을 받아 가서 화합하여 고풍古風을 회복했다고 한다. 『탐라지』에 따르면, 최서로 제주 목사를 삼은 외에 조임趙任으로 도지초사都指招使를, 지남익池南翼으로 판관判官을 삼았다고 한다.

고려는 윤4월 9일에 제주목을 설치해 목사를 파견하고 나서 17일 후인 윤4월 경오일(26일)에 중랑장 조침趙琛을 파견해 원에 가서 제주방물濟州方物인 저포苧布 100필匹·목의木衣 40엽葉·포포 6롱籠·환피獲皮(오소리 가죽) 76령領·야묘피野猫皮 83령領·황묘피黃猫皮 200령領·포피麃皮(사슴 가죽) 400령領·안교鞍轎(말안장) 5부副를 진상하게 했다.[8] 고려는 탐라국을 제주목으로 편입하자마자 급히 제주 방물을 갈취해 원으로 보낸 것인데, 탐라의 고려 귀속을

7 『고려사』 권31, 충렬왕 21년 3월
8 『고려사』 권31 및 『고려사절요』 권21, 충렬왕 21년 윤4월

허락해준 원에게 감사를 표하면서 아부를 한 것으로, 제주목에 의한 고려의 직접 지배가 몽고 원의 간접 지배를 받던 탐라국 시절보다 탐라인에게 가혹한 수취가 기다리고 있다는 예고였다.

고려에서는 충렬왕 치세가 이어지고 있었지만 세자(충선왕)가 세조 쿠빌라이칸의 외손자라는 강력한 배경으로 인해 부왕 충렬왕의 권력을 잠식해나갔다. 충렬왕 21년 5월에 고려가 찬성사 인후印侯를 파견해 원에 가서 세자 혼인을 요청하게 했다.[9] 8월 무오일(16일)에 세자가 원으로부터 이르렀는데, 황제에 의해 의동삼사儀同三司 상주국上柱國 고려국왕세자高麗國王世子 영도첨의사사領都僉議使司로 책봉되고 양대은인兩臺銀印을 하사받은 상태였다. 그래서 세자는 9월 갑신일(13일)에 도첨의사都僉議司에서 서사署事하더니 12월 계묘일(4일)에 원에 갔다.[10]

그런데 세자(충선왕)가 다음해인 충렬왕 22년 11월에 진왕晋王 감마랄甘麻剌의 딸(계국공주)과 혼인했다.[11] 고려 세자(충선왕)는 원 공주와 막 혼인한 시절에 탐라에 유배된 중국인을 구원하기도 했다. 성종 원정원년(1295: 충렬왕 21)에 수녕공주壽寧公主 이랄합아공주伊㖨哈雅公主, 소태자小太子가 병들자 황제(성종)가 송초宋超에게 치료하게 함에 모두 나으니 송초를 포상하고, 유성황태후(코코진)가 송초로 하여금 융복궁에 겸직兼直하게 했다. 11월에 태후가 조금 불안不安한데 송초 치료를 받고 차도가 있으니 포상했다. (1296: 충렬왕 22) 포달실리공주布達實哩公主(계국공주)가 고려왕(세자 충선왕)과 혼인하니 아목갈태자阿穆噶太子가 절節을 지녀 전송하고 조사詔使가 호행護行하고 귀천貴賤 만인萬人이 행진해 모두 탈 없이 광녕廣寧(요양 근처)을 경유했다. 광녕민廣寧民이 고려에서 행고行賈(무역)하다가 죄罪로 인해 고려에 의해 탐라牝羅에 유찬流竄된 자가 11인이었는데, 탐라는 절도絶島로 사람이 거주할만한 곳이 아

---

9 『고려사절요』 권21, 충렬왕 21년 5월
10 『고려사』 권33, 세가, 충선왕 총서
11 『고려사』 권33, 세가, 충선왕 총서

니었다고 한다. 이에 이르러 그 가家가 이 일행을 맞이해 호소하자 조사詔使가 왕(세자 충선왕)에게 말하여 추구하게 하니 생존자가 7인일 뿐이라, 의복과 음식을 주어 귀환하게 하고, 또한 왕(세자 충선왕)에게 경계해 다시는 그러하지 말도록 하고, 또 태자(아목갈태자)에게 설명해 금지를 선포하니, 이후에 고려가 감히 중주인中州人(중국인)을 유찬流竄하지 않았다고 한다.[12] 고려가 제주목을 한족(중국인) 죄수의 유배지로 활용하다가 제지받았던 것인데 원혹은 중국 측에서는 제주를 여전히 '탐라'로 인식하고 있었나.

충렬왕 21년(1295) 3월 경오일(26일)에 원이 백첩목아伯帖木兒를 보내와 마馬를 탐라耽羅에서 취했다. 22년 2월 을축일(27일)에 원이 탐라 목축사牧畜事로 인해 단사관斷事官 목올적木兀赤을 파견해 왔다고 하고, 2월에 원이 사使를 파견해 탐라 마축사馬畜事를 구처區處하게 했다고 한다.[13] 원이 탐라에 방목한 말이 번성하자 그 말의 일부를 반출했고, 탐라 목축牧畜 내지 마축馬畜일로 인해 단사관을 탐라에 파견해 그 일을 처리하게 했던 것이다. 이 당시는 제주목 시절이지만 탐라 목장은 여전히 몽고 원의 직할령이었기 때문에 원이 탐라 목장의 말을 관리하고 있었던 것이다.

충렬왕 22년(1296) 2월 (6일)에 동지밀직사사 이혼李混이 파직되었다. 이에 앞서 왕이 탐라 민호民戶를 적적籍하여 내고內庫에 예속시키고자 하자, 이혼李混이 불가不可하다고 극언極言하니 왕이 기뻐하지 않았다. 이에 이르러 도당都堂이 세 가지 폐해를 상언했는데 이 모두와 관련된 총행자寵幸者가 미워해 왕에게 호소하니 왕이 심히 노하여 순마관巡馬官에게 명령해 당리堂吏 이우李紆를 잡아 그 창의자倡議者를 신문하기를 혹독하게 하니 이우李紆가 무복誣服해 이혼李混을 지목했기 때문에 이혼을 순마옥巡馬獄에 내려 파직한 것이었다.[14] 충렬왕은 제주의 민호民戶를 자신의 내고內庫에 예속시키려 하

---

12 『雪樓集』 권8, 太原宋氏先德之碑. 醫巫閭山 동쪽 기슭의 廣寧은 현재 중국 北鎭市로 朝陽과 遼陽 사이에 위치하며 연경-압록강 교통로에 자리한다.

13 『고려사』 권31 및 『고려사절요』 권21, 충렬왕 21년 3월 및 22년 2월

다가 재상의 반대에 부딪쳤던 것이다.

충렬왕 22년 5월 기묘일(12일)에 고려가 장군 이련송李連松을 파견해 원에 가서 '탐라피화耽羅皮貨(탐라가죽제품)'를 바치고, 5월 갑오일(27일)에 대장군 남정南梃(南挺)을 파견해 원에 가서 '탐라마耽羅馬'를 바쳤다.[15] 23년(1297) 1월 임오일(19일)에 고려가 낭장 황서黃瑞를 파견해 원에 가서 금화옹기金畫甕器·야치野雉(야계野雞) 및 '탐라우육耽羅牛肉(탐라소고기)'을 바치게 했다. 이해 11월에 고려가 상장군 김연수金延壽를 파견해 원에 가서 인삼人參 및 '탐라수유耽羅酥油(수유酥油는 버터와 유사한 유제품)' 등 물건을 바쳤다.[16] 제주목 시절인데도 특산물에 '탐라피화', '탐라마', '탐라우육', '탐라수유'처럼 '탐라'를 붙인 것은 그 특산물이 '탐라'를 붙인 상표로 널리 알려져 유명했기 때문으로 판단되는데, 고려가 제주목의 특산물을 갈취해 원에 바치는 데 몰두했음을 보여준다.

고려왕조에서 몽고 황녀인 제국대장공주가 원에 갔다가 충렬왕 23년 (1297) 5월에 고려로 돌아와 39세로 질병으로 사망하면서[17] 남편인 충렬왕의 입지가 약화된다. 반면 제국대장공주의 아들인 세자(충선왕)가 세조 쿠빌라이칸의 외손자라는 막강한 배경에 근거해 부왕 충렬왕의 권위에 도전해 자신의 권력을 강화해 간다. 세자는 원에서 모친의 부고를 듣자 귀국해 모친의 사망이 부왕의 애첩인 궁인宮人 무비無比 때문이라며 무비를 죽이고 부왕의 측근을 죽이거나 유배해 부왕을 압박한다.[18] 결국 충렬왕이 양위하자 세자가 원의 허락을 받아 충렬왕 24년(1298) 정월에 고려국왕에 오르는

---

14 『고려사절요』 권21, 충렬왕 22년 2월 ; 『고려사』 권108, 李混傳

15 『고려사』 권31 및 『고려사절요』 권21, 충렬왕 22년 5월

16 『고려사』 권31 및 『고려사절요』 권21, 충렬왕 23년 정월·11월

17 『고려사』 권89, 后妃傳2, 충렬왕의 제국대장공주 ; 『고려사』 권31, 충렬왕 세가

18 『고려사』 권31 및 『고려사절요』 권21, 충렬왕 23년 7월 ; 『고려사』 권122, 宦者傳 崔世延

데 곧 충선왕이다.[19] 이후 고려 정국은 충렬왕파와 충선왕파로 나뉘어 극렬히 대립하고, 원 성종황제는 자신의 정권이 안정기에 접어들면서 고려의 그러한 상황을 이용해 고려에 대한 통제를 강화하려 하는데 이는 탐라 제주의 위상에도 영향을 미친다.

대덕2년(1298: 충선왕 즉위년) 5월에 '탐라국耽羅國'이 방물方物로써 원에 내공來貢했으니,[20] 이 이전에 제주목이 다시 탐라국의 위상을 회복한 것이었다. 원 성종황제는 대덕2년(1298) 정월에 고려국왕에서 충렬왕을 물러나세 하고 충선왕을 앉히면서 제주목을 탐라국으로 다시 독립시킨 것으로 보이는데, 탐라에 대한 고려의 영향력을 삭제해 고려를 약화시키고 원의 탐라에 대한 영향력을 증가시키려 했기 때문이었을 것이다. 그런데 충선왕이 자신의 입지를 강화하기 위한 개혁을 급격하게 추진하면서 고려 정국이 혼돈에 빠지자 원은 고려에 대한 통체력의 약화를 우려해 대덕2년(1298) 8월에 충선왕을 퇴위시키고 충렬왕을 복위시킨다.[21] 충렬왕 24년(1298) 11월 갑신일 초하루에 고려가 장군 이백초李白超를 파견해 원에 가서 탐라우육耽羅牛肉(탐라소고기)을 바치게 했는데,[22] 탐라를 돌려받으려는 의도가 깔려 있었을 것이다. 이 시기에 원이 탐라에 어떠한 기구를 설치했는지는 확인되지 않는데 이전처럼 안무사安撫司를 두었을 수도 있다. 퇴임 충선왕은 원에 들어가 머물지만 충렬왕파와 충선왕파의 대립은 더욱 격화한다.

---

19 『고려사』 권31 및 『고려사절요』 권22, 충렬왕 24년 정월 ; 『고려사』 권33, 충선왕 총서 및 즉위년 정월
20 『元史』 권19, 本紀19, 成宗 大德二年 五月. "耽羅國以方物來貢"
21 『고려사』 권31 및 『고려사절요』 권22, 충렬왕 24년(충선왕 즉위년) 8월 ; 『고려사』 권33, 충선왕 즉위년 8월. 한편 충렬왕 24년 10월 을해일에 瀋州達魯花赤 闍里大가 사람을 파견해 충렬왕에게 馬 1匹과 羊 30頭를 바쳐 충렬왕의 복위를 축하한다(『고려사』 권31).
22 『고려사』 권31 및 『고려사절요』 권21, 충렬왕 24년 11월

2. 탐라국 총관부의 부활과 만호부의 설치

고려의 정국이 충렬왕파와 충선왕파의 대립으로 혼돈에 빠진 와중인 충렬왕 26년(1300)에 원이 탐라에 대해 중요한 두 가지 일을 시행한다. 그 하나는 충렬왕 26년에 탐라 목장에 또 원 황태후(코코진)가 구마廐馬를 방목한 일이다.[23] 『원사』 본기에 대덕4년(1300) 2월 정미일 초하루에 일식이 있었고, 병진일(10일)에 황태후가 붕崩하자 다음날에 선릉先陵(추존유종 릉)에 부장祔葬(합장)하고, 을해일에 황제 거가車駕가 상도上都로 떠났다고 하니,[24] 황태후가 이해 2월 10일에 사망한 것이었다. 그러하니 원 황태후는 충렬왕 26년 정월~2월 10일 사이에 탐라 목장에 자신 소유의 말을 방목한 것이었다. 코코진 황태후는 탐라 마필을 사용하지 못한 채 사망하지만 그녀의 탐라 마필은 원 황후 혹은 황태후에게 계승되니 황실 존귀여성의 탐라 마필에 대한 영향력이 증가한다.

다른 하나는 원이 대덕4년(1300: 충렬왕 26) 6월 갑자일(20일)에 탐라총관부耽羅總管府를 설치한 일이다.[25] 이는 탐라국 총관부의 부활을 의미했다. 이해 4월 무오일(13일)에 충렬왕이 황태후상을 조문하러 원을 향해 떠났다. 6월 임자일(8일)에 상도上都에 이르러 황제를 종전欉殿에서 알현해 방물方物을 바치니, 황제가 지손연只孫宴에 참석하게 했는데 충렬왕은 제왕諸王·부마駙馬에서 좌차坐次가 4번째로 총권寵眷이 수이殊異했다고 한다.[26] 그런데 6월 갑

---

23 『고려사』 권57, 지리지2, 全羅道 羅州牧 耽羅縣. "(충렬왕)二十六年 皇太后又放廐馬"

24 『元史』 권20, 本紀20, 성종 대덕4년 2월. "二月丁未朔 日有食之, 乙卯 遣使祠東嶽, 丙辰 皇太后崩, 明日 祔葬先陵 … 乙亥 車駕幸上都". 한편 『고려사』 권64, 예지6, 凶禮 上國喪에는 충렬왕 26년 '正月丙寅'에 元 皇太后가 崩했다고 되어 있지만 이해 정월에는 병인일이 없으니 월일 오류이다.

25 『元史』 권20, 本紀20, 成宗 大德四年六月. "甲子 置耽羅總管府"

26 『고려사』 권31 및 『고려사절요』 권22, 충렬왕 26년 4월~6월

자일(20일)에 원이 탐라총관부를 설치한 것이었으니, 성종은 충렬왕을 황실의 원로로 대우는 했지만 황제로서 자신의 뜻을 펼친 것이었다.

원은 충선왕 즉위년(1298) 무렵에 탐라를 국가로 독립시켰던 것으로 보이는데 그것의 유지 여부는 명확하지 않다. 그런데 충렬왕 26년(1300) 6월 탐라총관부 설치는 탐라가 명확히 독립국가임을 보여주는 것이었다. 원은 탐라국의 독립을 유지하게 하면서 탐라국 총관부를 통해 탐라를 간접 지배했다. 이 시기 고려국과 탐라국은 정동행성 영향권에 있었으니, 고려국왕이 정동행성 승상으로서 탐라국에 대해 일정한 영향력을 행사할 여지가 있었지만 정동행성의 업무에 부합해야 했고 정동행성의 상급기관인 원 중서성의 눈치를 보아야 했기 때문에 탐라국의 내정에 간섭하기 어려웠다. 『탐라지』 고적 편에 따르면, 경자년(충렬왕 26)에 원元 태후가 구마廐馬를 방목했고, (원 혹은 탐라가) 인조仁朝(고인단)의 아우인 수좌秀佐(고수좌)로 성주星主를 삼고 공제公濟(문공제)로 왕자王子를 삼았다고 한다.[27] 고수좌가 성주로, 문공제가 왕자로 된 것으로 보아 이 탐라총관부의 총관은 고수좌, 부총관은 문공제였다고 여겨진다. 고수좌는 고인단의 아우였고, 문공제는 문창유(문창우)의 근친이었을 것이다.

그런데 몽고 원의 탐라총관부 재설치는 정동행성 관원의 증치增置와 관련이 있지 않았나 싶다. 원 성종 대덕3년(1299: 충렬왕 25) 5월에 중서성이, 고려국왕(충렬)이 고려 사람들을 복종시키지 못하고 있다며 조정이 마땅히 관원을 파견해 공리共理해야 한다고 하자 황제가 정동행성을 다시 세워 활리길사闊里吉思를 고려행성高麗行省(정동행성) 평장정사平章政事로 삼았다.[28] 이

---

27 이원진 『탐라지』 古跡, 達魯花赤府·軍民安撫使府[庚子 元太后復放廐馬 以仁朝之弟秀佐爲星主 公濟爲王子]. 公濟는 후술하듯이 文公濟이다. 한편 이원진 『탐라지』 제주 건치연혁에 충렬왕 26년에 元 '奇皇后'가 또 廐馬를 방목했다고 되어 있는데, 이 '奇皇后'는 황태후의 오류이다.

28 『元史』 권208, 列傳95, 外夷1 高麗 ; 『원고려기사』 元 成宗 대덕3년 5월

는 원이 정동행성을 완전히 새로 설립한 조치가 아니라 그동안 고려국왕에게 정동행성 승상을 제수하고 원에서 정동행성에 고위직을 파견하지 않아 고려국왕의 정동행성 업무에 대한 자율적 운영을 상당히 인정해 오다가 원에서 고위직을 파견한 조치를 의미했다. 이러한 조치는 행성 증치增置 내지 첨설添設 등으로도 표현된다. 충렬왕 25년(1299) 10월 갑자일(17일)에 원이 활리길사闊里吉思를 파견해 정동행중서성 평장사(평장정사)로, 야율희일耶律希逸을 좌승左丞으로 삼았으니,[29] 정동행성에 활리길사가 평장정사로, 야율희일이 좌승으로 부임한 것이었다. 활리길사는 고려에 부임해 정동행성 승상인 고려국왕을 무력화시켜 고려의 내정에 깊숙이 개입하고 변혁을 추진하다가 고려를 화집和輯하지 못했다는 이유로 대덕5년(1301: 충렬왕 27) 2월에 황제에 의해 소환되어 3월에 돌아간다.[30] 그가 정동행성 평장정사로 한창 활동하고 있던 대덕4년(1300: 충렬왕 26) 6월에 탐라총관부가 설치되었으니 그의 건의로 설치되었을 가능성이 있다고 생각한다.

이처럼 탐라총관부가 충렬왕 26년에 부활했다. 그런데 이원진 『탐라지』에, 충렬왕 26년 경자년에 '동서도현東西道縣'을 설치했다고 하고, 세주에 달기를, 현촌縣村은 곧 귀일貴日·고내高內·애월涯月·곽지郭支·귀덕歸德·명월明月·신촌新村·함덕咸德·금녕金寧(김녕)·호촌狐村·홍로洪爐·예래猊來·산방山房·차귀遮歸 등지等地이고, 대촌大村은 호장戶長 3인과 성상城上 1인을, 중촌中村은 호장戶長 3인을, 소촌小村은 (호장) 1인을 두었다고 했다. 그러면서 구설舊說에 의거하건대 신라가 고후高厚를 책봉했을 때 촌村을 설치하고, 고려 의종 때 또 나누어 현縣으로 삼고, 원종 때 별초別抄(삼별초)를 평정해 합하여 하나의 주州를 삼았는데, 이에 이르러 또 현촌縣村을 설치했으니 이치는 혹 그

---

29 『고려사』 권31 및 『고려사절요』 권22, 충렬왕 25년 10월
30 『元史』 권20, 성종본기 大德五年 十二月(二月의 오류). "征東行省平章闊里吉思 以不能和輯高麗 罷"; 『고려사』 권32, 충렬왕 27년 3월. "元以行省平章闊里吉思 不能和輯人民罷之, 闊里吉思 率官屬還"

러하지만 그 상호 현촌縣村이 된 연대는 미상未詳이라고 했다.[31] 이 '현촌' 설치를 충렬왕 26년 '동서도현東西道縣' 설치에 세주 형태로 달면서도 그 '현촌' 설치 연대는 미상이라고 한 것이었다. 구설舊說에 의거해 신라가 고후高厚를 책봉했을 때 촌村을 설치하고, 고려 의종 때 또 나누어 현縣으로 삼고, 원종 때 별초別抄(삼별초)를 평정해 합하여 하나의 주州를 삼았다고 소개한 부분은 의종 때 탐라현 설치 외에는 근거가 없어 믿기 어렵다.

『탐라지』에 소개된 '현촌縣村'은 귀일貴日·고내高內·애월涯月·곽지郭支·귀덕歸德·명월明月·신촌新村·함덕咸德·금녕金寧(김녕)·호촌狐村·홍로洪爐·예래猊來·산방山房·차귀遮歸 등 14개인데 여기에 본읍을 더하면 모두 15개였다. 그러한 '현촌'에 대해 『탐라지』 찬자는 명확히 이해하기 어렵다고 토로했고, 연구자들도 대개 명확히 해석하지 못해 왔다. 그러한 '현촌'을 제대로 이해하려면 독립국가인 탐라국 및 고려의 지방인 탐라현·제주·제주목의 변화와 관련해 보아야 한다. 탐라의 본읍과 14개 '현촌'은 기본적으로 탐라국의 지방행정체계였다. 탐라국은 지방 촌락들을 본읍과 여러 현縣으로 재편해 나가더니 그 여러 현을 14개 현縣으로 정비했던 것이며, 고려의 지방으로 편입된 시절에는 현縣의 상당수를 촌村으로 개편하려는 움직임을 보였다고 여겨지고,[32] 그래서 『탐라지』에서 '현촌縣村'이라 표현했던 것 같다.

---

31 이원진 『탐라지』 濟州 建置沿革. "(충렬왕)十年甲申 元革摠官府 置耽羅軍民安撫使, 二十年甲午 王朝元 請還耽羅 元丞相完澤等 奏奉帝旨 還隷于我, 二十一年乙未 改爲濟州 置牧使判官, (충렬왕)二十六年庚子 設東西道縣[縣村 卽貴日·高內·涯月·郭支·歸德·明月·新村·咸德·金寧·狐村·洪爐·猊來·山房·遮歸等地也, 大村則設戶長三人 城上一人, 中村戶長三人 小村一人, 按舊說 新羅封高厚時置村 高麗毅宗時 又分爲縣, 元宗時 平別抄 合爲一州, 至是 又設縣村 理或然也 其互爲縣村年代未詳, 是年 元奇皇后又放廐馬". 이 '東西道' 즉 東道와 西道는 각각 千戶가 두어져 행정·군사 편제로 기능한다. 충렬왕 26년 '東西道縣' 설치 세주의 縣村 14개는 동도와 서도에 속하는데 이 때 생겨난 것일 수도 있고, 이 이전부터 존재해 오던 것을 동도와 서도를 설치하면서 그것에 배속한 조치로 볼 수도 있다.

『탐라지』가 충렬왕 26년 '동서도현東西道縣' 설치 항목에 세주로 '현촌縣村' 14개를 달았으니, 적어도 충렬왕 26년에 원이 탐라국 총관부를 설치하고 동도東道와 서도西道를 둘 때 탐라국의 지방행정체계는 본읍과 14개 현縣으로 이루어져 있었으며, 그 이전 탐라국 시절에도 그러했을 수 있다. 탐라의 이러한 지방행정체계는 충렬왕 26년 이후에도 기본적으로 유지되었다. 이는 조선 태종대 제주 지방제도 개편 과정을 통해 추론할 수 있다.

조선 태종 4년 4월 신묘일(21일)에 제주토관 호칭을 개칭해 동도천호소東道千戶所로 동도정해진東道靜海鎭을 삼고, 서도천호소西道千戶所로 서도정해진西道靜海鎭을 삼았다.[33] 태종 16년 5월 정유일(6일)에 제주안무사 오식이 올린 제주 사의事宜[34]에 따르면, 당시 조선이 제주 지방제도를 본읍(대촌현)과 16현의 17현으로 운영해 오고 있었다.[35] 동도·서도 16현은 동도의 경우 신촌현·함덕현·금녕현(김녕현)·정의현(수산현?)·토산현·호아현(호촌현)·홍로현 등 7현이었고, 서도의 경우 귀일현·고내현·애월현·곽지현·귀덕현·명월현·대정현(산방현? 모슬현?)·예래현·차귀현 등 9현이었다. 이와 비교해 고찰하면 충렬왕 26년 '동서도현東西道縣'(14개)은, 동도현은 신촌·함덕·금녕(김녕)·호촌·홍로로 이루어지고(5개), 서도현은 귀일·고내·애월·곽지·귀덕·명월·예래·산방·차귀로 이루어졌다(9개)고 볼 수 있다.[36]

---

32 단, 무인정권 초기에 석천촌(귀덕촌)은 귀덕현으로 되었다.

33 『태종실록』 권7, 태종 4년 4월 신묘일

34 『태종실록』 권31, 태종 16년 5월 정유일

35 조선 조정은 태종 16년 5월 정유일(6일) 제주안무사 오식의 건의에 따라 제주를 제주목, 동도현(정의현), 대정현(서도현)의 三邑 체제로 편제하고 나머지 縣들은 直村化한다. '정의현'과 '대정현'은 그 명칭이 태종 16년 5월 혹은 그 이전에 정해 졌을 수 있는데, 정의현은 그 장소로 보아 동아막을 개편해 水山縣이라 칭했다가 정의현이라 개칭했을 수 있고, 대정현은 그 장소로 보아 서아막을 개편해 毛瑟縣이라 칭했다가 대정현이라 개칭했을 수 있다.

36 兎山縣은 정의현(현재 표선면 성읍리) 남쪽 15리에, 狐兒縣은 정의현 서쪽 50리

고려 충렬왕 26년과 조선 태종 16년 사이에 탐라 제주의 동도에 현縣이 2개 늘어나고, 서도에 1개 현이 통합 내지 교체되었는데, 동도에서 정의현(수산현?)·토산현이 생겨나고, 서도에서 산방현이 신설 대정현(모슬현?)에 통합된 것이었다. 이는 몽고 원 간섭기에 동아막과 서아막 영역에는 현촌이 설치되지 않았음을 시사해 주는데, 몽고 세력이 탐라 제주에서 물러간 후인 여말선초에 동아막 영역에 정의현(수산현?)·토산현을 설치했고, 서아막 영역에 대정현(모슬현?)을 설치하면서 기존의 산방현까지 편입했다고 볼 수 있다. 단, 이 정의현(수산현?)의 중심지는 중산간 지역으로 옮기기 전의 읍치 즉 현재 성산읍 고성리 일대였다.[37] 동아막의 중심지가 성산포에 접한 옛 수산성水山城이었기 때문에 원래 정의현 읍치가 옛 수산성 혹은 그 인접한 곳에 설치되었다고 판단된다. 동아막은 수산평에 자리했는데, 그 영역은 대·소 수산봉을 끼면서 성산포 해안에서 토산현 일대에 이르렀으니 현재 성산읍과 표선읍에 걸쳐 있었다고 여겨진다. 서아막 영역은 대정현(모슬현?)으로 재편되었으니 현재 하모리·상모리·일과리·보성리·무릉리 등을 포함하는 대정읍 일대에 해당하는데 그 중심지는 하모리 모슬포 혹은 일과리

에, 洪爐縣은 정의현 서쪽 61리에 있었다(『신증동국여지승람』 정의현 고적). 狐兒縣은 곧 狐村縣인데 현재 서귀포시 남원읍 일대에 해당한다. 毛瑟嶽은 대정현 서남 6리에, 毛瑟浦는 毛瑟嶽 동남에 위치하고, 西林浦는 대정현 서쪽 12리에 위치하는데 朝元할 때 候風處였고, 猊來縣은 대정현 동쪽 25리에 위치했다(『신증동국여지승람』 대정현 산천·고적). 예래현은 서귀포시 상예동·하예동 일대에, 차귀현은 고산리를 포함한 한경면 일대에 해당한다.

37 古 旌義縣은 새(현재) 정의현 동쪽 27리里에 위치하는데, 元牧子 哈赤이 本州(제주) 萬戶를 여기에서 죽였고, 吳湜이 제주 三邑을 나눌 때 이곳에 縣(정의현)을 설치했고, 세종5년에 安撫使 鄭幹이 건의해 아뢰어 縣(정의현)을 晉舍城으로 옮겼으니 곧 今治(지금 정의현 치소)였다. 古城이 古 旌義縣에 있는데 곧 吳湜이 分縣할 때 축조한 것으로, 지금(동국여지승람 편찬 때)까지 完固했다. 水山坪은 水山(고성리 일대) 서남에 있는데, 고려 충렬왕 때 元 塔羅赤 등이 와서 牛·馬·駱·驢·羊을 이 坪에 방목했다. 『신증동국여지승람』 정의현 고적

그림 46. 조선 대정현성(필자 촬영): 이 일대가 탐라목장 서아막에 해당하리라 추론됨

서림포였을 수 있다.

원간섭기 탐라국 시절에 탐라국은 탐라국 직할의 본읍·14현과 몽고원 직할의 동·서 아막 영역으로 이루어졌는데, 몽고원 세력이 탐라에서 소멸된 후인 여말선초(아마 우왕~공양왕대)에 동아막 영역에 정의현(수산현?)과 토산현이 설치되고, 산방현과 서아막 영역이 통합되어 대정현(모슬현?)이 설치되면서 본읍·16현으로 되었다. 그러다가 태종 16년 5월 제주 지방제도 개편으로 본읍(제주목)과 정의현·대정현의 3현 체제로 된 것이었다. 이를 통해 탐라국이 독립국가에 적절한 그 자신의 지방제도를 운영한 반면, 조선이 그 지방의 하나인 제주목에 적절한 지방제도를 운영했음을 알 수 있다. 탐라가 본읍(도성)과 14현縣을 설치해 운영한 사실은 원간섭기에도 독립국가로 존재했음을 증명하는 것이다. 탐라국은 수도인 본읍(대촌현)에 국왕과 중앙정부가 존재했기 때문에 본읍을 거대하게 운영하지 않아도 탐라 전국을 효율적으로 지배할 수 있었다. 본읍(대촌현)은 성주星主 국왕이 왕자王子와 함

께 통치하고, 나머지 지역은 서로 나누어 통치했을 것이다.

제2차 탐라총관부는 어떻게 되었을까? 대덕4년(1300: 충렬왕 26) 6월에 설치된 탐라총관부는 다음해에 탐라군민만호부로 바뀐다. 『고려사』와 『고려사절요』에 충렬왕 27년(1301) 3월에 원이 탐라군민만호부耽羅軍民萬戶府를 설치했다고 하고,[38] 『원사』에 대덕오년大德五年(1301: 충렬왕 27) 7월 무신일(11일)에 탐라군민만호부耽羅軍民萬戶府를 설립했다고 하는데,[39] 탐라군민만호부 설치과정을 살펴보면 후자가 옳다. 그러면 그 과정을 살펴보자.

고려 충렬왕 27년(1301) 5월 경술일(12일)에 고려(충렬왕)가 지도첨의사사知都僉議司事 민훤閔萱을 파견해 원에 가서 보탑실령공주寶塔實怜公主(계국공주) 개가改嫁를 요청하도록 하고, 또 탐라耽羅 총관부摠管府를 혁파해 본국(고려)에 예속하고 만호부萬戶府를 설치하기를 요청하도록 했는데,[40] 민훤이 원도元都에 도착한 시기는 5월말이나 6월에 해당한다.

이 중의 탐라관련 표문에서, "(탐라) 땅이 적敵(일본)에 인접해 상세히 대비해야 하니 천天(황제)이 반드시 제가 마땅히 아뢰는 바를 들으셔서, 바라건대 일찍 도모하는 힘에 의지해 후회의 싹을 소멸하고자 합니다. 엎드려 생각하건대 매우 작은 탐라는 왜국倭國에 접하여 간인姦人이 갑자기 오고 홀연히 가며 혹 사정事情을 누설할까 염려해 수졸戍卒로 하여금 엄경嚴警 숙장肅裝하여 염탐을 용납하지 않도록 해야 합니다. 이에 군관軍官을 두어 수帥가 되도록 하여 마땅히 선령宣令을 더해 위엄을 전파해야 한다고 여겨, 근래 신臣이 의의擬議해 군민도지휘사사軍民都指揮使司를 설립한 까닭은 상국上國(몽고 원)이 일찍이 이 명령을 내림을 알지 못해 헛되이(다만) 본국(고려) 구례舊例에 무릇 대관大官이 변경邊境에 출진出鎮하는 자로 하여금 지휘사指揮使의 명칭을 띠도록 했기 때문에 이 명칭에 선명宣命 호부虎符를 더해 받아 합포

38 『고려사』 권32 및 『고려사절요』 권22, 충렬왕 27년 3월. "元置耽羅軍民萬戶府"
39 『元史』 권20, 本紀20, 成宗 大德五年 七月. "戊申 立耽羅軍民萬戶府"
40 『고려사』 권32 및 『고려사절요』 권22, 충렬왕 27년 5월

진변合浦鎭邊 사례처럼 하고자 했을 뿐입니다. 지금 중서성 자문咨文을 받들건대, (중서성이) 아뢰자 탐라군민총관부耽羅軍民摠管府 설립을 비준했다고 하니, 형세상 크게 어그러짐이 있고 일이 본망本望이 아니니, 혹 종편從便을 허락해 다만 시행에 잃음이 없기를 기대할 뿐입니다. 탐라 총관부를 혁파해 예전대로 본국(고려)에 예속하고 만호부萬戶府를 개치開置해 합포진변合浦鎭邊 사례처럼 하되, 다만 두목인원頭目人員에 선명호부宣命虎符를 (황제가) 내려주어 그들로 하여금 증위增威해 진압鎭壓하게 하면 … 움직임에 적절할 것입니다." 라고 했다.

이 탐라관련 표문에 대해 중서성이 자문咨文을 보내기를, "정동성征東省이 경상전라도慶尙全羅道 진변만호부鎭邊萬戶府 사례에 의거해 탐라耽羅에 만호부萬戶府를 설립하고자 하는 일은 요청한 바에 의거하라는 성지聖旨를 받들었소" 라고 했다.[41] 고려국왕 충렬왕이 정동행성의 이름으로 황제에게 표문을 올려 탐라 총관부 혁파와 만호부 설치를 요청하니 대덕5년(1301: 충렬왕 27) 7월에 원 황제 성종이 탐라군민만호부耽羅軍民萬戶府를 설립한 것이었다. 충렬왕은 만호 등에 대해 원 황제가 임명신표를 주지만 실제적으로는 고려국왕이 임명권을 행사한 남해안 진변만호부처럼 탐라만호부가 운영되기를 바라서 탐라만호부 설치를 건의한 것이었다. 하지만 이 탐라만호부는 충렬왕의 뜻과는 달랐으니 탐라국은 그대로 유지되면서 만호부에 대한 임명권도 원이 행사했다.

그런데 원은 요양행성과 정동행성을 하나로 통합하려 한다. 충렬왕 28년(1302) 이해에, 요양성遼陽省이 황제에게 아뢰어 정동征東·요양遼陽을 병합해 하나의 성省으로 만들어 사司를 동경東京으로 옮기기를 요청하니, 왕(충렬왕)이 원 성종황제와 중서성에 문서를 보내 철회를 요청했다.[42]

---

41 『고려사』 권32, 충렬왕 27년 5월
42 『고려사』 권32, 충렬왕 28년, 是歲

이 중에서 중서성에 보낸 문서에서, 소방小邦(고려)은 귀부하지 않은 일본 국에 인근해 지원18년(1281)에 대군大軍이 바다를 건너 정진征進한 후에 지원20년(1283)에 세조황제 성지聖旨를 받들어 당직當職(충렬왕)에게 행정동성사行征東省事를 맡겨주었다고 했다. 변면邊面(변경)에 위진威鎭해 설치된 경상도 합포등처合浦等處와 전라도 양처兩處 진변만호부鎭邊萬戶府를 (정동행성이) 관령管領해 본국(고려) 군관軍官·군인을 징발해 합포合浦·가덕加德·동래東萊·울주蔚州·죽림竹林·거제巨濟·각산角山·내례량內禮梁 등의 애구隘口 및 탐라 능에 둔배하고 봉화烽火(봉수)을 설치하고 선병船兵을 몰래 감추어 주야로 간망看望 순작巡綽해 오로지 일본국을 방비해 지금까지 절차節次을 잃은 적이 없다고 했다. 지금 알아채기를, 요양행성 관원이 요양행성과 본국本國(고려) 정동행성征東行省을 혁파하여 도리어 요양부遼陽府 재성在城에 합병해 행성行省을 개립改立하려고 도성都省(중서성)에 자문咨文을 보내 정탈定奪(결정)하기를 마쳤다고 한다고 했다. 이 때문에 참상參詳하건대, 본국(고려) 합포등처合浦等處는 변면邊面(변경)이어서 요양부와의 거리에 있어서 지리가 극원極遠하고, 탐라耽羅 또한 합포 등처보다 극심하게 조원窵遠하니, 혹 변면邊面에 긴급 공사公事를 계품啓稟할 일이 있으면 왕래 지체해 실오失悞할까 절실히 우려한다고 했다. 본성本省(정동행성)은 곧 세조황제 성지를 원봉元奉해 설립한 것인데, 만약 다만 당직當職(충렬왕)으로 하여금 예전처럼依舊 행정동성사行征東省事를 오로지 맡도록 하여 동방 극변極邊에 위진威鎭해 미부未附 일본국과 변면邊面을 구당勾當하면 변관邊關 사무에 실오失悞를 초래하지 않을 것이라 했다.

원이 요양행성과 정동행성을 통합해 요양에 새로운 요양행성을 만들려고 하자 고려국왕으로 정동행성 승상을 겸한 충렬왕이 반대한 것이었다. 반대 논리는 정동행성이 고려남해안과 탐라에 군인을 비치해 일본을 방어하고 있는데 새로운 요양행성이 그것을 맡게 되면 거기에서의 거리가 합포(마산)는 매우 멀고 탐라는 더욱 더 멀어 비상시에 대비하기 어렵다는 것이었다. 고려 측의 반발이 심하자 정동행성은 유지되었고 이에 따라 탐라국도 계속 정동행성의 영향권에 있게 되었다. 하지만 고려국왕은 탐라국이 유지되는 동안에 탐라만호부에 대한 임명권을 행사하지 못했다.

충렬왕파와 충선왕파의 갈등이 더욱 깊어지는 와중에 충렬왕의 측근이 충렬왕을 모시고 바다 섬으로 도망하려 한다는 혐의를 받는다. 충렬왕 29년(1303) 7월 (9일)에 원이 단사관斷事官 첩목아불화帖木兒不花·한림翰林 이학사李學士 등을 보내와 최유엄崔有渰·한희유韓希愈·유비柳庇에게 명령해 석주石胄 및 그 아들 석천보石天補·석천경石天卿·석천기石天琪를 잡아 경京(원 수도)으로 나아오게 했다. 또한 첩목아불화가 부하를 안남부安南府에 파견해 김세金世 등 4인을 체포하게 했다. 이에 앞서 김세金世가 중서성에 고하기를, 석주石胄의 당黨이, 전왕前王(충선왕)이 자기를 해칠까 염려해 국왕(충렬왕)을 받들어 장차 해도海島로 달아나기를 도모해 비밀리에 제주濟州 등처等處로 하여금 선박을 제작하고 식량을 비축하게 했다고 하니, 지금 석주石胄·김세金世로 하여금 대변對辨하고자 했기 때문에 그를 잡도록 한 것이었다.[43] 탐라가 충렬왕 측근의 피난처 후보지로 의심받은 것이었다.

충렬왕과 충선왕 부자의 대결은 극한으로 치달아 심지어 충렬왕이 아들 충선왕의 아내 계국공주를 서흥후瑞興侯 전琠에게 개가改嫁하도록 만들려 했다. 충렬왕 측이 몽고황실 계국공주가 남편 충선왕과 사이가 나쁜 상황을 이용해 그녀를 이혼시켜 원 황실에서 충선왕의 권력을 약화시키려 한 것이었다. 충렬왕 29년(1303) 11월 신유일(8일)에 원이 형부상서 탑찰아塔察兒와 한림직학사翰林直學士 왕약王約을 보내와 왕 부자의 화해를 종용하는 황명을 전하고 충렬왕의 측근으로 왕 부자를 이간질한 오기吳祁(오잠吳潛) 당여를 행성行省(정동행성)에 가두었다.[44] 왕약王約이 소인 당여를 체포해 그 죄를 복안覆按해 22인을 유배하고 3인을 곤장치고, 고신故臣 홍자번에게 명령해 상相

---

43 『고려사절요』 권22, 충렬왕 29년 7월 ; 『고려사』 권125, 姦臣傳1, 吳潛 附 石胄
44 『고려사』 권32 및 『고려사절요』 권22, 충렬왕 29년 11월 ; 『고려사』 권125, 간신
　　전1, 吳潛·송방영

이 되어 폐정弊政을 고치도록 하고, 비도非道 수역水驛 13곳을 혁파하고, 탐라공耽羅貢 비토산물非土産物을 면제하니, 동민東民(고려민과 탐라민)이 크게 기뻐했다고 한다.[45] 원사元使 왕약王約이 황명으로 고려·정동행성에 와서 여러 사항을 수행하면서 탐라 공물로 토산이 아닌 것을 면제시킨 것인데, 탐라 공물에 대해 조치한 것은 그가 원 황제를 대신하는 사신인데다가 탐라국도 정동행성 영향권에 있었기 때문이다.

충렬왕의 측근인 전前 밀직부사密直副使 송방영宋邦英, 전승지前承旨 송린宋璘 등이 전왕前王(충선왕)을 미워해 외오자畏吾字(외올아자畏兀兒字) 즉 위그르글자 문서를 작성해 황제에게 바쳐 전왕 귀국을 저지하려는 시도가 발생했다. 이에 충렬왕 30년(1304) 3월 정축일(25일)에 원이 병부상서 백백伯伯과 유학사劉學士를 보내와 송균宋均(관노 출신)·송방영(송린의 종형從兄) 등을 행성行省에서 국문했다. 두 원사元使는 4월에 돌아가면서 대호군 야선단夜先旦과 중랑장 김장金章으로 하여금 원에 송방영·송린 등을 압송하게 했다. 때에 황제가 침질寢疾해 정정政이 중궁中宮(황후)에게 있었는데, 복수福壽(고려출신 환관)가 그녀의 총애를 얻어 용사用事해 황제의 유온乳媼과 함께 구원하니, 송방영 등이 면免할 수 있어 복수福壽의 아우인 상호군 이굉李宏과 함께 돌아왔다.[46]

탐라국은 때에 따라 몽고 동경행성(요양행성) 혹은 북경행성 혹은 정동행성의 영향권에 있었다. 탐라는 몽고 원의 요양행성 내지 북경행성의 영향권에 있었다가 몽고황제 세조가 제2차 일본정벌을 위해 정동행성을 설치하면서 그것이 유지되면 그 영향권에 있게 되는데, 정동행성은 치폐置廢를 거듭했다. 정동행성의 영향권에는 탐라만이 아니라 고려도 포함되었다.

명나라 때 편찬된 『원사』의 지리지에 정동등처행중서성征東等處行中書省이 실려 있는데, 설명이 부정확한 측면이 있고 내용도 매우 소략하다. 이에

---

45 『元史』 권178, 列傳65, 王約
46 『고려사절요』 권22 및 『고려사』 권32, 충렬왕 30년 2월·3월·4월 ; 『고려사』 권125, 간신전1, 송방영

따르면, 영부領府 2, 사司 1, 권농사勸課使 5이고, 성종 대덕삼년大德三年(1299)에 정동행성을 설립했다가 얼마없어 혁파하고 영종 지치원년至治元年(1321)에 다시 설립해 고려국왕에게 명령해 좌승상左丞相으로 삼았다고 되어 있다. 고려국高麗國은 사적事蹟이 고려전高麗傳(원사 고려전)에 보인다고 했다. 세조 지원18년(1281)에 왕춘王睢(王睢: 충렬왕)이 말하기를, "본국(고려)에 참站을 설치하기를 무릇 40이어서 민축民畜이 조폐凋弊합니다" 하니 칙령을 내려 병합해 20참站으로 했고, 지원30년(1293)에 연해沿海에 수역水驛을 설립해 탐라耽羅로부터 압록강과 양촌楊村에 이르렀다고 했다. 그리고 심양등로고려군민총관부瀋陽等路高麗軍民總管府, 정동초토사征東招討司, 각도권농사各道勸課使 경상주도慶尙州道·동계교주도東界交州道·전라주도全羅州道·충청주도忠淸州道·서해도西海道가 나열되고, 탐라군민총관부耽羅軍民總管府를 대덕오년大德五年(대덕사년大德四年의 오류)에 설립했다고 되어 있다.[47]

이 기록에 따르면 정동행성의 영부領府 2는 심양등로고려군민총관부瀋陽等路高麗軍民總管府와 탐라군민총관부耽羅軍民總管府에 해당한다. 정동행성 관할에는, 국가로는 고려국과 탐라국이 들어가고 원 관부로는 심양등로고려군민총관부와 탐라군민총관부가 들어갔다. 단, 제주목 시절에는 제주가 고려국을 통해 정동행성과 연결되는 것이 원칙이었다. 고려국왕은 정동행성 승

---

47 『元史』권63, 志15, 地理6, 征東等處行中書省. 정동행성은 이미 세조 때 제2차 일본정벌을 위해 설치되고 그 후 置廢를 거듭했다. 한편 근대에 편찬된 『新元史』권51 지리지6에는, 征東行中書省은 領招討司 2(征東招討司와 耽羅國招討司), 勸課使 5를 관할했는데, 지원20년에 征東行中書省을 설치하고, 대덕3년에 鎭東行中書省으로 고치고, 대덕5년에 다시 征東行中書省이 되고, 얼마 없어 혁파했다가 至大元年에 다시 설치하고 皇慶元年에 또 혁파했다고 했다. 『方輿勝覽』에 鎭東行中書省이 安撫高麗總管府·瀋州高麗總管府·耽羅國軍民安撫司를 領했다고 하건만, 고찰하건대 高麗總管府는 瀋州高麗總管府에 병합되고 고쳐 遼陽行省에 屬했으니 舊志에 征東行省 下에 싣고 다시 瀋陽等路高麗軍民總管府를 나열하여 1路가 兩省에 예속한 것으로 되었으니 오류가 심하다고 했다.

상을 겸임했을 때에는 정동행성 승상으로서 고려국만이 아니라 탐라국·탐라총관부와 심양총관부에 대한 영향력을 지닐 수 있었지만 그 영향력은 정동행성을 거쳐야 했기에 미미했다. 이는 고려왕족 출신의 왕준王綧 가문이 지배한 심양 일대에 대해 고려국왕이 영향력을 거의 미치지 못한 데에서도 알 수 있다.[48]

명나라 때 편찬된 『원사』 외이전 탐라 편에서 "탐라耽羅는 고려高麗 여국與國이었다"고 정의했다. 그리고 세조(쿠빌라이칸)가 이미 고려를 신복臣服시키고는 탐라를 남송·일본 충요衝要(요충)로 여겨 역시 주의注意해 그 도로를 살피게 하고 탐라의 김통정 적당賊黨(삼별초)을 정벌해 탐라국초토사耽羅國招討司를 설립하고 이후 이것이 군민도달로화적총관부軍民都達魯花赤總管府와 군민안무사軍民安撫司로 바뀌었다가 지원31년(1294: 충렬왕 20)에 고려왕의 요청으로 고려에 다시 예속했다고 했다.[49] 외이전의 탐라 편은 이로써 끝나지만 이후에도 몇 년의 제주목을 극복하고 탐라국 총관부·만호부가 설치되어 탐라국이 회복된다. 탐라국은 고려의 여국與國 즉 동맹국同盟國[50]이었던 측면도 있었지만 근본적으로는 몽고 원 제국의 간접 지배를 받은 독립국가였다.[51]

---

48 단, 충선왕이 원 황위계승전에서 무종과 인종을 옹립하면서 권력을 회복해 심양왕(심왕)에 책봉되고 고려국왕으로 복위하면서 그의 복위기에는 고려국왕이 심양 일대까지 지배하게 된다.

49 『元史』권208, 列傳95, 外夷1, 耽羅. "耽羅 高麗與國也, 世祖既臣服高麗, 以耽羅為南宋日本衝要 亦注意焉"

50 與國은 蜀漢이 사신을 吳에 파견해 和親을 맺어 與國이 되었다는 사실(『삼국지』蜀書 제갈량전)에 보이듯이 同盟國을 의미했다.

51 이곡(이색의 부친)은 耽羅·平壤의 사람들이 內郡에 直隸해 그 주인(고려왕)에게 '반역'해 짖고 留屯 將率이 耗害했지만 이윽고 모두 罷去된 것, 유랑과 포로로 遼藩에 거주하는 고려인을 모두 귀국하도록 한 것이 모두 조인규의 외교적 노력 때문이라고 서술했다(『가정집』권3 및 『동문선』권70, 趙貞肅公祠堂記). 평양(서경)이 동녕부였던 시절에는 요양행성에 소속되어 內郡에 直隸했지만, 탐라는 탐라국 시절에는 요양행성 내지 정동행성의 영향권에 있었을지라도 탐라국과 그 국왕·관

3. 탐라국과 제주목의 갈림길

충렬왕 31년(1305) 11월 무오일(16일)에 충렬왕이 원을 향해 떠났는데 충렬왕파인 왕유소王惟紹·송방영 등과 충선왕파인 홍자번·최유엄 등이 수행했다. 12월에 요양, 계주薊州 등을 거쳐 대도에 도착했다.[52] 몽고 원은 대덕 9년(1305: 충렬왕 31) 6월 병자일 초하루에 황태자를 세움으로써 호천상제昊天上帝와 태묘太廟에 고하고 경진일에 황제 성종이 황자皇子 덕수德壽를 세워 황태자로 삼아 조칙을 내려 천하에 고했고, 9월 무신일 성탄절聖誕節에 수녕궁壽寧宮에서 조하朝賀를 받고 경신일에 거가車駕가 상도上都로부터 대도에 이르렀지만 12월 경인일에 황태자 덕수德壽가 훙薨했다.[53] 원에서 황위계승 전쟁과 고려왕부자 대결이 치열하게 전개되며 그 여파는 고려와 탐라에도 미치게 된다.

그런데 충렬왕 31년(1305)에 원이 아我(고려)에게 탐라 내지 제주를 환속還屬했다고 한다. 이와 관련된 기록을 소개하면 아래와 같다.

① 충렬왕 20년에 왕이 원에 조朝하여 탐라 돌려주기를 요청하자 원 승상 완택

부가 존재했기에 몽고 內郡에 直隸된 것은 아니었다. 이곡이 고려인의 시각에서 평양 출신 조인규의 활약을 부각시켜 탐라를 평양과 하나로 묶어 설명하면서 왜곡했다고 여겨진다.

52 『고려사』 권32 및 『고려사절요』 권23, 충렬왕 31년 11월·12월 ; 『고려사』 권105, 조인규전

53 『元史』 권21, 本紀21, 성종 대덕 9년. 황태자 德壽는 貞慈靜懿皇后 소생인데, 그녀는 덕수를 낳고 早薨했다(『원사』 권114, 후비전). 한편 대덕9년 10월에 성종황제가 아프자 中宮인 卜魯罕皇后가 정권을 장악해 순종(추존: 친킴의 아들로 요절)妃 答吉(다기)과 그 아들 愛育黎拔力八達(아유르바르와다: 인종)을 폄출해 懷州에 거처하도록 하니 모자가 다음해 12월에 회주에 도착했다. 『元史』 권24, 本紀24, 인종총서 ; 『元史』 권114 열전1 后妃一, 성종의 卜魯罕皇后

完澤 등이 아뢰어 성지聖旨를 받들어 탐라를 아我(고려)에게 환예還隸하니, 다음 해 을미년(충렬왕 21년)에 고쳐 '제주濟州'라 하여 비로소 판비서성사判秘書省事 최서崔瑞로 목사牧使를 삼았다. 충렬왕 26년에 황태후가 또 구마廐馬를 방목했고, 충렬왕 31년(1305)에 아我(고려)에게 환속還屬했다.(『고려사』 권57, 지리지 탐라현)

② 충렬왕 이십일년二十一年(二十年) 갑오년에 왕이 조원朝元해 탐라 돌려주기를 요청하니, 원 승상 완택完澤 등이 아뢰어 성지聖旨 "탐라를 고려로 환예還隸하라"를 받들었고, 다음해 을미[원정 원년]에 탐라耽羅를 고쳐 제주濟州라 하여 비로소 판비서성사判秘書省事 최서崔瑞로 목사牧使를 삼았다. 26년 경자년[대덕4년]에 황태후가 역시 구마廐馬를 방목했다. 31년 을사년[대덕9년]에 본국(고려)에 환속還屬했다. (『세종실록』 지리지 제주목)

③ 충렬왕 10년 갑신년에 원이 총관부(탐라총관부)를 혁파하고 탐라군민안무사耽羅軍民安撫使를 설치했고, 20년 갑오년에 왕이 조원朝元해 탐라 돌려주기를 요청하자 원 승상 완택完澤 등이 아뢰어 제지帝旨를 받들어 아我(고려)에게 환예還隸하니, 21년 을미년에 고쳐서 제주濟州라 하고 목사牧使·판관判官을 두었다. 충렬왕 26년 경자년에 동서도현東西道縣을 설치했고[세주 현촌], 이해에 원 기황후奇皇后(황태후의 오류)가 또 구마廐馬를 방목했다. 二十八年(二十七年) 임인년에 원이 군민만호부軍民萬戶府를 설립했고, 31년 을사년에 다시 아我(고려)에게 돌려주었다.(이원진 『탐라지』 제주 건치연혁)

『고려사』 지리지와 『세종실록』 지리지에 따르면, 탐라가 충렬왕 21년에 제주목으로 되었는데 충렬왕 31년(1305)에 아我(고려)에게 환속還屬했다고 되어 있어 서로 연결되지 않으니, 이는 그 사이에 발생한 여러 사실들이 누락되어 실렸기 때문에 생긴 현상이다. 그나마 이원진 『탐라지』에는 충렬왕 28년(27년) 임인년에 원이 군민만호부軍民萬戶府를 설립했고, 31년 을사년에 다시 아我(고려)에게 돌려주었다고 되어 있어 어느 정도 연결이 된다. 원이 대덕4년(1300: 충렬왕 26) 6월에 탐라국 총관부를 설치했다가 다음해인 1301년에 탐라국 군민만호부로 바꾸었다가 1305년(충렬왕 31)에야 탐라를 고려에 돌려주었던 것이니, 1305년(충렬왕 31)에 탐라국은 다시 제주목으로 되었다. 1305년(충렬왕 31)에 탐라국이 다시 고려 소속으로 전환된 데에는 충렬왕과 측근세력이 성종황제가 병들자 권력을 장악한 복로한황후卜魯罕皇后[54]와 밀착해 복로한(불루칸) 황후의 환심을 샀기 때문이라 여겨진다. 그녀는 코코진 태후의 탐라 말을 물려받았을 터이기에 탐라 말을 안정적으로 확보하고 싶어 했을 것인데 충렬왕파가 이에 부응했을 것이다.

원은 고려의 요청으로 대덕5년(1301: 충렬왕 27년) 7월에 탐라총관부를 혁파해 탐라군민만호부를 설치했지만 충렬왕 31년(1305)에야 고려에 돌려준 것이었다. 이에 탐라는 탐라만호부와 제주목의 이중체제로 이루어져, 탐라만호부에 만호가, 제주목에 목사가 파견되는데, 목사는 고려왕이 임명했고, 만호는 고려왕이 대개 원 황제 승인을 받아 임명했다.

대덕 10년(1306: 충렬왕 32)~대덕11년(1307: 충렬왕 33)은 원도元都에서 고려국왕 충렬왕과 전 고려국왕 충선왕이 원 정국의 격변과 맞물리며 격렬하게 권력투쟁을 벌인 시기였다. 복로한황후와 좌승상左丞相 아홀태阿忽台·평장平章 팔도마신八都馬辛은 충렬왕 편을 든 반면 우승상右丞相 답랄한答剌罕은 충선왕 편을 들었다. 중서성이 충렬왕의 측근 왕유소·송방영 등을 왕 부자를 이간질한다며 체포해 가두었다.[55]

54　卜魯罕皇后는 駙馬 탈리사脫里思의 딸인데 성종황제가 많은 질병에 시달리자 그녀가 居中 用事해 相臣 哈剌哈孫을 신임해 大德의 정치를 사람들이 平允하다고 칭찬했는데 모두 그녀의 處決이었다고한다. 그녀가 원 京師(대도)에 창건한 萬寧寺에 형태가 醜怪한 塑造 祕密佛像이 있었다고 한다. 『元史』 권114, 열전1 后妃一, 성종의 卜魯罕皇后

55　『고려사』 권32 및 『고려사절요』 권23, 충렬왕 32년 ; 『고려사』 권125, 간신전, 왕유소

그런데 1307년(대덕 11: 충렬왕 33) 정월 병인일 초하루에 성종황제가 위독해 조하朝賀를 받지 않고 계유일(8일)에 대도 옥덕전玉德殿에서 42세로 붕어했다.[56] 성종황제가 황태자도 없이 붕어하면서 원은 황위계승전쟁에 휘말린다. 좌승상 아홀태阿忽台는 황후 백요진씨伯要真氏(복로한황후)와 안서왕安西王 아난답阿難答(아난다)을 민 반면 우승상 합랄합손哈剌哈孫인 답랄한答剌罕과 고려의 전 국왕 충선왕은 추증유종 친킴의 손자인 카이산(무종)과 아유르바르와다(인종) 형제 중에 빨리 대도로 올 수 있는 인종을 밀었다. 정월 무자일에 인종과 태후(흥성태후: 다기)가 황제부고를 듣고 회주懷州를 출발해 2월 신해일에 대도大都에 이르렀고, 3월에 인종이 위사衛士를 거느리고 입내入內해 아홀태阿忽台를 주살했다. 무종(회녕왕)은 북변을 지키고 있다가 성종 붕어를 듣고 3월에 화림和林에 이르니 제왕諸王·훈척勳戚이 모였다.[57] 3월에 전왕前王(충선)이 황질皇姪 애육려발력팔달愛育黎拔力八達(아유르바르와다) 태자(인종) 및 우승상右丞相 답랄한答剌罕 등과 함께 내란을 평정하고 태자(인종) 지늘를 받들어 왕유소·송방영·송린宋璘·한신韓愼·송균宋均·김충의金忠義·최연崔涓 및 그 당악자黨惡者를 체포해 저邸에 가두고 왕(충렬)을 경수사慶壽寺에 유폐하니 이로부터 왕(충렬)은 공수拱手하고 국정國政은 전왕에게 귀속되었다.[58] 4월 갑진일(10일)에 원 승상이 형부로 하여금 서흥후瑞興侯 전珙·왕유소·송방영·송린·한신·송균·김충의·최연 등 8인을 대도 문명문文明門 밖에서 베어죽이

---

56 『元史』 권21, 本紀21, 성종 대덕11년 정월 ; 『고려사』 권32, 충렬왕 33년 정월. 『원사』에는 정월 朔이 '丙辰'으로 되어 있고 『고려사』에는 '丙寅'으로 되어 있는데 '丙寅'이 옳다. 『원사』 성종본기 말미에는 성종에 대해 평가하기를, 守成을 잘했다고 할 수 있는데 오직 그 말년에 해마다 寢疾해 무릇 국가 政事가 宮壼(내궁: 황후)에서 결정되고 宰臣에 맡겨졌다고 했다.

57 『元史』 권24, 本紀24, 인종총서 ; 『元史』 권22, 本紀22, 무종 총서 ; 『元史』 권114 열전1 后妃一, 성종의 卜魯罕皇后

58 『고려사』 권32 및 『고려사절요』 권23, 충렬왕 33년 3월 ; 『고려사』 권110, 金台鉉傳 ; 『고려사』 권125, 간신전1, 權漢功 ; 『고려사』 권108, 崔誠之傳

게 했다.[59] 5월 정축일(14일)에 왕(충렬)이 원으로부터 개경에 이르렀지만[60] 실권을 상실한 상태였다.

대덕11년(1307: 충렬왕 33) 5월 을축일에 인종과 태후(다기)가 상도上都에서 무종과 회합했고, 갑신일에 무종武宗이 황제로 즉위하고 황고皇考(부친)를 추존해 황제라 하고 태모太母 원비元妃(다기)를 올려 황태후라 했다. 안서왕安西王 아난답阿難答을 죽이고, 성종의 황후 백요진씨伯要真氏(복로한)를 폐廢하여 동안주東安州에 나가 거처하게 했다가 죽음을 내렸다.[61] 6월 계사일(초하루)에 무종이 조칙을 내려 모제母弟 애육려발력팔달愛育黎拔力八達(인종)을 책립해 황태자로 삼고 금보金寶를 하사했다.[62] 6월 무오일에 고려왕 왕거王昛(고려전왕 왕원王諹의 오류)를 진봉進封해 심양왕瀋陽王으로 삼고 태자태부太子太傅 부마도위駙馬都尉를 더했다.[63] 대덕11년에 왕(전왕 충선왕)이 승상 달한達罕 등과 정책定策해 인종을 받들어 내난內難을 소탕해 무종을 영립迎立해 공로가 제일이어서 황제에 의해 심양왕 추충규의협모좌운공신推忠揆義協謀佐運功臣 부마도위에 책봉되니 황제 총권寵眷이 그보다 나은 자가 없었다고 한다.[64] 전 고려국왕 충선왕이 심양왕(심왕)으로 심양 일대를 지배하게 된 것이었다. 당시 원 제국에서 황제 무종과 황태자 인종과 모후 다기태후가 권력을 분점했고

59 『고려사』 권32 및 『고려사절요』 권23, 충렬왕 33년 4월

60 『고려사』 권32 및 『고려사절요』 권23, 충렬왕 33년 5월

61 『元史』 권24, 本紀24, 인종총서, 대덕11년 ; 『元史』 권22, 本紀22, 무종 총서 ; 『고려사』 권32, 충렬왕 33년 5월 ; 『고려사절요』 권23, 충렬왕 33년 3월조

62 『元史』 권22, 本紀22, 무종, 대덕11년(무종 원년); 『元史』 권24, 本紀24, 인종총서, 대덕11년(무종 원년). 황태자 인종은 이해 11월 무인일에 玉冊을 받고 중서성·추밀원을 관령하게 된다.

63 『元史』 권22, 本紀22, 무종, 대덕11년(무종 원년) "(6월)甲寅 敕内郡·江南·高麗·四川·雲南諸寺僧 誦藏經 為三宮祈福 … 戊午 進封高麗王王昛為瀋陽王 加太子太傅駙馬都尉". 충렬왕의 성명은 王諶·王賰·王昛였다. 충선왕의 성명은 王諹·王璋이었고 몽고명은 益智禮普化였다.

64 『고려사』 권33, 충선왕 총서

그 다음으로 권력을 지닌 인물이 심양왕(충선왕)이었다. 다기태후는 이전에 성종 때 코코진태후가 구마廐馬를 탐라에 방목한 이래 태후 혹은 황후의 소유로 이어진 탐라마를 소유하게 되었다.

충렬왕 34년(1308) 3월 임술일(3일)에 원이 '제주濟州' 달로화적達魯花赤을 보내왔다고 하는데,[65] 원의 입장에서는 '탐라' 달로화적達魯花赤이었다. 당시 고려는 충렬왕이 권력을 상실하고 심양왕(충선왕)이 권력을 오로지 하고 있었고 탐라는 제주목으로 되어 있었는데, 탐라 목장은 원의 직할령이었기에 원이 그것을 감독하기 위해 탐라 달로화적(다루가치)을 파견한 것이었다. 실권을 장악한 심양왕(충선왕)의 영향력은 당연히 제주목에도 미치게 되었다.

충렬왕 34년(1308) 7월 기사일(13일)에 충렬왕이 개경 신효사神孝寺에서 세상을 떴다.[66] 8월 임자일(26일)에 심양왕(충선왕)이 원으로부터 분상奔喪하고,[67] 8월 계축일(27일)에 수녕궁에 행차해 즉위의례를 익히고 정승 최유엄崔有渰에게 옥대玉帶를, 박경량朴景亮·권한공權漢功·김지겸金之兼·최성지崔誠之·이언충李彦忠 등에게 정대鞓帶(가죽 허리띠)를 하사했는데,[68] 초노抄奴 출신의 박경량과 급제 문신인 최성지·권한공은 충선왕의 최측근이었다. 8월 갑인일(28일)에 심양왕(충선왕)이 수녕궁에서 고려국왕으로 즉위해 여러 신하들의 조하朝賀를 받았는데, 반서班序는 우右를 높여 문반은 서쪽에, 무반은 동쪽에 반열했다.[69] 충선왕은 인종·다기태후와 함께 복로한황후 세력을 숙청해 무

---

65 『고려사』 권32, 충렬왕 34년 3월
66 『고려사』 권32 및 『고려사절요』 권23, 충렬왕 34년 7월
67 『고려사』 권64, 예지6, 凶禮 國恤 ; 『고려사절요』 권23, 충선왕 34년 8월 ; 『고려사』 권33, 충선왕 복위년 8월
68 『고려사』 권33, 충선왕 복위년 8월 ; 『고려사』 권110, 최유엄전 ; 『고려사』 권108, 최성지전 ; 『고려사』 권125, 간신전1, 권한공 ; 『고려사』 권124, 嬖幸傳2, 朴景亮. 박경량은 抄奴 祿大의 아들이고, 충선왕 배필인 趙妃 姊妹의 壻였다.
69 『고려사』 권33, 충선왕 복위년 8월 ; 『고려사절요』 권23, 충선왕 34년 8월 ; 『고려사』 권64, 예지6, 凶禮 國恤

종을 황제로 옹립함으로써 심양왕을 받아 심양을 지배하다가 고려국왕을 회복했다. 고려국과 심양을 지배하는 막강한 위상을 지니게 되었으니 제주목에 대한 지배력도 절대적이었다.

충선왕은 탐라제주와 관련된 사항을 개혁한다. 충렬왕 34년(1308) 8월에 충선왕이 즉위(복위)하여 그 해 11월에 하교下教하기를, 서해도西海道 절령品嶺에서 칠참七站에 이르기까지 및 회원會源·탐라耽羅 연로沿路 참호站戶(역참호)는 이전에 동정東征(일본정벌) 때에 각도各道 인호人戶와 유이流移 인물人物로써 연도를 한정해 입거入居했는데, 지금까지 인순因循해 아직 교체하지 않고 혹 물고物故가 있으면 본읍本邑(각 도道의 본읍)으로 하여금 그 수數를 충당하게 하고 마필馬匹 역시 그러하게 함에 원망하며 탄식함이 더욱 심하니, 유사有司로 하여금 차역差役에 해당하는 자를 선택해 참역站役에 충당하고 그 각읍各邑 인호人戶는 아울러 환본還本을 허락한다고 했다.[70] 탐라 등의 역참호는 일본정벌 때 이래 각 도道 인호와 유랑 인물을 징발해 충당해 왔는데 충선왕 복위년 11월에 이르러 각 읍邑 인호는 본읍으로 돌려보내고 해당 읍의 인호로 대체하게 되었다.

충선왕 복위원년(1309) 7월 기유일(29일)에 원이 환자宦者 이삼진李三眞을 보내와 탐라우육耽羅牛肉(탐라소고기) 헌상을 혁파했는데,[71] 충선왕이 건의했지 않나 싶다. 충선왕 2년(1310) 9월 을유일(11일)에 최서崔漵로 첨의정승 경원군慶原君 행계림윤行雞林尹을, 김륜金倫으로 검교평리檢校評理 충주목사를, 송영宋英으로 검교평리 제주목사濟州牧使를, 장선張瑄으로 검교평리 광주목사廣州牧使를 삼았는데, 재상의 출목出牧이 이로부터 시작되었다고 한다.[72] 송

---

70 『고려사』 권82, 병지2, 站驛. 會源은, 충정왕 2년 2월에 왜가 固城·竹林·巨濟 등을 침략하니 合浦千戶 崔禪 등이 격파했고(倭寇 발흥이 시작되었다고 함), 6월에 倭賊 20艘가 合浦를 침략해 그 營을 불태우고 또 固城·會源·長興府를 침략했다는 사실(『고려사절요』 권26)로 보아 남해안에 위치했다고 여겨진다.

71 『고려사』 권33 및 『고려사절요』 권23, 충선왕 복위원년 7월

영이 검교평리檢校評理 직함을 띠고 제주목사에 부임하게 된 것인데 평리라서 재상이라 지칭되었지만 산직散職 계통의 검교직이어서 진정한 재상은 아니었다.

충선왕 3년(1311) 7월에 왕이 전지傳旨하기를, 제주濟州의 민民은 이치상 마땅히 우휼優恤해야 하건만 그 목관牧官·군관軍官이 침탈을 자행恣行해 민이 고통을 견딜 수 없으니 마땅히 식목녹사式目錄事 1인을 파견해 그것을 금지하도록 하라고 했다.[73] 고려에 의해 제주목에 파견된 목관과 군관이 제수민을 침탈하고 있어서, 원에 머물던 충선왕이 전지傳旨해 식목도감 녹사를 파견해 금지하도록 조치했던 것이다.

충선왕은 복위하자 고려에 머물다가 원으로 가서 머물면서 고려에 돌아오려 하지 않았다. 보다 못한 원 황제와 태후가 충선왕에게 귀국하기를 종용하자 시일을 끌다가 아들 충숙왕에게 고려국왕을 양위하고 상왕으로 심왕(심양왕)은 유지한 채 원에 머문다. 그런데 상왕(충선왕)의 측근 박경량이 탐라만호부 다루가치로 등장한다.

일본 희다원喜多院 소장 원판대장경元版大藏經에 따르면, 황경3년 3월에 탐라군민만호부 달로화적達魯花赤 박경량이 대장경을 인쇄해 개경 신효사에 봉안해 황제·황태후와 심왕·국왕의 장수 및 용화묘회龍華妙會를 기원했다.[74] 황경3년(1314: 충숙왕 원년) 3월에 탐라군민만호부 다루가치 박경량이 대장경을 인쇄해 개경 신효사에 봉안해 황제(인종)·황태후(다기)와 심왕(충선왕)·국왕(충숙왕)의 장수 및 용화묘회(미륵하생)를 기원한 것이었다. 상왕으로 물러난

---

72 『고려사』 권33 및 『고려사절요』 권23, 충선왕 2년 9월. 한편 이날 인사명령에서 李大順으로 泰安府院君을 … 李三眞으로 淮陰君을 삼았는데, 이대순 이하는 모두 本國 閹人(환관)으로 그 계통이 氓이 아니면 隷賤이었다고 한다.

73 『고려사』 권33 및 『고려사절요』 권23, 충선왕 3년 7월

74 장동익, 『일본고중세 고려자료 연구』, 서울대출판부, 2005, 718쪽 ; 박용진, 「고려후기 元版大藏經 印成과 流通」, 『중앙사론』 35, 2012).

심왕(심양왕) 충선왕이 탐라를 자신의 영향력 하에 두기 위해 최측근 박경량을 탐라군민만호부 다루가치에 임명하도록 만들었을 것이고, 원 황제와 황태후를 설득해 탐라를 독립시켰을 수도 있다.

그런데 왜구가 충숙왕이 즉위할 무렵에 이미 몽고 원에게 문제로 떠오르고 있었다. 원의 문사 오래吳萊가 왜倭를 논하는 글[75]을 지었는데, 인종황제 연우1년(1314: 충숙왕1) 무렵에 원이 왜구를 토벌하려는 움직임을 보이자 간언하는 글이었다. 이 글에서, "신臣이 헤아리건대, 왜노倭奴의 국國은 고려·탐라耽羅와의 거리가 멀지 않아, 지금 고려·탐라를 지키는 자가 당연히 수백만수百萬에서 하下하지 않고, 경원慶元 해도海道를 지키는 자가 당연히 역시 수백만수百萬에 하下하지 않습니다" 라고 했다. 옛적에 수隋 사람이 오십이만인五十二萬人을 거느리고 고려高麗(고구려)를 정벌했는데 고려(고구려)가 끝내 거수拒守 불하不下해 믿는 것은 압록鴨綠 하나의 소강小江일 뿐이었는데, 지금 왜노倭奴의 강고强固는 고려(고구려)와 같지 않지만 대해大海의 험험險은 압록강보다 심하고, 그 인人이 대개 많이 경한輕悍하고 그 병기 또한 많이 날카롭고 성질이 물에 익숙하기가 부안鳧鴈(물오리)과 같고 또한 능히 공격으로 일을 삼는다고 했다. 지금 계책으로는 출병해 소소小小의 왜노倭奴를 공격하면 오히려 무익無益하다고 했다. 고古 성왕聖王은 덕德을 닦는데 힘쓰고 감히 먼 곳에 근병勤兵하지 않아 그 복종하지 않으면 고명告命의 사詞가 있었을 뿐이고, 지금 또한 이따금 사신使臣을 파견해 항해하여 외이外夷

---

75 元 吳萊 찬술, 『淵穎集』 권5, 「論倭」. 吳萊(字 立夫)는 朝廷이 장차 東方(일본)을 정벌하려 하자 이는 小醜일 뿐이니 王師(천자 군사)를 동원할 필요가 없어 그 자신(吳萊)으로 하여금 尺書를 가지고 가서 효유하도록 하면 足하다며 상소문을 지어 그 일을 논했지만 질병으로 올리지 못했다고 한다. 이 상소문이 「論倭」인데, 18살에 지었다는 「論倭書(論日本書)」가 곧 그것이었다. 吳萊는 延祐 중에 科擧를 복구할 때 鄕試에 貢했지만 禮部에는 급제하지 못했고, 순제 至元6년(1340)에 44세로 사망한다(『淵穎集』 提要·序 및 부록 淵穎先生碑).

와 더불고 있고, 호시互市를 활용하는 것도 하나의 방법이라고 했다. 의논하는 자가 반드시 말하기를, "접때에 일찍이 수차례 사使를 파견해도 오히려 요령要領을 얻지 못했고, 근래 대마對馬·절경絶景 등 도島로부터 대해大海를 건너 태재부太宰府로 지름길로 달려가려 했는데, 고려·탐라가 갖가지로 저요沮撓해 사신使臣을 체류하도록 했고 후에 비록 겨우 그 사개使介(사신)가 일본에 도착할 수 있었지만 끝내 복종하지 않았으니, 범사泛使를 파견해도 복종하지 않으리라" 라고 할 것이라고 했다. 신臣이 관찰하건대, 지금은 고려·탐라가 이미 복종하고 오직 복종하지 않은 자는 왜노倭奴여서 역시 그 두려움을 이기지 못할 것이니, 때문에 지금 사使 파견은 접때의 사使 파견과 병론並論해서는 안된다고 했다. 신臣이 반드시 그 왕(왜왕)에게 일러 말하기를, "접때에 왕(왜왕)의 중衆이 항해해 와서 우리 해도海道의 병兵을 놀라게 하여 전투하고 물러갔는데 왕(왜왕)의 치중輜重 상실자喪失者가 태반太半이고 우리는 일호一毫도 손해를 입지 않았소. 우리 비함飛艦이 바다를 덮어 동쪽으로 풍도風濤 만리萬里의 험험險을 가벼이 뛰어넘어 왕(왜왕)에게 문죄問罪하되 그것을 고려·탐라의 중衆과 겸하리니 그(고려·탐라)가 해도海道를 알고 수성水性에 익숙함은 왕국(왜)과 동일하리니, 이는 왕(왜왕)이 수면數面으로 적敵을 맞이하는 것이오. 지금에 이르도록 곧 출병하지 않는 것은 왕(왜왕)이 오히려 인심人心을 지녀 예의禮義로써 복종하고자 한다고 여기기 때문이고 그래서 사신使臣을 보내온 것이오" 라고 하겠다고 했다.

오래吳萊가 연우1년(1314: 충숙왕1) 무렵 지은 글에서, 고려·탐라를 지키는 군인과 경원慶元(절강성) 해도海道를 를 지키는 군인 수가 각각 수백만數百萬에서 내려가지 않는다고 언급한 것은 과장이다. 고려와 탐라가 옛적에는 몽고 원이 왜와 통호하는 것을 방해했지만 지금은 복종하고 있고 왜만 복종하지 않아 심지어 원 해안을 침략하고 있다며 원 함대가 물에 익숙한 고려·탐라 군인과 함께 왜를 정벌할 수 있다고 가정했다. 그는 고려와 탐라를 동등하게 표현하면서 수전水戰 능력을 높이 평가했다. 이 당시 탐라가

독립국이었는지 제주목이었는지 좀 더 따져볼 문제이지만 원의 지식인이
고려와 탐라를 별개의 존재로 본 것은 분명하다고 하겠다.

4. 탐라'초적' 사용·금성의 거병과 탐라인 천명의 시위

상왕 충선왕이 충숙왕 3년(1316) 3월에 세자인 조카 왕고王暠(완택독完澤禿)
에게 심왕까지 물려주면서[76] 계속 원에 머물자 위상이 흔들리고 고려국왕
충숙왕의 위상이 상승하고 그러면서 고려국왕과 심왕의 갈등이 심화해 간
다. 탐라에 대한 상왕 충선왕과 심왕 왕고의 영향력은 약화되고 고려국왕
충숙왕의 영향력이 커진다. 충숙왕 4년(1317) 윤정월 임신일(4일)에 원이 위
왕魏王 아목가阿木哥를 탐라에 유배했다가 이윽고 대청도大靑島로 옮겼다.[77]

그러한 와중인 충숙왕 5년에 탐라에서 '초적草賊' 내지 포렵호捕獵戶가 거
병해 치열하게 전투해 성주·왕자와 고려파견 목관을 축출하는 항쟁이 발
생하는데, 그 전개양상을 소개하면 아래와 같다.

① 충숙왕 5년(1318) 2월 무신일(16일)에 제주민濟州民 사용使用·금성金成이 흥도兇
    徒를 불러모아 반叛하여 성주星主·왕자王子를 축출하니 성주·왕자가 달아나(달
    려가) 고했다. 무오일(26일)에 검교평리檢校評理 송영宋英을 파견해 안무安撫하게
    했는데, 아직 도착하기 전에 적당賊黨이 스스로 거괴渠魁(괴수: 수괴) 2인을 베어
    죽여 와서 항복하니 이에 송영으로 목사牧使를 삼았다.(『고려사』 권34, 세가)
② 충숙왕 5년 2월에 제주민濟州民 사용使用·금성金成이 흥도兇徒를 불러모아 반叛
    하여 성주星主·왕자王子를 축출하니 검교평리檢校評理 송영宋英을 파견해 안무安

---

76 『고려사』 권91, 종실전2, 충렬왕의 江陽公滋의 아들 王暠 ; 『고려사』 충선왕 세가
    및 충숙왕 세가
77 『고려사』 권34 및 『고려사절요』 권24, 충숙왕 4년 윤1월

撫하게 했는데 아직 도착하기 전에 적당賊黨이 스스로 거괴渠魁 2인을 베어죽여 와서 항복하니 이에 송영으로 목사牧使를 삼았다.(『고려사절요』권24)

③ 충숙왕 5년에 초적草賊 사용士用·엄복嚴卜이 기병起兵해 난亂을 일으키니 토인土人 문공제文公濟가 거병擧兵해 모조리 주살하고 원元(조朝)에 아뢰니 다시 관리官吏를 설치했다.(『고려사』지리지 및 『동국여지승람』및 『세종실록』지리지)[78]

④ 충숙 5년에 제주적괴濟州賊魁 사용使用·금성金成 등이 흉도兇徒를 불러모아 성주星主·왕자王子를 축출해 반叛하니 토벌하고자 했지만 석낭한 사람을 찾기 어려웠는데, 적당賊黨이 모두 말하기를, "만약 이백겸李伯謙·송영宋英이 와서 안무하면 우리들이 어찌 감히 반叛하리오" 하니 이에 이백겸 및 송영을 파견해 초무招撫하자 얼마 없어 적賊이 평정되었다.(『고려사』권109, 이백겸전)

⑤ 이백겸은 일찍이 공주부사公州副使가 되어 농상農桑을 권과勸課해 민民이 부요富饒하게 되었고, 또 제주濟州·해주海州에 목牧하고 남경南京에 유수留守해 정최政最(최고 인사고과)로 아뢰어졌는데, 제주반적濟州叛賊이 말하기를, "만약 이백겸李伯謙·송영宋英이 와서 안무하면 우리들이 어찌 감히 반叛하리오 했으니", 그 애모愛慕함이 이와 같았다.(『고려사절요』)[79]

⑥ 연우延祐5년(1318: 충숙왕5) 4월 기해일(9일)에, 탐라耽羅 포렵호捕獵戶 성금成金 등이 '구寇'(도적)가 되니, (원 황제가) 정동행성征東行省에 칙령을 내려 병력을 통솔해 체포하도록 했다.(『원사』권26, 인종본기)

⑦ 충숙왕 5년 여름4월 무신일(18일)에 왕이 상왕(충선왕) 균지鈞旨로써 대호군大護軍 장공윤張公允과 제주부사濟州副使 장윤화張允和를 순군巡軍에 가두었다가 이윽고 장공윤을 자연도紫燕島에, 장윤화를 영흥도靈興島에 유배했는데, 대개 탐라적耽羅賊 일어남이 2인 탐포貪暴로 말미암았기 때문이다.(『고려사』권34, 세가)[80]

---

78 『고려사』지리지와 『동국여지승람』은 '聞于元 復置官吏'로, 『세종실록』지리지는 '聞于朝 復置官吏'로 되어 있다.
79 『고려사절요』권24, 충숙왕 8년 5월조 이백겸 卒記
80 한편 『고려사절요』권24, 충숙왕 5년 4월조에도 유사한 내용이 실려 있다.

⑧ 충숙왕 5년(1318) 5월 신유일 초하루에 상호군上護軍 배정지裴廷芝를 파견해 탐
라존무사耽羅存撫使로 삼았다.(『고려사』 권34 및 『고려사절요』 권24)

⑨ 충숙 5년에 탐라적괴耽羅賊魁 금성金成 등이 반반叛하자 배정지裴廷芝로 존무사存
撫使를 삼아 토벌하게 하고 돌아오자 밀직부사密直副使를 제수했다.(『고려사』
권108, 배정지전)

⑩ 연우延祐 무오년(1318: 충숙왕5)에 탐라적耽羅賊 성금成金 등이 불러 모아 변變을
부채질해 '수토자守土者'를 축출하고 불궤不軌(반역)를 도모하니, 공公(배정지)이
조명朝命을 받들어 군軍을 끌고 바다를 건너 그 소혈巢穴을 곧바로 공격해 거
괴渠魁를 섬멸하고 여당餘黨을 용서하니 이민吏民이 안도했다. 승리를 아뢰어
돌아오자 왕(충숙왕)이 크게 기뻐해 특별히 통헌대부 밀직부사密直副使 상호군
上護軍을 제수했다.(배정지 묘지명)[81]

⑪ 충숙왕 5년(1318) 6월에 제주민濟州賊이 모두 다 평정되었다.(『고려사』 권34,
세가)

⑫ 충숙왕 5년(1318) 7월 신유일(3일)에 원元이 이부상서 복안卜顔과 필자적必闍赤
매려賣驢를 보내와 위왕魏王(아목가阿木哥)을 위접慰接한 것 및 탐라耽羅 반상叛狀
을 책문責問했다.(『고려사』 권34 및 『고려사절요』 권24)

충숙왕 5년 탐라 '초적草賊'의 항쟁이 ①사료와 ②사료를 보면 이해 2월

---

81 裴廷芝 묘지명(국립중앙박물관 소장). "延祐戊午 耽羅賊成金等 嘯聚扇變 逐守土者
阻■以圖不■, 公承朝命 提軍渡海 直擣其巢穴 殲渠魁 而貸餘黨, 吏民按堵, 奏凱而
歸」 王大悅 特授通憲大夫密直副使上護軍". '阻■以圖不■'에서 '阻■'는 阻險, 阻
隔, 阻海 등으로 추정이 되고, '圖不■'에서 ■는 문맥의 흐름으로 보든 희미하지
만 글자형태로 보든 '軌'로 판독된다. 배정지는 충선왕 측근으로 출세해 上護軍에
임명되고 농사·재정·의례 분야를 관장해 判內府·都津·司僕·繕工寺事에 올랐고 延
慶宮과 永安宮 공역을 감독한 인물이었는데, 충숙왕에 의해 탐라 존무사로 파견
된 것이니 상왕 충선왕의 뜻이 반영되었으리라 여겨진다.

에 발생해 이달 안에 종료된 것처럼 서술되었지만 이 항쟁은 ⑥사료와 ⑧
사료와 ⑪사료를 보면 이해 4월과 5월을 넘어 6월에야 종료되었다. 2월부
터 6월까지 치열하게 전개된 전쟁이었던 것이다.

이번 항쟁의 주역과 참여자를 고찰하면, 『고려사』 세가·열전과 『고려사
절요』에 따르면, 충숙왕 5년 2월 16일에 제주민濟州民 사용使用·금성金成이
흉도兇徒를 불러모아 반叛하여 성주星主·왕자王子를 축출하니 성주·왕자가
달아나(달려가) 고했고, 충숙 5년에 제주적괴濟州賊魁 사용使用·금성金成 등이
흉도兇徒를 불러모아 성주星主·왕자王子를 축출해 반叛했고, 충숙왕 5년에
탐라적괴耽羅賊魁 금성金成 등이 반叛했다고 한다. 배정지 묘지명에는 연우
무오년(1318: 충숙왕5)에 탐라적耽羅賊 성금成金 등이 불러 모아 변變을 부채질
했다고 한다. 『고려사』 지리지와 『동국여지승람』과 『세종실록』 지리지에
는 충숙왕 5년에 초적草賊 사용士用·엄복嚴卜이 기병起兵해 난亂을 일으켰다
고 한다. 『원사』에는 탐라耽羅 포렵호捕獵戶 성금成金 등이 '구구寇'(도적)가 되었
다며 4월 9일에 조처하라는 칙령을 내렸다고 한다. 항쟁 주역은 제주민濟州
民 사용使用·금성金成, 제주적괴濟州賊魁 사용使用·금성金成, 탐라적괴耽羅賊魁
금성金成, 탐라적耽羅賊 성금成金, 초적草賊 사용士用·엄복嚴卜, 탐라耽羅 포렵호
捕獵戶 성금成金 등으로 나타나는데, 사용使用은 사용士用과, 금성金成은 성금
成金과 동일인이었을 것이다.[82] 사용·금성(성금)·엄복은 중국식 성씨를 지니
지 않은 평민으로 보인다.[83]

사용·금성(성금)·엄복이 주역이었는데 기록 빈도수로 보아 사용과 금성
(성금)이 양대 지휘자로 판단된다. 사용과 금성(성금) 중에 누가 더 지도자였

---

82 金成은 온전한 이름이면 '금성'으로, '金'을 성씨로 보면 '김성'으로 읽어야 하는데
　　成金과 동일인으로 판단되므로 온전한 이름으로 보인다.
83 탐라인도 대개 12세기 무렵을 지나면서 지배층을 위주로 중국식 성씨를 사용해
　　갔지만 14세기로 접어들어도 평민의 상당수는 중국식 성씨를 지니지 않은 것으로
　　여겨진다.

는지 판단하기 어렵지만 금성(成金)이 단독으로 언급되는 경우들이 있고 원에서도 성금을 단독으로 언급했기에 금성(成金)이 가장 핵심 지도자였지 않나 생각한다. 항쟁 주역과 참여자는 제주민, 제주반적濟州叛賊, 탐라적耽羅賊, 초적草賊, 포렵호捕獵戶, 흉도兇徒 등으로, 이들의 행위는 '반叛', '난亂', '변變'으로 묘사되었다. 물론 '적賊', '반적叛賊', '흉도', '반叛', '난亂', '변變' 등 표현에는 이번 탐라인의 거병을 고려왕조에 대한 반역·반란이라 정의한 고려왕조의 시각이 담겨 있었다.

이번 항쟁은 '초적'·포렵호가 주도한 민중항쟁이자 고려의 지배에 저항한 독립항쟁으로, 탐라의 권력자인 성주·왕자와 제주 '수토자守土者'(고려가 파견한 수령守令)를 축출했으니 대단한 거사였다. 초적草賊 사용士用·엄복嚴卜, 탐라耽羅 포렵호捕獵戶 성금成金 등으로 언급되었으니 이번 항쟁의 주체이자 대부분 참여자는 '초적' 내지 포렵호(수렵호)였다. 탐라의 산·오름과 초원에서 살고 있던 사람들은 생활용·호신용 기구, 특히 포렵호는 사냥용 무기를 소지하고 있었기 때문에 거병해 성주·왕자와 '수토자守土者'를 몰아낼 수 있었는데, 탐라에서 산·오름과 초원에서 산림, 약초, 사냥, 목축에 종사해 살고 있던 사람들이 많았음을 시사한다. 그들은 왜 그처럼 치열한 항쟁을 전개했을까? 충숙왕 5년 여름4월 18일에 충숙왕이 상왕(충선왕) 균지釣旨로써 대호군 장공윤과 제주부사濟州副使 장윤화를 순군巡軍에 가두었다가 섬으로 유배했는데 '탐라적耽羅賊' 발생이 이 2인의 탐포貪暴로 말미암았다고 한다. 그러하니 초적·포렵호 위주의 탐라인이 고려가 파견한 대호군 장공윤과 제주부사濟州副使 장윤화의 탐포(탐욕과 포악)에 반발하고 또한 그 둘에 동조한 성주·왕자에 반발해 거병했던 것이다. 이는 제주목에 파견된 고려관원이 산·오름과 초원에서 살고 있던 사람들로부터 약초, 가죽, 고기 등 특산물을 가혹하게 갈취하고 성주와 왕자도 이에 동조했음을 시사한다.

충숙왕 5년(1318) 2월 무신일(16일)에 제주민濟州民 사용使用·금성金成이 흉도兇徒를 불러모아 반叛하여 성주星主·왕자王子를 축출하니 성주·왕자가 달아나(달려가) 고려에 고했다고 하는데, 이날은 고려정부가 성주·왕자로부터 탐라 거병을 알게 된 시점으로 보이고 이 거병은 1월이나 2월초에 발생했으리라 짐작된다. 고려는 탐라 거병을 인지하자 2월 무오일(26일)에 검교평리 송영宋英을 이백겸과 함께 안무사로 파견했다. 『고려사』세가와 『고려사절요』는 송영이 아직 도착하기 전에 적당賊黨이 스스로 거괴渠魁 2인(사용·금성)을 베어 죽여 항복했다고 되어 있지만, 『고려사』 이백겸전에는 적당賊黨이 모두 말하기를, "만약 이백겸·송영이 와서 안부하면 우리들이 어찌 삼히 반叛하리오" 하니 이백겸 및 송영을 파견해 초무招撫하자 얼마 없어 적賊이 평정되었다고 되어 있다. 안무사 송영과 이백겸이 탐라에 도착해 활동한 이후에 상당한 시일이 흐르고 나서 탐라 항쟁이 종식되었던 것이다. 탐라耽羅 포렵호捕獵戶 성금成金 등이 '구寇(도적)가 되니, 4월 기해일(9일)에 원 황제가 정동행성征東行省에 칙령을 내려 병력을 통솔해 체포하도록 했다고 하고, 5월 신유일 초하루에 상호군 배정지(상왕 충선왕의 측근)가 탐라존무사로 임명되자 군대를 이끌고 바다를 건너 탐라에 도착해 소혈巢穴(소굴: 본거지)을 곧바로 공격해 거괴渠魁를 섬멸하고 여당餘黨을 용서했다고 하고, 6월에 제주적濟州賊이 모두 다 평정되었다고 하니, 탐라 항쟁은 5월과 6월까지 치열하게 전개되었다. 충숙왕 5년에 초적草賊 사용士用·엄복嚴卜이 기병起兵해 난亂을 일으키자 토인土人 문공제文公濟가 거병擧兵해 모조리 주살하고 원元(조朝)에 아뢰자 다시 관리官吏를 설치했다고 한다. 이는 이번 탐라항쟁 주역과 참여자가 고려 관리를 완전히 축출해 탐라의 독립 정부를 구성했음을, 이 항쟁을 진압하는 데 토인 문공제가 상당한 역할을 했음을 알려준다. 항쟁 세력이 성주와 왕자를 축출하자 성주와 왕자가 달아나 고려에 알렸을 뿐만 아니라 왕자王子 문공제가 병력을 동원해 항쟁 세력을 진압하는 데 앞장섰던 것이다.

원은 4월 기해일(9일)에 정동행성에 칙령을 내려 병력을 통솔해 성금成金 등을 체포하도록 했고, 7월 신유일(3일)에 이부상서 복안卜顏과 필자적必闍赤

(비칙치) 매려賣驢를 보내와 탐라耽羅 반상叛狀을 힐책하고 연유를 물었을 정도로 이번 사태에 대해 상당한 관심을 보였다. 원에 머물고 있던 상왕 충선왕도 고려국왕 충숙왕에게, 제주에서 탐포를 자행한 대호군 장공윤과 제주부사濟州副使 장윤화를 처벌하도록 만들었을 정도로 관심을 보였다. 탐라 초적·포렵호의 활동 일대가 몽고목장과 이웃하거나 겹쳐서 그들의 거병이 몽고목장에 위협이 되었기 때문일 것이다. 몽고목장에는 인종황제의 모친인 다기태후의 지분도 있었고 상왕 충선왕의 권력이 그녀를 배경으로 유지되고 있었기 때문일 것이다. 더구나 상왕 충선왕은 최측근인 박경량을 탐라 다루가치로 만들어 탐라에 영향력을 행사한 적이 있었다. 배정지가 '조명朝命'을 받들어 탐라존무사로 군대를 이끌고 탐라로 간 것도 그가 상왕 충선왕의 측근이었기에 상왕 충선왕의 의지가 작용했을 것이다. '조명朝命'은 곧 조정朝廷 명령이고 원간섭기 조정은 대개 원 조정을 의미했으므로 배정지는 원 조정의 명령을 받들어 군대를 거느리고 탐라로 나아간 것이니 원 황제가 정동행성에게 병력을 통솔해 탐라를 진압하라고 내린 칙령을 정동행성이 이행해 배정지에게 그러한 임무를 맡긴 것으로 판단된다. 이번 탐라인의 항쟁은 고려만의 힘으로는 진압할 수 없어 원의 황제와 조정이 개입해 정동행성을 통해 출군하도록 해 진압했을 정도로 치열했고 국제적인 전쟁으로 비화되었다.

초적 사용·엄복이 기병해 난을 일으키자 토인 문공제가 거병해 모조리 주살하고 원元(조朝)에 아뢰니 다시 관리官吏를 설치했다고 하고, 송영이 제주 안무사로 파견되었다가 '반역'이 진압되자 제주목사에 임명되었다고 한다. 문공제가 '반역'을 진압하고 고려가 아니라 원에 아뢰었는데 원이 진압 과정에 개입했기 때문이기도 하고, 원이 제주목을 다시 탐라국으로 바꾸어주기를 희망했기 때문이었을 수도 있다. 그런데 임명된 것은 제주목사이니 '반역'으로 해체당한 제주목이 다시 설치된 것이었다. 이번 탐라항쟁 세력은 고려 관리를 완전히 축출해 탐라의 독립 정부를 구성했으며, 이 항쟁이 진압된 후에야 고려가 원의 양해를 얻어 탐라에 관청과 관리를 다시 설치할 수 있었다. 원은 고려에게 제주목을 운영하도록 맡기면서 추이를 지켜보기로 했던 것인데, 물론 탐라 목장은 계속 몽고 원의 직할령으로 유지된다.

원은 인종황제가 형 무종의 아들을 숙청하고 연우3년(충숙왕 3) 12월에 자기 아들인 시데발라를 황태자에 책봉하더니 연우6년(충숙왕 6) 10월에 황태자에게 국정을 맡겼다. 연우7년(충숙왕 7년) 정월 신축일에 인종이 붕어하자 황태자 시데발라가 3월 경인일에 황제로 즉위하니 곧 영종英宗이었다. 이 새 황제는 조모인 다기태후와 고려의 상왕 충선왕이 무종의 아들을 황제로 선호했다는 의심을 품고 있었다. 5월에 자신의 세력을 강화하고 5월과 6월에 다기태후 세력에 대한 대대적인 숙청을 단행했다.[84]

충선왕이 위기를 느껴 충숙왕 7년 4월에 영종황제에게 어향御香을 강남에 내려주기를 다시 요청해 6월에 금산사金山寺에 이르렀다. 하지만 황제의 소환을 받아 끌려가자 시종 신료가 거의 달아났고 그 중의 박경량과 이연송은 약을 먹고 죽었다고 한다.[85] 상왕 충선왕이 양쯔강 유역의 진강鎭江(윤주)의 명찰 금산사에서 체포되고 최측근으로 탐라 다루가치를 지냈던 박경량은 자살했던 것이다. 상왕 충선왕은 대도에 구금되었다가 머리 깎여 12월에 토번(티베트)에 유배된다. 충숙왕은 8년 정월에 입조入朝하라는 영종황제의 명령을 받고 4월에 원에 가서[86] 억류 상태로 심왕 고暠 세력의 공세에 시달린다. 이러한 와중에 영종 지치至治2년(1322: 충숙왕 9년) 정월 계미일(15일)에 원이 휘정원사徽政院使 나원羅源을 탐라䍐羅에 유배했다.[87] 태후의 관부

---

84 『원사』 권27, 본기, 영종
85 『고려사』 권34, 충숙왕 7년 ; 『고려사』 권124, 박경량전
86 『고려사』 권35, 충숙왕 8년 ; 『고려사』 권91, 종실전2, 江陽公 滋(충렬왕의 아들)의 아들 王暠. 심왕 暠가 英宗皇帝의 총애를 받자 고려왕 지위를 빼앗기를 도모해 萬端으로 참소하니 황제가 충숙왕을 불러 入朝하게 한 것이라고 한다.
87 『元史』 권28, 本紀28, 英宗 至治二年 正月. "癸未 流徽政院使羅源于䍐羅". 다기태후는 이해 연말에 세상을 뜬다.

그림 47. 양쯔강변 진강 금산사(필자 촬영): 충선왕과 박경량의 수난지.
탐라마도 수로운송 경우 이 부근을 지났음

휘정원의 장관 휘정원사를 탐라에 유배한 것이니 이는 다기태후의 측근을
숙청한 것이었다. 탐라에 태후 소속의 말들이 방목되고 있었기에 나원은
탐라에서 유배생활을 하면서 말을 돌보는 일도 맡았으리라 여겨진다.

충숙왕은 10년(1323) 춘정월에도 원에 억류된 상태였다. 유청신柳淸臣·오
잠吳潛이 원 도성都省(중서성)에 상서해 '입성立省'하여 내지內地와 나란히 하기
를 요청했지만 도성이 따르지 않았다.[88] 당시 상왕 충선왕은 아직 토번에
유배 상태였다. 정월 갑진일(12일)에, 제주만호濟州萬戶 임숙林淑이 마음대로
스스로 이임離任했다는 이유로 행성行省에 갇혔다가, 용서받아 복직했다. 이
에 정월 기유일(17일)에 제주인濟州人이 익명서匿名書를 지어 시市에 내걸어
이르기를, "임숙林淑이 심히 탐람貪婪해(매우 탐욕해) 만단萬端으로 침어侵漁해 민
民이 고통을 견딜 수 없어 왔는데 지금 복직하다니 우리 무리가 무슨 죄가

---

88 『고려사』 권35, 충숙왕 10년 정월

있는가" 했고, 또 행성문行省門에 방榜하기를, 좌우사左右司 낭중郎中 오적烏赤(올적兀赤)이 임숙林淑의 뇌물을 받아 법을 왜곡해 방면했으니, 성부省府(정동행성)가 만약 추핵推劾하지 않으면, 우리들 천인千人이 당연히 상성上省(원 중서성)에 고소하리라 했다. 이에 임숙林淑을 파직해 박순인朴純仁으로 대신했다.[89]

제주만호 임숙林淑이 마음대로 임무지 제주를 떠난 이유로 정동행성에 갇혔다가 정동행성 좌우사의 낭중 오적烏赤(올적兀赤)에게 뇌물주어 충숙왕 10년(1323) 정월 갑진일(12일)에 풀려나 복직되었다. 이에 제주만호 임숙 등 고려파견 관리의 가혹한 침탈에 분노한 제주인 1,000명이 고발 방문을 개경의 시전과 정동행성 문에 게시했고 요구가 관철되지 않으면 원 중서성에 고발하려 하자 임숙이 파직되었던 것이다. 제주인이 무려 1,000명이나 고려 수도 개경에 집결해 항의 시위를 벌인 것이었으니 민중항쟁의 성격을 띠고 있었다. 당시 탐라제주 인구는 대략 5만명 정도였을 터인데 제주인 1,000명이 동시에 개경에 모였으니 이는 원간섭기에 탐라제주 사람들이 비교적 자유롭게 배를 타고 나와 고려는 물론 원 제국 판도의 여러 곳들을 왕래하며 교역했음을, 상당수 탐라제주 사람이 원에 가서 활동하고 관직에도 진출했음을 시사한다.[90]

임숙 석방과 제주인 시위 사건이 발생했을 때 충숙왕은 원에 머물고 있었기 때문에 임숙의 제주만호 직책을 파직해 박순인으로 대신하게 한 주체는 충숙왕을 대리한 왕족 혹은 고위관료이거나 정동행성이었을 것이다. 당시 탐라는 제주목 상태로, 목사와 만호가 파견되었고 특히 제주만호가 탐라인들을 가혹하게 수탈했던 것인데, 주로 행정을 담당한 제주목사는 고려

---

89 『고려사』 권35 및 『고려사절요』 권24, 충숙왕 10년 정월
90 이는 조선시대에 제주 목사와 현감이 자신들의 비리가 들어날까 보아 제주인의 出陸을 방해하고, 을묘왜변 후에는 더욱 출륙을 엄격히 통제해 조천포와 별도포만 이용하게 하고, 심지어 인조 7년(1629) 8월에 왕과 비변사가 제주인의 출륙금지령을 내려 대략 200년 동안 제주를 거대한 감옥으로 만든 것과 대비된다.

가 임명했고 주로 군사를 담당한 제주만호는 고려국왕이 원 황제의 허락을 받는 형식으로 임명했다. 제주만호 임숙을 가두고 석방하는 것을 정동행성이 결정했는데, 만호 인사권이 기본적으로 원 황제에게 있기 때문이기도 했고 고려국왕이 원에 억류당해 사실상 왕권이 정지되고 심왕 고暠가 고려 왕권을 대행하다시피 하는 상태였기 때문이기도 했다.[91]

원에서 충숙왕 10년 8월에 어사대부 철실鐵失 등이 승상 배주拜住와 영종황제를 남파南坡에서 시해하는 정변이 발생한다. 9월에 진왕 이순테무르(也孫鐵木兒: 태정제)가 즉위해 사면령을 내리면서 충선왕을 소환한다.[92] 상왕 충선왕이 유배에서 풀려났지만 그의 권세는 이전과 같지 않았다.

충숙왕10년(1323) 10월 무진일(10일)에 황제가 위왕魏王 아목가阿木哥를 유배지에서 소환했다.[93] 10월 무인일(20일)에 덕비(충숙왕비 홍씨)가 위왕魏王을 영안궁에서 연회했다.[94] 원이 위왕 아목가를 탐라에 유배했다가 소환하자 고려 재상 조연수와 행성(정동행성) 낭중郎中 올적兀赤(烏赤)이 호행護行했는데, 황제가 사자를 파견해 소재所在에 명령해 위왕魏王에게 체류하며 청후聽候하게(대기하게) 하여, 그 사자가 평양에 이르자 조연수와 올적兀赤 등이 두려워 도망해 숨으니 사자가 노하여 조연수 등을 죽이려 하다가 위왕의 만류로 그만두었다고 한다.[95] 위왕 아목가가 탐라에서 바로 소환된 것처럼 기술되

---

91 충숙왕 10년(1323) 3월에 瀋王暠가 그 신하 前祭酒 白文珏과 郎將 李淑貞을 파견해 帝命으로써 諸倉庫를 封했는데, 왕(충숙왕)이 5년간 留元하니 財用이 匱乏하자 暠가 그러함을 알고 그렇게 한 것이라고 한다. 『고려사절요』 권24, 충숙왕 10년 3월 ; 『고려사』 권91, 종실전2, 충렬왕의 아들 江陽公 滋 附 王暠

92 『고려사』 권35, 충숙왕 10년 2월·9월 ; 『원사』 권28, 본기 영종 ; 『원사』 권29, 본기 태정제. 태정제는 세조의 황태자 眞金의 아들인 甘麻剌(카말라)의 아들이었다.

93 『고려사』 권35 및 『고려사절요』 권24, 충숙왕 10년 10월

94 『고려사』 권35, 충숙왕 10년 10월

95 『고려사』 권105, 趙仁規傳 附 趙延壽. 行省郎中 兀赤은 제주만호 林淑의 뇌물을 받았던 行省左右司郎中 烏赤과 동일인으로 판단된다.

어 있지만 대청도로 옮겨졌다가 소환된 것으로 판단된다. 위왕 아목가가 원에 의해 『고려사』 세가에는 충숙왕 4년(1317) 윤정월 임신일(4일)에 탐라에 유배되었다가 이윽고 대청도에 유배되었고,[96] 『고려사』 지리지에는 충숙왕 4년에 대청도에 유배되고 10년에 소환되었다[97]고 기술되었기 때문이다.

위왕魏王 아목가阿木哥는 무사히 원으로 돌아간다. 충숙왕은 11년(1324) 8월 무오일(5일)에 추증순종(다르마발라)의 아들인 위왕 아목가(무종·인종의 이복형제)의 딸 금동공주金童公主(조국장공주)와 혼인했는데,[98] 이는 정지되었던 그의 고려국왕으로서의 권위를 회복했음을 의미했다. 이리하여 충숙왕은 12년 5월에 고려로 돌아올 수 있었던 반면 충선왕은 연경의 저택에서 세상을 떴다.[99]

충숙왕이 고려로 돌아온 다음해인 13년(1326)에 일본 상선이 탐라인에게 공격을 받는 사건이 일어난다. 일본 임제종 승려인 건봉화상乾峰和尙이 고려에서 싸우다가 죽은 승僧을 애도하는 글의 서축書軸에 서문을 썼다. 이에 따르면, 가력嘉曆 원년(1326: 고려 충숙왕13)에 원元으로 건너와 조조朝朝한 상박商舶(상선)이 탐라탄乇羅灘 횡파橫波의 바위에 가로막혀 땔감도 없고 마실 물도 없는 근심이 있었다. 이에 상주相州 귀봉龜奉[수복사壽福寺] 원상인遠上人이 그 무리 70사士를 거느려 고려高麗 언덕에서 땔나무를 하고 물을 길었는데, 저(彼) 도도島(탐라)에 거처하는 '훼복卉服의 구仇(원수)'가 함부로 잘못 의심해 혼전混戰하여 해害를 끼치니 원상인도 노弩(쇠뇌)에 적중해 사망했다. 려麗(고려)의 현령縣令이 대원황제에게 이 일을 아뢰자 황제가 조칙을 내려 주즙舟楫을 수리해 식량을 채워서 돌려보내게 하니 사士 50 남짓이 일본으로 다시 돌아올 수 있었다고 한다.[100] 일본 상선이 탐라탄 즉 탐라해협에서 암초에 걸려 좌초되자 승려 원

---

96 『고려사』 권34, 세가 충숙왕 4년 윤1월
97 『고려사』 권58, 지리지3, 西海道, 安西大都護府 海州, 白翎鎭
98 『고려사』 권35 및 『고려사절요』 권24, 충숙왕 11년 8월 ; 『고려사』 권89, 后妃傳 2, 충숙왕비 曹國長公主. 위왕 아목가는 이 혼인식 직전인 6월에 사망했다.
99 『고려사』 권35, 충숙왕 12년 5월.

그림 48. 일본 선종의 근원인 가마쿠라 수복사(필자 촬영):
이 사찰 승려가 난파했다가 탐라인에 의해 피살됨

상인遠上人과 선원 70명이 고려 언덕에서 땔나무와 물을 마련했는데 탐라도 사람들이 오인해 전투가 벌어져 사상자가 발생하고 가마쿠라 수복사壽福寺의 원상인도 노쇠(쇠뇌)에 적중해 사망했다. '고려의 현령'으로부터 이 사건을 보고받은 대원황제가 명령해 배를 수리하고 식량을 지급한 덕분에 50명 남짓이 일본으로 돌아갈 수 있었다고 하니 이 탐라해협 전투에서 일본인 거의 20명이 전사한 것이었다. 이로 인한 분노 때문인지 탐라인을 '훼복卉服(풀로 만든 옷: 섬 오랑캐)의 구仇(원수)'로 표현해 적개심을 드러냈다.[101]

원은 태정제가 1328년(치화 1) 7월에 상도上都에서 붕어하면서 격변에 휩싸였다. 8월에 연철목아燕鐵木兒(연첩목아燕帖木兒)가 백관을 대도 흥성궁興聖宮

---

100 『乾峰和尙語錄』 권2, 「悼高麗鬪死僧軸序」. 相州 龜奉은 鎌倉 壽福寺를 지칭했다.
101 '고려의 현령'은 제주 현령 혹은 인근 고을 현령이었을 것이다. 壽福寺의 遠上人 은 구도승 혹은 외교관으로 원과 무역하는 상선에 탔던 것으로 보인다.

에 소집해 무종의 차자인 투그테무르(문종)를 옹립하려 거병했다. 반면 상도의 도랄사倒剌沙는 병력을 보내 대도大都를 공격하고 9월에 상도에서 태정제의 아들인 황태자(천순제)를 황제로 즉위시켜 '천순天順'이라 개원改元했다. 회왕懷王(문종)이 강릉江陵에서 경사京師(대도)에 올라와 9월에 대명전大明殿에서 즉위하고 '천력天曆'이라 개원했다. 대도 군대가 10월에 상도를 포위해 항복을 받았다. 무종의 장자인 쿠살라(명종)가 1329년 정월 병술일에 화녕和寧의 북쪽에서 황제에 오르고 상도로 향하면서 종번제왕宗藩諸王에게 모두 반드시 상도에 와서 회합하도록 명령하고, 4월에 동생 문종을 황태자로 삼았다. 5월에 황태자(문종)가 경사京師(대도)를 출발해 북상했다. 8월 을유일 초하루에 명종이 왕홀찰도王忽察都에 머물자 병술일(2일)에 황태자(문종)가 들어와 만났지만 경인일(6일)에 명종이 폭붕暴崩했다. 황태자(문종)가 계사일(9일)에 상도에 이르러 기해일(15일)에 상도 대안각大安閣에서 복위했다.[102] 태정제 사후에 천순제(태정제의 아들), 문종(무종의 차자), 명종(무종의 장자)이 연달아 황제에 올랐지만 문종이 연첩목아(엘테무르)의 도움으로 천순제를 격파하고 자신의 형 명종을 암살해 황제로 복위했던 것이다. 문종의 배필 복답실리卜答失里(부다시리)는 문종 천력원년(1328)에 문종이 즉위하자 황후로 세워지고 천력2년에 책보冊寶를 받았다.[103] 이로써 부다시리 황후가 탐라목장의 말 상당 부분을 소유하게 되었다.

충숙왕은 16년(1329) 10월에 문문황제의 복위를 축하하면서 질병을 내세워 세자(충혜왕)에게 양위하니 다음해(1330) 2월에 충혜왕이 즉위했는데,[104] 충혜왕의 즉위에는 그를 사랑한 원의 권력자 연첩목아(엘테무르)의 도움이

---

102 『원사』 문종본기 및 명종본기
103 『元史』 권114, 列傳1, 后妃一, 문종의 卜答失里皇后. 『원사』 문종본기에 따르면 천력원년 12월 기해일에 皇后 玉冊·玉寶를 제작했고, 천력2년 정월 신미일에 皇后를 冊命함으로써 南郊에 고했다.
104 『고려사』 충숙왕세가 및 충혜왕세가

작용했다.[105] 충혜왕 즉위년(1330: 지순원년) 7월 정사일(8일)에 원이 명종(쿠살라)의 태자로 11살인 타환첩목이妥懽帖睦爾(토곤테무르: 혜종 순제)를 고려 대청도大靑島로 유배했는데,[106] 이는 권신 엘테무르(연첩목아)가 주도한 것이었다. 충혜왕 원년(1331) 12월 갑인일(13일)에 원이 추밀원사樞密院使 윤수곤尹受困과 중승中丞 궐간厥干 등을 파견해 타환첩목이(토곤테무르) 태자를 소환하니 왕이 호군護軍 조익청曺益淸을 파견해 대청도大靑島에서 봉영奉迎하게 했다.[107] 『원사』 순제본기 총서에 따르면, 문종 지순원년(1330) 4월 신축일에 명종후明宗后 팔불사八不沙(녕종의 친모: 순제의 계모)가 참소로 해를 입었고, 명종태자(혜종순제)가 고려 대청도에 유배되었다가 1년이 흐르고서 광서廣西의 정강靜江으로 옮겨졌다.

원 문종이 지순至順3년(1332: 충혜왕 2) 정월 계유일(3일)에 고려국왕(전 고려국왕) 왕도王燾(충숙왕)에게 명령해 고려국왕으로 삼고 금인金印을 하사했는데,[108] 충혜왕과 상왕 충숙왕의 갈등이 심화된 끝에 충숙왕이 원에 가서 문종황제를 설득해 복위한 것이었다. 고려국왕이 교체되던 충혜왕 2년(1332) 춘정월 경진일(10일)에 요양성遼陽省이 사람을 파견해 와 주첩목아朱帖木兒·조

---

105 충혜왕이 世子로 入朝했을 때 丞相 燕帖木兒가 세자를 자기 자식처럼 여기다가 충숙왕이 양위하자 문종황제에게 아뢰어 세자를 고려국왕으로 만들었다(『고려사절요』 권25, 충숙왕 후8년 5월조).

106 『고려사』 권36 및 『고려사절요』 권24, 충혜왕 즉위년 7월

107 『고려사』 권36, 충혜왕 원년 12월. 한편 『고려사』 권58 지리지3 安西大都護府海州 白翎鎭 편에 원이 '충숙왕 17년'에 陶于帖木兒 태자를 대청도에 유배하고 후원년에 소환했다고 하는데, 陶于帖木兒가 곧 妥懽貼睦爾(토곤테무르)로 여겨진다. 충숙왕 17년은 충혜왕 즉위년에, 충숙왕 후원년은 충혜왕 2년에 해당한다. 원 사신이 충혜왕 원년(1331) 12월 13일에 토곤테무르를 소환하러 왔으니 대청도에서 데리고 나오는 시일은 다음해로 넘어갈 수 있다.

108 『元史』 권36, 本紀36, 文宗 至順3년 정월. 상왕 충숙왕의 복위는 2월 갑자일(24일)에 원이 파견한 留守 寶守와 前 理問郞中 蔣伯祥 등이 와서 선포한 聖旨에 의해 알려진다(충숙왕 세가 및 충혜왕 세가).

고이趙高伊를 수색했다. 이에 앞서 이 두 사람이 황제에게 참소하기를 요양과 고려가 타환妥懽 태자(순제)를 받들어 반叛하기를 도모했다고 하고는 고려로 달아났기 때문이었다.[109]

5. 혜종(순제)과 기황후와 탐라

충숙왕이 1332년(충숙왕 후1) 1월에 복위해 대도에 머물고 있는 동안 원은 정국이 혼란에 빠져들었다. 문종이 1332년 8월에 상도에서 붕어하자 태평왕 우승상 연첩목아(연철목아: 엘테무르)가 부다시리황후에게 태자 연첩고사燕帖古思(문종과 부다시리황후 소생)를 황제로 세우기를 요청했지만 황후가 따르지 않자 명종의 아들이자 순제의 이복동생인 의린지반懿璘只班(린친발: 녕종寧宗)을 황제로 옹립했다. 이에 녕종이 10월 경자일(4일)에 대도 대명전大明殿에서 즉위하고 무신일에 휘정원徽政院(황태후 관부)과 중정원中政院(황후 관부)을 설립했다. 11월 무인일에 문종의 부다시리황후가 황태후로 높여지니 황태후가 흥성전興聖殿에 나아가 조하朝賀를 받았다. 하지만 녕종은 11월 임진일에 7세의 나이로 붕어했다. 연첩목아가 연첩고사燕帖古思를 옹립하기를 다시 요청했지만 부다시리 황태후는 자신의 아들은 나이가 어리다며 광서廣西에 있는 타환첩목이妥歡帖睦爾(순제)가 나이 13살이고 명종의 장자라며 그를 옹립해야 한다고 했다. 타환첩목이가 대도로 올라왔지만 그를 의심한 연첩목아의 방해로 수개월 동안 지연되었다.[110] 다음해(1333) 3월에 부다시리태후와 연첩목아가 충숙왕에게 귀국을 종용하니 윤3월 정유일에 고려국왕 충숙왕이 경화공주慶華公主와 함께 경京(대도)을 출발해 귀국했다.[111]

---

109 『고려사』 권36, 충혜왕 2년 정월 ; 『고려사절요』 권25, 충숙왕 후원년 정월
110 『원사』 문종본기와 寧宗本紀와 순제본기 ; 『원사』 권138, 列傳25, 燕鐵木兒
111 『고려사』 권35, 충숙왕 후2년

연첩목아(엘테무르)가 죽자 문종의 황후가 대신과 의논해 타환첩목이(순제)를 옹립하니, 혜종 순제가 1333년 6월 기사일(8일)에 상도에서 황제에 올랐고, 부다시리는 태황태후로서 '칭제稱制 임조臨朝(섭정)'했다. 혜종 순제는 6월 신미일(10일)에 백안伯顔으로 태사太師 중서성우승상을, 살돈撒敦(엘테무르의 아우)으로 태부太傅 좌승상을 삼았다. 8월에 연첩목아燕鐵木兒의 딸 백아오씨伯牙吾氏(흠찰씨欽察氏) 답납실리答納失里(다나시리)를 세워 황후로 삼았고, 10월 무자일에 살돈撒敦이 영왕榮王으로 책봉되어 식읍食邑 려주廬州를 받고 당기 세唐其勢는 부친(엘테무르)을 계승해 태평왕太平王에 책봉되었고, 12월 을해일에 부다시리 황태후(태황태후)를 위해 휘정원徽政院을 설치해 관속官屬 366원員을 두었다.[112] 문종의 배필 복답실리卜答失里(부다시리)는 황후와 황태후로서 탐라 말의 상당수를 소유해 왔고 이제 태황태후로서 그러하게 되었다.

그런데 순제 원통원년元統元年(1333: 충숙왕 후2) 12월 임신일에 노렬니타奴列你他로 그 부친 탑랄적塔剌赤을 대신해 '탐라국耽羅國 군민안무사사軍民安撫使司 달로화적達魯花赤'을 삼고 삼주호부三珠虎符를 내려주었다.[113] 혜종 순제에 의해 노렬니타가 부친 탑랄적을 대신해 탐라 달로화적(다루가치)에 임명된 것이었다. 그런데 노렬니타의 정확한 직책은 '탐라국 군민안무사사 달로화적(다루가치)'이었으니, 원이 탐라국 군민안무사사를 다시 설치하고 고려 제주목을 폐지해 탐라국을 부활시킨 것이었다. 이로써 탐라는 다시 독립국가로서 원의 간접지배를 받게 되었다.

---

112 『원사』 순제본기 ; 『원사』 권114, 列傳1, 后妃一, 문종의 卜答失里皇后 및 순제의 答納失里皇后 ; 『원사』 권138, 列傳25, 燕鐵木兒. 欽察(킵차크) 氏는 燕鐵木兒와 答納失里皇后 가문이 킵차크 출신이어서 붙여진 것이었다. 한편 원통2년(1334: 충숙왕 후3) 5월 기축일에 宦者 孛羅帖木兒가 황후 旨를 전하여 소금 10萬을 취하여 中政院에 들인 사례(『원사』 권38, 순제본기)에 보이듯이 答納失里皇后는 자신의 관부 中政院을 운영했다.

113 『元史』 권38, 本紀38, 順帝 元統元年 12월. "壬申 … 以奴列你他 代其父塔剌赤 爲耽羅國軍民安撫使司達魯花赤 錫三珠虎符"

고려인 이곡(이색의 부친)이 원통원년에 원 제과에 급제해 한림국사원 검열관에 임명되고 원통2년(1334: 충숙왕 후3)에 상上(순제)이 학교를 크게 일으킴에 이곡이 그 제서制書를 받들어 반포하기 위해 동환東還하게 되니, 4월 18일에 원의 친우들이 시를 지어 전별하고 국자조교 진려陳旅가 서문을 지었다.[114] 이 전별시 중에서 정익程益이 읊기를, "중부中父(중보: 이곡)는 동방東邦 언언彥(현자)이라 명망을 듣자 마음이 이미 굴복했네, 과장科場에서 제일로 추대하니 재기才氣가 본래 견줄 자가 없었네, 기쁨이 탐라국耽羅國에 넘치고 은혜가 압록강에 뜨네" 라 했다.[115] 고려인 이곡이 제과에 우수한 성적으로 급제하자 원의 동료가 이곡을 '동방'의 현자라며 기쁨이 탐라국에 넘치고 은혜가 압록강에 뜬다고 칭찬한 것인데, 이는 원의 동료 시각에서 '동방'을 압록강 너머 고려국과 탐라국으로 간주해서 나온 표현이었다. 어찌하든 탐라국이 원통2년(1334: 충숙왕 후3)에도 독립국가로 존속하고 있었다.

원이 혜종(순제) 초기에 탐라국 군민안무사사를 다시 설치한 것은 고려국왕의 교체로 인한 고려의 혼돈과 심왕 왕고의 개입 등을 타서 탐라를 고려에서 빼어내 독립시킨 것이라 여겨진다. 섭정자인 부다시리 태황태후와 권세가문 답납실리(다나시리) 황후가 자신이 소유하고 있는 탐라 말을 안정적으로 확보하기 위해 탐라를 고려로부터 독립시켰지 않나 싶다. 원 문종 때는 문종과 엘테무르의 연합정권이었고, 녕종 때는 부다시리황태후(문종의 배필)와 엘테무르의 연합정권이었다. 혜종(순제) 초기는 부다시리태황태후와 엘테무르 가문의 연합정권이었는데, 사망한 엘테무르에게 다나시리황후는 딸이고, 살돈撒敦은 아우이고, 당기세唐其勢는 아들이었다. 원통2년 4월 임신일에 당기세唐其勢에게 명령해 총관고려여직한군만호부總管高麗女直漢軍萬戶府 달로화적達魯花赤을 삼고 마찰아태馬札兒台와 함께 어사대부를 삼았다.[116]

---

114 『가정집』「送李中父使征東行省序」(陳旅 찬술)
115 "中父東方彥 聞名心已降, 科場推第一 才氣本無雙, 喜溢耽羅國 恩浮鴨綠江, 白雲 雖滿舍 長策未經邦, 同年復同仕 千載一奇逢 …"

엘테무르의 아들인 당기세가 고려·여직(여진)·한군漢軍을 총관하는 만호부의 다루가치가 된 것으로, 요동과 고려 방면에 대한 그의 영향력 확대를 보이며, 한 때 요양행성의 관할이었던 탐라에 대한 영향력 침투를 모색했을 수 있다. 당기세 가문이 색목인에 속하고 탐라 '목호牧胡'의 다수가 색목인이었기 때문에 더욱 그러하다.

답납실리(다나시리) 황후는 친정의 권세를 배경으로 횡포를 많이 부렸는데 고려출신 궁녀 기씨가 모진 수난을 당한다. 고려인 환자宦者인 휘정원사徽政院使 독만만석아禿滿滿夕兒(독만질아禿滿迭兒)가 고려여자 기씨祁氏(奇氏: 훗날 기황후)를 궁녀로 황제(혜종 순제)에게 첫째로 추천하자 기씨가 명음茗飮(다茶)을 담당해 순제를 섬겼는데 혜힐慧黠(지혜롭고 영리함)하여 황제에게 총애를 받았다. 백아오씨伯牙吾氏(답납실리) 황후가 권신權臣 가문의 녀女로 교귀驕貴에 익숙하고 황제 나이 어림을 경시했는데 황제가 기씨를 총애함을 보고는 마음으로 불평不平해 기씨를 견디기 힘들 정도로 일야日夜로 채찍질하고, 어느 저녁에는 앞에 기씨를 꿇어앉히고 그 '죄'를 캐물으며 기씨 몸을 불로 지졌다고 한다.[117]

하지만 다나시리황후 가문의 권세는 얼마 없어 끝난다. 원통3년(1335: 충숙왕 후4) 5월 무자일에 황제 거가車駕가 상도上都로 순행을 떠났는데 우승상 백안伯顏(바얀)과 좌승상 당기세唐其勢 사이에 권력투쟁이 벌어지고 있었고 살돈撒敦은 이미 사망했다. 6월 경진일에 백안(바얀)이 당기세唐其勢(텡기스) 및 그 아우 탑랄해塔剌海 형제가 모역謀逆한다고 아뢰니 혜종(순제)이 그 형제를 죽이고 황후 백아오씨伯牙吾氏(다나시리)를 체포해 별소別所에 유폐했다. 7월 임오일에 백안(바얀)이 황후 백아오씨(다나시리)를 개평開平 민사民舍에서 죽였다. 황제가 임인일에 백안(바얀)에게 전명專命해 중서성 우승상으로 삼고 좌

---

116 『元史』 권38, 本紀38, 순제 원통2년 4월. "壬申 命唐其勢為總管高麗女直漢軍萬
　　戶府達魯花赤 與馬札兒台 並為御史大夫"
117 『庚申外史』 上 ; 『원사』 후비전, 순제의 完者忽都皇后 奇氏

승상을 혁파해 두지 않았다. 을사일에 연철목아燕鐵木兒(연첩목아)와 당기세唐
其勢가 거용擧用한 사람들을 파직했다. 무신일에 답리答里(살돈撒敦의 아우) 및
랄랄剌剌 등을 시市에서 죽였다. 10월에 백안(바얀)으로 독임獨任 중서우승상
中書右丞相을 삼았다. 11월 갑오일에 연철목아燕鐵木兒·당기세唐其勢·답리答里
가 탈취한 고려高麗 전택田宅을 그 왕 아랄특납실리阿剌忒納失里(충숙왕)에게 돌
려주었다.[118] 복답실리卜答失里 태황태후는 몇 년 더 존호를 유지하지만 그
권력이 예전같지는 않았다. 원 혜종 순제가 당기세·탑랄해·답리·다나시리
황후 등 연철목아(연첩목아) 가문을 숙청한 이후 연첩목아 가문이 이전에 탈
취했던 고려 전택田宅을 충숙왕에게 돌려줄 무렵에 탐라국도 고려에 돌려
주어 제주목으로 전환되었으리라 여겨진다.

이처럼 원통3년(1335: 충숙왕 후4) 6월에 벌어진 정변으로 다나시리황후의
친정은 몰살당하다시피 했고 그녀 자신도 죽임을 당했으며 숙청을 주도한
우승상 백안(바얀)이 권력을 장악했다. 이로써 궁녀 기씨가 다나시리황후의
압제에서 벗어나 혜종(순제)의 사랑을 한껏 차지할 수 있게 되었다. 혜종(순
제)이 궁녀 기씨를 황후에 책봉하려 했지만 권력자 승상 백안(바얀)이 반대
해 이루어지지 않았다. 백안홀도伯顏忽都가 순제 지원3년(1337) 3월에 황후에
올랐는데 절검을 강조해 자신의 관부 중정원中政院의 지출을 줄였고 투기를
하지 않아 궁녀 기씨를 핍박하지 않았다. 기씨가 황태자 애유식리달랍愛猷
識理達臘(아유시리다라)을 낳으면서 그녀의 위상은 올라간다.[119]

고려에서 충숙왕이 복위 8년(1339) 3월 계미일(24일)에 사망하자 전왕인
충혜왕이 복위해야 했지만 원의 권력자 백안伯顏(바얀)이 충혜왕을 미워해
방해하고 심왕 고暠를 고려국왕으로 밀면서 고려국왕이 상당한 동안 공석
인 상태였다. 충혜왕이 부왕을 장사지낸 두 달 후인 8월에 부왕의 왕비 경

---

118 『元史』권38, 本紀38, 순제 원통3년(지원원년) ; 『元史』권138, 列傳25, 燕鐵木兒
119 『원사』 후비전 순제의 伯顏忽都皇后 弘吉剌氏 및 完者忽都皇后 奇氏

화공주慶華公主(몽고 출신)를 강간하자 충혜왕 군대와 경화공주 편의 조적曹頔 군대 사이에 전투가 벌어져 충혜왕 군대가 승리해 조적을 죽였다. 11월에 승상 백안(바얀)이 보낸 중서성단사관中書省斷事官 두린頭麟 등이 충혜왕과 홍빈洪彬 등을 체포해 원으로 데리고 갔다. 다음해인 순제 지원6년(1340: 충혜왕 후1년) 정월에 충혜왕은 경사京師(연경: 대도)의 형부에 구금되고 홍빈洪彬 등은 국문을 받았다. 백안(바얀)의 권세가 너무 커지자 2월 기해일에 혜종 순제가 어사대부 탈탈脫脫(톡토: 백안의 조카)의 도움을 받아 승상 백안(바얀)을 폄출하고 태보太保 마찰아태馬札兒台(백안의 아우)를 태사太師 중서우승상中書右丞相에, 어사대부 탈탈脫脫(톡토: 마찰아태의 아들)을 지추밀원사知樞密院事에 임명했다. 탈탈脫脫이 순제에게 아뢰어 충혜왕을 석방해 복위시켰다. 충혜왕은 원 대도를 출발해 4월 계사일(11일)에 개경에 이르렀다. 원 순제는 4월에 사랄반沙剌班의 요청을 받아들여 고려인 기씨奇氏를 책봉해 제이황후第二皇后로 삼고, 5월 병자일에 상도上都에 순행해 6월 병신일에 문종황제 묘주廟主를 철거하고 태황태후 부답실리不答失里(복답실리卜答失里)를 존호 삭제해 동안주東安州에 안치하고 황태자 연첩고사燕帖古思(엘테구스: 태후 부답실리의 아들)를 고려에 유배하고 8월에 대도에 이르러 다음해 정월 초하루에 '지정至正'이라 개원하고 탈탈(톡토)을 중서우승상中書右丞相에 임명했다.[120] 원에서 백안(바얀)의 실각과 탈탈(톡토)의 집권은 고려 충혜왕이 복위를 인정받고 기씨가 제2황후에 책봉되는 결과를 가져왔다.

제2황후 기씨는 흥성궁興聖宮(서궁西宮)에 거처하고 휘정원徽政院을 고쳐 자정원資正院으로 삼아 영향력을 행사했다. 기황후가 평소 총애를 받아 흥성서궁興聖西宮에 거처해 황제가 동내東內(궁성宮城)에 행차함이 드물어도 정

---

120 『元史』 순제본기, 지원 5년·6년 및 지정원년 ; 『원사』 권138, 列傳25, 伯顔·馬札兒台·脫脫 ; 『원사』 후비전 순제의 完者忽都皇后 奇氏 및 문종의 卜答失里皇后 ; 『고려사』 충숙왕 복위기 및 충혜왕 복위기. 태자(황태자) 燕帖古思는 그를 지지하던 승상 伯顔이 실각하자 지원 6년 7월 고려에 유배되는 도중에 살해당한다.

궁황후正宮皇后 백안홀도伯顔忽都는 불평하지 못했다.[121] 흥성궁은 태후가 거처해 온 곳이었고 휘정원은 태후의 관부였는데 제2황후 기씨가 그러한 흥성궁에 거처하고 그러한 휘정원을 자정원으로 개편해 운영함으로써, 궁성에 거처하고 중정원을 운영하는 제1황후 백안홀도보다 실제적으로 더 강한 권위와 실리를 지니게 되었다. 게다가 기황후는 그녀가 낳은 황태자 애유식리달랍愛猷識理達臘(아유시리다라)이 잘 자라고 있었기에 제1황후를 압도하며 권력자로 떠오른다. 바야흐로 원에서 기황후의 자정원 시대가 열린 것이었는데 탐라목장의 말 등의 상당수도 기황후가 자정원(←휘정원)을 통해 소유하고[122] 탐라 제주에 대한 그녀의 영향력도 증가해 간다.

충혜왕은 고려국왕으로서 나름대로 개혁정책을 추진했는데 그의 치세에 탐라는 제주목 상태였다. 담양 사람인 전록생田祿生은 충혜왕 때에 급제해 제주濟州 사록司錄에 보임되고 들어와 전교典校 교감校勘이 되었다고 하는데,[123] 그가 훗날 충목왕 3년(1347)에 교감校勘으로 정치도감에서 활동하는 것으로 보아 그가 급제해 제주사록으로 활동한 때는 충혜왕 복위기로 판단된다. 충혜왕 복위년(1339) 5월 병술일(28일)에 왕(충혜)이 조익청曹益淸을 제주안무사濟州安撫使로 폄출하고, 윤환尹桓을 칠원군漆原郡에, 오자순吳子淳을 해주海州에 추방하고, 홍서洪瑞를 곤장쳐 섬에 유배하고, 전 대호군大護軍 김경金鏡을 꾸짖기를, "이 노奴는 무슨 이유로 옛적에 홍서洪瑞 등과 동모同謀했는가" 하고는 철골타鐵骨朶로 김경을 쳤다.[124] 이 제주안무사 파견은 제주에

---

121 『元史』 권114, 列傳1, 后妃1, 順帝后 伯顔忽都皇后 및 完者忽都皇后奇氏

122 백안홀도 제1황후도 탐라 말의 일부를 소유했을 수 있다.

123 『고려사』 권112, 田祿生傳

124 『고려사』 권36 및 『고려사절요』 권25, 충혜왕 복위년 5월. 조익청 등이 처벌받은 이유는 그가 충숙왕 때 大護軍으로 代言 尹桓과 함께 충혜왕의 측근을 제거하기를 도모해 宋八郞·洪莊 등을 잡아 가두어 가혹하게 고문했고, 이에 洪莊이 충혜왕의 총애를 배경으로 조익청 등에게 서운함을 풀고자 했기 때문이었다(『고려사』 권108, 曹益淸傳).

안무할 사건이 발생했기 때문일 수도 있고, 충숙왕파인 조익청을 폄출하기 위한 갑작스러운 임무 부여였을 수도 있다.

탐라제주는 유배지로 꾸준히 활용되었다. 충혜왕 후1년(1340) 2월 병술일(3일)에 원이 패란해대왕李蘭奚大王을 탐라耽羅에 유배했다.[125] 후4년(1343) 4월에 왕(충혜)이 승僧 학선鶴仙을 감옥에 내려 감찰사監察司에게 명령해 국문하게 하고 제주濟州로 유배했다. 학선은 금琴·화畫(그림)·의술醫術에 능하고 한몽어漢蒙語(몽한어蒙漢語)를 이해해 왕이 경중敬重해 칭하기를 사부師傅라 하고 그가 전殿에 올라 배拜하지 않으니 사람들이 밉게 보았는데, 그가 왕명이라 속여 죄수를 석방하니 왕이 분노한 것이었다.[126] 금琴·그림·의술에 능하고 몽고어·중국어를 이해하는 승려가 제주에 유배온 일은 제주의 문화 발전에 도움이 되었을 것이다. 충목왕 4년(1348) 12월 을축일(3일)에는 고려가 승僧 종범宗範을 제주濟州에 장류杖流했다. 종범宗範은 판사判事 임서생任瑞生의 아들인데 그 부친을 칼날로 베고자 하자 그 아우인 임기任琦가 구원하니 종범이 검劍으로 공격하여 임기任琦의 코를 갈랐기 때문이었다.[127] 칼로 부친을 해치고자 하고 아우의 코를 칼로 벤 행위는 중죄인데도 곤장쳐 제주에 유배되는 데 그쳤는데 원 제국이 불교승려를 보호하는 정책 때문이었으리라 여겨진다.

충혜왕은 고려 재정이 충선왕과 충숙왕의 오랜 재원在元 체류 비용으로 인해 고갈되자 재정을 확충하기 위한 개혁을 추진했는데 이는 기득권 세력과 기황후 세력의 극렬한 반대를 초래한다. 충혜왕은 문무양반에게 직세職稅를, 선박 운영자에게 선세船稅를, 산과 바다 종사자에게 산해세山海稅를 징수했고, 노비 개혁과 사원전 개혁을 단행했다. '선세船稅'와 '산해세山海稅'는 무역·운수運輸·방목·임산林産·수산水産과 관련 깊은 탐라 제주와 기황후의

---

125 『고려사』 권36 및 『고려사절요』 권25, 충혜왕 후1년 2월
126 『고려사』 권36 및 『고려사절요』 권25, 충혜왕 후4년 4월
127 『고려사』 권37, 충목왕 4년 12월

이익을 침해하는 것이었고, 사원전 개혁은 기황후의 불교사원 운영에 대한 도전이었다.

충혜왕 후4년 8월에 이운李芸·조익청曹益淸·기철奇轍 등이 원에 있으면서 중서성에 상서해 왕(충혜)이 탐음貪淫 불도不道하다고 극언極言하고 '입성立省'하여 백성을 안정하기를 요청했다.[128] 충혜왕 반대운동에, 기철이 누이동생인 기황후를 배경으로 앞장섰고, 조익청은 제주안무사에서 돌아와 참여한 것이었다. 제주안무사를 지낸 조익청이, 충혜왕의 재정확보 정책이 기황후의 탐라에 대한 이익을 잠식하고 있다고 보고했을 수도 있다.

이해 10월 임술일(30일)에 혜종 순제가 자정원사資政院使 고용보高龍普(환관)와 대감大監(태감太監) 박첩목아불화朴帖木兒不花를 보내와 기황후 부친 기자오奇子敖에게 영안왕을 추증하고 모친 이씨(생존)로 영안왕대부인을 삼았고, 기철奇轍로 행성行省 참지정사를, 기원奇轅으로 한림학사를 삼았다. 고려가 기철로 정승 덕성부원군을, 기원으로 덕양군을 삼았다. 11월 임오일(20일)에 원이 내주乃住 등 8인을 보내왔는데 안교鞍轎를 색출한다고 사칭했다. 11월 갑신일(22일)에 원이 사면령 반포를 칭탁해 대경大卿 타적朶赤과 낭중郞中 별실가別失哥 등 6인을 보내왔다. 충혜왕이 정동성征東省에서 황제조서를 들었는데, 타적朶赤과 내주乃住 등이 왕을 발로 차서 결박했다. 평리 신예辛裔(고용보의 처남)가 병력을 매복해 밖을 막아 도왔다. 타적朶赤 등이 고용보에게 국사國事를 정치整治하게 하고, 덕성부원군 기철奇轍과 이문理問 홍빈洪彬에게 정동성을 임시로 관장하게 했다. 타적朶赤 등이 왕을 끼어 말 한 필에 실어 달려갔다.[129] 기황후의 오빠 기철이 정동행성 최고책임자로 고려를 장악하게 된 것이었다.

---

128 『고려사절요』 권25, 충혜왕 후4년 8월
129 『고려사』 권36 및 『고려사절요』 권25, 충혜왕 후4년 10월·11월 ; 『고려사』 권
    122, 高龍普傳 ; 『고려사』 권131, 奇轍傳 ; 『고려사』 권125, 辛裔傳 ; 『고려사』
    권108, 洪彬傳 ; 『고려사』 권110, 金倫傳 ; 김륜 묘지명

충혜왕이 재정을 확보하기 위해 강력한 개혁을 추진하자 피해를 입은 권세가들이 반발했고, 그 중에서 자정원(기황후의 관부)의 장관인 고용보와 그의 처남인 신예와 기황후의 오빠 기철 등 기황후 세력이 주도해 충혜왕을 원으로 납치하는 정변을 일으킨 것인데, 그 배후에는 제2황후 기씨가 있었다. 기황후 세력의 이 정변이 성공하면서 탐라 제주에 대한 기황후와 그 세력의 영향력은 증가한다.

충혜왕은 원에 끌려가 유배 도중인 후5년(1344) 1월 병자일(15일)에 독살 당한다. 이후 그의 어린 아들 충목왕(황녀 덕녕공주 소생)과 충정왕(희비 윤씨 소생)이 연달아 즉위한다. 고려는 정치도감을 설치해 개혁을 추진하지만 덕녕 공주 측근세력과 기황후 세력의 반발에 부딪친다.

충목왕 3년(1347) 3월에 왕후王煦(권재權載)와 김영돈金永旽이 주관하는 정치도감이, 기황후 족제族弟 기삼만奇三萬이 전토를 빼앗고 불법을 자행한다며 곤장쳐 순군옥巡軍獄에 가두었다. 기삼만이 20일 만에 사망하니, 4월에 정동행성 이문소理問所가 정치도감관 좌랑佐郎 서호徐浩와 교감校勘 전록생田祿生을 가두어 신문訊問했다.[130] 6월에는 조득구趙得球가 탐라에 폄출되었다. 왕후王煦가 조득구와 더불어 정치整治 일을 의논함에, 조득구가 덕녕공주의 측근인 찬성사 강윤충康允忠을 제거해야 한다고 했는데, 왕후王煦·김영돈이 기삼만 사망으로 정치整治를 할 수 없게 되어 원에 가서 황제에게 아뢰고자 하니, 강윤충이 조득구가 왕후王煦를 수종해 도모할까 걱정해 왕(충목)을 꾀어 탐라로 폄출한 것이었다.[131]

충목왕 3년(1347) 8월 무인일(8일)에 원 태복시太僕寺가 이가노李家奴·첩목아帖木兒·안백안불화安伯顔不花를 파견해 와서 탐라마耽羅馬를 취했다.[132] 원의

---

130 『고려사절요』 권25, 충목왕 3년 3월 및 4월 ; 『고려사』 권110, 王煦傳 ; 『고려사』
    권104, 김방경전 附 金永旽 ; 『고려사』 권131, 奇轍傳
131 『고려사절요』 권25, 충목왕 3년 6월 ; 『고려사』 권124, 嬖幸傳2, 康允忠
132 『고려사』 권37, 충목왕 3년 8월

목장을 관장하는 관부인 태복시太僕寺가 원의 탐라목장에 사람을 파견해 탐라 말을 취한 것이었다. 원은 '탐라수유耽羅酥油'를 선호했다. 충혜왕 복위년 (1339) 8월 신묘일(5일)에 원이 사신을 파견해 '탐라수유耽羅酥油'를 찾았고,[133] 충정왕 1년(1349) 8월 계묘일(15일)에 원이 사신을 파견해 수유酥油를 제주濟州에서 구했다.[134] 원은 탐라 수유酥油(유제품)를 꾸준히 취해 왔는데 탐라 목장에서 생산된 그것이 명품이었기 때문일 것이다.

충목왕 즉위 무렵에 일본 승려가 탐라에 표류한 일이 있었다. 일본승려 여문如聞 상좌上座와 현여玄璵 시자侍者가 작년(1344 혹은 그 이전)에 남순南詢하고자 하여 선박에 타서 가다가 표풍飄風(회오리바람)을 만나 탐라耽羅에 이르러 선박이 파손되어 고려에 머무니 고려인이 그 까닭을 묻고는 거편巨編 하나를 보여주었는데 대부분 고림화상古林和尙이 지은 것이고 약간은 동산공화상東山空和尙이 지은 것이어서 여문이 필사해 일본에 돌아왔다. 금년에 여문이 다시 승선해 남순南詢하려 하면서 그것을 남기고 떠나니 해수海壽 시자侍者가 고림사조古林師祖의 그 글들을 간행하게 되자 비구 범선梵僊이 강영康永 을유년(1345: 충목왕1) 가을에 남선南禪(남선사) 동당東堂의 동헌東軒에서 서문을 찬술했다.[135]

임제종 승려 범선梵僊은 고림청무古林淸茂의 제자로 원 강남에서 활동하다가 일본의 요청으로 일본으로 건너가 일본 선종 발전에 기여했다. 일본 승 여문如聞 상좌와 현여玄璵 시자가 원 강남으로 유학하러 배를 탔다가 탐라에 표류해 고려에 머물다가 고림화상(고림사조) 등의 글을 모은 책자를 보고 필사해 일본으로 돌아가니 그것을 해수가 간행하면서 그 서문을 고림화상(고림청무)의 제자인 범선梵僊이 썼던 것이다. 여문과 현여가 탐라에 표류해 고려에 머물다가 고려인이 보여준 고림청무 관련 책자를 열람했는데,

---

133 『고려사』 권36, 충혜왕 복위년 8월
134 『고려사』 권37, 충정왕 1년 8월
135 『古林淸茂禪師拾遺偈頌』「刊古林和尙拾遺偈頌緖」(梵僊 찬술)

이 책자를 소지하고 있던 고려인이 탐라인인지 바다 건너 고려인인지 확실하지 않다. 원과 일본 사이에 불교와 승려가 교류하는 항로상에 탐라 제주가 위치했고 종종 그 승려가 여기에 표류해 왔으니 탐라 제주의 불교도 그 영향을 받았을 것이다.

고려 충정왕 무렵부터 왜구의 고려방면 침략이 본격화되면서 탐라제주 일대도 그 영향을 받게 된다. 조선중기에 김상헌이 열람한 지지地誌에 의거하면, 추자도楸子島는 제주 서북 대양大洋 중에 위치해 둘레가 30리이고 양봉兩峯(두 섬)이 우뚝 솟아 서 있고 수목이 무예茂翳하고 모두(두 섬)에 천천泉(샘)이 있고 중中에 장선藏船할만하여 무릇 섭해자涉海者는 모두 여기에서 후풍候風하고, 옛 참지站址가 있고 또한 분영墳塋이 많았다. 옛적에 인거人居가 있었는데, 고려 충정왕2년 경인년에 왜적倭賊이 갈마들며 침입하니 도근천리都近川里로 이거移居했다고 한다.[136] 추자도가 왜구의 침략을 받자 그 주민이 탐라제주의 도근천리(외도동·내도동 일대)로 이주했던 것이다.[137]

---

136 김상헌 『남사록』. 이에 따르면 추자도는 身島와 別島로 이루어지고, 別島 堂浦 (신당인 土堂 지님)는 兵船 300척 남짓이 정박할 수 있는 藏船處였다. 이 身島는 하추자에, 別島는 상추자에, 당포는 추자항에 해당한다.

137 또한 『남사록』에서, 왜선이 고려 충혜왕 후2년에 旌義를 침략하더니 다음해에 왜선 700척 남짓이 來侵했고, 충정왕 3년에 貴日을, 공민왕 원년에 犯叱浦(대정현 소속)를, 8년에 大村(탐라제주 읍내)을 침략했고, 辛禑 2년에 大擧 來侵했으며, 我朝 태종 원년에 郭支를, 4년에 高內 및 明月을 침략했고, 6년에 竹島(대정현 서해 소재)를 침략하니 안무사 李元恒이 물리쳤고, 8년에 都近川을 침략했고, 18년에 牛叱浦로 침입해 犯叱浦·遮歸浦 등에 진을 쳤고, 문종 원년에 또 침입하니 안무사 李謙이 격파했다고 했다. 그러면서 왜선의 前後 入寇가 하나도 이 邑(제주)에서 뜻을 얻지 못한 것은 石壁이 島를 둘러싸며 舖列해 海中의 진정 天作의 險地여서 왜적 선박이 정박할 수 없는 곳이었기 때문이라 했다.

제6장

원명교체기
국제정세와
탐라의 대응

1. 공민왕 즉위무렵 정세와 탐라의 동향

1351년 5월에 백련교의 지도자 유복통이 송의 부활을 외치며 홍건紅巾
으로 징표를 삼아 거병했다. 이른바 '홍건적紅巾賊의 난'이 시작된 것이다.
이후 원 제국은 한족漢族의 반란에 휩싸이는데 홍건적이 그 중심에 있었다.

탐라가 제주목으로 된 상태인 고려 충정왕 때 원 혜종(순제)은 충정왕을
폐위하고 숙부 공민왕(충혜왕의 아우)을 고려국왕으로 삼는 일이 벌어진다.
당시 강릉대군(공민왕)은 원에서 숙위宿衛하며 위왕魏王 아목가阿木哥(아무가: 무
종·인종의 이복형제)의 손녀이자 위왕 패라첩목아孛羅帖木兒(보로테무르)의 딸인
보탑실리寶塔失里(부다시리) 공주 즉 노국공주와 혼인한 상태였다. 충정왕 3년
(1351) 10월 임오일(6일)에 원이 강릉대군 기祺(공민왕)로 왕을 삼고 단사관斷事
官 완자불화完者不花를 파견해 국새國璽를 거두어 돌아가고 왕(충정)은 강화江
華에 추방되었다.[1] 혜종 순제는 자신이 승인한 정치도감 개혁이 기황후 세
력에 의해 좌초된 데다가 바야흐로 홍건적이 거병하고 왜구가 발호하자 고
려를 안정시키기 위해 어린 충정왕을 폐위하고 성년으로 몽고공주와 혼인
한 공민왕을 즉위시킨 것으로 여겨진다.

공민왕 즉위년(1351) 11월에 재원 중인 공민왕의 명령에 의해 정승政丞으
로 정동행성 임시 관령자에 임명된 이제현李齊賢이 정동행성 이문理問 배전
裴佺 및 박수명朴守明을 정동행성 감옥에 내리고, 직성군直城君 노영서盧英瑞
를 가덕도可德島에, 찬성사 윤시우尹時遇를 각산角山에 유배하고, 찬성사 정
천기鄭天起를 폄출해 제주목사濟州牧使로 삼고, 지도첨의知都僉議 한대순韓大淳
을 폄출해 기장감무機張監務로 삼았다.[2] 12월 신묘일(16일)에 영릉永陵(충혜왕)

---

1 『고려사절요』 권26, 충정왕 3년 10월. 德興君 塔思帖木兒가 원으로 달아났는데
　忠宣王 孽子로 僧이 된 자였다고 한다.
2 『고려사』 권38, 공민왕 즉위년 11월 ; 『고려사절요』 권26, 충정왕 3년 11월 ; 『고

얼자孼子 석기釋器를 머리 깎아 만덕사萬德寺에 두었다.[3] 정동행성 책임자 이제현이 공민왕의 뜻을 따라 공민왕 반대세력을 숙청하면서 찬성사 정천기를 제주목사로 폄출한 것이었다. 마침내 12월 경자일(25일)에 왕(공민) 및 공주(노국공주)가 실독아失禿兒 태자의 호행護行을 받으며 원으로부터 이르러 임인일(27일)에 강안전康安殿에서 즉위했다.[4]

그런데 공민왕 원년(1352) 9월 기해일(29일) 밤에 조일신趙日新이 그 당여전 찬성사 정천기 및 최화상崔和尙·장승량張升亮 등을 그 집에 불러 여리閭里 악소惡小를 모집해 기철奇轍·기륜奇輪·기원奇轅·고용보高龍普·박도라대朴都羅大·이수산李壽山 등을 제거하기를 도모했는데 오직 기원奇轅을 잡아 베어죽였고 나머지는 모두 도주했다. 경자일(30일)에 조일신이 왕을 겁박해 인印(어보御寶)을 열어 스스로 자신에게 우정승右政丞을 제수하고, 정천기로 좌정승左政丞을, 이권李權으로 판삼사사를, 나영걸羅英傑로 판밀직사사를, 장승량으로 응양군상호군을 삼고 그 당여에게 관직을 제수했다고 한다.[5] 조일신이 기철奇轍·기륜奇輪·기원奇轅·고용보 등 기황후 세력을 숙청하려는 정변을 일으킨 것이었는데 제주목사로 폄출되었던 정천기가 어느덧 개경으로 올라와 이 정변에 가담했던 것이다. 하지만 이 정변은 기황후세력 핵심 중에서 기원奇轅만을 죽였을 뿐 실패했다.

10월 신축일 초하루에 조일신이 '그 당黨에게 죄를 돌려 자면自免하고자' 최화상을 죽이고 왕에게 적賊을 체포하기를 권유함에 왕이 십자가十字街에 행차해 장승량 등 8~9인을 베어 시市에 효수梟首하고, 정천기를 감옥에 내

려사』권110, 李齊賢傳

3 『고려사』권38, 공민왕 즉위년 12월 ;『고려사절요』권26, 충정왕 3년 12월

4 『고려사』권38, 공민왕 즉위년 12월 ;『고려사절요』권26, 충정왕 3년 12월. 失禿兒 태자는 황태자가 아니었다. 원에는 태자가 여러 명이었고 황태자가 황제(대칸)의 후계자였다.

5 『고려사』권38 및『고려사절요』권26, 공민왕 원년 9월 ;『고려사』권131, 叛逆傳5, 趙日新

리고 그 아들 총랑摠郎 정명도鄭明道를 베어죽였다. 왕이 10월 갑진일(4일)에 정동행성에 기로耆老를 모아 밀의密議하더니, 을사일(5일)에 다시 정동행성에 행차해 김첨수金添守에게 명령해 조일신을 베어죽이게 하고 그 친당親黨 정을보鄭乙輔·이권李權·나영걸羅英傑·고충절高忠節·이종李宗·이군상李君常·박희朴曦·채하로蔡河老 등 28인을 가두었다. 10월 병오일(6일)에 홍탁洪鐸(조일신의 처부妻父)을 폄출해 회원현령會原縣令으로, 정을보鄭乙輔를 폄출해 광양감무光陽監務로, 이권李權을 폄출해 제주목사濟州牧使로 삼았다.[6] 제주목사 직이 실각한 고위관료를 처벌하는 수단으로 이용되었던 것이니 제주목이 안정적으로 운영되기 어려웠다.

11월 을유일(16일)에 고려가 밀직부사密直副使 박수년朴壽年을 파견해 원에 가서 융기戎器(무기) 하사를 사례하고 겸하여 백관이 조일신을 논죄하는 문서를 가지고 가게 했다.[7] 12월 계묘일(4일)에 원이 종정부宗正府 상판常判 양렬첩목아梁烈帖木兒와 이부상서 불화첩목아不花帖木兒를 보내와 조일신의 변變을 국문했다.[8] 다음해인 공민왕 2년(1353) 3월에 원이 종정부宗正府 단사관斷事官 합아장哈兒章과 병부낭중兵部郎中 강승강升 등을 파견해 조일신당 정천기·고충절·염백안첩목아廉伯顔帖木兒·곽윤정郭允正·이군상李君常·이귀룡李龜龍을 죽이고 그 집을 적몰했으며, 또 도당徒黨 박서朴西 등 14인을 죽이고 조용권曹用權 등 17인을 곤장치고, 조일신 처자妻子를 기천린奇天麟에게 지급해 노비로 삼도록 했다.[9] 공민왕은 왕권을 제약하는 기철·기륜·기원轅·고용보 등 기황후 가족·측근을 죽이려 한 것으로 여겨지지만, 정변의 책임을 조일

---

6 『고려사』 권38 및 『고려사절요』 권26, 공민왕 원년 9월·10월 ; 『고려사』 권131, 叛逆傳5, 趙日新
7 『고려사』 권38, 공민왕 1년 11월
8 『고려사』 권38 및 『고려사절요』 권26, 공민왕 1년 12월
9 『고려사』 권38 및 『고려사절요』 권26, 공민왕 2년 3월. 한편 『고려사』 조일신전에는 이 때 "貶洪鐸檜原縣令 乙輔光陽監務 權濟州牧使"라고 기록되어 있지만 그것은 공민왕 원년 10월의 일이었다.

신에게 돌려 조일신과 그 당여를 숙청하고, 원이 관원을 파견해 남은 당여를 숙청하는 선에서 이 사건은 마무리되었다. 혜종(순제)은 기황후 세력이 너무 커져 위기를 느끼고 있었기에 이 정변을 묵인했던 것으로 보이고, 기황후와 그 세력은 공민왕이 이 정변을 사주한 것이 아닌가 의심한 듯했지만 일단 넘어갔다.

기철은 위기를 넘기더니 위상이 더욱 높아진다. 공민왕 2년 7월에 원이 직성사인直省舍人 망가忙哥를 파견해 기철에게 요양성遼陽省 평장平章을 제수했다.[10] 이에 현릉玄陵(공민왕)이 양제兩制(왕명 찬술관)에게 명령해 시를 지어 축하하게 했다.[11] 행성 평장정사는 승상 다음의 직책인데 승상이 공석이면 제일인자였다. 요양행성은 고려출신 홍복원의 아들인 홍다구와 홍군상이 평장정사 다음의 직책인 승丞을 맡아 요양행성과 그 지역거주 고려인들을 지배했는데 이제 기철이 더 높은 직책인 평장정사로서 그러한 역할을 맡게 되었다. 기철은 요양행성 평장정사로서 만주 일대는 물론 예하의 쌍성총관부까지 지배하게 되었는데 요양행성이 이전에 탐라 방면을 관할한 적이 있었기에 탐라로 세력을 뻗히려 했을 수 있다. 기황후가 탐라목장의 상당 부분을 소유했기에 더욱 그러하다.

공민왕 초기에 익재 이제현이 탐라와 관련해 중요한 시론詩論을 남긴다. 이제현 찬술 『익재난고』 권4는 계사년(1353: 공민왕 2) 5월에 극위棘闈(과거)에서 시험을 관장해 동지공거同知貢擧 홍이상洪二相(제2재상 홍언박)에게 헌정하는 시를, 그 다음에 다양한 인물 관련 시[12]를 지어 싣고, 그 다음에 '소악부小樂

---

10 『고려사』 권131, 기철전

11 이제현 묘지명(『목은문고』 16). 이제현의 孫이 奇氏와 연인連姻했는데 이제현이 기씨의 盛滿을 꺼렸다고 한다.

12 충목왕 4년(1348)~충정왕 1년(1349)에 사망한 政丞 王煦·金永旽 등을 애도하는 시와 중국 秦·漢 시기 인물들을 평론하는 시와 원종·충렬왕대 인물설화 시인데, 공민왕 2년(1353)~6년 사이에 편집해 실은 것으로 여겨진다.

府라는 제목으로 여러 편의 시(노래)를 지어 싣고는 곽충룡郭翀龍으로부터 급암及菴(민사평)의 시도를 전해 듣고 지은 시(노래)를 실었다. 그 다음에 '무술년(1358: 공민왕 7) 정조正朝(설날)' 시를 실었는데 "우습게도 칠순七旬에다 지금 두 해를 통과해, 닭 울음을 듣고서 말 타고 삼원三元을 축하하러 가네" 라고 했으니 72세를 맞이하며 지은 것이었다. 민사평閔思平은 공민왕 8년(1359) 7월 무신일(17일)에 전 찬성사로 세상을 뜬다.[13]

그러하니 이제현이 곽충룡으로부터 급암(민사평)의 시도를 전해 듣고 시(노래)를 지은 때는 공민왕 8년(1359) 7월 이전, 구체적으로는 공민왕 2년(1353) 5월~6년(1357) 사이로 판단된다. 그런데 곽충룡이 이색과 과거급제 동년同年이었고,[14] 지공거知貢擧인 김해군 이제현이 동지공거同知貢擧인 찬성사 홍언박洪彦博과 함께 공민왕 2년 5월에 과거를 주관해 이색 등을 선발했으니,[15] 곽충룡은 공민왕 2년(1353) 5월에 급제해 좌주 이제현의 문생이 된 것이었다. 이제현이 급암(민사평)의 시도와 곽충룡을 언급했을 때 곽충룡에 대해 어떠한 직책도 언급하지 않은 것으로 보아 곽충룡이 급제하고서 아직 걸맞는 관직을 받기 전으로 보인다. 그러하니 곽충룡이 민사평의 시도를 언급하고 이제현이 이에 반응해 시를 지은 때는 공민왕 2년(1353) 5월~3년 무렵으로 추정된다.

그러면 이제현의 탐라 관련 시론詩論을 알아보자. 이제현이 어제 곽충룡을 만났는데 곽충룡이 말하기를 급암(민사평)이 '소악부小樂府'에 화和하고자 하다가 그 사례가 하나인데 어語가 중첩된다고 여겨서 그렇게 하지 않았다

---

13 『고려사』 권39, 공민왕 8년 7월
14 『목은시고』 권4, 「寄沔州郭員外[翀龍]」; 『동문선』 권49, 이제현 「沔州池臺堂亭銘」[郭翀龍少卿作守時所開]; 『목은시고』 권15, 「聞忠州郭判事翀龍爲■軍千戶」; 『목은시고』 권25, 謝同年郭判書携酒見訪; 『목은시고』 권30, 「奉送龍頭次韻 郭同年崔契長在其處」
15 『고려사』 권73, 선거지1, 과목1, 凡選場

고 했다. 이제현은, 유빈객劉賓客(당 유우석)은 죽지가竹枝歌(竹枝詞)를 지었는데 모두 기협夔峽(기주夔州·삼협三峽) 사이에 남녀상열男女相悅의 사辭이고, 동파東坡(소식)는 이비二妃·굴자屈子(굴원)·회왕懷王·항우項羽 사례를 사용해 철철하여 장가長歌를 지었는데 대저 전인前人을 답습한 것이니, 급암及菴은 별곡別曲 중에서 뜻에 감응하는 것을 취하여 번翻하여(번안하여) 신사新詞를 지음이 가可하다고 여기며, '이편二篇'을 지어 도발한다고 했다.[16]

이제현은 두 편의 시(노래)로 도발한다고 했는데, 민요에 근거해 한 편의 시(노래)를 짓고서 그에 대해 해석하고, 또 한 편의 시(노래)를 짓고서 그에 대해 해석하는 방식이었다. 탐라의 민요에 기반한 첫 편을 소개하면 아래와 같다.

> 도근천都近川이 무너져 수방水坊을 제압하니 수정사水精寺 안에도 푸른 물결인데,
> 상방上房에 이 밤에 선자仙子를 감춰두니 사주社主가 도리어 황모랑黃帽郎이네[17]

탐라 제주의 도근천都近川(제주시 외도·내도의 하천)이 홍수로 범람해 수방水坊(수변 마을)을 삼키고 이곳의 수정사 안까지 푸른 물결이 넘실거리는데 이 절의 사주社主(주지)가 자신의 방에 선자仙子(여자 ; 기녀)를 감추어 두었다며 이 사주는 황모랑黃帽郎이라고 풍자한 것이었다. 황모랑黃帽郎은 황색모자를 쓴 낭군(남자)인데 뱃사공을 지칭한 경우가 많아 수정사 주지를 뱃사공에 비유했을 수 있다. 그런데 이 시(노래)의 시기가 라마불교가 유행한 원간섭기이고 라마승이 황모黃帽를 머리에 썼으니 이 '황모랑'은 황모(황색모자)를 쓴 승려를 의미했을 수도 있다. 탐라에 원 목장이 운영되고 원 관원과 목자가 파견되어 라마불교가 상당히 전파되었을 가능성이 크기에 더욱 그러하다. 이 수정사 주지는 라

---

16 『익재난고』 권4. 「昨見郭翀龍言 … 僕謂 … 作二篇挑之」
17 "都近川頹制水坊 水精寺裏亦滄浪, 上房此夜藏仙子 社主還爲黃帽郎"

마불교의 영향을 받은 승려이거나 라마불교 승려였을 수 있는 것이다.

이제현이 앞 시(노래)에 대해 해설하기를, 근래 어떤 달관達官이 노기老妓 봉지련鳳池蓮을 희롱해 말하기를, "너희 무리(기녀)는 오직 부유한 사문沙門(승려)을 따르고 사대부士大夫(양반관료)가 부르면 어찌 오는 것이 늦는가" 하니, 대답하기를, "지금의 사대부士大夫는 부상富商의 녀女를 취하여 이가二家로 삼고, 아니면 그 비자婢子를 첩妾으로 삼으니, 우리 무리(기녀)가 만약 치緇(승려)·소素(속인)를 가린다면 무엇으로써 조석朝夕을 넘기리오" 하니, 자리에 있던 자들이 부끄러워하는 형색이 있었다. 탐라耽羅의 이 곡曲(위의 수정사 관련 곡)은 지극히 비루鄙陋하지만 민풍民風을 관찰해 시변時變을 알 수 있다고 했다.[18] 이제현은, 사대부(양반관료)가 부유한 상인의 여인을 측실로 삼거나 여성 노비를 첩으로 삼으니, 생존하기 위해 할 수 없이 승려를 상대하게 되었다는 기녀의 답변을 실어 자신이 속한 사대부를 비판했던 것이다.

이제현은 이어서 탐라의 민요에 기반해 두 번째 시(노래)를 지었는데 이를 소개하면 아래와 같다.

농맥壟麥(밭이랑의 보리)이 쓰러져 흩어지도록(떨어지도록) 또한 구마丘麻(언덕의 삼)에 두 갈래가 생기도록 놓아두는구나,

청자靑瓷와 백미白米를 가득 싣고 북풍에 선자船子(뱃사람)가 옴을 때로 조망하였네[19]

---

18 鮮于樞의 西湖曲에 읊기를 "西湖 畫舫(화려한 유람선)에 누구 집의 여인인지 纏頭(사례비)를 탐내어 억지로 歌舞하네" 라 하고, 또 읊기를, "어찌 千金을 뿌리는 壯士를 얻어, 앉아서 桑濮(濮水 주변의 뽕나무숲)에서 行露(이슬 길)를 노래하도록 하지 않으리" 라 했는데, 송이 망하자 士族이 이러한 놀이를 하는 경우가 있었기 때문에 그것을 슬퍼한 것이라 했다.

19 "從敎壟麥倒離披 亦任丘麻生兩歧, 滿載靑瓷兼白米 北風船子望來時"

이제현이 이 시(노래)에 대해 해설하기를, 탐라는 지地가 좁고 민民이 가난하다고 했다. 왕시往時(옛적: 오래전)에 전라도의 고고賈(상인)로 자기瓷器·도미稻米(벼쌀)를 판매하는 자가 때로 이르렀지만 드물었다고 했다. 그런데 지금은 관官·사私 우마牛馬가 들판을 덮어 경작·개간하는 바가 아니고 왕래 관개冠蓋(높은 관료)가 사梭(베틀의 북)처럼 이어져 탐라가 그들을 보내고 맞이함에 괴로워하니, 그 민民의 불행으로 누차 변變이 생긴 까닭이라고 했다. 탐라는 지地가 좁고 민民이 가난하다고 했는데 인구 비율로 보면 땅이 좁다고 할 수 없고 가난한 이유는 대개 고려와 그 파견 관리가 수탈했기 때문이었다. 옛적(오래전)에 전라도의 상인이 자기瓷器와 도미稻米(벼쌀)를 판매하러 드물게나마 때로 이르렀다고 했는데 공민왕대에도 전라도 등 한반도 상인이 탐라에 종종 왕래했을 것이다. 지금은 관영·사영 우마牛馬가 들판을 덮어 경작·개간하지 않고 보리와 삼을 방치한다고 했는데, 탐라 산업이 원간섭기에 축산업 중심으로 재편되었음을 알려준다. 농작물을 방치한 듯이 묘사한 것은 과장이 들어간 것으로 느껴지지만 탐라인이 농사에 애쓰지 않고 축산업에 집중해도 충분히 먹고 살 수 있었음을 시사한다. 이제현은, 지금은 탐라를 왕래하는 높은 관료가 베틀의 북처럼 이어져 탐라민이 그들을 보내고 맞이함에 괴로워하여, 이것이 탐라민의 불행이고 누차 변變이 생긴 까닭이라고 토로했다. 탐라민의 잦은 항쟁이 탐라에 실처럼 이어져 파견된 관원의 영송迎送 때문이라는 것인데, 원의 관원보다는 고려 관원의 횡포와 수탈이 더욱 크게 작용했다.

몽고 원은 한족漢族 반란군이 기세를 떨치자 고려에 원군 파견을 요청한다. 공민왕 3년(1354) 6월 초하루에 평강부원군 채하중蔡河中이 원으로부터 돌아와, "양국兩國이 서로 통호通好한지 이미 오래인데 지금 한적漢賊이 대기大起함에 내가 황명을 받아 남정南征하니 왕은 마땅히 용감한 정예군을 파견해 도우시오"라는 승상 탈탈脫脫(톡토)의 말을 전했다. 때에 원元의 정치가 쇠퇴해 하남河南 요구妖寇(요적) 한산동韓山童·한교아韓咬兒 등이 비로소 난亂을 선동하고, 영천穎川 요인妖人 유복통劉復通이 또 기병起兵해 홍건紅巾으로 호칭을 삼아, 그 당黨 관선생關先生·사유이沙劉二·왕사성王士誠 등과 더불어 중원을 구략寇掠하고 산동山東에 나누어 근거해 그 세력이 크게 떨쳐, 도적盜賊이 무리지어 일어나 천하가 대란大亂했다고 한다. 6월 계묘일(13일)에 원이 파견한 이부낭중 합랄나해哈剌那海, 숭문감소감崇文監少監 백안첩목아伯顔帖木兒(고려인 강순룡康舜龍), 이용감승利用監丞 임몽고불화林蒙古不花가 와서 문서를 전했다. 탈탈脫脫 승상이 황명으로 유탁柳濯·염제신廉悌臣·권겸權謙·원호元顥·나영걸羅英傑·인당印璫·김용金鏞·이권李權·강윤충康允忠·정세운鄭世雲·황상黃裳·최영崔瑩·최운기崔雲起·이방실李芳實·안우安祐 등 40인 남짓을 구체적으로 적시해 지휘관으로 와서 8월 10일에 연경燕京에 모여 고우적高郵賊 장사성張士誠을 토벌하라는 것이었다. 이에 7월 계해일(4일)에 유탁·염제신 등 40인 남짓이 군사 이천二千을 거느리고 원을 향해 떠나 대도에 도착했는데 염제신은 공민왕의 요청으로 귀국했다. 태사太師 탈탈脫脫이 병력 '팔백만八百萬'을 거느려 고우성高郵城을 공격하자, 유탁·최영 등 부정군사赴征軍士 및 고려인으로 연경燕京 거주자 총계 이만삼천인二萬三千人이 선봉에 서서 활약을 많이 했지만, 내분이 일어나고 탈탈(톡토)이 참소로 인해 유배당하면서 고우성 공략은 실패했다. 이후 남적南賊이 날마다 융성해 갔다.[20] 이 출정을 통해 고려 공민왕과 지배층은 몽고 원의 쇠퇴를 체감했으니, 이는 고려의 원나라와 탐라제주에 대한 강공책을 불러오는 요인으로 작용한다.

공민왕은 제주목을 고려 지배층으로 처벌받은 자의 유배지 혹은 폄출지로 활용하는데, 이는 제주목을 고려의 한 지방으로 굳히려는 정책의 일환이기도 했다. 공민왕 4년(1355) 10월 계유일(21일)에 왕이 밀직부사密直副使

---

20 『고려사』 권38 및 『고려사절요』 권26, 공민왕 3년 6월·7월 및 11월 印安의 보고 ; 『고려사』 권125, 간신전1,蔡河中 ;『고려사』 권111, 염제신전 ;『고려사』 권113, 崔瑩傳

임군보任君輔가 왕지王旨(왕명)를 거짓 전달했다고 하여 제주濟州에 유배했는데, 김용金鏞·정세운 등이 임군보가 왕에게 총애받음을 꺼려 참소했기 때문이라고 한다.[21] 환자宦者 김백안첩목아金伯顏帖木兒가 왕지王旨를 거짓 전달해 임군보任君輔로 내승제조內乘提調를 삼았는데 일이 발각되어 백안첩목아를 곤장치고 임군보를 태안군泰安郡에 유배했다가 임군보가 지류遲留(지체)한다며 '제주목자濟州牧子'로 이배移配했다가 이윽고 소환했다고 하는데,[22] 임군보를 '제주목자'로 옮겨 유배한 시기는 공민왕 4년 10월이었을 것이다. '제주목자濟州牧子'는 제주에서 말 등을 양육하는 업무를 담당하는 사람을 의미하는데, 탐라목장은 원이 직영했으니 고려가 '제주목자'를 임명했다면 고려가 따로 제주에 목장을 운영했다는 것이 된다. 임군보를 '제주목자濟州牧子'에 이배移配했다는 기사는 고려가 원의 탐라목장과 달리 제주목에 목장을 운영했을 가능성 및 이 '제주목자濟州牧子'가 '제주목濟州牧' 혹은 '제주목사濟州牧使'의 오류일 가능성을 제기한다. 공민왕 4년(1355) 12월 신미일(20일)에 지도첨의사사知都僉議司事 김용金鏞을 제주濟州에 유배했다. 지도첨의사사 김용이 찬성사 김보金普와 권행權幸을 다투었는데, 김보金普의 모우母憂(모상母喪)를 틈타 정동성征東省 도사都事 최개崔介를 몰래 권유해 왕에게 상서해 백관 삼년상三年喪 시행을 요청하고, 왕명을 빙자해 그 문서를 도평의사都評議司에 내려 협박해 시행하도록 하니, 왕이 그 상황을 모두 알아채 김용을 제주에 유배하고 삼년상을 혁파한 것이었다.[23]

---

21 『고려사』 권38 및 『고려사절요』 권26, 공민왕 4년 10월 ; 『고려사』 권113, 鄭世雲傳
22 『고려사』 권114, 任君輔傳. "宦者金伯顏帖木兒 詐傳王旨 以君輔爲內乘提調, 事覺 杖伯顏帖木兒, 流君輔于泰安郡, 又以君輔遲留 移配濟州牧子, 旣而召還". '濟州牧子'가 맞다면 임군보는 '牧胡'도 아니고 탐라인도 아닌데 제주에 유배되어 말을 키우는 牧子가 된 것이다.
23 『고려사』 권38 및 『고려사절요』 권26, 공민왕 4년 12월 ; 『고려사』 권131, 叛逆傳5, 金鏞

공민왕 4년(1355)에 '환조桓祖'(이자춘)가 쌍성등처雙城等處 천호千戶로서 와서 공민왕을 알현했다.[24] 5년 3월에 환조(이자춘)가 와서 공민왕을 알현했는데, 때에 기씨족奇氏族이 기황후 권세에 기대어 횡포하던 차에 어떤 사람이 밀고하기를 기철奇轍이 쌍성雙城 반민叛民과 몰래 연통하여 당원黨援을 맺어 반역을 도모한다고 하니 왕이 환조에게 효유하기를, "경卿은 돌아가 오민吾民을 진호하고 만약 변變이 생기면 내 명령에 따르라"라고 했다고 한다.[25] 하지만 쌍성총관부 지역은 아직 원의 직할령이었고 쌍성천호 이자춘(이성계의 부친)은 근본적으로 조상들을 이어 원 요양행성 관할 쌍성총관부의 천호로 근무한 부원附元 인물이었다.

2. 공민왕의 반원개혁과 탐라에 대한 압박

공민왕은 치세 5년(1356) 5월부터 왕권을 위협하는 기철奇轍 등 친원세력에 대한 대대적인 숙청을 단행하고 반원개혁을 진행한다. 공민왕 5년 2월에 원이 왕에게 공신호를 하사하니 평장(요양행성 평장) 기철이 마침 요양으로부터 근모覲母하러 왔다가 축하했다.[26] 5월 무자일(9일)에 원이 기원奇轅의 아들 기완자불화奇完者不花를 보내와 영안왕榮安王(기황후의 부친)을 고쳐 책봉해 '경왕敬王'이라 하고 삼대三代를 왕으로 추증하고 기철에게 대사도大司徒를 제수했다.[27]

---

24 『고려사』 권38 및 『고려사절요』 권26, 공민왕 4년. 雙城地는 자못 沃饒해 고려 東南民으로 恒産이 없는 자들이 많이 쌍성 지역으로 귀속했다고 한다.
25 『고려사』 권39 및 『고려사절요』 권26, 공민왕 5년 3월 ; 『고려사』 권111, 趙暾傳
26 『고려사절요』 권26, 공민왕 5년 2월 ; 『고려사』 권131, 기철전
27 『고려사』 권39 및 『고려사절요』 권26, 공민왕 5년 5월 ; 『고려사』 권131, 叛逆傳 5, 奇轍

그런데 공민왕은 5월 정유일(18일)에 친위 군사정변을 일으켜 태사도太司徒 기철奇轍, 태감太監 권겸權謙, 경양부원군 노책盧頙을 '모반'을 빙자해 죽였다. 이윽고 기철의 아들인 찬성사 기유걸奇有傑과 어린 아들 기새인奇賽因과 조카인 기완자불화奇完者不花, 노책의 아들인 정동행성 낭중郎中 노저盧渚(노제盧濟), 권겸의 아들인 권화상權和尙을 죽였다. 권겸의 아들인 만호萬戶 권항權恒은 평소 위세를 부리지 않음으로 인해 사형을 면제해 제주濟州로 유배했다. 기철·권겸·노책의 당여인 김녕군金寧君 김보金普 등을 유배하고, 전 밀직密直 임군보任君輔 등 여러 명을 곤장쳤다. 기유걸의 동생인 기세걸奇世傑과 기새인첩목아奇賽因帖木兒는 당시 원에 머물고 있어서 무사할 수 있었다고 한다.[28]

공민왕은 5월 정유일(18일)에 기철·권겸·노책을 죽이자마자 이날에 정동행중서성 이문소理問所를 혁파하고, 평리 인당印璫으로 서북면병마사를, 사윤司尹 신순辛珣·전 대호군大護軍 최영崔瑩 등으로 부사副使를 삼아 압강鴨江(압록강) 서쪽 8참站(역참)을 공격하게 하고, 밀직부사密直副使 유인우柳仁雨로 동북면병마사를, 전 대호군 공천보貢天甫 등으로 부사副使를 삼아 강릉도존무사江陵道存撫使 이인임李仁任과 함께 쌍성雙城 등지等地를 수복하게 했다.[29] 6월 계축일(4일)에 인당이 병력을 이끌고 압록강을 넘어 파사부婆娑府 등 3참站을 격파했다.[30] 6월 기미일(10일)에 쌍성인雙城人 조도적趙都赤이 내조來朝하니 금패金牌를 하사하고 고려쌍성지면高麗雙城地面 관군천호管軍千戶를 제수했다. 조도적은 쌍성총관 조소생趙小生 휘하에서 백호百戶로 일하다가 숙부 조돈趙暾의 회유로 공민왕 편에 선 것이었다.[31] 6월 을묘일(6일)에 김경직金敬直으로

---

28 『고려사』 권39 및 『고려사절요』 권26, 공민왕 5년 5월 ; 『고려사』 권131, 叛逆傳5, 奇轍. 權謙·盧頙도 딸을 원에 納해 총애가 있어, 기철이 권겸 등과 聲勢를 의지했다고 한다. 金普는 金海人이었다(『씨족원류』 金海金氏).

29 『고려사』 권39 및 『고려사절요』 권26, 공민왕 5년 5월 ; 『고려사』 권111, 趙暾傳

30 『고려사』 권39 및 『고려사절요』 권26, 공민왕 5년 6월

31 『고려사』 권39 및 『고려사절요』 권26, 공민왕 5년 6월·7월 ; 『고려사』 권111, 趙暾傳

전라도 도순문사都巡問使를 삼았고, 6월 경신일(11일)에 전 찬성사 윤시우尹時遇로 제주도순문사濟州都巡問使를 삼았다.[32] 공민왕은 기철 세력을 숙청한 직후 세 방면 즉 압록강, 쌍성총관부, 탐라제주 방면으로 군사작전을 전개하도록 한 것이었다. 압록강 너머 요새를 공격한 것은 원의 군사 개입을 차단하기 위한 것이고, 쌍성총관부를 공격한 것은 기황후의 영향력을 차단하고 고려의 옛 영토를 수복하기 위한 것이고, 탐라제주 방면으로 고위급 군사지휘관을 파견한 것은 고려에 저항해 온 탐라인을 진압하고 원의 직할 탐라목장을 접수하고 기황후의 영향력을 차단하기 위한 것이었다.

제주 도순문사 윤시우가 제주로 향하는 와중에 석기釋器 사건이 벌어진다. 공민왕 5년 6월 을축일(16일)에 왕이 전 호군護軍 임중보林仲甫가 영릉永陵(충혜왕)의 얼자孽子 석기釋器를 받들어 몰래 불궤不軌를 도모하려 한다며 순군巡軍에 가두어 국문했다. 옥사가 전 정승政丞 손수경孫守卿, 전 밀직 홍준洪峻, 감찰대부 손용孫湧·황숙경黃淑卿, 전교령典校令 정세공鄭世功, 전 판사 김성金成·홍계洪桂 등 10인 남짓에게 연루되니, 기사일(20일)에 손수경·홍계洪桂·임중보·김성金成을 베어죽이고 그 당여인 찬성사 강윤충康允忠을 폄출해 동래현령東萊縣令으로 삼고, 한양윤漢陽尹 홍중원洪仲元 등을 곤장치고 석기釋器를 외방에 추방했다.[33] 공민왕은 6월 을해일(26일)에 지정至正 연호를 정지하고 사면령을 내린 교서에서 기철 등을 숙청한 것이 정당했음을 강조하고 석기釋器는 서얼庶孽로 사비私婢 소출인데도 모역을 바라니 손수경 등을 처벌했다고 했다.[34]

손수경당 숙청 직후 왕명으로 석기釋器를 제주濟州에 안치하려고 이안李安·정보鄭寶 등이 압송했는데 해중海中에 이르러 물에 밀어 떨어뜨렸지만

---

32 『고려사』 권39, 공민왕 5년 6월
33 『고려사』 권39 및 『고려사절요』 권26, 공민왕 5년 6월 ; 『고려사』 권91, 宗室傳2, 忠惠王의 釋器
34 『고려사』 권39 및 『고려사절요』 권26, 공민왕 5년 6월

석기가 죽지 않고 도망해 숨었다고 한다.[35] 손수경 등이 단양대군丹陽大君 가비家婢 소출所出인 석기釋器에 의지해 모변謀變했다가 처벌받으니 여러 신하들이 모두 이르기를 화본禍本은 제거해야 한다고 했지만, 왕 자신이 석기를 차마 처형하지 못해 이안李安·정보鄭寶 등에게 명령해 호송해 제주濟州에 이르러 수정사水精寺에 안치安置하게 했는데, 이안 등이 돌아와 말하기를 석기가 승선한 때에 스스로 바다에 빠져 죽었다고 하니 이미 중외에 포고布告했다고 한다.[36] 공민왕이 석기를 제주 수정사에 안치하도록 했는데 석기가 제주로 가는 도중에 선박에서 사라진 것인데 살해설, 자살설, 탈출설이 난무했던 것이다. 공민왕은 조카 석기를 자신의 왕권에 위험으로 여겨 제주로 유배한 것인데, 호송자에게 도중에 죽이라는 밀명을 내렸던 것으로 여겨진다.

공민왕 5년(1356) 6월 을해일(26일)에 원이 본국(고려) 절일사節日使 김귀년金龜年을 요양성遼陽省에 가두고 팔십만병八十萬兵을 동원해 고려를 토벌하겠다고 성언聲言하니, 서북면병마사 인당印璫이 군사를 정비해 대비하기를 요청했다.[37] 6월 정축일(28일)에 판서운관사判書雲觀事 진영서陳永緖에게 명령해 남경南京(한양)에 상지相地하게 했는데,[38] 피난 상황에 대비한 것이었다. 7월에 동북면병마사 유인우가 등주登州를 거쳐 조돈趙暾·조인벽 부자와 쌍성천호 이자춘(환조)의 내응에 도움 받아 쌍성총관부 총관 조소생趙小生(조돈趙暾의

---

35 『고려사』권91, 宗室傳2, 忠惠王의 釋器
36 『고려사』권44, 공민왕 22년 12월 교서 ; 『고려사』권91, 宗室傳2, 忠惠王의 釋器. 이 교서에서, 지금(공민왕 22년) 西北面都巡問使 田祿生이 釋器가 그 部內에 있으면서 兇徒를 誘集해 不軌를 몰래 도모함을 密認해 西海道都巡問使 金庾와 함께 곧바로 가서 捕獲해 머리를 베어 개경으로 전하니, 석기의 外祖(구舅) 林信에게 물어 석기가 제주행에서 죽지 않았음이 분명함을 알았다고 했다. 한편, 후에 우왕 원년에도 釋器라는 자가 체포되어 죽임을 당한다.
37 『고려사』권39, 공민왕 5년 6월
38 『고려사』권39, 공민왕 5년 6월

조카)과 천호 탁도경卓都卿 등을 이판령伊板嶺(마운령 혹은 마천령) 북쪽으로 몰아내 고려의 옛 영토를 회복했다. 고종 무오년(1258: 고종 45)에 몽고에 함몰된이래 99년만에 모두 수복한 것이었다. 하지만 유인우와 그 휘하가 재물을 탐하여 노략하고 살육을 자행하니 북인北人이 귀부의 마음을 접었다고 한다.[39]

공민왕은 5년 7월 정해일(9일)에, 격하되었던 관제를 개정해 문종 구제舊制를 회복했다.[40] 그리고 10월 무오일(12일)에 정당문학 이인복을 파견해 원에 가서 표문을 올리고 상서上書하도록 했는데, 기철 등을 숙청한 이유 및원 사신과 정동행성과 만호부 등의 폐해를 설명한 것이었다.[41]

이 상서에서 공민왕은 혜종 순제에게, 정동행성 관원이 역적(기철 등)과더불어 모의한 자가 있다며 정동행성 좌우사左右司 관원은 남기되 자신으로하여금 보거保擧하도록 하고, 정동행성에서 이문소理問所 등 나머지 관사는일체 혁파해 달라고 했다. 세조황제가 일본을 진수鎭守하기 위해 설치한 3만호萬戸(중군·우군·좌군 만호)를 제외하고 그 나머지 증치增置한 5만호부萬戸府(순군·합포·전라·탐라·서경 만호부)는 모두 혁파해 달라고 했다. 고려의 옛 강역인 쌍성·삼살三撒이 기철 등의 반역에 협력했기에 저기에 고려군을 파견한것이라며 쌍성·삼살 이북을 고려에 귀속해 달라고 했다. 선휘원宣徽院·자정원資政院·장작원將作院·대부감大府監·이용감利用監·태복시太僕寺 등 여러 아문衙門이 파견한 인리人吏는 일체 금지하고, 그 방물方物은 액수를 명확히 정해고려가 스스로 바치도록 해 달라고 했다.

선휘원宣徽院은 기본적으로 황제를 위한 內府인데, 옥식玉食과 도량稻粱(쌀

39 『고려사절요』 권26, 공민왕 5년 7월 ; 『고려사』 권111, 趙暾傳. 유인우가 왕에 의해 동북면천호에 임명되어 여진을 안무하러 파견된 趙都赤(원래 쌍성의 百戸)을꺼려 죽였다. 조소생·탁도경이 여진 지경에 달아나 기세가 궁핍하니 항복하려 했다가 조도적(趙暾의 조카)이 살해당하자 그만두었다고 한다.
40 『고려사』 권39, 공민왕 5년 7월
41 『고려사』 권39 및 『고려사절요』 권26, 공민왕 5년 10월

과 좁쌀)·생뢰牲牢(희생용 고기)·주례酒醴(좋은 술)·소과蔬菓 등을 올리는 일, 종척
宗戚·빈객賓客을 연향燕享하는 일, 제왕숙위諸王宿衛·겁련구怯憐口 양식糧食을
제공하는 일, 목양牧養 자축孳畜하는 일(말 등을 방목하고 번식시키는 일) 등을 관
장했고, 상식국尚食局(음식 담당)·상약국尚藥局(약품 담당)·상온국尚醞局(술 담당) 등
을 예하로 거느렸다.[42] 자정원은 제2황후 기씨를 위한 관부인데 기황후는
황태후의 관부인 휘정원까지 장악했다.[43] 순제 지원6년 12월에 중서성이
황명을 받들어 완자홀도황후完者忽都皇后 기씨를 위해 자정원資正院을 설치했
는데, 기씨가 제2황후가 되자 흥성궁興聖宮에 거처하면서 휘정원徽政院을 고
쳐 자정원資正院이라 한 것이었다. 자정원의 고위직은 원사院使(정2품)와 동지
同知·첨원僉院·동첨同僉·원판院判이었다.[44] 장작원將作院은 금옥金玉·주취珠翠·
서상犀象·보패寶貝·관패冠佩·기명器皿과 자수단필사라刺繡段匹紗羅 등을 제작
하는 일을 관장했는데 지원30년에 비로소 설치되었다.[45] 대부감大府監(태부감
太府監)은 좌장고左藏庫·우장고右藏庫 등을 거느리고 전백錢帛 출납의 수數를
관장했는데 태경太卿·태감太監·소감少監 등 관직을 지녔다. 중통4년에 설치
했고, 지원4년에 선휘원宣徽院의 태부감太府監으로 삼고 무릇 내부장고內府藏
庫를 모두 예속시켰고, 대덕9년에 태부원太府院으로 바꾸고 환자宦者(환관)를
참용參用했고, 지대4년에 태부감太府監으로 환원했다.[46] 이용감利用監은 피화

---

42 『원사』 권87, 志37, 百官3, 宣徽院
43 『원사』 후비전. 한편 中政院은 中宮의 財賦·營造·供給과 番衛의 士와 湯沐의 邑을
   관장했는데(『원사』 권88, 志38 百官4), 제2황후 기씨가 권세를 떨치는 시절에는
   중궁황후(제1 황후)와 중정원이 기를 펴지 못했다. 한편 羣牧監이 지대4년에 설립
   되어 中宮位下 孳畜을 관장한 적이 있었지만 지치3년에 혁파되었다(『원사』 권89,
   志39, 百官5).
44 『원사』 권92, 志41, 百官8, 資正院 ; 『원사』 후비전, 순제의 完者忽都皇后 奇氏. 기
   황후는 남편인 순제에게 아들인 황태자에게 황제를 양위하도록 압력을 가하면서
   부부간 갈등이 심화된다.
45 『원사』 권88, 志38, 百官4, 將作院

皮貨·의물衣物을 출납하는 일을 관장했는데 감경監卿·태감太監·소감少監 등 관직을 지녔다.[47] 태복시太僕寺는 마정馬政 관부로 어위하御位下·대大 알이타斡耳朵(오르도: 천막궁전: 행궁) 마馬를 관장했다. 세조 중통4년에 군목소羣牧所를 설치해 태부감太府監에 예속시켰고, 세조 지원16년에 상목감尙牧監으로 승격시켰고, 19년에 또 태복원太僕院으로 승격시켰고, 20년에 위위원衛尉院으로 바꾸었고, 24년에 위위원을 혁파해 태복시太僕寺를 설립해 선휘원宣徽院에 예속시켰다가 25년에 중서성中書省에 예속시켰다. 대덕11년에 다시 태복원太僕院으로 바꾸었다가 지대4년에 다시 태복시太僕寺로 삼았다. 관리로는 책임자인 경卿·소경少卿, 실무자인 영사令史·회회回回(위그르) 영사令史, 통역자인 역사譯史·통사通事 등이 있었다.[48]

원 선휘원·자정원·장작원·대부감·이용감·태복시는 탐라의 특산물 공납과도 관련이 있었는데, 원 황제의 선휘원은 많은 특산물을 필요로 했고 태복시를 예하에 둔 적이 있고, 원 황제·국가의 태복시(목마관장 관부)와 기황후의 자정원(←휘정원)은 탐라목장을 직할로 경영했다. 그러하니 공민왕이 상서문에서 그러한 요구를 한 데에는 탐라 제주에서 원 세력, 특히 기황후 세력을 몰아내려는 의도가 담겨 있었다.

---

46 『원사』 권90, 志40, 百官6, 太府監
47 『원사』 권90, 志40, 百官6, 利用監
48 『元史』 권90, 志40, 백관6, 太僕寺 ; 『원사』 권100, 志48, 兵3, 馬政. 太僕寺에 대해 백관지는 阿塔思 馬匹을 관장한다고 했고, 병지는 御位下·大斡耳朵馬를 관장한다고 했다. 한편 『원사』 권16 세조본기에, 지원27년 2월 초하루에 全羅州道 萬戶府를 설립하고, 太僕寺에 명령해 宣徽院에 예속하지 말도록 했다고 하니, 태복시가 지원27년 2월 1일까지도 선휘원 소속이었다가 이날에 중서성 소속으로 되었을 수도 있다.

3. 고려 윤시우·김유의 탐라침략과 탐라의 항쟁

공민왕은 쌍성총관부 일대를 공략하게 하는 한편 제주목 방면 공략을 시도한다. 5년(1356) 6월 경신일(11일)에 전 찬성사 윤시우尹時遇로 제주도순문사濟州都巡問使를 삼았는데, 군대를 거느려 탐라로 진입하는 데에는 시간이 걸렸다. 왕이 9월 경진일(3일)에 사使를 양광도楊廣道·전라도에 파견해 제주인濟州人 및 화척禾尺·재인才人을 추쇄해 서북면 수졸戌卒에 충당했는데,[49] 이는 양광도(현재 서울, 경기남부, 충청도에 해당)와 전라도 거주 제주인을 원의 공격에 대비하는 군대로 활용하는 한편 그 제주인이 제주거주 사람들과 연합해 고려에 저항하는 것을 차단한 조처였다.

그런데 공민왕 5년 10월 병인일(20일)에 제주濟州의 '가을적加乙赤 홀고탁忽古托' 등이 고려에 '반역'하여 제주 도순문사都巡問使 윤시우와 제주 목사 장천년張天年·판관 이양길李陽吉을 죽였다.[50] 탐라에 원이 파견한 목자 세력이 고려의 도순문사 윤시우와 병력 파견에 반발해 거병하여 도순문사와 제주 목사·판관을 죽인 것이었는데 탐라인들도 이 거병에 다수 참여했을 것이다. '가을적加乙赤 홀고탁忽古托'은 후술하는 '달달목자達達牧子 홀홀달사忽忽達思'와 동일인으로 판단되니 기철 형제의 당여였다.

공민왕 6년(1357) 2월 신해일(6일)에 제주濟州가 고려에 와서 항복해 방물方物을 헌상했고,[51] 7월 임인일(29일)에 제주성주濟州星主가 고려에 와서 말을 헌상하니 개盖(가리개)·홍정紅鞓(붉은 가죽띠)과 미米 30석石을 하사했다.[52] 공민왕은 원의 군사적 위협이 우려되는 상황에서 탐라제주에 군사를 증파할 여

---

49 『고려사』 권39, 공민왕 5년 9월 ; 『고려사』 권82, 병지2, 鎭戌
50 『고려사』 권39 및 『고려사절요』 권26, 공민왕 5년 10월. "濟州加乙赤忽古托等叛殺都巡問使尹時遇·牧使張天年·判官李陽吉"
51 『고려사』 권39, 공민왕 6년 2월
52 『고려사』 권39 및 『고려사절요』 권26, 공민왕 6년 7월

력이 부족해 일단 탐라제주의 항복 시늉을 받아들였다고 볼 수 있다. 공민왕은『고려사』세가에 따르면 6년 9월 경인일(18일)에 제주목사 임희재林熙載로 안무사安撫使를 겸하게 했다. 죽임당한 장천년의 후임으로 부임한 제주목사 임희재가 안무사를 겸해 제주를 안무하게 된 것이었다. 하지만 탐라목장은 여전히 원의 직할령이었고, 탐라 제주는 고려의 목牧일지라도 목사의 지배력이 관철되지 못해 거의 독립상태였다.

공민왕 8년은 큰 기근이 발생한데다가 그 해 11월~12월에 홍건적 1차 침략이 시작되어 서경이 함락되었다.[53] 9년 1월 병진일(28일)에 태묘太廟에서 천도를 점쳤지만 불길不吉이 나왔는데, 당시 한양 성궐城闕을 건설하느라 사람들이 많이 동사凍死했다. 2월에 홍건적은 함종전투에서 대패하자 달아났다.[54] 공민왕 10년 10월에 무려 20만의 홍건적이 고려를 침략해, 11월에 고려군을 안주와 절령책嵒嶺柵에서 무너뜨렸다.[55] 11월 병인일(19일)에 공민왕 및 노국공주가 태후를 모시고 개경성 숭인문을 나와 남행해 11월 신미일(24일)에 이천현利川縣에 이르렀을 때 경성(개경)이 홍적에게 함락당했다. 공민왕은 11월 을해일(28일)에 충주에 머물다가 12월 임진일(15일)에 복주福州(안동)에 이르러 정세운으로 총병관摠兵官을 삼았다.[56] 11년 정월 을축일(18일)에 제장諸將이 개경성을 공격해 홍건적 10만萬 남짓을 목베고 나머지 파두반破頭潘 등 10만萬 남짓이 도주하니 고려군이 개경을 수복했다.[57]

『경신외사庚申外史』에 따르면, 지정20년 경자년(1360: 공민왕 9) 5월에 파두반破頭潘·관선생關先生·사유이沙劉二 병력이 고려 왕경(개경)에 들어오니 고려

---

53 『고려사』권39, 공민왕 8년 11월 및 12월 및 말미
54 『고려사』권39, 공민왕 9년 정월·2월;『고려사』권113, 안우전
55 『고려사』권113, 안우전 ;『고려사』권39, 공민왕 10년 10월·11월
56 『고려사』권39 및『고려사절요』권27, 공민왕 10년 11월 및 12월 ;『陽村集』권38, 안종원묘비명
57 『고려사』권40, 공민왕 11년 정월

왕이 탐라耽羅로 달아나고 그 신하가 녀女를 납부해 항복을 요청하자 장교將校가 모두 여자女子로 배필을 삼으니 군사軍士가 고려와 인아姻婭(인척: 사돈)처럼 되어 마음대로 왕래했다고 한다. 고려인이 이를 틈타 각기 마馬를 훔쳐 숲에 숨기더니 어느날 저녁에 왕(고려왕)의 명령이 전해지자 고려 성음聲音으로 말하는 자는 죽이지 않고 그 나머지는 모조리 죽이니 사유이·관선생이 모두 죽고, 오직 파두반 및 비장裨將 좌리左李가 경기輕騎 만인萬人을 거느리고 간도間道을 따라 서경西京으로 직주直走해 박라특목이博囉特穆爾에게 항복해 지휘를 받다가 이윽고 확곽擴廓에게 항복했다고 한다.[58] 혜종순제 치세의 이야기를 담은 『경신외사』는 홍건적이 지정20년 경자년(1360) 5월에 고려 왕경(개경)에 들어온 것처럼 서술했는데, 이 홍건적의 요동 진출과 고려 진입을 뭉뚱그려 서술했기 때문일 것이다. 고려왕(공민왕)이 홍건적을 피해 탐라로 달아났다고 했는데 남쪽 충주, 안동 방면으로 달아난 것이 원측에 와전된 것으로 여겨진다.

공민왕 11년 정월 기사일(22일)에 김용金鏞이 왕명을 빙자해 안우, 이방실, 김득배에게 비밀리에 효유해 총병관 정세운을 죽였다고 한다.[59] 2월 신축일(25일)에 왕이 복주(안동)를 출발해, 계묘일(27일)에 상주尙州에 이르러 머물렀다.[60] 여기에서 공민왕은 안우, 이방실, 김득배를 죽이고 3월 갑자일(18일)에 관제를 개정했다.[61] 이 관제 개정은 공민왕 5년 7월의 문종 구제舊制로의 환원을 추구한 관제개혁을 뒤집은 것인데, 홍건적을 물리치려면 원과 손잡을 필요가 있어 다시 원간섭기 격하 관제로 돌아간 것이었다.

4월 병자일 초하루에 요양행성 동지同知 고가노高家奴가 홍적紅賊 남은 무리를 요격해 4천千 남짓을 목베고 그 수괴 파두반破頭潘을 사로잡고 고려에

---

58 『庚申外史』下, 庚子 至正20년 5월
59 『고려사』 권40, 공민왕 11년 정월
60 『고려사』 권40, 공민왕 11년 2월
61 『고려사』 권40, 공민왕 11년 3월 ; 『고려사』 권76, 백관지1

알렸다. 8월 을유일(13일)에 왕이 상주를 출발해 8월 임진일(20일)에 청주淸州에 이르러 머물렀다. 다음해인 12년 2월 을해일(4일)에 청주를 출발해 계미일(12일)에 흥왕사에 도착해 행궁으로 삼는다.[62]

그런데 고려 공민왕이 청주에 머물고 있던 치세 11년(1362) 8월 병신일(24일)에 탐라 '목호牧胡' 고독불화古禿不花·석질리필사石迭里必思 등이 성주星主 고복수高福壽로써(고복수를 내세워) '반역(반란)' 했다.[63] 이는 '목호'가 성주 고복수를 탐라국왕으로 옹립했음을 의미했다. 10월 22일에 제주濟州가 원에 예속되기를 요청하니, 원이 부추副樞 문아단불화文阿但不花로 탐라만호耽羅萬戶를 삼으니 문아단불화가 만호(제주만호) 박도손朴都孫을 죽였다고 한다.[64] 공민왕 11년에 제주가 원에 예속되기를 요청하자 원이 부추副樞 문아단불화文阿但不花로 탐라만호를 삼으니, 문아단불화가 본국(고려) 천예賤隷 김장로金長老와 함께 제주에 도착해 만호(제주만호) 박도손朴都孫을 곤장쳐서 바다에 빠뜨렸다(빠뜨려 죽였다)고 한다.[65]

탐라 '목호'와 성주 고복수가 고려에 반대해 거병하여 원에 예속되기를 요청하니 원이 부추副樞 문아단불화를 탐라만호로 삼아 파견하자 문아단불화가 노예출신 김장로와 함께 탐라에 와서 만호(고려파견 제주만호) 박도손을 죽였던 것이다. 고려가 제주목에 목사와 만호를 파견해 직접 지배하고 있

---

62 『고려사』 권40, 공민왕 11년 4월·8월 ; 『고려사』 권40, 공민왕 12년 2월

63 『고려사』 권40, 공민왕 11년 8월. "耽羅牧胡古禿不花·石迭里必思等 以星主高福壽叛". 한편 『고려사절요』 권27, 공민왕 11년 8월조에는 "耽羅牧胡古禿不花·石迭里必思等 以星主高福壽叛, 殺萬戶朴道孫"이라 되어 있는데, 만호 박도손은 훗날에 文阿但不花에 의해 죽임을 당한다.

64 『고려사』 권40, 공민왕 11년 10월. "濟州請隷于元, 元以副樞文阿但不花爲耽羅萬戶, 殺萬戶朴都孫". 한편 『고려사절요』 권27, 공민왕 11년 10월조에는 "濟州請隷于元 元以副樞文阿但不花爲耽羅萬戶"라고만 되어 있다.

65 『고려사』 권57, 지리지2, 全羅道 羅州牧 耽羅縣. "恭愍王十一年 請隷于元, 元以副樞文阿但不花爲耽羅萬戶, 與本國賤隷金長老到州, 杖萬戶朴都孫 沈于海"

있는데, 탐라가 거병해 원의 허락을 받아 탐라국을 회복하니 성주 국왕의 탐라국정부와 원 만호부가 병립하는 체제로 돌아간 것이었다. 이로써 탐라는 다시 독립국을 회복해 원의 간접지배를 받게 되었다. '부추副樞' 문아단불화는 탐라만호로 부임해 탐라성주와 함께 탐라국을 지배하게 되었다.

'부추副樞'는 곧 추밀원樞密院 부사副使였다. 문아단불화가 원에 의해 이 직함으로 탐라만호에 임명되고 이 때는 고려가 이미 관제를 개정해 추밀원이 밀직사로 바뀐 점, 그가 고려의 재추 직책을 역임한 흔적이 발견되지 않는 점으로 보아 그는 원의 '부추副樞' 즉 추밀원 부사副使로서 탐라만호에 임명된 것이었다. 고려의 추밀원 내지 밀직사는 재상부의 하나이지만 중서문하성 내지 문하부(첨의부)에 비해 위상이 상당히 떨어졌고 군권軍權에 대한 장악력이 약했다. 반면 원에서는 중서성이 정권을, 추밀원이 군권을 관장해 권력을 양분하는 체제였고 서로 자리를 이동하곤 했으니 추밀원 부사副使는 최고위급 재상이었다. 고려인이 원에 진출해 중서성 혹은 추밀원의 재상에 오른 경우는 극히 드문데, 탐라인인 문아단불화가 원에서 권력 지닌 최고위급 재상에 오른 것이었다. 문아단불화는 왕자족 문씨가문 출신으로 여겨지는데, 일찍부터 원에 진출해 활약하며 원과 탐라의 가교 역할을 충실히 수행해 공로를 인정받아 추밀부사에 오르고 탐라만호로 파견되었다고 볼 수 있다. 이러한 그가 탐라에 부임하자 왕자 문씨족은 날개를 단 듯이 더욱 기세를 떨치게 된다.

탐라에서 고려 공민왕 5년과 11년에 발생한 사건의 성격은 훗날 명이 원을 몰아내자 고려가 공민왕 19년(1370)에 명에 올린 탐라계품표耽羅計稟表에서 엿볼 수 있다. 이 '탐라계품표'[66]를 소개하면 아래와 같다.

    탐라耽羅의 도島에 대해 생각하건대 곧 고려高麗의 인人입니다. 고려가 개국開

---

66 『고려사』 권42, 공민왕 19년 7월, 耽羅計稟表

國 이래 주州를 설치해 목牧으로 삼았습니다. 근대近代에 연燕(연경燕京: 대도大都)과 통한 후로부터 전조前朝(원元)가 탐라 중에 목마牧馬했는데 단지 수초水草의 풍요에 기대었을 뿐이고(수초의 풍요를 자료資料로 삼았을 뿐이고) 그 봉강封疆에 있어서는 예전처럼 했습니다. 저번에 기씨奇氏 형제가 모란謀亂하다가 복주伏誅했는데 옥사(공초)가 탐라耽羅 달달목자達達牧子 홀홀달사忽忽達思(가을적加乙赤 홀고탁忽古托)에 연루되니 사람을 파견해 구문究問하다가 재상 윤시우尹時遇 등이 모조리 죽임을 당했습니다. 그 후에 전 시중侍中 윤환尹桓의 가노家奴 김장로金長老가 전적前賊에 당부黨附해 본국(고려)을 모해謀害하다가 함께 각기 복죄服罪(죄를 인정)했습니다. 탐라 도서島嶼가 비록 최이蕞爾(작음)하다고 이르지만 인민人民이 누차 소연騷然(떠들썩함)에 이르니 병근病根(질병 뿌리)이 존재하면 의술醫術로 치료하기 어렵습니다. 엎드려 바라건대, 빛나는 일월日月을 체현하고자 하니 같은 그릇의 훈유薰蕕(향기 풀과 악취 풀)를 변별하여 전조前朝(원) 태복시太僕寺・선휘원宣徽院・중정원中政院・자정원資政院이 방목한 마필馬匹・나자騾子(노새) 등을 제주관리濟州官吏(고려파견)로 하여금 원적元籍에 의거해 토인土人(제주인)에게 맡겨 목양牧養하여 시절時節로 진헌하도록 허락해 주시고, 그 달달목자達達牧子 등은 역시 본국(고려)으로 하여금 어루만져 양민良民으로 삼도록 허락해 주시면, 성조聖朝(명) 마정馬政의 관官에 어찌 작은 도움이 없으리까, 소국小國(고려) 민생의 업業 역시 장차 조금 안정될 것입니다.

고려 공민왕이 명 황제 주원장에게 올린 표문에서, 고려가 개국 이래 탐라에 주州를 설치해 목牧으로 삼았다고 했지만, 주州 설치는 무인정권기 고종 때였고 목 설치는 충렬왕 때였으니, 탐라제주에 대한 영유권을 주장하기 위한 역사 왜곡이었다. 원이 탐라에 목장을 설치한 것이 단지 풍요로운 수초水草(물·풀)를 방목짐승 먹이로 채취했을 뿐이고 강역 자체는 예전처럼 고려의 영토였다고 했지만, 원 목장은 탐라국 시절이든 제주목 시절이든 원의 직할령이었다. 공민왕이 그렇게 언급한 것은 명 황제와의 외교 담판에서 탐라에 대한 영유권을 주장하기 위해 사실을 왜곡한 것이었다.

기씨형제가 난을 도모해 복주伏誅했을 때 옥사(공사供辭 ; 공초供招)가 탐라 달달목자達達牧子 홀홀달사忽忽達思와 연루되니 사람을 파견해 구문究問하다가 재상 윤시우 등이 모두 다 살해당했고, 그 후에 전 시중 윤환尹桓의 가노家奴 김장로金長老가 전적前賊에 당부黨附해 본국(고려)을 모해謀害하다가 모두 각각 복죄服罪했다고 했다. '달달목자達達牧子 홀홀달사忽忽達思'는 앞에서 언급한 '가을적加乙赤 홀고탁忽古托'과 동일인으로 판단된다. 탐라 달달목자 홀홀달사忽忽達思 즉 가을적 홀고탁忽古托이 기씨세력과 연결되어 있었고 윤환의 가노 김장로 또한 홀홀달사 및 기씨세력과 당여해 고려를 해치려 도모했다는 것이다.

탐라 인민이 누차 소요를 일으키니 근본적인 대책을 실행해야 한다며, 원 태복시·선휘원·중정원·자정원이 방목한 말·노새 등을 고려가 파견한 제주 관리로 하여금 원적元籍에 의거해 토인土人(제주인)에게 맡겨 목양牧養하여 시절時節로 진헌하도록 허락해 달라고 했다. 또한 그 달달목자達達牧子 등은 본국(고려)으로 하여금 어루만져 양민良民으로 삼도록 허락해 달라고 했다. 탐라에 말과 노새 등을 원 마정기구인 태복시와 황제의 선휘원과 황후의 중정원·자정원이 방목했음이 확인된다. 원 후비后妃 관부로는 원래 황태후의 휘정원과 중궁황후의 중정원이 탐라목장을 소유했다. 그런데 기황후는 제2황후이지만 권력자로 떠올라 황태후의 휘정원을 자정원으로 개편해 휘정원 소속 탐라목장을 인계받았고, 중궁황후(제1황후)가 사망하자 지정25년(1365) 12월에 중궁황후에 책봉되어 중정원까지 관장하면서 중정원 소유 탐라목장까지 인계받았다. 기황후가 이처럼 탐라목장의 다수를 차지했으니, 탐라목자 다수가 기황후 세력과 연결되어 있었다.

공민왕 11년(1362)에 탐라가 고려에 대항해 거병하고 원에서 탐라만호로 파견된 문아단불화가 고려에 의해 파견된 제주만호를 죽여 탐라를 장악한 것은 탐라국과 탐라만호부의 부활을 의미했다. 고려가 이해 12월 병자일(5일)에 성준덕成俊德으로 제주목사濟州牧使를 삼았는데,[67] 탐라의 독립을 부정해 제주목으로 직접 지배하려는 시도였지만 제대로 부임해 근무했는지는 의문이다. 고려는 12월 계사일(22일)에 밀직부사密直副使 유방계柳芳桂로 문아단불화文阿但不花 접반사接伴使를 삼아 제주에 가서 위로하게 했다.[68] 이는 문아단불화에게 환심을 사려는 행위라고 하겠는데 문아단불화의 위상이 원 제국에서 높았음을 시사한다. 다음해인 공민왕 12년 6월 무신일(11일)에 탐라만호 문아단불화가 아우 인부仁富(문인부文仁富)를 공민왕에게 파견해 양羊·마馬를 헌상했는데,[69] 이는 탐라만호 문아단불화의 위상이 고려국왕 공민왕에 비해 그리 낮지 않았음을 보여주며, 그가 탐라 왕자족 문씨가문의 일원이었음을 알려준다. 탐라 출신의 문아단불화가 몽골 원에서 출세해 재상에 오르고 탐라를 지배하게 된 것인데 그의 출세와 탐라 지배에는 탐라목장을 소유한 기황후와 그 세력의 후원이 작용했으리라 짐작된다.

고려가 홍건적의 침략으로 공민왕이 남쪽으로 파천하고 개경을 빼앗겼다가 수복하는 혼란을 겪고 공민왕이 북상하는 와중에 탐라 '목호'가 성주 고복수를 앞세워 거병해 원에 예속되기를 요청했고, 이에 원이 탐라만호 문아단불화를 파견해 탐라국과 탐라만호부를 부활시켰다. 여기에는 자정원을 통해 탐라목장을 소유하고 '목호'에게 영향력을 행사한 기황후의 힘이, 그녀의 가문을 몰살하다시피 한 공민왕에 대한 복수심이 작용했다고 볼 수 있다.

기황후의 공민왕에 대한 복수는 그칠 줄 몰라, 순제에게 압력을 가해 공민왕을 폐위시킨다. 기황후의 주도로 공민왕 11년 말엽에 공민왕을 폐위하고 덕흥군德興君으로 고려국왕을, 기삼보노奇三寶奴로 원자元子를 삼았다.[70] 공민왕 12년 5월 정해일(19일)에 왕이 원사元使 이가노李家奴가 체위遞位

---

67 『고려사』 권40, 공민왕 11년 12월
68 『고려사』 권40, 공민왕 11년 12월
69 『고려사』 권40, 공민왕 12년 6월
70 『고려사』 권40 및 『고려사절요』 권27, 공민왕 11년 12월 및 12년 5월 및 12년 7

황명을 가지고 옴을 듣고 각종 병력을 검열하여 남행南幸에 대비했다. 5월 임진일(24일)에 역어譯語 이득춘李得春이 원으로부터 돌아와 말하기를, "황제가 덕흥군으로 국왕(고려국왕)을, 기삼보노奇三寶奴로 원자를 삼고 요양병遼陽兵을 동원해 호위하도록 했습니다" 라고 했다. 왕이 경천흥慶千興으로 서북면 도원수都元帥를 삼아 대비하게 했다.[71] 6월 신축일(4일)에 이가노李家奴가 고려 지경에 들어오자 그 종자從者를 붙잡아 폐립廢立의 연고(이유)를 물었다.[72] 6월 무신일(11일)에 탐라만호 문아단불화文阿但不花가 아우 인부仁富(문인부文仁富)를 고려에 파견해 양羊과 마馬를 바쳤는데[73] 고려의 사정을 염탐하기 위한 측면도 있었을 것이다. 7월 갑술일(7일)에 이가노李家奴가 개경에 오니 백관이 병력을 진열해 개경성 선의문 밖에서 맞이했다. 7월 병자일(9일)에 재추가 이가노를 정동행성에서 연회하고, 백관과 기로耆老(원로)가 원 중서성에 올리는 문서를 주었다. 7월 무인일(11일)에 이가노가 돌아가는데, 백관이 선의문 밖에 모여 병력을 벌여 전송했다.[74] 문아단불화의 아우 문인부가 7월초까지 개경에 머물렀다면 공민왕이 폐위되어 위기에 빠진 이러한 광경을 목격하거나 들었을 것이다.

공민왕 13년 정월 초하루에 최유崔濡가 원병元兵(요양성병遼陽省兵) 1만萬으로써 덕흥군을 받들어 압록강을 건너 고려군을 격파해 청천강 방면으로 향했다. 왕이 찬성사 최영崔瑩을 도순위사都巡慰使로 삼아 안주安州로 달려가 제군諸軍을 절도節度하게 하니 고려군이 다시 떨쳤다. 정월 계미일(18일)에 고려군이 정주定州를 거쳐 수주隨州 달천㺚川에서 원 군대를 격파하고, 정월

월 ; 『고려사』 권40 및 『고려사절요』 권28, 공민왕 13년 정월 ; 『고려사』 권91, 宗室傳2, (忠宣王)德興君塔思帖木兒 ; 『고려사』 권131, 열전44 叛逆5, 崔濡 ; 『고려사』 권111, 慶復興傳 ; 『고려사』 권113, 崔瑩傳

71 『고려사』 권40, 공민왕 12년 5월
72 『고려사』 권40, 공민왕 12년 6월
73 『고려사』 권40, 공민왕 12년 6월. "戊申 耽羅萬戶文阿但不花遣弟仁富, 獻羊馬"
74 『고려사』 권40, 공민왕 12년 7월

기축일(24일)에 동녕로만호東寧路萬戶 박백야대朴伯也大가 연주延州(영변)를 침입하자 최영이 격파했다. 2월 무술일(4일) 서북면 도원수都元帥 경천흥, 도순위사都巡慰使 최영이 개선했다.[75] 고려는 이처럼 덕흥군과 최유崔濡의 침략을 가까스로 막아내느라 탐라에 신경을 쓸 겨를이 없었으니 탐라에게는 독립을 확정할 수 있는 기회이기도 했다.

그런데 1365년(지정25: 공민왕 14)에 고려와 원에 정국이 급변한다. 고려에서는 공민왕의 배필 노국공주가 공민왕 14년 2월에 난산難産으로 사망하자 왕은 노국공주 추모사업에 매달리는 모양새를 취하면서 승려 출신 신돈을 등용해 권력자 최영 등 무장세력을 숙청하게 한다.[76] 원에서는 기황후가 남편인 순제에게 아들인 황태자에게 황제를 양위하도록 압력을 가하면서 갈등하고 대결하다가 황태자가 지정25년(1365: 공민왕 14) 7월에 승리를 확정지으니 기황후가 황태자와 함께 실권實權을 차지했다.[77] 9월 을축일(10일)에 황태자가 고려에 파견한 첨원僉院 성대용成大庸이 영지令旨를 선포하고 공민왕에게 옷과 술을 하사했다.[78] 이해 8월에 정궁황후 백안홀도伯顔忽都가 붕어하자 12월에 중서성이 아뢰어 기황후를 정궁황후에 책봉하고 자정원資正院을 고쳐 숭정원崇政院이라 하고 중정원中政院(중궁황후 관부)까지도 겸주兼主하기를 요청하니 혜종 순제가 마지못해 받아들였다.[79] 기황후는 정궁황후에

---

75 『고려사』 권40, 공민왕 12년 12월 및 13년 정월·2월

76 『고려사』 권41 및 『고려사절요』 권28, 공민왕 14년~17년 ; 『고려사』 권89, 后妃傳2, 공민왕의 徽懿魯國大長公主 ; 『고려사』 권132, 叛逆傳6, 辛旽 ; 『고려사』 권113, 崔瑩傳

77 『원사』 순제본기 ; 『원사』 후비전 순제의 完者忽都皇后 奇氏 ; 『원사』 권207, 列傳94, 逆臣, 孛羅帖木兒. 원은 이러한 내전으로 세력이 약화된 데에다가 나날이 거세지는 漢族의 반란으로 위기에 빠진다.

78 『고려사』 권41, 공민왕 14년 9월

79 『원사』 권92, 志41, 百官8, 資正院 ; 『원사』 후비전, 순제의 伯顔忽都皇后 弘吉剌氏·完者忽都皇后 奇氏 : 『원사』 순제본기, 지정25년. 순제는 기씨를 次皇后(제2황

책봉되자 숭정원(자정원의 후신)과 중정원을 통해 권력을 행사하며 권력의 정점을 찍었는데, 탐라목장에서 자정원의 지분(원래 황태후 휘정원의 지분)에다가 이제 중정원의 지분까지 차지해 탐라에 대한 영향력이 훨씬 증가한다.

그런데 공민왕의 개혁정책, 특히 기철 등 부원附元 세력을 숙청한 반원개혁에 대해 열광하는 연구경향이 강하다. 기황후가 탐라에 대한 영향력이 강해 탐라의 고려에 대한 '반역'을 부추겼다고 해서 탐라의 그러한 '반역'이 비난을 받아야 할까? 결코 그렇지 않다. 공민왕의 반원개혁은 고려를 위한 것이었고, 탐라의 '반역'은 탐라를 위한 것이기 때문이다. 국가 내지 종족·민족에 있어서 최고의 미덕은 생존과 행복이니, 탐라가 생존하고 행복하기 위해서는 누구와도 손잡는 것이 미덕이었다.[80] 몽고는 탐라를 간접지배하려 한 반면 고려는 탐라를 직접 지배하려 했고, 고려가 몽고 원보다 훨씬 더 탐라를 착취했다. 탐라인은 대개 몽고 원의 간접지배를 고려의 직접지배보다 선호했다. 그래서 탐라의 거병은 대개 고려에 대한 항쟁으로, 독립을 유지하거나 회복하기 위한 전쟁의 성격이 강했다.

탐라만호 문아단불화의 후임은 누구였을까? 원말에 이지강李至剛이 탐라에서 근무해 『탐라지략躭羅志略』을 찬술하고 이를 위해 패경貝瓊(貝瓊)이 「탐라지략후서躭羅志略後序」를 지었다. 이 「탐라지략후서」를 소개하면 아래와 같다.

탐라躭羅는 중국과 거리가 만리萬里이고 사史에 실리지 않았는데 대개 황원荒

후)에서 황후(정궁황후)로 승격시키면서 그녀의 성씨도 肅良合氏로 바꾸도록 했다.
80 삼국통일에 대해 신라가 외세 당의 군대를 끌어들여 이룬 것을 비판하고 고구려가 달성했으면 좋았을 것이라는 정서가 다분히 있어 왔지만, 신라(통일신라 포함)가 우리 문화의 근간임을 부정하기 어렵다. 연개소문 사후에 그 아들들이 분열해 장남 연남생과 그 세력이 당에 투항해 고구려 멸망에 앞장섰으니, 외세문제에서 고구려가 신라보다 낫다고 보기도 어렵다.

遠함으로 인해 그것을 생략한 것이었다. 지정至正25(1365: 공민왕 14)에 추밀원樞密院 연조掾曹 영가永嘉 이지강李至剛이 부사副使(추밀원부사樞密院副使) 특목이포합特穆爾布哈(첩목아복화帖木兒卜花) 공公을 따라 그(탐라) 땅에 가서 지키고 다음해(1366)에 황명을 받들어 경사京師(대도)로 돌아가는데, 이지강李至剛은 질병으로 인해 함께 경사에 돌아가지 못하고 송강松江에 머물며, 그동안 탐라에서 경험한 산천·형세·민풍民風·토산土産을 기록해 편집하여 3권卷으로 만들어 제목을 붙이기를 『탐라지략耽羅志略』이라 하고 장차 침재鋟梓(목판에 새김)하려 하여, 철애鐵崖 양공楊公(양유정楊維楨: 패경貝瓊의 스승)이 이미 그 단端을 서술했고, 다시 나(패경)에게 설說을 요청했다. 나(패경)는 그것을 읽고 어루만지며 탄식해, "염한炎漢(화덕火德의 漢)이 흥기했을 때 장건張騫이 랑郎으로 응모해 농서隴西에 나가 흉노匈奴 중에 10년 동안 억류되고 후에 도망해 대완大宛에 이르자 도역導驛을 제공하니 강거康居에 다다르고 월저月氐(월지)에 데려다 주니 월저月氐로부터 대하大夏에 이르렀지만 끝내 그 요령要領을 얻지 못해 세여歲餘에 한漢으로 돌아와 천자를 위해 그것을 말했지만 『탐라지략』의 상세함과 같지 못했다. 사마상여司馬相如가 서남이西南夷와 통하려고 병력을 동원해 이기자 공邛·착筰·염冉·방駹·사유斯榆의 군君이 비록 내속內屬을 요청했지만 장로長老(촉蜀 장로)가 또한 그것이 쓸모없는 일임을 말했다"라고 했다. 이로 말미암아 관찰하건대, 국조國朝(원)가 천명을 받은 지 백년百年에 사방 만국萬國이 모두 다 천광일화天光日華의 아래에 있어 비록 하추遐陬·벽양僻壤·궁산窮山·절도絶島라도 역시 외外할 수 없었기 때문에 이지강李至剛이 대신大臣(추밀부사 특목이포합)과 함께 만리萬里를 바다 건너서 탐라민을 진무鎭撫해, 비로소 하나의 병兵도 하나의 화살촉도 사용하지 않고서 국가(원)의 병환(근심)을 다스렸으니 역대歷代의 융성과 비교해 실로 초과함(나음)이 있었다. 그러하니 이 편編은 더욱 기록紀錄의 결핍을 보완할 만하니 여지輿地에 실리게 하면 중국中國(대원제국)의 사士가 몸으로 경험하고 눈으로 인식함을 기다리지 않아도 해내海內의 지경을 다 알면서 압록강을 지나 부상榑桑을 엿볼 수 있으리라. 이에 서書하노라.[81]

이지강李至剛이 지정至正25(1365: 공민왕 14)에 추밀원 연조掾曹(실무자)로서 부사副使(추밀원부사樞密院副使) 특목이포합特穆爾布哈(첩목아복화帖木兒卜花)을 따라 탐라 땅에 가서 지키다가 다음해(1366)에 황명을 받아 원으로 돌아갔는데, 특목이포합(첩목아복화)는 경사京師(대도)로 귀환하고 이지강은 질병으로 인해 송강松江에 머물며 『탐라지략』을 찬술했던 것이다. 원의 패경은 원의 탐라 경영과 이지강의 『탐라지략』이 한 장건의 서역경략과 한 사마상여의 서남 방경략보다 우월하다고 평가했다. 특목이포합(첩목아복화)은 고위급재상인 추밀부사樞密副使로 지정25년(1365: 공민왕 14)에 원 황제의 명령을 받아 탐라 에 부임해 다음해(1366: 공민왕 15년)까지 근무한 것인데, 탐라만호인 부추副樞 문아단불화의 후임으로 부임해 탐라만호부 만호로 근무했다고 판단된다. 그도 문아단불화처럼 탐라 출신이었을 가능성도 있다. 『탐라지략』은 탐라 에 대해 상세히 서술한 책인데 그 존재가 아직 확인되지 않아 너무 안타까 워 어디선가 나타나기를 고대한다.

그런데 공민왕 15년(1366) 10월 8일에 전라도 도순문사都巡問使 김유金庾 가 병력을 모집해 선박 100척을 얻어 제주濟州를 토벌했다가 패배했다고 한다.[82] 이는 독립국이 된 탐라를 고려군이 침략했다가 실패한 것이었다. 공민왕은 이 전투에 대해 후술하듯이 원 순제에게 김유金庾가 실제로는 제 주濟州를 토벌한 것이 아니라 왜倭를 포획하기 위해 추격해 제주 지경에 이 르러 초소樵蘇(나무·풀 마련)하자 '목호牧胡'가 의혹疑惑을 망령되이 품어 서로 전투했을 뿐이라고 아뢴다. 하지만 이는 변명으로, 김유는 공민왕의 비밀 명령을 받아 탐라를 공격해 점령하려 했다고 판단된다. 그런데 원 순제가

---

81 『淸江文集』 권7, 雲間集, 「乩羅志略後序」(貝琼). 사마상여의 서남방 경략은 『사기』 권117, 司馬相如列傳에 자세히 실려 있는데, 蜀長老 다수가 西南夷와 통하는 것이 쓸모없다고 말했다고 한다.

82 『고려사』 권41·『고려사절요』 권28, 공민왕 15년 10월. "全羅道都巡問使金庾募兵 得百艘 討濟州敗績". 金庾는 金海人이라(고려사 김유전) 水戰 能者였다.

공민왕에게 탐라를 고려에 돌려주는 일이 벌어진다.

① 공민왕 16년(1367) 2월 계해일(17일)에 원사元使 고대비高大悲가 제주濟州로부터 (고려 개경에) 왔는데, 황제(순제)가 왕에게 채백금견綵帛錦絹 550필匹을 하사하고, 재추에게도 역시 차등 있게 하사했다. 때에 황제가 제주濟州에 피란避亂하고자 하여 어부御府 금백金帛을 운송하고, 이에 조칙을 내려 제주를 다시 고려에 속하게 했다. 때에 '목호牧胡'가 국가(고려) 파견 목사·만호를 자주 죽여 '반叛'하여 왔고, 김유金庾의 토벌에 미쳐 '목호牧胡'가 원에 호소하여 만호부 설치를 요청했는데, 왕(공민)이 아뢰기를, "김유金庾는 실은 제주濟州를 토벌한 것이 아니라 왜倭를 포획하기 위해 추격해 제주 지경에 이르러 초소樵蘇(나무·풀 마련)하자 '목호'가 의혹疑惑을 망령되이 품어 서로 전투했을 뿐이니, 청컨대 본국(고려)으로 하여금 스스로 목사·만호를 파견해 '목호牧胡'가 기르는 말을 택하여 바치기를 고사故事처럼 하도록 해 주십시오" 하니, 황제가 따른 것이었다.(『고려사』 권41, 공민왕 세가)

② 공민왕 16년 2월에 원元 어의주사御衣酒使 고대비高大悲가 제주濟州로부터 왔는데, 황제가 왕에게 채백금견綵帛錦絹을 하사했다. 때에 원제元帝가 제주에 피란避亂하고자 어부御府 금백金帛을 운송하고 이에 조칙을 내려 제주를 다시 고려에 속하게 했다. 때에 목호牧胡가 강강强强하여 국가(고려) 파견 목사·만호를 자주 죽여 반叛해 왔고, 김유金庾의 토벌에 미쳐 목호牧胡가 원에 호소해 만호부 설치를 요청했는데, 왕(공민)이 아뢰기를 "김유金庾는 실은 제주를 토벌한 것이 아니라 왜倭를 포획함으로 인해 추격해 제주 지경에 이르러 초소樵蘇(나무·풀 마련)하자 목호牧胡가 망령되이 의혹疑惑을 품어 서로 전투했을 뿐이니, 청컨대 본국(고려)으로 하여금 스스로 목사·만호를 파견해 목호牧胡가 기른 말을 택하여 바치기를 고사故事처럼 하도록 해 주십시오" 하니, 원이 따른 것이었다.(『고려사절요』 권28)

③ 공민왕 16년에 원이 제주를 다시 고려에 내속來屬하게 했다. 때에 '목호牧胡'

가 강强하여 국가(고려)가 파견한 목사·만호를 자주 죽여 '반叛'해 왔고, 김유
金庾의 토벌에 미쳐 '목호牧胡'가 원에 호소하여 만호부 설치를 요청했는데,
왕(공민)이 아뢰어 요청하기를, "본국(고려)으로 하여금 스스로 서관署官하고
'목호'가 기르는 말을 택하여 바치기를 고사故事처럼 하도록 해 주십시오" 하
니, 황제가 따른 것이었다. (『고려사』 권57, 지리지, 탐라현)

김유金庾의 토벌 때문에 목호가 원에 만호부 설치를 요청했다고 하지만
그 이전에 이미 원에 의해 만호부가 설치되어 있었고 김유 사건으로 인해
'목호'가 탐라만호부를 좀더 공고하게 해달라고 원에 요청했다는 정도로
이해된다. 김유가 공민왕 15년(1366) 10월 8일에 탐라를 침략하는 일이 벌
어지자, '목호'는 황제에게 탐라만호부를 그대로 유지하기를 요청한 반면
고려 공민왕은 제주목으로 만들어주기를 요청한 것이었는데 이 두 갈래의
요청이 이해 11월 무렵에 원에 전달되자 원 순제가 곧 탐라를 고려에 돌려
주는 결정을 한 것으로 보인다. 원 추밀원 관리 특목이포합(첩목아복화)과 이
지강이 탐라에서 근무하다가 1366(공민왕 15년)에 황명을 받아 원으로 돌아
갔는데, 이는 이해 연말에 탐라를 고려에 돌려주는 결정에 따른 조치였을
수 있다. 순제의 그러한 결정을 선포하기 위해 이해 연말 혹은 다음해(1367:
공민왕 16년) 정월 무렵에 원사元使(원 어의주사御衣酒使) 고대비高大悲가 탐라로
파견되어 임무를 수행하고는 탐라를 출발해 2월 계해일(17일)에 고려 개경
에 도착해 공민왕에게 순제의 그러한 결정을 전달했다고 볼 수 있다.

고대비는 '어의주사御衣酒使'라는 직함이 의미하듯이 표면적으로는 순제
가 공민왕에게 하사하는 옷과 술을 전달하는 특사였으므로 공민왕을 곧바
로 만나는 것이 상식적이지만 먼저 탐라를 들렀다. 이는 탐라인과 '목호'가
고려에 반발하는 기류가 강했기에 순제가 고대비를 고려보다 먼저 탐라에
들르게 하여 무마한 다음에 고려로 가도록 했기 때문일 것이다. 그러한 측
면에서 볼 때 고대비는 탐라 출신으로 성주족 고씨의 친족, 특히 성주 고

그림 50. 베이징 묘응사(필자 촬영): 원래 쿠빌라이칸이 대도에 건립한 백탑과
대성수만안사大聖壽萬安寺인데, 재원在元 탐라인이 참배했을 것임

복수高福壽의 친족이었으리라 여겨진다. 원·명 황제의 특사는 파견대상 지
역의 출신이 발탁되는 경우가 많았기에 더욱 그러하다. 이는 원간섭기에
탐라 고씨도 원에 진출해 활약하고 출세했음을 시사한다. '복수福壽', '대비
大悲'는 불교적 용어이고 특히 '대비'는 대개 관음보살의 자비심을 지칭한
다. 그러하니 고대비와 고복수는 독실한 불교신자로 여겨진다.

　순제가 제주에로 난리를 피하고자 탐라를 고려에 다시 속하게 했다고
했지만 복잡한 사정이 숨어 있었다. 원 제국이 한족漢族의 반란으로 흔들리
고 있었지만 아직 건재했고[83] 혹시 파천 상황이 된다면 몽고 초원으로 가

83　윤은숙은 「원말 토곤 테무르 카안의 탐라궁전」(『탐라문화』 53, 2016)에서, 공민왕
16년 무렵에 원나라는 대개 강남 지역에 대한 지배력은 漢族 반란군으로 인해 약
화되었지만, 순제가 그로 인해 피난할 상황까지는 아니었고 기황후·황태자와의
권력투쟁에서 패배해 實權을 상실해 탐라에 가서 여생을 보내려 했다고 보았다.

야 합리적이다. 당시 순제는 양위 문제로 기황후·황태자와 극심하게 갈등
하고 있었으니, 탐라에로 피란하고자 했다면 기황후·황태자에게 밀려나는
상황을 가정한 것으로 볼 수 있다. 순제가 탐라를 고려에게 귀속시킨 근본
적인 요인은 기황후·황태자와의 권력투쟁으로 위기에 빠진 그가 원 제국·
황실의 일원인 고려와 공민왕을 자기편으로 끌어들이기 위해서였고 혹시
고려로의 피란을 염두에 두었기 때문이라고 여겨진다.

원 순제가 공민왕의 요청을 받아들여 공민왕 16년(1367) 2월에 탐라를
고려에 귀속시키니, 고려는 제주목이 된 탐라에 제주 목사와 만호를 파견
했다. 그리고 공민왕 16년 4월 경신일(15일)에 전교령典校令 임박林樸을 파견
해 제주를 선무宣撫하게 했다. 이에 앞서 국가(고려)가 파견한 관리가 대개
탐포貪暴해 제주 민民이 모두 괴로워하니 목호牧胡가 유혹하여 자주 '반叛'했
는데, 임박이 털 하나도 취하지 않으니 민이 크게 기뻐해 말하기를, "왕관
王官이 모두 임선무林宣撫와 같다면 우리들이 어찌 '반叛'하기에 이르렀으리
오"라고 했다고 한다.[84] 고려가 파견한 관리가 대개 탐포貪暴해 제주 민民
이 모두 괴로워하니 목호牧胡가 유혹하여 자주 '반叛'했다니, 탐라의 고려에
대한 잦은 항쟁이 고려가 파견한 관리의 탐욕과 포악 때문에 기인했음을
알 수 있다. 고려가 다시 제주목이 된 탐라를 선무하기 위해 전교령 임박
을 이곳에 파견한 것인데, 그의 제주선무사 활동은 그의 전기에 좀더 자세
하니 소개하면 아래와 같다.

공민왕 16년에 임박林樸이 제주 선무사宣撫使가 되어 제주에 이르자 그 만호
에게 일러 말하기를, "달달목자達達牧子가 반측反側(반역)을 즐기니 그대(君)는 마땅
히 마음을 다해 그들을 어루만져 편안하도록 하여 그들로 하여금 생사生事하지
말도록 하시오"라 했다. 또 성주星主·왕자王子에게 일러 말하기를, "그대들(군배君

84 『고려사』 권41 및 『고려사절요』 권28, 공민왕 16년 4월

輩)은 신인神人의 후예로, 신라에 들어가 성주星主가 되고, 본조本朝(고려)에 들어와 왕자王子가 되어, 역대歷代를 복종해 섬기고 역대歷代가 그대들(君輩)을 대우함이 역시 심히 두터웠으니, 그대들(君輩)은 마땅히 각기 일심一心으로 (고려를) 복종해 섬겨 목자牧子와 더불어 변란을 부채질하지 마시오" 라 했다. 이에 성주星主·왕자王子 및 군민軍民이 모두 구부리고 엎드려 말하기를, "감히 명령을 따르지 않으리까" 했다. 이에 앞서 제주 선무자宣撫者가 대개 탐포貪暴해 침어侵漁(침탈)를 자행하여 민이 심히 괴로워하니 목호牧胡가 인因하여 유혹하여 자주 '반叛'했는데, 임박이 나아가 나주에 이르러 물을 떠서 독(甕)에 담아 제주에 부임하여 비록 다탕茶湯이라도 입에 들이지 않으니 민이 크게 기뻐해 서로 일러 말하기를 "성인聖人이 오셨네, 왕관王官이 모두 임선무林宣撫와 같다면 우리들이 어찌 '반叛'하기에 이르리이까" 라고 했다. 하지만 주인州人(제주인) 중에는 혹 물을 실어온 것을 기롱하는 자도 있었다.[85]

고려가 파견한 제주 선무자宣撫者가 대개 탐포貪暴해 침탈을 자행하여 민이 심히 괴로워하니 목호牧胡가 그러함을 이용하여 꾀어서 자주 '반叛'했다니, 탐라 제주의 항쟁은 고려가 제주에 파견한 관원의 탐욕하고 포악한 침탈 때문에 발생한 것이었다. 제주 선무사 임박은 제주에 오자 제주만호에게 '달달목자達達牧子'를 안무해 사건을 일으키지 말도록 하라고 했지만 당시에 고려 파견 제주만호가 달달목자를 제어할 수 있는 능력을 지니지는 못했다. '달달목자達達牧子'에서 '달달'은 곧 달단韃靼(타타르)으로 타타르부족 혹은 색목인을 의미하거나 몽고의 별칭으로 인식되기도 했다. 그러하니 '달달목자'는 달단(타타르) 목자 혹은 몽고 목자인 것인데 탐라 목자의 다수는 색목인이었다. 그들은 몽고 원에 의해 탐라에 파견되어 정착한 목자로

---

85 『고려사』 권111, 林樸傳. 임박이 星主·王子에게 말하면서 사용한 용어 '그대들(君輩)'은 문맥에 따라 당시 星主·王子의 선조까지 포함했다.

출신이 다양했는데 이른바 '목호牧胡'였다. '목호'가 탐라에 정착해 세력을 형성하고 석나리보개 사례(후술)처럼 탐라인과 혼인해 탐라인화함으로써 탐라는 다종족·다문화 사회로 변모한다.

임박이 성주星主·왕자王子에게, "그대들(군배君輩)은 신인神人의 후예로, 신라에 들어와 성주星主가 되고, 본조本朝(고려)에 들어와 왕자王子가 되어, 역대歷代(한반도 국가)를 복종해 섬기고 역대歷代(한반도 국가)가 그대들(君輩)을 대우함이 역시 심히 두터웠다" 라 하며 고려에게 충성하고, 목자(달달목자)와 함께 변란을 선동하지 말라고 했다. 신인神人의 후예가 신라에 들어와 '성주'가 되고, 고려에 들어와 '왕자'가 되었다는 언급은 왜곡된 것이었다. '성주'와 '왕자'는 탐라의 독자적 최고통치자와 그 칭호로 고려 이전부터 존재해 오다가 고려 태조(왕건)에게 추인받은 것이었다. 임박은 고려가 제주를 안정적으로 지배하기 위해 탐라 제주의 양대세력인 성주·왕자 세력과 '달달목자' 세력의 연합을 깨뜨리려 했다.

임박은 이처럼 공민왕 16년 4월 15일에 제주목에 선무사로 파견되어, 원과 고려 사이에서 갈등하는 탐라인들을 선무하는 역할을 수행했다. 그는 곧 개경으로 돌아와 성균제주成均祭酒에 임명되어 성균관 개조改造를 요청하자, 공민왕 16년 5월에 왕이 국학(성균관)을 숭문관崇文館 구지舊址에 중영하도록 명령했으니,[86] 그가 선무사로 제주에 머문 기간은 5월까지에 그쳤다. 고려는 덕흥군의 원병元兵을 몰아내 공민왕이 복위하고 친원적 관계를 형성해 치세 16년에 탐라를 돌려받지만 탐라는 쉽사리 복종하려 하지 않아 거의 독립상태였다.

---

86 『고려사』 권111, 임박전 ; 『고려사절요』 권28, 공민왕 16년 5월 ; 『고려사』 권74, 선거지2, 학교

4. 탐라를 둘러싼 명 주원장과 고려 공민왕의 야합

주원장이 곽자흥 휘하 홍건적으로 활동하다가 세력을 키워 오왕吳王에 오르더니 1368년 정월에 금릉(난징)에서 황제에 오르고 국호를 '명明', 연호를 '홍무洪武'라 하고 북벌에 매진한다. 마침내 몽고 원이 한족漢族 명에 의해 북쪽 초원으로 쫓겨나는 일이 벌어진다. 원 황제(토곤테무르: 혜종 순제)가 지정28년(1368: 공민왕 17년) 윤7월 병인일(28일)에 청녕전清寧殿에 나아가 삼궁후비三宮后妃·황태자·황태자비를 모아 피병避兵 북행北行하기를 의논하고 밤중에 건덕문健德門을 열어 북으로 달아났다.[87] 원 황제와 조정이 명군의 대도(연경)로의 전진에 놀라 몽골초원으로 파천한 것이었다. 8월에 황후(기황후)가 고려에 복수하고자 황태자에게 납합출納哈出(나하추)로 하여금 고려의 죄를 묻도록 했지만 황태자가 불가不可하다고 했다.[88] 원은 공민왕을 우대하며 고려의 구원군 파견을 끈질기게 요구했지만 공민왕과 고려정부는 국제정세의 추이를 관망했다.[89]

공민왕 18년(1369) 4월 임진일(28일)에 대명황제大明皇帝가 부보랑符寶郎 설사偰斯를 보내와 새서璽書를 하사하니 왕이 숭인문 밖에 나가 맞이했다. 설사偰斯(설손偰遜의 아우)가 지난해 11월에 금릉金陵(남경)을 출발했지만 해도海道 난관艱關으로 인해 이에 이르러 온 것이었다.[90] 주원장이 황제에 올라 국호를 '대명大明', 연호를 '홍무'라 한 것을 고려에 알리는 문서가 도착했으니

---

87 『元史』 권47, 本紀47, 順帝10, 至正28년 윤7월. 지정 28년에 完者忽都(기황후)가 황제를 따라 北奔했다(『元史』 권114, 列傳1, 后妃1, 順帝后完者忽都).

88 『北巡私記』 424冊

89 『北巡私記』 424冊;『고려사절요』 권28, 공민왕 17년 11월;『고려사』 권41 및 『고려사절요』 권28, 공민왕 18년 2월·3월

90 『고려사』 권41 및 『고려사절요』 권28, 공민왕 18년 4월. 명은 洪武元年(1368) 12월 임진일(26일)에 偰斯를 파견해 璽書를 고려국왕 王顓에게 하사하도록 했는데(『明太祖實錄』 권37), 다음해 4월에야 고려 개경에 전달된 것이었다.

고려는 원과 명에서 하나를 선택해야 했다. 5월 신축일(8일)에 원 지정至正 연호를 정지했으니,[91] 고려가 명과 통교하면서 원과의 외교관계를 끊은 것이었다. 고려는 공민왕 18년 5월 갑진일(11일)에 예부상서 홍상재, 감문위 상호군 이하생李夏生을 파견해 표문을 받들어 명 금릉金陵(경사京師)에 가서 등극을 축하하고 사은謝恩하게 했다.[92]

그런데 공민왕 18년(1369)에 원목자元牧子 합적哈赤(하치)이 발호跋扈해 관리(고려 관리)를 살해했고, 6년이 지난 갑인년(1374: 공민왕23) 8월에 왕(국가)이 도통사 최영을 파견해 합적哈赤을 토멸討滅해 관리(고려 관리)를 다시 설치했고, 본조本朝(조선)가 그것을 그대로 계승했다고 한다.[93] 탐라인이 원목자元牧子를 중심으로 공민왕 18년(1369)에 다시 고려에 반기를 들어 거병해 관리(고려 관리)를 살해해 고려의 지배를 무력화하여, 공민왕 23년 8월에 최영에 의해 진압당해 고려 관리가 다시 설치되기 전까지, 대략 6년 동안 탐라를 독립적으로 지배한 것이었다. 공민왕 18년 9월에 제주濟州가 항복하니 고려가 박윤청朴允靑으로 목사를 삼았다고 하지만[94] 이 '항복'은 탐라인의 전략적 행위로 보이며 고려의 탐라 지배는 관철되기 어려웠다.

원이 명에 의해 몽고초원으로 쫓겨나고 고려가 명과 손잡으려는 상황에서 탐라의 '목호'가 거병해 고려를 거부한 것인데 기황후의 복수 요청에 호응한 측면도 있었을 것이다. 원의 파천으로 그 세력이 약화된 틈을 타서

---

91 『고려사』 권41 및 『고려사절요』 권28, 공민왕 18년 5월

92 『고려사』 권41 및 『고려사절요』 권28, 공민왕 18년 5월. 金陵(南京)은 영락제가 1421년에 北京으로 천도할 때까지 明의 수도였다.

93 『고려사』 권57, 지리지2, 耽羅縣. "(공민)十八年 元牧子哈赤跋扈 殺害官吏, 越六年 八月 王遣都統使崔瑩討滅哈赤 復置官吏";『세종실록』 지리지 제주목. "恭愍王十 八年己酉[大明 洪武二年] 元牧子哈赤跋扈 殺害官吏, 越六年甲寅八月 國家遣都統 使崔瑩 討滅哈赤 復置官吏";『신증동국여지승람』 제주목. "(공민)十八年 元牧子哈 赤跋扈 殺害官吏, 越六年 王遣都統使崔瑩 討滅哈赤 復置官吏, 本朝因之"

94 『고려사』 권41 및 『고려사절요』 권28, 공민왕 18년 9월

고려가 탐라에 대한 영향력을 강화하자 원 목자 즉 '목호'가 고려관리(목사 포함)를 살해했는데, 탐라가 국제정세를 관망하며 일단 항복하는 모양새를 취하자 고려가 제주에 목사를 파견한 것이었다. 하지만 고려가 탐라에 대한 영향력을 행사하는 데에는 많은 한계가 있었고, 특히 원 목자에 대해 지배력을 행사하지 못했다.

이처럼 원·명 세력이 교체해 탐라가 선택의 기로에 서 있는 때에 원 황제의 탐라궁전 건설을 담당한 목장木匠이 고려로 올라와 노국공주 영전影殿 사업에 참여한다. 공민왕 18년 9월에, 영전 초석礎石의 용도로 숭인문(개경성 동대문) 밖 덕암德巖 석석石을 벌채해 마암馬巖 영전에 끌어오는데 옥屋처럼 커서 진동하고 울리는 소리가 소(牛) 울음과 같았고, 또 정丁을 주현州縣(주군州郡)에서 징발해 목재를 베어 수운水運하니 압사하거나 익사한 자가 셀 수 없을 정도로 많으니 중외中外가 곤폐困弊했지만 감히 말하는 자가 없었다. 때에 왕(공민)이 원조元朝 재인梓人 원세元世를 제주濟州에서 불러 영전影殿을 조영하도록 하자 원세元世 등 11인이 가족을 데리고 개경에 왔다. 원세元世가 재보宰輔(도당都堂)에게 말하기를, "원 황제가 토목土木 일으키기를 좋아해 민심을 잃어 사해四海를 끝내 보유할 수 없음을 스스로 알고는 이에 우리들에게 조칙을 내려 궁宮을 탐라耽羅에 조영하게 하여 피란避亂의 계책으로 삼고자 했지만, 공역이 미처 끝나기 전에 원이 망하여 우리들이 의식衣食을 잃었는데 지금 부름을 받아 의식衣食을 회복하니 진실로 만행萬幸이지만, 원이 천하의 대大로써도 민을 노역하여 망했는데, 고려가 비록 대大하더라도 민심을 잃지 않을 수 있으리까, 원컨대 여러 재상은 왕에게 아뢰어 주십시오" 라고 했지만, 재보宰輔(도당都堂)가 감히 아뢰지 못했다고 한다.[95]

원 재인梓人(목장木匠) 원세元世가 원 황제(순제)의 명령을 받아 탐라에 궁을 건축했는데, 원 황제가 탐라에 피란하기 위해서였고 그 궁이 완성되기 전

---

95 『고려사』 권41 및 『고려사절요』 권28, 공민왕 18년 9월

에 원이 멸망했다고 원세가 고려 재상에게 이야기했다고 한다. 순제가 탐라에 피란하려고 궁을 건축했다는 원세의 발언은 순제가 초원으로 파천하고 원세는 고려 개경으로 올라온 상황에서 나온 것이라 과장하고 왜곡한 측면이 있다. 그가 탐라 궁이 완성되기 전에 원이 망했다고 언급했지만 옛적 중국 땅을 빼앗긴 것이지 원 자체는 멸망하지 않았다. 순제가 진정 탐라로 피란하려 했다면 한족漢族 반란군 때문이 아니라 기황후·황태자와의 권력투쟁 때문이었을 것이다. 기황후가 아들인 황태자를 황제로 즉위시키고 자신의 영향력이 미치는 탐라에 남편 순제를 유폐시키려 탐라에 궁전을 건축하도록 했을 수도 있다.

원간섭기에 탐라는 원 제국 사람들이 이곳에 많이 거주하고 원 제국과의 교류가 활발했으므로 그 문화의 영향을 많이 받았을 터인데, 원세 등의 탐라 궁전 건축은 원 건축의 문화와 기술의 정수를 탐라에 실현한 것이었다. 공민왕 18년 9월 무렵에, 원 목공 원세元世 등 11인이 공민왕의 부름을 받아 탐라에서 개경으로 올라와 노국공주 영전 사업에 참여하면서 탐라의 그 궁전은 완성되지 못했다.

명은 홍무2년(공민왕 18년) 8월 병자일(14일)에 왕전王顓(공민왕)을 책봉해 고려국왕으로 삼았는데,[96] 이 책봉문서는 공민왕 19년 5월 갑인일(26일)에야 고려 개경에 도착한다. 공민왕 19년 5월에 명 황제가 상보사승尙寶司丞 설사偰斯를 보내와 왕을 책봉하고 인印 및 금단錦段을 하사하고 무릇 의제儀制와 복용服用은 본속本俗 따르기를 허락한 것이다.[97]

명이 홍무3년(공민왕 19년) 6월 정축일(20일)에 평정사막平定沙漠 조조詔(황명)를 천하에 반포하면서 사신을 파견해 안남安南·고려高麗·점성占城을 효유하도록 한다고 했다.[98] 이 조서에 따르면 경신군庚申君(경신년 탄생 순제)이 4월 28

---

96 『明史』 권2, 本紀2, 太祖2, 洪武二年八月
97 『고려사절요』 권29 및 『고려사』 권42, 공민왕 19년 5월
98 『明太祖實錄』 권53, 洪武3년 6월

일에 응창應昌에서 죽었고 손자 매적리팔랄賈的里八剌(아유시리다라의 아들)이 명의 포로로 잡혔다. 순제와 기황후의 아들 아유시리다라는 재기를 꿈꾸며 원(북원) 황제에 오른다.

고려는 공민왕 19년 7월 을미일(9일)에 비로소 홍무洪武 연호를 행했다.[99] 7월 갑진일(18일)에 삼사좌사 강사찬姜師贊을 명 경사京師(남경)에 보내 책명冊命 및 새서璽書에 사례하고 전원前元이 내린 금인金印을 납부하고 탐라사耽羅事를 계품計稟하면서 그 표문(탐라계품표)을 올렸다.[100] 고려가 명의 연호를 공식적으로 행하면서 탐라 정책에 대한 양해를 구한 것이었다. 고려는 '제주' 명칭을 선호하고 '탐라' 명칭을 기피했지만 '탐라'가 원과 명에 익숙하고 국제적으로 통용되는 명칭이었기에 '탐라'를 외교 문서에서 사용할 수밖에 없었다. 공민왕 19년 7월 을사일(19일)에 명 황제(주원장)가 중서성선사中書省宣史 맹원철孟原哲을 보내와 조詔를 반포했는데,[101] 홍무3년(공민왕 19년) 6월 정축일(20일)에 천하에 반포한 평정사막平定沙漠 조詔가 이날에 고려에 전달된 것이었다. 이 조서는 고려의 요동과 탐라에 대한 정책을 적극적으로 하도록 촉진한다.

고려 공민왕은 명 황제(주원장)에게 올린 탐라계품표耽羅計稟表에서, 탐라인은 곧 고려인이니 고려가 개국 이래 탐라에 주州를 설치해 목牧으로 삼은 것이 그것인데 탐라가 연경燕京(大都)과 통한 후로부터 원이 탐라에 목마牧馬했지만 단지 풍요로운 수초水草에 기대었을 뿐이고 그 봉강封疆에 있어서는 예전처럼 했다고 주장했다. 이는 고려가 명이 탐라에 대한 영유권을 주장할까 염려해 역사를 왜곡하면서까지 탐라가 고려의 영역임을 주장한 것이었다. 이전에 기씨형제가 난을 도모해 복주伏誅했을 때 공사供辭(공초供招)가 연루된 탐라 달달목자達達牧子 홀홀달사忽忽達思를 구문究問하다가 재상 윤시

99 『고려사』 권42 및 『고려사절요』 권29, 공민왕 19년 7월
100 『고려사』 권42 및 『고려사절요』 권29, 공민왕 19년 7월
101 『고려사』 권42 및 『고려사절요』 권29, 공민왕 19년 7월

우 등이 모두 다 살해당했고, 전 시중侍中 윤환尹桓의 가노家奴 김장로金長老가 전적前賊에 당부黨附해 본국(고려)을 모해謀害해 모두 복죄服罪했다고 언급했는데, 탐라 달달목자 홀홀달사가 기씨 형제와 연결되어 있었고 김장로 또한 그러했다는 것이다. 탐라 섬은 비록 작지만 그 인민이 누차 소요를 일으키니 뿌리를 뽑는 근본적인 대책을 실행해야 한다고 했다.

또한 원 태복시太僕寺·선휘원宣徽院·중정원中政院·자정원資政院이 방목한 마필馬匹·나자騾子(노새) 등을 제주濟州 관리로 하여금 원적元籍에 의거해 토인土人(탐라인)에게 맡겨 목양牧養하여 시절時節로 진헌하도록 허락해 달라고 했다. 달달목자 등은 본국(고려)으로 하여금 어루만져 양민良民으로 삼도록 허락해 달라고 했다. 탐라에 말과 노새 등을 원 태복시·선휘원·중정원·자정원이 방목했으니 그것들의 다수는 자정원(휘정원의 후신)과 중정원을 지닌 기황후의 소유였고 다수 목자는 기황후와 연결되어 있었다. 원이 몽고초원으로 파천했지만 기황후와 그 친족은 몽고초원과 만주에서 영향력을 유지해 탐라 목자와 연합할 수 있었다. 공민왕은 명의 양해 내지 도움을 얻어 탐라에서 목자 세력, 특히 기황후와 연결된 목자 세력을 제거하기 위해 탐라 말·노새 등의 양육을 '목호'가 아니라 토인(탐라인)에게 맡기고 '목호'는 고려의 일반 양민으로 만들고 싶어 했던 것이다. 고려는 명이 고려의 탐라에 대한 영유권을 인정해 주면 탐라의 말·노새 등을 명에 바치겠다고 약속한 것이었다.

원이 북쪽으로 물러나자 고려 공민왕은 숙적 기씨세력을 소탕하기 위해 그 근거지인 요동과 탐라를 공략할 필요성이 있었다. 고려군은 요동을 공격해 요하 동쪽 지역이 고려의 강역 안이라고 했지만 선전(선언)에 그치고 점유하려 하지 않았으며 기새인첩목아(기철의 아들) 체포에만 열중한 한계를 보였다. 기새인첩목아를 포함한 기씨족이 탐라와 연결된 정황으로 인해 공민왕은 기새인첩목아를 제거하게 된다면 탐라를 수월하게 장악할 수 있다고 생각했을 것이다.

고려 공민왕은 저항하는 탐라의 정신을 누르기 위해 제주 산천에 대한 제사를 시도한다. 정침鄭沈은 나주인羅州人으로 나주 호장戶長이 되고 기사騎射에 능했는데, 홍무4년(1371: 공민왕 20) 봄에 전라도 안렴사按廉使(안찰사) 명령으로 제주산천濟州山川 축폐祝幣를 받들어 항해해 제주로 가다가 왜적倭賊과 조우했다. 정침이 화살을 쏘며 분투하다가 물에 몸을 던져 죽었지만, 주중舟中 사람들은 모두 항복했다.[102] 고려가 사람을 파견해 제주 산천에 제사하려 한 것인데 이는 고려가 탐라를 지배함을 상징적으로 보여주려 한 것이었다. 전라도안렴사는 축폐祝幣를 가지고 제주에 가서 그 산천에 제사하라는 공민왕의 명령을 받았을 터인데 그 대신에 나주호장을 보냈고 나주호장이 왜적을 만나 전투하다가 바다에 투신해 죽은 것이었다. 전라도안렴사가 제주에 간다면 살해당할까 두려워해 나주호장을 대신 보냈다고 판단되니, 공민왕 20년 무렵에도 탐라는 비록 고려의 제주목으로 되어 있었을지라도 고려의 통치력이 거의 미치지 못하는 상태였음을 시사한다.

공민왕은 명 황제(주원장)에게 탐라의 말을 바치겠다는 약속을 했으니 실행을 해야 했다. 고려는 공민왕 21년(1372) 3월 7일에 예부상서 오계남吳季南을 파견해 명 경사京師(남경)에 말을 헌상하기 위해, 비서감秘書監 유경원劉景元으로 유지별감宥旨別監 겸 간선어마사揀選御馬使를 삼아 오계남과 함께 탐라에 가게 했다. 하지만 4월 기묘일(2일)에 탐라가 유경원 및 목사 겸 만호 이용장李用藏을 죽이고 '반叛'하니 오계남이 들어가지 못하고 돌아왔다.[103] 탐라가 제주 목사·만호 이용장과 공민왕의 특사 유경원을 죽이고 '반역(반란)' 했으니 고려에 반대한 무력항쟁이자 독립항쟁이었는데 후술하듯이 탐라마필 반출에 반발한 '목호'가 주도했다. 4월 임진일(15일)에 고려가 우인렬禹仁烈로 제주체복사濟州體覆使를 삼았는데,[104] 탐라 거병에 대한 대응이었다.

---

102 『三峯集』권4[錦南雜題] 및 『동문선』권101, 鄭沈傳(정도전)
103 『고려사』권43 및 『고려사절요』권29, 공민왕 21년 3월·4월
104 『고려사』권43, 공민왕 21년 4월

고려는 탐라가 이처럼 저항하자 4월 임인일(25일)에 민부상서 장자온張子溫을 파견해 명 경사京師(남경)에 가서 탐라토벌을 요청하는 표문을 올리게 했고, '제주濟州 반반叛'으로 인해 탐라 말을 확보하지 못했지만 4월 병오일(29일)에 예부상서 오계남을 명에 파견해 본국(고려) 말 6필을 경사京師(남경)에 바치게 했다.[105] 고려가 명에 탐라토벌을 승인해주기를 요청하는 그 표문을 소개하면 아래와 같다.

해방海邦(고려)은 비록 누추할지라도 오직 상上을 섬기는 마음을 알지만 도이島夷(섬오랑캐: 탐라)는 공손하지 않아 감히 조천朝天의 길을 막으니, 이에 간절히 우러러 아룁니다. 엎드려 생각하건대, 신臣이 나라를 다스리는 방책에 어두워 일찍이 경정經情(절제 없는 마음)으로 요청해 탐라의 안업安業을 이루려면 달단韃靼을 이거移居하는 것이 가장 좋다고 아뢰었는데, 이윽고 조서詔書를 받드니 팽선훈鮮의 훈계訓로써 보임에 삼가 조약條約을 준수해 그들에게 안도해 살도록 했습니다. 다만 마馬 공헌貢獻이 기일에 지체된 것은 진고陳告하는 저의 본의가 아닙니다. 본년本年(1372) 3월에 배신陪臣 예부상서 오계남吳季南을 파견해 앞서 탐라에 가서 마필馬匹을 실어 경경京(명 남경)에 나아가 진헌하게 하면서, 왜적倭賊이 바다에 있음으로 인해 궁병弓兵 425인을 차출해 방호하며 전송하게 했는데, 뜻하지 않게 달단목자韃靼牧子 등이, 먼저 파견한 비서감秘書監 유경원劉景元 및 제주 목사 이용장李用藏·판관 문서봉文瑞鳳·권만호權萬戶 안방언安邦彦 등을 모조리 죽이고, 오계남이 이르자 또 궁병弓兵 중에서 해안에 먼저 오른 300명 남짓을 역시 모두 죽이니, 이로 인해 오계남이 전진할 수 없어 돌아왔습니다. 이와 같은 변고를 의당히 가서 그 연유를 물어서 알려야 했지만 미처 아뢰지 못했고, 예禮에 군사를 마음대로 일으키는 이치가 없어 삼가 부끄러움을 더하며 간절히 부르짖을 뿐입니다. 엎드려 바라건대 … 덕음德音을 반포해 조처해 주시면 신臣이 감대感戴

---

105 『고려사』 권43, 공민왕 21년 4월

해(감사히 여겨 떠받들어) 분골쇄신粉骨碎身해도 어찌 잊으리까.[106]

공민왕은 탐라를 '도이島夷(섬오랑캐)'라 비하하며 탐라가 공손하지 않아 감히 명에 조천朝天하는 길을 가로막고 있다고 비난했다. 탐라의 안업安業을 이루려면 달단韃靼(달단목자)을 다른 지역으로 이주시키는 것이 가장 좋다고 이전에 명에 아뢰었지만 명 황제가 팽선烹鮮처럼 즉 생선을 삶듯이 하라고 훈계하자 이를 따라 그들에게 탐라에 안도해 살도록 했다고 했다. 본년(1372) 3월에 예부상서 오계남吳季南을 탐라에 파견해 마필馬匹을 실어 경京(명 남경)에 진헌하게 하면서 왜적 때문에 궁병弓兵 425인으로 방호하며 전송하게 했는데, 달단목자韃靼牧子 등이, 먼저 파견한 비서감 유경원 및 제주목사 이용장·판관 문서봉·권만호 안방언 등을 모조리 죽였고, 오계남을 호송한 궁병弓兵으로 해안에 먼저 오른 300명 남짓까지 모두 죽이니 오계남이 돌아왔다고 했다. 왜적 때문에 궁병弓兵 425인을 오계남의 호위병으로 보냈다는 공민왕의 언급은 변명으로 여겨지니, 탐라가 말 반출을 거부해 항거하면 오계남 호위병으로 하여금 제주목사의 병력과 합세해 무력으로 진압하려는 것이었다. 하지만 탐라와 달단목자는 거병해 유지별감 겸 간선어마사 유경원과 제주 목사 겸 만호 이용장·권만호權萬戶 안방언 등과 오계남의 호위병력 중 300명 남짓을 죽였는데, 판관 문서봉은 죽임을 당했다고 알려졌지만 달아나 살아남았다. 권만호 안방언은 목사 겸 만호 이용장이 살해당하자 임시로 만호를 맡았다가 역시 살해당한 것으로 보인다. 공민왕은 탐라의 이러한 사태를 나열하며 명 황제에게 고려의 탐라에 대한 본격적인 군사작전을 승인해 주기를 요청한 것이었다.

6월 병술일(23일)에 제주인濟州人이 '반적叛賊'을 죽여 항복했는데, 제주

---

106 '烹鮮之訓'은 노자 『도덕경』에 "治大國 若烹小鮮"에서 나온 가르침인데, 대국 내지 국가를 잘 다스리려면 생선을 삶듯이 천천히 조심스럽게 해야 한다는 것이다.

목사 겸 만호 이용장이 죽임을 당할 때 판관 문서봉이 도망해 죽음을 벗어
났다가 이에 이르러 제주인이 공동으로 문서봉을 추대해 권지목사權知牧使
로 삼아 고려에 사람을 파견해 명령을 요청하고 말을 바친 것이었다. 이에
고려가 이하생李夏生으로 제주 안무사를 삼았다.[107] 제주인이 '반적'을 죽여
항복하고 왕자족 문씨 소속으로 보이는 제주판관 문서봉을 임시 목사로 추
대해 수습하며 고려에 알리자 이하생을 제주 안무사로 삼아 파견했다는 것
이다. 제주인이 대개 달단목자인 '반적'을 얼마나 죽일 수 있었는지 의문이
니 최소한 죽이는 시늉에 그쳤을 것이며 탐라는 여전히 거의 독립상태였다.

홍무5년(1372: 공민왕 21) 7월 경오일(25일)에 고려왕 왕전王顓(공민왕)이 그
예부상서 오계남과 민부상서 장자온張子溫 등을 명에 파견해 그들이 와서
표문을 받들어 말 및 방물方物을 공貢했는데, 그 표문과 명 황제의 새서璽書
(옥새玉璽 찍힌 문서)를 소개하면 아래와 같다.[108]

　　고려가 표문을 올려 말하기를, "'탐라국耽羅國'이 그 험원險遠을 믿어 조공朝貢
을 받들지 않고, 몽고인蒙古人이 그 국國(탐라국)에 유거留居함이 많이 있으니 마땅
히 그들을 (다른 곳으로) 옮겨야 하고, 난수산蘭秀山(중국 동남 주산군도)은 포도逋逃(도망
자)가 모이는 곳이라 역시 침략 근심이 될까 걱정되니 바라건대 병력을 동원해
토벌하십시오" 했다. 상上(주원장)이 이에 전顓(공민왕)에게 새서璽書를 하사해 말하
기를, "짐朕이 듣건대 가까운 자를 기쁘게 하고 먼 자를 오게 하고 죄와 욕심을
용서하는 것은 옛적 왕자王者의 도道이고, 대국大國을 다스림에 소선小鮮(작은 생선)
을 삶듯이 하라는 것은 노담老聃(노자)의 말이니, 관용하여 급히 하지 않음은 미
덕이 되는도다. 사자使者가 이르러 왕의 표문을 가져와 탐라耽羅 사의事宜를 진술
하니 짐이 심히 미혹(의심)했노라. 작은 틈(흠)으로 인하여 큰 화禍를 구성하는 것

107 『고려사』 권43 및 『고려사절요』 권29, 공민왕 21년 6월
108 『明太祖實錄』 권75, 洪武5년 7월

은 지사智士 군자君子가 삼가하는 바로다. 대저 탐라는 바다의 동쪽에 위치하고 고려에 아주 가까운데 짐이 즉위한 초에 사절을 파견해 다만 왕국(고려)과 통하고 탐라에는 도달하지 않았고 또한 탐라가 이미 고려에 속하니 그 중中의 생살生殺을 왕(고려왕)이 이미 오로지하게 되었노라. 지금 왕이 탐라 작은 무리와 난수산蘭秀山 포도逋逃 무리를 짐朕의 조詔로써 위복威福을 보여 한 번 불러 곧 이르게 하려 하는데, 자생孳生(번식·생장)의 리利를 삭거削去하기 위해 호인胡人을 다른 지역에 옮기는 것은 아마 불가不可하리라. 대개 사람이 모두 낙토樂土한지 많은 세월이 쌓였기 때문이라. 원元의 운수가 이미 끝나니 탐라에 비록 호인胡人 부락部落이 있더라도 이미 고려에게서 명령을 듣고 또 특별히 유혹하는(유인하는) 국國이 없는데 어찌 의심하고 꺼림이 깊은가 … 인정人情은 대소大小 없이 급急하면 사건이 생기나니, 하물며 무리가 많은 경우리오. 짐朕이 만약 전대前代 제왕帝王이 변이邊夷를 병탄 것을 본받아 세술勢術을 힘써 행한다면 탐라의 변變이 조석朝夕에 일어나리니, 어찌 작은 틈(흠)으로 인해 큰 화禍를 만드는 것이 아니리오. 왕이 마땅히 팽선烹鮮의 도道를 곰곰이 생각해 살펴서 행하면, 단지 왕의 경토境土를 안정할 뿐만 아니라 탐라 역시 그 덕德을 입으리라. 만약 그러하지 못한다면 왕이 문무와 의논해 사신을 보내와 행해도 늦지 않으니 왕은 살피기 바라오" 라고 했다.

고려가 명에 보낸 표문에 탐라에 대해 '탐라국'이라 표현했으니 고려가 탐라를 사실상 국가로 인정한 것이었다. 그런데 명 황제 주원장은 자신이 즉위하자 고려에는 사절을 파견했지만 탐라에 그러지 않았고 탐라는 이미 고려에 속한다고 하면서도 탐라 호인胡人 문제를 급하게 처리하지 말도록 권유했다. 명이 탐라를 독립국으로 인정하지 않는다는 발언은 고려에게 탐라에 대한 정책을 공격적으로 하도록 만든다. 탐라의 몽고인과 호인胡人에 대해 공민왕은 다른 곳으로 이주시키려는 입장인 반면 명 황제는 그들이 탐라를 낙토樂土로 삼은 지 오랜 세월이 흘렀다며 그대로 살도록 하려는 입장이었다.

그런데 명 황제의 입장은 곧 바뀐다. 공민왕 21년 9월 임술일(18일)에 장자온·오계남이 고려 개경으로 돌아왔다. 이들이 명 수도를 출발하기 직전에 황제(주원장)가 왕에게 약재를 하사하고 장자온 등에게 친유親諭하기를, "전년에 너의 국가가 탐라목자耽羅牧子의 일 때문에 표문을 가지고 왔을 적에 내(주원장)가 생각하건대 이 탐라의 목자는 원조元朝 달달인達達人에 계통이 있어 본래 목양牧養을 업으로 삼아 달리 장가莊家(농가)를 만들지 못했고 또한 여러 해 동안 탐라에서 생장生長해 낙토樂土하여 생활하는 사람들인데, 이들이 종전에 너의 국가가 파견한 윤재상尹宰相(재상 윤시우)을 죽였지만, 이들을 다른 곳으로 옮겨 거주하게 하면 그들이 국왕의 좋은 의사意思를 알지 못해 의혹疑惑해 별도로 사단事端을 일으킬까 염려해 비준하지 않았던 것이다"라고 했다. "금번今番에 이들이 또 어찌 이와 같은 난亂을 일으켰는가, 내가 지금 국왕에게 글을 보내니 너희들은 그 국왕에게 가서 상세히 말하라, 그들을 가벼이 보지 말고 군마軍馬를 많이 일으켜서 초포勦捕(토벌·포착捕捉)를 모조리 행하라, 내가 듣건대 너의 나라 지면地面 안에 왜적이 종횡縱橫해 빈해瀕海를 겁략하니 인민이 두려워하여 달아나 숨지만 진알鎭遏하지 못한다고 하는데 … 만약 탐라목자들이 이들 적도賊徒(왜적)와 한 곳에서 서로 합하면 초포勦捕하는 데 어려움이 있으리라"라고 했다.[109]

명 황제가 또 수조手詔(친필 황명)를 내리기를, "7월 25일에 장자온이 이르러 표문을 올려 말하기를, 탐라목자耽羅牧子가 무상無狀해 관리·군병軍兵이 비명非命에 몰沒했다고 하니 깊이 원망하고 분노할만하도다, 춘추春秋의 법에 난신적자亂臣賊子는 사람들 각자가 획득해 주살한다고 하나니, 지금 목자牧子가 이와 같아 마땅히 주토誅討해야 하는 바이지만 국國은 대소 없이 벌과 전갈처럼 독이 있어 피彼를 모두 멸멸滅하려 하면 차此에 있어 역시 반

---

109 『고려사』 권43, 공민왕 21년 9월

드시 손상하는 것이 있으리니, 대개 지난번의 실수로 소사小事로 인해 대화大禍를 구성한 것이니 애석하구나. 어찌 팽선烹鮮의 급함이 아니리오, 마음의 꺼림이 심해서 그렇게 함을 초래한 것인가, 일이 이미 이와 같으니 왕은 인순因循해서 업신여김을 당해서는 안되니 빨리 병력을 동원해 토벌할지어다. 하지만 사기事機 완급은 왕이 살펴서 도모하오" 라고 했다.[110]

고려 사신단이 홍무5년(1372: 공민왕 21) 7월 경오일(25일)에 명 수도에서 황제에게 받은 새서璽書에는 고려의 탐라 공격을 만류하는 내용이었는데, 9월 임술일(18일)에 개경으로 돌아와 전달한 2개의 문서, 즉 명 황제가 사신단에게 친유親諭한 문서와 명 황제의 수조手詔에는 탐라를 군사적으로 공격해도 좋다는 내용이 담겼다. 명 황제(주원장)는 이번 고려 사신단을 접했을 때 고려의 탐라 공격을 만류하는 입장이었다가 고려 사신단이 떠나기 전에 입장을 바꾸어 고려의 탐라 공격을 허락했던 것이다. 여기에는 탐라목자가 왜구와 연합할까 하는 황제의 우려도 작용했다. 명 황제는 탐라에 대한 정책을 고민하다가 고려의 탐라에 대한 강경한 정책을 만류하기 어렵다고 판단하고는 탐라를 고려에 넘겨주는 대신에 탐라 말을 안정적으로 확보하는 실리를 선택했다고 볼 수 있다. 이는 탐라의 운명에 중대한 결과를 초래하니, 얼마 없어 최영 고려군이 탐라를 침략하게 된다.

고려는 공민왕 21년 11월에 판밀직 노진盧稹을 파견해 명 경사京師에 가서 약재·약방藥方 하사를 사례하고 대호군大護軍 김갑우金甲雨를 파견해 탐라마耽羅馬 50필匹을 헌상하고 판서 장자온張子溫을 파견해 요동에 빙빙聘하도록 했다.[111] 공민왕 22년 2월 경인일(18일)에 판서 장자온을 파견해 명 정요위定遼衛에 자문咨文을 보내, 전에 정비鄭庇를 파견해 경京(남경)에 나아가 말을 헌

---

110 『고려사』 권43 및 『고려사절요』 권29, 공민왕 21년 9월
111 『고려사절요』 권29 및 『고려사』 권43, 공민왕 21년 11월. 김갑우가 출발한 월일은 盧稹이 출발한 다음날인 11월 임신일(29일)이었고 다음해 10월에야 명의 수도(남경)에 도착한다.

상하도록 했지만 정요성定遼城에 이르자 수문관守門官이 성지聖旨에 따른다며 성성城에 들어오기를 불허한 근거를 요청하려 했다. 장자온이 정요위에 이르니 총병관이 성지聖旨에 고려 사신은 다만 해도海道로 조경朝京하도록 했다고 말하니 장자온이 문거文據를 얻지 못하여 돌아왔다.[112] 22년 6월 신묘일(21일)에 전 계림윤鷄林尹 김유金庾를 파견해 명 경사京師(남경)에 가서 성절聖節을 축하하고 밀직부사密直副使 정원비鄭元庇(정비鄭庇)를 파견해 하정賀正하고 다시 공마貢馬했다.[113] 22년 7월 갑진일(5일)에 판선공시사判繕工寺事 주영찬周英贊을 파견해 명 경사(남경)에 가서 천추절千秋節을 축하하고 아울러 제주목호濟州牧胡 초홀독불화肖忽禿不花가 바친 말 19필·려驪(나귀) 2필을 헌상했다.[114] 고려는 이처럼 꾸준히 말을 명에 공물로 바쳤던 것인데 제주가 바친 말이 다수 포함되었다.

원의 새로운 황제 아유시리다라는 부흥하기 위해 노력한다. 명이 홍무5년(공민왕 21년) 12월에 사신을 파견해 문서를 가지고 가서 원元 유주幼主에게 주도록 했다.[115] 그 문서에 말하기를, 그대 나라의 풍속은 평소 성씨가 없고 그 족族은 적적嫡嫡을 귀하게 여기고 서서庶를 경시하는데 군君(아유시리다라)은 고려高麗의 성姓 지닌 자(기자오)의 생생甥(외손)이고 또 서출庶出이니 군君은 어찌 어리석게 살피지 않아 고집스럽게 불변不變하는가, 비록 군가君家(원 황가) 역시 송宋의 유주幼主를 삭발해 승僧으로 만들었다가 끝내 죽였지만, 짐朕에 있어서는 그러하지 않아 군君의 아들(매적리팔랄買的里八剌)이 경사京師(남경)에

112 『고려사』 권44, 공민왕 22년 2월
113 『고려사』 권44 및 『고려사절요』 권29, 공민왕 22년 6월. 홍무6년(공민왕 22년) 12월에 고려가 그 봉익대부 密直副使 鄭庇를 파견해 表 및 箋을 받들어 明年 正旦을 축하하고 方物을 貢했다고 하니(『明太祖實錄』 권86), 鄭元庇 즉 鄭庇는 12월에 명 수도(남경)에 도착한 것이었다.
114 『고려사』 권44, 공민왕 22년 7월. 周英贊 딸이 일찍이 入元해 大明兵에게 사로잡혔다가 뽑혀 宮人이 되어 황제(주원장)에게 총애를 받았다.
115 『明太祖實錄』 권77, 洪武五年 十二月

이른 지 지금 이미 3년인데 우대를 더했으니 군君은 마땅히 사신을 파견해 데려가는 것이 어떠한가 했다.[116] '원元 유주幼主'는 원의 새로 즉위한 어린(젊은) 군주이니 기황후의 아들인 황태자 아유시리다라(愛猷識理答臘)가 초원사막에서 황제 대칸에 올랐음을 알려준다. '원 유주'의 아들 즉 기황후의 손자는 포로로 잡혀 명 경사(남경)에 머물고 있는 상태였다. 명은 원의 군주 아유시리다라가 고려 기씨 계통의 서자庶子임을 강조했는데, 아유시리다라가 혈통상 몽고 원의 정통이 될 수 없으니 빨리 귀순하라고 회유한 것이었다.

원(북원) 황제에 오른 아유시리다라는 적극적으로 고려와 연합하려 했다. 공민왕 22년 2월 을해일(3일)에 북원北元이 파도첩목아波都帖木兒 및 어산불화於山不花를 보내와 조칙을 내리기를, "근래 병란으로 인해 북쪽으로 파천했지만 지금 곽확첩모아廓擴帖木兒로 상상相을 삼아 거의 중흥中興했는데, 왕 역시 세조의 손손孫이니 마땅히 조력助力해 천하를 복정復正할 지어다" 라고 했다.[117] 2월 무인일(6일)에 왕이 안질(눈병)을 핑계로 밤에 원사元使를 만났는데, 조정朝廷(명)이 알까 두려워한 때문이었다.[118] 원 황제 아유시리다라는 복수심에 사로잡힌 모친 기황후와 달리 어떻게든 고려를 자기편으로 끌어들이려 했지만 공민왕은 부응하려 하지 않았다. 명이 아직 본격적으로 요동으로 진출하지 못한 상황에서 고려 공민왕이 원 아유시리다라황제 및 군벌과 연합해 명에 대적했다면 고려가 요동·만주 일대를 영유하거나 원과 공유했을 가능성도 있었는데 공민왕은 그러하지 않았다. 공민왕은 자신의 왕권에 대한 도전을 물리치는데 급급했지, 세계를 경영하려는 웅대한 꿈은 별로 꾸지 않은 반면 탐라의 말을 명에 바치고 탐라를 완전히 정복하기 위한 계책을 꾸미고 있었다.

공민왕 22년 7월 임자일(13일)에 찬성사 강인유姜仁裕, 동지밀직사사 김

---

116 『明太祖實錄』 권77, 洪武五年 十二月
117 『고려사』 권44 및 『고려사절요』 권29
118 『고려사』 권44, 공민왕 22년 2월

서金潛·성원규成元揆, 판도판서 임완林完 및 서장관書狀官 정몽주鄭夢周 등이 명 경사京師(남경)로부터 돌아왔다. 강인유 등이 봉천문奉天門 아래에서 듣고 전달한 선유宣諭에, 손내시孫內侍 죽음이 병사病死인지 자살인지 조사했더니 고려 국왕이 칼을 지닌 사람들을 창窓 아래 문 밖에 배치해 엄하게 감시하게 하자 저 화자火者(손내시)가 항의하니 성씨 박朴의 재상이 구타하고 독사毒死 시켰다고 힐책했다. 또한 고려인이 중국을 왕래하며 정탐하고 있다고 힐책했고, 제주마필濟州馬匹을 금일今日에 명일明日에 가져온다고 하며 떠들썩하기를 1년이라며 힐책했다. 그러면서 대군으로 고려를 공격할 수도 있다고 위협했다.[119] 제주마 공납과 고려에 사신으로 왔던 손내시 죽음이 고려와 명 사이에 첨예한 문제로 떠올랐던 것이다.

공민왕 22년 10월 을유일(17일)에 밀직부사密直副使 주영찬을 파견해 명 경사京師(남경)에 가서 하정賀正하고 아울러 진정표陳情表와 사은표謝恩表를 진상하고, 판선공시사判繕工寺事 우인렬禹仁烈을 파견해 말 24필·나자騾子(노새) 2필을 헌상하게 했는데, 거자擧子 김잠金潛·송문중宋文中·조신曹信이 따라갔다. 사은표에서는 손내시를 독살하지 않았다고 주장했고 중국 정탐 및 납씨納氏(나하추)와의 내통을 부인했다.[120] 11월 임인일(5일)에 영광靈光 자은도慈恩島에서 선박이 부서져 주영찬 및 김잠金潛·조신曹信이 익사하고 우인열·송문중 등은 살아서 돌아왔다.[121] 11월 을축일(28일)에 밀직부사密直副使 장자온을 파견해 주영찬을 대신해 명 경사(남경)에 가서 방물方物을 바치게 했다.[122] 고려는 손내시사건 연루를 부정하고 요동 나하추와의 내통을 부인했던 것이다.

그런데 공민왕 22년에 김갑우 공마貢馬 사건이 벌어져 고려와 명 사이에 긴장이 고조되는데 탐라말이 개재되어 있었다. 공마사절 대호군 김갑우는

---

119 『고려사』 권44, 공민왕 22년 7월
120 『고려사』 권44, 공민왕 22년 10월
121 『고려사』 권44, 공민왕 22년 11월; 『고려사절요』 권29, 공민왕 22년 10월
122 『고려사』 권44 및 『고려사절요』 권29, 공민왕 22년 11월

공민왕 21년 11월 임신일(29일)에 개경을 출발했지만 우여곡절 끝에 다음해 (공민왕 22년) 10월에야 명 수도(남경)에 도착한다. 홍무6년(공민 22년) 10월에, 고려왕 전顓(공민왕)이 그 대호군大護軍 김갑우金甲雨 등을 파견해 말 50필을 공貢했는데, 김갑우가 이르러 말하기를 도중에 2필을 망실했다고 했지만, 마馬가 이르러 수數와 같은지 묻자 김갑우가 사마私馬로써 충족(보충)했다고 하니 성실하지 않음을 미워해 황제 주원장이 그 공貢을 물리쳤다.[123]

그리고 황제가 전顓(공민왕)에게 새서璽書를 내려 말하기를, 왕의 공마貢馬 가 그 수數 50필인데, 왕의 사자使者 김갑우가 도중에 망실한 것이 둘이라 고 했지만 경京(남경)에 이른 것은 수數와 같아 김갑우가 자기 마馬로써 충족 (보충)했다고 했는데, 물으니 이르기를 도중 망실로 인해 자신이 동궁東宮(황 태자)에 진상하고자 한 것으로 비수備數했다고 했다. 만약 과연 왕이 시킨 것이라면 마땅히 수덕修德 개행改行해 국가를 보전해 부궤浮詭의 계략을 행 하지 말 것이며, 만약 사자가 스스로 한 것이면 왕은 마땅히 징계할 것이 며, 금후에 파견하는 사신은 반드시 독실한 사람을 선택하고 부박자浮薄者 는 절대로 파견하지 말라고 했다.[124]

고려 사신 김갑우가 명에 바친 말 50필은 탐라 말이었는데 그 중의 2마 리를 망실해 자신의 말 혹은 동궁(황태자)에 바치려 했던 말로 원래 수를 채 워놓았다고 해서 문제가 된 것인데, 이 공마 사건은 제주 말 공납 문제와 도 연관되어 있었다. 나중에 이 사건을 고려 측에서 조사해 만든 문건에 따르면,[125] 판전의시사判典醫寺事 김갑우가 홍무5년(공민왕 21년) 11월에 왕명 을 받고 진헌마 50필을 징발하기 위해 제주에 파견되어 홍무6년(공민왕 22 년) 정월에 제주에 도착해 달달목자達達牧子 초홀독불화肖忽禿不花 등에게서 잡색마雜色馬 50필을 선발해 3월 12일에 배에 싣고 출항했지만 바람에 밀

---

123 『明太祖實錄』 권85, 洪武六年 十月 ; 『明史』 권320, 列傳208, 外國一, 朝鮮
124 『明太祖實錄』 권85, 洪武六年 十月
125 「金甲雨盜賣馬罪名咨」(고창석, 『탐라국사료집』 吏文)

려 나주 지면에 도착했는데 말 9필을 실은 배가 왜적에게 약탈당하고 말 1필은 배에서 병사病死하자 통사通事(통역관) 오극충으로 하여금 도평의사都評議使에 보고하도록 하니 안렴사가 화매和賣한 말 10필로 50필을 채웠다. 김 갑우가 7월 3일에 (나주 지면을) 출항했지만 바람을 만나 말 2필이 엎어져 죽자 10일에 제주에 정박해 마필을 내렸다. 제주의 안무사 이하생李下生(李夏生)과 만호 관음보觀音保가 말 2필을 주어 50필을 채우게 하고 도중에 말이 죽으면 채우는 용도로 1필을 더 주었다. 김갑우가 8월 24일에 말 51필을 배에 싣고 제주를 다시 출발해 9월 10일에 명주부明州府(영파) 정해현定海縣에 도착해 말 51필을 내렸는데, 통사 오극충과 모의해 말 1필 여유분을 자기 말이라고 하여 동궁에 바쳐 선물을 받으려 했다. 진강鎭江(양쯔강변 도시)으로 올라가면서 말 2필이 엎어져 죽었다. 10월 13일에 경사(남경) 회동관會同館에 도착하고 다음날 말 48필을 진헌했다. 김갑우가 나머지 공마 1필을 자기 마馬라 칭하여 동궁에 바치려 했지만 승상이 수상히 여겨 바칠 수 없었고 귀국길에 올라 이 마馬를 래주萊州(산동성)에서 심백호沈百戶에게 팔아 그 값을 자신의 용도로 썼다는 것이다. 김갑우의 공마貢馬 여정은 고려가 탐라의 마필을 명에 전달하는 것이 얼마나 험난한 일이었는지 잘 알려준다.

공민왕 22년 12월 계축일(17일)에 대호군 김갑우가 경사京師(남경)로부터 돌아왔는데, 황제(주원장)가 수조手詔를 내려 말하기를, 두 마음이 함께 보이니 고인古人의 득실을 거울삼아 왕은 선택하라고 했다.[126] 김갑우 공마사건으로 명 황제 주원장이 자신의 마음이 많이 상했음을 공민왕에게 협박조로 통보한 것인데 이는 탐라 말의 대량 공출을 고려에 압박하는 것이기도 했다.

고려는 손내시 사건과 김갑우 공마사건으로 어그러진 명과의 관계를 회복하기 위해 힘쓴다. 공민왕 23년(1374: 홍무7년) 2월에 밀직부사密直副使 정비鄭庇와 판사 우인렬을 파견해 명 경사京師(남경)에 가서 하정賀正하고 '육로陸

---

126 『고려사』 권44, 공민왕 22년 12월

路를 통한 조견朝見(조현)을 요청'하고 또한 방물方物을 예전대로 헌상하기를 요청하고 상호군上護軍 주의周誼를 파견해 새서璽書 훈계를 사례했다.[127] 이 '청로표請路表'에서, 홍무6년 7월 13일에 찬성사 강인유 등이 경사(남경)로부터 돌아와 받은 선유성지宣諭聖旨에 지금으로부터 3년 동안은 예전처럼 누차 오고 그 후에는 3년에 한 번 진공進貢하고 금후에는 해로海路로 오지 말라고 했다고 했다. 홍무6년 7월 25일에 정비鄭庇를 파견해 정요위定遼衛를 경유해 다음해 정조正朝를 진하進賀하고 또 판선공시사判繕工寺事 주영찬을 파견해 제주마필濟州馬匹을 진헌하도록 했는데, 정비 등이 돌아와 말하기를, 정요위 관원이 성지聖旨가 없다며 억지로 돌려보냈다고 했다. 홍무6년 10월 2일에 정비鄭庇 병환으로 인해 주영찬을 밀직부사密直副使로 승진시켜 입하入賀하도록 하고 또 판선공시사 우인을 파견해 제주마필濟州馬匹을 진헌하도록 했는데, 11월 5일에 바다에서 바람을 만나 선박이 파손해 주영찬 및 서장관書狀官 조신曹信, 압마관押馬官 김천찬金天贊, 통사通事 윤방길尹方吉·강사덕姜師德, 거인擧人 김잠金潜 등 38인이 엄사淹死(익사)하고, 그 진헌進獻 예물과 제주마필濟州馬匹이 모조리 바다에 잠겨 상실되었다고 했다. 그러하니 무릇 아뢸 일이 있으면 편도便道(편리한 길)를 따르기를 허락해 달라고 했다.[128] 새서璽書를 사례하는 표문에는, 명이 고려에 대해 이미 의제儀制는 본속本俗을 따르기를 허락하고 부로俘虜(포로)는 그 가家에 돌려주기를 들어주고 심지어 질녀姪女의 유리流離를 우대해 보내주고, 제주濟州의 반측反側(반역)은 마땅하게(알맞게) 처치處置하도록 했다며 감사를 올렸다.[129]

---

127 『고려사』 권44, 공민왕 23년 2월

128 또한 고려국왕(공민왕)이 都評議使司 申에 의거해 洪武7년(공민왕 23년) 2월 28일에 명 중서성에 朝貢道路를 通하기를 요청하는 咨文을 보냈는데(규장각한국학연구원 吏文 「請通朝貢道路咨」), '請路表'와 내용이 유사하다.

129 姪女는 공민왕의 조카인 長寧公主였다. 충혜왕의 딸인 그녀는 德寧公主 出(所生)인데 元 魯王과 혼인했다가 원이 망하자 北平에서 실종되었다. 『고려사』 권91,

그림 51. 중국 난징성 중화문(필자 촬영):
탐라 공마의 종착지 명 도성(난징)의 정남 취보문聚寶門

　명이 고려의 진공進貢 회수를 줄이고 해로로의 통행을 금지하고 육로로
의 통행도 제한하며 고려를 길들이려 했다. 이에 고려가 사절단이 탄 선박
이 바다에서 바람으로 인해 침몰하면서 인원 다수가 익사하고 명에 헌상하
는 제주 말이 모조리 수장되었다면서 편도便道나 육로를 통해 명의 수도(남
경)로 통행하기를 허락해 달라고 간청한 것이었다.

　고려는 손내시 사망 사건, 제주 말의 공납 문제, 김갑우 공마액수 문제,
요동의 원 군벌과의 관계 등을 둘러싸고 명과 갈등이 고조되었고, 탐라와
도 복속과 공마를 둘러싸고 갈등했는데, 고려는 이러한 갈등의 돌파구를
찾으려 했다. 이는 결국 최영 고려군의 탐라 침략을 초래한다.

　열전4, 公主 ;『고려사절요』 권29, 공민왕 19년 4월조

5. 최영 고려군이 탐라를 침략하다

고려 공민왕은 치세 23년(1374) 7월에 탐라를 공격하기로 결정하고, 최영이 왕명을 받들어 8월에 탐라를 침략하는데 그 과정과 실상을 들여다보기로 하자.[130] 공민왕 23년(1374: 홍무7년) 4월에 명 황제가 예부주사禮部主事 임밀林密과 자목대사孳牧大使 채빈蔡斌을 보내와 탐라마耽羅馬 2,000필匹을 바치도록 하니, 문하평리 한방언韓邦彦을 파견해 탐라에 가서 말을 취하게 했다.[131] 명 황제가 공민왕 23년 4월 무신일(13일)에 예부주사 임밀과 자목대사 채빈을 보내왔는데, 명 중서성이 자문咨文을 보내, 성지聖旨를 받들건대 "이전에 사막沙漠으로 정진征進하면서 도로의 조원邈遠(아득히 멤)으로 인해 마필馬匹이 많이 손괴損壞함이 있었고 지금 대군大軍이 또 정진征進해야 하는데, 내(주원장)가 고려국에 대해 생각하니 이전 원조元朝에서 일찍이 마馬 이삼만二三萬이 있어 탐라에 머물게 하여 목양牧養해 자생孳生(번식과 생장)이 매우 많으니, 중서성이 사람을 파견해 문서를 가지고 가서 고려국왕에게 알려 호마好馬 이천필二千匹을 가려뽑아 보내도록 하라" 라고 했다고 전달했다. 이에 문하평리 한방언을 보내 탐라에 가서 말을 취하도록 한 것이었다.[132]

7월 을해일(12일)에 한방언이 제주에 이르자 합적哈赤(하치) 석질리필사石迭里必思·초고독불화肖古禿不花·관음보觀音保 등이 말하기를, "우리들이 어찌 감히 세조황제(쿠빌라이)가 방축放畜한 마馬를 대명大明에 바치리오" 하고는 다만 말 삼백필三百匹을 보냈다.[133] '목호牧胡' 합적哈赤은 탐라의 말이 원세조가 방목한 것이라며 명에 대량 공급을 협조하지 않았는데 고려 혹은 명의 침략에 대해 제대로 대비하지 못한 상태여서 문제였다.

---

130 이에 대해서는 김창현, 『주제로 본 탐라국사』 제5장을 상당히 참고해 작성했다.
131 『고려사절요』 권29, 공민왕 23년 4월
132 『고려사』 세가 공민왕 23년 4월
133 『고려사』 권44 및 『고려사절요』 권29, 공민왕 23년 7월

7월 무자일(25일)에 임밀林密 등이 왕에게 말하기를, "제주마濟州馬가 이천二千 액수에 차지 않으면 황제가 반드시 우리를 주륙하리니, 청컨대 금일에 왕에게 죄를 받으리라"고 하니, 왕이 대답하지 않다가 마침내 의논해 제주를 정벌하기로 했다.[134] 그리고 다음날인 기축일(26일)에 왕이 문하찬성사 최영崔瑩 등에게 제주를 토벌하도록 명령했다.[135] 태조 고황제高皇帝(주원장)가 임밀 등을 파견해 우리(고려)로 하여금 제주마濟州馬 이천필二千匹을 취하여 바치도록 했지만, 합적哈赤 석질리필사石迭里必思·초고독불화肖古禿不花·관음보觀音保 등이 단지 삼백필三百匹을 보내자 임밀 등이 분노하니, 왕이 마침내 의논해 제주를 정벌하도록 했다고 한다.[136] 제주행병도통사濟州行兵都統使 최영 등이 홍무7년(1374: 갑인년: 공민23) 7월 25일에 왕지王旨를 받들었는데, 그 왕지는 "탐라 호마好馬 이천필二千匹을 데려오라는 성지聖旨(명황제 명령)를 삼가 받들었지만 그 '탐라제주耽羅濟州' 합적목자哈赤牧子 초홀독불화肖忽禿不花(초고독불화)·석첩리필사石帖里必思(석질리필사)·권만호權萬戶 관음보觀音保 등이 성지聖旨를 위배해 단지 마馬 삼백필三百匹을 내주니, 지금 삼가 홍무5년 7월에 이미 받은 조지詔旨 즉 '탐라목자耽羅牧子가 무상無狀하니 인순因循해 모욕을 당해서는 안되므로 신속히 병력을 동원해 토벌하라'라는 황명에 의거해 군사를 발동해 문죄問罪를 시행하라"는 것이었다.[137]

고려가 '탐라제주耽羅濟州' 합적목자哈赤牧子가 단지 말 삼백필만 내주었다

---

134 『고려사』 권44 및 『고려사절요』 권29, 공민왕 23년 7월
135 『고려사』 권44 및 『고려사절요』 권29, 공민왕 23년 7월
136 『고려사』 권113, 최영전. 한편 7월 신묘일(28일)에 金甲雨 및 譯語 吳克忠을 주살했는데(『고려사』 권44, 공민왕 23년), 공마액수와 관련한 명 황제의 질책을 반영한 것으로 押馬官과 통역관이 희생당한 것이었다. 이해 8월 임자일(19일)에는 宗親·宰樞·代言 이상에게 명령해 각기 馬 1匹을 내어 명에의 進獻을 보충하게 했다(『고려사』 권44).
137 「濟州行兵都評議使司申」(규장각한국학연구원 소장). 이 문서는 高麗國 都評議使司가 濟州行兵都統使 贊成事 崔瑩 등의 牒에 의거해 작성한 것이었다.

고 하면서 '탐라제주'라는 표현을 사용했는데, 이곳이 역사적인 국제적인 분쟁지역으로 떠오른 점이 작용하기도 했고 당시 이곳이 '탐라'와 '제주' 두 가지 성격을 지닌 상황을 반영한 것이기도 했다. 공민왕은 홍무7년 (1374) 7월 25일에 제주를 토벌하기로 결정하고 바로 이날에 최영 등에게 제주를 토벌하라는 왕명을 내렸던 것이고 7월 26일에는 군사를 편성해 출정을 명령했던 것인데, 탐라에 대해 군사행동을 허락한 홍무5년 7월의 황명을 명분으로 내세웠다.

『고려사』 세가에 따르면, 고려 공민왕은 23년(1374) 7월 기축일(26일)에 명령하여 문하찬성사 최영崔瑩으로 양광도·전라도·경상도 도통사都統使를, 밀직제학 염흥방廉興邦으로 도병마사都兵馬使를 삼고, 삼사좌사 이희필李希泌과 판밀직사사 변안렬邊安烈로 차례대로 양광도 상원수上元帥와 부원수副元帥를 삼고, 찬성사 목인길睦仁吉과 밀직密直 임견미林堅味로 차례대로 전라도 상원수와 부원수를 삼고, 판숭경부사判崇敬府事 지윤池奫과 동지밀직사사 나세羅世로 차례대로 경상도 상원수와 부원수를 삼아 각기 그 도道의 병력을 거느리도록 하고, 지문하사 김유金庾로 삼도조전원수三道助戰元帥 겸 서해도 西海道·교주도 도순문사都巡問使를 삼았다. 그리고 전함戰艦 314척과 예졸銳卒 25,605를 거느리고 가서 제주를 토벌하게 했다.[138] 『고려사절요』에는 왕이 문하찬성사 최영 등에게 명령해 제주에 가서 토벌하게 했는데, 전함戰艦 314척·예졸銳卒 25,605라고 요약되어 있다.[139] 『고려사』 최영전에는 왕이 최영 등에게 전함 314척·사졸士卒 25,600인을 거느려 제주를 토벌하게 했다고[140] 되어 있다.

총사령관 최영이 이끄는 침략군의 규모는 전함戰艦 314척과 예졸銳卒(사졸士卒) 25,605(대략 25,600)명이었다. 도통사 최영이 총지휘하고 도병마사 염

---

138 『고려사』 세가 공민왕 23년 7월
139 『고려사절요』 권29, 공민왕 23년 7월
140 『고려사』 권113, 崔瑩傳

홍방이 참모로 보좌했고, 상원수 이희필과 부원수 변안렬이 양광도 군대를, 상원수 목인길과 부원수 임견미가 전라도 군대를, 상원수 지윤과 부원수 나세가 경상도 군대를 지휘했다. 탐라침략 고려군은 양광도(현재 서울, 경기남부, 충청도), 전라도, 경상도, 이 삼도의 연합부대였던 것이다.[141] 지문하사 김유金庾는 삼도조전원수 겸 서해도·교주도 도순문사都巡問使로서 삼도(양광도·전라도·경상도) 군대를 지원하는 역할을 수행했다.

왕이 최영 등에게 출정을 명령하면서 교서를 내리기를, "'탐라국耽羅國'은 해중海中에서 대대로 직공職貢을 닦아온 지 500년인데 근래 목호牧胡 석질리필사石迭里必思·초고독불화肖古禿不花·관음보觀音保 등이 아我(공민왕: 고려) 사신使臣을 살륙하고 아我(공민왕: 고려) 백성百姓을 노비로 삼아 죄악이 가득 차니, 지금 그대(최영)에게 절節(부절符節)·월鉞(도끼)을 수여하나니 가서 제군諸軍을 감독해 기한을 정하여 모조리 섬멸하라" 라고 했다. 또한 문하평리 유연柳淵으로 양광도 도순문사都巡問使를, 지밀직사사 홍사우洪師禹로 전라도 도순문사都巡問使를 삼아 유진留鎭하여 불우不虞를 대비하도록 했다.[142] 재추가 모여 전별餞別했는데 여러 원수들이 모두 울면서 눈물을 흘렸지만 최영과 변안렬은 유독 자약自若했다.[143]

공민왕은 탐라를 '탐라국'이라 표현해 국가로 인정하면서도 고려에 조공을 바쳐온 속국으로 인식하고 있었으며 '목호牧胡'에 대해 자신의 사신使臣을 죽이고 자신의 백성을 노비로 삼았다며 모조리 죽이라고 명령했다.

---

141 康好文이 계축년(1373: 공민왕22) 春에 寧州(천안)에 부임해 祖廟(태조 사당)를 알현하고 근무했는데 行旅를 위한 南院이 왜구에 의해 불탄 것을 알고 재건을 도모하다가 국가에 '耽羅役'이 발생했기 때문에 완성하지 못했다고 한다(『동문선』 권80, 康好文「寧州南院樓記」). '耽羅役' 즉 공민왕 23년의 耽羅戰役에 천안의 男丁도 양광도 소속으로 차출되었기 때문에 천안 南院 공사를 중단했던 것이다.
142 『고려사』 공민왕 23년 7월
143 『고려사』 권113, 최영전

공민왕은 탐라 공격에 대해 홍무 5년 7월에 이미 받든 조지詔旨(명 황제 명령)에 탐라목자耽羅牧子가 무상無狀하니 인순因循하며 모욕을 당해서는 안되기에 신속히 병력을 발동해 토벌하라고 한 것을 준수하는 것이라고 천명했으니[144] 명의 허락이 탐라에 치명타였던 것이다.

최영의 고려군은 곧 탐라제주로 향한다. 『고려사』 세가에 따르면, 공민왕 23년 8월 신유일(28일)에 최영이 제군諸軍을 거느리고 탐라에 이르러 떨쳐 공격해 대패大敗시키고 마침내 적괴賊魁 3인을 베어 그 머리를 경京(개경)에 전하니 탐라가 평정되었다.[145] 『고려사절요』에 따르면, 최영이 제군諸軍을 거느리고 탐라 명월포明月浦에 이르니 적賊이 삼천기三千騎 남짓으로 항거했는데 제군諸軍이 해안에 내리고 두류逗遛해 나아가지 않자 최영이 비장裨將 하나의 목을 베어 여기저기 돌리니 대군大軍이 일제히 나아가 좌우로 떨쳐 공격해 대파大破하고 마침내 적괴賊魁 3인을 베어 머리를 경京(개경)에 전하니 탐라가 평정되었다.[146] 최영의 지휘 방식은 휘하 장졸을 죽여 공포 분위기를 조성하는 잔인한 방식이었다.

최영의 탐라 공략은 단순하지 않았으니 『고려사』 권113, 최영전에 꽤 자세하게 소개되어 있어 살펴보기로 한다.

8월에 군사가 나주에 이르자 최영이 영산榮山에서 열병閱兵해 제장諸將과 약속하기를, "여러 도道의 선박은 서로 섞여서는 안되니 마땅히 각기 장상

---

144 「濟州行兵都評議使司申」
145 『고려사』 세가 공민왕 23년 8월. 한편 『고려사』 지리지 탐라현편에는 "(공민왕) 十八年 元牧子哈赤 跋扈殺害官吏, 越六年八月 王遣都統使崔瑩討滅哈赤 復置官吏", 즉 공민왕 18년에 元牧子 哈赤이 跋扈해 官吏를 살해했고, 6년이 지난 8월(공민왕 23년 8월)에 왕이 파견한 都統使 崔瑩이 哈赤을 討滅해 官吏를 다시 두었다고 했는데, 공민왕 18년과 23년 사이에 탐라를 둘러싼 많은 사건들이 있었다.
146 『고려사절요』 권29, 공민왕 23년 8월. 한편 박진훈 묘지명에 따르면, 朴眞訓이 최영이 공민왕23년 갑인년 7월에 탐라를 토벌할 때에 尉로서 參軍해 戰功을 세워 散員에 올랐다고 한다.

檣上(돛대 위)에 기치旗幟를 달아 표시하고, 배에 두목관頭目官을 두어 난행亂行하지 못하도록 하고, 배가 출발하면 각기 대오를 정비해 때에 맞추어 초급樵汲하고(나무하고 물 긷고), 만약 왜구를 만나면 좌우에서 협격하고 능히 포획하는 자는 크게 작상爵賞을 더한다. 제주濟州에 이르면, 각기 전함戰艦을 이끌고 동시에 함께 진격해 혹 차서次序를 잃지 말도록 하고, 군사는 각기 신지信地를 점거해 통연通烟하며 서로 알리고, 제군諸軍 동정動靜은 도통사都統使의 각성角聲(뿔나팔 소리)을 들어서 행하여 혹 어긋나지 말도록 하라. 공성攻城하는 날에 민民 중에 합적哈赤에 당여黨與하여 순명順命하지 않는 자가 있으면 병력을 풀어 모조리 주살하고 그 중에서 항복하는 자는 맞이하지(받아주) 않고, 적괴賊魁 가산家産은 모두 다 관官에 운송하고, 또한 공사계권公私契卷·금은패金銀牌·인신印信·마적馬籍을 얻으면 역시 모두 관官에 운송하되 획득자에게 포상하고, 불우佛宇·도전道殿·신사神祠를 지키는 자를 어지럽히지 말고, 화보貨寶를 탐하고 역전力戰하지 않는 자는 처벌하고, 화보貨寶를 얻어 먼저 선박으로 돌아와 도망하는 자는 군법으로 논한다"라고 했다.

이 고려군은 여러 도道 군대의 독자성을 보장하면서 도통사 최영의 명령을 준수해야 하고 도중에 왜구를 만나면 좌우에서 협격하고 제주에 이르면 함께 일제히 진격하기로 약속했다. 최영은 제주 민民 중에 합적哈赤에 당여하여 순명順命하지 않는 자는 모조리 주살하라는 섬뜩 잔인한 명령을 나주 영산포에서 내렸다.

최영 고려군이 나주 영산포에서 승선해 출발하여 나아가 검산곶黔山串에 이르렀는데 제장諸將이 말하기를, "배가 움직인지 이미 오래고 바람이 또 점차 높으니 마땅히 빨리 군사를 움직여야 합니다"라고 했다. 하지만 최영이 말하기를, "금일은 바람이 이롭지 않고 서해西海 전함이 일백으로써 헤아려지건만 아직 이르지 않았는데 어찌 먼저 가리오" 하니, 제장諸將이 울분했다. 최영은 제주로 천천히 가고자 한 반면 여러 장수들은 서해 전함이 아직 합류하지 못했음에도 신속히 가려 하여 의견이 충돌했다.

보길普吉(보길도)에 이르러 정박했는데, 최영이 또 바람이 없다며 머물려고 하자 제장諸將이 말하기를, "병기兵機는 신속을 귀하게 여기건만 엄류淹留하며 나아가지 않으니, 후에 만약 논박함이 있으면 허물을 장차 누가 감당하리오" 했지만 최영이 응하지 않았다. 염흥방이 말하기를, "제장諸將의 말을 청납하지 않을 수 없습니다" 하니 최영이 따랐다. 하지만 날이 이미 정오가 되었는데도 오히려 망설이며 출발하지 않자 변안열 휘하 군사가 먼저 배를 출발하니 최영이 크게 노하여 장간檣竿(돛대)에 매달아 조리돌렸다. 이윽고 제도諸道 선박이 돛을 올려 일제히 출발하자 최영이 부득이 닻을 들어 올려 배를 움직였는데, 서해西海 선박 역시 이르렀다. 중도에 대풍大風을 만나 여러 선박이 사방으로 흩어졌다. 집단적인 항명이 발생하자 총사령관 최영도 어쩔 수 없이 따랐던 것이다.

고려 함대는 보길도에서 남하하다가 대풍을 만나 사방으로 흩어지는 위기를 겪었다. 날이 저물어 추자도楸子島에 도달하려는데 홀연히 풍우風雨가 크게 일어나 배가 해안 벼랑의 암석에 접촉해 닻줄이 많이 끊어지고 노(櫓)를 잃었다. 이 함대는 후술하듯이 추자도에 닻을 내려 정박했다.

다음날 고려 함대가 제주濟州에 이르렀다. 최영 부서部署의 제장諸將이 사면으로 나누어 공격하자 석질리필사石迭里必思·초고독불화肖古禿不花·관음보觀音保 등이 삼천기三千騎 남짓으로 명월포明月浦에서 막았다. 최영이 전 제주목사 박윤청朴允淸을 보내 문서로써 효유하기를, "지금 병력을 일으켜 죄를 물음은 형세상 부득이한 것이라, 적괴賊魁를 제외하고 성주星主·왕자王子·토관土官·군민軍民은 마땅히 모두 다 예전처럼 안도按堵하리라, 비록 적적賊에 당여한 자라도 항부降附하면 역시 관전寬典을 따르도록 하리라, 만약 혹 위역違逆하면 대병大兵이 단번에 임림臨하여 옥석玉石이 함께 불타리니, 후회 막급하리라" 라 했다. 최영이 제장諸將과 함께 해안에 내렸는데 군사가 뒷걸음치며 진격하지 않자 한 비장裨將의 목을 베어 여기저기 돌렸다. 이에 대군大軍이 일제히 나아가 좌우에서 떨쳐 공격해 대파大破하고 승기를 타서 북쪽

그림 52. 옹포천(월계천) 포구와 한림항(필자 촬영): 명월포에 해당하리라 추정됨

으로 추격해 30리里에 이르러 날이 저무니 명월포明月浦로 돌아와 물가를 따라 영營을 만들어 머물렀다. 적적賊이 안무사 이하생李下生을 죽였다. 최영 고려군이 제주 명월포[147]로 진입해, 적적賊에 당여한 자라도 항복하면 용서한 다고 설득하는 한편 '목호牧胡' 군대와 전투를 벌이게 된 것이었다.

고려 제장諸將이 한라산漢拏山 아래에 주둔해 병력을 쉬게 했다. 그 때에 아사我師(고려군)가 적적賊의 말을 많이 획득해 모두 다 기병騎兵이 되었다. 적 괴賊魁 3인이 와서 도전해 거짓 패배해 달아나 장차 효성오음曉星五音(새별오 름)의 들판에 유인해 기병騎兵으로써 넘어뜨리려 했다. 최영이 그 계략을 알 고 예졸銳卒에게 명령해 급히 뒤쫓게 하니 적괴賊魁가 달아나 산남山南(한라산

---

147 명월포는 옹포라기보다 월계천(옹포천) 河口와 마두천(한림천) 河口 사이의 포구 즉 현재 한림항 일대로 여겨진다. 명월포는 조선시대에 풍부한 용천수로 인해 畓 이 만들어지고 을묘왜변 이후 제주 포구가 조천포와 별도포 위주로 운영되면서 쇠퇴하는 듯하다.

그림 53. 서귀포 범섬(필자 촬영): '목호'의 수난지

남쪽) 호도虎島(범섬)로 들어갔다. 최영이 전 부령副令 정룡鄭龍을 보내 경함輕艦(가벼운 함정) 40척을 거느려 포위하도록 하고 자신이 정병精兵을 거느리고 이어서 나아가니 석질리필사石迭里必思가 처자妻子를 거느리고 그 당여 수십인數十人과 함께 나왔다. 이에 초고독불화肖古禿不花·관음보觀音保가 벗어나지 못함을 알고 절벽에서 떨어져 죽었다. 최영이 석질리필사石迭里必思와 그 삼자三子(세 아들)의 허리를 베고 또 초고독불화·관음보의 머리를 베어 지병마사知兵馬使 안주安柱를 파견해 왕에게 헌상하게 했다. 동도東道 합적哈赤 석다시만石多時萬·조장홀고손趙莊忽古孫 등이 여전히 수백인數百人을 거느리고 성城을 근거로 하여 항복하지 않으니 최영이 제장諸將을 거느리고 공격하자 적적賊이 무너져 달아나니 쫓아가 잡고 여당餘黨을 수색해 체포해 모조리 죽임에 사망자가 서로 베개를 베듯이 이어졌다. 금패金牌 9개·은패銀牌 10개·인신印信 30개와 말 일천필一千匹을 획득해, 인신印信은 만호萬戶·안무사安撫使·성주星主·왕자王子에게 주고, 말은 여러 주州에 나누어 기르게 했다. 최영

고려군이 합적哈赤과 남은 당여를 잔혹하게 대량 학살한 것인데 학살당한 사람들 중에는 탐라민도 많이 포함되어 있었을 것이다.

최영의 탐라 공략에 대해 도평의사사가 최영이 보낸 보고에 의거해 작성한 문서[148]를 통해 좀더 살펴보자. 이 문서에 따르면, 최영이 관군인官軍人들을 통령하여 8월 12일에 포왜선捕倭船 300척을 타고 진도珍島에 나아가 회합해 출발했다. 소한도所閑島(소안도)와 보길도甫吉島에 이르렀는데 역풍을 만나 24일에야 출항했지만 악풍惡風을 만나 배 30여 척을 손괴損壞(파손) 당하고 추자도楸子島로 진입했다가 28일에 출항했다. 마침내 제주 명월포明月浦에 도착해 정박해 사람을 보내 합적목자哈赤牧子들을 불렀다. 하지만 합적 목자들은 귀순하지 않고 왕명 문서를 찢고 먼저 해안에 도착한 배 11척의 군인을 모조리 죽이고 목사(제주목사) 이하생李下生을 살해했고, 마병馬兵과 보병步兵을 모아 거느렸는데 그 수를 헤아릴 수 없을 정도로 많았다. 명월촌明月村으로부터 빙비冰非(어름비) 지면地面, 명근오음明近吾音(밝은오름) 지면, 금물오음今勿吾音(검은오름) 지면, 효성오음曉星吾音(새별오름) 지면, 연래延來(예래) 지면, 홍로洪爐(천지연 일대) 지면에 이르기까지 주야晝夜를 따지지 않고 서로 겨루며 전투했다. 백반百般으로 공토攻討하니 합적목자哈赤牧子들이 항거해 전투하다가 이기지 못하자 도망해 호도虎島(범섬)로 들어갔다. 이로 인해 병력을 파견해 포위하니 호도의 험한 절벽에서 스스로 바닷물에 몸을 던져 죽었다. 초홀독불화肖忽禿不花·석첩리필사石帖里必思·관음보觀音保 등의 시수屍首(시체)를 거두어 이쪽 해안으로 가져와 목을 베어 대중에게 보이고 합적목자哈赤牧子 답실만答失蠻 등 101명을 사로잡아 초무招撫하는 사이에 답실만 등이 다시 반란을 일으키니 이로 인해 답실만 등을 모두 주륙하고 그 나머지 당류黨類 및 본토本土(제주) 관민인官民人을 다시 초무하여 안업安業하게 했다. 이미 받은 왕지王旨에 의거해 박윤청朴允淸을 목사로, 임완林完을 안무사

<hr />

148 「濟州行兵都評議使司申」

로, 김계생金桂生과 석천검石天劍을 마축사馬畜使로 각각 충임하고 판관 김인계金仁桂·양대생梁大生·엄효충嚴孝忠 등과 함께 관령管領해 지키게 했다.[149]

최영 고려군이 이처럼 승리해 금패金牌 9개, 은패銀牌 10개, 인신印信 30개, 마馬 일천필一千匹을 획득했다. 인신印信은 만호·안무사·성주星主·왕자王子에게 주고, 마馬는 여러 주州에 나누어 기르게 하고, 군졸 중에 마우馬牛를 죽여 먹은 자가 있어 혹 머리를 베고 혹 팔을 절단해 돌리며 전시하니 사졸士卒이 다리를 떨며 두려워해 추호秋毫도 감히 범하는 자가 없었다고 한다.[150] 탐라의 지배자인 성주와 왕자는 인신印信을 받은 것으로 보아 대개 최영 고려군에 협조해 기득권을 상당히 보장받았던 것 같다. 탐라는 최영 고려군에게 유린당하면서 타격을 받아 독립 혹은 반半 독립의 상태가 흔들린다.

최영이 탐라에 심은 고려 관원과 군인은 탐라 여인에게 못된 짓을 벌이기도 했다.『동국여지승람』정의현 편에 따르면 직원職員(탐라목장 '목호') 석나리보개石那里甫介가 '합적哈赤의 난' 때 사망했는데 그 처妻인 정씨鄭氏가 젊고 자식이 없고 자색姿色이 있어 안무사 군관軍官이 강제로 그녀와 혼인하고자 했다. 이에 정씨가 죽기로 맹세해 칼을 끌어당겨 목을 베어 자결하고자 하니 끝내 군관이 그녀와 혼인할 수 없었으며, 그녀는 늙을 때까지 재혼하지 않았다. 이 일이 알려지자 열녀로 선정되어 정려旌閭되었다고 한다.[151] 조선 세종 10년 10월 병오일(28일) 예조가 경외京外 효자孝子·순손順孫·

---

149 冰非는 곧 '어름비'로 어음리에, 明近吾音은 밝은오름에, 今勿吾音은 검은오름(금오름)에, 曉星五音은 새별오름에 비정되고 있다. 오성찬,『제주토속지명사전』, 민음사, 1992 참조.

150 『고려사』권113, 최영전

151 『신증동국여지승람』전라도 정의현, 烈女. 高麗 '鄭氏' [職員 石那里甫介之妻. 哈赤之亂, 其夫死, 鄭年少無子 有姿色, 安撫使軍官欲强娶之 鄭以死自誓 引刀欲自刎 竟不得娶, 至老不嫁, 事聞旌閭]

그림 54. 열녀정씨 정려비(필자 촬영): 서귀포시 남원읍 한남리 소재

절부節婦를 물어 찾아서 아뢰었다. 정의인旌義人 직원職員 석아보리개石阿甫里介의 처妻가 20살에 혼인한지 9년 만에 그 남편이 사망했는데 자식도 없고 부모·노예도 없어 곤궁해 굶주려도 달게 여기며 많은 구혼자求婚者를 뿌리치고 끝내 절개를 바꾸지 않았다고 하니 왕이 이조에 내려 표창하도록 했다.[152] '목호' 석나리보개石那里甫介(석아보리개石阿甫里介)가 최영 고려군과 싸워 전사하자 최영이 탐라에 남긴 군관이 혼인을 빙자해 그 '목호'의 처 정씨를 강간하려다가 그녀의 격렬한 저항에 포기했고, 다른 뭇 남성들의 요구에도 응하지 않았다는 것이다. 이 사례는 그녀가 훗날 열녀로 표창받으면서 기록에 남은 것이고, 탐라의 상당수 여성들이 최영의 고려군과 그가 남긴 인

---

152 『세종실록』 권42, 세종 10년 10월 병오. "禮曹訪京外孝子順孫節婦以啓, '… 旌義人職員石阿甫里介妻無命, 年二十而嫁, 居九年夫死, 無子無父母奴隷, 甘心窮餓, 求婚者衆, 終不改節 …'. 命下吏曹"

원에게 수난을 당했을 것이다.

최영 고려군은 탐라를 진압하자 관마官馬 1700필을 가려 뽑았지만 명월포 정박의 군선軍船 40척이 악풍惡風으로 인해 암석에 부딪쳐 파손되었다. 이로 인해 선박 수효가 부족해 단지 말 930필을 남아 있는 배에 나누어 싣고 그 나머지 770필은 안무사 임완林完 등에게 책임을 맡겨 수령했다가 나중에 장출裝出하도록 하였다. 당직當職(최영)은 9월 22일에 배를 타고 제주를 떠나 화탈이해도火脫伊海島(화탈도)에 이르렀지만 역풍을 만나 명월포로 되돌아왔다. 다음날 다시 출항해 추자도에 이르러 정박했다. 10월 5일 출항해 취도鷲島에 이르렀지만 악풍을 만나 추자도로 돌아와 정박해 머물다가 이달 18일에 출항했지만 또 악풍을 만나 진도珍島 및 소한도所閑島·보길도甫吉島 등에 이르렀다. 11월 3일에 전라도 목포木浦에 이르러 해안에 정박했는데, 배에 실은 마필은 풍랑으로 인해 물에 빠져 잇달아 죽기를 그 수가 무려 93필에 이르니, 실제 살아남은 것은 837필이었다.[153]

최영 고려군은 8월에 나주에서 모여 배에 타서 영산포를 출발해 영산강을 나와 8월 12일에 300척으로 진도珍島에서 회합하고 소한도所閑島를 거쳐 보길도甫吉島에 이르러 역풍을 만나 24일에야 출항해 악풍을 만나 배 30여 척을 파손당하고 추자도楸子島로 진입했다. 28일에 추자도를 떠나 제주 명월포明月浦에 도착해 목자牧子와 전투를 벌여 승리를 거두었다. 9월 22일에 배를 타고 제주를 떠났지만 화탈이해도(화탈도)에서 역풍을 만나 명월포로 되돌아왔다가 다음날 출항해 추자도에 정박하고, 10월 5일 출항해 취도鷲島에 이르렀지만 악풍을 만나 추자도로 돌아와 머물렀고, 이달 18일에 추자도를 출항했지만 악풍을 만나 진도 및 소한도所閑島·보길도 등에 이르렀다가 11월 3일에야 전라도 목포에 도착할 수 있었다.

공민왕 23년(1374) 9월 계해일(1일)에 고려가 명 사신 임밀林密 등을 위해

---

153 「濟州行兵都評議使司申」

그림 55. 추자항(필자 촬영): 탐라제주와 육지 항로의 요충

궁중에서 전별 연회를 열었다. 9월 갑자일(2일)에 임밀林密·채빈蔡斌 등이 경사(남경)로 돌아가니, 밀직부사密直副使(동지밀직사사) 김의金義를 파견해 진마進馬 300필을 거느려 정요위定遼衛(요동)에 호송하고 또한 동지밀직사사 장자온을 파견해 조공도로 통하도록 함에 사례하고 관복冠服을 요청하게 했다.[154] 최영 군사가 아직 돌아오지 않은 상황에서 김의를 파견해 명에 말 300필을 바치게 한 것인데, 그것은 곧 '목호'가 내준 탐라마로 정확하게는 후술하듯이 350필이고 그 중의 양호한 말 200필을 끌고 간다.

그런데 공민왕 23년 9월 갑신일(22일)에 왕이 갑자기 45세로 세상을 떴는데 환자宦者 최만생崔萬生과 행신幸臣 홍륜洪倫 등이 왕을 시해한 것이라고

---

154 『고려사』 권44 공민왕 23년 八月(九月의 오류) 癸亥 ; 『고려사절요』 권29, 공민왕 23년 9월 ; 『고려사』 권131, 叛逆傳5, 金義. 한편 이해 9월에 지문하사 鄭庇를 파견해 京師(남경)에 가서 말을 바치게 했다(『고려사절요』 권29).

한다.[155] 23년 9월 갑진일(갑신일의 오류)에 왕이 시해당하니 후后(태후)가 종실에서 선택해 옹립하고자 했는데 시중 이인임李仁任이 백관을 거느리고 우禑(우왕)를 세웠다고 한다.[156] 『고려사』 최영전에는 10월에 최영이 제장諸將과 함께 군사를 거느리고 돌아왔는데 왕이 이미 훙薨했기 때문에 재궁梓宮에 복명復命해 통곡하며 목이 메었다고 한다.[157] 최영의 보고에 의해 작성된 도평의사사 문서에는 최영이 11월 3일에 전라도 목포木浦에 도착했다고 했으니 최영이 공민왕의 사망을 안 시점이 최영전과 차이가 있어 수상한 의문점이 많다. 탐라 침공을 명령한 우두머리 공민왕은 무참하게 살해당했고 탐라 침공을 지휘한 우두머리 최영은 살아 돌아와 권력을 차지하게 된다.

최영은 그의 탐라로의 항해 과정을 보면 나주 영산포에서 출발해 진도에서 회합해 검산곶黔山串(진도 소재)에서 미적거리고 보길도에 정박해 한동안 머물려고 했다. 이로 보아 그는 탐라침공 작전에 적극적이지 않았으며 남해안 일대에 머물면서 개경의 정세 변화를 기다렸던 것 같다. 혹시 그가 공민왕 암살계획을 알고 보길도에서 시간을 보내면서 소식이 오기를 고대했던 것이 아닐까. 공민왕 암살 직후에 뒷수습을 하고 어린 우왕을 새 왕으로 옹립한 인물이 최영과 절친한 이인임이기에 더욱 그러한 의심이 들게 한다.

최영은 보길도에서 그의 명령을 거역해 여러 도道의 함선이 일제히 출발하자 어쩔 수 없이 제주로 진입해 탐라 합적哈赤을 평정해 개선했는데 공민왕은 이미 암살당한 상태였다. 그래서 이인임과 최영이 권력을 장악해 어린 우왕의 왕권을 무시하며 공동정권을 운영해 나간다. 우왕의 유모 장씨가 왕의 측근세력을 규합해 이인임과 최영에게 대항하려 했지만 군사권

---

155 『고려사』 권44 및 『고려사절요』 권29, 공민왕 23년 9월 ; 『고려사』 권131, 열전 44, 叛逆5, 洪倫 ; 『고려사』 권64, 예지6, 凶禮, 國恤

156 『고려사』 권89, 열전2, 后妃2, (忠肅王)明德太后洪氏. 9월에는 甲辰이라는 간지가 없고, 공민왕이 시해된 날은 9월 甲申(22일)이다.

157 『고려사』 권113, 최영전

을 장악한 최영의 반격을 받아 실패하는데, 우왕은 자기를 키워 어머니와 같은 유모를 살려달라고 울면서 최영에게 애걸했지만 최영은 우왕의 이러한 부탁을 매몰차게 거역하고 유모 장씨를 유배했다가 죽인다.[158] 신하 최영이 우왕의 왕권을 능멸한 것이었다. 최영은 고려의 영웅일 수 있지만 탐라에게는 탐라민을 대량 학살한 주역이었다.

최영이 귀환하는데 명 사신이 돌아가다가 고려관료 김의金義에 의해 살해당하는 일이 발생한다. 이에 대한 자세한 사항은 고려국 도평의사사가 홍무7년(1374: 우왕 즉위년) 12월 25일에 명 중서성에 알리는 문서인 「김의반역金義叛逆 도평의사사신都評議使司申」[159]에 담겨 있다. 이 문서에 따르면, 고려국 도평의사사都評議使司가 살펴보건대, 선국왕先國王(공민왕)이 아직 홍서薨逝하지 않은 때인 홍무7년(1374: 공민왕 23) 4월 13일에 받은 중서성 자문咨文에, 홍무7년 2월 3일에 받든 성지聖旨 즉 '정진征進 마필馬匹을 위해 예부주사禮部主事 임실주林實週·자목소대사孶牧所大使 채빈蔡斌을 파견해 탐라耽羅 호마好馬 이천필二千匹을 취하여 육속陸續해(연속해) 정요위定遼衛에 보내어 옮겨서 경京(남경)으로 나아오도록 시행하라'는 것이 담겨 있다고 했다. 이에 의거해 곧바로 동지밀직사사 한방언을 파견해 '탐라제주耽羅濟州'에 나아가서 성지聖旨 사의事意에 의거해 마필馬匹을 취하려 했는데, 제주濟州 달달목자達達牧子 초홀독불화肖忽禿不花·석첩리필사石帖里必思·권만호權萬戶 관음보觀音保 등이 성지聖旨를 위배해 다만 마馬 350필을 주고 그 나머지 마필은 데려가지 못하게 하니, 이로써 두 사신使臣에게 계품計稟했다고 했다. 홍무5년(1372) 7월에 이미 받든 성지聖旨에 "탐라목자耽羅牧子가 무상無狀하니 인순因循해 모욕을 당해서는 안되므로 빨리 발병發兵해 토벌하라"는 사의事意를 따라, 찬

---

158 『고려사』 권113, 최영전 ; 『고려사』 권134, 신우전, 우왕 5년 ; 『고려사절요』 권 31, 우왕 5년 ; 『고려사』 권89, 后妃전2, (忠肅王)明德太后洪氏

159 규장각한국학연구원 소장 『吏文』 및 구범진 역주 『이문역주 상』(세창출판사, 2012), 「金義叛逆都評議使司申」

성사 최영崔瑩 등 관원을 파견해 나아가게 하여 문죄問罪했고, 이전에 바다를 건넌 마馬 350필 내에서 여위고 약해 먹이고 길러야 하는 150필을 제외하고 양호한 마馬 200필은 사람을 파견해 압령押領하도록 했다고 했다.

밀직부사密直副使 김의金義가 말을 압령하고 사신 채대사蔡大使 등을 호송護送해 홍무7년 9월 3일에 왕경을 떠나 서경西京 지면에 이르렀을 때 뜻하지 않게 국왕(공민왕)이 9월 23일에 훙서薨逝하니 유지遺旨를 따라 사남嗣男(우왕)이 습위襲位했고, 11월 22일에 사신 인솔에 따라 김의金義가 말을 압령해 의주義州 압록강을 건넜다고 했다. 12월 8일에 압마관押馬官 전前 호군護軍 주용검周龍劍의 장고狀告에 의거하면, 주용검이 김의金義를 수행해 인부人夫를 인솔해 정진마征進馬 이백필二百匹을 압령押領하고 조정차례관朝廷差來官 임주사林主事·채대사蔡大使를 호송해, 11월 22일에 강(압록강)을 건너 정요위定遼衛를 향하여 가고, 24일에 지손참只孫站에 도달해 각기 와포窩鋪를 만들어 숙박했다고 했다. 그런데 11월 25일 새벽 미명未明에 김의金義가 자신의 반당인伴倘人(수행원)을 인솔해 반란하여 채대사蔡大使와 그 반당伴倘을 살해했는데, 그 때에 주용검이 급히 도주해 동행진표사同行進表使 장자온을 대면해 알렸다고 했다. 살피건대 소방小邦(고려)은 신하로서 성조聖朝(명)를 섬긴 이래 달리 위이違貳(두 마음)가 없었는데, 뜻하지 않게 호송압마인護送押馬人 김의金義가 변심하여 악역惡逆이 생겨 천사天使를 살해하고 관마官馬를 겁탈해 반역하여 저 다른 지경으로 들어갔다고 했다. 왕대비(명덕태후 홍씨)가 도평의사사로 하여금 사람을 파견해 조정(명)에 아뢰도록 하니, 도평의사사가 지금 판종부시사判宗簿寺事 최원崔源을 파견해 역마를 달려 상항上項 표문을 가지고 나아가도록 한다고 했다.

(최영이) 제주에서 취하여 먼저 바다를 건넌 마馬 930필 액수 내에 바람과 파도로 인해 엄몰渰沒(침몰)한 것이 93필이어서 현재 도착한 837필(930-93)에다가 전에 발송하지 않아 먹여 기른 여위고 약한 마馬 150필을 더하여, 총계 현재 마馬 987필(837+150)을 기해起解(발송)하고자 한다고 했다. 고참두高

站頭·호발독胡拔禿과 김의金義가 결당結黨해 도로를 막으니, 조금 안녕을 기다려 계속해 정요위定遼衛에 말을 보내겠다고 했다.

명이 고려에게 탐라 호마好馬 2,000필을 취하여 요동 정요위를 거쳐 경사(남경)로 나아오도록 하라고 하니, 고려가 한방언을 파견해 '탐라제주耽羅濟州'에 나아가서 말을 취하려 했는데, 제주 달달목자達達牧子 초홀독불화 등이 다만 말 350필을 내주었다고 한다. '탐라제주'라는 표현에서 당시 이곳이 '탐라'와 '제주' 두 가지 성격을 지니고 그것을 둘러싸고 분쟁 지역이 되었음을 시사한다. 김의金義가 최영의 탐라 진입 이전에 바다를 건넌 말 350필 내에서 여윈 말 150필을 제외하고 양호한 말 200필을 압령해 가다가 명 사신을 죽이고 그 말을 빼앗아 원(북원) 편으로 가버렸다. 탐라 '목호'가 최영의 탐라침략 직전에 내준 말은 여러 기록에 300필이라 되어 있지만 도평의사사가 명에 알리는 이 문서에 의해 350필이 정확한 수치였음이 확인된다. 고려는 최영이 제주에서 취한 말 930필 중에서 침몰하지 않은 837필에다가 이전에 야위어 보내지 못해 기른 말 150필을 더하여, 총계 987필(837+150)을 명에 보냈는데 모두 탐라마였다.

6. 탐라국 최후의 독립항쟁: 차현유의 거병

최영은 1374년(공민왕 23) 8월 28일~9월에 탐라를 진압하고는 미리 받은 왕명에 의거해 박윤청朴允淸을 목사로, 임완林完을 안무사로, 김계생金桂生과 석천검石天劍을 마축사馬畜使로 충임하고, 판관 김인계金仁桂·양대생梁大生·엄효충嚴孝忠 등과 함께 관령하게 했다. 그리고 나서 최영은 9월 22일~23일에 제주를 출항해 악천후로 인해 11월 3일에야 전라도 목포에 도착했다. 공민왕이 9월 23일에 암살당하고 우왕이 어린 나이로 즉위했다. 탐라말을 명으로 데려가던 압마관 김의가 11월 25일에 요동에서 명 사신을 살해했다. 이러한 와중에 탐라에서 차현유車玄有 등이 거병하는데, 전개 과정이 복잡하니 기록들을 소개하면 아래와 같다.

① 우왕 원년(1375) 11월, 제주인濟州人 차현유車玄有 등이 관해官廨(관아)를 불태우고 안무사安撫使 임완林完·목사牧使 박윤청朴允淸·마축사馬畜使 김계생金桂生 등을 죽여 반叛反하자, 주인州人 문신보文臣輔, 성주星主 고실개高實開, 진무鎭撫 임언林彦, 천호千戶 고덕우高德羽 등이 기병起兵해 모조리 주살하니, 우왕이 사使를 파견해 명 경사京師에 가서 아뢰게 했다.(『고려사』 권133, 신우전)

② 우왕 원년 11월, 제주인濟州人 차현유車玄有 등이 관해官廨(관아)를 불태우고 안무사安撫使 임완林完·목사牧使 박윤청朴允淸·마축사馬畜使 김계생金桂生 등을 죽여 반叛反하자, 주인州人 문신보文臣輔·고실개高實開 등이 기병起兵해 모조리 주살했다.(『고려사절요』 권30)

③ 제주행병도통사濟州行兵都統使 찬성사 최영崔瑩 등의 첩牒에 의거하면, … "(최영이) 이미 받든 왕지王旨에 의거해 박윤청朴允淸을 목사牧使에, 임완林完을 안무사安撫使에, 김계생金桂生·석천검石天劒을 마축사馬畜使에 충임하고, 판관判官 김인계金仁桂·양대생梁大生·엄효충嚴孝忠 등과 아울러 관령管領 수어守禦하도록 했습니다. 관마官馬 일천칠백필一千七百匹을 가려 뽑아 관官에 데려왔는데 악풍惡風이 명월포明月浦에 정박한 군선軍船 40척을 암석에 부딪쳐 파손했기 때문에 실을 선박 수數가 단소短少해(부족해) 단지 말 930필을 선박에 나누어 싣고, 그 나머지 770필은 안무사 임완林完 등 관원에게 맡겨 수령收領하여 후에 장출裝出하도록 했습니다. 당직當職(최영)은 (1374년) 9월 22일에 승선해 제주濟州를 떠나 나아가 화탈이해도火脫伊海島(화탈도)에 이르러 역풍逆風을 만나 명월포明月浦로 되돌아오고, 다음날에 다시 출항해 추자도楸子島에 도달해 정박하고, 10월 5일에 출항해 취도鷲島에 이르러 또 악풍惡風을 만나 추자도로 되돌아와 머물다가, 당월當月(10월) 18일에 출항해 역시 악풍을 만나 진도珍島 및 소한도所閑島(소안도)·보길도甫吉島 등에 이르고, 11월 3일에 전라도 목포木浦에 이르러 해

안에 정박했는데, 배에 실은 마필馬匹이 바람과 파도 때문에 엄몰渰沒(침몰)하고 엎어져 죽은 것이 93필이어서 실제로 생존한 것은 837필로 이것을 발송하며, 첩牒하여 요청하니 조험照驗(대조해 징험)하십시오” 라고 했습니다. 이에 준거하여 전객령典客令 김중광金仲光을 파견해 유지宥旨(사면령)를 가지고 제주에 가서 안무安撫하게 했는데, 그가 돌아와 보고한 것에 의거하면, 제주에서 최영 등 관원이 행병行兵했다가 돌아온 직후인 (1374년) 10월 6일에 본토인本土人 차현유車玄有 등이 무리를 모아 또 반란叛亂을 행하여 안무사 임완林完·목사 박윤청朴允淸·마축사馬畜使 김계생金桂生 등을 살해하고, 관官과 관련된 방사房舍·전물錢物을 불태워 훼손하고, 우마牛馬를 헤아릴 수 없을 정도로 많이 재식宰食(도살해 먹음)했는데, 김중광이 홍무8년(1375: 우왕1) 정월 21일에 홍손백洪孫白 등을 파견하니 홍손백 등이 본주本州(제주)에 도달함으로 인해 토인土人 문신보文臣輔·성주星主 고실개高實開·진무鎭撫 임언林彦·천호千戶 고덕우高德雨 등이 군대를 일으켜 차현유 등 적중賊衆을 모조리 초포勦捕(토벌하고 붙잡음)해 제주를 안식하게 했습니다. 이에 김중광에게 맡겨 제주 만호 겸 목사를 충임해 구당勾當 수어守禦하고, 임완林完 등이 원래 최영 등 관처官處에게서 수령한 바다를 건너지 못한 말 770필 현재 액수를 점감點監해 반드시 바다를 건너도록 하여 시행施行에 의거하도록 했습니다. … 지금 행병行兵(최영 등)이 초홀독불화肖忽禿不花 등 범죄를 캐어물은 첩문牒文 및 제주인민濟州人民 차현유車玄有 등이 다시 반叛했다가 (제주가) 안녕된 사리事理에 의거해, 비사卑司(도평의사사)가 합하여 신복申覆하나니, 엎드려 바라건대 상세히 전달轉達해 시행해 주십시오 … 엎드려 바라건대 중서성中書省·예부禮部가 조험照驗해 주십시오. 삼가 신申합니다. 홍무8년(을묘년: 1375: 우왕1) 11월 9일. (「제주행병濟州行兵 도평의사사都評議使司 신申」)

④ 조선세종 16년 8월 임신일(28일), 전 참의參議 고득종高得宗이 상서上書하기를, “신향臣鄕 제주濟州는 접때 을묘년(홍무8년: 우왕원년)에 차현유車玄有·내성內成의 무리가 마적馬賊이 되었는데, 그 때 만호萬戶가 군軍을 뽑아 그들을 잡고자 하

다가 기밀이 누설되어 오히려 적적賊에게 해害를 당하고, 적적賊이 더욱 치열하여 '전권專權 배국背國'하고자 반역을 꾸며 난을 선동해 이르지(미치지) 않은 곳이 없었지만, 토관土官 등이 국國(고려)의 신령에 의지해 그 당黨을 이겨 바로잡았습니다. 대개 본주本州(제주)는 산림山林이 울밀鬱密하고 유혈幽穴(그윽한 동굴)이 심히 많아 작적作賊하는(도적질 하는) 사람들이 모여서 연수淵藪(淵藪: 집합 근거지)로 삼아 해마다 잠닉潛匿해 공사公私 우마牛馬를 훔쳐 도살합니다 … 항심恒心 없는 무리가 훔쳐 도살해 먹는 것이 많이 있는데, 만약 범한 연유를 묻지 않고 체포하고 연계된 사람을 모두 일시一時에 독촉해 몰아내어, 부자로 하여금 서로 보지 못하게 하고, 형제·처자가 이산離散하도록 하면 사람들이 모두 그 마음을 부동浮動해, 군흉群凶이 분노해 산림에 모여 들어가 해害 됨이 작지 않아, '석년昔年의 환란'(차현유 거병)이 혹 금일에 일어날까 두렵습니다.(『세종실록』 권65, 세종 16년 8월 임신일)

⑤ 고인탄高仁坦(고인단)의 아들 고석高碩이 서도西道 부천호副千戶가 되었고, 후에 고석高碩의 총자冢子 고순량高順良이 성주星主를 전습傳襲했고, 아우(고순량의 아우) 고순원高順元이 그것을 계승했다. 아들(고순원의 아들) 호조전서戶曹典書(정3품) 고신걸高臣傑이 홍무 기유년(1369: 공민왕 18)에 서해도西海道(서도西道) 부천호副千戶가 되었다. 칠년七年(육년六年의 오류)이 지나 (1374: 공민왕 23) 현릉玄陵(공민왕)이 군사를 일으켜 합적哈赤을 토벌한 후에 그대로 고신걸로 부천호副千戶를 삼았다. 다음해인 을묘년(홍무8년: 우왕원년)에 차현유車玄有·내성內成 무리가 반역을 꾸며 난을 선동해 본국(고려) 만호를 죽이자, 고신걸이 이에 왕자王子 문충걸文忠傑과 의논해 국國(고려)에 토평討平하기를 요청하니, 차현유의 당黨이 알아채고 3일 동안 고高·문文 두 가家를 포위하고 육축六畜을 모조리 죽였다. 고高·문文 두 사람(고신걸과 문충걸)이 겨우 벗어나 국國(고려)의 신령靈에 의지해 그 죄를 극정克正했다.(『동문선』 권101, 정이오「성주고씨가전」)

⑥ 신우辛禑(우왕) 원년 을묘년 11월에, 제주인濟州人 차현유車玄有 등이 관해官廨(관아)를 불태우고 안무사 임완林完·목사 박윤청朴允淸·마축사馬畜使 김계생金桂笙 등을

죽여 반叛하니, 주인州人 문신보文臣輔·성주星主 고실개高實開·진무鎭撫 임언林彦·천호千戶 고덕우高德羽 등이 병력을 일으켜 모조리 주살했다.(『천동상위고』 권11)[160]

『고려사』와 『고려사절요』와 『천동상위고』에는 제주에서 우왕 원년(1375) 11월에 차현유 등이 반역해 안무사 등을 죽이니 문신보 등이 기병해 죽였다고 한다. 『세종실록』에 실린 고득종의 상서에는 을묘년(홍무8년: 우왕원년)에 차현유·내성 무리가 마적이 되어 만호를 죽여 난을 일으켰다가 토관에 의해 진압되었다고 했다. 「성주고씨가전」에는 을묘년(홍무8년: 우왕원년)에 차현유·내성 무리가 반역해 만호를 죽이니 고신걸과 문충걸이 진압했다고 했다. 이를 보면 차현유 등의 거병이 우왕 원년 11월에 발생한 듯 보이지만 다른 기록과 비교하면 거병이 우왕 원년 11월에 진압당했고 이 시점을 기준으로 거슬러 올라가 서술되었다고 여겨진다. 「제주행병 도평의사사 신申」에는 최영 등 관원이 제주에 행병行兵했다가 돌아온 직후인 (1374년) 10월 6일에 차현유 등이 반란을 일으켜 안무사 등을 살해하니, 안무사 김중광이 홍무8년(1375: 우왕1) 정월 21일에 파견한 홍손백이 제주에 도달함으로 인해 토인 문신보 등이 기병해 진압했다고 했는데 가장 정확한 기록이라 하겠다.

차현유 등의 거병은 공민왕 시해 다음달인 우왕 즉위년(1374) 10월 6일에 발생해 떨치고 우왕 원년(1375) 1월말~2월부터 문신보·홍손백 군의 반격을 받아 공방전이 치열하게 전개되다가 이해 11월에 진압당했다고 추론된다. 그러하니 1년이 넘도록 처절한 전투가 벌어졌던 것이다. 우왕 1년 4월 기유일(20일)에 탐라가 고려에 금대金帶 3요腰 및 은기銀器를 헌상했는데,[161] 문신보·홍손백 측이 제주목 중심부를 탈환해 어느 정도 승기를 잡자

---

160 『天東象緯考』 권11, 經緯星變占, 『天東象緯考』는 조선숙종 때 崔天璧이 찬술한 천문서이다.
161 『고려사』 권133, 열전46, 辛禑1. 우왕 원년 4월

고려에 그러한 물품을 헌상한 것으로 여겨진다.

요컨대, 제주인 차현유車玄有·내성內成 무리가 마적馬賊이 되니 만호가 군사를 뽑아 그들을 잡고자 하다가 기밀이 누설되었다. 이에 그들이 거병해 관아를 불태우고 안무사 임완林完·목사 겸 만호 박윤청朴允淸·마축사馬畜使 김계생金桂生 등을 죽여 '반叛'하여 관官과 관련된 방사房舍·전물錢物을 불태워 훼손하고, 우마牛馬를 아주 많이 도살해 먹었다. '적賊'이 더욱 치열하여 '전권專權 배국背國'하고자 반역을 꾸며 난을 선동해 이르지(미치지) 않은 곳이 없었다. 부천호副千戶 고신걸이 왕자王子 문충걸과 의논해 고려에 토평하기를 요청하자, 차현유의 당黨이 알아채고 3일 동안 고高·문文 두 가家를 포위하고 육축六畜을 모조리 죽였는데, 고신걸과 문충걸이 겨우 벗어났다. 안무사 김중광이 파견한 홍손백 등이 탐라에 도착하자 제주 토인 문신보文臣輔(전 왕자?), 성주星主 고실개高實開, 왕자王子 문충걸, 진무鎭撫 임언林彦, 천호千戶 고덕우高德羽, 부천호副千戶 고신걸 등이 기병起兵해 차현유 등을 모조리 주살했다.

이번에 고려에 대한 항쟁을 주도한 세력은 차현유車玄有·내성內成 무리로 '마적馬賊'으로 묘사되었다. 이를 진압한 세력은 토인 문신보, 성주 고실개, 왕자 문충걸, 진무 임언, 천호 고덕우, 부천호 고신걸 등 탐라의 권력층이 었는데 문신보는 전 왕자王子였지 않나 싶다. 고득종이 차현유·내성의 난을 진압한 주체로 언급한 '토관土官'이 바로 그들 탐라의 권력층이었다. 차현유는 성씨 '차車'가 동국여지승람 제주 성씨조에 '래來'로 실려 있으니 원간섭기 혹은 무인정권기 무렵에 탐라에 도래한 가문 소속으로 보이며, 내성內成은 성씨가 없고 이름만 지닌 하층민이었을 가능성이 있는데, 둘 다 '마적'이라 불렸듯이 탐라의 일반 민중이었다. '마적'은 지배층의 기록에서 말을 훔쳐서 도살하는 존재로 묘사되곤 했다. 물론 그러한 측면도 있지만 말과 밀접한 관련을 지니며 살아가는 사람들이 지배층의 횡포에 반발해 시위를 벌이니 지배층에게 그렇게 불린 측면도 있었다. 차현유·내성 무리는

'마적'으로 불릴 만큼 말과 밀접한 관련을 맺으며 생활했고 말을 사육하기도 했을 것이고 말을 타고 달리는 데 능숙하고 무예를 연마했을 것이고, '목호'의 방목을 도우며 생계 활동을 전개해 서로 공생관계였을 것이다. 그런데 최영 고려군이 '목호' 세력을 이겨 진압하더니 최영이 남긴 안무사, 목사 겸 만호, 마축사 등이 '목호'와 연계된 사람들을 '마적'이라며 토벌하려 하자 차현유 등이 거병해 안무사 임완·목사 겸 만호 박윤청·마축사 김계생 등을 죽이고 관아와 그 재물을 불태웠다. 고려와 내통한 고씨·문씨 집을 3일 동안 포위해 공격하고 육축六畜을 모조리 죽였다. 이는 차현유·내성 무리가 '마적'이 시사하듯이 강력한 무력을 지녔기에 가능했다. 안무사와 목사 겸 만호의 관부 즉 목관아는 점령되고 불탔다.

그런데 고씨 집과 문씨 집은 적어도 포위된 지 3일 동안 점령되지 않았고 고신걸과 문충걸은 탈출해 반격에 나섰다. 이는 제주목 시절에도 성주 고씨족과 왕자 문씨족이 방어를 위한 시설과 무력을 잘 갖추었음을 알려준다. 진무 임언은 탐라인으로서 제주만호를 보좌한 군관으로 보이고,[162] 천호 고덕우와 부천호 고신걸은 탐라인으로서 제주만호 휘하에서 제주 관군을 지휘했는데, 고려에서 파견된 목사 겸 만호가 죽임을 당했음에도 불구하고 그들 진무와 천호와 부천호는 제주 관군과 사적 병력을 지휘해 차현유·내성 무리에게 타격을 준 주역으로 여겨진다. 결국 문신보(전 왕자?), 성주 고실개, 왕자 문충걸, 진무 임언, 천호 고덕우, 부천호 고신걸 등 제주 권력층이 공적·사적 병력을 총동원하고, 제주안무 임무를 띤 김중광이 파견한 홍손백 등과 결탁해 강력한 무력으로 차현유·내성 무리의 무력을 이겼다. 탐라

---

162 鎭撫는 원에서 行省, 元帥府, 萬戶府 등에 설치된 군관이었다. 이로 볼 때 鎭撫 林彦은 고려파견 제주만호를 보좌한 군관으로 파악된다. 동국여지승람 제주 성씨조에 林이 '來'로 실려 있으니, 林彦은 무인정권기 혹은 원간섭기 무렵에 탐라에 도래한 林氏 가문 소속으로 추정되는데, 이 林氏는 나주 일대에서 도래했을 가능성이 있다.

에서 권력층이 똘똘 하나로 뭉쳐 민중세력의 항쟁을 진압한 것이었다.

차현유·내성 무리의 거병은 '전권專權 배국背國' 하고자 즉 권력을 오로지 하고 고려국에 등지고자 '반역'하고 난을 선동해 이르지(미치지) 않은 곳이 없었다고 했으니, 탐라에서 고려 관리와 친고려 세력을 몰아내 그들 자신이 권력을 오로지 차지해 정부를 만들어 독립국가를 회복한 것이었고 그들의 활동은 탐라 전 지역에 미친 것이었다. 그러하니 차현유·내성 무리의 거병은 민중항쟁이면서 탐라국의 독립항쟁이라 정의할 수 있다. 그런데 이거병이 하나로 뭉친 탐라 권력층에 의해 처참하게 진압당했으니, 이로 인해 주민 간에 신뢰감이 상실되고 괴리감이 깊어지고 외부의 횡포에 대한 탐라의 저항력이 크게 약화된다. 차현유 등 거병은 탐라의 마지막 독립항쟁이 되어 버린다.

차현유 거병이 진압되자 김중광이 제주 만호 겸 목사로 부임하는데, '반역' 잔당을 소탕하는 작업을 수행했고, 최영이 데려가지 못한 탐라마를 반출하는 임무도 수행하게 된다. 우왕 2년(1376) 5월에 제주만호 김중광이 '역적逆賊' 합적哈赤 강백안姜伯顔 등 13인을 체포해 베어죽이고 그 처자妻子를 광주光州·나주에 나누어 유배했다.[163] '역적' 합적哈赤(하치)을 숙청한 것인데 이는 차현유·내성 무리의 거병에 '목호'의 잔여자가 참여했음을, 차현유·내성 무리, 나아가 탐라의 산림·초원 거주민이 '목호'와 협력하고 공생하며 생활해 왔음을 시사한다.

탐라제주가 차현유 거병이 진압되자 산양을 고려에 진상한다. 제주가 고력殺䝁(산양)을 고려에 진상하니 여러 주州에 나누어주어 기르게 했는데 물고物故(사망)가 많고 번식하지 않자 그 값을 배상하게 하고, 재상이 그 나머지를 나누어 기르고자 했다. 밀직부사密直副使 이보림이 말하기를, 민이 값을 배상했는데 우리들이 나누어 기르면 의義에 어떠한가 하니 중지했

---

163 『고려사』 권133, 열전46, 신우전 ; 『고려사절요』 권30, 우왕 2년 5월

다.[164] 제주가 고려에 고력(산양)을 진상한 시기는 이보림의 관력과 활동으로 보아 우왕 원년(1375) 11월~3년 9월 사이로 여겨진다.[165] 이 고력(산양)은 고려가 여러 주州에 나누어주어 기르게 했을 정도로 수량이 적지 않았으니 탐라제주에 고력(산양)이 많았음을 말해준다.

김중광이 제주 만호 겸 목사로 근무하던 무렵에 왜구가 탐라를 침략한다. 병진년(1376: 우왕2)·정사년(1377)에 왜선倭船 600척 가량이 제주를 둘러싸며 침입하니 고신걸이 화살에 적중해도 방어해 직상職賞을 받았다.[166] 우왕 3년(1377) 6월에 왜적倭賊이 선박 200척 남짓으로 제주를 침략하니, 7월에 전라도 수군도만호水軍都萬戶 정룡鄭龍·윤인우尹仁祐 등이 병선兵船 2척의 병력으로 염탐해 왜선 1척을 섬멸했다.[167] 우왕 2년(1376)과 3년에 왜구가 제주를 침략하자 고신걸이 막아냈다고 하는데 왜구 규모는 선박 600척에 달했다. 우왕 3년 6월에 제주침략 왜선이 200척 남짓이었으니 우왕 2년에 400척, 3년에 200척 왜선이 제주를 침략했다고 볼 수 있다. 고신걸은 부천호副千戶로서, 혹시 승진했으면 천호千戶로서 제주의 군대를 지휘해 왜구를 물리쳤으리라 여겨지는데, 전라도 수군만호 병력의 도움을 받았을 것이다. 탐라는 왜구의 침략을 물리쳤지만 꽤 피해를 당했을 것이며 이후에도 왜구의 탐라에 대한 위협은 계속된다.[168]

---

164 『고려사』 권110, 李齊賢傳 附 李寶林

165 우왕 원년(1375) 5월에 北元에 올리는 문서에 서명하지 않은 관료를 대사헌 이보림이 탄핵했다. 우왕 원년 11월에 都巡問使 曹敏修 포상을 둘러싸고 회답교서 찬술을 거부한 左正言 金子粹를 우왕이 처벌하려 하자 密直副使 이보림이 반대했다. 上(우왕)의 四年인 정사년(1377: 유년칭원 우왕 3) 10월 초하루에 廣通普濟禪寺(노국공주와 공민왕의 원찰) 건립 내력을 申言한 재상 중에 政堂文學商議 이보림이 포함되어 있다. 『고려사』 권110, 李齊賢傳 附 李寶林 ; 『고려사절요』 권30, 우왕 원년 5월 및 11월 ; 『목은문고』 권14, 廣通普濟禪寺碑銘

166 『東文選』 권101, 「星主高氏家傳」(鄭以吾)

167 『고려사』 권133, 열전46, 신우전 ; 『고려사절요』 권30, 우왕 3년 6월

7. 명 주원장이 탐라마를 공물로 갈취하다

　명은 우왕이 고려국왕으로 즉위하고 이인임·최영 정권이 명과 원(북원) 사이에서 실리외교를 추구하자 공민왕 시해 사건과 명사明使 암살 사건과 공물의 지체를 내세워 우왕을 책봉해 주지 않으며 고려를 압박했다. 이러한 와중에 탐라는 명과 고려 사이에 미묘한 존재였다.

　고려는 명과 우호관계를 회복하기 위해 탐라마를 육로 혹은 해로로 명에 보내지만 명은 거절하곤 했다. 우왕 4년(1378) 3월에 고려가 판선공시사 유번柳藩을 명에 파견해 경사京師(남경)에 가서 사은謝恩하게 하고, 예의판서 주의周誼를 파견해 선왕 시호와 왕위계승 승인을 요청하게 했다. 사은표謝恩表에서, 마馬를 탐라에서 취하여 체송遞送한데 사람이 정요定遼에 이르러 억류되니 행리行李가 반드시 통하기를 빨리 기약하려 감히 배를 바다에 띄워 다시 보냈지만 세월이 누차 바뀌어도 배가 돌아오지 않아 사변事變의 연유를 알지 못했다고 했다. 그런데 그들이 홀연히 집으로 돌아와 300인 남짓이 모였기 때문에 황제 대궐을 향해 만세를 부른다고 했다.[169]

　우왕 5년 3월에 고려 심덕부沈德符·김보생金寶生이 명 경사京師(남경)로부터 돌아오는데 명 예부상서 주몽염朱夢炎이 제지帝旨(황명)를 기록해 국인國人(고려 사신)에 보여주었다. 이 '제지'에, "너 중서성은 사람을 파견해 저기에

---

168 우왕 9년(1383) 5월에 前 判事 韓仲寶와 上護軍 韓仲良을 邊地에 杖流했다. 한중보가 일찍이 濟州를 安撫했을 때 왕명을 빙자해 마음대로 탐욕한 짓을 했기 때문에 巡軍獄에 내려졌는데, 그 아우 한중량이 형의 得罪를 기뻐해 형의 죄악을 적은 匿名狀을 李存性 집에 던졌기 때문에 한중보와 한중량을 처벌한 것이라고 한다(『고려사절요』 권32, 우왕 9년 5월 ; 『고려사』 권135, 열전48, 신우전). 한중보가 우왕 9년 5월 이전에 제주에 안무사로 파견된 적이 있었던 것인데 탐라의 소요사태 혹은 왜구의 탐라 침략 때문이라 여겨진다.

169 『고려사』 권133, 열전46, 辛禑傳, 우왕 4년 3월. 앞서 우왕3년 12월에 명 황제가 我國人 丁彦 등 358인을 放還했다.

나아가게 하여 … 전왕前王(공민왕)이 말한 바에 의거해 금년에 마馬 일천一千
을 공貢하고 집정執政 배신陪臣을 파견하되 절반으로 내조來朝하고, 다음해에
금金 100근斤, 은銀 1만량萬兩, 양마良馬 백필百匹, 세포細布 일만필一萬匹을 공
貢하여, 해마다 상례로 삼도록 하라" 라 했다. 이에 명 주차사奏差使 소루邵
壘·조진趙振이 심덕부 등을 따라 오다가 첨수참恬水站에 이르러 본국(고려)이
문천식·오계남을 북원北元에 사신으로 파견했음을 전해듣고 도중에 돌아갔
다.[170] 명이 탐라마를 매개로 고려와 우호관계를 회복하려다가 북원 문제로
중단했던 것이다.

우왕 5년(1379) 6월에 명 황제가 탐라 표풍인飄風人 홍인륭洪仁隆 등 13인
을 돌려보냈는데,[171] 이들은 일단 고려로 왔다가 탐라로 돌아왔을 것이다.
우왕 7년(1381) 7월에 제주인濟州人이 상국上國(명) 지경에 표박飄泊(표류)했는
데, 때에 대명大明이 아我(고려)가 북원北元을 추종하는가 의심하고 있다가 행
낭 중의 문서에 홍무연호가 표기되어 있음을 보고 기뻐해 후하게 위로하여
돌려보냈다.[172] 이 때에는 제주인도 원(북원)의 시대가 저물고 명의 시대가
떠오르는 현상을 인정하는 분위기였다고 볼 수 있다.

고려는 명의 갖은 압박에도 명의 비위를 맞추기 위해 노력했다. 명은
고려가 이미 온전히 신첩臣妾이 되었으니 사대事大의 정성을 영원히 지키라
면서 전前 오년五年 진상하지 않은 세공歲貢, 마馬 오천필五千匹·금金 오백근五
百斤·은銀 오만량五萬兩·포포布 오만필五萬匹을 한꺼번에 가지고 오라고 했다.
이에 고려는 우왕 9년(1383) 12월에 진헌반전색進獻盤纏色을 설치해 세공 마
련에 나선다.[173] 그러던 중에 명 황제가 홍무17년(1384: 우왕10) 5월에 요동수

---

170 『고려사』 권134, 신우전, 우왕 5년 3월
171 『고려사』 권134, 신우전, 우왕 5년 6월
172 『고려사』 권134, 신우전, 우왕 7년 7월
173 明史 권320, 列傳208, 外國1, 朝鮮 ;『고려사』 권135, 열전48, 신우전 및 『고려사
　　절요』 권32, 우왕 9년 11월·12월.

장요동수장遼東守將 당승종唐勝宗 등에게 칙령을 내려 고려와 절교하게 했는데, 그 이유는 지난해와 금년 봄에 고려 사신이 바다와 육지로 이르렀는데 모두 신례臣禮를 지키지 않고 몰래 모만侮慢(거만스럽게 업신여김)한 행위를 했다는 것이었다.[174]

고려는 명의 5년치 세공歲貢 요구를 채우기 위해 노력한다. 우왕10년(1384: 홍무 17년) 5월에 판종부시사判宗簿寺事 김진의金進宜를 파견해 요동에 가서 세공마歲貢馬 일천필一千匹을 바치게 하고, 금은金銀은 본국(고려)이 산출하는 것이 아니어서 사복정司僕正 최연崔涓을 파견해 줄여주기를 주청奏請하게 했다.[175] 홍무17년(1384: 우왕 10) 6월에 우禑(우왕)가 사복정司僕正 최연崔涓과 예의판서禮儀判書 김진의金進宜를 명에 보내와 마馬 이천필二千匹을 공貢하고, 또 말하기를 금金은 자신의 땅에서 산출하는 것이 아니니 원컨대 마馬로써 대수代輸하고 나머지는 모두 약속대로 하겠다고 하자 요동수장遼東守將 당승종唐勝宗이 그렇게 하기를 요청하니 황제가 허락했다.[176] 5월에 고려가 요동에 보낸 세공마 '일천필一千匹'과 6월에 명 요동 책임자가 황제에게 보고한 고려 세공마 '이천필二千匹'은 동일한 것일 수도 있다. 우왕 10년(1384: 홍무 17년) 6월에 전 판종부시사 장방평을 명에 파견해 경사京師(남경)에 가서 세공마歲貢馬 이천필二千匹을 바치게 했고, 8월에 고려가 예의판서 김진의를 파견해 요동에 가서 세공마 일천필一千匹을 바치게 했다.[177] 우왕 즉위 후에 명이 고려를 괴롭혀 온 관계가 명이 고려의 세공마를 받아들이면서 완화된 것인데 이 공마는 대개 탐라마였다.

---

174 『明太祖實錄』권162, 洪武17년 5월. 명태조 주원장은 이 夷(고조선~고려)가 중국을 侮慢해 兵禍를 당했다며 漢~元의 정벌 사례를 나열했다. 元이 五次 정벌해 '夷王'이 躭羅에 달아나니 그를 체포해 죽이고 元이 躭羅로 牧馬의 野를 삼았다고 했다. 이 '夷王'은 탐라 삼별초의 지도자 김통정을 지칭한 듯하다.

175 『고려사』권135, 열전48, 신우전 및 『고려사절요』권32, 우왕10년 5월

176 『明史』권320, 列傳208, 外國1, 朝鮮

177 『고려사절요』권32, 우왕 10년 6월·8월

홍무18년(1385: 우왕11) 정월 정축일(15일)에 고려가 명에 사신을 보내와 마馬 오천필五千匹(5년치에 해당), 금金 오백근五百斤, 은銀 오만량五萬兩, 포布 오만필五萬匹을 진상하니 명이 그 사신 김유金庾 등 87인에게 초鈔 382정錠을 하사했다.[178] 이는 우왕 10년에 여러 차례 보낸 세공에다가 우왕 11년 정월의 세공을 모두 합친 것으로 판단된다. 정월 무인일(16일)에 고려 공사貢使가 명에 이르니 황제가 예신禮臣에게 효유하기를, "지금 이미 고려가 명령대로 세공歲貢을 바치니 마땅히 그 공수貢數를 줄여주고, 지금부터 삼년일조三年一朝하여 공마貢馬 50필은 (홍무)21년 정단正旦에 공貢하게 하라"라고 했다.[179] 홍무18년 7월에 우禑(우왕)가 명 황제에게 표문을 올려 습작襲爵하기를 요청하고 아울러 고왕故王 시호를 요청하니, 명령해 우禑를 책봉해 고려국왕으로 삼고 고왕故王 전顓에게 시호 공민恭愍을 하사했다.[180] 고려가 명에 말 오천필, 금 오백근, 은 오만량, 포 오만필 등 그동안 밀린 5년치 공물을 해결한 것인데 이 공마도 물론 대개 탐라마였다. 이렇게 고려가 명에 정성을 한껏 보이자 명이 우왕의 즉위를 인정해 고려국왕에 책봉함으로써 명과 고려의 관계는 일단 정상화된다.

홍무19년(1386: 우왕12) 2월에 고려가 명에 사신을 보내와 포布 만필萬匹과 말 천필千匹을 공물로 바쳤고, 9월에 표하表賀하고 방물方物을 공물로 바쳤고, 그 후 공헌貢獻이 문득(번번이) 상액常額을 넘고 또한 삼년三年에 이른 경우가 없었다(삼년일조三年一朝보다 잦았다).[181] 고려가 명에 바친 이 공마 1천 마리도 대개 탐라마였다. 고려는 '삼년일조三年一朝'하라는 명의 지침보다 자주 명에 사신을 파견해 공물을 바치며 명의 비위를 맞추었다.

홍무18년(1385: 우왕11) 정월에 명 황제가 고려에게 삼년일조三年一朝하여

---

178 『明太祖實錄』권170, 洪武18년 정월
179 『明太祖實錄』권170, 洪武18년 정월 ;『明史』권320, 列傳208, 外國1, 朝鮮
180 『明史』권320, 列傳208, 外國1, 朝鮮
181 『明史』권320, 列傳208, 外國1, 朝鮮

홍무 21년부터 공마貢馬 50필을 바치라고 했는데 역시 탐라마와 관련이 깊었다. 우왕12년(1386: 홍무19) 7월에 정몽주가 명 경사京師(남경)로부터 돌아왔는데 선유성지宣諭聖旨와 예부 자문咨文을 가지고 왔다.[182] 황제의 '선유성지'에는, 근래 고려 사람이 명에 와서 은밀하게 매매하고 있다며 힐책하면서 "만약 지금 우리가(내가) 여기에서 역시 약간의 포필布匹·견자絹子·단자段子 등 물건을 가지고 저쪽 탐라耽羅 지역에 가서 마馬를 구매한다면, 너는 저쪽에 금지하리라" 라고 했다. 명 황제는 고려인이 명에 와서 은밀하게 매매하고 있다고 비난하며, 그렇게 하면 사람을 탐라에 보내 직접 말을 구매할 수도 있다고 고려를 압박한 것이었다. 명 예부의 자문咨文에 실린 성지聖旨에, "표문에 세공歲貢에 대해 생민生民이 매우 어려워한다고 언급했는데, 사신이 돌아가는 편에 짐朕이 다시 약속해 세공歲貢을 삭거削去하고 삼년일조三年一朝에 양기良驥(준마) 50필을 공공貢하면 종산鍾山의 양陽(남쪽) 목야牧野의 군군郡에 자資하도록(밑천으로 삼도록) 하여 영원히 서로 보수保守하려 하노라. 효유하나니, 금년 세종歲終에 이 약속으로 증험을 삼으리라. 후에 홍무24년(1391) 정단正旦에 이르면 바야흐로 처음처럼 진상하도록 할지어다" 라고 했다.

　명 태조는 고려의 부담 하소연을 들어주는 척하며 공마에 대해 한시적으로 해마다의 세공歲貢을 3년에 1번 준마 50필을 헌상하도록 하면서 그것을 받으면 종산鍾山의 양陽(남쪽) 목야牧野의 군군郡에 지급해 번식하도록 하겠다고 했다. '종산'은 명 경사京師(남경)를 상징하는 중요 산으로, 그 남쪽 일대에 고려의 공마를 방목해 번식시키겠다는 것인데 이 공마도 대개 탐라마였다. 탐라마가 고려에 의해 명으로 공납되어 군마 등 여러 용도로 쓰였고 특히 경사(남경) 종산의 남쪽에 방목되어 종마種馬 등 다양한 용도로 사용되었던 것이다.

---

182 『고려사』 권136, 열전49 신우전, 우왕 12년 7월

그림 56. 난징 종산의 주원장 효릉 석상(필자 촬영): 탐라마가 종산일대에 방목됨

8. 한라산 존자암 중창과 탐라의 고려 귀순

탐라가 최영 고려군에게 정복당하고 차현유 거병이 진압당하면서 고려 지배층에게 고려의 영역이라는 인식의 확산을 초래했는데, 탐라를 별세계로 보는 인식도 공존한다. 이색이 전라 안렴사 정리鄭履를 전송하는 시에서 "전라全羅 일도一道는 산천이 좋아 정패旌旆(깃발)로 순행巡行해 바라보면 신선 같네, 지리智異는 궁륭穹隆해 소한霄漢(하늘: 은하수)에 의지하고 탐라耽羅는 표묘縹渺해 운연雲煙(구름안개)으로 격리되어 있네"라고 했는데,[183] 이 시는 이색이 우왕 5년(1379) 2월 무렵에 지은 것이었다. 고려의 지리 개념은 대개 백두산부터 지리산(두류산)까지였는데 우왕대에 남쪽 경계를 탐라 내지 한라

---

183 『목은시고』 권15, 送全羅鄭廉使[名履]. 이 시는 『목은시고』 권14의 「(우왕 5년) 二月一日 二郎家饋粘飯」 시와 권15의 「去歲二月廿四日 肅拜 今已周年」 … 「三月三日」 시 사이에 배열되어 있다.

산까지 확대해 보려는 경향이 생겨난 것이었다.

이색의 문생인 오의吳毅가 사헌부 규정과 나주목 관원을 거쳐 장서경張西京 막하幕下의 요좌僚佐로 근무하던 중에 휴가로 개경에 왔다가 서경으로 돌아가려 하자 이색이 전별시를 지었는데, 우왕 6년(1380) 7월 무렵의 작품이었다.[184] 이 시에서, "막부幕府에 남북南北으로 유游하고 산천을 백천百千으로 관람했네, 원수元帥 자문에 기꺼이 응하여 아직 판관判官 반열에 있네, 요습遼瀋(요동)은 강서江西(압록강 서쪽) 로路이고 탐라耽羅는 해외海外 천天이네, 그대가 이속異俗을 물어 아나니 어찌 오직 군전軍前에만 있으리오" 라고 했다. 우왕 6년 무렵에 오의가 나주목 근무를 거쳐 서경(평양)에서 근무했는데, 좌주 이색이 그를 전별하면서 서경에서 강(압록강)을 건너면 요습遼瀋(요동)이고, 나주목에서 바다 밖에는 다른 세계인 탐라가 있다는 시각을 드러냈다. 고려 고위관료이자 최고지식인 이색에게 탐라는 요동처럼 고려와는 다른 세계로 보인 것이었다.

이색은 우왕 8년(1382) 6월말 무렵에 「탐라 성담공性曇公 서신을 받고」 시를 지었다. 이 시에서 읊기를, "사람이 '탐라해국耽羅海國'으로부터 와서 소서素書·향이香茸를 안案(책상: 차상) 가에 쌓아놓았네, 성담性曇은 뜬구름 따라 떠나거나 머물러 몸이 정定함이 없는데 동갑同甲은 존망存亡(생존과 사망)하고 뼈가 부러지고자 하네, 곳곳 도량道場은 물처럼 맑고 시시時時로 법고法鼓는 천둥처럼 진동하네, 지금까지 오십삼五十三(53선지식)을 참배하지 못해 남유南游해 보재菩財(선재동자善財童子)를 배우려 함을 알겠노라" 라고 했다.[185] 당시 승려 '성담性曇'은 탐라에 머물면서 사람을 이색에게 보내 서신을 주고

---

184 『목은시고』 권24, 「辛亥會試 門生吳毅來云 … 旣送 吟成一首」. 이 시는 『목은시고』 권24의 「(우왕 6년) 七月初九日 天明有微雨」와 「七月十五日」 시 사이에 배열되어 있다.

185 『목은시고』 권32, 「得耽羅性曇公書」(이색). 性曇은 이색과 同甲 즉 나이가 같았으므로 우왕 8년 당시 노년에 해당했다.

향이香茸(향버섯: 능이)를 선물한 것인데, 이색은 그 사람이 '탐라해국耽羅海國'
으로부터 왔다고 했으니 탐라국 실체를 어느 정도 인정했고, 성담에 대해
선재동자를 본받아 남쪽으로 순례했다고 평가했다. 성담이 탐라 출신의 승
려인지, 아니면 다른 곳 출신으로 순례해 탐라에 간 것인지 확실하지 않다.

고려는 차현유 거병을 진압한 후 탐라를 제주로 개조하려 노력한다. 김
중광은 우왕 초기에 제주 만호 겸 목사로 근무하며 차현유 '반역' 여파를
수습했는데, 우왕 중기 무렵에 다시 만호 겸 목사로 제주에 부임한다. 이는
우왕 10년 8월에 제주만호 김중광金仲光이 마馬 104필을 공貢하니, 우왕이
양마良馬 39필을 선류選留하고 나머지는 모두 폐행嬖倖·엄수閹竪(환관)에게 하
사한 데에서[186] 알 수 있다. 제주만호 김중광이 말 104필을 고려에 공貢한
정확한 날짜는 우왕 10년(1384) 8월 4일 혹은 5일이었다.[187] 이를 통해 탐라
마가 공물로 고려를 통해 명에 바쳐졌을 뿐만 아니라 고려에도 바쳐졌음을
알 수 있다. 김중광은 『남사록』(김상헌)에 만호 겸 목사 김중광이 을묘년
(1375: 우왕1)에 부임했고, 계해년(1383: 우왕9)에 다시 부임했다고 했으니,[188]
우왕 9년(1383)에 다시 부임한 것이었다.

그런데 한라산 존자암 발굴조사에서 만호 겸 목사 충광冲光(중광仲光), 감
조천호監造千戶 부승석夫承碩, 수정선사修正禪師가 새겨진 기와가 발견되었
고,[189] 외도동 수정사 터 발굴조사에서 만호 겸 목사 김충광金冲光(김중광金仲

---

186 『고려사절요』 권32, 우왕 10년 8월
187 『고려사』 권135, 열전48, 신우전 우왕 10년. 8월 무진일(3일)에 우왕이 南郊에서
   사냥하다가 저녁에 돌아왔다. 翌日(4일)에 우왕이 新京에 가서 뱃놀이하다가 새
   벽(5일 새벽)에 돌아왔다. 濟州萬戶 金仲光이 馬 一百四匹을 貢하니, 우왕이 良
   馬 三十九匹을 選留하고 나머지는 모두 嬖幸閹竪에게 하사했다. 경오일(5일)에
   우왕이 定妃殿에 갔다.
188 『남사록』 觀風案名宦. "萬戶兼牧使金仲光[乙卯赴任 癸亥再赴]"
189 제주대학교박물관, 『존자암지 - 발굴조사중간보고』(1993) 및 『존자암지 - 제주대
   학교박물관조사보고 제14집』(1996)

光)과 수정선사修正禪師 달륜達倫이 새겨진 기와가 발견되었다.[190] 제주 만호 겸 목사 김충광(김중광)이 수정선사와 함께 영실 존자암과 도근천 수정사를 중창한 것이었다. 천호 부승석夫承碩도 존자암 중창 주역의 한 사람이었는데 수정사 중창에도 참여했을 수 있다. 그는 탐라 지배층 족속인 부씨夫氏의 일원이었을 것이다. 부씨족(부을나족)은 중세에 들어와 탐라의 권력층에서 밀려나 그 밑의 지배층에 위치해 왔는데, 최영 침략과 차현유 거병을 거치며 혼돈에 빠진 탐라의 상황에서 고려에 적극 협조해 부승석이 천호를 차지해 부씨족 대두 발판을 마련했다고 여겨진다. 천호 부승석은 감조監造로서 공역을 감독하고 기와제조를 관장한 듯한데, 부을나족의 원래 위상인 도상徒上을 회복했을 수 있다.

김중광이 제주 만호 겸 목사로 근무한 우왕 초기 혹은 우왕 중기에 두 절을 중창한 것인데, '반역' 잔여세력 색출에 집중한 첫 번째 근무기보다 그에게 여유가 생긴 두 번째 근무기였을 가능성이 더 크다. 존자암 터에서 발굴된 기와 중에 '天□開□'이라 새겨진 것이 있어 주목된다. 발굴조사 보고서에서 '天□開□'에 대해 '天母開啓(천모개계)' 혹은 '天丑開啓(천축개계)'로 판독했다.[191] 그런데 동일한 양식의 다른 기와에서 '開啓'가 아니라 '開局'임이 확인되었다.[192] 그러니 '天母開局(천모개국)' 혹은 '天丑開局(천축개국)' 등으로 판독을 시도해 볼 수 있다. '天丑開局'이면 천天이 축丑(축년丑年)에, '天

190 제주대학교박물관, 『수정사지』, 2000
191 제주대학교박물관, 1993년 『존자암지』에서 '天母開啓'라 판독했다가 1996년 『존자암지』에서 '天丑開啓'라 판독했다.
192 필자는 제주대학교박물관 1993 『존자암지』의 '天母開啓' 판독에 대해 '天母開局'으로 보이는 듯도 하니 좀더 정밀한 판독이 요구된다는 견해를 피력한 바 있다(「중세 탐라제주의 물과 조응한 무속과 불교」 『탐라문화』 74, 2023). 그런데 최근에 제주대학교박물관 김종찬 학예사가 동일한 명문양식의 다른 기와(이것도 존자암 기와로 추정됨) 사진을 보여주었는데 '開啓'가 아니라 '開局'이 분명하고 김학예사도 동의했다. 귀중한 자료를 제공해 주신 김종찬 학예사님께 감사드린다.

그림 57. 제주대학교박물관 김종찬 학예사 제공 '천축개국天丑開局'명 기와

母開局'이면 천모天母가 국면局面(면국面局)을 연다고 읽힌다. 그런데 '天口開局'
은 '口'자가 '丑'의 한대漢代 글자형태[193]와 흡사하므로 '天丑開局'으로 판독하
는 편이 타당한 듯하니, 천天이 축丑(축년丑年)에 국면局面(면국面局)을 연다고 해
석하고자 한다. 우왕 11년(1385)이 을축년乙丑年이니 축년丑年에 해당한다. 그
러하니 존자암은 김중광이 제주 만호 겸 목사로 두 번째 부임해 근무하고
있던 우왕 11년(1385) 을축년에 중창했다고 여겨진다. 개국開局은 국면局面(면
국面局)을 연다는 풍수설의 개념이니, 존자암 중창에 풍수설이 적용된 것인
데, 이는 탐라제주에 풍수설이 유포되고 불교와 결합해 왔음을 알려준다.

존자암을 중창한 주역은 제주 만호 겸 목사 김중광과 그 휘하의 제주
천호 부승석이었는데, 실질적으로 공역을 기획하고 감독한 자는 제주 지배
족의 부승석이었을 것이다. 한라산 영실은 탐라의 신성 구역이었고 그곳에
서 탐라시조 고을나·양을나·부을나를 모시는 제례가 행해졌다. 이곳에 존

---

193 百度百科(바이두백과), 丑

자암이 건립되고 탐라시조를 모시는 국성재國聖齋가 이 사찰에서 거행되었
다.[194] 이러한 존자암을 만호 김중광과 천호 부승석이 중창한 데에는 불교
신앙심이 작용했겠지만 다른 의도도 있었을 것이다. 고려가 파견한 만호
겸 목사 김중광으로서는 원명 교체기에 혼란한 제주를 안정시키는 것이 급
선무였고 그러기 위해서 제주인의 주요 신앙처인 존자암과 수정사를 중창
해 제주인을 안무했고, 특히 제주 삼성(고·양·부)의 성지인 영실 존자암을 중
창해 제주 권력층을 회유했다고 볼 수 있다. 토착천호 부승석으로서는 삼
성三姓의 신성공간에 자리한 존자암을 중창함으로써 삼성을 선양해 삼성
후예의 제주에 대한 영향력을 확고히 하고, 나아가 그동안 고씨와 문씨에
비해 하락했던 부씨의 위상을 고양하려 했을 것이다. 또한 대개 무인정권
기와 원간섭기에 위상이 하락했던 양씨와의 협력을 노렸을 수 있으며, 그
래서 양씨 쪽에서 존자암 중창을 적극 후원했을 수 있고, 고씨도 삼성의
하나로서 동참하지 않을 수 없었을 것이다.

　제주 만호 겸 목사 김중광이 근무하고 있던 중에 고신걸이 성주星主가
된다. 갑자년(1384: 우왕 10년)에 고려왕이 고신걸에게 성주星主를 더하고 홍
정紅鞓(붉은 가죽 허리띠)·자포紫袍(자색 도포)·보개寶蓋 및 궁시弓矢·표리表裏(겉옷과
속옷)·선온宣醞(술)을 하사했다.[195] 탐라 성주가 고려국왕으로부터 제주 성주
로 임명되는 처지로 바뀐 것이었으니 성주 고신걸은 고려의 압력을 뿌리치
기 어려웠다.

　고려가 우왕 12년(1386) 7월에 전의부정典醫副正 이행李行과 대호군大護軍
진여의陳汝義를 탐라에 파견했는데, 때에 조정(명)이 탐라마耽羅馬를 취하고자

---

194 洪裕孫은 정묘년(1507: 조선중종 2년) 孟春에 찬술한 「尊者庵改構侑因文」(『篠叢
　　遺稿』上)에서, 존자암이 三姓 初起 때에서 비롯되고 三邑 鼎立 후에도 오래도록
　　전해진 裨補의 장소로, 首夏의 月에 三邑 遂頭 중 1員을 파견해 존자암에서 제사
　　를 행하여 그것을 '國聖齋'라 하는데 지금 廢한지 겨우 6·7년이라 했다.
195 『東文選』 권101, 「星主高氏家傳」(鄭以吾)

하고, 또한 이 도島가 누차 '반叛'했기 때문에 이행 등을 파견해 탐라 자제子弟를 초유招誘하게 한 것이었다. 탐라에 도착한 이행은 다음해(1387: 우왕 13년) 4월에 성주星主 고신걸高臣傑의 아들 고봉례高鳳禮를 이끌고 돌아오는데, 탐라가 귀순歸順해 납관納款(성심 복종)함이 이로부터 비롯되었다고 한다.[196] 이행이 탐라에 대략 9개월 동안 체류하다가 돌아왔으니 탐라 지배세력을 설득하는 데 어려움을 겪어 시일이 많이 걸렸음을 시사한다. 의료를 담당하는 기관의 전의부정典醫副正이 파견된 것은 의관醫官을 대동해 탐라 말의 건강 상태를 확인하기 위한 측면도 있었을 것이고, 대호군(대장군)이 파견된 것은 상당한 병력을 거느리고 갔음을 알려준다. 탐라는 1387년(우왕 13년) 4월에 비로소 고려에 귀순해 마음을 다해 복종했다고 하니, 탐라국의 역사는 이때 사실상 거의 막을 내린 것이었다.

우왕 12년(1386) 12월에 축마별감畜馬別監 변벌개邊伐介가 제주濟州에 이르러 사람(제주인)의 마馬를 많이 받은 것, 남의 장획臧獲(노비)을 빼앗고 상승전助乘乘田租를 도용盜用한 것으로 인해 헌부憲府(사헌부) 탄핵을 받아 원방遠方으로 유배되었다.[197] 전의부정典醫副正 이행李行이 탐라제주에 파견되어 활동하고 있던 중에 축마와 관련된 축마별감 변벌개가 이곳에 파견되어 횡포를 부린 것이었다. 변벌개는 미천한 출신으로 내승별감內乘別監, 사복부정司僕副正 등을 지내며 왕실 구마廐馬를 관장했고 중간에 사헌부 장령을 지낸 적도 있었는데,[198] 축마별감으로 제주에 파견되어 사람들로부터 말을 많이 탈취하는 등 불법을 저질렀기 때문에 유배된 것이었다. 축마별감 변벌개의 횡포는 조선시대 제주에 파견되는 축마관의 횡포를 예고하는 것이었다.

---

196 『고려사』 권136, 열전49 신우전 및 『고려사절요』 권32, 우왕 12년 7월. 『고려사』 신우전에는 "耽羅歸順始此"라, 『고려사절요』에는 "耽羅歸順納款始此"라 되어 있다.
197 『고려사』 권136, 열전49, 신우전, 우왕12년 12월
198 『고려사』 권134 신우전 및 『고려사절요』 권31, 우왕 7년 4월 ; 『고려사』 권126, 이인임전 ; 『고려사』 권135 신우전 및 『고려사절요』 권32, 우왕 11년 6월

고려는 창왕 즉위년(1388) 9월에 군기소윤軍器少尹 고봉례高鳳禮로 제주濟州 축마겸안무별감畜馬兼安撫別監을 삼아 파견했다.[199] 성주 고신걸의 아들 고봉례 는 우왕13년(1387) 4월에 고려 관원에 의해 이끌려 개경으로 올라왔었다. 그 런데 고려 군기시軍器寺(병기제작 관장)의 소윤少尹(종4품)에 임명되었고 이 직책에 다가 창왕 즉위년(1388) 9월에 '제주 축마 겸 안무 별감'이라는 특사로 제주에 파견된 것이다. 그는 '축마' 즉 제주 말이 잘 양육되고 있는지 살펴보는 임무 와 '안무' 즉 제주인을 어루만지는 임무를 띠었던 것인데 제주 성주의 아들이 고려를 위해 제주 '축마' 상황을 점검하러 파견되는 신세로 전락했다.

9. 명의 말 무역과 몽고왕족 유배와 탐라

1) 명의 말 무역과 탐라

고려가 제주에 파견한 전의부정典醫副正 이행李行이 탐라인을 회유하는 와중에 명과 고려, 명과 탐라국의 말 무역이 이루어진다. 우왕 12년(1386) 11월에 안익安翊·유화柳和 등이 명 경사京師(남경)로부터 돌아왔다. 그런데 선 유성지宣諭聖旨에 황제가 마馬 오천필五千匹을 화매和買(교역)하고자 한다며, 여 기에서 일만필一萬匹 단자段子(비단)와 사만필四萬匹 면포綿布를 운반해 가지고 가도록 하여, 가전價錢(값)으로 고려 재상의 말 1필은 단자段子 2필·면포綿布 4필, 관마官馬와 백성의 말 1필은 단자 1필·면포 2필로 계산해 화매和買하 게 하려 한다고 했다.[200] 이에 고려가 12월에 전객령典客令 곽해룡을 명에 파견해 경사京師(남경)에 가서 감히 말 값을 받을 수 없다고 아뢰게 했다. 명

---

199 『고려사』 권137, 열전50, 신우전 府 辛昌. 창왕 즉위년 9월 ; 『고려사절요』 권33,
    우왕 14년(창왕 즉위년) 9월. "以軍器少尹高鳳禮爲濟州畜馬兼安撫別監 遣之"
200 『고려사』 권136, 신우전 및 『고려사절요』 권32, 우왕 12년 11월

황제가 파견한 지휘첨사指揮僉事 고가노高家奴·서질徐質이 와서 마馬 삼천필三千匹을 구매하되 말 1마리에 대면포大縣布(면포縣布) 8필·단자段子 2필을 지급하기로 하니, 각 관官이 사람을 파견해 말을 요양에 운송해 값을 취하라고 했다.[201] 명은 고려에게 요구한 공마貢馬 수가 거의 달성되자 고려에서 '시마市馬' 즉 시장에서 말을 매입하는 기발한 방식을 실행해 고려를 괴롭혔다. 이렇게 매매한 방식의 말 값을 고려는 받지 않겠다고 했지만 명은 지불했다. 이 '시마市馬'는 양국 간의 무역처럼 보이지만 실상은 강요 매매 내지 약탈 매매였으며 그 대상의 말은 대개 탐라마였다.

홍무20년(1387: 우왕13) 3월 계유일(23일)에 황제가 연안후延安侯 당승종唐勝宗에게 효유하도록 하기를, "고려 마馬가 요동에 이름을 기다려 그 쓸 만한 것을 택하여 값을 보상하고 노약駑弱해 쓸 만하지 못한 것은 그 값을 헤아려 줄여서 그대로 그 왕에게 알려 인지하도록 하라" 라고 했다. 칙령이 요동에 이르렀는데, 때마침 고려가 보낸 마馬 3,040필이 이르니 당승종이 칙령과 같이 그 값을 보상했다. 이윽고 '탐라국耽羅國' 역시 마馬로써 와서 공貢하니 황제가 조칙을 내려 고려의 경우처럼 보상했다.[202]

명은 홍무19년(1386) 겨울~홍무20년(1387: 우왕13) 3월 무렵에 고려와 요동에서 시마市馬해 자기 방식대로 고려에게 말값을 지불했다. '탐라국耽羅國'도 마馬를 가지고 명에 와서 공貢하자 조칙을 내려 고려의 경우처럼 보상했다. 탐라국 사람이 명에 와서 말을 팔고 명이 탐라국 말을 사는 '시마市馬'

---

201 『고려사』 권136, 신우전, 우왕 12년 12월 ; 『고려사절요』 권32, 우왕 12년 11월·12월. 한편 홍무19년(1386: 우왕 12) 겨울에 명 황제가 조칙을 내려 指揮僉事 高家奴를 고려에 파견해 綺布로써 고려에서 시마市馬하게 했는데, 홍무20년 3월에 고가노가 돌아와 고려가 말 값을 사양했다고 아뢰니, 황제가 칙령을 내려 말 數대로 보상하라고 했다(『明史』 권320, 列傳208, 外國1, 朝鮮 ; 『明太祖實錄』 권181, 洪武20년 3월).
202 『明太祖實錄』 권181, 洪武20년 3월. 고려가 요동에 보낸 馬 3,040필은 高家奴가 고려에 와서 구매 계약을 진행한 말 삼천필의 정확한 액수였다.

즉 말 무역이 이루어진 것이었다. 아마 탐라인이 해로로 명에 가서 무역했을 터인데 말 값이 공정했는지는 잘 확인되지 않는다. 탐라는 고려의 압박이 강화되어 가는 중이었지만 아직 고려에 귀순하지 않아 '탐라국'을 칭하며 명과 말 무역을 행하였고, 명은 탐라와의 말 무역을 통해 말을 확보하면서 탐라에 대한 영향력을 유지하려 했고 이는 고려에 대한 압박 수단으로 작용하기도 했다. 하지만 우왕13년(1387) 4월에 성주 고신걸의 아들 고봉례가 고려 관원에 의해 이끌려 개경으로 올라오면서 탐라가 고려에 귀순함으로써 탐라의 독자적인 말 무역도 사라져 간다.

고려는 우왕 13년(1387) 3월에 전공판서典工判書 이미충李美冲을 파견해 초운마初運馬 일천필一千匹을 압령해 요동에 가게 했는데 그 중에서 늙고 병들고 왜소矮少한 것은 모두 돌려보내졌다.[203] 물론 교역용으로 보내진 이 말도 대개 탐라마였다.

그런데 명은 고려와의 말 무역에 대해 불만을 드러내며 탐라를 거론한다. 우왕 13년(1387) 5월에 설장수偰長壽가 명 경사京師(남경)로부터 돌아와 전달한 황제(주원장)의 선유성지宣諭聖旨에, 고려가 오천마五千馬를 마련해 전후前後 육천六千을 갖추었으니 지극한 정성이 있다고 하겠고, 어려움을 호소하니 한꺼번에 모두 제거하고 단지 3년에 50필 마馬를 진상해 성의를 표하도록 했다면서, 이번에 단필段匹(비단: 견직물)을 고려에 주어 말과 화매和買(교역)하도록 했지만 그 말이 형편 없다고 비난했다. 사람을 배에 실어 탐라에 보내 말을 직접 구매하려고도 생각했지만 사람을 탐라에 파견하면 사건이 종종 발생할 것이고 특히 재주 없는 사람이 간다면 조정(명)의 세력과 군사력에 의지해 횡포를 부릴 것이라며 탐라를 자세히 조사·심리하지 않겠다고 했다. 탐라가 거리상 고려와 가깝고 나주와 마주하고 종래 고려가 관장했으니 고려가 탐라를 관장하는 것이 적합하다고 했다.[204] 명 주원장은 고

---

203 『고려사』 권136, 신우전, 우왕 13년 3월

려와 무역한 말이 좋은 말이 아니라고 비난한 것인데, 그동안 명이 수많은 양마를 탈취한 결과 고려와 탐라에 양마가 부족할 수밖에 없었다. 명 주원 장은 탐라에 간여하지 않겠으니 고려가 탐라를 관장하라고 선심쓰는 척하 며 고려에게 좋은 말을 제공하라고 압박을 가한 것이었다.

고려는 명 황제의 질책이 담긴 이 '선유성지'를 받자마자 같은 달인 5월 에 판사복시시判同僕寺事 임수任壽와 판전객시시判典客寺事 유극서柳克恕와 전 공판서典工判書 김승귀金承貴를 파견해 2·3·4 운마運馬 삼천필三千匹을 압령하 여 서로 이어 요동에 가도록 했다.[205] 또한 고려는 6월에 판사재시시判同宰 寺事 박지개朴之介를 명에 파견해 오운마五運馬 일천필一千匹과 퇴환退還해 개 환改換한 말을 압령해 요동도사遼東都司에 가게 하니, 연안후延安侯·정원후定 元侯·무정후武定侯가 압마관押馬官과 함께 점선點選해 세 등급으로 나누어, 상 등은 값으로 단段(비단) 2필·포布 8필을, 중등은 단段 1필·포布 6필, 하등은 단段 1필·포布 4필을 지급했다.[206] 이 여러 차례 '운마'는 말 무역에 해당하 는데 대개 탐라마가 이용되었다. 명은 고가노가 구매한 말 3000필에다가 고려의 다섯 차례 운마運馬 5000필을 합하여 말 8000필을 구매했는데 실상 은 헐값의 불공정 무역이었다.

명이 홍무20년(1387: 우왕13) 12월에 원의 옛 쌍성 지역(고려가 수복한 영 토)에 철령위 설치를 결정하고 홍무21년(1388: 우왕14) 3월에 철령위鐵嶺衛를 옛 철령성에 설치하려 하면서[207] 고려와 충돌한다. 고려의 우왕과 최영은 요동정벌군을 일으켰지만 우군도통사 이성계가 압록강 위화도에서 반란을

---

204 『고려사』 권136, 신우전, 우왕 13년 5월
205 『고려사』 권136, 신우전, 우왕 13년 5월. '二三四運馬'라한 것은 이에 앞서 행해 진 初運馬에 이어지기 때문이다.
206 『고려사』 권136, 신우전, 우왕 13년 6월
207 『明史』 권320, 列傳208, 外國1, 朝鮮 ; 『明史』 권41, 志17 地理2, 山東 遼東都指 揮使司, 鐵嶺衛

일으켜 회군해 6월에 개경성을 점령해 팔도도통사 최영을 유배하고 우왕을 폐위해 정권을 장악했다.[208]

창왕 즉위년(1388) 6월에 박의중朴宜中이 명 경사京師(남경)로부터 돌아와 명 예부의 자문咨文을 전달했다.[209] 이 자문에 실린 황제(주원장) 성지聖旨에서, 고려가 진상한 마필과 교역으로 보내온 마필이 모두 좋은 말이 아니라며 비난했고, 지금 철령의 땅에 대해서 왕국(고려)이 말한 것이 있다고 했다. 이 자문에 언급된 황제 성지는 이성계의 회군으로 우왕이 폐위되고 창왕이 즉위한 직후에 고려에 전달되었다. 이 '성지'에는 명이 철령위 설치를 강행하겠다고 했다. 하지만 명은 고려의 명에 대한 갑작스런 군사행동에 놀라고 천하가 다시 어지러워질까 걱정해 쌍성지역에 철령위를 설치하는 것을 접고 요동지역에 설치한다. 이로써 명은 쌍성지역 점유는 포기하고 탐라에 대한 계책을 궁리하게 되며 고려는 탐라를 고수하려 한다.

명은 이성계 정권이 강성한 공양왕 3년(1391) 4월에 고려의 관원과 부가자제富家子弟로 하여금 무려 1만필의 말을 요동으로 호송해 와서 교역하기를 요구했다.[210] 3년 6월에 고려는 일시에 준비하기는 어렵지만 중앙과 지방이 힘을 다해 마련하겠다고 하면서 먼저 잡색마雜色馬 1천5백필을 요동에 보냈고, 8월에 말 2천5백필을, 12월에 말 1천필을, 4년 2월에 말 1천필을 보냈고, 5월에는 말 1천필씩 두 차례 보냈다.[211] 그리고 왕위를 찬탈한 이성계가 아직 고려국왕으로서 원년(1392) 8월에 1천필을, 11월에 1천필을 보냈다.[212] 이리하여 명이 요구한 말 1만필의 교역이 달성되었는데, 명은 1

---

208 『고려사』 권137, 열전50, 辛禑傳 및 『고려사절요』 권33, 우왕 14년 ; 『고려사』 권113, 崔瑩傳. 고려가 요동정벌에 동원한 말 21,682필도 대부분 탐라마였을 것이다.

209 『고려사』 권137, 열전50, 신우전 附 辛昌 및 『고려사절요』 권33, 창왕 즉위년 6월. 이 예부 자문은 명에서는 4월 18일 황명에 따라 작성된 것이었다.

210 『고려사』 권46, 공양왕 3년 4월. 명은 또한 閹人 즉 환관 200명을 요구하였다.

211 『고려사』 권46, 공양왕 3년 6월·8월·12월 및 4년 2월·5월

만필 중에서 통과시킨 9,880필에 해당하는 말 값을 지불했다.[213]

말(馬)은 전근대사회에서 경제력, 군사력의 원천이었고, 교통과 통신의 주요 수단이었고, 지배층과 상인에게는 이동과 운송의 필수품이었다. 탐라에는 이러한 말이 많이 방목되었으니 탐라가 지닌 힘의 원천과 국제적 분쟁의 소지가 여기에 있었다. 고려가 명에 공물로 바친 말과 교역으로 내준 말은 대부분 탐라마였다. 고려 공민왕이 명에게 탐라 영유권을 얻는 대신에 탐라 말을 내주겠다고 약속한 이래 명이 공민왕 23년에 말 2,000필을 요구해 그 이래 그 액수를 받아냈다. 명은 또한 공민왕이 해마다 말 1,000필을 바치기로 약속했다며 우왕을 괴롭혀 세공마로 6,000필을 받아냈다. 그 후 세공마는 3년마다 50필로 줄였지만 교역을 빙자해 우왕후기 고려로부터 말 8000필 남짓을, 이성계 정권 때 고려로부터 말 10,000필을 헐값으로 구매했다. 고려가 명에 내준 말은 세공마 8,000필 이상, 교역마 18,000필 이상, 도합 26,000필 이상이었고 여기에 간간이 예물로 명에 건너진 말들도 꽤 있었다. 그 결과 탐라와 고려의 경제력과 군사력은 큰 타격을 받았다.

2) 명이 몽고왕족을 탐라에 유배하다

명 홍무제 주원장은 원 황실의 후손을 탐라에 유배한다. 운남왕雲南王인 양왕梁王 파잡랄와이밀把匝剌瓦爾密은 원세조 다섯째 아들인 운남왕 홀가적忽哥赤의 후예로 운남을 진수鎭守하고 있던 중에 순제가 명국 군에 밀려 몽고 초원으로 파천했지만 항복하지 않고 운남을 지켰다. 그러다가 양왕은 그가 파견한 평장平章 달리마達裏麻의 군대가 홍무14년(1381: 우왕7) 12월에 명태조 (주원장)가 파견한 정남장군征南將軍 부우덕傅友德의 군대와 전투해 대패하자,

---

212 『태조실록』 권1, 태조 원년 8월 병자 및 11월 병술
213 『태조실록』 권3, 태조 2년 6월 경진

처자妻子를 연못에 빠뜨려 죽이고 자신은 좌승左丞 달적達的·우승右丞 려아驪兒와 함께 스스로 목매어 죽었다. 명태조가 양왕의 가속家屬을 탐라耽羅에 옮기게 했다.[214] 홍무15년 4월 갑신일(5일)에 원양왕元梁王(고원양왕故元梁王) 파잡랄와아밀把匝剌瓦兒密(파잡랄와이밀把匝剌瓦爾密) 및 위순왕威順王 아들 백백伯伯 등 가속家屬을 탐라耽羅에 옮겨 거주하게 하고 백백伯伯에게 의복 1습襲과 말 10필을 하사했다고 한다.[215] 명 황제가 운남을 토벌해 박박태자拍拍太子(백백태자伯伯太子) 및 그 아들 육십노六十奴를 제주濟州에 유배했다고 한다.[216] 명 태조(주원장)가 원 양왕(운남왕) 파잡랄와이밀을 이겨 자살하게 만들고는 다음 해인 홍무15년(1382: 우왕8) 4월에 양왕의 남은 가속을 위순왕(원세조의 손자)의 아들인 백백태자(박박태자) 가속(백백태자의 아들 육십노 포함)과 함께 탐라에 유배했던 것이다.[217] 이는 탐라에 운남 성씨가 생겨나는 계기로 작용한다.

이색은 우왕 8년(1382) 6월말 무렵에 「자안子安(이숭인)이 와서 '하평운남表賀平雲南表'를 의논하다」 시를 지었다.[218] 이 시에서, "한라산漢拏山 색色은

---

214 『明史』 권124, 列傳12, 把匝剌瓦兒密. 양왕 把匝剌瓦爾密이 이전에 딸을 大理 酋인 段得功과 혼인시켜 그 兵力에 의지하다가 후에 단득공을 의심해 죽였기 때문에 大理의 원조를 잃어 명 군대에게 패배하게 되었다고 한다. 원이 대리국을 멸망시켜 운남행성을 설치하고 종실을 운남왕으로 삼아 鎭守시키고 대리의 세력가 段氏의 협력을 얻어 운남 지역을 직접 지배했는데, 양왕이 段氏와의 우호관계를 해쳐 패망에 이르게 되었던 것이다.

215 『明史』 권3, 本紀, 太祖 洪武15년 4월. "夏四月甲申 遷元梁王把匝剌瓦兒密及威順王子伯伯等家屬於耽羅"; 『太祖高皇帝實錄』 洪武15년 4월. "(4월)甲申 遷故元梁王把匝剌瓦爾密及威順王子伯伯等家屬 俱居耽羅, 賜伯伯衣一襲馬十四"

216 『고려사』 권45, 공양왕 원년 11월. "壬午 帝召還拍拍太子之子六十奴及火者卜尼, 初 帝討雲南 流拍拍太子及子六十奴于濟州, 至是召之"

217 위순왕은 곧 寬徹普化로 世祖의 孫이고 鎭南王 脫歡의 아들이었다. 그는 泰定3년에 威順王에 책봉되어 武昌을 鎭守했고, 순제 치세에 漢族 반란군과 전투를 거듭하다가 지정25년에 사망했다. 『元史』 권117, 列傳4, 寬徹普化

218 『목은시고』 권32, 「得耽羅性曇公書」·「子安來議賀平雲南表」(이색). 이 두 시는 우

조망하니 창연蒼然히 푸르고 아래로 금릉金陵(남경)이 있어 만리萬里 뱃길이네, 수도水道가 아득해 경계를 알지 못하지만 풍범風帆(범선: 돛배)이 흔들리며 앞서기를 다투는 듯하네, 명나라 힘이 육조六詔(여섯 왕조) 운남雲南 땅에 통하고 위엄이 삼한三韓 해외海外 천天에 떨치네"라고 했다.[219] 명 주원장은 금릉金陵(남경: 난징)에 도읍했기에 고려에서 바닷길로 왕래하면 만리이고 도중에 한라산을 보게 된다는 것이다. 자안子安(이숭인)이 '하평운남표賀平雲南表' 즉 명이 운남을 평정한 것을 축하하는 표문을 지으면서 그 내용을 이색과 조율했음을 알 수 있다. 명의 운남 평정과 관련해 이색이 한라산과 명 금릉(남경)을 연결시켜 읊은 것은 고려에서 금릉(남경)으로 가려면 대개 탐라 서쪽 해협을 항해해 영파寧波에 이르러 운하를 이용해 금릉(남경)으로 갔기 때문이기도 했고, 명이 운남을 평정해 포로로 잡은 양왕 가속을 탐라에 안치했기 때문이기도 했다.

우왕 8년(1382) 7월에, 명 황제가 운남을 평정해 양왕梁王 가속家屬을 고려에 보내 제주濟州에 안치하게 하니, 우왕이 밀직사사密直司使 유번柳藩을 파견해 명 경사京師(남경)에 가서 이숭인이 지은 축하 표문을 올리게 한다. 이 표문의 정식 명칭은 「조정(명)이 운남을 평정해 양왕가속梁王家屬을 보내 제주에 안치함을 축하하는 표문」이었다. 이 표문에서 이 군추群醜(추악한 무리)를 굴복시켜 사로잡은 포로를 해도海島(제주) 중에 안치하니 이는 재앙을 소멸해 더욱 신인神人의 망望을 위로한다며 축하를 드린다고 했다.[220] 명이

왕 8년 6월 19일에 지은 「十九日立秋」 시와 6월 29일에 지은 「廿九日夜半 批下判三司事洪公·二相李公同拜侍中 而廣平領門下·鐵原領三司」 시 사이에 배열되어 있으니 6월 19일~29일 사이에 지은 것으로 보인다.

219 "漢拏山色望蒼然 下有金陵萬里舡, 水道微茫不知畔 風帆飄忽似爭先, 力通六詔雲南地 威振三韓海外天, 盛代移民超萬古 老翁長嘯得新篇"

220 『고려사』 권134, 신우전 및 『고려사절요』 권31, 우왕 8년 7월 ; 『동문선』 권32 및 『도은집』 권5, 「賀朝廷平定雲南發遣梁王家屬安置濟州表」(李崇仁)

운남의 몽고원 세력을 진압하자 고려가 운남의 그 세력을 추악한 무리로 비하하며 축하한 것이었다.

그러니까 명 황제가 운남을 평정해 양왕 가속을 우왕 8년(1382) 6월 무렵에 고려에 보내 제주에 안치하도록 하니, 이숭인이 명의 운남평정 축하 표문을 찬술하는 임무를 맡게 되자 이색과 의논해 완성하게 되었고, 7월에 우왕이 밀직사사 유번을 축하 사절로 파견하면서 이 표문을 가져가 올리게 했던 것이다. 고려 입장에서는 명이 포로를 제주에 유배한 조치에 대해서는 탐탁하지 않았겠지만 명의 비위를 맞추기 위해 축하할 수밖에 없었다. 어쨌거나 양왕 가속은 제주에 안치되는데 명이 자신에게 저항한 사람들을 제주에 유배한 것은 제주를 자신의 판도에 두려는 의도를 드러낸 것이었다.

이성계가 위화도에서 회군해 정권을 장악한 직후인 창왕 즉위년(1388) 6월에 박의중朴宜中이 명 경사京師(남경)로부터 돌아와 명 예부의 자문咨文을 전달했다.[221] 이 자문에 실린 황제(주원장) 성지聖旨에서, "탐라耽羅의 도도島는 옛적에 원 세조의 목마牧馬 장소였나니, 지금 원元 자손이 와서 귀순함이 심히 많아 짐朕이 반드시 원사元嗣를 끊을 필요가 없어 제왕諸王을 도도島(탐라)에 두어 수병戍兵 수만數萬으로 호위하고 양제兩淛가 식량을 내어 넉넉히 공급해 원元의 후사後嗣를 보존해 원 자손을 해중海中에서 다시 우유優游하도록 하려 하는데, 어찌 그러하지 않으리오" 라고 했다.

명이 탐라가 원 세조의 방목 목장이라는 이유를 대며 명에 귀순한 원의 자손, 특히 제왕諸王을 탐라에 거주하도록 하겠다는 것이다. 원의 후사後嗣를 보존해 해중에서 우유優游(한가롭고 편안히 지냄)하도록 하려 한다고 했는데 실제로는 유배하는 것이었고 이를 통해 명이 탐라에 대한 영향력을 유지하면서 고려를 견제하려는 것이었다. 탐라에 원 제왕諸王 등을 거주하게 하여 수병戍兵 수만數萬으로 호위하고 양제兩淛(양절兩浙: 절동浙東·절서浙西) 즉 절강

---

221 『고려사』 권137, 열전50, 신우전 附 辛昌 및 『고려사절요』 권33, 창왕 즉위년 6월

성으로 하여금 식량을 공급하도록 하겠다고 했기에 더욱 그러하다. 명이 원 자손을 지킨다는 명목으로 탐라에 군대 수만명을 주둔시킬 수도 있다는 것이니 고려에게는 엄청난 압박인 반면 탐라에게는 그렇게 된다면 독립을 노릴 기회일 수도 있었다.

명은 원과의 전쟁에서 사로잡히거나 귀순한 사람들을 탐라에 이주하는 정책을 적극적으로 시행한다. 창왕 즉위년(1388) 12월에 명 황제가 전원前元 원사院使 희산喜山·대경大卿 김려보화金麗普化 등을 고려에 보내와 마馬 및 엄인閹人(환관)을 요구했는데 희산喜山 등은 모두 아국我國(고려) 사람이었다. 희산喜山 등이 또 전달한 성지聖旨에, "정북征北 때 귀순한 달달친왕達達親王 등 80호戶 남짓을 탐라耽羅에 가서 거주하도록 하려 하니 너는 고려에 가서 알도록 말하여 고려로 하여금 저기(탐라)에 사람을 파견해 정편淨便한(산뜻한) 곳에 방아房兒(집)를 마련하도록 하고 돌아와 보고하라" 라고 했다. 이에 고려가 전리판서典理判書 이희춘李希椿을 제주濟州에 파견해 신구新舊의 거주할 만한 방사房舍 85곳을 수즙修葺하게 했다.[222] 명 황제가 명에 귀순한 달달(달단: 타타르) 친왕 등 80호戶 남짓을 탐라에 거주시키려 하면서 고려에게 탐라에 그들이 살만한 집을 마련하라고 하니 고려가 그렇게 한 것이었다. 달달(달단) 즉 타타르는 몽고족의 하나이거나 몽고족의 별칭이었고 색목인까지 포함하는 개념으로 쓰이기도 했으니 달달친왕 등을 탐라에 안치하려 한 것은 명 황제의 성지聖旨에서 원의 제왕諸王을 탐라에 거주시키려 한다는 발언을 실천한 것이었다.

공양왕 1년(1389) 11월 임오일(18일)에 명 황제가 박박태자拍拍太子(백백태자)의 아들 육십노六十奴 및 화자火者(환관) 복니卜尼를 소환했다. 이전에 황제가 운남雲南을 토벌해 박박태자拍拍太子 및 아들 육십노六十奴를 제주濟州에 유배

---

222 『고려사』 권137, 열전50, 신우전 府 辛昌. 창왕 즉위년 12월. 한편 이달에 崔瑩이 주살된다.

했었는데 이에 이르러 부른 것이었다.[223] 공양왕 2년(1390) 4월 갑술일(12일)에 육십노六十奴가 제주로부터 (개경에) 이르니 을해일(13일)에 찬성사 정몽주에게 명령해 연회로 위로하게 했다. 육십노六十奴가 말하기를, 탐라산마耽羅産馬는 상국上國(명)에 알려진지 (유명한지) 오래인데 내가 탐라耽羅에 있는지 이미 5~6년이건만 마馬의 좋은 것이 심히 적기 때문에 지금 경사京師(남경)에 조朝하려 하면서 지贄(폐백: 예물)할만한 마馬 한 마리도 얻지 못했다고 했다. 정몽주가 이를 왕에게 아뢰며 말하기를, "상국上國(명)이 누차 우리로 하여금 말을 헌상하도록 한 것은 탐라가 있기 때문일 뿐인데, 육십노六十奴가 말한 것이 이와 같으니 아국我國(고려) 양마良馬의 유무有無가 아룀을 기다리지 않아도 전달될 수 있습니다" 라고 했다.[224] 명이 고려에게 말을 헌상하도록 요구하는 이유는 탐라마가 있기 때문인데 탐라마도 그 동안의 수많은 반출로 인해 전체 수량도 줄어들고 양마도 거의 고갈되다시피 한 상황이었다.

홍무23년(1390: 공양왕2) 7월 갑진일(14일)에 고려가 그 신하 김을상金乙祥을 파견해 고원故元(망원亡元) 백백태자伯伯太子의 아들 육십노六十奴와 화자火者 복니卜尼를 호송하여 경京(명 남경)에 도착했다. 때에 육십노六十奴 등이 탐라耽羅에 있었는데 앞서 명령을 내려 부르니 이때에 호송해 도착한 것이었다. 황제가 조칙을 내려 육십노六十奴에게 은銀 50량兩과 초초鈔 50정鋌을 하사하고, 복니卜尼에게 은銀 20량兩과 초초鈔 10정鋌을 하사하고 옷은 각각에게 1습襲을 하사하고, 그 겸종傔從 및 고려 사자使者에게 상賞을 주었다.[225] 공양왕 2년(1390) 10월 갑술일(16일)에 육십노六十奴가 명 경사京師(남경)로부터 돌아와 제주로 복귀했는데, 1년이 지나 사망했다.[226]

---

223 『고려사』 권45, 공양왕 원년 11월. 공양왕은 창왕 1년(1389) 11월 기묘일(15일)에 즉위했다.
224 『고려사』 권45, 공양왕 2년 4월
225 『明太祖實錄』 권203, 태조 洪武23년 7월
226 『고려사』 권45, 공양왕 2년 10월

홍무25년(1392: 공양왕4) 정월 병신일(14일에) 명이 명령해 고원故元(망원) 양왕梁王의 손자 애안첩목아愛顔帖木兒를 고려에 보내면서 초鈔 50정錠을 하사해 도리道里(노정路程) 비용으로 삼도록 하고 고려에게 그를 호송해 '탐라국耽羅國'에 이르도록 해 그 친족親族에 의지하게 하라고 했다.[227] 명은 1392년에도 탐라제주를 '탐라국'이라 호칭했으니 탐라의 독자성을 이때에도 인정하고 있었고 여차하면 탐라를 독립시키려 했을 수도 있다.

공양왕 4년(1392) 3월 을사일(24일)에 고려 세자가 명 경사京師(남경)로부터 개경에 이르렀다. 명 황제가 전원前元 양왕梁王의 자손 애안첩목아愛顔帖木兒 등 4인을 탐라耽羅에 안치해 박박태자拍拍太子(백백태자) 등과 함께 완취完聚해 거주하도록 했다.[228] 양왕 파잡랄와이밀把匝剌瓦爾密(운남왕: 이미 사망)의 가속 및 백백태자와 가속이 먼저 탐라에 안치되어 있었는데 양왕의 손자 애안첩목아가 탐라에 안치되어 합류한 것이었다. 이로써 탐라에 원元과 운남 계통의 성씨형성이 대략 완성된다. 조선초『동국여지승람』에, 제주의 성씨 중에 "조趙·이李·석石·초肖·강姜·정鄭·장張·송宋·주周·진秦은 원元에서 유래했다고 했고, 양梁·안安·강姜·대對는 운남雲南에서 유래했는데 대명大明 초에 운남을 평정해 양왕梁王 가속家屬을 옮겨 제주에 안치한 것이라고 했다.[229] 양양 파잡랄와이밀과 백백태자(위순왕의 아들)는 원세조의 후손이었다. 양왕 파잡랄와이밀 집안은 원세조의 다섯째 아들인 운남왕雲南王 홀가적忽哥赤 이래 대대로 운남왕 혹은 양왕으로서 운남을 진수鎭守했으니 상당히 운남화되었고 양왕 파잡랄와이밀의 가속에는 운남인도 상당수 포함되어 있었을 것이다.

명은 원의 자손을 탐라에 안치함으로써 패망한 왕조의 후예도 보존한다는 대의명분과 덕망도 얻는 동시에 탐라에 대한 영향력을 어느 정도 유지

---

227 『明太祖實錄』 권215, 태조 洪武25년 정월
228 『고려사』 권46 및 『고려사절요』 권35, 공양왕 4년 3월
229 『신증동국여지승람』 제주목 성씨조. "趙·李·石·肖·姜·鄭·張·宋·周·秦[元], 梁·安·姜·對[雲南: 大明初 平定雲南 徙梁王家屬 安置于州]"

그림 58. 운남 대리 삼탑사와 필자: 대리는 양왕가속과 운남성씨의 근원지

해 고려를 견제하는 효과를 얻을 수 있었다. 많은 군사를 탐라에 주둔시킬 수도 있다는 발언을 한 적도 있지만 철령위에 반대한 고려의 군사행동에 놀랐기 때문인지 탐라에 군대를 주둔시키지는 않는다. 이에 명의 탐라에 대한 영향력은 제한적이었고 고려와 조선의 탐라에 대한 지배력은 더욱 강화되어 중세 탐라국은 종말로 향한다.

제7장

탐라의
황혼과 상실

1. 이씨조선과 권근의 응제시와 탐라

이성계는 반란을 일으켜 왕씨왕조를 무너뜨리고 국왕에 올라 이씨왕조를 개창했는데 '권지고려국사權知高麗國事'라는 직함으로 중국 명과 외교한다. 원년(1392) 11월 병오일(29일)에 예문관학사 한상질韓尙質을 명에 파견해 경사京師(남경)에 가서 명 황제에게 '조선朝鮮'과 '화녕和寧' 중에서 국호를 선택해 달라고 했다.[1]

다음해(1393: 홍무26) 2월 경인일(15일)에 주문사奏聞使 한상질이 명에서 돌아와 전달한 예부 자문咨文에 따르면, 예부가 홍무25년 윤12월 9일에 받든 황제 성지聖旨에, 동이東夷 칭호 중에 오직 조선朝鮮 칭호가 아름답고 유래가 머니 그 명칭을 조祖(본원: 근본)로 할 만하다고 했다. 상上(이성계)이 감격하고 기뻐해 교서를 내려 지금부터 '고려高麗' 국명을 제거하고 '조선朝鮮' 국호를 준수해 사용한다고 하고 사면령을 내렸다.[2] 3월 갑인일(9일)에 찬성사 최영지를 명에 파견해 경京(남경)에 나아가 사은謝恩하게 했는데, 그 표문에서, "옛적에 기자箕子의 세世에 이미 조선朝鮮 칭호가 있어 이것으로써 아뢰어 감히 총청聰聽(황제)에게 요청했는데, 유음兪音(허락)이 곧 내려왔으니, 신臣(이성계)이 삼가 병한屛翰(울타리: 번국藩國)을 담당해 더욱 공경히 직공職貢을 받들겠습니다" 고 했다.[3] '조선'이라는 국호를 중국 명이 정해주었다니 낯 뜨거운 일이었다. 단군조선과 기자조선을 계승한다며 이씨조선 왕조가 이렇게 시작된다.

조선은 고려를 이어 명과 말 교역을 본격적으로 재개했는데, 태조대부터 세종대까지 말 58,000(고려분 2,000포함) 마리 정도를 명과 교역했다.[4] 이

---

1 『태조실록』 권2, 태조 1년 11월 병오. 和寧은 이성계의 고향으로 곧 영흥이다.
2 『태조실록』 권3, 태조 2년 2월 경인
3 『태조실록』 권3, 태조 2년 3월 갑인

러한 말들은 대부분 탐라마였으니 이로 인해 탐라마의 재생산 기반이 많이 흔들리고 탐라 제주의 경제력이 더욱 약화되었다. 물론 제주가 조선에 공적으로 사적으로 말을 바치는 일도 계속 이어졌다.

조선이 태조 4년 10월 경자일(10일)에 태학사 유구柳珦와 한성윤 정신의 鄭臣義를 파견해 명 경사京師(남경)에 가서 다음해 정조正朝(설날)를 축하하게 했고, 11월 신미일(11일)에 태학사 정총鄭摠을 파견해 한량閑良·기로耆老·신료가 명 예부에 올리는 신문申文을 가지고 경京(남경)에 나아가 고명誥命과 인장印章을 요청하게 했다. 그런데 조선이 황제에게 올린 표문表文, 동궁에게 올린 전문箋文, 예부에게 올린 신문申文에 경박하고 희롱하고 모욕하는 구절이 있다며 명이 조선 사신을 억류하고 그것을 찬술한 자를 명으로 보내라고 했다. 조선은 이 문제로 인해 고민에 빠지는데 명이 정도전을 지목해 압송하라고 했기 때문에 더욱 그러했다.

권근이 홍무29년 병자년(1396: 조선태조 5년) 7월 19일에 표문찬술 문제로 사신을 따라 명의 경京(남경)에 나아가 9월 11일에 입조入朝했다. 황제(주원장)가 용서하고 권근에게 명령해 문연각文淵閣에 머물게 하면서 3일간 시가를 유람하게 하고 연회를 하사하고 명제命題하여 시 24편을 짓게 하고 어제시御製詩 3편을 하사했다.[5]

권근의 응제시는 그가 명 측의 '명제命題' 즉 명 측이 제시한 시의 제목에 응하여 지은 시였다. 명 황제의 어제시 삼편은 「압록강鴨綠江」·「고려고경高麗故京」·「사경요좌使經遼左」였는데,[6] 권근의 응제시를 보고 이성계의 조

---

4 김순자의 연구에 따르면, 말 교역이 시작된 고려 우왕 13년부터 조선 세종 32년까지 73,945필의 말이 교역되었는데, 우왕 13년~태조 원년에 걸친 고려분은 17,920필(5000+3040+9880)이고, 태조 3년~세종 32년에 걸친 조선분은 56,025필이라고 한다(『麗末鮮初 對元·明關係 硏究』, 연세대학교 박사논문, 1999, 126~143쪽). 명에서 돌려보낸 경우도 있기에 총액에 다소 차이가 있을 수 있다.

5 『양촌집』陽村先生年譜 ;『양촌집』권1, 應製詩(朝鮮國陪臣權近 製進), 跋文

선에게 전달하고 싶은 것을 압축했다고 할 수 있다.

권근의 응제시는 모두 24편인데, 홍무29년 9월 15일에 8수首, 9월 22일에 10수, 10월 27일에 6수를 지었다.[7] 모두 '명제命題'에 따라 지은 것으로 되어 있는데, 9월 15일과 9월 22일 작품은 황제 명제命題에 따른 것으로 보이지만, 10월 27일 작품은 경사(남경) 시가를 돌아보며 지은 것이니 명 문신(아마 한림학사)의 명제命題에 따른 것으로 여겨진다.

9월 15일 지은 명제命題 8수首는 「왕경작고王京作古」·「이씨이거李氏異居」·「출사出使」·「봉조선명奉朝鮮命 지경至京」·「도경서경道經西京」·「도압록渡鴨綠」·「유요좌由遼左」·「항래주해航萊州海」이다. 고려가 망하고 조선이 건국해 천도하여 사신을 명에 파견하니 사신이 서경(평양)을 경유하고 압록강을 건너고 요좌(요동)를 경유하고 래주해萊州海(발해만渤海灣)를 항해해 산동반도에 상륙해 명 수도(남경)에 도착한 사항을 읊은 것이었다. 「이씨이거李氏異居」 시는 "동국東國이 바야흐로 난難이 많더니 우리 왕(이성계)이 공功을 이에 이루어, 민民을 어루만지고 혜정惠政을 닦아 사대事大해 충성을 다하네, '호號'(국호)를 내려주는 천총天寵(황제 은혜)을 받았고 천거遷居해 읍성邑城을 만들었네, 원컨대 직공職貢을 닦아 만세萬世토록 황명皇明을 받들리라" 했다. 「도중에 서경(평양)을 경유하며」 시에서, "천년 기봉箕封(기자가 책봉된 땅)이 해문海門을 베개 삼고 팔조八條 유속遺俗이 지금까지 남아 있네 … 만리萬里 제항梯航(제산항해梯山航海)해 중국에 항상 입공入貢하고 삼한三韓 강역疆域이 영원히 번藩이 되었네"라고 했다. 명 황제가 국호 '조선'을 내려준 것에 감사하며 황제의 은덕을 칭송하고 조선이 직공職貢을 닦아 만세토록 명나라를 받들겠다고 했고, 중국 주周가 기자를 서경(평양)의 조선에 책봉한 이래 삼한(동국)이 번국藩國

---

6 『양촌집』「大明太祖高皇帝御製詩三首. 賜朝鮮國秀才權近」;『태조실록』 권11, 태조 6년 3월 신유조

7 『양촌집』 권1, 應製詩(朝鮮國陪臣權近 製進);『태조실록』 권11, 태조 6년 3월 신유조

으로서 중국에 조공해 왔음을 강조했다. 이씨조선도 '기자조선'처럼 중국 명에 충성하겠다는 맹세의 시였다.

9월 22일에 지은 명제命題 10수는 「시고개벽동이주始古開闢東夷主」·「상망 일본相望日本」·「금강산金剛山」·「신경지리新京地理」·「진한辰韓」·「마한馬韓」·「변 한弁韓」·「신라新羅」·「탐라耽羅」·「대동강大同江」이다 동국이 단군·기자 조선 부터 시작하고 야만적인 일본과 접함을 읊고, 금강산의 풍광과 조선 신경 (한양)의 지리를 노래하고, 삼한(진한·마한·변한)과 신라와 고려와 탐라 역사를 노래하고, 대동강을 주제로 기자 유허를 읊었다. 단군조선, 기자조선, 삼한 (특히 진한), 신라, 고려, 조선으로 이어진다는 권근의 동국에 대한 역사체계 에 탐라의 역사가 포함된 것인데, 탐라가 삼한, 신라, 고려, 조선과 나란히 발전해 온 것으로 묘사되었다. 「시고개벽동이주始古開闢東夷主」에서, "듣건대 홍황일鴻荒日에 단군檀君이 나무 주변에 강림하고 동국東國 땅에 위림位臨했 는데 때는 제요帝堯(요임금) 때였네 … 후래 기자箕子 대代에도 동일하게 칭호 하기를 '조선朝鮮'이라 했다네" 라고 읊었다. 「신경지리新京地理」 시에서, "해 국海國 천년에 성명聖明을 만나 아왕我王(조선왕)이 '귀부歸附'해 단성丹誠을 공 공貢하네, 목민牧民해 총애입어 '조선朝鮮' 국호를 받고 궁실을 지어 한읍성漢邑 城(한양성)을 새로 열었네 … 영원히 황은皇恩에 의지해 태평을 즐기리라" 라 고 했다. 「대동강大同江」 시에서, "기자箕子 유허遺墟는 지地가 스스로 평평하 고 대강大江(대동강)이 서쪽으로 갈라져 고성孤城(외로운 성: 평양성)을 껴안네 … 널리 백천百川을 들여 항상 혼혼混混히 흐르고 만상萬像을 허虛하게 담그었 다가 다시 가득 채우네, 패연霈然히 바다에 들어가 조종朝宗하는 뜻은 진정 오왕吾王(조선왕)이 사대事大하는 정성과 같네" 라고 했다.

이 명제命題 10수首는 단군·기자 조선을 담은 「시고개벽동이주始古開闢東 夷主」로 시작해 기자를 담은 「대동강」으로 끝나니, 명 황제(주원장)가 정해준 국호 '조선'에 부응한 것이었으며, 심지어 서경(평양)에 기자 유허가 남아 있 다고 믿고 기자가 중국에 조공했던 뜻과 대동강이 바다에 들어가 조종朝宗

하는 뜻이 진정 조선왕(이성계)이 명을 사대하는 정성과 같다고 하며 끝을 맺는다. 「신경지리新京地理」 시에서는 노골적으로 조선왕(이성계)이 명에 '귀부歸附'해 붉은 충성을 조공으로 바치고 국호 '조선'을 명 황제로부터 하사받은 것을 찬미하며 명 황제의 은혜를 계속 받기를 간절히 바랐다.

이 명제 10수에서 「진한」·「마한」·「변한」·「신라」 다음에 「탐라」 시가 이어진다. 「탐라耽羅」 시에서, "푸르고 푸른 일점一點 한라산漢羅山이 멀리 홍도洪濤(큰 파도) 호묘浩渺(넓고 아득함) 사이에 있네, 인人이 성망星芒(별빛)을 움직이며 해국海國에서 왔고(人動星芒來海國) 마馬가 낳은 용종龍種이 천한天閑(황제의 마굿간)에 들어갔네, 지地는 편벽하지만 민업民業을 오히려 생수生遂(생육生育: 생장生長)하고 바람이 편하면 상범商帆(상선)이 근근이 왕래하네, 성대聖代(명나라)에 직방職方이 '판적版籍'을 닦을 때 이 '방邦'이 비록 누陋하더라도 모름지기 삭제하지 마소서"[8]라고 했다. 한라산을 일반적인 한자표기 '漢拏山'이 아니라 '漢羅山'이라 한 점이 특이하다.

권근은 「탐라」 시에서 명 직방職方이 '판적版籍'을 닦을 때 조선은 물론이 '방邦(나라)'까지도 포함해 달라고 했다. 그가 탐라를 '방邦'이라 표현하며 조선처럼 명의 판적에 넣어달라고 한 것은 명 황제 주원장과 조선초 관료 권근이 탐라를 국가로 간주한 것이었다. 조선인 권근의 입장에서는 탐라를 독립된 나라로 간주하기 싫었을 수 있지만 명의 탐라에 대한 의지를 확인하고서 비위를 맞추어야 했다. 권근이 「진한」·「마한」·「변한」·「신라」 시 다음에 「탐라」 시를 배열한 것은 탐라가 삼한 및 신라와 나란히 발전해 왔

---

8 「耽羅」: "蒼蒼一點漢羅山 遠在洪濤浩渺間, 人動星芒來海國[昔 耽羅人來朝新羅 有客星之應 羅主喜之 賜號 星子', 其子孫至今傳稱] 馬生龍種入天閑, 地偏民業猶生遂 風便商帆僅往還, 聖代職方修版籍 此邦雖陋不須刪". '人動星芒來海國'에 대해 세주가 달려 있다. 이 작품을 포함한 응제시에 달린 세주는 권근이 달았거나 그 아들 權蹈가 『양촌집』을 편찬하면서 달았을 것이다. 한편 권근의 시 「耽羅」는 『동문선』 권17에 세주 없이 실려 있다.

음을 언급한 것이고, 탐라의 좋은 말이 황제의 마굿간에 들어갔다고 했으니 탐라가 원·명 시대에도 독립적으로 존재해 왔음을 인정한 것이었다.

조선의 입장을 대변하는 권근으로서는 굳이 금강산과 탐라에 대해서 시로 지을 필요가 없었을 터인데, 명 측이 시 제목을 정했기 때문에 어쩔 수 없이 따랐다고 여겨진다. 왜냐하면 금강산은 불교 성지로 유명한데다가 철령에 가까운 곳이어서 유교국가 조선의 지향과 어울리지 않았고 철령 이북이 고려말 이래 원·명과 고려·조선의 영역분쟁 지역이었기 때문이다. 탐라는 오랫동안 독립국을 유지하고 독립적 양상을 띠어온데다가 원·명과 고려·조선의 이익이 첨예하게 부딪쳐 온 곳이었기 때문이다. 반면, 명 측은 세계적으로 유명한 불교 성지이면서 철령에 가까운 금강산에 대한 관심을, 또한 독립 국가와 독립적 양상을 보여 오고 마馬의 주요 공급원으로 기능해 온 탐라에 대한 관심을 표명한 것이었는데, 이는 이성계 조선에게 계속 명에 충성하기를 은근히 압박한 것이기도 했다.

권근의 응제시에서 「탐라」 시는 탐라의 역사적 유래와 위상 및 탐라의 조선초 미묘한 상황을 담고 있다. 탐라가 명과 조선 사이에 시제詩題로 다루어진 것은 주원장과 이성계 치세에도 탐라가 독립적 상태로 인식되었음을 시사한다. '인동성망래해국人動星芒來海國' 세주에서, 옛적에 탐라인耽羅人이 신라에 내조來朝할 때 객성客星의 응應이 있자 라주羅主(신라왕)가 기뻐해 칭호를 하사해 '성자星子'라 했는데 그 자손이 지금에 이르도록 전칭傳稱한다고 했다. 이 '성자星子'가 성주星主의 이칭 혹은 격하칭호인지, 성주星主·왕자王子의 총칭인지 애매하지만, 권근은 신라왕이 탐라인에게 객성客星의 응應으로 인해 '성자星子'라는 칭호를 하사한 것으로 인식했다. 「탐라」 시에서 명 직방職方이 '판적版籍'(토지·호적 장부)을 만들 때 이 '방邦'을 하찮더라도 삭제하지 말아 달라고 했는데, 명 황제와 조선관료 권근이 탐라를 국가로 간주한 것이었고, 명의 '판적版籍'에 이씨조선이 당연히 들어간 것을 의미하며 탐라까지도 그 '판적'에 올려야 한다는 것이었다. 권근은 조선국과 탐

그림 60. 명 황궁(난징. 필자 촬영): 권근과 주원장이 시를 주고받은 현장

라국이 천자국 명의 제후국이라는 것을 밝히면서 탐라가 조선의 영역임을 명이 인정해 주기를 은근히 바랐다고 여겨진다.[9]

2. 성주·왕자의 소멸과 제주의 행정개편

탐라는 원간섭기와 원명교체기에 탐라국과 제주목을 반복하다가 우왕 대에 고려가 차현유의 거병을 진압하고 성주의 아들을 불러들여 제주목을 재정립했다. 조선은 개국하자 고려 우왕대 이래의 그러한 상태를 계승해 탐라를 제주목으로 운영하며 목사 혹은 안무사 겸 목사를 파견했다. 성주

---

9 권근은 영락2년(1404) 9월에 제주목사 이원항을 전송하는 글에서, 탐라는 신라에 게 조공하기 시작한 이래 해마다 職貢을 닦아 我(동방국)의 附庸이 되었고 고려가 濟州牧을 설치했고 국가(조선)가 그대로 따랐으며, 풍속이 특수하게 다르고 군졸 은 사납고 民은 어리석어 기뻐하면 人(사람)이고 분노하면 獸(짐승)여서 길들여 통 치하기 어렵다고 했으니(『양촌집』 권20, 送濟州牧使李君[元恒]詩序), 탐라제주에 대한 왜곡과 편견과 비하가 보인다.

星主와 왕王子는 군주로서의 위상은 상실했지만 그 칭호는 유지하며 제주에 대한 지배력을 상당히 유지했다.

그런데 조선 태종2년 임오년에 성주星主 고봉례高鳳禮와 왕자王子 문충세文忠世 등이 성주星主·왕자王子의 칭호가 참의僭擬(참월)한 듯하다며 고치기를 요청하니, 성주星主로 좌도지관左都知管을, 왕자王子로 우도지관右都知管을 삼는다.[10] 고씨족 좌도지관은 좌도(동도) 지역, 문씨족 우도지관은 우도(서도) 지역에 대한 자율적 지배권을 어느 정도 인정받은 것으로 보인다. 탐라 통치자를 상징하는 칭호인 성주와 왕자가 각각 도지관都知管으로 개칭되면서 사라진 것인데, 이로써 '탐라'는 구심점을 잃고 정체성이 훼손되어 실재實在 무대에서 사실상 종말을 맞는다.

조선태종 4년 4월 신묘일(21일)에 제주토관濟州土官 호칭을 개정한다. 동도천호소東道千戶所로 동도정해진東道靜海鎭을, 서도천호소西道千戶所로 서도정해진西道靜海鎭을 삼았다. 도천호都千戶로 도사수都司守를, 상천호上千戶로 상사수上司守를, 부천호副千戶로 부사수副司守를 삼았다. 도지관道之官으로 도주관都州官을 삼아, 성주星主로 도주관都州官 좌도지관左都知管을, 왕자王子로 도주관都州官 우도지관右都知管을 삼았다.[11] 동도천호소가 동도정해진으로, 서도천호소가 서도정해진으로, 도천호·상천호·부천호가 각각 도사수·상사수·

---

10 『세종실록』권151, 지리지 전라도 제주목. "本朝太宗二年壬午, 星主高鳳禮·王子文忠世等 星主·王子之號 似涉僭擬 請改之, 以星主爲左都知管 王子爲右都知管". 한편 「성주고씨가전」에 따르면, 고득종(고봉례의 조카)이 今上 갑오년(1414: 태종 14년)에 義盈庫直長이 되어 耽羅事宜를 條列해 闕下에 상서해 큰 폐단을 다 제거했고, 이해 가을에 上이 臨軒해 策士했는데 고득종이 對策에서 乙科 13인으로 합격했고, 다음해(1415: 태종15)에 星主를 계승했다고 한다. 하지만 고득종이 계승했다는 이 '성주'는 실제적으로 기능한 것이 아니라 이름만 있는 명예칭호로 여겨진다.

11 "改濟州土官號 以東道千戶所爲東道靜海鎭, 西道千戶所爲西道靜海鎭, 都千戶爲都司守 上千戶爲上司守 副千戶爲副司守, '道之官'爲都州官 以星主爲都州官左都知管 王子爲都州官右都知管"

부사수로 된 것이었다. 그리고 '도지관道之官'을 '도주관都州官'으로 개칭하면서 성주와 왕자가 각각 도주관都州官 도지관都知管으로 된 것이었는데, 성주와 왕자는 이미 태종 2년에 폐기된 칭호였지만 토관 족속을 지칭하느라 표기된 것이었다.

이를 통해 성주와 왕자가 태종 2년에 격하된 정확한 호칭은 '도지관道之官 도지관都知管'이었고, 이것이 태종 4년에 '도주관都州官 도지관都知管'으로 개칭되었음을 알 수 있다. 도지관道之官은 어떤 방면이든지 관장하는 관부라는 의미가 강한 반면, 도주관都州官은 제주목 관할의 관官이라는 의미가 강하니, 전자에서 후자로의 개칭은 고씨족과 문씨족의 각각 도지관都知管으로서의 기능이 제주목의 관할을 벗어나서는 안 됨을 명확히 한 것이었다.

이조판서 겸 대제학 조경趙絅이 17세기에 찬술한「제주장수당기濟州藏修堂記」[12]에서, 탐라는 남쪽 영주瀛州 해중에 위치해 땅이 사방 사백리四百里이고 예현隸縣(속현) 둘을 지녀 하나의 작은 제후국諸侯國이라 일컬을 수 있었는데, 우리 '헌묘獻廟(태종)' 때로부터 성주星主가 참람한 징호를 삭제하고 조선 국토에 들어옴으로 인해 마침내 강등해 주州로 삼고 관리를 설치해 다스렸다고 했다. 성주와 왕자 칭호의 삭제는 이것이 조선 관료에게 탐라국의 멸망으로 인식되었듯이 탐라 내지 탐라국이 실재實在하는 현실 무대에서 퇴장했음을 의미했다. 이제 제주인은 고립되어 조선 왕조와 관원에 의해 오랑캐로 취급되며 식민지처럼 가혹하게 수탈당하지만 그들을 대변하거나 보호해 줄 존재는 없었다. 몽고가 탐라를 지배했을 때에는 대개 직영목장 마필을 가져가고 소량의 공물을 받는 데 만족했다. 고려가 탐라제주를 지배했을 때에는 탐라제주인이 저항할까 두려워하고 탐라제주인이 자주 거병해 고려 왕조와 관원을 두려움에 떨게 했으니 그래서 수탈에 어느 정도 한정이 있었다. 그런데 고려말 차현유의 거병이 진압당한 후 탐라제주의

---

12 『龍洲先生遺稿』 권11, 濟州藏修堂記(趙絅) ; 『지영록』 藏修堂記(趙絅)

저항력은 거의 소진되어 조선 왕조와 관원은 제주인을 두려워하지 않고 마음대로 한정 없이 가혹하게 착취한다.

조선은 탐라의 국가관부 체제를 제주의 지방관부 체제로 개편하는 작업에 나선다. 탐라국의 중앙과 지방 행정체계는 경자년(고려 충렬왕 26년)을 기준으로 본읍과 14현縣(귀일貴日·고내高內·애월涯月·곽지郭支·귀덕歸德·명월明月·신촌新村·함덕咸德·금녕金寧·호촌狐村·홍로洪爐·예래猊來·산방山房·차귀遮歸)으로 이루어졌고 14개 현縣은 동도東道와 서도西道에 편제되었다.[13] 이 14개 현은 조선태종 16년 5월 개편논의 기사와 비교하면 동도현은 신촌·함덕·금녕(김녕)·호촌·홍로 등 5개 현으로, 서도현은 귀일·고내·애월·곽지·귀덕·명월·예래·산방·차귀 등 9개 현으로 이루어졌다. 성주·왕자와 총관(혹은 만호)가 탐라국을 총괄하고 동도·서도 천호와 14개 현의 각 현령이 해당 지역을 관할했다. 제주목 시절에는 고려가 파견한 만호와 목사가 제주목을 총괄했지만 본읍과 14현縣의 체계는 기본적으로 유지되어 나가더니 탐라 '목호'가 세력을 잃은 여말선초에는 현이 2개 늘어나 본읍과 16현으로 되었다. 그런데 조선이 태종대에 제주의 그러한 행정체계를 대대적으로 개편하게 되는 것이다.

이는 조선태종 16년 5월 제주안무사 오식과 전판관 장합 등의 상소와 그로 인한 논의[14]로 인해 촉발된다. 태종 16년 5월 정유일(6일)에 제주濟州 도안무사都安撫使 오식吳湜과 전판관前判官 장합張合 등이 그 토土(제주) 사의事宜를 아뢰기를, (조선이) 제주濟州에 군郡을 설치한 처음에, 한라산 사면四面에 무릇 십칠현十七縣인데, 북면北面은 대촌현大村縣이 성城을 축조해 본읍本邑으로 삼았고, 동서도東西道(동도·서도)는 정해진靜海鎭을 설치해 군마軍馬를 모아 연변沿邊해 방어하고 동서도東西道(동도·서도) 도사수都司守(도천호의 후신)가 각기 부근 군마軍馬로써 고찰하고 겸하여 목장牧場을 맡고 있지만, 땅이 크고 민

---

13 『탐라지』(이원진) 濟州 建置沿革에 의거해 분석한 것임.
14 『태종실록』 권31, 태종 16년 5월 정유일

民이 조밀하고 소송이 번다煩多해, 동서도東西道 산남山南 사람들의 목사 본읍本邑 왕래가 신간辛艱하고 농시農時에 왕래하느라 폐단이 작지 않다고 했다. 또한 정해진靜海鎭 군마軍馬·목장을 겸임하는 많은 직원職員이 그 무지無知의 무리를 거느리고 군마 고찰을 빙자해 침민侵民 작폐作弊하고 혹 무시無時로 전렵畋獵(사냥)해 잔민殘民을 소요搔擾한데, 목사와 판관 역시 그 까닭을 알지 못하니 제대로 고찰하기 어렵다고 했다.[15]

이는 여러 해 쌓인 거폐巨弊라며 해결책을 건의했다. 동서도東西道(동도·서도)에 각기 현감縣監을 설치해 목장을 겸하여 담당하게 하고, 판관判官으로 안무사도安撫使道 수령관首領官을 겸하게 하고, 안무사가 수령관首領官(판관)과 함께 순행해 수령守令을 포폄褒貶하게 하면 이것이 장치長治 구안久安의 계책이라고 했다. 그러면서 제주 본읍과 동도현감과 서도현감에 소속시킬 현縣을 제시했고, 현감이 공사公事를 독단獨斷하지 못하면 안무사에게 의견을 물어 시행하게 해 달라고 했다. 이 건의를 태종이 수용함으로써 제주는 제주목, 정의현, 대정현의 삼읍 체제로 바뀐다.

조선태종 16년 5월에 오식이 건의할 때 조선이 제주 지방제도를 본읍(대촌현)과 16현의 17현으로 운영해 오고 있었다. 그런데 이 때 오식의 건의가 수용되어 제주 동도東道 정해진靜海鎭과 서도西道 정해진이 각각 동도현東道縣과 서도현西道縣으로 개칭되어 현감이 파견되었다. 또한 제주 본읍本邑에는 동도東道 신촌현新村縣·함덕현咸德縣·금녕현金寧縣(김녕현)과 서도西道 귀일현貴日縣·고내현高內縣·애월현厓月縣·곽지현郭支縣·귀덕현歸德縣·명월현明月縣으로써 속하게 했다. 동도현감東道縣監은 정의현旌義縣으로 본읍을 삼고 토산현兎山縣·호아현狐兒縣·홍로현洪爐縣 등 3현縣으로써 속하게 하고, 서도현감西道縣監은 대정현大靜縣으로 본읍을 삼고 예래현猊來縣·차귀현遮歸縣 등 2현縣으로써 속하게 하였다. 동도현은 곧 정의현이었고, 서도현은 곧 대정현이

---

15 '置郡之初'에서 郡은 지방행정단위 州·郡·縣의 대표격으로 사용된 용어였다.

었다. 정의현은 본래 제주 동도東道였고 대정현은 본래 제주 서도西道였는데, 본조本朝(조선) 태종16년에 제주안무사 오식吳湜의 계의啓議를 사용해, 한라산 남쪽 폭원幅員 90리里 남짓의 땅을 갈라(나누어) 동쪽은 정의旌義로, 서쪽은 대정大靜으로 삼아 모두 함께 현감縣監을 두었다는 것[16]이 그것이다. '정의현'과 '대정현'은 그 명칭이 태종 16년 5월 혹은 그 이전에 정해졌을 수 있는데, 정의현은 그 장소로 보아 동아막 영역을 개편해 수산현水山縣이라 칭했다가 정의현이라 개칭했을 수 있고, 대정현은 그 장소로 보아 서아막 영역을 개편해 모슬현毛瑟縣이라 칭했다가 대정현이라 개칭했을 수 있다.

태종 16년 5월 제주 지방제도 개편 이전에는 제주가 본읍과 동도·서도 16현, 모두 합쳐 17개로 이루어졌고, 그 동도·서도 16현은 동도의 경우 신촌현·함덕현·금녕현(김녕현)·정의현(수산현?)·토산현·호아현(호촌현)·홍로현 등 7현이었고, 서도의 경우 귀일현·고내현·애월현·곽지현·귀덕현·명월현·대정현(산방현? 모슬현?)·예래현·차귀현 등 9현이었다. 고려 충렬왕 26년과 조선 태종 16년 사이에 탐라제주의 동도에 현縣이 2개 늘어나고, 서도에 1개 현이 확장 혹은 교체되었는데, 동도에 정의현(수산현?)·토산현이 생겨나고, 서도에 산방현이 유지되거나 대정현(모슬현?)으로 대체된 것이었다. 이는 원간섭기 동아막과 서아막 영역에는 현촌이 설치되지 않았음을 시사하는데, 몽고세력의 탐라제주에서의 쇠락 후인 여말선초에 동아막 영역에 정의현(수산현?)·토산현을 설치했고, 서아막 영역은 산방현에 편입했거나 대정현(모슬현?)을 설치해 기존의 산방현까지 편입했다고 볼 수 있다.[17] 단, 이 정

---

16 『신증동국여지승람』 정의현·대정현 건치연혁. 한편 古 旌義縣은 새(현재) 정의현 동쪽 27리里에 위치하는데, 元牧子 哈赤이 本州(제주) 萬戶를 여기에서 죽였고, 吳湜이 제주 三邑을 나눌 때 이곳에 縣(정의현)을 설치했고, 세종5년에 安撫使 鄭幹이 건의해 아뢰어 縣(정의현)을 晉舍城으로 옮겼으니 곧 今治(지금 정의현 치소)였다. 『신증동국여지승람』 정의현 고적 참조.

17 동아막과 서아막 영역이 縣으로 편제된 시기는 아마 고려 우왕~공양왕대였지 않

의현의 중심지는 중산간 지역으로 옮기기 전의 읍치 즉 현재 성산읍 고성리 일대였다. 동아막은 수산평에 자리했는데, 그 영역이 성산포 해안에서 토산현에 이르렀으니 현재 성산읍과 표선읍에 걸쳐 있었다. 서아막 영역은 산방현에 편입되었거나 대정현(모슬현?)으로 재편되었으니 현재 하모리·상모리·일과리·보성리·무릉리 등을 포함하는 대정읍 일대에 해당한다.

조선태종 16년 5월 제주 지방제도 개편으로 제주는 제주목, 정의현, 대정현으로 이루어지고 나머지 현縣들은 직촌直村으로 전환한다. 동도 신촌현·함덕현·금녕현(김녕현)과 서도 귀일현·고내현·애월현·곽지현·귀덕현·명월현은 제주목의 신촌·함덕촌·금녕촌(김녕촌)·귀일촌·고내촌·애월촌·곽지촌·귀덕촌·명월촌으로 변화했다. 동도 토산현·호아현·홍로현은 정의현의 토산촌·호아촌·홍로촌으로, 서도 예래현·차귀현은 대정현의 예래촌·차귀촌으로 변화했다.

원간섭기 탐라국 시절에 탐라국이 탐라국 직할의 본읍·14현과 몽고원 직할의 동·서 아막 영역으로 이루어졌는데, 몽고원 세력이 탐라에서 소멸된 후인 여말선초에 동아막 영역에 정의현(수산현?)과 토산현이 설치되고, 산방현과 서아막 영역이 통합되면서 본읍과 16현으로 되었다가 태종 16년 5월 제주 지방제도 개편으로 본읍(제주목)과 정의현·대정현의 3읍 체제로 된 것이었다.[18] 이를 통해 탐라국이 독립국가에 적절한 그 자신의 지방제도를 운영한 반면, 조선이 그 지방의 하나인 제주목에 적절한 지방제도를 운영했음을 알 수 있다. 조선태종 16년 5월에 제주 지방제도를 개편하면서

나 싶다.

18 몽고 탐라목장은 동·서 아막 영역에 한정된 반면 조선시대 제주 국영목장은 한라산과 해변 사이의 모든 중산간·산간 지대를 둘러싸는 형태로 조성되어 농지를 많이 잠식했다. 제주 山田은 고득종 모친이 소유한 橋里(橋來里) 農田처럼 가뭄과 폭풍 피해를 덜 입고 지력이 좋아 농사짓기에 적합한 곳이 많았지만 목장에 수용당했다(『세종실록』 권64, 세종 16년 6월 을해일 고득종 상서).

본읍을 동도와 서도의 현을 대거 흡수해 강화하면서 동도현(정의현)과 서도현(대정현)의 영역이 축소되었다. 이는 탐라국이 없는 상황에서 조선이 제주목의 역량을 강화해 정의현과 대정현을 지배하기 위한 조치였다.[19]

결국 조선은 성주와 왕자의 개칭까지 폐기한다. 세종 27년(1445) 6월 임자일(10일)에, 세자가 좌찬성 황보인皇甫仁과 도승지 이승손李承孫을 불러 만나고 있는데, 상上(세종)이 교시를 전달하여 제주 좌우도지관左右都知管을 혁파하는 것이 어떠한가 물었다. 황보인 등이 말하기를, "제주 도지관都知管이 관할한 호戶 액수가 심히 많아 그 호戶를 노예처럼 사역했는데 후에 그 호戶가 점차 추쇄되어 군적軍籍으로 이속移屬해서 지금은 도지관이 관할하는 호戶가 적으니 마땅히 그 호를 모두 군軍에 속하게 하고 도지관都知管의 호칭을 혁파하십시오" 했다. 상上이 말하기를, 정부政府(의정부)가 회의하여 아뢰라고 했다.[20] 세종은 치세 27년(1445) 6월 임자일(10일)에 제주 좌우도지관 혁파를 결심하고 의정부의 의견을 구한 것이었다.

이해 6월 신유일(19일)에, 의정부議政府가 병조兵曹의 정문呈文에 의거해 아뢰기를, "제주는 비록 해외에 있지만 이미 군현郡縣이 되어 목수牧守가 다스리고 그 향중鄕中의 여러 일은 의당히 다른 사례에 의거해 경재소京在所가 오로지 관장해 규리糾理해야 하는데, 제주 족성族姓이 좌우 도지관都知管을 칭하며 심지어 인신印信을 제작하고 양민을 사역해, 다른 사례에 어긋날 뿐만 아니라 민民이 실로 폐해를 당하니, 도지관都知管을 혁파하고 그 인신印信을 거두고 그 봉족奉足의 절반을 줄이고, 향중鄕中의 여러 일은 다른 사례에 의거해 경재소京在所가 고찰하도록 하십시오" 라고 했다. 또한 아뢰기를, "제주 천호千戶·백호百戶 등 직책은 연변沿邊 각관各官 통례通例에 따라 예전대로 두고 그들의 봉족奉足 역시 그 절반을 줄이고 결원이 있으면 보충하지

---

19 고려와 조선의 경우 각각 개경과 한경에 국왕과 중앙정부가 존재했기 때문에 개경과 한경을 거대하게 운영하지 않아도 전국을 지배할 수 있었다.

20 『세종실록』 권108, 세종 27년 6월 임자

마십시오" 라고 했다. 왕이 이를 따랐다.[21]

향중鄕中의 여러 일은 경재소가 관장하는데 제주는 좌우 도지관이 관장해 폐해가 있으니 좌우 도지관을 혁파하기를 의정부가 요청하니 세종이 따른 것이었다. 성주와 왕자의 개칭인 좌우 도지관마저 세종 27년(1445) 6월 19일에 혁파되었으니 탐라를 상징했던 성주와 왕자는 흔적조차 찾기 어렵게 되었고 제주의 자율성은 매우 약화된다. 성주·왕자와 개칭 좌도지관·우도지관이 더 이상 통치자가 아니라 토관화되어 민을 괴롭힌 측면이 있더라도 탐라정신의 구심점이자 제주인의 지주(버팀목)였는데 그것이 사라졌으니 조선에서 고립된 제주를 비호해 줄 세력은 더 이상 존재하지 않게 된다. 그래서 제주인은 조선의 왕실과 중앙관료와 지방관의 거리낌 없는 가혹한 착취에 적나라하게 노출 당해 몰락해 간다.[22]

---

21 『세종실록』 권108, 세종 27년 6월 신유
22 조선시대 제주 국영목장은 국영과원과 함께 농지를 대거 잠식해 제주인의 가난과 몰락을 초래했고, 목자는 제주인이 國役으로 담당해 육지 목자와 달리 말의 손실을 다른 말(대개 同色馬)로 배상해야 해서 감당할 수 없어 가족을 팔거나 자신을 저당잡히는 비참한 지경에 처했다. 제주인은 개인소유 牛馬까지 관부와 관원에게 탈취당하곤 했다. 게다가 조선 제주인은 육지인보다 몇 배 무거운 온갖 공물의 진상·공납과 온갖 國役(軍役·貢役 등)에 시달려 몰락하고 익사하고 유랑해야 했다. 이형상은 「제주민막장」에서 제주 공납수량이 통제영에 비해 100배가 넘고, 다양한 국역이 부과되어 1인이 10役을 겸하고, 제주인은 육지와 달리 남녀 각각에게 身貢이 부과되고 어린 아이에게도 役이 부과된다고 했다. 제주는 남성이 부족해져 거의 평생 국역을 져야 하고 여성도 국역을 져야 했고, 전복 등 해산물을 채취해 바치는 鮑作人(浦作人)이 가혹한 국역과 부담으로 몰락하고 유랑하니 潛女에게 그러한 역할이 더욱 부과되었다. 개인 소유의 감귤도 탈취당했고 은순어(은구어)는 사적으로 잡지 못하게 해 관청이 다 차지했다. 조선시대 제주는 원간섭기의 탐라제주와 고려 지배의 탐라제주보다 체계적으로 한정 없이 수탈당해 훨씬 많은 부담에 시달렸다. 조선시대 제주는 왕실과 관료의 거리낌 없는 착취의 대상으로 전락해 식민지와 다름이 없었다. 원간섭기의 탐라제주와 고려 지배의 탐라제주는

탐라, 탁라 등은 원래 제주가 독립왕국 시절의 명칭이었다. 원간섭기와 원명교체기에 원·명은 '탐라' 명칭을 선호한 반면 고려는 그것을 기피하고 '제주' 명칭을 선호했는데 탐라의 정치세력과 저항력이 굳세어 탐라라는 존재와 명칭이 살아 있는 것이었기 때문이다. 그런데 조선시대에 지식인들은 제주를 탐라, 탁라 등으로 즐겨 불렀고, 시문 작품, 지리서 등에서도 최부의 「탐라시」, 김종직의 「탁라가」, 이원진의 『탐라지』, 신광수의 「탐라록」, 이원조의 「탐라록」과 『탐라지초본』, 이형상의 「탐라순력도」 등처럼 그러한 표현을 사용했다.[23] 탐라는 조선 현실에서 왕조·국가로서 더 이상 살아 숨쉬는 존재가 아니었고 제주의 정치세력과 저항력이 거의 소진되었기 때문에 그러한 명칭이 거리낌없이 사용되었던 것이다. 이제 '탐라'는 고칭古稱 내지 아칭雅稱에 그친 죽은 용어였다. 조선 왕조와 관원이 제주에 대해 '탐라'라는 용어를 사용하며 서술했을 때 어감에는, 옛적의 독립왕국을 조선의 한 지방으로 삼아 통치하고 있다는 자부심, 탐라 이래 미개했다고 설정해 교화시키고 있다는 우월감이 담겨 있었고, 혹 제주인이 옛적을 그리워해 반역하지 않을까 하는 의구심도 살짝 엿보인다. 조선 왕조와 관료는 제주가 옛적의 탐라 이래 육지 국가에 충성해 왔다고 왜곡해 계속 충성해야 한다고 강조하며 세뇌한다.

주민의 저항이 언제든지 폭발했기에 수탈에 한정이 있었다. 반면 조선시대 제주는 주민의 저항력이 소진되었기에 왕실과 관료가 제주인을 두려워하지 않아 마음대로 한정 없이 수탈했고, 제주인의 出陸에 제한을 가하더니 급기야 출륙금지령을 내렸다. 제주인은 출륙금지령으로 대략 200년 동안 커다란 감옥에 죄수처럼 갇혀 착취를 당하게 된다.

23 『탐라순력도』의 「濟州操點」에 濟州城이 그려져 있고 그 성 가운데에 '濟州都城'이라 표기되어 있지만 먼 옛적 탐라시절의 도성이었음을 상징적으로 보여준 것이지 이형상 근무 당시에 제주성이 도성임을 의미한 것은 아니었다. 또한 이 '濟州都城' 표기는 이형상의 의도라기보다 탐라순력도를 그린 화공 김남길의 의도로 이루어졌으리라 짐작된다.

3. 제주목 관아의 개축: 고득종 홍화각기의 비밀

조선초 제주목에는 도안무사都按撫使(3품이면 '안무사按撫使'라 칭함), 판관判官(감목관監牧官을 겸임), 교수관教授官, 검율檢律, 의학교유醫學教諭를 두었고,[24] 안무사(按撫使; 安撫使)는 세조12년에 병마수군절제사兵馬水軍節制使로 바뀌었고, 후에 목사牧使로 바뀌었다.[25] 대개 안무사 혹은 절제사가 목사를 겸했다.

제주는 조선 태종대를 거치면서 조선왕조의 한 지방인 목牧으로서의 위상에 맞도록 조정되는데 제주의 치소가 위치한 제주성濟州城도 그 성격이 탐라도성에서 제주목성으로 정립된다. 태종 11년(1411) 1월 갑자일(3일)에 조선이 명령해 제주성濟州城을 수축修築하도록 하는데,[26] 기존의 탐라도성에서 유래한 제주성을 대폭 축소했다고 여겨진다.[27] 태종 16년(1416) 5월 정유일(6일)에 제주 도안무사都安撫使 오식吳湜 등이 장계를 올려, 제주에 군郡을 설치한 초初에 한라산 사면四面이 무릇 17현縣인데 북면北面 대촌현大村縣에 축성築城해 본읍本邑으로 삼았다면서 행정구역 개편을 요청했다.[28] 한라산 북쪽 방면 대촌현에 성곽을 쌓아 본읍으로 삼았다고 했는데 태종 11년 1월 제주성 수축을 지칭했을 것이다.

탐라 제주는 여말선초에 제주목과 동도東道의 여러 현縣과 서도西道의 여러 현으로 이루어졌다가 조선 태종16년 병신년(1416)에 안무사 오식의 건의로 동도에는 정의현이, 서도에는 대정현이 설치되고 여러 현은 직촌으로 되었다. 정의현 읍성과 대정현 읍성도 건립되었는데,[29] 정의현 읍성은 성산

---

24 『세종실록』 151권, 지리지 전라도 제주목
25 『신증동국여지승람』 권38, 전라도 제주목, 건치연혁
26 『태종실록』 권21, 태종 11년 1월 갑자. "命修築濟州城"
27 태종 8년 8월 갑오일(19일)에 제주에 큰 비가 내려 물이 濟州城으로 들어와 官舍·民居·禾穀을 거의 절반이나 漂溺했는데(『태종실록』 권16), 이것이 태종 11년 1월 제주성 修築의 직접적인 요인으로 작용했는지는 확실하지 않다.
28 『태종실록』 권31, 태종 16년 5월 정유

포 근처(고성리)에 자리했다가 세종 5년에 서쪽 27리로 옮겼는데 곧 진사성晉舍城(현재 성읍마을)이었다.

『세종실록』 지리지에 따르면 제주목 읍석성邑石城은 둘레 910보步이고, 대정현 읍석성은 둘레 1,179보步이고, 정의현 읍성은 기재되지 않았다.[30] 제주목 성이 대정현 성보다 규모가 오히려 작은 점이 눈에 띄는데 이는 탐라가 여말선초에 제주목으로 확정되어 탐라도성이 제주목성으로 전환되면서 규모가 대폭 줄어들었기 때문이라 판단된다. 그래서 그 후 태종대에 축조된 대정현성이 오히려 제주목성보다 규모가 더 커지는 현상이 발생했다.

그런데 조선성종 때 찬술된 『동국여지승람』에 따르면, 제주목 읍성은 석축石築으로, 둘레가 4,394척尺이고 높이가 11척尺이고, 대정현 읍성(태종18년 축조)은 석축으로 둘레가 2,647척尺이고 높이가 28척尺이고, 정의현 읍성(읍치가 세종 5년에 이동하고서 축조된 것)은 석축으로 둘레가 2,986척尺이고 높이가 24척尺이었다.[31] 제주목성이 대정현성과 정의현성보다 둘레가 훨씬 더 길어지게 된 것인데 남동쪽 부분에 중성重城을 별도로 쌓은 결과 규모가 확대되었기 때문이었다.

제주목 중심부 사람들은 가락샘을 주된 수원水源으로 사용해 왔는데 조선 건국초에 제주목성을 병문천과 산저천(산지천) 사이에 축조하면서 가락

---

29 『세종실록』 지리지 및 『신증동국여지승람』 정의현·대정현
30 『세종실록』 권151, 지리지 전라도 제주목·대정현·정의현. 제주목 邑石城은 '周回 九百十步'로, 대정현 邑石城은 '周回 一千一百七十九步'로 되어 있다. 제주읍성 중에서 정의현 읍성이 기재되지 않은 것은 세종 때 정의현 읍치의 이동 때문이었을 수 있다. 대정현성과 정의현성은 단기간에 완공되었으니(『신증동국여지승람』 권38, 대정현·정의현, 성곽), 제주인이 동원되어 고역을 치른 것이었다.
31 『신증동국여지승람』 권38, 전라도 제주목·정의현·대정현 城郭. 裵樞 記에, 都安撫使 鄭幹과 牧判官 崔致廉과 太守(정의현감) 宋彙이 晉舍(현재 성읍리)에 정의현 새 읍성을 계묘년(1423: 세종5) 정월 9일에 시작해 정월 13일에 끝마치니 功이 甚神했는데, 城 基는 二千五百二十尺이고 高는 十三尺이라 했다.

샘은 물론 다른 마땅한 수원도 없어 성 밖에 나가 물을 길어 와야 하는 문제가 있었다. 성종대 찬술『동국여지승람』에 따르면, 제주목 성城(본성) 내에 물이 없고 성남城南 대석大石 아래에 대혈大穴이 있어 물이 용출涌出해 명칭이 '가락귀嘉樂貴'이고 깊이가 장丈(1장) 쯤인데 이 샘이 흘러나가는 것을 중간에 막으며 중성重城을 별도로 축조해 성중城中 사람들이 물을 긷는다고 했다.[32] 중종 때 제주에 유배온 김정金淨은 제주성 동문東門 밖 반리半里의 옛 사찰 금강사金剛社 터의 일부(제주성 동남쪽: 가락샘의 동쪽)에 거처하고 그 북쪽 20보步 쯤에 정자를 지었다. 이 정자에서 서쪽으로 성城 중을 조망하면 전천前泉(앞 샘)의 근원인 성남과원城南果園(관에서 귤과 유자를 심음)인데, (관부가) 외성外城을 이 천泉(샘)을 위해 리里 남짓 중축重築하여(중성重城을 쌓아) 이 천泉을 성城 내에 있도록 했다고 한다.[33] 이 천泉(샘)이 곧 가락샘이었다. 용천수 가락천嘉樂泉 즉 가락샘은 너무 귀중해서 이름이 '가락귀嘉樂貴'였고 이 가락샘을 보호하기 위해 성곽의 남동쪽 라인을 늘려 별도로 중성重城(이중성: 겹성)을 추가로 축조하면서 성곽의 규모가 늘어나게 된 것이었다. 이 중성重城을 쌓은 시기는 제주성이 수축된 태종 11년(1411)~동국여지승람이 편찬된 성종 12년(1481) 사이에 해당할 것이다.

그런데 제주목성은 명종 때 곽흘 목사에 의해 동벽이 동쪽으로 이동한다. 이원진『탐라지』제주 성곽조에 다음과 같이 기재되어 있다. "제주 읍

---

32 『신증동국여지승람』권38, 전라도 제주목 城郭. 邑城[石築 周四千三百九十四尺 高十一尺. 城內無水, 城南大石下有大穴 水涌出 名嘉樂貴 深可丈許, 截流 別築重城, 城中人取汲. 이 조항은 '新增'이 아니므로 성종 때 기록된 것이다. 截流 즉 가락샘의 흐름을 절단했다고 하지만 嘉樂川 내지 산저천(산지천)으로 흘러나가는 것을 완전히 차단한 것은 아니었다. 김상헌도『남사록』에서 快勝亭이 타넘은 山底川은 城東 '嘉樂貴泉'에서 發源해 大溪를 이룬 것이라 했으니 가락샘을 '嘉樂貴泉'이라 했다. 이 가락샘을 제주인들은 '가락쿳물'이라 부르는데 '가락귀嘉樂貴'라는 명칭에서 유래했을 것이다.

33 金淨「濟州風土錄」

성이 석축石築으로 둘레 5,489척尺 높이 11척이다. 성중城中에 물이 없고 가락천嘉樂泉(가락샘)이 성城 밖에 있어 별도로 중성重城을 쌓아 성중 사람들이 물을 길었다. 가정嘉靖 을축乙丑(1565: 명종20)에 곽흘郭屹이 목사일 때 동성東城을 퇴축退築하니, 가락천嘉樂泉(가락샘)이 지금 성城(본성) 내에 있고 또 산저천山底泉(산저샘)이 있다."[34] 제주목성 동벽이 산저천山底川(산지천: 가락천嘉樂川이라고도 함)의 안쪽(서쪽)에 위치하고 가락천嘉樂泉(가락샘) 부분이 중성重城으로 보호받다가, 명종 때 곽흘 목사에 의해 동성東城 내지 동벽을 산저천山底川(산지천)의 바깥쪽(동쪽)으로 퇴축退築하면서 가락천嘉樂泉(가락샘)이 본성 내로 들어오고 바다와 만나는 지점의 산저천山底泉(산저샘)도 본성 내에 자리하게 되었던 것이다. 대한제국기 편찬 『관풍안』(국립제주박물관 소장)에는 목사 곽흘이 제주에 부임해 성지城池를 주람周覽해, "가락천嘉樂泉(가락샘)이 성城 밖에 위치해 성城이 포위되는 변變이 있으면 사졸이 기갈飢渴하리니 무엇으로써 구원하리오, 고릉高陵에서 포砲를 쏘면 무엇으로써 막으리오" 하고는 아뢰어 동성東城을 퇴축退築했다고 되어 있다.[35]

곽흘이 가락샘을 보호한다는 명목으로 동성東城을 퇴축한다고 했지만 가락샘은 그의 성곽증축 이전에 이미 중성重城에 의해 보호받아 왔다. 그의 성곽증축 이전에 제주가 을묘왜변 여파로 왜군의 침략을 당했지만 산저천(산지천)을 성 밖의 해자로 활용해 왜군을 격파해 승리를 거두었다.[36] 기존의

---

34 이원진 『탐라지』 제주 성곽. 邑城[石築 周五千四百八十九尺 高十一尺. 城中無水 嘉樂泉在於城外 別築重城 城中人取汲焉. 嘉靖乙丑 郭屹爲牧使時 退築東城. 嘉樂泉今在城內, 又有山底泉, 有東南西三門, 又有南北水口二門 … 本大村三姓所居之地]. 둘레 5,489척尺·높이 11척은 곽흘 목사 이후에 성윤문 목사의 개축을 거친 상태의 규모로 여겨진다. 제주목성은 3개 문(동문, 남문, 서문)과 2개 水門(남수문과 북수문)을 지녔다.

35 국립제주박물관, 『제주를 다스린 사람들 관풍안』, 2023. 제주목사 곽흘은 佛寺를 훼철하고 佛像을 불태웠다고 한다.

36 왜적이 을묘년(1555) 5월에 조선의 남해안 일대를 침략하더니, 6월에 왜적 1천명

성곽으로도 충분히 식수를 보호하고 외적을 방어할 수 있음이 증명되었는데도 곽흘은 동벽을 산저천(산지천) 너머로 확장하는 공역을 대대적으로 벌였으니, 제주인은 이 공역에 동원되어 엄청난 고통과 희생을 겪어야 했다. 그리고 제주인은 성윤문이 정유재란이 끝난 직후에 제주목사로 부임해 제주목성을 개축하는 공역을 강행하자 더 심각한 지옥을 맛보게 된다. 성윤문이 부임했을 때 구성舊城(기존 성곽)은 둘레 4,700척尺 남짓·높이 11척尺[주척周尺]인데, 그가 둘레 6,120척尺 남짓·높이 13척尺[포백척布帛尺]으로 개축改築하고 격대擊臺·포루炮樓·호자壕子(해자)·적교吊橋(들어올리는 다리) 등 여러 시설을 환연煥然히 일신一新했다. 단, 동월冬月(겨울철)에 공역을 일으키니 역민役民이 너무 고생해 사망자가 10에 2~3이어서 김상헌이 제주에 왔을 때에도 제주인이 그것을 '축원築怨(축성원한)'이라 한다고 했다.[37]

조선시대 제주목에는 안무사(절제사) 내지 목사가 파견되었고 그 관부는 안무사영(절제사영) 내지 목관아였다. 그런데 이 관부가 안무사 겸 목사 최해산(최무선의 아들)이 제주에 근무하고 있던 세종 17년(1435)에 화재로 불타자 최해산이 중창을 했는데 그 정청은 홍화각이었다. 고득종이 「홍화각기弘化閣記」를 찬술했는데 홍화각만이 아니라 중창된 목관아 시설 전체에 대한 소개를 담고 있다. 「홍화각기」는 성종 때 편찬된 『동국여지승람』의 제주목 궁실宮室 조항에도 실려 있지만 요약된 것이고 고득종의 시詩가 누락되어 있다.

그런데 다행스럽게 고득종이 찬술한 「홍화각기」의 온전한 내용이 새겨진 목판이 남아 있어 고량부삼성사재단高梁夫三姓祠財團이 소장하고 있다. 이 기문은 '홍화각기弘化閣記'라는 제목이 붙어 있고 그 다음에 내용이 전개된

이 화북포로 진입해 제주성을 공격했지만 제주목사 김수문과 제주인(특히 기병대)이 그 왜군을 물리쳤다. 『명종실록』 권19, 명종 10년 7월 무술일(6일) 김수문의 狀啓 ; 김석익 『탐라기년』 ; 홍기표, 「을묘왜변 제주 대첩의 재조명과 역사적 의의」 『제주도연구』 59, 2023.

37 김상헌 『남사록』

그림 61. 고득종 홍화각기 목판(삼성사재단 소장): 사진은 국가문화유산포털 이용

다. 먼저 제주의 지형과 연혁을 소개하고, 그 다음에는 제주에 가뭄으로 흉년이 들어 이를 해결하기 위해 최해산을 도안무사 겸 판목사로 삼아 파견한다는 내용을 담고 있고, 그 다음에는 최해산이 제주에 부임해 당면과제를 해결하고는 목관아를 중창한 내용을 담고 있고, 그 다음에는 이를 찬미하는 시詩를 싣고 있고, 그 다음에는 맨 끝으로 "정통이년正統二年 정사년 맹춘孟春 기망旣望에 향인鄕人 전예조참의前禮曹參議 고득종高得宗이 기기한다" 라고 찬술 연월일과 작자를 기재해 기문을 마무리하고 있다. 명 정통2년 정사년(1437: 세종19) 맹춘(1월) 기망(16일)에 기문을 쓴 것이었다.

고득종은 「홍화각기」에서 글자를 배치하면서 첫째, 조선국왕을 직접적으로 지칭하는 '성주聖主'·'신심宸心'·'상심上心'·'전하殿下'·'성명聖明'·'왕화王化'는 세로줄을 바꾸어 다른 급의 글자가 놓이지 않는 맨위 칸에 기재했다. 둘째, 조선국왕과 간접적으로 관련되는 '명命'·'궐闕'·'우憂'·'인화仁化'[38]는 세로줄을 바꾸어 '성주聖主' 등보다 한 글자 밑에 자리하도록 했다. 그런데 '헌마입양지구獻馬立養之廐'와 '진선지물進膳之物'도 각각 세로줄을 바꾸어 '성주聖主' 등보다 한 글자 밑에 자리하도록 하여 중요시했는데 이 헌마獻馬와 진선進膳이 대개 왕에게 바쳐지는 진상進上이었기 때문이다. 이는 제주의 '헌마입양지구獻馬立養之廐(공마 마구간)'와 '진선지물進膳之物(공물)' 즉 공마와 공물이 조선왕조에 얼마나 중요했는지, 제주인에게 얼마나 고된 일이었는지

---

38 命下, 聞命, 詣闕, 承命, 分憂, 仁化의 경우이다.

명확히 보여준다. 조선시대 제주인은 온갖 공물의 진상·공납과 국역國役(특히 군역과 공역貢役) 수행으로 인한 부담이 육지 고을 사람들보다 몇 배 더 가혹해 몰락하고 익사하고 유랑했다. 육지 고을은 조선후기로 갈수록 인구가 느는 반면 제주는 인구가 줄어들었고, 조선시대 노비는 인구의 대략 30~40%인 반면 제주의 경우 노비가 인구의 절반을 넘더니 조선후기에는 대략 60~70% 정도에 달했다.[39] 조선이 제주를 식민지처럼 지배해 거리낌 없이 한껏 제주 사람과 물자를 착취해 제주인을 몰락시켰는데 그 단초가 「홍화각기」에 보이는 것이다.

그러면 목판에 새겨진 고득종 「홍화각기」의 내용을 들여다보기로 하자. 홍화각기는 아래와 같이 시작한다.

주州(제주)가 아득히 멀리 남해南海의 중에 자리하고 악嶽(한라산)이 드높아 하늘에 준극峻極해 호칭하기를 '한라漢拏'라 하는데 운한雲漢(은하수)을 라拏할(붙잡을) 수 있기 때문이고, 별호를 '원산圓山'이라 하는데 궁륭穹窿해 원圓하기(둥글기) 때문이다. 주州 명칭을 '제주濟州'라 하는데, 병신년(1416: 태종16)에 이르러 셋으로 갈라져 동쪽을 '정의旌義'라 하고, 서쪽을 '대정大靜'이라 하여 그 다스림을 나누었다. 옛적에 혹은 '동영주東瀛洲'라 칭하고, 혹은 '탁라乇羅'라 칭하고, 혹은 '탐라耽羅'라 칭하여 대代를 따라 바뀌었는데 사책史策에 실려 있어 볼 수 있다. 그 시초에 사람이 없었는데 신자神子 삼인三人이 땅으로부터 용출하고 신라 때에 이르러 귀부歸附하기 시작해 해마다 직공職貢을 닦아 지금까지 천백년千百年을 드리

---

39 제주인의 國役과 貢物 부담의 가혹함에 대해서 김상헌『남사록』, 이익태『지영록』, 이형상『남환박물』·『탐라장계초』·『병와집』 濟州民瘼狀 등에 자세히 언급되어 있다. 제주의 인구는 세종 16년에 63,474명 내지 세종 17년에 63,093명이었는데(세종실록), 18세기초 숙종 때 43,515명이었다(이형상 耽羅巡歷圖序). 『지영록』에 따르면 제주 인구의 3분의 2가 공노비였고, 『남환박물』에 따르면 제주 인구의 56% 정도가 공노비였다. 이씨조선이 제주인을 노예화한 것이었다.

워 왔고, 아본조我本朝(조선)에 이르러 성주聖主 문명의 교화와 회유懷柔의 덕을 더욱 입어 풍속이 바뀌고 민民이 안정해 토착한 지 오래이다.

한라산이 운한(은하수)을 붙잡을 수 있을 정도로 높아 그러한 이름이 생겨났고 제주의 옛 명칭이 동영주·탁라·탐라라 했고, 신자神子 삼인이 땅으로부터 용출하고 신라 때에 이르러 귀부하기 시작해 해마다 직공職貢을 닦아 조선까지 이른 지 천백년이라 했다. '한라산'과 그 별칭 '원산'의 명칭 유래와 세 신자神子(신인神人)의 땅속 용출을 언급했다. 제주가 신라 때부터 귀부하기 시작했다고 언급했는데 이는 역사인식의 오류이다.

「홍화각기」의 내용은 아래와 같이 이어진다.

계축년(1433: 세종15)에 그 해 가을부터 다음해 여름까지 비가 내리지 않아 가물어 산천이 메마르고 백물百物이 시들어 쇠모하고 사람이 굶주리고 말이 쓰러져 죽어 그 몇인지 알지 못했다. 왕이 마음으로 몹시 걱정해 조정 신하에게 명령해 말하기를, "제주의 땅은 아我(나: 이씨조선)의 부용附庸이 되어 양마良馬와 이공異貢을 출산해(산출해) 국國(조선)이 그것에 힘입고 있는데, 그 땅이 척박하고 그 민民이 가난해 해구海寇(해적)가 끊임없이 이어지고 초적草賊이 발생하면 공어控禦하기 어려워, 내가 평소 그 수守를 어렵게 여기노라, 근래 가뭄으로 인해 해마다 흉년이 들어 민民이 많이 기근飢饉하니 내가 심히 근심하는데, 하물며 격리 해외는 당하堂下에서 더욱 멀어 민民의 휴척休戚과 정정政의 득실得失을 어찌 내 이목耳目이 미쳐서 알 수 있으리오, 마땅히 양부兩府의 현현賢에서 문무 재략才略을 지니고 위혜威惠가 아울러 드러나는 자를 신중히 가려서 아뢰라" 라고 하였다. 이에 전 공고참판工曹叅判 익양益陽 최공崔公 해산海山을 천거하여 아뢰니, 상上 마음이 기뻐해 윤당允當하다고 여겨 곧 갑인년(1434: 세종16) 가을8월 7일에 명령을 내려 '도안무사都按撫使 겸 판목사判牧事'를 삼았다. 공公(최해산)이 그 인사명령을 들은 날에 궐闕에 나아가 사례하고 꺼리는 기색 없이 날짜를 점쳐 제주를 향해 떠났다.

제주에 도착해 배에서 내린 초에는 먼저 구황救荒의 정무로써 마음에 급급汲汲해 불쌍히 여기어 슬퍼하고 따뜻하게 어루만져 민생民生을 진휼해, 신음하는 자로 하여금 변하여 칭송하도록 하고, 아사한 자로 하여금 인수仁壽(정토: 천당)에 오르도록 하고, 원억冤抑(억울)을 심리해 옥獄에 소송이 정체되지 않도록 하고, 교화敎化를 선양해 민民이 예의禮義를 알고, 목마牧馬를 기술적으로 하고, 도적방어를 정비하고, 흥학興學 권농勸農하고, 재난을 구제하고 근심을 진휼하기에 이르러, 치인治人의 도道를 남김없이 행했으며, 또한 정성으로 신神을 섬겨 마음을 재계하고 생각을 세척해 무릇 기제祈祭가 있으면 마음을 다해 명향明享해 신격神格을 초래했다.

제주가 계축년(1433: 세종15) 가을부터 다음해 여름까지 비가 내리지 않아 가뭄이 심해 많은 피해를 입었음을 알 수 있다. 조선국왕(세종)은 제주가 조선의 부용附庸이 되어 양마良馬와 이공異貢을 산출해 조선국이 그것에 힘입고 있음을 강조했는데, 조선이 제주의 마馬를 포함한 특산물을 많이 공물로 실어가 많은 이익을 누리고 있었음을 알 수 있다. 이러한 제주에 익양益陽(영천永川) 사람인 전 공고참판 최해산이 갑인년(1434: 세종16) 가을8월 7일에 '도안무사都按撫使 겸 판목사判牧事'로 파견된 것이었다. 그는 제주에 부임해 근무한 초기에는 구황救荒에 힘써 민생을 진휼하고 아사자를 천도하고 억울한 소송을 빨리 처리하고 교화를 선양하고 목마를 잘 하고 방어시설을 정비하고 학교를 일으키고 농사를 장려하고 신神을 공경히 섬겼다고 고득종이 칭송한 것이다. 오랜 가뭄과 진휼의 부족으로 인해 제주인이 많이 굶어죽었음을 알 수 있다.

「홍화각기」의 내용은 아래와 같이 더 이어진다.

다음해(1435: 세종17)에 풍우風雨가 때에 맞아 화禾(곡물)와 같은 것이 등장登場하자(무르익자) 민民이 즐거워하여 고복鼓腹하고(배를 두드리고) 말이 크게 번식하니,

우리 전하殿下(세종)가 현자를 선택한 은혜가 깊고 지극했다. 공公(최해산)이 정무가 잘 처리되고 사람이 화목하니 관우館宇의 무너진 것을 수즙修葺(수리)하고자 했는데 그 사업이 중대해 진행할 겨를이 없었다. 때마침 영營(안무사영: 목관아)이 실화失火로 인해 거처하는 곳이 없음을 탄식해 단지 곤정자髡頂者(승려) 및 입번배入番輩(군역자)를 사역하고 파사破寺(파손사찰)의 재와材瓦를 취하여 먼저 연침燕寢의 실室을 일으켜 금당琴堂·욕방浴房·포주庖廚(부엌)·랑사廊舍(행랑) 그 지위시설을 갖추었다. 조금 서쪽으로 삼영三楹의 우宇를 세워 편정便政의 당堂으로 삼고 좌우에 각기 랑廊(회랑)을 만들어 분방안독소分房案牘所로 삼았다. 또 그(편정당) 서쪽에 삼영三楹의 각閣을 건립하고 중첨重簷(이중처마)으로써 보강하니, 그 규모가 크며 촘촘하고 그 제도가 늠름하며 우아해, 여기에 있으면 외외巍巍하고(높다랗고) 여기를 조망하면 익익翼翼하고(나는 듯하고), 단확丹艧(붉은색 물질)으로 칠하니 환륜奐輪(장식)이 볼 만하다. 그(편정당) 남쪽에 반자半刺(판관判官) 찬정贊政의 당堂을 설치하고, 그(편정당) 북쪽에 '헌마입양獻馬立養의 구廐(마구간)'를 설치하고 이 마굿간 동쪽에 영고營庫와 서쪽에 욱실燠室(온실)을 설치해 '진선進膳의 물物'을 저장하고, 또 그(편정당) 남외南外(남쪽의 바깥부분)에 루문樓門을 별도로 지어 아래에 출입을 통하게 하고 위에 종고鍾鼓(종·북)를 매달고 경루更漏(물시계)의 장비를 설치하고 동쪽 약고藥庫와 서쪽 독소纛所가 동서로 대치對峙한다. 모두 담장으로 둘러싸 농밀釀密(세밀細密)하고 단단하다. 무릇 옥屋이 됨이 합계 이백육二百六(206) 간間(칸)이며, 옥屋마다 별도로 지어 서로 연접하지 않은데 화재를 방비하기 위한 때문이다. 그 경영은 일정한 곳에 건물을 배치하고 제작은 적절한데, 모두 공公(최해산)의 지획指畫(指劃)에서 나왔다.

세종 17년(1435)에 안무사영(목관아)이 실화失火로 인해 불타자 최해산이 곤정자髡頂者 즉 머리 깎은 승려와 입번배入番輩 즉 군역순번자를 사역하여 파사破寺 즉 파손·파훼 사찰의 재와材瓦를 취하여 206칸 규모로 중창했다는 것이다. 이 중창에는 제주 불교사찰의 아픔이 깊숙이 담겨 있었다. 연침실燕寢室은 금당琴堂·욕방浴房·포주庖廚(부엌)·랑사廊舍(행랑)으로 이루어진 일상생활 공간이었다. 각閣(홍화각)은 정청正廳으로 의례용 공간이었는데 3개의 기둥 즉 4간間 규모였고 이중처마로 보강하고 붉은색으로 칠하여 웅장하고 화려했다. 편정당便政堂은 연침실과 각閣(홍화각)의 중간에 위치하는데 안무사 내지 목사가 정무를 보는 집무실로, 3개의 기둥 즉 4간間 규모였고 그 좌우에 안독案牘(관청문서) 보관과 처리를 위한 여러 개의 방을 만들었다. 편정당 남쪽 반자찬정당半剌贊政堂은 안무사·목사의 보좌관인 반자半剌(판관判官)의 집무실이었다. 편정당 북쪽 '헌마입양獻馬立養의 구廐'는 공마貢馬를 돌보는 마굿간이었고, 이 마굿간의 동쪽과 서쪽에 차례대로 설치한 영고營庫와 욱실煜室(온실)은 진상하는 물선物膳(대개 식료품)을 저장하는 곳이었다. 편정당·반자찬정당 남쪽에는 중앙에 정문(남문)을, 그 동쪽과 서쪽에 차례대로 약고藥庫와 독소纛所(둑소: 군령깃발·전신戰神 장소)를 설치했다. 정문은 문루로 이루어지고 루에는 종·북은 물론 물시계까지 설치되어 시간을 알렸다. 조선이 제주의 말과 온갖 특산물을 가져가기 위해 얼마나 신경을 썼는지 알려주는데 심지어 특정 특산물의 효능을 위해 온실까지 설치했다.

「홍화각기」는 아래와 같이 더 이어진다.

공公(최해산)이 하루는(어느 날) 각閣 위에 나가 앉아 향중鄕中 부로父老를 소집해 관아중창을 낙성하고 또한 각閣의 명칭 짓기를 도모했다. 혹자가 말하기를, "제주는 북으로 거해巨海를 베개삼아 호호탕탕浩浩蕩蕩해 한 번 보면 천리千里에 미치고, 남으로 숭악崇岳(한라산)을 마주하여 울울총총鬱鬱葱葱하며, 사시四時 일색一色이어서 겨울에 모진 추위가 없고 여름에 서늘한 바람이 많이 불고, 집집마다 귤유橘柚(귤·유자)이고 곳곳마다 화류驊騮(준마)이고, 풍운風雲의 상태와 월로月露(달빛 이슬)의 형상이 아침과 저녁으로 변화해 그 형태가 천만千萬인데, 이 고을에 명령을 받들어 근무하는 자가 이것(누각)에 오르고 이것(누각)에서 쉬면 산취山翠(산의 청록)와 파도소리가 항상 궤안几案(탁자)의 위에 나뉘고 기이한 초목이 모두 다 돌아다보는 사이에 모이니, 고古에 루樓가 있어 '만경萬景'이라 이름한 것이 이것으

로, 다행히 지금 각閣을 지었으니 '만경萬景'의 명칭을 회복함이 마땅합니다" 라
고 했다. 공公(최해산)이 말하기를, "그러하지 않소. 내가 각閣을 건축한 것은 완경
翫景(경치 구경)하기 위함도 아니고 유관遊觀(유람)하기 위함도 아니오. 옛적 문왕文
王의 때에 주공周公이 안에서 다스리고 소공召公이 밖에서 다스려 화化(교화)가 사
람에게 미침이 바람의 움직임과 같아 사방으로 흘러들어가고 이르고 미쳐서 당
시 사람들이 덕화德化에 고무鼓舞하지 않음이 없어 그 기질氣質을 변역變易했으니
어찌 두 공公(주공과 소공)이 홍화弘化를 찬양贊襄해(도와) 초래한 것이 아니리오. 바
야흐로 지금 성명聖明(왕)이 위에 있고 원신元臣·석보碩輔가 함께 공경히 도와 급
히 현賢을 구하여 외치外治에 나누어 파견하지만 오히려 혜택惠澤이 도달하지 않
고 치화治化가 흡족하지 않은 것은 위임委任이 혹 적합한 사람이 아니고 봉행奉行
에 그 이치를 다하지 않아서인데, 무릇 분우자分憂者(왕의 근심을 나누는 자: 지방관)가
날마다 이 각閣에 올라 일유佚遊(편안히 노님)함이 없고 욕심대로 함이 없이 위임委
任의 책무를 다하기를 생각하고 항상 왕화王化를 홍弘하고(넓히고) 민정民情을 통달
하는 것으로 마음을 삼으면 주周의 다스림을 금일에 다시 볼 수 있고 제주의 민
民이 당연히 무궁하게 복福을 받으리라. 그러한 즉 어찌 '홍화弘化'로써 이 각閣을
이름짓지 않으리오" 라고 했다. 이에 들은 자가 모두 절拜하여 사례하고 말하
기를, "공公의 명명命名은 능히 후의 계계자繼繼者(이어받은 자)로 하여금 더욱 권면
하는 것이 있도록 하고 우리 민民(제주민)이 영원히 왕의 인화仁化를 입는 것이 더
욱 보장될 수 있습니다" 라고 했다. (공公이) 물러나와 나(고득종)에게 홍화각弘化閣
삼자三字를 서서書하여 걸기를 요청하고, 또한 기기記하여 후래後來에 드리우기를 요
청했다. 나(고득종)는 향인鄕人이고 의리상 사양할 수 없기 때문에 비졸鄙拙(천박 졸
렬)을 헤아리지 않고 기기記한다.[40]

---

40 '漸之被之曁之'는 『書痙』 禹貢 편에 "東漸于海 西被于流沙 朔南曁, 聲敎訖于四海"
   에서 유래한 구절이다. '同寅「恊」(協)恭'은 『書經』 皐陶謨 편에 나오는 구절이다.

그림 62. 제주목관아 홍화각(필자 촬영):
탐라인 기백이 담긴 만경루가 조선왕 교화가 담긴 홍화각으로 됨

최해산은 관아 중창이 완성되자 부로父老를 소집해 낙성하고 대표건물로 가장 크고 화려한 각閣의 이름 짓기를 모색했다. 부로들은 이 각閣의 자리에 원래 만경루萬景樓가 있었다며 이 명칭을 회복하기를 요청했다. 그 이유로 제주가 북으로 큰 바다를 베개삼아 호호탕탕浩浩蕩蕩하고 남으로 숭악(한라산)을 마주하여 울울총총鬱鬱葱葱하며, 사시四時 일색一色이어서 날씨가 좋고, 집집마다 귤·유자이고 곳곳마다 준마이고, 풍운風雲과 월로月露(달빛 이슬)가 아침과 저녁으로 변화해 그 형태가 천만千萬인데, 지방관이 이 누각에 오르면 산색과 파도소리가 이곳에서 나뉘고 기이한 초목이 모두 돌아다보는 사이에 모이는 것을 들었다. 하지만 최해산은 이 각閣을 지은 것이 경치 구경과 유람 목적이 아니라며 주나라 시절에 문왕을 도운 주공周公과 소공召公이 문왕의 홍화弘化를 도와 사람들의 기질을 변화시켰듯이 제주 지방관도 조선왕의 홍화弘化를 도와 제주인의 기질을 변화시켜야 한다며 '홍화각弘化閣'이라 명명했다. 그리고 고득종에게 '홍화각弘化閣' 세 글자를 써 달라고 하여 현판으로 내걸고, 또한 '홍화각기'를 부탁하니 고득종이 그 기문을 찬술했다.

고득종은 이어서 이 「홍화각기」를 시詩로 마무리하는데[41] 아래와 같다.

한라산漢拏山이 높아 오두鰲頭를 타고 오경五更에 고각鼓角 소리 무사히 새벽 밝네
산 아래 성거城居는 큰 주州에 지었는데 십리十里에 대평大平 세월을 노래하네
감당甘棠 혜화惠化가 민막民瘼을 치료하고 걸각傑閣이 훨훨 날아 제도가 크며
세류細柳 위풍威風이 도적근심을 깨뜨리니 후인이 응당 익양후益陽侯(최해산)를 말
하리

시 앞 부분에는 제주의 풍광을 찬미했는데 한라산이 오두鰲頭(자라)를 올라타 있고 그 아래에 제주성이 자리하고 있다고 했다. 뒤 부분에는 목관아를 중창한 익양후 최해산을 찬미했는데 그의 감당甘棠(팥배나무)같은 혜화惠化가 민막(민폐)을 치료하고 그의 세류영細柳營(군영) 즉 안무사영은 도적근심을 없도록 한다고 했다.[42] 걸각傑閣이 훨훨 날아 제도가 크다고 했는데 이 '걸각'(빼어난 각閣)은 목관아의 대표건물 홍화각을 지칭한 것으로 보인다.

「홍화각기」는 제주 안무사영(목관아) 시설에 대한 많은 정보를 제공한다. 최해산이 중창한 제주목관아 건물은 정청正廳이 홍화각이고, 그 동쪽에 일상 집무실인 편정당便政堂을 두고, 편정당의 동쪽에 휴식과 수면의 공간인 연침실燕寢室을 둔 구조였다. 이는 태종 이방원 때 건설한 창덕궁의 구조와 유사한데 그 영향을 받은 것인지는 확실하지 않다. 창덕궁은 북산 응봉의 지세에 순응해 지었기에 그러한 구조가 나온 것이었지만, 제주목관아는 북쪽에 바다가 있기에 다른 이유가 작용했으리라 짐작된다. 제주목관아는 원

---

41 詩曰, "漢拏山峻駕鰲頭 鼓角五更無事曉, 山下城居作巨州 謳歌十里大平秋, 甘棠惠化醫民瘼 傑閣翬飛宏制度, 細柳威風破賊愁 後人應說益陽侯'. '大平秋'에서 '秋'는 가을이라기보다 운자를 맞춘 것으로 세월의 의미이다.
42 甘棠 즉 팥배나무는 『詩經』 國風 召南에서 유래한다. 召伯이 甘棠 밑에서 쉬어가니 그의 교화를 받은 사람들이 이 나무를 보호하자는 노래를 했다는 것이다.

래 탐라국 도성의 왕궁이었으니 그러한 배경이 최해산 중창 목관아가 홍화
각기에서 언급한 구조로 되는 데에 상당히 작용했다고 여겨진다.

　왕조시대 지방고을의 객관은 대개 고을 관부의 담벽 안에 위치하며 망
궐례望闕禮를 행하고 국왕의 사절이 머무는 곳이라 중시되었는데, 최해산이
중창한 제주목관아의 시설에는 객관이 보이지 않으며, 이원진 『탐라지』에
영주관瀛洲館이 북성北城 안에 자리하는데 곧 객사대청客舍大廳이라 했고, 이
형상 『탐라순력도』를 보면 객관이 목관아 담벽의 밖 북동쪽에 소재했다.
왕조시대의 도성에는 궁궐 밖에 외국의 사절이 머무는 객관이 자리했으니,
고중세 탐라국시대에 객관도 왕궁 밖에 객관이 위치했으리라 판단된다. 그
러니까 제주목 읍성과 여러 관아가 원래 탐라국의 도성과 왕궁을 기본으로
하여 짜여졌기 때문에 객관(영주관)이 목관아 밖에 소재했던 것이었다.

　제주 향교·문묘와 풍운뇌우風雲雷雨·산천·사직 등 시설과 제사가 조선시
대에도 탐라국 시절의 제도를 상당히 따르고 있었다. 중종 때 제주목사 심
맹용沈孟容(심연원)이 제주 향교의 제도가 성균관과 같다고 말했다.[43] 향교 학
생들이 김상헌에게 말하기를 제주 향교는 다른 도道의 주현州縣과 같지 않
아 동서무東西廡 배향配享의 수數가 탐라가 국國이 된 때부터 이래 경사京師와
동일한 제도로 운영되어 지금까지도 그대로 구제舊制를 따른다고 했다.[44]
이익태는 『지영록』에서 제주 향교의 전殿·무廡·재齋·당堂이 한결같이 성균
관 제도를 본떴다고 했고, 이형상은 『남환박물』 지문誌文에서 제주 향교의
문묘 봉안 위수位數가 성균관과 같다고 했다. 이형상은 제주 사전祀典 변통
을 요청하는 두 번의 장계에서,[45] 문묘 석전釋奠의 제물은, 주현州縣 향교는
단지 양羊·시豕(돼지) 두 희생을 사용하건만, 제주 향교는 국학國學(성균관)과
동일하게 우牛·양羊·시豕(돼지) 세 희생을 연용連用해 왔다면서, 이 역시 반드

43　尹衢 「明倫堂重修記」 (김상헌 『남사록』)
44　김상헌 『남사록』
45　『瓶窩先生文集』 권17, 「濟州請祀典變通狀」 및 「濟州請祀典變通狀[再度]」

시 탐라의 구제舊制를 인습因襲한 것이니 고쳐야 한다고 했고, 제주 문묘의 동서무東西廡 위수位數가 국학國學(성균관)과 서로 동일하다고 비판했다. 풍운 뇌우 제사는 주현州縣이 감히 거행할 수 없는 것인데 제주가 탐라의 구례舊例를 계승해 사직社稷 제사날에 단壇 하나를 사직단 아래에 별도로 설치해 풍운뇌우를 제사하고 있다며 비판했다. 산천위판山川位板도 다른 주현州縣에 없는 것인데 오직 제주만이 풍운뇌우 제사 때 산천위판을 별도로 제작해 왔다며 혁파해야 한다고 했다. 주현州縣 사직社稷은 단지 정위正位만 제사하 고 배위配位가 없거늘 제주는 정위正位 외에도 배위配位 위판位板을 제작해 기우제 때에 정위와 함께 제사한다며 배위 위판을 혁파해야 한다고 했다. 제주는 조선 중후기까지도 탐라국 시대 왕경시설의 유산을 지니고 있었던 것이다.

제주목관아는 고대 탐라국 왕궁보다 중세 탐라국 왕궁(성주궁), 특히 원 간섭기 왕궁(성주궁)과 관련이 깊지 않을까 한다. 원간섭기 탐라국 치소는 왕궁(성주궁)과 초토사·안무사·총관부로 양분되었는데 탐라 성주 왕궁의 장 소는 제주목 시절의 관아에, 탐라 초토사·안무사·총관부·만호부의 장소는 묵은성(무근성) 일대에 해당했을 것이다.

제주목관아의 정청正廳 홍화각은 '만경루萬景樓'에서 유래했는데, 이 만경 루는 중세 탐라국시대 이래의 건물로 추정된다. 루樓 양식은 궁궐에서 정 전 앞의 문루에 적용되거나 내전 구역에 건립될 수 있었다. 제주목관아 영 역에서 만경루 자리는 정전 앞의 문루가 자리하기에 적절한 곳이 아니었으 니 만경루는 내전 구역의 건물이었으리라 여겨지고, 몽고 원의 궁궐건축 양식을 본받아 중층으로 지어진 것이 아닐까 한다. 최해산이 목관아를 중 창하기 이전에는 정청正廳이 동쪽에 위치하고 그 서쪽에 집무실이 위치하 고 더 서쪽에 만경루가 위치해 중축선中軸線이 동쪽에서 서쪽으로 전개되는 구조였는데, 그가 중창하면서 중축선이 뒤집혀 서쪽에서 동쪽으로 전개되 는 구조로 변화한 것으로 여겨진다.

중세는 풍수지리설의 영향을 받아 진산鎭山 내지 주산主山을 배경으로 하여 건물을 지어야 좋다는 인식이 퍼져 있었고 중세 탐라도 그러했을 것이다. 그런데 중세 탐라국의 왕궁(성주궁)의 중축선이 남쪽 한라산을 배경으로 하여 북쪽으로 전개되면 제왕帝王은 남면南面한다는 원칙에 어긋난다. 중축선이 북쪽 바다를 배경으로 하여 남쪽으로 전개되면 진산鎭山 한라산을 등지는 것이 아니라 마주 보는 형국이 된다. 그래서 탐라국의 왕궁(성주궁)은 중축선이 동-서 라인으로 전개되는 구조로 이루어졌고 그것이 조선 건국초까지 제주목관아에 이어지다가 최해산이 중창하면서 서-동 라인으로 전개되는 구조로 바꾼 것으로 보이는데,[46] 최해산이 탐라국시대의 유산을 지우기 위한 의도가 담겨 있었지 않나 싶다.

만경루는 2층 루樓 양식이었던 반면 홍화각은 단층 각閣 양식이었다. 만경루萬景樓는 여기에 오르면 호호탕탕浩浩蕩蕩한 큰 바다를 마주해 한 눈에 천리千里를 조망할 수 있고 울울총총鬱鬱蔥蔥한 숭악崇岳(한라산)을 마주할 수 있고 그래서 그렇게 이름 지은 것이었으니, 대자연과의 조화와 바다로의 개척을 지향한 탐라시대의 웅대한 정신이 담겨 있었다. 반면 홍화각弘化閣은 중국 고전에 의거해 조선왕의 교화를 제주에 넓힌다는 뜻을 담고 있으니, 조선왕조가 제주의 저항정신을 개조해 순종하도록 만들어 제주를 온전히 지배하고자 하는 의지를 보여주는 곳이었다. 조선 제주에서 만경루가 표방한 자연주의와 개방주의와 진취주의와 자유분방성이 억제당한 반면 홍화각이 표방한 유교주의와 중화주의와 수동주의와 무조건 복종이 권장된 것이었다. 만경루에서 홍화각으로의 전환은 탐라시대의 종말을 상징했으니 홍화각은 탐라에게 굴욕의 공간이었다.

최해산이 중창한 제주목 관아(안무사영) 추정도를 제시하면 아래와 같다.[47]

---

46 건축군 中軸線이 동-서 라인 혹은 서-동 라인으로 설계되더라도 건물은 남향으로 앉힐 수 있다.

47 최해산이 중창한 후에 건축되는 友蓮堂이 營門 外에 위치한다고 했으니 홍화각이

최해산 중창 제주목 관아(안무사영) 추정도
燠室 獻馬立養廐 營庫 (進膳物) (進膳物)
弘化閣 便政堂 燕寢室 (正廳) (琴堂·浴房·庖廚·廊舍)
營門 半刺贊政堂
[중문]
蠹所 樓門 藥庫

안무사영 즉 목관아는 그 남서쪽 밖에 관덕정觀德亭이 건설되면서 보강
된다. 안무사영安撫使營의 남쪽에 사청射廳 구역이 있어 사졸士卒을 훈련하는
곳으로 구舊에 옥우屋宇가 없었는데, 안무사 신숙청辛淑晴이 부임한 다음해
인 무진년(1448: 세종30) 가을에 유수遊手를 모집하고 재목과 도와陶瓦를 모으
고 축석築石해 대臺를 만들고 그 위에 신정新亭을 일으켜 이름하기를 '관덕觀
德'이라 했다. 무릇 영영楹(기둥)이 된 것이 셋이고, 그 앞을 보충하고 그 좌우
를 익익翼(날개)으로 하여 탁 트이게 하고, 엷게 단확丹艧(붉은색)을 칠하니 크고
넓고 선명鮮明해 윤환輪奐(장식)이 제도에 알맞아 참으로 한 주州의 장관壯觀
이었다. 동지중추원사同知中樞院事 고상공高相公(고득종)이 신석조辛碩祖에게 기
문을 부탁하니 신석조가 「관덕정기」를 찬술했다.[48]

제주목 관아(안무사영)의 正廳임을, 그 앞(남쪽)의 문을 '營門' 즉 안무사영(절제사
영) 문이라 했음을 알 수 있다.

48 『신증동국여지승람』 권38, 전라도 제주목 樓亭 觀德亭

관덕정은 성종 때 중수된다. 제주목사 양찬梁瓚이 통판通判(판관) 하주河澍와 함께 성화成化 경자년(1480: 성종11)에 관덕정을 중수하자 양찬의 부친 양성지가 문생 서거정에게 그 중수기를 부탁하니 서거정이 「관덕정중수기」를 찬술했다. 이 중수기에서 말하기를, "내가 생각하건대, 제주는 본래 옛적의 탁라국乇羅國인 즉 우리 동방 구한九韓의 하나인데, 신라 때 비로소 신라에 내조來朝하고 고려 초에 고려에 납항納降하니 국國이 삭제돼 현縣으로 되었고, 려계麗季(고려말기)에 기황후奇皇后가 목장牧場을 교치僑置했고, 황명皇明에 이르러 다시 아국我國(고려·조선)에 예속되었다" 라고 했다.[49] 관덕정과 그 구역은 안무사영(절제사영) 즉 목관아를 보조하는 공간이었는데 군사훈련 장이면서 각종 행사의 장소로 이용되었다.

성종 때 찬술된 『동국여지승람』 제주목 궁실 조항에 홍화각弘化閣이 성내城內에 자리하고 최해산이 건립했는데 곧 고古 안무사영安撫使營이고 지금 절제사영청節制使營廳이라고 했고, 관덕정觀德亭이 홍화각 남쪽에 자리한다고 했다. 관덕정은 목관아 담벽 밖의 남서쪽 모퉁이에 위치한다. 이는 홍화각이 목관아에서 서쪽에 위치하고 관덕정 창건 당시에는 홍화각과 관덕정 사이에 주요 건물이 들어서 있지 않았음을 시사하니, 추정도처럼 홍화각 앞(남쪽)에는 영문營門과 중문이 건립되고 정문인 루문樓門은 목관아 남벽의 중앙에 건립되었으리라 추정된다. 공식적 행로는 루문樓門(정문)을 들어가 북쪽으로 나아가다가 서쪽으로 틀어 나아가 중문으로 들어가 북쪽으로 나아가 영문을 들어가 정청正廳 홍화각에 이르는 것이었다고 여겨진다.

그런데 『동국여지승람』 제주목 궁실 「신증新增」(중종 때 추가)에 따르면, 우련당友蓮堂이 영문營門 밖에 자리하는데 목사 이수동李壽童이 성중城中에 정

---

49 『신증동국여지승람』 권38, 전라도 제주목 樓亭 觀德亭. 제주의 신라·고려와의 관계에 대한 서거정의 인식은 왜곡되어 있다. 남원 사람인 梁瓚은 梁誠之의 아들로 무과에 급제한 무신이었다. 이 남원 양씨는 탐라 양씨와는 계통이 달랐다.

井이 없다는 이유로 지池를 굴착해 물을 담아 련蓮을 심고 그 상上(가: 변)에 당堂을 지은 것이 그것이라 했다. 중종 때 목사 이수동이 홍화각 앞(남쪽) 문인 영문營門(안무사영 문: 절제사영 문)의 밖에 우련당을 짓고, 조선 중후기에 망경루望京樓, 연희각延曦閣, 애매헌愛梅軒, 군관청軍官廳(현재 영주협당瀛洲協堂 복원건물) 등을 짓는 등 목관아를 개축하면서 목관아의 구조는 많이 달라지게 된다.[50] 특히 명종 때 제주목사 김수문이 목관아 중앙선의 북쪽 언저리에 '망경루望京樓'를 지으면서 제주목관아는 원래의 모습을 많이 상실하게 되는데, 이 건물은 조선왕조 수도 한양을 바라본다는 의미를 담고 있어 조천포 '연북정戀北亭'과 더불어 또한 제주에게 굴욕감을 주어온 것이다. 애매헌愛梅軒이 최해산이 중창한 편정당便政堂 자리에, 군관청軍官廳(현재 영주협당)이 최해산이 중창한 연침실燕寢室 자리에 건립되면서 제주목관아는 조선초기까지의 모습을 대거 상실하게 된다.

한편, 고득종「홍화각기」를 참고하면 중세 탐라국 왕궁(성주궁)의 모습을 엿볼 수 있는데 그 추정도를 그려보면 아래와 같다.

---

50 이원진『탐라지』에 따르면, 弘化閣은 城中에 위치하고 최해산이 건립했는데 곧 古安撫使營이고 지금 節制使營廳이 되었으며, 上衙는 弘化閣 북쪽에 위치하고 延曦閣은 곧 上衙東軒이고 營軍官廳은 愛梅軒 東에 위치하고 望京樓는 목사 김수문이 건립했다고 했고, 二衙는 南城 內에 위치하고 察眉軒은 곧 二衙東軒이고 橘林堂은 二衙 西北에 위치하고 官廳은 二衙 北에 위치한다고 했다. 제주목관아가 本營(營廳과 上衙) 구역과 二衙 구역으로 나뉘었음을 알려준다. 홍화각은 營廳의 위상을, 연희각이 上衙(上衙東軒)의 위상을 지니게 된다. 이형상『탐라순력도』에 관덕정의 남쪽에 '牧官' 건물군이 그려져 있는데 二衙 구역으로 판단된다. 二衙가 건립되면서 판관 집무실은 여기로 옮겨갔다. 橘林堂은 목관아 본영 구역에도 건립된다. 현재 복원된 제주목관아는 대개 18세기초 이형상『탐라순력도』에 의거한 것이라 한다. 제주목 관청은 제주목에 파견된 지방관이 안무사 혹은 절제사이면서 목사를 겸했기에 독특한 양상을 띠었다고 하겠다.

중세 탐라국 왕궁(성주궁) 추정도1
燕寢殿　　便殿　　正殿　　殿門　　中門　　정문(東門) 萬景樓

중세 탐라국 왕궁(성주궁) 추정도2
연침전燕寢殿　　　　편전便殿　　　　정전止殿 만경루萬景樓 　　　　　　　　　　　　　　　전문殿門 　　　　　　　　　　　　　　　중문中門 　　　　　　　　　　　　　　　정문(남문)

중세 탐라국 왕궁(성주궁) 추정도3
연침전燕寢殿　　　　편전便殿　　　　정전正殿 만경루萬景樓 　　　　　　　　　　　　　　　전문殿門 　　　　　　　　　　　　　　　중문中門 　　　　　정문(남문)

　　중세 탐라국시대 왕궁(성주궁) 모습은 추정도와 같이 3개 정도의 가능성
이 있다. 제주읍성 남문과 그 길이 한짓골로 현재 관덕로 8길에 해당하고
북쪽으로 나아가 목관아 동쪽 길에 해당하는 관덕로 7길과 이어진다. 이로
보아 중세 탐라국 궁궐의 배치는 중세 왕궁(성주궁) 추정도1처럼 동문東門을
정문으로 하여 주요 건물이 그 서쪽으로 배열되었을 가능성이 더 크지 않
나 싶다.

최해산이 제주목 안무사영(목관아)을 중창해 이전의 배열과 규모와 명칭을 변경함으로써 이전까지 유지되어 왔던 중세 탐라국 궁궐 시절의 구조는 많이 해체되는데 이는 탐라의 상실 내지 탐라시대의 종말을 상징했다. 그래도 그의 중창에는 탐라 궁궐의 구조가 어느 정도 반영되어 있었는데, 이후 조선 중기와 후기의 중창을 거치면서 조선의 한 고을의 관아에 알맞게 개조된다.

제8장

중세
탐라제주의
불교와 사원

1. 중세 탐라 불교의 여명: 원당사와 수정사

탐라에 불교가 언제 시작되었는지, 어디로부터 유입되었는지 아직 잘 모른다. 중세 탐라제주에는 탐라국시대부터 조선초기까지도 불교 사원이 많이 존재했다. 원당사와 수정사가 10세기 무렵에 건립되었으니 중세탐라에 일찍부터 몇몇 사찰이 존재했다. 탐라제주는 불교사찰이 대개 마을처럼 용천수가 풍부한 지역에 자리잡았다. 바다로 둘러싸인 섬이고 해외와 교류를 많이 해 사람들이 바다에서의 무사 안녕을 기원해야 했는데 불교사원과 무속신당이 이에 부응했고 불교의 신앙대상도 수신水神의 역할을 맡아야 했다.

중세 탐라의 초기에 불교사찰이 건립되었는데, 후삼국 및 고려와의 문화교류의 영향이기도 했다. 이 시기를 대표하는 불교사찰은 제주시 삼양동의 원당사, 제주시 외도동의 수정사, 서귀포시 하원동의 법화사였다. 발굴조사에 의거하건대, 원당사와 수정사는 건립 시기가 기와와 청자(해무리굽완)로 보아 10세기 정도까지 올라간다고 한다.[1] 법화사 건립시기는 해무리굽완이 포함되지 않은 청자의 특징에 의거해 12세기 정도로 볼 수 있다고 한다.[2] 최근 제주시 오등동 250-8번지에서 절터의 일부가 발굴되어 건물 유구와 금동다층소탑과 북송 화폐 등이 확인되어 주목을 끌었다. 이 절터 유적은 11세기경으로 추정하는 분위기인데 앞으로 발굴이 확대되면 건립 시기가 더 올라갈 수도 있다.

원당사元堂寺는 『동국여지승람』에 실리지 않았지만 제주목사 이원진이

---

1 차인국, 제주도 기와의 출현 시점과 특징 - 원당사지와 수정사지 출토품을 중심으로-」『한국기와학보』 2, 2020 ; 이수경, 「제주도 기와 도입과 전남 서남해안지역 수급관계」『중앙고고연구』 34, 2021

2 한성욱, 「제주 사찰 출토 고려 청자의 현황과 성격」『탐라의 고려 불교 수용과 전개 양상』, 2023

그림 64. 원당사 현무암탑
(필자 촬영)

그림 65. 수정사탑
(국립제주박물관 소장, 필자 촬영)

17세기 중반에 편찬한 『탐라지』 제주목 편에 실렸는데 원당악과 원당사가 제주 동쪽 20리에 위치한다고 되어 있다. 이 절이 자리한 원당악(원당봉)에서는 바다가 내려다보이고 청동기~철기시대 삼양동 마을유적이 가까이 보인다. 원당사에 남아 있는 오층탑은 중세기 한국에서 제작된 유일한 현무암 불탑일 뿐만 아니라 중세 탐라제주의 불탑으로는 유일하게 남아 있어[3] 가치를 매길 수 없을 만큼 중요한 문화재이다. 이 탑은 12세기 양식이라는

---

3 한라산 영실 존자암의 속칭 '세존사리탑'도 현무암으로 제작된 것이지만 이것은 佛塔이라기보다 여주 신륵사 보제존자(나옹화상) 석종과 유사한 石鐘 형태의 僧塔으로 보인다.

견해가 있는데[4] 만약 그렇다면 사찰 건립 시기보다 늦게 건립된 것이었다.

수정사는 도근천 즉 월대천(외도천) 가에 자리했는데 바다의 포구와도 가깝다. 이 지역은 고인돌 유적과 고대탐라 초기 거주유적으로 보아 일찍부터 마을이 형성되어 발전해 온 곳이었다. 이 절터의 발굴조사에서 점판암으로 만든 청석탑이 발견되었다. 석탑 부재에 범자梵字가 새겨져 있고, 특히 1층 탑신에 인왕상(금강역사상)이 새겨져 있는데 조형미와 조각기법이 빼어나다고 한다. 제주에는 점판암이 산출되지 않기에 육지에서 재료를 가져다가 세웠으리라는 견해들이 제기되었다.

원당사와 수정사는 10세기 무렵에 건립되었다고 하니 중세 탐라의 탄생과 궤를 같이 했다. 원당사 탑은 탐라의 재료를 사용해 만든 반면 수정사 탑은 육지에서 수입한 재료를 사용해 만들었다. 원당사는 무속신당인 원당을 기반으로 생겨나 무속과 불교가 결합한 사찰로 여겨지며, 그 파도 문양 기와[5]에는 항해 안전에 대한 염원이 담긴 것으로 보인다. 탐라에 원당사, 수정사, 법화사 등이 건립되어 불교가 자리잡아가면서 종교와 문화가 다양하게 발전하게 되었다.

2. 승려 혜일의 활동과 탐라제주 불교의 중흥

중세 탐라의 불교와 사원을 중흥시킨 승려는 육지에서 건너 온 혜일이었다. 이는 그가 제주의 묘련사, 보문사, 서천암, 법화사 등과 관련을 맺으

---

4 진정환, 「제주지역 불탑의 특징과 조성 배경」『제주의 불교문화』, 국립제주박물관, 2022

5 원당사의 이 기와에 대해 당초문(넝쿨 무늬)으로 해석하는 연구경향이 있지만, 파도를 형상화한 것으로 보여 당초문과는 확연히 달라 파도문양으로 정의해야 하리라 생각한다.

며 이 사찰들을 주제로 한 시를 남겼기[6] 때문이다. 그런데 그의 활동 시기가 13세기인지 14세기인지 논란이 있어 세밀하게 천착할 필요가 있다. 『동국여지승람』에 의거하면, 전라도 강진현 남쪽 바다에 선산도仙山島가 있는데, 고려高麗 정언正言 이영李穎이 완도에 유배되자 그 숙부인 승僧 혜일慧日이 따라서 이영을 방문하고는 도島(선산도)에 들어와 사찰을 창건해 거처했다[7]고 한다. 『동국여지승람』의 이 이영에 대해 연구자들 다수는 고려 대몽항쟁기에 천책(진정국사)이 주도한 백련결사에 참여한 이영李穎[8]이고 혜일은 이 이영의 숙부이고 제주에서도 활동했다고 파악해 왔다. 그런데 이에 대해 반론이 제기되었는데, 『동국여지승람』에 기재된 완도유배 이영은 이색 『목은문고』에 정언 지낸 이영이 등장하니 공민왕 때 활동한 이영이고 제주에서 활동한 혜일은 이 이영의 숙부라는 것이며, 『목은문고』에 나오는 승려 종해宗海가 혜일의 서천암 시에 나오는 종해宗海에 해당한다는 것이다.[9]

그러면 탐라제주의 불교에 지대한 영향을 끼친 혜일이 활동한 시기는 언제였는지, 그의 조카 이영은 언제 인물이었는지 천착해 보기로 한다.

먼저 공민왕대 무렵의 이영에 대해 살펴보기로 하자. 이색이 지은 「오동전吳仝傳」에 따르면, 대학생大學生 오동吳仝은 경진庚辰(1340: 충혜왕 후원년) 진사進士로 성균관에 입학한 인물인데 단명短命해 요절하니 봉액縫掖(유생)의 결계자結契者들이 전錢을 내어 부의했다고 했다. '이영李穎'이라는 자는 오동吳仝의 외형제外兄弟인데 상헌常軒 안선생安先生(안진安震)이 딸과 혼인시키고 교육시켰으며, 이영은 급제해 '정언正言'에 제배되고 예부원외랑禮部員外郎으로

---

6 『신증동국여지승람』 권38, 제주목 佛宇 및 대정현 佛宇. 한편 제주목 題詠에도 혜일의 시 1수가 실려 있다.

7 『신증동국여지승람』 권27, 전라도 강진 古跡. "仙山島[在縣南海中. 高麗正言李穎 謫莞島, 其叔父僧慧日隨而訪之, 仍入島創寺以居"

8 이 李穎은 진정국사 『호산록』과 『동문선』 권14 칠언율시에 보인다.

9 홍기표, 「문헌을 통해 본 탐라의 불교 수용」 『탐라문화』 75, 2024

옮기더니 그 후에 은거해 나오지 않아 그 마친 바를 알지 못한다고 했다. 개경 흥국사 남쪽 봉우리의 동쪽 기슭에 오동과 이영의 집이 있는데 이 집에서 이색이 그들과 함께 침상을 같이 하여 누워 잔 적이 있다고 했다.[10]

승려 혜일은 『동국여지승람』 강진현에 따르면 조카인 정언正言 '이영李穎'이 완도에 유배되자 근처의 선산도(청산도)에 사찰을 창건해 거처하면서 완도를 왕래하고 완도 법화암의 여러 풍광과 시설을 시로 읊었다. 그런데 이색은 오동의 외형제인 '이영李穎'이 정언正言과 예부원외랑을 지냈다가 은거했다고 했다. 간관諫官인 정언(6品)은 충렬왕 34년에 충선왕에 의해 사보思補로 바뀌었다가 공민왕 5년에 정언으로 환원되었다. 예부는 충렬왕 원년에 전리사典理司에 병합되었다가 충렬왕 24년에 충선왕이 즉위하면서 의조儀曹로 되었다가 충렬왕 34년에 충선왕에 의해 선부選部에 병합되었다가 공민왕 5년에 예부와 원외랑(6品)이 부활했고, 공민왕 11년에 예부가 예의사禮儀司로 바뀌면서 원외랑은 좌랑佐郎으로 개칭된다.[11] 그러니까 오동의 외형제인 '이영'은 공민왕 5년~11년 사이에 정언과 예부원외랑을 역임한 것이었다.

이색은 오동 및 그 외형제 '이영李穎'과 침상을 같이 한 적이 있었을 정도로 친밀한 사이였는데, 이 '이영'이 정언과 예부원외랑을 지냈다가 은거해 소식이 끊기자 은거와 소식두절 이유에 대해 모른다고 했다. 만약 이러한 '이영'이 공민왕에 의해 유배된 적이 있었다면 이색이 몰랐을 리 없었으며 이색은 공민왕의 측근으로 거리낌없이 직언을 했기에 이 '이영'이 유배된 적이 있다면 이영에 대한 기록을 충실히 남기려한 이색이 언급하지 않을 이유가 없었다. 이 '이영'은 공민왕 5년~11년 사이에 간관인 정언正言을

---

10 『목은문고』 권20, 「吳牛傳」. 충혜왕 후원년(1340)에 金積이 국자시를 관장해 梁允軾 등을 취했으니(『고려사』 권74, 선거지2, 과목 2), 吳牛은 이 국자시에 합격해 '進士'로 불린 것이었다.

11 『고려사』 권76, 백관지1 문하부·예조

지냈는데 공민왕대는 관련 기록이 충실한 편이라 간관(언론관)이 유배되었다면 기록에 남았을 터인데 이 '이영'이 유배당했다는 흔적은 없다. 공민왕대는 홍건적의 침략, 왜구의 침략 등 전쟁이 잦았는데 이로 인해 이 '이영'이 행방불명된 것이 아니었을까 싶다. 이색은 불교승려들과 친밀하고 왕성하게 교우했는데 만약 오동의 외형제인 '이영'이 유명한 시승詩僧 혜일의 조카였다면 이색이 이에 대해 언급했을 터인데 혜일과 관련해 전혀 언급하지 않았으니 이 점도 공민왕대 이영이 그 시승詩僧 혜일의 조카로 보기 어렵도록 한다.

승려 혜일은 선산도에 거처하면서 완도를 왕래하며 완도 법화암(법화사)의 여러 풍광과 시설을 노래했다. 법화암法華菴은 완도莞島 중에 위치하는데 이 사찰의 동洞에 전석계全石溪·천연대天然臺·상왕봉象王峯이 있었다. 승려 혜일이 전석계全石溪 시와 천연대天然臺 시와 상왕봉象王峯 시를 지었다.[12] 특히 상왕봉 시에서, "창취蒼翠한 군목群木이 많아 운하雲霞를 본 지 몇 년이 지났는가, 달이 떠오르니 불호佛毫가 밝게 빛나고 탑塔을 돌면 상두象頭도 도네, 간수澗水에서 진게眞偈를 말하고 암화嵒花는 범연梵筵을 높이네, 가명佳名(아름다운 이름: 상왕봉)은 원묘圓妙(요세)로부터 명명되었으니 아무렇게 전해진다고 말하지 말아야 하네"라 읊었다. '원묘圓妙'는 요세了世가 고종 32년(1245) 7월에 입적하자 왕으로부터 받은 시호이니 혜일이 이 상왕봉 시를 지은 때는 그 이후가 된다.

완도 일대는 14세기에 왜구의 침략으로 황폐화되었고, 완도 법화사 발굴조사에 따르면, 유적과 유물이 13세기까지가 주된 것이고 14세기 이후는 황폐화되어 유물조차 드물고 조선중기에 가서야 중창된다고 하며, 완도 법화사는 이미 진도 삼별초의 패배와 함께 몰락해 황폐화했다고 보기도 한

---

12 『신증동국여지승람』 권27, 전라도 강진 古跡, 法華菴. 象王은 코끼리 혹은 佛을 지칭한다.

다.[13] 완도 법화사에 대해 공민왕 5년~11년 무렵의 상태와 승려 혜일이 찬미한 상태는 서로 어울리지 않으니, 이것 또한 이 혜일이 공민왕대에 활약했다고 보기 어렵게 한다.

고종~충렬왕대에 활동한 이영에 대해 살펴보자. 『고려사』 열전에 실린 이영 전기에 따르면, 이영李穎은 경원군(인주: 인천) 사람으로 수염이 아름답고 용의容儀가 한아閒雅하고 널리 들어 잘 기억하고 글씨 초草·예隷에 뛰어났다. 고종 때 급제해 직한림원直翰林院에 임명되고 여러 관직을 거쳐 보문각대제가 되었는데, 항상 학사 김구金坵와 함께 승려 조영祖英 방장方丈에 노닐거늘, 충렬왕이 세자였을 때 듣고서 친히 시를 지어 하사하니 사림士林이 흠모하고 부러워했다. 원종조元宗朝에 우부승지右副承旨에 제배되었는데 원元 선무사宣撫使 조량필趙良弼이 한번 만나보고는 서로 앎이 늦은 것을 한탄했고 후에 시를 지어 부쳤다. 충렬왕이 즉위하자 추밀원부사樞密院副使·예부상서·한림학사승지로 승진해 치사致仕했고 충렬왕 4년(1278)에 졸卒했다.[14] 이 이영은 경원(인주) 사람으로 고종 때 급제해 그 후 직한림원直翰林院, 보문각대제, 우부승지 등을 역임했다. 여기에는 그가 정언正言을 역임했다고 언급되지 않았다.

『고려사』나 『고려사절요』에 개인의 역임 관직이 일일이 나열되지는 않는다. 그런데 정언은 간관諫官이라 간관이 유배되었다면 중요한 문제여서 『고려사』나 『고려사절요』에 언급되는 것이 정상적이다. 무인정권기 이영이 정언으로 유배되었다면 이른바 정사正史에 기록되어야 이치에 합당한데 확인되지 않아 의문을 제기할 수 있다. 단, 고려 무인정권기는 사관史官이 무인집권자를 두려워하여 무인집권자와 관련된 사항이나 정치적으로 민감한 사건은 왜곡하거나 아예 기록하지 않아 기록이 부실한 상태임이 고려되

---

13 문화재연구소, 『완도 법화사지』, 1992
14 『고려사』 권106, 열전19, 李穎

어야 한다.

고종~충렬왕대에 활동한 이영의 실체는 백련결사의 지도자 천책(진정국사)과 속제자俗弟子가 교유하면서 남긴 글[15]을 통해 꽤 파악할 수 있다. 제자 좌정언左正言 지제고知制誥 임계일林桂一이 병인년(1266: 원종7) 중추仲秋(8월) 1일에 평장平章 경원공慶源公(이장용)을 배알하고 대화하다가 송宋 학사 왕우칭王禹偁의 서호연사시西湖蓮社詩를 거론하게 되자 느낀 점이 있어 시 1편을 지어 멀리 대존숙大尊宿(천책) 장하丈下에 부쳐 헌정해 소회를 전달했다.[16] 천책(진정국사)이 정언 임계일에 답하는 시의 서문에서, '옛적에, 소경少卿 이영李潁이'(소경少卿 이영李潁이 옛적에) 상왕산象王山에 은적隱迹했을 때 대화하다가 왕원지王元之(왕우칭)의 백련결사시白蓮結社詩를 기억해내고서 차운해 산중 소식을 대략 서술했었는데 지금 이미 17년이라고 했다.[17] 이영이 병인년(1266: 원종7)에 소경少卿(4품)을 띠고 있었고, 그는 이로부터 17년 전의 옛적에 상왕산(완도 법화사 소재의 산)에 은적隱迹한 적이 있었다. 속제자 평장 이장용·유경柳璥과 판비서성사 지제고 김구金坵와 중서사인 지제고 김록연金祿延과 기거랑起居郎 지제고 곽여필 등도 임계일의 참사시參社詩를 보고 시를 지어 대존숙(천책)에게 헌정했다.[18]

속제자 조청대부朝請大夫 시사재경試司宰卿 지제고知制誥 태자사의랑太子司議郎 거사居士 이영李潁이 시를 지어 대존숙(천책)에게 올렸다. 그 서문에서 오직 장실丈室(천책)을 흠망하는데 자신이 장하丈下(천책)와 이별한지 지금 이미 이십이년二十二年인데, 진무塵務(세상 업무)에 얽매이고 또 두 번 절역絶域에

---

15 진정국사(천책)의 문집 『호산록』과 『동문선』 권14 七言律詩에 실려 있다.

16 허흥식 『진정국사와 호산록』(민족사, 1995) 「역주 호산록」 권3 ; 동문선 권14, 七言律詩

17 『진정국사와 호산록』 「역주 호산록」 권3. "昔李少卿潁隱迹象王山時"에서 '李少卿潁'은 천책이 시를 짓고 있는 현재 시점의 이영 상태이고, '昔'은 '隱迹象王山時'와 연결되는 과거 시점이다.

18 『진정국사와 호산록』 「역주 호산록」 권3

사신으로 다녀와 문안할 겨를이 없었다고 했다. 제견猜犬(미친개)이 주인을
향해 짖어 진도에 모여 거처해 연해沿海 주현州縣을 구략驅掠해 그 사이에
무고無辜한 사망자가 많았고 오래 듣건대 결사 내에도 이 난難에 걸린 자가
있다는데 장丈(천책)께서 무사해서 다행이고, 지금 진도 적賊이 패하여 무너
져 국환國患이 조금 풀렸다고 했다. 지금 왕우칭의 서호西湖 연사시蓮社詩에
차운해 시를 지어 부쳐 헌정한다며, "완도莞島에서 반원攀援했던(서로 의지했
던) 일이 아직 완연宛然한데(아주 뚜렷한데) 돌아보니 이십이년(22년)이 지났네
요"라고 했다.[19]

이영李穎은 원종 6년 10월에 시어사侍御史(종5품)로 하정賀正하러 몽고에
갔고,[20] 병인년(1266: 원종7)에 소경少卿(4품)을 띠고 있었다. 그러하니 그는 시
어사와 소경을 거쳐 시사재경試司宰卿(종3품)에 오른 것이었고 진도 삼별초가
진압된 직후에 위의 시를 천책에게 보낸 것이었다. 삼별초는 원종 11년
(1270)에 강도에서 봉기해 남하해 진도에 들어가 독자 정부를 세워 고려군·
몽고군과 싸우다가 원종 12년(1271) 5월에 진도가 함락당하면서 잔존자가
탐라로 들어갔다. 그러하니 이영은 원종 12년(1271) 무렵에 시사재경試司宰卿
을 띠고 있었던 것이다.

천책(진정국사)이 이상서李尙書(이영) 입사入社(결사참여) 장구長句에 차운해 시
를 지어 답했는데, "산승山僧 행지行止는 소연翛然해(유유자적해) 운봉雲峰에 들
어온지 오십년이네 … 한적閒寂한 이곳은 단절되어 경연京輦(경성) 소식이 없
었는데 좋게도 그대가 입사入社하려 아름다운 글을 부쳐왔네"라고 했다.[21]
그런데 이 시에 대해『만덕사지』에는 "자신이 세주를 달기를, 이공李公이

---

19 『진정국사와 호산록』「역주 호산록」권3. 서문 및 시: "莞島攀援尙宛然 回頭二十
二當年, 久知眼境葩金屑 未暇心田種石蓮, 萬里白雲無點迹 一家明月自長圓, 作詩
非爲供吟嘯 兩地胷襟要鴈篇"
20 『고려사절요』권18, 원종 6년 10월
21 『진정국사와 호산록』「역주 호산록」권3

정언正言으로 남도南島에 찬류竄流(유배)된 적이 있다(自注云 李公以正言竄流南島)"
라고 되어 있다고 한다. 원종말~충렬왕초에 이영이 상서尙書에 올라 천책
에게 결사 참여 시를 부치니 천책이 답시를 지으면서 자주自注 방식으로 이
영이 '정언'으로 '남도南島'에 유배된 적이 있었다고 기재한 것이었다.

천책(진정국사)이 거사居士 이영李穎의 시에 차운해 이영과 자신의 지나온
행적을 묘사하는 여러 편의 시를 지어 멀리 부쳤는데 둘이 각별한 사이였
음을 잘 말해준다. 천책이 읊기를, "거사居士는 연래年來(수년전에) 일흥逸興(은
일 흥취)이 많아 파도 위의 구鷗(갈매기)를 친압해 무하無何를 배웠고[그 때에
이공李公이 정언正言으로 남도南島에 유배되었음(時李公以正言竄流南島)], 연화蓮
花 결사(백련결사)에 들어와 삼매三昧를 이루고 패엽稂葉(불경)을 승려 따라 오
태五䭾나 읽었었네", "총각總角 때 자맥紫陌(도성 시가)에서 떠들썩하게 함께 노
닐었고 과갈瓜葛(오이·칡: 친인척)로 얽혀 하물며 근根(뿌리)이 연결되었어라, 천
애天涯에 멀리 이별해 서신이 끊어졌다가 숲속에서 서로 만나 웃으며 따뜻
하게 이야기 했었네" 라 했다.[22] 세주 '時李公以正言竄流南島'의 남도南島 다음에
후인後人의 가필加筆처럼 「완도莞島」라 기록되어 있다고 한다. 무인정권기
이영이 '정언'으로 '남도南島'에 유배되었고, 이 때 천책(원묘국사 요세의 제자)
이 주도한 천태종 백련결사에 참여해 고난을 견뎌냈던 것은 사실이며, 이
'남도南島'는 후인에 의해 완도로 판단되었고, 무엇보다도 천책 자신이 소
경少卿 이영李穎이 옛적에 상왕산象王山에 은척隱迹했었다고 말했기에 완도임
이 분명하다. 왜냐하면 완도의 법화암(법화사)이 상왕산에 자리했기 때문이
다. 이 이영은 정언으로 남도南島 완도에 유배되어 천책이 주도한 상왕산
법화암의 백련결사에 참여했던 것이다. 이 이영은 병인년(1266: 원종7) 중추

---

22 『진정국사와 호산록』「역주 호산록」권3. "居士年來逸興多 狎鷗波上學無何[時李
公以正言竄流南島], 蓮花入社成三昧 稂葉隨僧讀五䭾", "總角偕遊紫陌喧 綢繆瓜葛
况連根, 天涯遠別音書斷 林下相逢笑語溫"

仲秋(8월)로부터 17년 전에 완도에 유배되어 있었으니, 그의 숙부 혜일도 이 시기에 활동하며 완도를 찾은 것이었다.

혜일의 실체와 관련해 혜일의 서천암 시에 등장하는 승려 종해가 문제이다. 이색의 글에 따르면, 조계석曹溪釋(조계선종 승려) '종해宗海'라는 자가 이색에게 호號를 지어주기를 요청했다. 그 법명 '종해宗海'는 불교 설說에 근본해 지어졌다고 하는데, 이색이 보건대 우연히 하서夏書(『서경』 편명)의 "조종우해朝宗于海(바다에 조종한다)"라는 글과 부합한다고 했다. 상인上人 '종해'는 속성俗姓이 조씨曹氏로 나주羅州 회진현인會津縣人이며, 선발되어 그 과科(승과僧科)에 합격해 죽원竹院에서 교학敎學하고 있는데 나이가 31세이고 대선사大禪師 총남산聰南山의 제자라고 했다.[23] 이 종해宗海는 대선사 총남산의 제자로 조계선종 승려였는데 불교 교리에 근거해 그러한 법명을 지었고 이에 대해 이색은 유교적 시각에서 풀이했던 것이다. 법명은 인명처럼 동명이인同名異人인 경우가 종종 있으니 법명이 같다고 해서 동일인으로 판단해서는 곤란하다. 과연 이색이 호를 지어준 승려 종해가 서천암 시와 관련이 있었을까?

그러면 승려 혜일慧日이 제주 조공천(도근천) 가에 위치한 서천암逝川庵을 주제로 지은 시[24]를 음미해 보자.

> "한라漢拏(한라산)는 높아 몇 인仞인지 절정絶頂은 물 웅덩이로 신연神淵(신령한 연못: 백록담에 해당)이네, 물 갈래가 나와 북류北流해 내려가 아래에서 조공천朝貢川이

---

23 『목은문고』 권9, 「贈一漚上人序」
24 『신증동국여지승람』, 제주목 佛宇. 逝川庵[在朝貢川上. 僧慧日 詩: "漢拏高幾仞 絶頂瀦神淵, 派出北流去 下爲朝貢川, 懸瀑亂噴沫 走若珠璣圓, 驚湍激群石 間作甕盎穿, 安流行數里 澄淨涵靑天, 道人有宗海 卓庵向川邊, 旣從山水樂 且寄香火緣, 涼秋佳月夕 掃石開茗筵, 嘗新剝棗栗 談古窮幽玄, 因思仲尼語 , 頗憶小聖禪, 由斯無生理 名以期遲傳, 如能高著眼 波波皆不遷"]. '談古窮幽玄'은 古窮을 極古窮今의 줄임말로 본다면 古今의 幽玄을 깊이(끝까지) 담론했다고 해석할 수도 있다.

되는구나, 현폭懸瀑(매달린 폭포)이 어지러이 물거품을 뿜는데 물거품이 둥근 구슬처럼 달아나는도다, 놀란 여울(소용돌이)은 군석群石을 부딪치고 사이에 뚫어 옹앙甕盎(항아리 같은 웅덩이)을 만들었네, 수리數里를 흘러 안정되어 맑고 깨끗해 푸른 하늘을 담그었는데, 도인道人(승려) 중에 종해宗海가 있어 천변川邊을 향해 암庵을 건립했네, 이미 산수락山水樂을 따랐고 또 향화香火 인연에 의탁했네, 서늘한 가을 가월佳月 저녁에 반석을 쓸어 명연茗莚(차 모임)을 개최해, 벗긴 햇 조棗(대추)·율栗(밤)을 맛보고 옛 유현幽玄을 깊이 담론하네, 인因하여 중니仲尼 어語를 생각하더니 자못 소성小聖 선禪을 생각하네, 이로 말미암아 무생無生 이치로 (서천逝川이라) 이름 지어 멀리 전해지기를 기대하는데, 만일 능히 높이 착안著眼(着眼)한다면 물결이 모두 옮겨 가지는 않으리라"[25]

승려 혜일은 탐라제주의 서천암 시에서 승려 '종해宗海'에 대해 이미 산수락山水樂을 따랐다가 또 향화香火 인연에 의탁했다고 했고, '종해'와 대화하다가 중니仲尼(공자) 어語를 생각하더니 소성小聖 선禪을 생각한다고 했다. 공자의 요산요수樂山樂水를 따르는 유생 생활을 했다가 불교에 귀의해 승려가 되었다는 것이고, 공자 말씀을 생각하다가 불교의 선禪을 선택했다는 것이다.[26] 그러하니 이 '종해'는 유교를 학습한 유생이었다가 불교로 전환해 출가한 승려였고, 소성小聖 선禪은 천태종시조 지의智顗(지자대사)가 계발한 지관止觀을 지칭한 듯하다. 이색은 불교계와 왕성하게 교류했으니 대선사 총남산聰南山의 제자인 조계승 종해宗海에 대해 상당한 정보를 지녔을 터인데, 이 '종해'에 대해 승과에 합격해 죽원(죽림정사: 사원)에서 교학하고 있다고 소개했으니, 이 '종해'는 유생 출신이라 보기 어렵다. 이 '종해'는 조

---

25 혜일의 활동시기에 '漢拏山'이라는 명칭이 유포되어 있었고 탐라제주에 대추와 밤이 생산되었고 茶를 생산하거나 가져와 마셨음을 알 수 있다.

26 樂山樂水는 『論語』「雍也」의 "智者樂水 仁者樂山, 智者動 仁者靜, 智者樂 仁者壽"에서 유래한 용어이다.

계선종 승려인 반면 탐라제주와 강진·완도 일대에서 왕성히 활동한 혜일은 천태종 승려로 판단되니 이 혜일과 깊숙이 교류한 서천암 승려 '종해'도 천태종 승려로 추정된다.[27] 단, 승려는 서로 종파가 달라도 교류했을 수는 있다.

승려 혜일이 종해에게 자못 '소성小聖 선禪'을 생각한다고 읊었는데 이에 대해 좀더 고찰할 필요가 있다. 불교에서 대성大聖은 문수보살을 문수대성이라, 관음보살을 관음대성이라 칭하듯이 보살을 의미했으니 소성小聖은 그 밑의 단계인 나한(아라한)에 해당한다. 그러니까 '소성小聖 선禪'은 나한 위상을 지닌 승려의 선禪인 것인데 이에 적합한 승려는 선禪 수행을 강조하고 나한을 자처한 지자대사 지의였다. 지의는 금릉(난징) 등에서 활동하다가 천태산에 들어와 천태종을 개창했는데, 이로써 천태산은 불교 특히 천태종의 성지로, 또한 나한 신앙의 성지로 자리 잡았다.

어떤 사람이 지의智顗에게 불교수행에서 어떤 단계의 지위에 도달했는지 묻자 지의가 대답하기를, "내가 대중을 거느리지 않았더라면 반드시 육근六根이 청정했을 터인데, 남을 위해 자기(자신)를 손상하니 다만 오품위五品位에 머물렀을 따름이다"라고 했다.[28] 오품위는 곧 오품제자위五品弟子位이니 보살 밑의 나한(아라한) 지위에 해당한다. 지의는 보살이나 부처에 이를 수도 있었지만 자신이 대중을 위한 활동을 하느라 나한의 위상에 머물렀다며 나한으로 자처한 것이었다. 혜일이 서천암 종해에게 자못 '소성小聖 선禪' 즉 지자대사의 선禪을 생각한다고 읊었으니 서천암을 건립한 종해는 천태종 승려였으므로 공민왕 때 조계승 종해와 다른 인물이었다. 서천암을

---

27 逝川庵 건립자는 宗海인데, 이 사찰이 바다에 가까운 곳에 위치했기에 자신의 법명 혹은 별칭을 '宗海'라 했지 않았나 싶다.

28 『속고승전』 17, 「隋國師智者 天台山國淸寺 釋智顗傳」. "有問其位者, 答曰 '汝等嬾種善根 問他功德如盲問乳瘂者訪路云云, 吾不領衆必淨六根 爲他損己 只是五品內位耳'"

매개로 한 혜일과 종해는 고려 무인정권기 승려였던 것이다.

대승불교는 한 때 보살을 중시하고 부처의 제자인 나한을 경시한 적이 있었지만 천태종과 선종을 중심으로 승려의 표상으로 나한을 숭배하게 된다. 특히 천태종은 법화경(묘법연화경)에 기반해 보살·연각緣覺·성문聲聞(나한) 삼승三乘을 하나의 불승佛乘으로 회통하기를 추구하고, 『법화경』에 오백 아라한이 수기를 받는 내용의 「오백제자수기품」을 지녀 더욱 그러했다. 탐라에 존자(나한), 특히 발타라존자가 거주한다는 믿음을 후술하듯이 14세기초에 원과 일본 사람이 지녔음이 확인되니 그러한 믿음은 그 이전에 이미 형성되었을 것이며 고려인과 탐라인에게 더욱 그러했을 것이다.[29] 탐라가 나한의 거주장소라는 믿음이 백련결사와 그 소속 혜일의 탐라제주 진출을 유인하는 요인의 하나로 작용했으리라 짐작된다.

천태승 혜일의 시 작품은 거의 강진·완도 일대[30]와 제주의 여러 모습을 대상으로 한 것이었고 법화신앙과 백련결사와 관련이 깊었다. 그는 제주에서 왕성한 활동을 하며 시를 남겼는데 그가 제주에 온 이유는 탐라제주, 특히 한라산이 천태 신앙과 나한 신앙의 본거지로 떠올라 천태종을 탐라제주에 널리 전파시켜 근거지로 삼기 위해서였지 않나 싶다.

한라산 영곡(영실)에 존자암尊者庵이 있었는데 존자 즉 나한의 사찰이었다. 홍유손洪裕孫은 조선중종 2년(1507) 찬술 「존자암개구유인문尊者庵改構侑因文」에서, 존자암이 신선神仙·응진應眞(나한)이 항상 그 사이에서 소요逍遙하는 듯하고, 존자암 일대와 한라산을 진고振古 이래 세상에서 전해져 오기를

---

29 일본승려 成尋이 延久4년(1072: 고려 문종26)에 '高麗國耽羅山'을 지나면서 五臺山 문수보살과 天台石橋 五百羅漢을 염송했다(『參天台五臺山記』 제1). 성심이 오대산 문수 신앙과 천태산 나한(특히 오백나한) 신앙을 지녔던 것인데 탐라산(탐라 내지 한라산)을 중국 천태산에 비견했을 수도 있다.

30 혜일의 시가 『신증동국여지승람』 강진현 산천 만덕산과 佛宇 白蓮社와 題詠 조항에도 실려 있다.

'소천태산小天台山'이라 말한다고 했다.[31] 한라산과 그 존자암은 신선과 응진(나한)이 소요하는 천태산으로 여겨졌다.

조선성종 때 최부가 탐라시耽羅詩에서, "내가 와서 신선택神仙宅(탐라제주혹은 한라산)을 목격하고 천태天台 유신劉晨·완조阮肇 약藥을 캐어, 원컨대 마고麻姑가 해상海桑(벽해상전碧海桑田) 본 것을 배우고 응당 이 몸을 호중壺中(별천지: 신선세계)에 밀어 넣어야 하리" 라고 읊었다.[32] 천태 유신·완조 약을 캔다는 구절은 후한 명제明帝 영평永平5년(62)에 섬현剡縣의 유신劉晨과 완조阮肇가 천태산天台山에 약을 캐러 갔다가 선녀를 만나 반년 동안 같이 살다가 고향으로 돌아와 보니 어느덧 7대가 지나버렸다는 설화[33]를 끌어다가 한라산에서 신선 약을 캔다고 한 것이었다. 이는 한라산을 중국 천태산처럼 신선 거처로 여겼음을, 한라산을 천태산으로 여겼음을 시사한다.

한라산이 천태산이라는 믿음은 조선시대 이전으로 거슬러 올라갈 수 있을 것이며 승려 혜일이 활동하던 시기에도 그러했을 수 있다. 한라산은 천태산으로, 나한의 상주처常住處로 믿어졌고 한라산은 곧 탐라제주였기에 천태승 혜일이 제주를 천태종과 법화신앙의 근거지로 만들기 위해 건너왔으리라 여겨진다. 해동 천태종은 고려 문종의 왕자인 의천(대각국사)에 의해 정치적으로 개창된 측면이 있었기에 의천 사후에 주춤했고 기존 종파를 잠식했기에 갈등이 많았다.[34] 그러다가 대몽항쟁기에 요세(원묘국사)의 백련결사

---

31 『篠叢遺稿』上, 「尊者庵改構侑因文」.

32 최부 耽羅詩 35절(『남사록』에 실림). "我來得覩神仙宅 採了天台劉阮藥, 願學麻姑看海桑 應將此身壺中托". '海桑'은 碧海桑田 내지 桑田碧海로 급격한 전면적인 변화를 상징한다.

33 南朝宋 劉義慶 찬술 『幽明錄』. 후한 명제 영평연간의 천태산 신선 설화는 불교의 중국전래 명제 영평8년 설과 함께 탐라인의 탐라건국 시기 설정에 영향을 미쳤을 수 있다.

34 의천은 화엄승려이지만 선종승려를 대거 동원해 해동 천태종을 개창했기에 해동 천태종은 선종과 갈등이 심했다. 선종과 천태종은 禪을 중시했고 고려의 경우 두

에 의해 부흥했는데 탐라제주가 백련결사의 중심지 탐진(강진)의 백련사와 완도의 법화암에서 거리가 가깝고 아직 불교가 번창하지 않아 천태 백련결사의 매력적인 개척지로 다가왔을 것이다. 아마 혜일은 백련결사 지도자 요세에 의해 이 결사의 전파 임무를 띠고 제주에 보내졌으리라 짐작된다.

승려 혜일은 백련결사의 추이와 조카 이영의 행적에 의거해 추론하면 고종~원종대에 제주·탐진·완도 일대에서 활동했다고 판단된다. 그러면 언제 탐라제주로 들어와 활동했던 것일까? 혜일의 조카 이영은 병인년(1266: 원종7) 중추仲秋(8월)로부터 17년 전에 즉 고종 36년(1249) 무렵에 완도에 유배되어 있었다. 그러하니 혜일은 고종 36년(1249) 무렵에 선산도와 완도를 왕래하며 지낸 것이었다.[35] 혜일은 완도에 유배된 조카 이영으로 인해 선산도에 들어와 사찰을 창건해 거처하며 시를 짓기를, 일산一山 사면四面이 구름 안개로 봉쇄되고 송문松門을 깊이 닫아 모년暮年(만년晩年)으로 향하네 … 일찍 자고 늦게 일어나 즐겁게 한거閑居하고 목마르면 물 마시고 배고프면 밥 먹으며 본분本分 선禪을 닦네" 라고 했다.[36] 혜일이 조카 이영 때문에 선산도와 완도에서 지낸 고종 36년(1249) 무렵은 그의 모년暮年 즉 만년晩年 내지 노년으로 들어가는 연령기였다. 이로 보아 그는 고종 36년(1249) 무렵 이전

종파의 승려 모두 禪師라 칭해졌다. 그래서 천태종도 선종계열로 분류되기도 하며, 원래 선종은 조계선, 천태종은 천태선으로 구별하기도 한다.

35 정언 이영의 유배는 최씨 무인정권의 권력계승과 관련이 있지 않았나 싶다. 무인 집권자 최우(최이)에게 適子가 없고 妓妾 瑞蓮房이 萬宗과 萬全을 낳았다. 최우는 사위 金若先을 후계자로 삼기로 하면서 만종과 만전을 승려로 만들었다가 후회해 만전을 환속시켜 '沆'이라 개명해 후계자로 삼았다. 고종 36년 11월에 최우가 사망하자 최항이 계승해 무인집권자에 올랐다. 그런데 최항이 후계자로 선정되는 과정에 반발한 사람들이 최우에 의해 처벌을 당했고 최항이 집권하자 자신에게 우호적이지 않은 사람들을 숙청했다. 정언 이영은 최항에게 우호적이 아니라 여겨져 유배되었으리라 짐작된다.

36 『신증동국여지승람』 권27, 전라도 강진 古跡

에 제주에서 불교활동을 하다가 조카가 완도에 유배되자 선산도로 옮겨갔을 가능성이 크다.[37] 요세了世(원묘국사)가 임진년(1232:고종 19) 4월 8일에 탐진 만덕산 백련사에 보현도량을 개최해 본격적으로 백련결사를 출범했으니[38] 혜일은 이 이후에 제주로 간 것이 아닌가 한다. 그러니까 혜일은 대개 고종 19년(1232)~고종 36년(1249)에 제주에서 불교(특히 천태종) 활동을 왕성하게 전개하면서 사원을 창건하거나 중건하며 탐라제주 불교를 중흥했다고 여겨진다.

3. 탐라제주 불교와 사원의 양상

중세 탐라제주의 불교와 사원이 어떻게 존재하고 변화했는지 그 양상을 구체적으로 살펴보자.[39] 한라산 깊숙한 곳에는 존자암尊者庵이 있었다. 존자암은 『동국여지승람』 제주목 불우佛宇에 따르면 한라산 서령西嶺에 있는데 그 동洞은 승僧 행도상行道狀 같은 석석石石이 있어 언전諺傳에 '수행동修行洞'이라 한다고 했다. 홍유손洪裕孫은 정묘년(1507: 중종 2년) 찬술 「존자암개구유인문尊者庵改構侑因文」에서, 존자암이 현무·주작·청룡·백호를 지니고 한천寒泉이 가뭄에도 마르지 않으며, 신선神仙 응진應眞(나한)이 항상 그 사이에서 소요逍遙하는 듯하고, 존자암 일대와 한라산을 진고振古 이래 세전世傳에서 소천태산小天台山이라 말한다고 했다.[40] 임제가 선조 11년(1578) 2월에 한라산에 오르려 제주성 서문西門을 나와 도근천都近川 상류를 거쳐 존자암尊者庵에 도착

---

37 물론 혜일이 제주로 돌아왔을 수는 있다.

38 『동문선』 권117, 萬德山白蓮社圓妙國師碑銘(崔滋)

39 이 이하 글은 김창현, 「중세 탐라 제주의 물과 조응한 무속과 불교」(『탐라문화』 74, 2023)를 많이 이용해 서술했다.

40 『篠叢遺稿』 上, 「尊者庵改構侑因文」.

해 납자衲子 청순淸淳의 영접을 받아 숙박했다. 다음날에 이동해 '영곡靈谷'
으로도 불리는 '오백장군동五百將軍洞'을 유람했는데, 층만層巒이 옥병玉屛(구
슬병풍)을 만들고 세 갈래 현폭懸瀑이 골짜기로 쏟아지고, 그 사이에 고단古
壇(위에 도화桃花 한 그루)이 있어 이 단壇 위에 총죽叢竹을 깔고 앉아 구부려 남
명南溟을 바라보니 만리 푸른 바다라, 진정 도島(제주) 중의 제일동천第一洞天
이었다고 한다.[41] 임제는 존자암을 방문하고는 더욱 깊숙한 골짜기인 '영
곡'으로 내려가 세 갈래 폭포를 구경한 것인데, 원래 존자암은 이 깊숙한
골짜기에 있었다.

통판 김치金緻는 기유년(1609: 광해군1)에 한라산 유람을 위해 철천鐵川(무수
천)을 따라 올라가 장악獐嶽(노루악), 삼장동三長洞을 거쳐 포애악浦涯嶽을 넘어
존자암(8.9간間 판초板草 건물)에 이르고, 호승胡僧의 안내로 6·7리를 더 가니
영실瀛室의 고古 존자암 터가 나왔는데 천심千尋 창벽蒼壁이 병풍처럼 둘러
싸 안고 위에 나한羅漢과 같은 괴석怪石이 오백五百 남짓이고 아래에 천천泉(샘)
이 콸콸 흘렀다.[42] 김치 방문 당시 존자암에서 더 깊숙한 골짜기로 내려가
니 옛 존자암 터가 있었던 것이다.

존자암은 17세기로 가면서 황폐화 되어 갔다. 효종2년(1651) 제주안핵어
사 이경억은 읊기를, "존자尊者(존자암)는 유명사찰로 알았건만 황량荒涼해 절
반이 구허舊墟이네, 천년 고탑孤塔(외로운 탑)이 남아 있고 일실一室 수연數椽(몇
서까래)이 남아 있네, 해객海客이 지나감이 적고 만승蠻僧 예법이 소랄疏剌하네"
라고 했다.[43] 효종 4년(1653)에 제주목사 이원진이 편찬한 『탐라지』 불우에,

---

41 『백호집』 속집 「남명소승」. 한편, 김상헌은 존자암을 지나 바라보이는 千佛峯에
   대해, 一名 '行道洞', 속칭 靈谷인데 怪石이 衆佛拱手처럼 峭拔해 생겨난 명칭이라
   고 했다(『남사록』).
42 金緻 『遊漢拏山記』(이원진, 『탐라지』 제주목 題詠).
43 이원진 『탐라지』 불우, 존자암. 영실 존자암 승려가 '胡僧', '蠻僧'이라 표현되기도
   했는데 그는 '胡', '蠻' 관련 승려였거나 비하된 제주 승려였을 것이다.

존자암이 예전에 한라산 영실瀛室(靈室)에 있었고 그 동洞은 승려가 행도行道하는 모양과 같은 돌이 있어 민간에 '수행동修行洞'이라 전해져 왔고, 이 존자암이 지금은 한라산 서록西麓 밖 10리쯤(대정 지경)으로 옮겨졌다고 했다. 존자암은 한라산 서록 밖 10리로 옮겨지기 전에 한라산 영실(영곡)에 있었고 영실(영곡) 존자암은 영실(영곡) 상부의 것과 그 이전의 하부(더 깊숙한 골짜기)의 것이 있었는데, 이원진은 둘을 구분하지 않고 서술했던 것이다. 17세기말 제주목사로 근무한 이익태는 탐라십경耽羅十景圖의 하나로 영곡瀛谷을 들고, '영곡'은 속칭 오백장군동五百將軍洞, 혹칭或稱 천불봉千佛峯, 일명一名 '행도동行道洞'이고, 그 아래는 천천(샘)이 용출해 계계溪를 이루어 길게 흘러 마르지 않고 동학洞壑이 관평寬平하고 송취松翠가 참천參天하고 목장牧場이 종횡縱橫하고 운금雲錦이 편산遍山하며, 고古에 소찰小刹이 있었지만 지금은 옮겨져 존자암尊者庵 폐지廢址가 되었는데 계초階礎가 아직 완연宛然하다고 했다.[44] 이익태도 옮겨지기 전 영곡(영실)의 존자암을 하나처럼 묘사했다.

영곡靈谷(瀛谷)은 곧 영실靈室이었는데 엄밀하게는 깊숙한 골짜기 지역을 지칭했고 넓게는 그 위쪽 지역까지 아울러 지칭했다. 영곡(영실)의 깊숙한 골짜기에 원래 존자암이 있다가 위쪽 존자암 자리(현재 존자암 소재)로 옮겨졌는데 김중광·부승석이 중창할 때 옮겨진 것인지 그 이전에 옮겨져 있었던 것인지는 확실하지 않다. 존자암은 고려말기 우왕대에 김중광·부승석에 의해 중창되어 조선시기로 이어지고 중종대에 중창되었다. 하지만 조선후기에 쇠락해 존자암 폐지廢址로 되었고, 영실 일대에서 벗어난 대정현 지경으로 자리를 옮겨 명맥을 유지한다. 19세기 중반 제주목사 이원조가 한라산 정상에서 내려와 석나한石羅漢 지녀 영이靈異하다는 영실靈室로 진입해 간수

44 이익태 『지영록』: 耽羅十景圖序 / "瀛谷: 在漢拏山西麓大靜縣境 … 俗稱五百將軍洞 或稱千佛峯 一名行道洞 其下湧泉成溪 長流不渴 洞壑寬平 松翠參天 牧場縱橫 雲錦遍山, 古有小刹 今移 爲尊者庵廢址 階礎尚宛然"

澗水 소리를 들으며 절벽을 보자 그 위에 백수百數의 입석立石이 사람 형상과 같아 나한羅漢 명칭이 이로 인해 생겨났다고 했다.[45] 이원조가 찾은 영실도 고려 말기~조선 전기 존자암의 터에서 더 골짜기로 내려간 곳이었다.

어쨌거나 탐라제주 존자암은 조선전기까지는 '수행동修行洞' 혹은 '오백장군동五百將軍洞' 등으로도 불린 영곡(영실)의 일대에 위치했다. 존자암은 존자(나한)를 모신 나한도량, 특히 오백나한도량이었고, 영실의 수많은 기암은 오백나한으로, 한라산은 작은 천태산으로 여겨졌다. 석가가 영취산에서 법화경을 설법할 때 오백나한이 참석했다고 하며, 중국 천태산은 천태종의 발상지이면서 나한 신앙의 중심지이니, 한라산과 영실이 영취산 내지 천태산으로 간주된 것이었다. 홍유손은 「존자암개구유인문尊者庵改構侑因文」에서 존자암이 삼성三姓 초기初起의 때에 생겨나 삼읍三邑 정립鼎立의 후에까지 오랫동안 전해진 비보裨補의 장소라고 했는데, 삼성(고·량·부)이 처음 일어난 때에 건립되었을 가능성은 없어 보인다.[46]

존자암 터(현재 존자암 일대) 발굴조사에서 고려말 조선초 유구와 유물이 발굴되었으며, 특히 만호 겸 목사 충광冲光(중광仲光), 천호千戶 부승석夫承碩, 수정선사修正禪師가 기재된 기와가 발견되었다.[47] 그러하니 존자암은 만호 겸 목사 김충광(김중광), 천호 부승석, 수정사修正寺(水精寺) 승려 등에 의해 우

---

45 『凝窩集』 권14, 「遊漢拏山記」. 영실 일대에 時空을 달리하는 존자암이 두 군데에 있었으니 존자암의 창건 시기가 올라갈 수 있다. 김중광이 중창한 존자암은 원래 장소가 아니었다고 여겨진다.

46 한금순은 홍유손의 그러한 글에 의거해 존자암 등 탐라 불교가 탐라국시대에 시작되었다고 보았고 존자암의 비보, 산제, 유람 숙소 등 다양한 역할을 조명했다(「제주도 존자암 고(考)」, 『대각사상』 16, 2011). 반면 현문필은 발굴조사의 자기 출토에 의거해 존자암이 14세기 후반에 창건되었다고 보았다(「존자암의 창건에 대한 고찰」, 『제주도연구』 35, 2011).

47 제주대학교박물관, 『존자암지』, 1993. 千戶 夫承碩은 탐라 지배집단 三姓의 하나인 부씨였을 것이다. 冲光(仲光)은 우왕 때 제주에 파견된 金仲光이었다.

그림 66. 한라산 영실 존자암(필자 촬영)

왕 때 중창되었다고 여겨진다.[48] 탐라제주 사람인 부승석이 실무적으로 감독해 완공했다고 여겨지는데 이는 그의 직함이 기와에 '감조천호監造千戶'[49]라 새겨져 있는 데에서도 알 수 있다.

---

48 존자암과 修正寺(水精寺)는 선종 혹은 천태종 사찰이었을 수 있다. 한편, 나옹화상 신륵사석종비의 陰記에 '晋州牧使 金仲光'이 새겨져 있는데 이것이 김중광의 선호 불교종파를 말해주지는 않는다. 왜냐하면 나옹화상은 왕사를 역임했기에 이 음기에는 관료가 망라되다시피 기재되었고 나옹화상이 조계선종을 초월하는 활동을 했기 때문이다.

49 천호 부승석 명문기와는 존자암지에서만이 아니라 존자암지 기와가 재활용된 제주목관아지에서도 출토되었다. 제주대학교박물관은 존자암지 출토의 경우 "子監造千戶夫承碩 瓦 …"라 판독했고(『존자암지』, 1996), 목관아지 출토의 경우 "字監造千戶夫承碩 瓦 …"(『제주목관아지』, 1997)라 판독했다. '子', '字'라 판독된 글자는 甲'子'(1384: 우왕10) 혹은 梵字 '옴'일 수도 있다. 천호 부승석은 공역을 감독하면서 기와제조 등 자재확보도 지휘한 것으로 보인다.

존자암지 발굴조사에서 '天丑開局'(천축개국)이라 찍힌(새겨진) 기와가 발견된 점이 주목된다.[50] 천天이 축丑(축년丑年)에 개국開局했다는 것이니, 을축년乙丑年 즉 1385년(우왕 11)에 국면(면국)을 열어 존자암을 건립(중창)했다는 것으로 해석할 수 있다. 여기서 '개국開局' 즉 국局을 연다는 것은 어떤 시설이 들어서는 땅의 형국形局 내지 국면局面(면국面局)을 연다는 풍수적 용어로, 특정 땅의 국局을 열어 명당과 혈穴에 시설을 짓는다는 것이다.[51] 그러니 존자암 중창에는 풍수설이 불교와 결합해 적용되었던 것이며, 탐라제주에 이 이전에 풍수설이 알려져 생활과 문화에 영향을 미쳐 왔음을 알려준다. 한라산 영실 존자암은 풍수설에 기반해 중창된 것이니 중세 탐라에서 불교와 풍수설이 결합하고 풍수설이 유행했음을 시사한다. 홍유손이 조선중종 2년 찬술 「존자암개구유인문」에서 존자암이 현무·주작·청룡·백호를 지닌 명당이라 언급한 것은 존자암이 우왕대 중창 때 이미 풍수설이 고려되어 자리잡았기 때문일 것이다.

한라산 영실(영곡)은 나한신앙의 성지였다. 나한신앙은 주로 선종과 천태종에서 유행했으니 존자암은 이 두 종파 중의 하나에 속했을 터이고, 나한은 대개 재난·가뭄 극복을 위해 숭배되었으니 수신水神의 성격도 지녔는데, 폭포·샘·간수澗水를 끼고 있는 존자암의 나한은 더욱 그러했다. 일본승려

---

50 이 기와 판독은 곡절이 좀 있다. 제주대학교박물관, 1993년 『존자암지 - 발굴조사 중간보고』에서 '天母開啓'라 판독했다가, 1996년 『존자암지 - 제주대학교박물관조사보고 제14집』에서 '天丑開啓'로 판독했는데, 최근 제주대학교박물관 김종찬 학예사가 보여준 동일 명문양식의 다른 기와 사진을 보니 '開啓'가 아니라 '開局'이 확실했다.

51 강호문이 寧州(천안)에 근무하면서 그 南院을 중창하다가 耽羅役(최영의 탐라 戰役) 때문에 중단했는데 후임자 任君碩이 그 風水를 相하여 面勢를 순응해 東向을 南向으로 고쳐 지어 達道(큰 도로)를 橫截했다고 하는데(『동문선』 권80, 康好文 「寧州南院樓記」), 풍수설의 이 '面勢'가 곧 形局 내지 面局에 해당하는 것이다. 강호문이 이 기문을 찬술한 때는 丁巳(1377: 우왕 3) 春이었다.

숭산거중嵩山居中은 1323년에 배를 타서 원에서 일본으로 향하면서 시를 지어 "보타암寶陀岩(보타산) 위에서 개사開士(관음)를 마주하고 탐몰라주耽沒羅州에서 응진應眞(나한)을 만나네"라 했고, 원元의 승려 청졸淸拙이 태정泰定 병인년(1326)에 탐라 바다를 통과해 일본으로 향했는데 「탐라존자耽羅尊者를 망례望礼하며」라는 시를 지어 "탐라耽羅 고古 응진應眞에게 계수稽首하는데, 해천海天 고도孤島는 깨끗해 티끌이 없어, 이 천년상二千年上 공空을 모두 지녀, 십팔존十八尊 중의 제육신第六身이네"라 했고, 이 직후 입원入元 일본승려 중암원월中巖円月이 시를 지어, "장차 백수양白水洋을 지나려는데 저물 무렵에 탐라耽羅 주변에 이르니

그림 67. 존자암지 '天丑(천축)'명 기와 (국립제주박물관 소장, 필자 촬영)

손을 들어 존자尊者에게 읍揖하며 녹의淥漪를 사이에 두고 상망相望하네"라 했다.[52] 원과 일본 승려가 배를 타서 탐라 인근을 지나며 탐라 존자(나한: 응진)에게 예를 표했고, 탐몰라주를 탐라로, 탐라 존자를 18존자 중의 제6 존자로 간주했다는 것이다. 탐라에 거주한다는 존자는 18나한 중에서 제6 존자인 발타라跋陀羅로, 현장 역譯 『법주기法住記』에 제육존자第六尊者가 권속眷屬 구백아라한九百阿羅漢과 함께 탐몰라주耽沒羅洲에 거주한다는 내용에서 유래했고 항해신으로 신앙되었고, 한라산 영실의 존자암은 발타라존자의 주거에 가탁假托한 절이었을 가능성이 높다고 한다.[53]

---

52 에노모토 와타루(榎本 渉), 「宋日·元日 間 海上航路와 高麗 島嶼地域」, 『해양문화재』 9, 2016.

53 에노모토 와타루, 앞의 논문. 탐라와 한라산은 해로상의 표식이었다고 한다.

발타라존자가 거주한다는 탐몰라주가 탐라에 해당한다는 인식이 적어도 14세기초에 있었는데 한라산 영실의 존자암이 이러한 인식으로 인해 창건되었는지, 그 이전에 창건되었다가 이러한 인식이 더해졌는지 아직 확실하지 않다. 중국 천태산이 나한 성지로 유명했고, 고려의 개경도 보제사의 구성·행사와 교토 지은원知恩院 소장의 한 폭 오백나한도에 보이듯이 나한(특히 오백나한)의 성지로 간주되었는데,[54] 탐라 내지 한라산의 나한 신앙이 그것들과 어떠한 관련이 있었는지 앞으로 연구과제이다.

제주목 중심부에는 해륜사, 만수사, 금강사 등이 있었다. 『동국여지승람』제주목 불우에 따르면, 해륜사海輪寺는 일명一名 서자복西資福인데 제주 서쪽 독포獨浦 구口에 있고, 만수사萬壽寺는 일명一名 동자복東資福인데 건입포巾入浦 동안東岸에 있다고 했다. 해륜사는 한천(대천)과 병문천 사이면서 한천(대천)의 해구海口 독포獨浦(대독포)에 접한 용연(취병담)에 붙어 있었고,[55] 만수사는 산지천의 해구海口 건입포(산지항)를 내려다보는 절벽에 자리했으니 물을 진호鎭護하는 역할을 했을 것이다.

금강사金剛社는 『동국여지승람』에 실리지 않았지만 김정金淨 「제주풍토록」에 폐사로 실려 있다. 김정은 중종 때 기묘사화로 제주에 유배되어 제주성(동벽 퇴축退築 이전) 동문東門 밖 반리半里의 금강사金剛社 옛 사찰 터(일부)에 거처하면서 담장 밖 정북 20보步 쯤에 정자를 지었다. 김정은 거처에서 겨우 40보步 거리의 앞 천泉(가락샘: 가락굿물)에서 물을 길어 사용했는데 이 샘을 보호하기 위해 외성이 중축重築되어 있었고, 김정 정자와의 거리 50~60보步

---

54 이 오백나한도는 개경도성 일대에 나한신앙을 구현한 그림으로, 석가삼존 바로 위쪽의 홍색의자 좌정 나한은 대각국사 의천을 묘사한 것으로 추정된다. 김창현, 「지은원 소장 오백나한도의 비밀 규명」, 『한국 중세의 사상과 문화』, 경인문화사, 2022 참조.
55 해륜사 자리의 일부에 지금은 용화사가 건립되어 있는데 이 용화사의 서쪽 언덕(용연의 동쪽 언덕)도 해륜사 자리로 여겨진다.

쯤에 금강사과원金剛社果園(관영 감귤 과수원)이 있었다.[56] 탐라제주 사람들의 가장 중요한 식수원 가락 샘(泉)이 성남과원에서 발원해 김정 거처 즉 금강사 옛터의 인근에서 용출해 가락하천을 이루어 북류해 바다로 흘러들어갔다. 금강사는 가락 샘과 가락 하천에 접하고 바다와도 가까웠으니 물, 특히 가락샘을 진호鎭護하고 그로부터 진호받았으리라 여겨진다. 금강사는 현재의 오현단과 그 주변 및 가락샘 일대에 자리해 활동하다가 조선이 건국되면서 관영 감귤과원을 운영하기 위해 철거되어 금강사과원(훗날의 귤림서원) 등으로 쪼개져 사라졌다고 여겨진다.

제주목 서쪽 방면의 사찰로 수정사, 서천암, 묘련사, 폭포사, 문수암, 월계사 등이 있었다. 『동국여지승람』 제주목 산천·불우에, 도근천都近川은 천川 중의 큰 것으로 제주 서쪽 18리에 있고 일명一名 수정천水精川 혹은 조공천朝貢川으로 한라산에서 발원해 북쪽으로 흐르는데 안벽岸壁이 고험高險해 폭포 비류飛流가 수십척數十尺이며, 그 아래 땅 속에 잠입潛入해 7·8리에 이르러 석간石間에 용출해 대천大川을 이루고 바다와 만나는 말류末流를 도근포都近浦라 칭했고, 수정사水精寺는 도근천 서안西岸에 있다며 이제현의 해가解歌 시詩 일부를 소개했다. 이제현의 온전한 시는 "도근천都近川이 수방水坊을 퇴제頹制하니 수정사水精寺 안에도 창랑滄浪인데, 상방上房은 이 밤에 선자仙子를 감추니 사주社主가 도리어 황모랑黃帽郞이네"라는 내용이다.[57] 수정사 주지의 여성 편력을 풍자한 내용이지만 수정사가 이제현 시대에 유명했고

---

56 김정, 「제주풍토록」. 泉이 城南果園의 東隅에서 발원해 커져서 흘러 東城 底로 빠져나가는데, 이 물은 얼음처럼 차갑고 맑았다고 한다.

57 『익재난고』 권4, 「昨見郭翀龍 … 作二篇挑之」. 수정사가 도근천 堤坊을 관리했음을 시사한다. 黃帽郞은 뱃사람을 지칭하는 경우가 많지만 이 詩歌의 黃帽는 라마승이 머리에 쓴 黃帽를, 黃帽郞은 라마불교의 영향으로 황모를 쓴 승려를 지칭하지 않았나 싶다. 그렇다면 당시 탐라에 라마불교가 전파되어 있었고, 수정사에 라마승이 거처했을 수 있다.

물이 많고 세차게 흐르는 도근천 가에 위치해 범람을 당하기도 했음을 말해준다. 수정사는 바다와 가까운 거리였고 바다와 밀접한 관련을 맺고 있었다. 이는 제주 추쇄경차관推刷敬差官 최부가 표해록에 따르면 홍치원년(1488) 정월 30일에 가노로부터 부친 사망을 보고받자 수정사승水精寺僧 지자智慈의 선박이 관선官船보다 뇌고牢固 질행疾行하기에 윤정월 1일에 병방진무兵房鎭撫 고익견高益堅·오순吳純에게 명령해 그것을 별도포別刀浦에 회박回泊해 도해渡海 준비를 하도록 한 데에서 알 수 있다. 수정사는 도근천이 '수정천'이라 불릴 정도로, 그 승려가 좋은 선박을 소유했을 정도로 이 하천 일대는 물론 포구와 바다까지 영향력을 미쳤던 것이다. 김정金淨에 따르면, 고근손高根孫이 신불信佛해 원조元朝 구물舊物 중에 우뚝 독존獨存한 것은 오직 도근천의 수정사水精寺라며 풍우로 무너진 것을 애석히 여겨 동지자同志者와 함께 예전대로 중영했다.[58] 김상헌은 『남사록』에서 수정사가 제주 15리 거리에 위치했는데 원元 때 황후가 창건한 원찰로 제도가 자못 굉려宏麗했었고 2개의 큰 불상佛像은 원元 때 중원中原으로부터 출래出來한 것이라 했다. 수정사는 발굴조사에서 자기류가 10세기~11세기에 제작된 것으로부터 시작해 11세기에서 12세기 전반기 제작이 많이 발견되었고, 또한 만호 겸 목사 김충광金沖光과 함께 기재된 '수정선사修正禪師 달륜達倫'이라 새겨진 기와가 발견되었다고 한다.[59] 그러하니 수정사水精(修正寺)는 선종 혹은 천태종 사찰로 이 두 사람의 주도하에 우왕 때 중창되었다.

---

58 『沖庵集』 권4, 都近川水精寺重修勸文[正德辛巳正月旣望]

59 제주대학교박물관, 『수정사지』, 2000. 金沖光은 곧 김중광이었다. 金仲光은 우왕 즉위년(1374) 말에 제주를 안무하러 파견되고, 우왕 즉위년~원년 차현유 거병을 겪은 제주에 만호 겸 목사로 우왕원년에 부임했다(「濟州行兵都評議使司申」). 우왕 2년(1376) 5월에 濟州萬戶 金仲光이 逆賊 哈赤 姜伯顔 등 13인을 捕斬했고, 10년 8월에 濟州萬戶 金仲光이 보낸 貢馬 104匹 중에서 우왕이 良馬 39匹을 選留했다(『고려사』 권133·135, 신우전 ; 『고려사절요』 권30·32).

서천암逝川庵은 『동국여지승람』 제주목 불우에 따르면 조공천朝貢川 가에 있는데, 승僧 혜일慧日 시詩에 "한라산이 높아 몇 인仞인지 절정絶頂에 괴인 웅덩이 신연神淵이여, 파출派出해 북쪽으로 흘러가서 하下에서 조공천朝貢川이 되네, 현폭懸瀑이 어지러이 분말噴沫하고 구슬처럼 둥글게 달려, 경단驚湍이 암석 무리를 부딪쳐 흘러 사이를 뚫어 옹앙甕盎을 만들더니, 안류安流가 수리數里를 얻어 맑고 깨끗해 청천靑天을 적시는데, 도인道人 '종해宗海'가 있어 천변川邊을 향해 암庵을 건립했도다 … 이 무생無生 리理를 말미암아 이름을 지어 멀리 전하기를 기약하노라" 라 했다. 서천암은 조공천(도근천) 가에 위치했는데 승려 종해宗海가 건립하자 혜일이 '서천逝川'이라 명명했고 종해가 천태승으로 추론되었으므로 천태종 사찰이었을 것이다.

묘련사妙蓮寺는 『동국여지승람』 제주목 불우에 따르면 제주 서쪽 25리에 있는데, 혜일慧日 시에, "남황南荒 천기天氣는 자주 흐리지만 이 저녁에 새로 개어 객심客心을 씻네, 일몽一夢 인생人生은 꽃처럼 피고 시들지만 중추中秋 월색月色은 고古와 금今이 같네, 멀리 임림臨하여 아득히 연정煙汀이 활활豁豁하고(트이고) 비스듬한 그림자가 잠기고 죽옥竹屋이 깊숙하네" 라고 했다. 이 사찰은 도근천 서쪽 귀일촌(하귀·광령) 일대에 위치한 것으로 보이는데,[60] 정汀이 넓게 트였다는 것으로 보아 물가에 자리했으며, 절 명칭이 묘법연화경에서 온 것이고 혜일이 시를 지은 것으로 보아 천태 사찰이었을 것이다. 금광명경문구金光明經文句를 원정이년元貞二年 병신세丙申歲에 고려국高麗國 제주濟州 묘련사妙蓮社가 봉선奉宣해 중각重刻했는데 간선幹善은 폭포사주지瀑布寺住持 선사禪師 안립安立이었다.[61] 1296년(충렬왕 22)에 제주 묘련사妙蓮社에서 선지宣旨(충렬왕 명령)를 받들어[62] 금광명경문구를 중조重彫했던 것이다. 제주

---

60 묘련사 터가 제주시 애월읍 광령리 774번지 대각사로 알려져 있는데 좀 더 증거가 필요하다. 한편 묘련사 위치에 대해 김상헌은 『남사록』에서 곽지악 西(東의 오류), 이원진은 『탐라지』 제주목 불우에서 州 西南 二十里라고 했다.
61 윤봉택, 「13세기 제주 妙蓮社板 『금광명경문구』의 사실조명」, 『탐라문화 29, 2006

묘련사妙蓮社는 천태종 계통의 강진 백련사白蓮社의 영향권역에 있었다가 조선조에 묘련사妙蓮寺로 바뀌었다는 견해가 있는데,[63] 타당하다고 생각한다.

폭포사瀑布寺 주지인 선사禪師 안립安立이 묘련사에서 금광명경문구를 판각하는 사업을 주관했고 안립이 선사禪師이니 폭포사도 천태종 사원으로 판단되는데, 폭포를 지녔기에 폭포사라 불렸을 것이다. 혜일의 서천암 시에 한라산에서 북류한 물이 조공천(도근천)으로 흘러내려가며 현폭懸瀑이 어지러이 분말噴沫한다고 했다. 폭포사는 도근천의 상류인 무수천에서 폭포가 있는 곳에 자리했으리라 여겨지는데 그 위치가 한라산 계곡이었을 수도 있다.

『동국여지승람』제주목 불우에 따르면 문수암文殊庵은 제주 서남 27리에, 월계사月溪寺는 독포獨浦 동남에 있었다. 문수암은 위치가 확실하지 않은데 광령-고성 중산간 지대였으리라 짐작된다. 월계사는 비양도 맞은편의 독포獨浦(옹포甕浦) 동남에 위치했던 것인데 명월포(현재 한림항 일대) 근처에 자리했을 것이다.[64] 이원진『탐라지』의 과원에 월계月溪(월계과원)가 명월성明月城 서쪽에 있다고 했으니 월계사가 조선시대에 월계과원으로 변한 것이었다. 『동국여지승람』에는 실리지 않았지만 이원진『탐라지』에 곽지사郭支寺가 제주 서쪽 45리에 위치했지만 '금폐今廢'라 했고 발굴조사에서 고려시대 유물이 발견되었으니[65] 조선시대 이전부터 곽지사가 곽지촌에 있었는

---

62 이 '奉宣'이라는 표현은 고려가 충렬왕 2년 3월에 천자국 호칭을 제후국 호칭으로 바꾸는 조치를 취했지만 여전히 관습적으로 천자국 호칭을 사용했기에 나온 것이었다. 하지만 충렬왕 25년(1299) 10월~26년 11월에 원 平章 闊里吉思가 단행한 조치로 고려는 천자국 호칭과 제도를 폐기하게 된다.

63 윤봉택, 앞의 논문

64 『동국여지승람』제주목 학교에 儒生 교육기관 月溪精舍가 古 明月縣에 있다고 했으니, 月溪寺는 명월 月溪精舍 인근에 위치했다고 판단된다.

65 곽지사 터는 곽금초등학교 앞(남쪽) 삼거리 일대에 위치하며 고려시대(12세기경 포함)와 조선전기 유물이 다수 발견되었다고 한다. 강창언, 「제주도의 불적」, 『탐라문화』 12, 1992 ; 디지털제주문화대전 곽지사지 참조.

데, 곽지패총 인근이니 원래는 바다 근처였을 것이다.

제주목의 동쪽 방면 사원으로 소림사, 관음사, 강림사, 보문사, 원당사 등이 있었다. 『동국여지승람』 제주목 불우에, 소림사小林寺가 제주 동남 10리에, 관음사觀音寺가 조천관포朝天館浦에, 강림사江臨寺가 제주 동쪽 함덕포구咸德浦口에 있다고 했다. 소림사는 구체적인 위치가 확실하지 않은데[66] 17세기 이원진 『탐라지』의 사묘祠廟·과원果園에 포신묘酺神廟가 소림과원小林果園 중에, 소림小林(소림과원)이 소림사 남쪽에 있다고 했으니 조선 중후기에 과수원으로 변했다. 김상헌 『남사록』에 따르면 강림사康臨寺는 원元 때 건립한 사찰로 화표華表가 있고 그 아래에 회암廻巖이 스스로 당형塘形(연못형태)을 이루고 해조海潮가 당구塘口로부터 서로 통해 그대로 석태石埭(돌둑)를 축조하고 당塘을 끊어 도道를 열었다고 한다. 관음사와 강림사는 포구에 위치해 물을 진호하는 역할은 물론 교통·숙박 시설로의 기능도 했을 것이다. 『동국여지승람』 제주목 불우에 따르면, 보문사普門寺가 거구리악巨口里嶽 북쪽에 있는데, 혜일慧日 시에 "사찰이 궁벽해 황요荒徼에 의지한데 천泉(샘)이 감甘해 몽중夢中에서 얻었네, 연장蓮場이 승사勝事를 만나고 불롱佛隴이 유풍遺風을 잇네 … 원통문圓通門이 스스로 열리고 멀리 기러기는 장공長空에서 우네" 라고 했다. 보문사는 조천읍 중산간 꾀꼬리오름 기슭의 풍부한 용천수를 지닌 곳에 자리하며 교통과 숙소의 기능도 지녔을 것이라 한다.[67]

제주목 동쪽 방면으로 『동국여지승람』에는 등장하지 않지만 제주목사

---

66 강창언의 앞의 글에서는 소림사가 제주시 거로동(화북2동 일대)에 있었다고 했다. 소림사가 산천단 일대에 위치했다고도 알려져 있지만 증거가 부족하다.

67 전영준은 「고려~조선시기 제주 동부지역의 교통로와 보문사지」, 『역사민속학』 58, 2020에서, 보문사가 꾀꼬리오름 북사면의 조천읍 대흘리 산33 번지에 위치하며 제주목에서 정의현으로 가는 중간의 숙소로 기능했다고 보았다. 보문사 용천수는 4.3 사건 전까지도 식수로 사용되었다고 한다. 전영준, 앞의 논문 ; 이현수, 「제주의 사지(寺址) 현황과 특징」, 『제주의 불교문화』, 국립제주박물관, 2022.

이원진이 1653년에 편찬한 『탐라지』 제주목 불우에 따르면, 안심사安心寺가 제주 동쪽 10리에, 원당사元堂寺가 제주 동쪽 20리에, 돈수암頓水庵이 제주 동쪽 80리에 있었다. 『동국여지승람』 제주목 산천에 따르면 사라악沙羅嶽이 제주 동쪽 6리에, 별도악別刀嶽이 제주 동쪽 7리에 위치했고, 이원진 『탐라지』 산천에는 사라악이 제주 동쪽 6리에, 화북악禾北岳이 제주 동쪽 십사리十四里(십리十里의 오류로 보임)에 위치한다고 했는데, 별도악이 곧 화북악이다. 안심사는 바다를 내려다보는 별도악(별도봉) 기슭이나 화북천 가에 자리했으리라 여겨진다. 『세종실록』 지리지 제주목에 별도別刀(별도봉) 봉화烽火가 동쪽으로 원당元堂과 준準한다고 했다. 『동국여지승람』 제주목 산천에 원당악元堂嶽이 제주 동쪽 십칠리十七里에 위치하는데 봉두峯頭에 지池가 있어 큰 가뭄에도 마르지 않고 지池에 빈조蘋藻와 귀오龜鼇(거북과 자라)가 있다고 했고, 이원진 『탐라지』에는 원당악元堂岳이 제주 동쪽 이십리二十里에 위치하는데 봉두峯頭에 지池가 있어 '귀지龜池'라 이름하고 큰 가뭄에도 마르지 않는다고 했다. 원당사는 바다를 내려다보는 이 원당악(원당봉: 삼양동 소재)에 자리하는데, 건립시기는 발굴된 기와와 청자로 보아 10세기 정도까지 올라간다고 한다.[68] 돈수암은 별방성(하도리 소재)이 제주 동쪽 75리에 위치하니 그보다 동쪽의 종달리·오조리 일대에 위치했으리라 여겨지는데,[69] 명칭으로 보아 물가(바닷가) 근처에 자리했으리라 여겨진다.

정의현 지역에는 영천사, 성불암, 두타사 등이 있었다. 『동국여지승람』 정의현 불우에 따르면, 영천사靈泉寺가 영천천靈泉川 동안東岸에, 성불암成佛庵이 성불악成佛嶽에 있었다. 영천사는 영천천(효돈천)의 동쪽, 영천악(서귀포시 상효동 소재)의 서쪽 중산간 지대에 위치했다. 성불암은 성불악(성불오름)에 위

---

68 차인국, 앞의 글 ; 이수경, 앞의 글

69 「제주십이경도」 성산 부분에서 성산과 마주하는 식산봉에 석탑이 그려져 있고 石塔이라 표기되어 있는데(최열, 『옛 그림으로 본 제주』, 혜화, 2021, 211쪽) 이 석탑이 돈수암의 탑이었을 가능성이 있다.

치했는데 중산간 지대에 해당한다. 17세기 이원진『탐라지』의 정의현 산천에, 성불악이 정의현 북쪽 15리에 있는데 현성縣城 부근에서 오직 성불악에만 천泉(샘)이 있고, 현성縣城 안 거주자가 모두 개로천介路川(정의현 동쪽 3리) 및 성불천成佛泉(성불암천成佛庵泉) 즉 성불샘에서 물을 긷는다고 했다.「남명소승」에 따르면 임제가 한라산 정상의 지池(백록담)를 구경하고 나서 남쪽으로 돌아 두타사頭陀寺를 향해 내려와 두타사에 도착하자 정의현 쉬倅(수령)가 술 2병을 보냈는데, 이 절은 두 시내의 사이에 있기에 쌍계암雙溪庵이라고도 불렸다.[70]『제주십경화첩』「서귀포」에 쌍계암双溪岩이 영곡灵谷(영실靈室) 남쪽에 표시되어 있으니 이곳에 쌍계암雙溪庵 즉 두타사가 자리했을 것이다.

대정현 지역에는 산방굴사, 법화사 등이 있었다.『동국여지승람』대정현 산천에 따르면, 산방산山房山이 현縣 동쪽 10리에 있어 둘레 9리인데, 그 남애南崖에 대석굴大石窟이 있어 물이 암석 위로부터 점적點滴하여 천泉(샘)이 되고, 어떤 승僧이 굴窟 중에 옥屋을 건립해 거처해 부르기를 '굴암窟庵'이라 했다.[71]「남명소승」에 따르면, 임제가 산방산을 오르니 이 산의 허리에 굴窟이 있어 저절로 석실石室을 이루었는데, 영원靈源 일파一派가 암석 사이에 점적點滴하니 치도緇徒(승려무리)가 그것에 의지해 여러 연椽(서까래)을 얽어 연결하여 거처해 이름하기를 '굴사窟寺'라 했다. 이 산방굴사에서는 용머리해안이 내려다보인다.

법화사法華寺는『동국여지승람』대정현 불우에 따르면 현縣 동쪽 45리에 있는데, 혜일慧日 시에 "법화암法華庵 반畔에 물화物華가 그윽한데 죽竹·송松을 끌고 휘두르며 홀로 자유自遊하네, 만약 세간世間 상주常住 상相을 물으면 이화梨花가 어지러이 떨어지고 수水가 분류奔流한다고 하리"라 했다. 법화암 즉 법화사는 반畔이 있고 물이 분류奔流 즉 내달리듯이 빠르고 힘차게 흐르

70 또한 임제는 두타사에서 10餘里를 가니 古寺 遺墟가 있다고 했다.
71 金自詳 記에 "石瓦가 自蓋해 積雨해도 漏할 수 없고 … 石井이 自涌해 行潦에도 오염할 수 없도다" 라 한 것이 이것이라 했다.

그림 68. 법화사 기와와 청자(국립제주박물관 소장): 필자 촬영

고 있었다. 이는 법화사에 냇물이 흐르고 있었고 제방을 쌓았음을 시사하는
데 현재도 풍부한 용천수가 흘러넘쳐 연못을 이룬다.[72] 법화사는 장보고에
의해 창건되었다는 견해가 제기되어 왔지만 증거는 발견되지 않았고 발굴
유물로 보아 10~12세기경에 창건되었을 가능성이 있다고 한다.[73] 법화사
에서 '지원육년기사至元六年己巳'에 중창을 시작해 '십육년기묘十六年己卯'에
끝냈다는 명문이 발견되어,[74] 지원6년(1269: 원종10)~지원16년(1279: 충렬왕5)에
중창되고 원 간섭기에 중시되었음을 알려준다.[75] 법화사에 원조元朝 때 양

---

72 오상학은 「고려시대 제주 법화사의 역사지리적 고찰」(『국토지리학회지』 44-1,
  2010)에서, 제주 사찰 대부분이 취락 입지처럼 용천수를 얻기 쉬운 곳에 자리잡았
  다고 했다. 법화사의 입지로 샘이 있으면서 중심 취락과의 접근성이 높은 곳을 선
  택했던 것으로 보이며 용천수는 하원동 주민의 식수로 이용되었을 정도로 수량이
  풍부하다고 했다.
73 이에 대해서는 김동전, 「제주 법화사의 창건과 그 변천」, 『탐라문화』 20, 1999 참조.
74 제주대학교박물관, 『법화사지』, 1997
75 이형상 『탐라순력도』 「羔園訪古」에 대정현 고둔과원을 '王子旧址'라 했으니 이곳

공良工이 주조한 미타삼존彌陀三尊 즉 아미타불 삼존이 봉안되어 있었는데 조선태종 6년에 명明의 요구로 명에 반출된다.[76]

4. 탐라제주의 물과 관음신앙

탐라 제주 사원에서 존자암, 해륜사, 만수사, 금강사, 원당사, 관음사, 강림사, 수정사, 서천암, 폭포사, 묘련사, 월계사, 산방굴사, 영천사, 두타사 등이 물가에 자리잡았다. 보문사도 혜일이 샘물이 달다고 했을 정도로 좋은 용천수를 지니고 있었다. 법화사도 세차게 흐르는 용천수와 냇물을 끼고 있었고 바다에서 3㎞ 정도 떨어져 있지만 바다를 내려다보는 곳에 자리했다. 도근천 가에는 폭포사, 서천암, 수정사 등 여러 사찰이 자리했다. 서천암, 보문사, 성불암, 영천사, 법화사 등은 물이 귀한 중산간지대에 위치했지만 풍부한 냇물 혹은 용천수를 끼고 있었다. 이러한 사원들은 물을 진호鎭護한 주체이자 물로부터 진호받은 객체였다고 볼 수 있다. 한라산 안쪽에는 평소에도 물이 흐르는 곳이 꽤 있었지만 사찰이 존자암과 두타사 정도 외에 잘 확인되지 않을 정도로 적은데, 날씨의 변화무쌍과 추위와 폭설로 유지되기 어려웠기 때문일 것이다.[77]

이 왕자족의 중심지로 추정된다. 탐라는 북쪽 일대는 성주족(고씨)이, 남쪽 일대는 왕자족(양씨→문씨)이 지배하는 구도로 추정되며, 법화사는 왕자족의 원찰로 창건되었을 수 있다. 왕자족 梁浩가 고씨를 물리쳐 星主를 차지해 자신의 원래 권역의 신앙중심인 법화사를 중창하기 시작했지만 그가 삼별초에 의해 성주에서 쫓겨나면서 중창이 중단되지 않나 싶다. 그러다가 삼별초를 몰아내 탐라를 지배한 몽고가 자신을 위해 중창을 재개해 완공했다고 판단된다.

76 『태종실록』 권11, 태종 6년 4월 기묘·경진
77 한반도에는 금강산처럼 추위가 일찍 찾아오고 눈이 많이 내리는 지대에도 불교사원이 많은 경우가 있었는데 명승지를 찾는 사람들이 많았기 때문이다.

불교사원은 교통로에 자리해 원관院館의 역할을 하는 경우가 많았는데 탐라제주의 사원도 그러했으며 대개 영역 혹은 인근에 풍부한 용천수를 지녔다. 존자암은 한라산 등반로에 자리해 교통과 숙소로서의 역할도 담당했다. 이문경 삼별초가 경유한 동제원도 사원 겸 숙소였을 것이다. 김상헌은 정의현 영천靈泉의 안岸에 영천사靈泉寺(폐廢)와 영천관靈泉舘(목사 이유의李由義 건립: 폐廢)이 있었다면서, 삼읍三邑이 서로 떨어져 역원驛院이 없어 동서 행객行客이 모두 제주 월계사月溪寺·수정사水精寺·조천관·김녕소金寧所, 대정 법화사 및 영천관에 경숙經宿했고, 또 절제사節制使가 춘추에 점마點馬할 때 역시 그러했는데, 지금은 오직 수정사 정전正殿만이 홀로 존재하고 나머지는 퇴비頹圮(무너짐)해 들어갈 수 없다고 했다.[78] 월계사, 수정사, 영천사, 법화사 등이 교통과 숙소의 역할을 하다가 조선중기로 가면서 쇠락했던 것이다. 해륜사, 만수사, 원당사, 관음사, 강림사, 월계사 등은 바닷가 포구에 자리해, 수정사는 포구 근처에 자리해, 중산간지대의 보문사와 영천사와 법화사 등은 교통로에 자리해 교통과 숙소로서의 역할도 수행했다고 여겨진다.[79]

불교 신앙에서도 관음 신앙은 특히 물과 관련이 깊다. 관음보살은 시공時空을 초월해 존재하며 재난을 구제해 준다고 믿어지면서도 수신적水神的인 성격이 강했다. 『묘법연화경』 보문품에는, 배를 타서 금은과 보물을 구하러 바다로 들어갔다가 표류해 나찰귀국羅刹鬼國에 떨어지더라도, 장사하러 중보重寶를 가지고 험로를 지나더라도 관세음보살을 부르면 환난에서 벗어날 수

---

78 김상헌 『남사록』. 조선시대에 방어소, 鎭城이 제주 해안의 요충지에 건립되면서 불교 사원의 교통·숙소로서의 역할은 사라져 갔다. 목사 李由義가 건립한 靈泉舘이 廢한 것은 순력 관원이 굳이 중산간에 머물려 하지 않았기 때문일 것이다.
79 한편, 한기문은 「고려시대 해로 사원과 해양불교신앙」, 『역사교육논집』 79, 2022에서 신라말~고려시기에 해양 항로망이 성립되고 연안 해로망도 활성화됨에 따라 법화경과 화엄경에 근거한 관음신앙이 중심을 이룬 해양불교신앙이 성립·유행했는데, 연안과 해도의 사원들이 중심 역할을 했다고 했다.

있다고 했다. 『화엄경』 「입법계품」은 관음보살이 보타낙가산 물가에 좌정해 있는 것으로 묘사되어 있어 관음주처신앙과 수월관음도의 모델로 작용했다. 이로 인해 관음의 수신적水神的 성격이 부각되었던 것이다. 관음 신앙으로 중국에서는 주산군도 보타산 관음이, 한반도에서는 양양 낙산사가 유명하지만 탐라제주의 관음 신앙이 언제 어디에서 왔는지 잘 모른다.[80]

탐라제주에서 관음사는 관음도량이 분명한데, 육지 왕래에 빈번히 이용된 조천포에 자리했으니 이 절과 관음이 바다와 선박을 진호하는 수신水神내지 해양신으로서의 성격을 강하게 지녔다고 여겨진다. 『법화경』 「보문품」은 관음 대중구제의 핵심을 담고 있는데, 보문사는 「보문품」에 근거한절이고 혜일의 보문사 시에 원통문圓通門, 연장蓮場, 불롱佛籠을 언급했으니관음도량이자 천태법화도량이었다. 법화경(묘법연화경)은 인기가 많은 경전으로 특히 천태종에서 기본경전으로 숭배했는데, 이 경전은 석가불과 문수·보현을 기본으로 하면서도 보문품을 강조했으므로 천태법화 사찰은 관음 신앙을 중시했다. 법화사와 묘련사와 보문사는 물론 천태승 혜일이 이사찰들을 주제로 하는 시 외에 건립 기념시를 지은 서천암 및 묘련사 판각을 주도한 폭포사도 천태법화도량이었으니[81] 이 사찰들은 관음신앙을 지니고 있었다. 법화사에서 청동 등잔이 발견되었는데 법화경 앞에 등잔燈盞(燈盞) 4개를 시주施主 주경朱景이 바친다는 내용이 새겨져 있어[82] 법화사에 법

---

80 중국 주산군도 관음도량이 먼저 생겼는지 한국 양양 낙산사가 먼저 생겼는지 논란이 있다. 조영록은 『삼국유사』에 기재된 의상의 양양 낙산사 창건을 신빙한다(「중국 普陀山觀音道場과 한국」, 『한중문화교류와 남방해로』, 국학자료원, 1997 ; 「향산 묘선공주와 등주 선묘낭자」, 『동양사학연구』 115, 2011). 반면 황금순은 양양낙산사가 의상이 아닌 사굴산파 개조 범일에 의해 개창된 것으로 본다(낙산설화와 고려 수월관음도, 觀音道場」, 『불교학연구』 18, 2007).
81 의천(대각국사)이 개창한 천태종이 탐라 제주에서 유행하는 양상이었으며, 요세에의해 중흥한 천태종이 혜일의 활약으로 탐라 제주에서 주도권을 장악한다.
82 신명희, 「제주 불교유적 금속제 출토품 재검토」, 『제주의 불교문화』, 국립제주박

화경이 모셔져 있었음을 알려준다. 법화사는 원이 주조한 미타 삼존 즉 아미타불과 관음·대세지(혹은 지장)를 모셨으니 더욱 관음이 중시되었다.

중국 천태종의 창시자 지자(지의), 화엄승려이며 해동 천태종의 창시자 의천, 백련결사를 통해 해동 천태종을 중흥시킨 요세, 이들 모두 관음을 중시했다.[83] 요세의 탐진 만덕산 백련사와 그 관음 신앙은 혜일慧日을 통해 탐라의 천태도량인 법화사, 묘련사, 서천암, 보문사 등으로 유입되었다. 혜일은 고려 고종대 무렵에 제주, 탐진 백련사, 완도, 선산도仙山島 등에서 활동했고,[84] 특히 탐라 불교의 발전에 기여했다. 탐진과 백련사는 혜일의 시에 드러나듯이 바다 및 선박과 밀접한 관련을 맺고 있었다. 탐진 백련사가 탐진만과 바다를 진호하는 역할도 수행한 것처럼, 탐라의 법화사, 묘련사, 서천암, 보문사 등이 물을 진호하는 역할도 수행했고 그 중심에 관음신앙이 자리했다고 여겨진다. 금강사金剛社는 가락샘을 끼고 바다조망 언덕에 자리했는데 결사結社로 보이며, 탐라제주와의 주요 교통로에 자리한 탐진의 천태 백련사白蓮社의 영향을 받아 백련결사의 하나로 건립되었을 수 있어, 천태법화와 관음신앙이 투영되었으리라 여겨진다.[85]

물관, 2022. 한편 朱景은 원간섭기에 탐라에 와서 거처한 元人(중국인 포함)이었을 가능성이 있다고 여겨진다.

83 智顗는 法華三昧懺儀와 請觀世音懺法 등을 저술했다. 의천은 송 楊傑 찬술 「龍山泛海觀音詩」(『대각국사문집』 외집)에 보이듯이 송 유학시절에 관음도량을 참배했다. 요세는 壬辰 여름4월 8일에 비로소 普賢道場을 結하여 法華三昧를 닦고 淨土에 生하기를 求해, 准提神呪 一千遍과 彌陁佛號 一萬聲을 念하여 日課로 삼았으니(최자 찬술 「원묘국사 비명」), 준제관음과 아미타불을 중시했다. 요세의 백련결사에 대해서는 채상식, 『고려후기불교사연구』, 일조각, 1991이 참고된다.

84 혜일은 탐진 만덕산 白蓮社에 머물면서 백련사와 그 萬景樓에 대한 시를 남겼고, 莞島에 謫한 조카인 正言 李穎을 위해 仙山島에 들어가 사찰을 창건해 거처하고 완도 法華菴을 왕래하면서 시를 남겼다(『신증동국여지승람』 강진현 題詠·山川·佛宇·古跡).

85 한편, 도근천변 수정사는 오대산 서대 水精社에 무량수여래와 대세지보살이 모셔

제주목 관아를 동서로 낀 만수사와 해륜사는 성격이 논란이 있다. 이 두 절은 『동국여지승람』에 언급되었듯이 조선 건국초에 동 자복사資福寺와 서 자복사로 기능한 적이 있었다. 조선 태종 6년 3월에 각관各官 읍내邑內의 자복資福에게 전田 20결結, 노비 10구口, 상양常養 10원具을 지급하는 조처가 취해지니,[86] 이 직전에 읍내 자복사가 정해진 것으로 보이는데 제주 만수사 와 해륜사도 해당되었으리라 추정된다.[87] 태종 7년 12월에 모든 주州의 자 복사資福寺를 모두 명찰名刹로써 대신하게 하는 조처를 취함[88]에 따라 제주 만수사와 해륜사도 자복사에서 해제되는 수순을 밟았을 것이다. 태종 8년 2월에 제주 지경의 비보裨補인 수정사修正寺(수정사水精寺)와 법화사法華寺의 노 비 수를 정한 것[89]은 수정사와 법화사가 만수사와 해륜사의 기능을 대신한 데 따른 조처였을 것이다.

만수사와 해륜사는 미륵도량으로 구전되어 왔는데 이는 거기에 서 있는 돌하르방처럼 생긴 석상이 미륵으로 간주된 결과로 여겨지지만, 이 두 사

진 것(『삼국유사』 권3, 塔像, 臺山五萬眞身)을 고려하면 미타도량이었을 가능성이 있고 그렇다면 관음도 봉안했을 수 있다. 단 강릉 오대산에는 관음이 동대 圓通社 에 모셔졌다.

86 『태종실록』 권11, 태종 6년 3월 정사(27일)

87 한기문은 고려시대에 각 행정단위의 성립시부터 읍내에 성립된 사원이 자복사로 지칭되었다고 보았는데(「고려시대 자복사의 성립과 존재 양상」 『민족문화논총』 49, 2011), 제주 만수사와 해륜사가 그러한 조건에 부합하는지는 확실하지 않다. 또한 한기문은 앞의 2022 논문에서, 해륜사와 만수사가 제주목 자복사이며 포구 에 위치해 해로안녕을 비는 역할이 짐작된다고 했다.

88 『태종실록』 권14, 태종 7년 12월 신사(2일)

89 태종 8년 2월 정미(28일)에 의정부가 아뢰어 제주 法華寺·修正寺 노비의 수를 정 했다. 아뢰기를, 제주목사 뭇에 근거하면 州境 裨補 두 곳으로, 수정사는 노비 130 口를, 법화사는 노비 280口를 가지고 있는데, 두 사찰에게 다른 寺社 사례에 의거 해 노비 각기 30口를 지급하고(인정하고) 그 나머지 382口는 典農에 속하게 하십 시오 하니 왕이 따른 것이었다(『태종실록』 권15).

찰이 미륵도량이라는 구체적인 근거는 없다.[90] 두 석상은 조선시대에 제주
읍성을 수호하는 장승으로 세워진 것인데[91] 두 사찰이 쇠락하면서 민간에
서 미륵으로 신앙되어 갔다고 여겨진다.

해륜사는 바닷가로 용이 산다는 용연(용추) 언덕에 자리했다. 불교경전이
중국에 소개되면서 나가(뱀)가 용으로, 나가(뱀) 꽃나무가 용화수龍華樹로 번
역되었다.[92] 미륵이 용화수龍華樹 아래에 내려와 용화삼회를 통해 세상을 구
제한다고 하니 미륵을 용 신앙과 연결시켜 볼 수도 있고, 용의 한글말이
미륵과 유사한 '미르'여서 미륵과 용이 밀접하게 여겨질 수도 있다. 하지만
미륵과 용 신앙은 그렇게 많이 밀접한 관계는 아니었다. 오히려 의상이 관
음 진신을 만나려 하니 동해용이 여의보주如意寶珠를 의상에게 주었다는 양
양 낙산사 설화[93]처럼 관음과 물과 용이 밀접한 관계로 나타난다. 해륜사海
輪寺는 해륜이 바다 법륜이니 화엄의 해인삼매海印三昧를 상징하는 공간이자

---

90 중세 탐라제주에서 미륵신앙이 어떠했는지 아직 잘 모른다. 일본 喜多院 소장 元
版大藏經에 따르면, 황경3년(1314: 충숙왕 원년) 3월에 탐라군민만호부 達魯花赤
박경량이 대장경을 인쇄해 개경 신효사에 봉안해 황제·황태후와 심왕(충선왕)·국
왕(충숙왕)의 장수 및 龍華妙會를 기원했다(장동익,『일본고중세 고려자료 연구』,
서울대출판부, 2005, 718쪽 ; 박용진, 「고려후기 元版大藏經 印成과 流通」『중앙
사론』35, 2012). 탐라 다루가치 박경량이 龍華妙會 즉 미륵하생을 기원한 것인
데, 이것이 탐라 미륵신앙과 관련을 맺었는지 궁금하다.

91 '복신미륵'으로 구전되어 온 이 석상은 15세기 후반경에 제주읍성을 수호하기 위해
제작해 세운 것이라 한다. 정성권, 「조선전기 석조불상 연구」『불교미술사학』24,
2017.

92 박현진, 「초기불교의 나가신앙 연구」, 동국대 석사논문, 2014 ; 공만식, 「초기불교
경전에 나타난 나가의 성격에 관한 고찰」『불교학보』47 ; 강희정, 「용수, 용화수,
연리목」『중국사연구』35, 2005

93 『삼국유사』권3, 塔像, 洛山二大聖. 한기문은 앞의 2022 논문에서, 양양 낙산사에
동해용이 바친 여의보주가 성물로 보관되어 온 사실로 볼 때 동해용신앙이 사원에
습합된 것을 의미한다고 했는데, 제주 해륜사와 용연의 관계에 시사점을 던져준다.

바닷가에 있다는 보타낙가산을 상징하는 공간이 아니었나 싶다. 만수사는 산지항(건입포)을 내려다보는 언덕에, 해륜사는 해구海口의 용연을 내려다보는 언덕에 자리해, 그 장소가 『화엄경』 입법계품에 관음보살이 상주한다는 보타낙가산과 유사한 곳이어서 관음도량이었을 가능성이 있다고 생각한다. 만수사萬壽寺는 원간섭기에 원 황제의 만수를 기원하는 사찰로 기능하면서 원 황제로부터 그러한 이름을 받은 사찰로 여겨진다. 금강산 유점사가 원 황제로부터 '대보덕수성사大報德壽聖寺'라는 사액을 받았기에[94] 더욱 그러하다. 만수사는 쿠빌라이칸이 대도(연경)에 건립한 원찰 대성수만안사大聖壽萬安寺(일명 백탑사白塔寺)[95]를 모델로 건립되었을 수 있어, 몽고 원의 불교, 특히 라마불교가 탐라에 영향을 미쳤을 가능성을 제시한다. 고려 의종 때 백선연白善淵이 왕의 행년行年에 준准하여 동불銅佛 40을 주조하고 관음觀音 40을 그려 불생일佛生日에 점등點燈해 별원別院에서 축리祝釐(복을 기원)한 사례,[96] 충렬왕 원년(1275) 11월에 관세음보살상 12구軀를 그려 궁중에 법석을 개설해 원 황제를 위해 축리祝釐한 사례[97]를 참고하건대, 탐라 만수사도 관음을 봉안해 원 황제의 복·만수를 빌었을 수 있다.

월계사月溪寺가 주목되는데 독포(옹포: 한림읍 소재)의 동남에 위치했다. 옹포천이 북류해 옹포와 한림항 사이의 포구로 흘러 들어가는데 18C중반 제작 『해동지도』 「제주삼현도」에는 월계천月溪川으로 표시되어 있다. 명월明月과 이곳을 흐르는 월계천은 그 명칭이 서로 호응했던 것이며, 월계사는 이 월계천의 포구 인근에 위치했다. 명월포明月浦와 월계천은 월계사로 인

---

94 『원재집』 상권, 楡岾寺.
95 쿠빌라이칸의 명령으로 라마탑인 白塔이 帝師 八思巴의 제자 阿尼哥(네팔 출신)에 의해 건립되었고 이어서 이 백탑을 중심으로 하여 라마교 사찰인 大聖壽萬安寺가 건립되었다.
96 『고려사』 권122, 宦者傳, 白善淵.
97 『고려사』 권28, 충렬왕 원년 11월.

해 생겨난 명칭이었을 가능성이 있다.[98] 『해동지도』「제주삼현도」와 이형 상의 『탐라순력도』「명월조점」에는 명월성과 독포(옹포) 사이에 월계과원月 溪果園이 그려져 있는데, 비양도를 바라다보는 이 과원이 바로 월계사를 없 애고 만든 것으로 여겨진다.[99] 월계사는 그 인근의 명월포가 주요 포구의 하나여서 바다를 진호하는 역할을 맡았으리라 여겨지며 보타낙가산 수월 관음을 숭배했고 그래서 '월계사'라 불렸지 않았나 싶다.

고려 무인정권기 진화陳澕가 월계사月溪寺 루樓에서 저녁노을 바라보며 읊기를, "소루小樓가 푸른 잔안孱顔(험한 산)에 기대어 높은데 비갠 후에 등림 登臨하니 물색物色이 한가롭네, 범帆(범선)은 녹연綠煙을 띠고 멀리서 포浦로 돌아오고 조潮는 황위黃葦를 뚫고 전만前灣에 도달하네, 수水는 천상天上 진 신眞身 월月과 나누고 운운雲은 강변江邊 본색本色 산산山에 스며드네, 객로客路에 몇 사람이 나처럼 한가하리오" 라고 했다.[100] 진화의 이 시에 나오는 월계 사月溪寺는 포浦, 조潮(조수), 만灣, 강변江邊 등이 표현된 것으로 보아 그 주변 에 바다, 강, 포구, 만灣이 있는 사찰이었는데, 탐라제주 명월촌(현재 옹포리 일대)에서 독포(옹포)와 월계천 사이에 위치한 월계사로 여겨진다. "수水가 천 상天上 진신眞身 월月"을 나눈다고 한 구절은 보타낙가산의 수월관음을 염두

---

98 이문경 삼별초가 『동국여지승람』 제주목에 따르면 원종 11년(1270)에, 최영 군 이 『고려사』에 따르면 공민왕 23년에 '明月浦'로 상륙했다. 이원진 『탐라지』 건 치연혁에 따르면 충렬왕 26년에 東西道縣을 설치했는데 그 縣村에 明月이 있었 다. 월계사가 삼별초 이전에 존재했을 가능성을 시사한다.

99 월계사는 월계천 포구와 옹포(독포) 사이에 위치한다. 월계천(현재 옹포천)의 포 구가 바로 明月浦로 여겨지는데 조선시대에 조천포·별도포 위주의 포구 운영과 명월포구의 간척(稻作 논을 만듦)으로 기능이 약화된다. 명월포는 월계천(현재 옹포천) 포구와 현재 한림항 사이에 해당할 것이다.

100 『동문선』 권14, 「月溪寺樓上 初晴晚眺」(陳澕). 진화는 이 시를 그의 경력으로 보 아 신종~고종대(江華 천도 이전)에 지었을 것이다. 孱顔은 한라산 혹은 여러 오 름을 지칭한 듯하다.

에 둔 것이니 이 월계사는 보타낙가산 관음도량이었다고 볼 수 있다.

불교사찰 존자암, 해륜사, 만수사, 금강사, 원당사, 관음사, 강림사, 보문사, 수정사, 서천암, 묘련사, 월계사, 산방굴사, 영천사, 두타사, 법화사 등이 물가에 자리잡았는데, 물을 진호鎭護하고 물로부터 진호받았을 것이다. 관음보살은 수신水神的인 성격이 강했는데, 관음사와 보문사는 관음도량이 분명했다. 법화사와 묘련사와 서천암은 「보문품」과 관음을 중시한 천태법화도량이었기에 관음신앙이 깃들어 있었을 것인데, 법화사는 미타삼존을 지녔기에 더욱 그러하다. 만수사, 해륜사, 월계사도 관음 신앙의 장소였을 가능성이 있다. 고려 고종치세 후반 무렵에 천태종 백련결사의 일원으로 활약한 혜일이 법화사, 묘련사, 보문사, 서천암 등과 관련을 맺으면서 천태법화와 관음 신앙이 탐라제주에 더욱 유행했고, 금강사金剛社도 백련결사 소속으로 여겨진다. 탐라제주 사람들에게 관음 신앙이 조선시대에도 유행했음은 정유재란 종료 직후에 제주에 안무어사로 파견된 김상헌이 탄 배에서의 선원들의 행동에서 알 수 있다. 이 배가 해남에서 제주로 향하던 도중에 풍랑이 거세 위기에 처하자 제주 토인土人이 다수인 격군格軍들이 혼돈에 빠져 다만 하늘을 향해 염불念佛만 하다가 화탈도가 보이자 안정을 찾았는데, 김상헌 귓가에 관음보살을 부르는 소리가 맴돌았다고 한다.[101] 선원들, 특히 제주 선원들은 해난을 당하자 관음보살을 애타게 불렀던 것인데 관음이 수신水神처럼 숭배되었기 때문이다.

5. 탐라제주 무속과 불교의 상호작용

당~송대 찬술『당회요』에서 탐라는 오직 귀신을 섬긴다고 했고, 조선

---

101 김상헌『남사록』

성종 때 찬술『동국여지승람』제주편에 풍속이 '음사淫祀'를 숭상해 산수山
藪·천지川池·구릉丘陵·분연墳衍(물가)·목석木石에 모두 신사神祀(神祠)를 설치한
다고 했고, 중종 때 김정金淨의 「제주풍토록」(『충암집』)에 무속 신당이 거
의 삼백三百 곳 남짓에 이른다고 했다.[102] 그러하니 탐라는 고중세에 무속신
앙이 강했다고 여겨진다. 신라는 전통신앙이 강해 불교수용 과정에서 갈등
이 심해 법흥왕 때 이차돈의 순교를 거쳐서야 불교가 공인되어 자리잡아
갔다. 탐라제주에서는 과연 어떠했을까?

탐라제주에서 무속과 불교가 결합된 사례가 보이는데, 단, 무속과 불교
가 경쟁관계이다가 공존의 필요로 인해 결합했을 수도 있다. 제주 연등절
은 바다·바람·항해와 관련된 연등신을 음력 2월 1일에 영접하고 2월 보름
에 보내는 행사였다. 이 '연등'은 구전에는 '영등', '영등할망'이라 하여 행
사가 이어져 왔는데, 원래는 '연등燃燈'이었으니 고려의 불교 상원연등회(1
월 15일에 열리다가 현종대부터 대개 2월 15일에 열림)를 탐라에 맞게 가미한 것이라
볼 수 있다. 탐라에서 바람이 바뀌는 2월에 바다·바람 신을 모시는 무속
행사를 해 오다가 고려의 상원연등회와 시기가 부합해 습합한 것이라 여겨
진다. 남인도 포타락가에서 유래한 중국 주산군도 보타낙가산 관음신앙이
제주도에 영향을 미쳐 서귀포에 관음도량 법화사를 출현시켰고 영등할망
과 선문대할망도 관음보살의 화신이라는 견해가 있는데,[103] 이는 대개 해

---

102 '淫祀'는 유교 시각에서 바르지 않은 귀신에 대한 제사 혹은 그 신당을 지칭한
     편협한 용어이니 그대로 받아들여서는 안된다. 조선은 유교지상주의를 추구해
     다른 종교·사상을 탄압하더니 천주교인 수만명을 학살했으니 유교가 오히려 '음
     사'로 되었다. 유배자 金淨은 제주 오미자가 천하 명품인데도 널리 알려지지 않
     음을 매우 안타까워해 건조해 君에게 선물하려 했으니 제주인에게 새로운 貢物
     이 추가될 뻔했다. 김정은 이른바 사림과 儒者로 분류되지만 그에게 제주인의 부
     담은 별로 고려되지 않았다.
103 송화섭, 「동아시아 해양신앙과 제주도의 영등할망·선문대할망」, 『탐라문화』권
     37, 2010

로·항로와 구전설화에 기반한 견해여서 영등할망과 선문대할망이 관음의 화신이었는지 증명하기 어렵다.

한라산 영곡(영실)의 존자암은 나한도량으로 한라산 중턱에 위치해 한라산 등산의 휴게소 내지 숙소로 이용되곤 했는데 무속의 모습도 보인다. 임제 「남명소승」에 존자암에서 내려간 영곡靈谷에 고단古壇이 있다고 했는데, 이 고단古壇은 신당으로 여겨지며 무속신 특히 산신을 모신 시설이었을 수 있다. 신령이 깃든 공간으로 여겨졌기에 '영곡靈谷', '영실靈室'이라 했을 것이다.[104] 홍유손洪裕孫은 정묘년(1507: 중종 2년) 맹춘孟春에 찬술한 「존자암개구유인문尊者庵改構侑因文」에서, 존자암이 삼성三姓 초기初起 때에서 비롯되고 삼읍三邑 정립鼎立 후에도 오래도록 전해진 비보裨補의 장소인데, 악질惡疾, 풍우風雨 어긋남, 흉년이 이 암庵의 황폐 때문이라며 중수하니 막을 수 없었다고 한다. 수하首夏의 월月에 길일을 점쳐 삼읍三邑 오두遨頭 중 1원員을 파견해 재목齋沐해 존자암에서 제사를 행하여 그것을 '국성재國聖齋'라 하는데 지금 폐廢한지 겨우 6, 7년이라 했다. 존자암 일대에 대해 가목佳木과 이수異樹는 후온后媼이 힘을 다해 심은 듯하고, 신선神仙·응진應眞이 항상 그 사이에서 소요逍遙하는 듯하다고 했고, 진고振古 이래 세전世傳에서 소천태산小天台山이라 말한다고 했다.[105] '국성재'는 탐라국 시조와 왕들을 제사한 행사로 보이는데, 영곡(영실)에서 원래 무속신당에서 행해지다가 나중에 존자암에서 행해졌을 것이다.[106] 신선과 응진(나한)이 후온后媼과 결합한 것인

---

104 한라산 靈谷·靈室은 瀛谷·瀛室로도 표기되었는데 삼신산과 관련지어 탐라제주가 瀛洲, 한라산이 영주산으로도 불렸기 때문이다. 한라산 동쪽의 오름 하나가 영주산이라 불리기도 하므로 혼동하지 않도록 유의해야 한다.

105 『篠叢遺稿』上, 「尊者庵改構侑因文」. 한편 金淨(충암)이 찬술했다는 「尊者庵重修記」(김상헌 『남사록』에 인용됨)도 홍유손 기문과 유사한데 국성재가 지금 폐지된 지 겨우 8,9년이라 했다. 國聖齋가 연산군 혹은 중종 때 폐지된 것인데, 국성재가 탐라 독립성을 자극할까 조선이 염려했기 때문일 것이다.

106 한라산과 그 靈室·國聖齋는 삼을나 중에서도 특히 良乙那 왕자족이 중시하지 않

데 이 '후온'은 곧 선마고詵麻姑로 여겨진다. 존자암이 삼성三姓 초기初起 때부터 존재했다는 것은 신빙할 수 없지만 탐라국 시절부터 존재해 오던 무속 신당과 결합했음을, 불교(특히 나한신앙)와 신선신앙과 무속이 결합했음을 시사한다.

영곡(영실) 후온后媼은 곧 한라산신(한라산주)으로 여겨지며 탐라 창조자로 구전되어 온 선문대할망(설문대할망) 신화와 관련이 있었을 수 있다. 존자암지에서 '天丑開局(천축개국)'명 기와가 출토되었다. 하늘이 축년(을축년)에 국면局面을 열어 존자암을 건립(중창)했다는 것인데, 한라산의 산신이 산주로서 불교사찰 존자암 건립을 허용한다는 의미를 담고 있었다고 여겨진다. 고중세에 하늘에서 신이 강림해 산신이 되었다고 믿어졌고 산신은 조선 이전에는 대개 여성이었다. 한라산신도 원래 여성이었을 것이며 지리산의 산신인 천왕天王 성모聖母[107]와도 상통한다고 여겨진다. 그러하니 한라산신, 특히 여성산신이 탐라제주와 한라산의 주인으로 신봉되어 오고 존자암을 건립하도록 했다고 믿어졌지 않나 싶다. 한라산신 신당이 먼저 있었고 나중에 나한 사찰이 들어와 결합했을 것이다.

필자는 제주대학교 박물관의 존자암지 발굴조사중간보고의 명문기와의 판독 '天母開啓(천모개계)'를 수용해 천모天母 즉 천왕성모天王聖母가 한라산신으로서 탐라, 한라산, 존자암을 만들었다고 해석한 적이 있다.[108] 제주대학교

있나 싶다. 탐라의 통치자 '王子'는 天王의 子, 특히 한라산신 天王의 子라는 의미를 지녔다고 여겨진다. 반면 탐라의 다른 통치자인 高乙那 족속 '星主'는 바다 지향성이 강해 모흥혈과 광양당을 더 중시하지 않았나 싶다.

107 智異山天王인 聖母가 詵師(도선)에게 송악 明堂에 대해 설명했다(…還來松岳居[今廣明寺也] 於焉誕聖, 智聖母[智異山天王也] 命詵師指此明堂…)고 충렬왕대 이승휴가 『제왕운기』本朝君王世系年代에서 노래했다. 開國祖師 道詵은 智異山主 聖母天王이 密囑해 '만약 三巖寺를 創立하면 三韓이 합하여 一國이 된다'고 말하니 三巖寺를 창건했는데, 지금 仙巖寺·雲巖寺·龍巖寺가 그것이라고 충숙왕대 박전지가 언급했다(『동문선』권68, 靈鳳山龍巖寺重創記).

박물관의 존자암지 최종보고에서는 '天丑開啓(천축개계)'라 판독했고, 다른 기와를 통해 '天丑開局(천축개국)'이 유력해졌다. '천축개국'에 대해 천天이 축년丑年에 국면局面(면국面局)을 연다고 해석할 수 있는데 그래도 천모 신앙과 연관이 될 수 있다. 신성한 산에는, 환웅이 하늘로부터 태백산에 내려와 환웅천왕이라 불리고 그 후예 단군왕검이 백악산 아사달의 산신이 되었다고 하고,[109] 지리산 산신이 천왕성모天王聖母 내지 성모천왕聖母天王이라 불리며 신앙되었듯이, 하늘로부터 신이 내려와 산신(산주)이 된다는 신앙이 유행했으니 한라산신 천왕성모가 형국(면국)을 열어 존자암을 중창하게 했다고 해석할 수도 있기 때문이다.

한라산은 바다 가운데 우뚝 높이 솟아오른 산이고 구름과 바람 등 날씨와 서로 작용하고 여러 물의 근원이니 물과 밀접한 관련이 있다. 그러하니 한라산의 신은 산신이면서 수신水神의 성격도 띠었다. 한라산신의 수신적水神的 모습은 조선시대에 행해진 한라산 기우제를 통해서도 엿볼 수 있다. 한라산신은 나한도량 존자암과 함께 산수山水를 아우르는 역할을 수행했다고 여겨진다.

한라산 산신은 지리산처럼 여성이었는데 조선시대에 유교식 국가제사 대상이 되면서 남성으로 변화하는 경향을 띤 것으로 보인다. 16세기 후반 「남명소승」에 따르면 존자암 승려가 임제에게 근래 산척山尺(산사람)이 백록白鹿을 타고 있는 백발옹白髮翁을 목격했다고 말했다. 19세기 중반 제주목사 이원조가 한라산 백록담白鹿潭에 도달했는데 전하는 말에 선인仙人이 백록白鹿을 타고 여기에서 노닌다고 했다.[110] 신광수申光洙가 갑신년(1764: 영조 40)에 「한라산가漢挐山歌」를 지어 읊기를, "내가 군君을 위해 약초를 캐러 맑은 새벽에 목욕재계해 한라산을 향해 절하고 장차 백록白鹿을 탄 마고麻姑를 만

---

108 김창현, 「중세 탐라제주의 물과 조응한 무속과 불교」『탐라문화』 74, 2023
109 『삼국유사』 권1, 紀異 古朝鮮
110 『凝窩集』 권14, 遊漢挐山記

나본다면 마고주인麻姑主人은 얼굴이 아리땁고 선문羨門과 안기安期가 모두 마고麻姑의 객客이리라" 라고 했다.[111] 백록白鹿을 탄 마고麻姑는 바로 여성인 한라산신으로 보이는데 선문대할망에 해당할 수도 있다. 제주 애월인 장한 철이 그의 『표해록』에 따르면 경인년(1770: 영조46) 12월 25일에 제주를 출항해 표류해 다음해 정월 2일에 안남국 상선에 의해 구조되었다. 5일에 한라산이 보이자 일행 중의 어떤 사람이 한라산을 향해 절하며 빌기를 "백록선자白鹿仙子께서 살려주십시오", "선마선파詵麻仙婆께서 살려주십시오" 했는데, 탐라인에게 선옹仙翁이 백록白鹿을 타서 한라산 위에서 노닌다고, 수고邃古의 초初에 선마고詵麻姑가 서해를 건너와 한라산에서 노닌다고 전해져왔기 때문이었다. 한라산신이 조선시대에 남성인 백록白鹿 옹翁(선자仙子)으로 변화하는 경향이 있었지만, 제주인은 여전히 선마선파詵麻仙婆·선마고詵麻姑를 한라산의 신령으로 믿고 있었으니 그녀는 곧 선문대할망(설문대할망)으로 한라산신이었다고 여겨진다.

원당사元堂寺는 원당악(원당봉)에 자리했는데 신당인 원당元堂과 결합한 사찰로 보인다. 원당봉은 마르지 않는 연못 '귀지龜池'를 지니면서 삼양 바다를 내려다보는 해안가에 위치했는데 신령, 특히 수신水神을 모시는 신당이 있고 으뜸가는 위상을 지녀 '원당元堂'이라 하지 않았나 싶다. 삼양동 청동기-철기시대 생활유적이 근처에 위치하기에 더욱 그러하다. 원당사 터에서 발견된 기와 중에 파도 문양이 새겨진 것이 여러 개 있는데, 물·바다 진호鎭護를 상징한 것으로 보이니, 원당사가 물·바다를 진호鎭護하는 기능을 지녔음을 시사하며, 원당도 그러했을 것이다.

탐라제주에서 연등절, 원당사, 존자암은 무속과 불교가 결합한 모습이었다. 반면 무속과 불교가 경쟁관계였음을 시사하는 사례들도 보인다. 대천(한천)의 하류 해구海口인 용추(용연)의 동쪽에는 불교사찰 해륜사가, 서쪽

---

111 『石北先生文集』 권7, 詩, 耽羅錄. 羨門과 安期는 신선으로 알려진 인물이다.

그림 69. 원당사지 기와(국립제주박물관 소장. 필자 촬영):
이 기와의 파도 문양은 물·바다 진호鎭護를 상징한 것으로 보임

에는 무속신당 천외사川外祠가 자리했으니 연못·해구海口를 사이에 두고 서로 회피하며 경쟁했다고 볼 수 있다.[112] 대표적인 신당인 모흥혈(삼성혈) 일대 광양당, 고산리 차귀도 맞은편 차귀당, 대천(한천) 서쪽 천외사川外祠, 하도리 일대 초춘사楚春祠(신춘사新春祠)의 근처에는 불교사찰이 기록에 잘 보이지 않는다. 연등절(영등절)은 불교 요소를 가미했지만 무속이 중심이었는데, 그 행사를 한 장소로 조선초『동국여지승람』에 기재된 귀덕포, 애월포, 김녕 포 일대는 물론 조선중기 김상헌『남사록』에 기재된 어등포於等浦(구좌읍 행원포)·고내포·애월포·명월포에도 명월포를 제외하면 불교사찰이 기록에 잘 보이지 않는다. 이는 무속 신당이 강력했던 권역에는 불교 사찰이 건립되지 않았거나 건립되었더라도 경쟁에서 밀려났음을 시사한다.[113] 명월포의 경우 사찰 월계사가『남사록』단계에는 황폐화되었으니 월계사가 쇠락하자 연등당이 신설 혹은 활성화되었다고 여겨진다.

『동국여지승람』에 기재된 사찰인 만수사, 해륜사, 수정사, 관음사, 강림 사, 월계사, 법화사, 영천사 등의 세력권에는 신당이 확인되지 않는데, 조선 유자儒者가 '음사'라며 비난한 신당을 자세하게 기록하지 않은 한계가 있지만 그러한 사찰 인근에 주목될만한 신당이 별로 없었기 때문이었을 수

112 大川寺가 18c중반 제작『해동지도』「제주삼현도」에 대천(한천) 하구 용연의 서 쪽 언덕에 표시되어 있는데, 신당 川外祠의 변용이었을 수도 있다.
113 귀덕리, 고내리 등 사찰 터에서 어골문기와와 청자편이 출토되었지만(이현수, 앞 의 논문), 이 절들은 경쟁 혹은 정책에서 밀려났다고 여겨진다.

도 있다. 『탐라순력도』 중의 「건포배은巾浦拜恩」은 신당 129곳을 불태우는 장면을 제주목 중심부와 그 주변 위주로 묘사했는데, 만수사와 해륜사가 자리했던 곳 일대에는 불타는 신당이 그려져 있지 않으니 이 두 사찰 세력권에는 주목될만한 신당이 없었다고 여겨진다.

제주 영등굿 중에서 가장 전승이 잘 되어 국가 무형문화재와 유네스코 무형문화유산으로 지정된 건입동 칠머리당 영등굿이 유명한데, 그 신당의 위치가 바로 만수사가 자리했던 곳의 인근이어서 문제이다. 만수사와 칠머리당은 건입포(산지항)를 내려다보는 절벽에 위치했다. 칠머리당은 근현대기 개발로 인해 훼철되어 다른 곳으로 이전되었다. 제주 연등(영등) 장소는 18세기초 이형상이 제주 신당을 대대적으로 불태우는 사건 때까지 귀덕포, 애월포, 김녕포, 어등포, 명월포, 고내포였으니 건포(건입포) 언덕의 칠머리당은 이형상의 이 사건 이후에 생겨나거나 활성화되었음을 시사한다. 산지항 언덕에 사찰 만수사가 세력을 떨쳐 무속 신당이 힘을 쓰지 못하다가 만수사가 조선 중후기로 가면서 쇠락한 결과 무속 칠머리당이 18세기 이후에 세력을 떨치게 되었다고 볼 수 있다.

조선의 불교 억압정책은 제주에서 불교가 쇠락하고 무속이 흥성하도록 만들었다. 조선성종 때 최부 일행이 표류하자 제주인 진무鎭撫 안의安義가 말하기를, 옛날부터 제주로부터 출륙出陸하는 자는 모두 광양사廣壤祠·차귀사遮歸祠·천외사川外祠·초춘사楚春祠 등에 제사한 후에 가기 때문에 신神의 도움을 받아 대해大海를 이섭利涉했는데 경차관 최부는 이 신사들에 제사하지 않아 표류하게 된 것이라 했다.[114] 육지행 배타기 전에 기도하는 대상으

---

114 최부『표해록』. 楚春祠(新春祠)는 제주 동쪽 70리에 위치했는데(『동국여지승람』·
『탐라지』), 탐라제주 치소 기준으로 正東에, 혹은 새해에 태양이 처음 떠오르는
곳에 해당했을 수 있다. 옛적의 正東은 기준이 다양했으니, 강릉 正東津은 고려
시대에 개경 기준으로 방위로는 정동이 아니지만 正東村으로 불렸는데 아마 동
지 때 일출의 방향이었기 때문일 것이다.

로 여러 신당들이 언급된 반면 불교 사찰은 언급되지 않았다. 제주에 파견된 조선 관원이 불교탄압 분위기 하에서 유교의 라이벌인 불교의 사원에 가기를 꺼렸기 때문이라 여겨지지만, 제주에서 불교 쇠락과 무속 흥성이 이미 나타났음을 시사한다.

18세기 장한철『표해록』은 위기에 처했을 때 여러 신앙이 표출됨을 알려준다. 장한철은 과거를 보기 위해 경인년(1770: 영조 46년) 12월에 상선을 타서 제주를 출항했는데, 배에서 화정火丁(요리담당자)이 음식을 만들고는 북을 치며 수신水神에게 바치고 나서 주인舟人(뱃사람)에게 먹였다. 고래가 일으킨 파도로 배가 요동치자 주인舟人이 관음보살을 끊임없이 암송했다. 장한철 일행이 표류해 어떤 섬(유구 소속)에 올랐는데, 검은 구름이 천둥과 번개를 끼고서 바다 위에서 일어나 하늘로 올라가니, 사람들이 모두 말하기를 용이 승천升天하는 것이라 했다. 제주 상인 양윤하가 엎드려 용을 향해 빌기를 용왕龍王께서 우리 생명을 건져 살게 하여 주십시오 했고 여러 사람들이 모두 엎드려 그렇게 기도했다. 이는 제주인이 수신水神, 관음보살, 용(용왕) 신앙을 지녔음을 알려준다.

불교의 대표적인 수신水神은 변재천이며 무속과 서로 통하는 면이 있어 일본의 경우 뱀 신앙과 결합했다. 제주는 뱀이 많은 곳이어서 무속에서 뱀 신앙이 다른 지역에 비해 월등히 강했다. 일본도 뱀이 많아 뱀신인 우하신宇賀神이 변재천과 결합해서 변재천 신앙이 매우 유행했는데 수신水神의 성격을 지녔으며 에도시대에는 재물신으로까지 발전하고 칠복신七福神의 하나로 숭배되었다.[115] 변재천은 기본적으로 물의 여신이니 산이 많은 한반도에 수용되려면 변신이 필요했다. 변재천은 그 신앙이 통일신라 무렵에 확

---

115 양은용, 「변재천녀 신앙의 불교적 변용」『원불교사상과 종교문화』 37. 한편 강현정은 삼국유사에 실린 변재천 기사를 분석하고 언어·학문·예술·음악을 담당한 변재천과 범종 주악천인상의 연관성을 고찰했다. 「『삼국유사』 소전 변재천녀와 통일신라범종 '주악천인상'의 연관성」『탐라문화』 57, 2018.

인되는데 산주(산신)로 등장했고,[116] 고려시대 묘청의 팔성八聖에도 월성악천
선月城嶽天仙의 실덕實德인 대변천신大辨天神으로 나타나는데,[117] 한반도 지형
이 산이 많기 때문인지 산신(산주)으로 변신했다. 제주는 바다로 둘러싸인
섬이고 비가 자주 내리고 뱀이 많아 변재천 신앙이 유행할 수 있는 적절한
조건을 갖추었지만 변재천 신앙의 유행도 확인하기 어렵고 뱀신과 변재천
의 결합도 확인하기 어렵다. 이는 일본과 달리 조선시대에 불교, 특히 제주
불교가 쇠락했기 때문이었을 수 있다.

탐라 제주에서 무속과 불교의 상호작용 사례는 많이 확인되지 않는다.
이는 자료의 한계로 인한 측면도 있지만, 조선시대에 태종 이래 펼친 불교
탄압 정책이 특히 안무사·절제사와 목사가 총독처럼 군림한 제주에서 더
욱 철저하게 시행됨으로써 제주 불교가 일찍 쇠락했기 때문이라 여겨진다.
제주 불교사찰은『동국여지승람』에 약화되어 가는 상태로 실린 반면 무속
신당은『동국여지승람』에 본격적으로 채록되기 시작하는데 조선시대에 왕
성한 양상을 보인다. 제주 불교사찰이 조선 전기에 이미 쇠락한 반면 무속
은 계속 성행해 서로 괴리가 발생한다. 조선후기로 가면서 제주에서 무속
은 계속 성행하는 반면 불교는 더욱 쇠퇴해 둘의 위상이 더욱 벌어진다.

요컨대, 무속 연등절(영등절)은 불교 상원연등회를 가미한 행사로 본다.
영곡(영실) 존자암은 나한 신앙이 산신 신앙, 국성國聖 신앙과 결합한 사찰이
었는데, 한라산신은 선마고詵麻姑, 선문대할망과 관련이 있었다고 짐작된

---

116 『삼국유사』권5, 避隱, 「朗智乘雲 普賢樹」·「緣會逃名文殊岾」. 변재천녀가 산령
   (산주)으로 나온다.
117 『고려사』권127, 묘청전 ; 김창현, 「고려의 운수관과 도읍경영」『한국사학보』
   15, 2003. 묘청 팔성당의 월성악은 신라 왕경(경주)을 지칭한 것이고, 大辨天神
   은 풍류(특히 음악)를 즐긴 신라 화랑을 상징한 것이었다. 그런데 이병도가 묘청
   팔성당에 대해 월성악을 황해도 금천군 月城面 兎山(舊名 月城山)에 비정하는 등
   오류를 범했지만 이병도 견해에 동조하는 연구자가 꽤 있다.

다. 원당사는 신당인 원당元堂에 자리잡은 사찰로 여겨지는데, 여기에서 발견된 파도문양 기와는 물·바다의 진호를 상징하는 물건으로 보인다. 대천(한천)의 해구海口인 용추의 동쪽에는 해륜사가, 서쪽에는 천외사川外祠가 자리했듯이 불교사찰과 무속신당이 경쟁을 회피한 양상도 보인다. 조선 초중기까지 대표적 신당인 광양당, 차귀당, 천외당, 연등 장소인 귀덕포, 애월포, 김녕포 세력권에는 불교사찰이 잘 확인되지 않는다. 건입포 언덕에 만수사가 황폐화한 이후에야 칠머리당 영등굿이 세력을 떨치게 된다. 이러한 양상은 탐라제주에 무속이 강해 불교 정착이 쉽지 않았음을, 그 과정에서 갈등이 불거졌음을 시사한다. 18세기 장한철의 『표해록』은 제주 사람들이 수신水神, 관음보살, 용, 선마고詵麻姑 등 다양한 신앙을 지녔음을 알려준다.

6. 조선의 제주불교 탄압과 말살

탐라제주 불교와 사원은 고려말기에도 활기를 띠고 있었다. 그런데 조선이 건국되어 유교지상주의를 추구해 불교를 탄압하면서 위축되어 간다. 태종 때 불교사원 통폐합이 추진되면서 제주 사원은 만수사, 해륜사, 수정사, 법화사 위주로 재편되었다. 또한 조선은 건국 이래 제주에 국영 과수원을 대대적으로 설치해 운영하면서 불교사원을 잠식했다. 태종 이래 펼친 불교 탄압 정책이 특히 안무사·절제사와 목사가 총독처럼 군림한 제주에서 더욱 철저하게 시행된다. 이로 인해 제주 불교는 조선시대에 일찍 쇠락해 간다.

갑인년(1434: 세종16) 8월에 최해산崔海山(최무선의 아들)이 제주 도안무사都安撫使로 부임해 다음해에 파사破寺 재와材瓦를 취하여 안무사영安撫使營(절제사영節制使營의 전신) 즉 목관아를 206간間으로 중건했으니,[118] 당시 폐사된 사원

---

118 『신증동국여지승람』 제주목, 宮室, 弘化閣, 고득종의 「弘化閣記」 ; 高梁夫三姓祠

이 꽤 있었다. 제주목관아 발굴조사에서 '시주施主 만호萬戶', '만호겸목사万戶兼牧使', '감조천호監造千戶 부승석夫承碩' 등이 새겨진 기와가 확인되었으니,[119] 존자암과 수정사 등의 기와 등 자재가 안무사영 즉 목관아 중건에 활용되었다. 이 사찰들은 아직 기능하고 있었을 수 있는데 그 재와材瓦를 뜯어다가 사용함으로써 쇠락을 촉진시켰지 않았나 싶다. 금강사는『동국여지승람』제주목에 실리지 않았고 중종 15년(1520)에 제주에 유배된 김정의 처소 및 인접 금강사과원에 그 터만 남아 있었으니, 성종 때『동국여지승람』편찬 이전에 철거되어 감귤 과수원 등으로 전환된 것이었다.

홍유손의 정묘년(1507: 중종 2년) 찬술 「존자암개구유인문尊者庵改構侑因文」과 김정의 정덕正德 신사년(1521: 중종 16) 정월 기망旣望 찬술 「도근천수정사중수권문都近川水精寺重修勸文」에 보이듯이 중종 때 존자암과 수정사가 중창되었다. 고근손은 수정사의 이 중창을 주도했을 뿐만 아니라 가정10년 신묘년(1531: 중종 26) 봄에 도인(승려)의 부탁을 받고 대혜보각선사의 글을 간행했다.[120] 그는 불교신앙이 깊은 재가신자로 불교중흥에 앞장섰다.

하지만 불교중흥자 대왕대비 문정왕후가 명종 20년 을축년(1565) 4월에 승하하자 대간이 태학생太學生과 함께 연합해 '요승妖僧' 보우普雨를 죽이기를 요청하니, 6월에 왕이 보우를 제주에 유배하자 목사 변협이 보우를 곤장으로 때려 죽이니 사림士林(유림儒林)이 기뻐했다고 한다.[121] 보우를 '요승'이라며 죽이도록 만든 자는 사림(유림)이었고, 목사 변협은 무과에 급제한

財團 소장 「弘化閣記」

119 제주시·제주대학교박물관, 『제주목관아지』(제주대학교박물관 조사보고 제18집, 1997)

120 국립제주박물관, 『어느 수집가의 초대』, 2024

121 『연려실기술』권11, 明宗朝 故事本末, 妖僧普雨之竄[乙丑六月] ;『국조보감』권23, 명종조 乙丑二十年 ;『國朝人物考』권32, 武弁, 邊恊 碑銘[李廷龜]. 변협이 보우를 죽이자 연려실기술에는 '士林快之'라 되어 있고, 국조인물고에는 '儒林快之'라 되어 있다.

무신이지만 유교 권력층을 대신해 불교중흥자 보우를 무자비하게 때려 죽인 것이었다. 곽흘이 변협의 후임으로 제주목사로 부임했는데, 대한제국기~일제강점기 편찬『관풍안』(국립제주박물관 소장)에 따르면 목사 곽흘이 제주성의 동성東城을 퇴축退築하는 한편 제주의 불사佛寺(불교사찰)를 훼철하고 불상佛像을 불태웠다.[122] 변협의 승려보우 살해와 곽흘의 불교시설 파괴는 제주사회에 공포 분위기를 가져와 제주인에게 불교와 그 사찰을 기피하도록 만들었을 것이다.

정유재란 종료 직후인 선조34년(1601)년에 제주에 파견된 안무어사 김상헌의『남사록』에 따르면, 강림사江臨寺(단지 초옥草屋 수간數間)와 영천사靈泉寺와 서천암逝川庵과 묘련사妙蓮寺는 폐폐 상태였고, 월계사月溪寺와 법화사法華寺는 퇴비頹圮한 상태였고, 수정사水精寺는 퇴폐頹廢하고도 수리하지 않아 모자茅茨로 지붕을 인 누옥漏屋 수간數間이 있을 뿐이고 정전正殿만이 홀로 남은

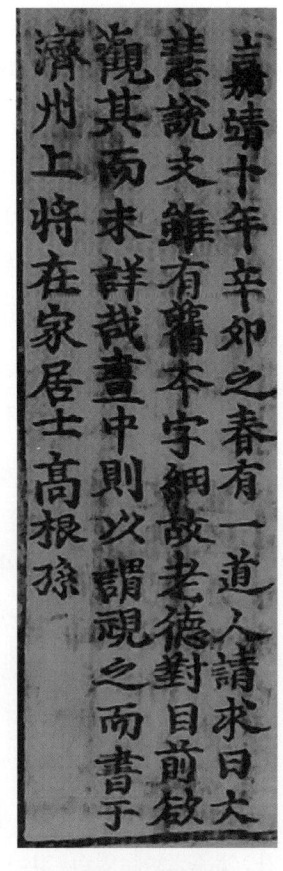

그림 70. 고근손의 대혜선사 글 간행기(필자촬영): 국립제주박물관 『어느 수집가의 초대』

상태였다.[123] 김상헌의 제주시찰 때 사찰 대부분이 황폐화되어 있었던 것이다. 존자암은 효종 2년(1653)에 제주목사로 근무한 이원진의『탐라지』불우에서, 예전에 한라산 영실瀛室(靈室)에 있다가 지금은 서록西麓 밖 10리쯤(대정 지경)으로 옮겨졌다고 하니 이건되었지만 한라산 등반숙소로 어느 정도 명맥을 이어간다.[124]

---

122 국립제주박물관,『제주를 다스린 사람들 관풍안』, 2023
123 김상헌은 수정사와 도근천 폭포를 구경했다. 한편 묘련사 주조 古鐘이 제주 안무사영(목관아) 대문루에 걸린다(이원진『탐라지』樓亭, 종루).

조선후기로 가면서 제주의 불교는 더욱 쇠락해 간다. 이익태는 숙종 20년(1694)~숙종 22년에 제주목사로 근무하던 중에 연무정演武亭에서 무학武學을 시험했다. 이 연무정은 남문南門(제주성 문) 밖 5리里 광양廣壤에 위치했는데 수년 전에 허물어졌지만 재와材瓦를 쌓아두고 개건改建하지 못하다가 썩어 손상하려 하자 여러 장사將士와 도모해 중건에 나섰다. 도근천都近川 폐사廢寺의 재재材(자재)를 운반해 들여 보충했고, 윤번군輪番軍이 목수에 조역助役했고, 명월면明月面 구요舊窯(옛 가마)에서 기와를 구웠는데 그 근처 각반各班 하인下人이 윤번을 면제해 이 역역役을 맡았다. 연무정의 규모는 대청大廳이 3간間(칸), 동서東西 협실夾室이 각 2간間(칸)이고, 사면四面은 담장으로 둘러싸고, 서쪽 담장 밖에 별도로 공수청供需廳 3간間(칸)을 건립했으며, 여재餘材(나머지 자재)로 우련당友蓮堂(5간)을 중건하고 삼학청三學廳(6간)을 별도로 창건했다.[125] 도근천都近川 폐사廢寺의 자재를 실어 나르도록 하여 연무정·공수청과 우련당을 중건하고, 삼학청을 창건한 것이었으니 황폐화되어 간 수정사 등 도근천 주변의 사찰이 완전히 폐허로 변하게 되었다.

제주 불교는 이익태보다 조금 후에 제주목사로 부임하는 이형상을 만나 최대의 위기에 직면한다. 이형상은 『남환박물』 「지속誌俗」에서, '사찰이 없고 승僧·니尼가 없다'를 내세웠다. 이에 대해 설명하기를, 사찰 기지基址(터)가 삼읍三邑에 있던 것이 심히 많아 지지地誌·풍토록(제주풍토록·남사록)에서 '승僧이 있고 니尼(비구니)는 없다'라 했지만 지금은 승僧·니尼가 없고 사찰과

---

124 이형상 『南宦博物』 「誌俗」에, 제주 사찰을 모두 철거했는데 오직 하나 대정 지경의 존자암이 단지 艸屋 數間이고 역시 居僧이 없어 단지 別星(왕의 특사) 上山 때 숙식할 뿐이라고 했으니, 존자암도 이형상 목사 때 佛刹로서의 기능을 상실한 상태였다.

125 이익태 『지영록』. 연무정을 낙성하고 중건 전말을 새겨 벽에 걸었는데, 그 내용은 "城(제주성)의 南 五里에 亭이 있어 申景琥가 제주를 맡았을 때 창건한 것이다 …"였다. 三學은 漢學·倭學 등 3종류 통역학을 지칭했다. 한편 연무정은 그 후 영조 때 제주성 동쪽으로 옮겨진다.

불상 역시 모두 철파撤罷한 상태라고 했다. 제주성 동쪽에 만수사가, 서쪽에 해륜사가 있어 각기 불상佛像을 지녔지만 상시常時에 맡아서 지키는 자가 없어 리里로부터 1인을 정하여 간호看護하고 4명일名日에 서로 모여 예불禮佛할 뿐이었는데, 점차 자라나서는 안된다고 생각해 이 두 절을 철거해 그 재료로 공해公廨를 건립했다고 했다. 대정현 지경에 오직 존자암 하나가 있지만 단지 초옥草屋 수간數間이고 역시 거승居僧이 없는데, 다만 별성別星(왕의 특사)이 산(한라산)에 오를 때에 숙식宿息(묵고 쉼)할 뿐이라고 했다. 온 하나의 섬(제주) 오백리五百里 폭원幅員에 지금은 사찰·불상·승니僧尼가 없고 염불자念佛者도 없어 가히 불도佛道의 액厄(고통: 재난)이라 말할 수 있다고 했다.[126] 이형상이 제주를 승僧·니尼도 없고 사찰과 불상도 없는 곳으로 만들었던 것인데 그는 이를 대단히 가치 있는 업적으로 여겨 자랑했다. 하지만 그 자신이 조롱하면서 인정했듯이 불도佛道의 재난이었다.

제주목사 이형상의 제주 불교에 대한 그러한 파괴와 무속에 대한 파괴는 숙종 28년(1702) 연말에 이루어졌다. 이형상 순력·김남길 그림·오로吳老 필筆 『탐라순력도』의 「건포배은巾浦拜恩」에 달린 설명에, 임오년(1702: 숙종28) 12월 20일에 향품문무鄕品文武 삼백인三百人 남짓이 신당神堂 129곳을 불태우고 사찰 5곳을 파훼破毁하고 무격巫覡 285명을 귀농歸農시켰다는 것이 그 것이다.[127] 제주의 잔존 사찰이 이형상의 이 조처로 파괴됨으로써 제주 불교는 거의 멸절한다. 「건포배은」 그림은 제주인이 건입포에서 조선왕에게, 관덕정에서 목사 이형상에게 감사를 올리는 장면과 함께 제주성 주변의 여

---

126 만수사와 해륜사는 이형상의 제주 부임 이전에 쇠락해 명맥만 유지하는 상태였다가 그에 의해 완전히 철거된 것이었다.

127 이형상은 제주에 부임해 무속과 신당이 융성한 것을 보고 人心 順逆이 옛적부터 정해지지 않고 雜類가 무리를 이루니 우려된다며 개탄했으니(『남환박물』 誌俗), 태종 이방원의 후예로 이씨조선의 영원을 추구한 그가, 제주 神堂이 反 조선의 근거지가 될까 염려해 제주 신당을 대대적으로 불태웠다고 볼 수 있다.

러 신당이 불태워지는 장면을 묘사한 것이다. 이 그림 하단의 설명에 사찰 5곳이 파훼되었다고 했고 그 중의 2곳은 제주성 동서의 만수사와 해륜사에 해당하지만 그림 자체에는 사찰이 불타는 장면은 없다. 이는 만수사와 해륜사가 여러 신당들보다 먼저 철거되었고, 불태워진 것이 아니라 철거되어 공해公廨(관청)를 건립하는 데 사용되었기 때문이다.[128]

이형상의 제주 무속과 불교에 대한 파괴는 제주를 오랑캐로 여겨 유교로 교화시키려 한 작업의 일환이었다. 그는 제주인이 교배례交拜禮를 하지 않는 것, 동성혼同姓婚(동성동본혼)을 하는 것, 이성절친혼異姓切親婚을 하는 것, 남녀가 동욕同浴(혼욕)하는 것, 여자가 바다에서 나체로 다니는 것을 힐난했

---

128 이형상은 『탐라장계초』「巡歷後啓聞」과 『남환박물』「誌俗」에서, 임오년 12월 20일에 鄕所儒生(유향소 유생)·武士·吏胥(향리) 및 각 面의 面任·각 里의 里任 등이 모여 북향해 四拜한 후에 팔백인 남짓이 이형상에게 와서 國恩에 감사를 표하고 淫祀를 훼철하겠다며 무당에게서 빼앗은 民田文券을 납부하더니 다음날에 각각 스스로 三邑의 神堂 129곳, 私家의 祈神 물건, 叢林의 巫覡 神衣·神鐵을 모두 불태우고 佛象을 훼손했다고 했다. 이형상은 「荒服願戴歌」(『남환박물』)에서, 무속과 불교를 비난하면서 僧尼는 絶種하고 寺院은 썩어 무너지고 만수사와 해륜사는 香火가 冷하다(차갑다: 그쳤다)고 했고, 국왕의 은택이 제주에 내려오자 八百吏民이 城隍(제주목 성곽)을 메울 듯이 몰려와서 浦邊(건입포 가)에서 北望해 禮拜하고 이형상에게 와서 국왕 은혜를 칭송하며 淫祠를 撤罷하기로 정했다고 했는데 계속해 도달한 三官(삼읍) 報牒에서 百卄(120) 神堂과 叢林 佛象이 모두 불태워졌음이 확인되었다고 했다. 이형상이 만수사와 해륜사를 먼저 훼철했고, '國恩'이 내려오자 제주토호가 12월 20일에 '건포배은'하고서 12월 20일~21일에 여러 신당과 잔존 불교시설을 불태웠다. 그래서 「건포배은」 그림에는 '건포배은'과 관덕정 모임과 불타는 신당만 그려졌던 것이다. 이형상은 제주 토호가 자발적으로 무속과 불교 시설을 파괴한 듯이 서술했지만 그가 부임하자 끊임없이 무속과 불교를 비난하며 혁파를 강요한 결과였다. 이는 島民(제주민) 七百人이 巾浦에 모여 天恩(조선왕 은혜)에 拜禮하고 이형상에게 와서 謝禮하자, 이형상이 淫祠의 弊를 모조리 말하니 그들이 이형상의 명령을 받들어 신당과 사찰을 불태웠다는 것(『병와집』 부록, 瓶窩先生李公行狀[蔡濟恭])에서도 알 수 있다.

다. 그래서 교배례(친영혼의 과정)를 행하게 하고 동성혼·이성절친혼을 금지하고 남녀 동욕同浴을 금지하고 여자가 바다에서 바지를 입도록 했다. 또한 왕에게 장계를 올려 제주인이 양자를 들이는 것을 허락해 달라고 해 윤허를 받았다.[129] 이로써 제주에도 유교의 악습인 친영혼親迎婚(시집살이혼) 실시, 동성동본혼 금지, 남자를 양자로 들이기가 퍼져 나가게 되는데 제주에 유림 세력의 형성과 맞물려 있었다. 제주는 가혹한 국역國役으로 인해 남자가 사고로 죽는 경우가 많아 딸을 선호해 왔는데 이제 아들을 중시해 간다. 제주에도 유교 악습인 남존여비와 남아선호가 자리잡아 가는 것이다.

임오년(1702: 숙종28)에 제주목사 이형상에 의해 잔존 사찰과 제주 신당이 대대적으로 훼철되면서 제주에 불교는 절멸絶滅하다시피 했다. 반면 무속 신당은 『남환박물』 「지속誌俗」에 따르면 후임자에 의해 대개 복구된다. 제주 무속은 끈질긴 생명력을 지녀 신당이 목사 이형상의 교체 후에, 국역國役과 생업으로 지친 주민의 탈출구 필요로 인해 복구되거나 신설된다. 단, 제주 신당의 제왕帝王으로 탐라 정신의 구심점이라 조선에 위협적인 광양

---

129 이형상 「荒服願戴歌」(『남환박물』) 및 「濟州請繼後給案狀」(『병와집』;『탐라장계초』);『병와집』 병와선생행장. 「荒服願戴歌」는 荒服(변방: 오랑캐; 제주 비하)이 조선왕을 떠받들기를 원한다는 노래인데 이형상의 왜곡된 시각이 담겨 있다. 이형상은 「濟州民瘼狀」·「濟州馬政狀」(『병와집』;『탐라장계초』)에 보이듯이 제주민이 직면한 여러 폐단을 설명하고 대책을 제시한 장계를 조정에 올리니 일부 수용되어 시행되었지만 한시적 미봉책에 불과했다. 제주 목자는 육지 목자와 달리 마필의 손실을 다른 마필로, 그것도 同色馬로 배상해야 했고 이것이 몰락의 주된 요인이어서 조정에서 同色馬 배상을 완화하려는 분위기였다. 하지만 이형상은 貢馬를 사람보다 중시해 同色馬 責立의 법을 반드시 유지해야 한다고 강조했다. 이형상은 제주 오미자가 천하에 드문 佳品인데도 진상 공물에 빠져 있다면서 歲抄(연말) 進上 때에 함께 監封해 廚院(司饔院)에 올려 보내며 다음해부터 정식 진상품으로 삼아 달라고 했다(『탐라장계초』 「五味子貢案措置稟啓」). 그에게는 왕실이 중요했지 제주인의 부담고통은 깊이 고려되지 않았다. 그가 과연 爲民 목민관이었는지 의문이 간다.

당은 숙종 38년(1712)에 남구명이 제주판관으로 부임하자 제주 사람들이 여러 신당의 조종朝宗을 받는(조종祖宗이 되는) 광양당의 복구를 요청했지만 그러한 요청을 하면 목을 베겠다며 거부했듯이[130] 복구되지 못한다.

목사 이형상이 유교지상주의를 실천해 숙종 28년(1702)에 제주의 잔존 불교사찰과 모든 무속신당을 훼철하는 야만적인 문명파괴 행위를 저지르면서 제주 불교와 무속은 심각한 위기에 빠졌다. 그런데 이형상이 교체된 후 무속 신당은 광양당을 제외하고 곧 대개 회복된 반면 불교 사찰은 거의 회복되지 못했다. 제주에서 무속은 부흥하는 반면 불교는 칠흑같은 암흑기를 맞이해 유교지상주의 조선의 몰락을 고대해야 했다.

제주에서 조선 중후기로 가면서 불교 사원이 급격히 쇠락해 간 데에는 여러 요인이 복합적으로 작용했다. 조선왕조가 불교 탄압 정책을 강력하게 폈고 그러한 정책을 제주 목사와 안무사·절제사가 견제세력이 없어 철저하게 실행하니 제주 불교가 심각한 타격을 받아 쇠락했는데, 제주에서 불교가 무속에 비해 뿌리가 얕은 사정도 작용했다. 육지 사찰 중에 꽤 많은 사찰이 왕실·권세가와 연결되어 보호를 받을 수 있었지만 제주는 그러하지 못했다. 제주는 남성 인구가 해난사고로 인해 많이 부족해 남자는 어릴 때부터 군역을 져서 승려가 되더라도 그러했기 때문에[131] 사찰을 유지하기 어려웠다. 불교사원은 어느 정도 구색을 갖추어야 운영이 되고 그러기 위해서는 경제력을 지닌 사람들의 후원이 필요해 그 존폐가 정세에 민감했는

---

130 南九明『寓庵先生文集』권4,「人妖」. 한편 광무연간에 金允植이 제주에 유배되어 지은 「濟州雜詠」(『雲養集』권5, 瀛島稿)으로 보아 광양당은 개화기 혹은 광무연간에 부활하는 듯하다.

131 김상헌은『남사록』에서, 地誌에 '有僧 無尼'라 했는데 지금도 그렇다면서 島內 男人은 閑丁이 없어 태어난지 5~6살이면 軍額에 충당되고 定軍 후에 祝髮해 僧이 된 경우가 있어 官家가 僧俗을 묻지 않고 아울러 本役을 지도록 하니 隊伍에 髡首가 자못 많다고 했다.

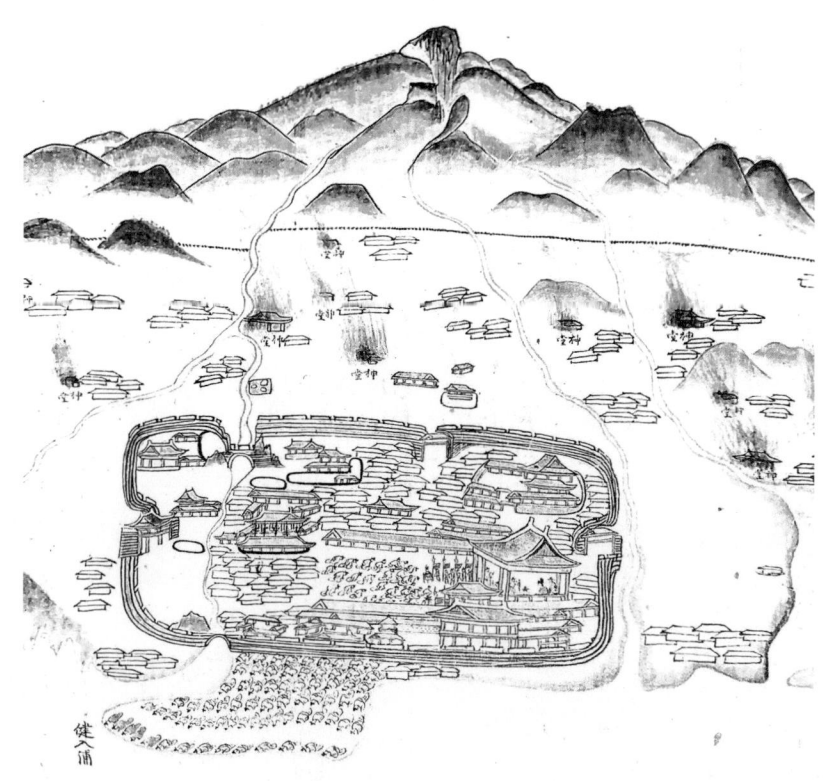

그림 71. 『탐라순력도』(국립제주박물관 소장) 중 「건포배은」:
불타는 신당에서 제주성 남문외 긴 건물(연무정) 동쪽에 인접한 것은 광양당으로,
대천(한천)의 용연 서쪽 언덕의 것은 천외당으로 판단됨

데 제주 토호와 부민富民은 목사·절제사의 불교탄압 행위로 인해 불교사원
을 후원하기 어려웠다. 육지는 임진왜란 때 승병들이 활약을 많이 해서 그
후에 불교가 어느 정도 부흥하는 경향을 보였지만 제주는 이 전쟁 때 일본
군의 침략을 받지 않았고 승병의 활약도 없었기에 그러한 경향에서 비켜나
있었다. 제주 사람들은 무속에 친숙해 사찰이 부족하더라도 신당에 가거나
무당을 부르면 위로를 받을 수 있었다. 그러하니 탐라제주의 신앙을 제대
로 이해하기 위해서는 무속과 불교의 관계를 염두에 두어야 한다.

참고문헌

1. 논저

강문규,『탐라왕국』, 한그루, 2018

고창석,『탐라국사료집』, 신아문화사, 1995

구범진 역주『이문역주 상』, 세창출판사, 2012

국립고궁박물관,『류큐 왕국의 보물』, 2014

국립서울문화유산소,『강화중성 발굴조사보고서』1·2, 20

국립제주박물관,『무병장수의 별 노인성 제주를 비추다』, 2019

국립제주박물관,『삼별초와 동아시아』, 2017

국립제주박물관,『제주를 다스린 사람들 관풍안』, 2023

국립제주박물관,『제주의 불교문화』, 2022

국립제주박물관,『탐라와 유구왕국』, 2007

국립제주박물관,『유적과 유물을 통해 본 제주의 역사와 문화』, 서경문화사, 2009

국립제주박물관,『섬, 흙, 기억의 고리 – 지난 10년간의 발굴 기록 – 』, 2009

국립제주박물관,『국립제주박물관』도록, 2017

김순자,『麗末鮮初 對元·明關係 研究』, 연세대학교 박사논문, 1999

김영관,『백제부흥운동연구』, 서경, 2005

김용선 편,『고려묘지명집성』, 한림대학교, 1993·1997

김일권·윤용혁·전영준 등 공저,『중세 동아시아의 해양과 교류』, 제주대학교 탐라문
　　　　화연구원, 2019

김일우,『고려시대 제주사회의 변화』, 서귀포문화원, 2005

김일우,『고려시대 탐라사 연구』, 신서원, 2000

김찬흡·고창석 등 옮김,『역주 탐라지』, 푸른역사, 2002

김창현,『고려 개경의 구조와 그 이념』, 신서원, 2002

김창현,『고려 개경의 편제와 궁궐』, 경인문화사, 2011

김창현,『고려의 불교와 상도 개경』, 신서원, 2011

김창현,『고려후기 정치사』, 경인문화사, 2017

김창현,『고려 도읍과 동아시아 도읍의 비교연구』, 새문사, 2017

김창현,『한국 중세의 사상과 문화』, 경인문화사, 2022

김창현, 『주제로 본 탐라국사』, 제주대학교 탐라문화연구원, 2023

김태곤, 『조선시대 제주읍성 공간구조와 관덕정 광장의 성격에 관한 연구』, 원광대 박사논문, 2022

노태돈, 『고구려사 연구』, 사계절, 1999

룩 콴텐 저·송기중 역, 『유목민족제국사』, 민음사, 1984

르네 그루쎄 지음·김호동 등 옮김, 『유라시아 유목제국사』, 사계절, 1998

목포대학교박물관, 『진도용장성』, 1990 ; 『진도 용장산성』, 2006 ; 『진도 용장성 왕궁지』, 2019

문화재연구소, 『완도 법화사지』, 1992

박종기, 『고려시대 부곡제연구』, 서울대학교출판부, 1991

변성훈, 『朝鮮時代 濟州島 邑城과 鎭城 研究』, 충북대 박사논문, 2024

변태섭, 『고려정치제도사연구』, 일조각, 1971

서울대학교 동아문화연구소 편, 『중국 역대 도시구조와 사회변화』, 2003

스기야마 마사아키 지음·임대희 등 옮김, 『몽골 세계제국』, 신서원, 1999

오성찬, 『제주토속지명사전』, 민음사, 1992

윤용혁, 『고려 삼별초의 대몽항쟁』, 일지사, 2000

윤용혁, 『고려대몽항쟁사연구』, 일지사, 1991

윤용혁, 『여몽전쟁과 강화도성 연구』, 혜안, 2011

이강래, 『삼국사기 전거론』, 민족사, 1996

이수건, 『한국중세사회사연구』, 일조각, 1984

이재준, 『백제멸망과 부흥전쟁사』, 경인문화사, 2017

이정신, 『고려 무신정권기 농민·천민항쟁 연구』, 고려대학교 민족문화연구소, 1991

이진한, 『고려시대 무역과 바다』, 경인문화사, 2014

장동익, 『일본고중세 고려자료 연구』, 서울대출판부, 2005

장한철 지음·김지홍 옮김, 『장한철 표해록』, 지식을만드는지식, 2018

제주고고학연구소, 『제주 항파두리성 내성Ⅱ』, 2019

제주고고학연구소, 『제주 항파두리성 외성Ⅱ』, 2017

제주대학교 탐라문화연구원, 『왜 지금 난민: 난민의 출현과 인식』, 온샘, 2021

제주대학교박물관, 『수정사지』, 2000

제주대학교박물관, 『제주목관아지』, 1993·1997

제주대학교박물관, 『존자암지 - 발굴조사중간보고』, 1993

제주대학교박물관, 『존자암지 - 제주대학교박물관조사보고 제14집』, 1996

제주대학교박물관, 『제주시용담동유적』, 1993

제주민속자연사박물관, 『새롭게 쓴 탐라사』, 2024

제주민속자연사박물관, 『섬나라 탐라』 도록, 2023

제주도 세계유산본부, 『제주 고산리유적 국제학술대회』, 2016

제주발전연구원, 『탐라사의 재해석』, 2013

제주사정립사업추진협의회·제주특별자치도, 『탐라사 Ⅰ』, 2010

제주사정립사업추진협의회·제주특별자치도, 『탐라사 Ⅱ』, 2009

신녕일, 『고대중세 제수역사 남색』, 보ㅗ사, 2008

채미하·김경주 등 공저, 『고대 동아시아와 탐라』, 제주대학교 탐라문화연구원, 2019

채상식, 『고려후기불교사연구』, 일조각, 1991

허흥식, 『진정국사와 호산록』, 민족사, 1995

현행복, 『樂악觀관深심』, 민속원, 2003

2. 논문

강만익, 「고려말 탐라목장의 운영과 영향」『중세 동아시아의 해양과 교류』, 제주대학
　　　교 탐라문화연구원, 2019

강창언, 「제주도의 불적」『탐라문화』 12, 1992

강창언, 「제주도의 環海長城 연구」『탐라문화』 11, 1991

강창화·김용덕·윤중현·김진환, 「삼별초 최후의 거점, 제주 항파두성」『삼별초와 동아
　　　시아』, 국립제주박물관, 2017

강현정, 「『삼국유사』 소전 변재천녀와 통일신라범종 '주악천인상'의 연관성」『탐라문
　　　화』 57, 2018

강희정, 「용수, 용화수, 연리목」『중국사연구』 35, 2005

筧敏生, 「耽羅王權과 日本」『탐라문화』 10, 1990

고재원, 「발굴 유적·유물로 본 탐라」『새롭게 쓴 탐라사』, 2024

高昌錫, 「高麗朝 濟州民亂의 性格」『제주도연구』 3, 1986

고창석, 「高麗朝 濟州民亂의 性格(補)」『제주사학』 3, 1987

고창석, 「여·원과 탐라와의 관계」『제주대논문집』 17, 1984

고창석, 「원·명교체기의 제주도 – 牧胡亂을 중심으로 – 」『탐라문화』 4, 1985

고창석, 「원대의 제주도 목장」『제주사학』 창간호, 1985

고창석, 「제주도에 대한 고대 문헌 기록」『濟州島遺跡』, 제주대박물관

고창석, 「耽羅의 郡縣設置에 대한 考察 – 高麗前期를 중심으로 – 」『제주대논문집』 14,

1982

공만식, 「초기불교경전에 나타난 나가의 성격에 관한 고찰」『불교학보』 47

권용철, 「13-14세기 원-탐라 관계 연구 동향 분석」『중세 동아시아의 해양과 교류』, 제주대학교 탐라문화연구원, 2019

旗田巍, 「高麗の'武散階 – 鄕吏·耽羅の王族·女眞の酋長·老兵·工匠·樂人の位階 –」『朝鮮中世社會史の硏究』, 法政大學出版局, 1972

김경주, 「고고자료로 본 고려시대 제주의 몽골문화」『중세 동아시아의 해양과 교류』, 제주대학교 탐라문화연구원, 2019

김경주, 「고고학으로 본 고대 탐라」『섬, 흙, 기억의 고리』, 국립제주박물관, 2009

김경주, 「문헌과 고고자료로 본 탐라의 대외교류」『호남고고학보』 58, 2018

김경주, 「탐라시대 전기의 취락구조와 대외교류」『고대 동아시아와 탐라』, 제주대학교 탐라문화연구원, 2019

金成俊, 「고려 말의 정국과 원·명 관계」『한국사』 20, 국편위, 1994

김순자, 「고려말 대중국관계의 변화와 신흥유신의 사대론」『역사와 현실』 15, 1995

김영관, 「주류성의 방어체제와 백제부흥군의 구성」『백제문화』 72, 2025

김영관, 「周留城의 位置와 開巖寺 別記, 禹金巖圖」『백제학보』 44, 2023

김용덕, 「제주도의 고려시대 유적 발굴성과와 전망」『한국중세시기 탐라』, 제주대학교 탐라문화연구원, 2022

김일우, 「고려시대 탐라 주민들의 생업활동과 그 유형」『국사관논총』 106, 2005

김일우, 「고려시대와 조선초기 濟州島 지역의 행정단위 변천」『한국중세사연구』 23, 2007

김일우, 「고려후기 제주 법화사의 중창과 그 위상」『한국사연구』 119, 2002

김일우, 「고려후기 濟州·몽골의 만남과 제주사회의 변화」『한국사학보』 15, 2003

김일우, 「조선시대 이전 탐라국 중심 마을의 형성과 변천」『한국사진지리학회지』 21-3, 2011

김창현, 「탐라 말기 탐라국의 활동과 고려와의 관계」『새롭게 쓴 탐라사』, 제주민속자연사박물관, 2024

김창현, 「중세 탐라제주의 물과 조응한 무속과 불교」『탐라문화』 74, 2023

김창현, 「탐라왕 및 성주·왕자의 실체와 탐라의 통치체제」『탐라사의 재해석』, 제주발전연구원, 2013

김창현, 「고려의 탐라에 대한 정책과 탐라의 동향」『한국사학보』 5, 1998

김창현, 「고려~조선초 탐라고씨의 동향」『한국중세사연구』 7, 1999

김창현, 「탐라의 지배층」 『탐라사 II』, 2009

김창현, 「탐라와 원·명 교체기」 『탐라사 II』, 2009

김창현, 「고려말 신돈정권과 영남」 『지역과역사』 18, 2006

김창현, 「신돈의 삶과 역사적 위상」 『한국중세사연구』 53, 2018

김창현, 「高麗時代 日官에 관한 一考察」 『사학연구』 45, 1992

南都泳, 「麗末 鮮初 馬政上으로 본 對明關係」 『동국사학』 6, 1960

南仁國, 「高麗 睿宗代 支配勢力의 構成과 動向」 『歷史敎育論集』 13·14합집, 1990

남인국, 「高麗 仁宗代 政治支配勢力의 成分과 動向」 『歷史敎育論集』 15, 1990

남풍현, 「지명과 지명 연구–거벌모라와 탐모라」 『탐라문화』 23, 2003

노태돈, 「삼국시대 '부(部)'에 관한 연구」 『한국사론』 2, 1975

末松保和, 「三國遺事の經籍關係記事」 『靑丘史草』 2, 1966

문경현, 「탐라국 성주·왕자고」 『용암화갑기념사학논총』, 1989

문옥현, 「강도시기 강화 외곽 토성의 구조와 성격」 『한국중세고고학』 10, 2021

문옥현, 「강화중성–남산리구간 제2차 발굴조사–」 『중부지역 문화유적 발굴성과』, 2021

민현구, 「몽고군·김방경·삼별초」 『한국사시민강좌』 8, 1991

박남수, 「탐라국의 동아시아 교섭과 신라」 『탐라문화』 58, 2018

박남수, 「탐라국의 동아시아 교섭과 신라」 『고대 동아시아와 탐라』, 제주대학교 탐라문화연구원, 2019

박영철, 「여국에서 속국으로–원·명교체기 제주도의 해양사적 위상–」 『중세 동아시아의 해양과 교류』, 제주대학교 탐라문화연구원, 2019

박용진, 「고려후기 元版大藏經 印成과 流通」 『중앙사론』 35, 2012

박용후, 「영주지에 대한 고찰」 『제주도사연구』 창간호, 1991

박현진, 「초기불교의 나가신앙 연구」, 동국대 석사논문, 2014

변성훈, 「제주읍성의 변천에 대한 역사고고학적 연구」, 제주대학교 석사논문, 2015

邊太燮, 「고려전기의 외관제–지방기구의 행정체계–」 『고려정치제도사연구』, 일조각, 1971

森公章, 「耽羅方脯考–8世紀 日本と耽羅の通交–」 『續日本記研究』 239, 1985

徐松 편찬·愛宕元 역주, 『唐兩京城坊攷–長安と洛陽』, 평범사, 1994,

송화섭, 「동아시아 해양신앙과 제주도의 영등할망·선문대할망」, 『탐라문화』 권37, 2010

신동하, 「신라 불국토사상과 황룡사」 『황룡사의 종합적 고찰』, 신라문화제학술발표회 논문집 22, 2001

신명희, 「제주 불교유적 금속제 출토품 재검토」, 『제주의 불교문화』, 국립제주박물관, 2022

신종원, 「安弘과 新羅佛國土說」 『신라초기불교사연구』, 민족사, 1992

양은용, 「변재천녀 신앙의 불교적 변용」 『원불교사상과 종교문화』 37

양홍진, 「고대 동아시아 천문체계와 노인성」 『무병장수의 별 노인성 제주를 비추다』, 국립제주박물관, 2019

에노모토 와타루(榎本 涉), 「宋日·元日 間 海上航路와 高麗 島嶼地域」, 『해양문화재』 9, 2016

오창명, 「'제주'의 옛 이름 재해석」 『탐라사의 재해석』, 제주발전연구원, 2013

윤경진, 「『고려사』 식화지 외관록 규정의 기준 시점과 성립 배경」 『역사와 현실』 78, 2010

윤봉택, 「13세기 제주 妙蓮社板 『금광명경문구』의 사실조명」, 『탐라문화 29, 2006

윤용혁, 「삼별초 진도정권의 성립과 전개」 『한국사연구』 84, 1994

윤용혁, 「삼별초의 제주 항전」 『제주도연구』 11, 1994

윤용혁, 「오키나와 출토의 고려 기와와 삼별초」 『한국사연구』 147, 2009.

윤용혁, 「제주 삼별초와 몽골·동아시아 세계」 『중세 동아시아의 해양과 교류』, 제주대학교 탐라문화연구원, 2019

윤은숙, 「나가추의 활동과 14세기말 동아시아 정세」 『명청사연구』 28

윤은숙, 「원대 중·후기 황권과 권신 - 톡 테무르와 토곤 테무르 시기를 중심으로 - 」 『중세 동아시아의 해양과 교류』, 제주대학교 탐라문화연구원, 2019

윤은숙, 「원말 토곤 테무르 카안의 탐라궁전」 『탐라문화』 53, 2016

윤은숙, 「원말명초 劉益의 明朝 투항과 고려의 對明 使行의 성격」 『역사학보』 221, 2014

이바른, 「고려 예종대 胡宗旦의 행적과 평가」 『한국민족문화』 64, 2017

이바른, 「고려 후기 목호(牧胡)의 제주 이주와 마정(馬政)」 『한국중세사연구』 73, 2023

이수경, 「제주도 기와 도입과 전남 서남해안지역 수급관계」 『중앙고고연구』 34, 2021

이승호, 「5~8세기 耽羅國의 대외교류와 진상·조공 품목」 『동국사학』 70, 2021

이유진, 「탐라의 대일교섭 - 일본서기의 교류기록을 중심으로」 『고대 동아시아와 탐라』, 제주대학교 탐라문화연구원, 2019

李載龒, 「朝鮮初期의 土官에 對하여」 『진단학보』 29·30합병호, 1966

이정신, 「삼별초의 항쟁」 『내일을 여는 역사』 2, 신서원, 2000

李貞信, 「忠淸 全羅地域 農民·賤民의 蜂起」 『高麗 武臣政權期 農民·賤民抗爭 硏究』,

고려대 민족문화연구소, 1991

이현수, 「제주의 사지(寺址) 현황과 특징」, 『제주의 불교문화』, 국립제주박물관, 2022

이효원, 「백제부흥운동 전개 과정을 통해 본 주류성 위치 비정」 『百濟硏究』 75, 2022

임기환, 「나부 체제의 성립과 변천」 『고구려 정치사 연구』, 한나래, 2004

임상훈, 「14세기 麗明關係와 濟州島의 歸屬 過程」 『중세 동아시아의 해양과 교류』, 제주대학교 탐라문화연구원, 2019

장창은, 「사서에 남겨진 고대 탐라국 운위 실체의 재검토」 『고대 동아시아와 탐라』, 제주대학교 탐라문화연구원, 2019

前間恭作, 「新羅王の世次と其の名について」 『東洋學報』 15-2, 1925

전영준, 「고려시대 동아시아의 해양과 국제교류 양상」 『중세 동아시아의 해양과 교류』, 제주대학교 탐라문화연구원, 2019

전영준, 「고려~조선시기 제주 동부지역의 교통로와 보문사지」 『역사민속학』 58, 2020

전영준, 「삼별초 전쟁난민과 피난처」 『동국사학』 72, 2021

전영준, 「삼별초의 항파두리 토성 입거와 전략적 활용」 『역사민속학』 47, 2015

전영준, 「고려의 탐라 수탈과 良守의 亂」 『역사와 교육』 25, 2017

정다함, 「공민왕대 고려-명 관계의 성립과 고려의 동녕부 공격 그리고 호발도의 침입」 『한국사학보』 87, 2022

정성권, 「제주도 돌하르방의 기원 문제와 불교조각과의 관계」 『몽골학』 70, 2022

정성권, 「조선전기 석조불상 연구」 『불교미술사학』 24, 2017

조법종, 「백제 별칭 鷹隼考」 『한국사연구』 66, 1989

조영록, 「중국 普陀山觀音道場과 한국」 『한중문화교류와 남방해로』, 국학자료원, 1997

조영록, 「향산 묘선공주와 등주 선묘낭자」, 『동양사학연구』 115, 2011

진영일, 「고대탐라의 교역과 「國」 形成考」 『제주도사연구』 3, 1994

진영일, 「고려전기 탐라국 연구」 『탐라문화』 16, 1996

진정환, 「제주지역 불탑의 특징과 조성 배경」 『제주의 불교문화』, 국립제주박물관, 2022

陳祝三, 「蒙元과 濟州馬」 『탐라문화』 8, 1989

차인국, 「제주도 기와의 출현 시점과 특징」 『한국기와학보』 2, 2020

채웅석, 「고려 문종대 관료의 사회적 위상과 정치운영」 『역사와 현실』 27, 1998

최규성, 「고려 기와제작 기술의 琉球 전래」 『고문화』 52, 1998

최열, 『옛 그림으로 본 제주』, 혜화, 2021

최영희, 「고려시대 제주지역 기와의 제작계통과 특징」 『탐라문화』 74, 2023

최희준, 「탐라국의 대외교섭과 항로」『고대 동아시아와 탐라』, 제주대학교 탐라문화
    연구원, 2019

탐라성주유사편찬위원회, 「주성내의 주요 유적」『탐라성주유사』, 1979

한금순, 「제주도 존자암 고(考)」『대각사상』16, 2011

한기문, 「고려시대 자복사의 성립과 존재 양상」『민족문화논총』49, 2011

한기문, 「고려시대 해로 사원과 해양불교신앙」, 『역사교육논집』79, 2022

한성욱, 「제주 사찰 출토 고려 청자의 현황과 성격」『탐라의 고려 불교 수용과 전개
    양상』, 2023

허남춘, 「삼성신화의 신화학적 고찰」『탐라문화』14, 1994

허인욱, 「『동도성립기』의 구한과 고려 초 대외 인식」, 『전북사학』68, 2023

현문필, 「존자암의 창건에 대한 고찰」, 『제주도연구』35, 2011

현문필, 「출토유물을 통한 원당사지의 조성시기와 성격 고찰」『제주도연구』33, 2010

현용준, 「삼성신화연구」『탐라문화』2, 1983

홍기표, 「고려 김수(金須)의 생애와 제주도」『제주도연구』55, 2021

홍기표, 「문헌을 통해 본 탐라의 불교 수용」『탐라문화』75, 2024

홍기표, 「여말선초 韓蔵의 제주 入島 재조명」『중세 동아시아의 해양과 교류』, 제주대
    학교 탐라문화연구원, 2019

홍기표, 「을묘왜변 제주 대첩의 재조명과 역사적 의의」『제주도연구』59, 2023

홍기표, 「여말선초 제주 입도조 연구」『제주도연구』49, 2018

황금순, 「낙산설화와 고려 수월관음도, 觀音道場」『불교학연구』18, 2007

찾아보기

가

가락샘·중성·두천斗泉 36, 207, 584, 585

가어내·부을잉 148, 158, 174

감귤 159, 258~263

건입포(산지항)·고령전高齡田 36

견탐라사인遣耽羅使人 103

고근손·주경朱景 632, 641, 658, 659

고세화·나유·변윤·김양(김석)·송보연
328, 337, 339, 342~344

고여림·김수金須·이문경 294~301

고유高維 20, 154, 174, 175, 178

고인단(고인탄: 고인조) 52, 347, 358~362,
381~385, 397, 398

고적高適 350, 351, 358~361

고조기(고당유) 178, 179, 197, 201~206,
226~237

고한高漢·고협高叶·고적高的·고물高勿
155, 161, 174, 175, 184

고후高厚·고청高淸 16~21, 173

곡겁대曲怯大·몽고대蒙古大·탑사발도
393

곽흘·성윤문·변협 585~587, 658

광양당 27~35, 206~210, 222, 653, 654

구당사·윤응균·오인정 136, 137, 178,
186~191, 204

권근 응제시 53~54, 140, 141, 568~573

금강사 28, 585, 630, 631, 642, 658

금훈琴熏·고윤대 320~322, 324

기황후·자정원·기씨세력 446~452,
458~460, 467~474, 480~484, 493, 498

김갑우·오극충 505, 508~512

김구金坵 255~258, 268, 269, 613, 614

김방경 283, 292~295, 302~313, 328, 330~345,
365~374

김선金瑄·김숙金叔 52, 359~362, 397

김정金淨·홍유손 585, 648, 649, 658

김중광·홍손백·부승석 24, 534~537,
546~549, 632

김지석·경세봉 264, 265

김통정·유존혁 308~313, 321~325, 337~340

나

낙양(뤄양: 동도東都) 87~92

난파궁·조창궁·평성경 68~71, 94, 101,
108~109, 112

남해관음보타사 여지如智 379~381

다

도라악度羅樂 112~114

도상(도내) 16~19, 24, 25, 62, 135, 136, 173,
181, 182, 225

독고충·지자심·장윤문·이당적·박문비 245~248

동녕부·쌍성총관부 282, 467~471

동도성립기(해동안홍기) 41~46, 57

동문감東文鑑(해동문감) 257

동서도현東西道縣 406~410, 576~580

동제원東濟院·송담천 297, 300, 301

라

라육螺肉·해조海藻·귀갑龜甲·비자榧子 160, 183

량수良守 240~242

마

마자麻子(삼씨) 163, 164

만수사·해륜사 630, 643~645, 652, 654, 661

명월포·비양도 206~209, 297, 337, 342, 344, 517~510, 522, 525

명주明州(영파寧波: 닝보) 165~172, 199

모흥혈(삼성혈)·신인·삼을나 16~19, 23~27, 54, 589, 590

목호牧胡 356, 474, 477, 480, 486~495, 498~505, 514~523, 536~539, 549, 550

무산계武散階 142, 143, 398

문신보·임언·고덕우·고신걸 531~538

문아단불화·문인부·김장로·특목이포합·고대비 477~482, 485~489, 498

문작文綽·문창우·문창유·문신文愼 52, 180, 347, 359~362, 397, 398

바

박다博多(하카다) 69~71, 94

박윤청·임완·김계생·석천검·김인계·양대생·엄효충 522~525, 530~535

백강·백촌강·기벌포 61~66, 77~83

번석燔石·번수燔守 246

범문호·장희·이정·오안민·마목특·공문표 369~377

법화사·산방굴사 145, 607, 637~639, 643, 659

벽파항·벽파정 197, 198, 307

복신(귀실복신)·도침·여자진·흑치상지 67~69, 72~76, 84

부여풍(여풍장餘豐璋)·부여충승·부여융 68, 72~85

북극성·북두칠성 116, 119, 121, 123

불루간황후·다기태후·부다시리황후(태후)·다나시리황후·백안홀도황후 420~426, 435, 441~449, 483

사

사용·금성(성금)·엄복 428~435

사추史樞·정온鄭溫 302, 305~312, 328, 339, 344

산천비보도감山川裨補都監 254

삼국도성 금성·월성·월지궁·환도성 73, 121~123

서천암·묘련사·폭포사·문수암·월계사·곽지사 617~619, 631~634, 645, 659

석나리보개(석아보리개) 492, 523, 524

석천촌·귀덕현 248

선마고詵麻姑·선문대할망 649, 650~652

섭라涉羅 49~51

성담·달룬·지자智慈·안립 545~547, 632, 633

성주·왕자·성자 16~25, 52~53, 62, 116, 121~125, 133~137, 173, 237, 238, 346, 474, 490~492, 519~523, 572~575, 580, 581

소림사·관음사·강림사·보문사·안심사·돈수암 635, 636, 659

송소宋紹·나득황 266

수정사 145, 146, 462, 470, 546, 547, 607~609, 631, 632, 643, 658, 659

실리백失里伯·윤방보 345

아

아막·수산평 347, 353, 354, 409, 410, 578, 579

아목가·나원·오적(올적)·패란해 428, 435~439, 450, 457

애월목성·애월포 314~316, 342, 344

양공적·김자정·최석·송분 365, 366, 388

양용재梁用才 248, 249

양호梁浩·문행노·최탁·장평長坪 267~271, 327

연등회·연등절(영등절) 146, 151, 648, 653

연무정·사직·풍운뇌우단 27, 28, 34

영천사·성불암·두타사(쌍계암) 636, 637, 659

오계남·유경원·이용장·우인렬·안방언·이하생·문서봉·한방언 499~502,

510, 513, 520, 522, 528

오부락五部落 39, 60

오식吳湜 제주개편 576~580

왕준(영녕공)·아랄첩목아 278~280, 284, 288, 302, 303, 307~310

우황牛黃·우각牛角·우피牛皮 160, 183

운남양왕가속·애안첩목아·위순왕가속·백백태자·육십노 556~563

원당사 145, 146, 607~609, 635, 636, 652

유인궤·유인원·손인사 61~69, 74~91

윤시우·장천년·이양길·임희재·박도손·성준덕·김유 469, 474~477, 480, 486~488, 497

의종측근 정습명·정함·김존중 227, 228, 231~233

이제현 소악부小樂府·봉지련 460~464, 631

이행李行·진여의·변벌개 549, 550

이형상·김성구·남구명 28~33, 660~664

일본승 숭산거중·엔닌·성심·계각·원상인·여문 26, 124, 185, 186, 439, 440, 453

임박·박윤청·정침 19, 52~53, 490~492, 494, 499

임숙·박순인·조득구·임군보·김용·권항 395, 436, 452, 466, 468

자

자미성紫微城(자미궁) 91, 117, 119~121

장공윤·장윤화 432

정기井奇·이저李著·노효정·이각李珏

264~266

조종관朝宗館 161

조천포·함덕포 36, 297, 337, 344

존자암·나한·국성재·풍수 546~549, 620,
623~630, 649, 650, 658, 659

주기朱記 138~141

주류성(주유성) 61, 67~68, 75~83, 92~94

주방국周防國 정세장正稅帳 106~111

주호州胡 37~38, 55

중련진직中連珍直 181, 182, 225

증공曾鞏 165~172

진자화陳子和·조자비曹子丕 295, 296, 301

진주珍珠·임유간林惟幹 186, 281, 285, 351,
352

차

차현유·내성內成·마적·강백안 530~537

천외당·차귀당·초춘당(신춘당) 31~32,
653, 654

최당崔讜·최린 242~244, 249~251

최서·송영·이백겸·배정지·전록생·조
익청·정천기·이권 399, 424, 425, 433,
433, 434, 449, 451, 457~459

최영·염흥방·이희필·변안렬·목인길·
임견미·지윤·나세 482, 483, 494,
514~528

최자(최안)·유홍개 255~262

최척경·조동희 239~242

추자도 321, 337, 454, 519, 522, 525

칠머리당 26, 654

칠성도七星圖·월대 34, 117~119, 123

타

탐라 달로화적(다루가치) 손탄·탑랄적·
탑아적·탑랄아·아살·박경량·노렬
니타 346, 353, 354, 367~373, 381, 382,
385, 388, 425, 426, 435, 444

탐라 방포方脯·탐라복魬羅鰒 106~111, 112

탐라 초토사·총관부·안무사·만호부 35,
335, 345~347, 350, 351, 358~362, 381, 382,
385, 404, 405, 408, 411, 412, 444, 445, 471

탐라 화산폭발·전공지田拱之 137, 138

탐라국왕 유리도라 40, 62, 64, 92, 173

탐라국주 도동음률 40, 62, 64, 73, 92,
143, 173

탐라군·탐라현·제주·제주목 192~197,
225, 237~239, 248~250, 399

탐라궁전·원세元世 495, 496

탐라마 263~265, 353~358, 399~402, 423, 441,
444, 445, 449, 452, 464, 472, 473, 480, 498,
499, 505, 508~514, 525~530, 537~546,
551~556, 561, 567, 568, 571, 588~591

탐라빈흥록·부종인·영평팔년 26

탐라성주 고자견·가리·고일高逸·두량·
가야잉·의인·구대·가량잉·고복령高
福令·양호梁浩·고수좌·고복수·고실
개·고신걸·고봉례 133, 137, 174, 175,
178, 182~188, 193, 267~271, 327, 405, 477,
531~538, 549~551, 574

탐라순력도·제주삼현도 30, 32~33, 661,
662, 665

탐라왕자(고대)
아파기·고여姑如·구마기·구마예·도

라·우마 64, 69~70, 92~103, 173

탐라왕자(중세) 양차미·수운나(아들 고물
古物)·두라·호잉·문공제·문충걸·문
충세 133, 160, 174, 182, 183, 405, 433,
531~536, 574

탐라왕批羅王 고여姑如 101

탐라제주 특산물 399, 402, 403, 424, 453

탐라좌평·대을상大乙上 61, 63, 90, 99,
103, 106, 143

탐라지략耽羅志略(이지강) 484~486

탐라추장 주물周物과 아들 고물高沒
142, 173, 174

탐라·탐모라·탐부라·담라·탁라 16~22,
39, 41~49, 54, 57~64, 123, 124, 132, 163~
172, 197, 199, 201, 571, 572, 582, 589, 590

탐라태자 말로·세자 고오노 19, 106,
133, 142, 174, 176

탐라표류인
정일·최거·고려高礪·조섭·용협用叶·
자신子信·홍인룡 144, 166~171, 175, 180,
191, 192, 540

탐몰라주·나한(존자)·법주기 26~27

탐진耽津 16~22

태산 봉선封禪 62, 65, 85~93

태재부(대재부) 70, 95, 99, 106~111, 144,
275, 330

파

팔관회·흥왕사 146~154

하

학선鸐仙·종범宗範 450

한라산 18, 19, 53, 140, 179, 207, 557, 571,
589, 590, 596, 617, 652

항파두성 313~318, 337, 342, 344

행성 두연가국왕 276~288, 292, 293,
303~306, 347, 349, 352, 353, 382

향교·문묘 29~30

혜일·이영·종해 609~623, 633, 635, 637,
642

호종단(호종조) 206~222

홀고탁·홀홀달사·고독불화·초고독불
화(초홀독불화)·석질리필사(석첩리필사)
·관음보·석다시만·조장홀고손·답
실만 474, 477, 480, 497, 506, 509, 510,
513, 514, 516, 519, 521, 522, 528

홍다구 278~281, 284, 285, 293, 302, 303,
307~312, 320, 324, 328~330, 339, 344,
363~365, 367, 369~374

홍화각기·고득종·최해산 54, 587~589

활활진闊闊眞(코코진) 384, 389, 390, 396,
400, 404

황룡사·구한九韓 41~46, 57, 213, 214

황태제국왕皇太弟國王 348, 349

흔도忻都 302, 305~312, 318, 324, 328~345,
364~374